Hartmut Ahrens

Zu diesem Buch

Was war eigentlich in Europa los, bevor die Griechen ihre Epen dichteten und ihre Tempel bauten und bevor die römischen Legionen zur Welteroberung auszogen? Gab es überall nur zottelbärtige Wilde mit Bärenfellen und Steinkeulen? Fängt «Geschichte» als Geschehen in und zwischen menschlichen Gemeinschaften, fängt «Kultur» wirklich erst an, wenn die Menschen schriftliche Dokumente für die Nachwelt hinterlassen können?

Die koordinierten Forschungen zahlreicher Wissenschaften machen es heute möglich, die Schicksale und Wanderungen von Völkern nachzuzeichnen, auch wenn sie sich vor der schriftlich überlieferten Geschichte abspielten. Der Autor verarbeitet die Fülle wissenschaftlicher Literatur und versteht es dabei, Lebensformen und Ereignisse längst vergangener Zeiten anschaulich darzustellen, spannend wie ein Roman, mit Phantasie und dennoch auf festem, von der Wissenschaft erarbeitetem Grund.

Damit malt er ein faszinierendes Panorama der europäischen und vorderasiatischen Vor- und Frühgeschichte und stellt lang vergessene Völker und Zeitalter in die großen historischen Zusammenhänge.

Reinhard Schmoeckel, geboren 1928 in Berlin, schloß seiner journalistischen Ausbildung (1949 bis 1951) ein Jurastudium in Bonn an. Seit 1959 arbeitet er im Bundespresseamt und seit 1967 im Bundeskanzleramt. 1984 veröffentlichte er im Salzer Verlag den historischen Roman «Unter dem blauen Pfauen».

Reinhard Schmoeckel

Die Hirten, die die Welt veränderten

Die Geschichte der frühen Indo-Europäer

rororo

Rowohlt

Umschlagentwurf Werner Rebhuhn
(Goldener Kamm aus einem skythischen Grab bei Solocha, UdSSR,
4. Jahrhundert v. Chr. / Eremitage, Leningrad)

Veröffentlicht im Rowohlt Taschenbuch Verlag GmbH,
Reinbek bei Hamburg, April 1985

Gesamtherstellung Clausen & Bosse, Leck
Printed in Germany
1680-ISBN 3 499 17897 4

Inhalt

III

Räuber, Heroen, Könige

1300–500 v. Chr.

IV

Die Reiter aus dem Osten

800 v. Chr. – 1000 n. Chr.

V

Aufbruch in Mitteleuropa
1800 v. Chr.–400 n. Chr.

VI

Die Nachzügler

500–1500 n. Chr.

Karten

Vorwort

Geschichte ist wieder «in». Jahr für Jahr erscheinen dicke Bücher über Völker und Kulturen vor tausend oder zweitausend Jahren. Sie zeigen uns, daß das Leben der Menschen in jenen frühen Zeiten weitaus bunter und interessanter war, als wir es einst ahnen konnten, da wir in der Schule Jahreszahlen von Schlachten und Namen von Feldherren oder Königen auswendig lernen mußten. Wer sich für die frühe Geschichte der menschlichen Kulturen interessiert, kann heute mit Hilfe populärwissenschaftlicher Bücher manche Lücke füllen, die selbst der beste Geschichtsunterricht in der Schule hinterlassen hat.

In Wirklichkeit sind es gar keine Lücken, sondern riesige schwarze Ozeane des Nichtwissens, aus denen für den historisch Normalgebildeten nur ein paar hell beleuchtete Inseln herausragen, ohne daß klar wird, daß die meisten dieser Inseln aus gemeinsamem Urgrund emporgestiegen sind.

Es ist nämlich merkwürdig mit unserem Wissen um die frühe Geschichte unserer Welt. In den Schulen hören wir ausführlich von Griechen und Römern, vielleicht auch noch von Ägyptern und Babyloniern, und schließlich auch ein bißchen von den «alten Germanen». Aber damit endet der Blick fast aller Mitteleuropäer in die Epoche vor dreitausend oder zweitausend Jahren. Unser «abendländisches Geschichtsbild» ist noch immer fast ausschließlich auf diese Kulturvölker fixiert. Gewiß, sie haben Unvergängliches geschaffen, dessen geistige Erben heute noch alle Europäer und damit praktisch auch die Menschen in aller Welt sind. Aber es ist ein Irrtum zu glauben, daß diese Völker die ersten oder gar die einzigen waren, die eine große Kultur entwickelten, die Staaten gründeten und folgenschwere Eroberungen machten. Was war denn in Europa und im westlichen Asien – beide Gebiete haben stets eine kulturell eng miteinander verflochtene Einheit gebildet –, *bevor* die Griechen ihre Epen dichteten und ihre Tempel bauten und bevor die römischen Legionen zur Welteroberung ausmarschierten? Gab es ringsumher nur Wälder und Sümpfe und in rohe Felle gekleidete «Wilde»? Beginnt unsere Geschichte als Europäer wirklich erst um 800 oder 400 vor Christus, als Griechen und Römer schreiben lernten?

Was war mit jenen geheimnisvollen Indogermanen oder Indoeuropäern, von denen Griechen und Römer, Germanen und Inder, Perser und Kelten alle gemeinsam abstammen sollen, wie die Sprachforscher behaupten? Gab es dieses «Volk» wirklich, oder war es nur eine Erfindung einiger Wissenschaftler? Auch das ist behauptet worden. Aber es steht fest, daß Menschen mit einer ursprünglich gemeinsamen Sprache sich vor mehr als viertausend Jahren über ganz Europa und große Teile Asiens auszubreiten begannen. Was wissen wir heutigen Europäer von ihnen? Ungeheuer viel, und dennoch fast gar nichts!

Es ist das große Paradox unserer heutigen Geschichtswissenschaft, daß in den letzten zweihundert Jahren – seit die systematische wissenschaftliche Erforschung der menschlichen Vorgeschichte begann – ganze Bibliotheken darüber geschrieben worden sind, gerade auch über die Indogermanen. Aber im Geschichtsunterricht unserer Schulen wird die kurze und weltgeschichtlich recht unbedeutende Periode des «Peloponnesischen Krieges» in Griechenland (431 bis 404 v. Chr.) auch heute noch weit ausführlicher behandelt als die ganzen zweitausend Jahre, in denen jene einfachen Hirten aus der südrussischen Steppe sich in alle Himmelsrichtungen verbreiteten und sich allmählich zu den Völkern entwickelten, die dann als Inder, Griechen, Perser, Kelten, Römer, Germanen und zahlreiche andere nach und nach in das Licht der geschriebenen Geschichte traten.

Dabei ist die Entstehung und Verbreitung der frühen Indoeuropäer eine der faszinierendsten Epochen der Weltgeschichte. Denn schließlich handelt es sich dabei um unsere eigenen Vorfahren. Wir heutigen Europäer – *alle* Europäer! – sind in vieler Hinsicht körperliche und noch mehr geistige Erben derer, die damals aus der Steppe Südrußlands kamen. Und wenn heute die Hälfte der Menschheit indoeuropäische Sprachen spricht oder wenigstens versteht, dann liegt das ganz wesentlich mit an der geheimnisvollen Dynamik, an dem Leistungs- und Gestaltungswillen, das diesem Volk und seinen Tochtervölkern seit vorgeschichtlicher Zeit innewohnt.

Die *Geschichte* der europäischen und auch vieler wichtiger außereuropäischer Völker – also das, was sich in schriftlichen Quellen und monumentalen Bauten niedergeschlagen hat – steht inzwischen in hellem Licht. Auch dem Nichtfachmann ist es heute möglich, sich aus vielen reich bebilderten Büchern darüber zu informieren. *Dieses* Buch ist dagegen im wesentlichen den Schicksalen der *Vorfahren* jener Völker gewidmet, einer Zeit, aus der uns keine oder so gut wie keine Schriftstücke überliefert sind: der *Vor*geschichte. Doch auch deren Geheimnisse sind heute von Archäologen, Sprachforschern und Wissenschaftlern verschiedenster anderer Disziplinen so weit enträtselt, daß es durchaus möglich ist, die Völkerwanderungen und Schlachten, die Kultur und den Handel, die Lebensweise und die Anschauungen, kurz die Geschichte dieser Zeiten vor viertausend oder zweitausend Jahren zusammenfassend zu beschreiben. Man muß es nur wagen und das in Hunderten von dicken wissenschaftlichen Büchern verstreute Wissen für normale Sterbliche lesbar darstellen.

Dieses Buch versucht, den «schwarzen Ozean des Nichtwissens» für den historisch Normalgebildeten wenigstens in einem groben Überblick zu erhellen, Zusammenhänge deutlich zu machen und das Wichtigste über die wichtigsten frühen Kulturen und Völker indoeuropäischer Abstammung zu erzählen. Es möchte dabei zugleich dazu beitragen, die bedauerliche Einseitigkeit der üblichen Geschichtsdarstellungen ein wenig zu korrigieren. Dieses Buch will nicht speziell Kultur- oder Kunst- oder Sprachgeschichte vermitteln noch etwa gar Einzelheiten über die verschiedenen Formen und Verzierungen der Tontöpfe, nach denen Archäologen die vorgeschichtlichen – und daher für uns noch namenlosen – Völker klassifizieren. Wenn viele Episoden aus früher Zeit reportagehaft dargestellt sind, um dem Leser ein plastischeres Bild vor Augen zu stellen, als es wissenschaftliche Berichte vermögen, so war dabei natürlich einige Phantasie im Spiel, vor allem aber auch sorgfältiges Studium aller erreichbaren Unterlagen, damit die Einzelheiten stimmen.

Die Darstellung einzelner wichtiger Völker indoeuropäischer Abstammung vom Werden an über ihre Blüte bis zum (häufigen) Wiedervergehen im Zusammenhang und nacheinander bringt eine Schwierigkeit für den Leser mit sich. Der «rote Faden» des Buches läuft in vielfältigen Zickzacklinien vor und wieder zurück quer durch die Vorgeschichte und Geschichte und auch durch verschiedene Räume Eurasiens. Wen dies zu verwirren droht, dem sei die Benutzung der Zeittafeln am Ende des Buches empfohlen, die ein räumliches und zeitliches «Stützkorsett» bieten.

I

Das Volk, das aus der Steppe kam

3500–2500 v. Chr.

1. Kapitel

Geweihter Frühling

Die «Explosion» des indoeuropäischen «Ur»-Volkes

Dieus petér grollt

Um 2500 v. Chr., an der unteren Wolga

Unbarmherzig brannte die Sonne vom wolkenlosen Himmel. Das Gras auf den Weiden und das Getreide auf den Äckern wollte nicht wachsen, die Bäume und Sträucher in den kleinen Wäldern zwischen den freien Flächen verkümmerten. In den letzten fünf Jahren hatte es kaum geregnet. Und auch der Winter, der nun zu Ende gegangen war, hatte zuwenig Schnee gebracht. Muhend und blökend drängten sich Kühe und Schafe um die spärlich gewordenen Wasserstellen auf der Hochfläche zwischen den Flüssen. Dutzende von Kadavern verhungerten oder verdursteten Viehs sprenkelten die trockene Steppe wie Pockennarben ein Gesicht, Gestank und Pestilenz verbreitend.

Ohnmächtig, die Fäuste im Zorn geballt und Tränen in den Augen, mußten die Hirten mit ansehen, wie ihre Lieblingskuh verendete, ihr in Jahrzehnten angesammelter Reichtum, ihr Bankkonto auf vier Beinen, ihre Herde dahinschmolz. Selbst die genügsamen und von den Hirten sorgsam gepflegten Pferde litten unter der Trockenheit. Das war das Ende des stolzen Kurgan-Volkes. Was hatten sie verbrochen, womit hatten sie den unerklärlichen Zorn der Götter hervorgerufen? Warum grollte Dieus petér, der «Vater des Strahlenden (Himmels)», der Himmelsgott, und ließ die Sonne so lange und ohne Unterbrechung scheinen, daß alles verbrannte?

Im vorigen Jahr, als die Dürre auch schon lange gedauert hatte, da hatten die Hirten versucht, ihre Herden ein paar Tagereisen weiter nach Westen zu treiben, über das breite Flußtal der Wolga auf die nächste Hochfläche. Doch kaum hatten sie den Fluß überquert, da stellte sich ihnen mit drohend geschwungenen Streitäxten der Häuptling des dortigen Kurgan-Stammes mit seinen Hirten-Kriegern entgegen, wütend entschlossen, bis zum Tod um die eigenen Wassergründe zu kämpfen und die unerwünschten Fresser zu vertreiben. Denn auch hier herrschten Hitze, Trockenheit und Not.

Es half nichts, man mußte einen anderen Ausweg finden, wenn nicht das ganze Volk in wenigen Jahren verhungern sollte. Im Dorf der Kurgan-Leute herrschte atemlose Gespanntheit. Frauen, Kinder und Hausgesinde hockten schweigend in den halb unter der Erdoberfläche liegenden Holzhütten, auf den Sitzbänken an den Wänden um das knisternde Feuer auf der Herdstätte geschart, und lauschten gebannt nach draußen. Die Frauen trugen lange, aus grober Wolle gewebte Röcke, die Männer zu einem kurzen «Schottenrock» ein Schaffell oder einen Wollmantel um den Oberkörper, die kleinen Kinder hatten meist nur einen Lendenschurz. Ihre helle Haut und die blonden Haare stachen im Feuerschein des Herdfeuers aus der Dunkelheit des Raumes.

Draußen auf dem Dorfplatz, in gebührender Entfernung von den Häusern, war das heilige Feuer entzündet, und die Teuta saß darum, die Versammlung der Familienoberhäupter des Dorfes, in lange und ernsthafte Beratung vertieft. Es waren würdevolle Gestalten, die Dorfväter, Männer mit schmalen scharfgeschnittenen Gesichtern, ans Befehlen und Herrschen gewöhnt, selbst in der friedlichen Beratung die unentbehrliche Streitaxt am Gürtel, den Bogen in der Hand.

Der Tonkrug mit Medhu, dem aus Honig und Pflanzensäften gewonnenen Rauschtrank, machte die Runde, und zwischendurch rezitierte einer der ältesten Männer des Stammes uralte Gebete. Die «Himmlischen» wurden da angerufen, Dieus petér an erster Stelle, aber auch seine Gemahlin, die «Mutter Erde», und ihre Kinder, die heiligen Pferde-Zwillinge. Regen, die erlösende Feuchtigkeit, sollten sie schicken, damit «unser Zweifüßiges und Vierfüßiges wohlbehalten bleibt».

Natürlich mußte man ein Opfer bringen, ein außergewöhnliches, um die Unsterblichen, die so erzürnt waren, zur Erfüllung der menschlichen Wünsche zu bewegen. Opfer waren ja ein Zweifaches: Sühne der Menschen für ihre Verstöße gegen die Gebote der Götter, ein Wieder-gnädig-Stimmen der Götter. Aber auch Zahlung des schuldigen Tributs an die Götter, damit die Menschen den Rest beruhigt behalten durften, die Darbietung von Gaben, die die Götter nährten und stärkten, mit deren Hingabe sich die Menschen die Götter verpflichteten. Heute reichte es nicht mehr, das erstgeborene Kalb einer Kuh und den ersten Sichelschnitt eines Ackers feierlich im Feuer zu den Göttern zu schicken. Darin waren sich die alten Männer der Teuta völlig einig. Es mußte schon ein Opfer sein, das den Menschen weh tat und ihnen durch harten Verzicht ihre Sündhaftigkeit am knurrenden Magen erfahren ließ, aber zugleich auch fühlbare Entlastung in dieser schwierigen Lage schaffte.

Nachdem die Mitglieder der Teuta ihre Meinung kundgetan hatten, faßte der Uik-poti, der Dorfherrscher, der auf erhöhtem Sitz den Ehrenplatz innehatte, den Willen der Götter in Worte: «Man muß einen Frühling weihen.» Die Dorfväter schwiegen. Sie wußten, was das hieß. Hatten doch schon die Urahnen in Notzeiten zu diesem verzweifelten Mittel gegriffen. Und ihre Nachbarn, der Kurgan-Stamm drei Tagereisen weiter nach Süden, hatten schon vor zwei Jahren den Ertrag eines ganzen Frühjahrs den Göttern zum Opfer geweiht.

Im Sommer, als die Hitze am größten war, als die kümmerlichen Getreidekörner geerntet waren und Kühe und Schafe ihre Jungen zur Welt gebracht hatten, war die Zeit für das große Opfer gekommen. Wieder war das heilige Feuer entzündet, und die freien Männer des Dorfes sangen, vom Medhu berauscht, die uralten Opfergesänge. Entfernt standen das Weibervolk, die Kinder und das Gesinde, die bei den heiligen Zeremonien keinen Zutritt hatten.

In einer hoch zum Himmel steigenden Rauchsäule ging das Korn, der gesamte Ernteertrag dieses Jahres, das man so dringend für die Fladenbrote gebraucht hätte, als Opfergabe an die Götter – doch nicht ohne daß man Saatgut für das nächste Jahr zurückbehielt. Dann wurden die Kälber und Lämmer, ja auch die Fohlen und Ferkel und Welpen, die dieses Jahr das Licht der Welt erblickt hatten, ans Feuer geführt. Mit geübter Bewegung stieß der Uik-poti seinen Steindolch in ihre Halsschlagader und ließ ihr Blut ins Feuer laufen, das darauf glückverheißend zischte und dunklen Rauch erzeugte. Nun konnte das ganze Dorf sich noch einmal – für lange Zeit zum letztenmal – gründlich satt essen an Fleisch. Und zugleich waren überflüssige Fresser, die den immer noch zu großen Herden das knappe Futter streitig machten, beseitigt.

Still vor heiligem Entsetzen wurden die Männer und Frauen und Kinder jedoch, als jeder Dems-poti, jeder Hausherr, zu den Frauen seiner Sippe trat und die in diesem Jahr geborenen Kinder in Empfang nahm, um sie ans heilige Feuer zu tragen. Mit Gebet und Gesang weihte man auch sie den Göttern. Sie tötete man nicht. Aber jeder im Dorf wußte, welches Schicksal sie erwartete, und während die Kinder heranwuchsen, begegnete man ihnen mit verhaltener Scheu, auch wenn sie kein sichtbares Zeichen ihrer Weihe an sich trugen.

Der Aufbruch der Jungmannschaft

Um 2485 v. Chr., an der unteren Wolga

Fünfzehn oder sechzehn Jahre waren vergangen seit jener Weihe. Not und Hunger, Hitze und Dürre waren dem Kurgan-Volk treu geblieben, auch wenn gelegentlich der Himmelsgott ein Einsehen gehabt und Wolken mit segenspendendem Regen gesandt hatte. Nun war die Zeit der Erfüllung des Opfers gekommen. Schon lud man auf dem Dorfplatz ein paar Säcke mit vom Munde abgespartem Saatkorn, einige Krüge mit Butter und Käse, ein Ledersäckchen mit dem kostbaren Salz, ein wenig Hausgerät und einen einfachen Webstuhl auf einen primitiven Karren mit vier schweren Rädern aus Baumscheiben und spannte zwei Pferde davor. Ein Fischer aus dem Vasallendorf unten am Fluß, dessen Sohn mit zum geweihten Frühling gehörte, reichte ein paar Fische und etwas Gemüse auf den Wagen, als Wegzehrung für die erste Zeit. In jedem Haus des Dorfes rüstete sich ein junger Mann oder ein junges Mädchen zum Abschied für immer. Außerhalb des Erdwalls mit dem Palisadenzaun, der das Dorf zum Schutz gegen Wölfe und Bären und grasende Rinder umgab, hatten einige ältere Hirten schon eine kleine Herde zusammengetrieben: einen Leitstier, ein paar Kühe, die kräftigsten der zusammengeschmolzenen Schar, drei Hände Schafe, eine Hand Pferde, umkläfft von halbwilden Hirtenhunden. Das war alles, was das Dorf der Jungmannschaft mitgeben konnte.

Endlich war es soweit. Der Sohn des Dorfhäuptlings, auch er aus dem geweihten Jahrgang, herrisch trotz seiner Jugend und in der Verantwortung für andere geübt, sprang auf den Wagen. Mit heller Stimme befahl er den Aufbruch, und der kleine Zug setzte sich in Bewegung, Wagen und Herde, junge Burschen und junge Mädchen – der ganze Geweihte Frühling. Natürlich waren die Jungmannschaft selbst und ihre zurückbleibenden Eltern und Verwandten tief bewegt. Man würde sich nie wiedersehen, das war sicher. Aber schließlich war es das heilige Gebot der Götter, das es zu erfüllen galt. Die jungen Leute waren kräftig und geübt in allen Künsten des Kriegers, des Hirten und der Hausfrau, von klein an darauf eingestellt, das große Abenteuer zu bestehen. Standen sie mit der Weihe nicht auch unter dem Schutz der Götter? Irgendwo weit weg mußten sie doch eine Weide finden, wo das Gras saftig und die Götter wohlgesinnt waren, wo sie sich neuen, besseren Lebensraum als in der ausgedörrten Heimat erkämpfen konnten!

Der Weg war nicht schwer zu finden: immer der untergehenden Sonne nach. Voriges Jahr erst hatten die fünf durchreisenden Kaufleute von einem glückseligen Land erzählt, das da viele, viele Tagereisen hinter dem Horizont liegen sollte. Die fremden Männer hatten damals Salz und Bernstein und einige Stücke des merkwürdigen kostbaren Materials mitgebracht, aus dem man so schöne Schmuckstücke und sogar Äxte schmieden konnte. «Aios», das Erz, nannte man es bei den Kurgan-Leuten. Die Fremden sprachen nur gebrochen die eigene Sprache, aber mit Geduld und vielen Gesten konnte man sie schon verstehen. Damals hatte man ihre Erzählungen von fernen fruchtbaren Ländern noch als schöne Unterhaltung, als immer wieder gern gehörtes Märchen aufgenommen. Heute war man froh zu wissen, wohin die Jungmannschaft ziehen konnte.

Tag um Tag ratterte der klobige Wagen über die staubige Steppe, hinterdrein die kleine Viehherde und die jungen Leute, die alle Hände voll zu tun hatten, um auch das dümmste Schaf zum Mittrotten zu bewegen. Mit den verwandten Nachbarstämmen an Don und Donez konnte man sich verständigen, obwohl sie viele Wörter anders aussprachen als die Leute zu Hause. Die Nachbarn ließen den Geweihten Frühling auch unbehelligt durchmarschieren. Schließlich stand er unter dem Schutz der Götter, und – was noch wichtiger war – man konnte sicher sein, daß die Gruppe ohne Aufenthalt weiterziehen würde. Am mittleren Dnjepr allerdings, drei Monde nach dem Aufbruch von zu Hause, mußte sich die Gruppe in acht nehmen. Dort, westlich des Flusses, wohnten feindliche Menschen, die ganz anders sprachen und andere Götter kannten und die alle Kurgan-Hirten, die sie nur beim friedlichen Durchzug durch ihr Gebiet erwischten, mit blutigen Köpfen zurückschickten. Es war für den kleinen, allzu kleinen Trupp der Auswanderer nicht geraten, diesen Cucuteni-Leuten in die Hände zu fallen.

Doch der Uik-poti des letzten Kurgan-Stammes, durch dessen Gebiet die Jungen und Mädchen kamen, wußte Rat. «Ihr müßt nur weit genug am östlichen Ufer des Dnjepr-Flusses nach Norden ziehen», erzählte er bereitwillig. Dann würden die jungen Leute das Siedlungsgebiet der unangenehmen Nachbarn sicher hinter sich haben und konnten über den Fluß gerade nach Westen abdrehen. Danach kam eine Art Niemandsland. Man mußte nur noch aufpassen, daß man die steppenartige Ebene zwischen Karpatengebirge im Süden und den tückischen Pripjetsümpfen im Norden nicht verfehlte. «Wenn ihr die einmal erreicht habt, kommt ihr ungehindert bis zu drei großen Flüssen, die nach Mitternacht fließen, Weichsel, Oder und Elbe geheißen.» Dann sei das Land der großen Wälder und saftigen Weiden nicht mehr weit. Woher er das alles wisse? «Ja, habt ihr jungen Springinsfelde nicht gehört, daß schon viele Kurgan-Leute hier durchgezogen sind und dort ihr Glück gemacht haben?» Die Worte des Häuptlings nahmen den Auswanderern eine Last von der Seele, die ihnen trotz aller gespielten Erfolgsgewißheit im geheimen arg zu schaffen gemacht hatte.

Der lange Weg – vom Morgen bis zum Abend, Mond um Mond –

war kein Zuckerlecken. Einige Schafe gingen ein, aber neue Lämmer wurden geboren. Ein Bär riß ein Kalb, wurde aber von den furchtlosen Hirten erschlagen. Eines der jungen Mädchen, das unterwegs die Frau des Unteranführers geworden war, starb, als es gerade einem Kind das Leben geschenkt hatte. Ein Krieger wurde auf der Jagd von einem riesigen Auerochsen aufgespießt und getötet. Man begrub ihn getreu der heimischen Sitte: die Beine angezogen auf der Seite liegend zum ewigen Schlaf, mit der heiligen roten Ockererde bestreut und mit einem mächtigen Kurgan (Hügel) aus Erde und Steinen darüber. So wichtig war dieser Hügel, daß später das ganze Volk danach benannt wurde. Natürlich hatte man nicht vergessen, seine Streitaxt, das Wahrzeichen seiner männlichen Würde, neben ihn zu legen und ihm ein paar Tontöpfe mit der heimischen Verzierung aus gedrehten Schnüren voll Milch als letzte Wegzehrung dazuzustellen.

Gelegentlich fand die Jungmannschaft, die nun schon ein erprobtes Team geworden war, andere Kurgane an der Strecke – man war offensichtlich auf dem richtigen Weg. Und als zum zweitenmal nach ihrem Aufbruch die Bäume grün und die Eicheln reif geworden waren, da trafen die Auswanderer eine andere Gruppe von Kurgan-Leuten, die schon vor Jahren denselben Marsch angetreten hatten: Hier in der Gegend konnte man bleiben.

Es regnete häufig hier, und das Gras war stets reichlich und saftig. Die großen Wälder waren den Kurgan-Leuten ein wenig unheimlich. Sie waren von zu Hause die weite offene Waldsteppe gewohnt. Aber sie fanden hier genug Flußtäler und Lichtungen, wo Rinder und Schafe nach Herzenslust grasen und sich von den anstrengenden zwei Jahren der Wanderung erholen konnten. Zwei entfernte Bergketten im Südosten und Südwesten (das Erzgebirge und der Thüringer Wald) schützten das Land vor Stürmen aus der östlichen Ebene, ließen aber die feuchten Regenwolken ihre segenspendende Last über Wald und Weide abregnen.

Die Menschen, die hier wohnten – Bauern nannten die zuerst angekommenen Kurgan-Leute sie verachtungsvoll –, waren friedlich und harmlos. Sie rodeten lieber Lichtungen im Wald, als daß sie die freien Flußtäler nutzten, die die Kurgan-Hirten für ihre Herden brauchten. Man konnte mit den Bauern gut auskommen, so berichteten die fremden Kurgan-Leute. Und zum Beweis zeigten sie ein paar Speckstücke und einen Topf mit fremdartigem Gemüse vor, den sie bei diesen Bauern eingetauscht hatten, ja, und noch drei Weiber, die man als Ersatz für zu früh gestorbene Kurgan-Frauen sich erhandelt hatte. «Nicht lange mehr», lachte der fremde Kurgan-Häuptling, «und die Bauern tun alles, was wir ihnen sagen. Die haben Angst vor uns.»

Anfang Europas

Rund viertausendfünfhundert Jahre ist das her, fast hundertfünfzig Generationen – eine uns endlos weit entfernt erscheinende Zeit. Geht sie uns überhaupt noch etwas an? Aber damals begann das, was wir heute unter Europa verstehen.

Mit der Auswanderung von Gruppen des Kurgan-Volkes aus der südrussisch-kasachstanischen Steppe kamen Menschen nach Mitteleuropa – und nicht nur dorthin, wie wir noch sehen werden –, die eine Sprachform mitbrachten, von der auch unsere deutsche Sprache abgeleitet ist. Indoeuropäisch oder indogermanisch nennen die Wissenschaftler diese Sprache. Im Gegensatz zu tausend anderen Sprachen jener so lange zurückliegenden Zeit ist sie nicht untergegangen, sondern hat sich über den ganzen Erdball verbreitet, inzwischen aufgespalten in Hunderte von Einzelsprachen und Tausende von Dialekten. Aber für die Fachleute sind alle diese Zungen auf eine Wurzel zurückzuführen, die im Jahr 2500 v. Chr. noch verhältnismäßig einheitlich war.

Die Kurgan-Hirten hinterließen keine wertvollen Kunstwerke, keine Pyramiden und Tempel und Bildnisse. Sie konnten nicht lesen und schreiben. Es waren einfache – ja, sagen wir es ruhig –, primitive Menschen, jedenfalls im Vergleich zu Völkern mit entwickelter Hochkultur, die gleichzeitig lebten. Sie waren auch keine heldischen Übermenschen, wie man es uns zeitweise im Geschichtsunterricht in Deutschland weismachen wollte. Es waren Menschen wie Sie und ich.

Das ist im wörtlichen Sinne gemeint. Denn wenn es auch viertausendfünfhundert Jahre her ist, seit die Kurgan-Leute anfingen, unsere Heimat zu besiedeln, und wenn sie sich inzwischen auch tausendfach mit Angehörigen verwandter und weniger nah verwandter Rassen vermischten – ein wenig von ihren körperlichen und geistigen Eigenschaften haben auch wir in uns. Wir – das sind alle Europäer, nicht etwa bloß die Deutschen oder Germanen allein. So groß sind die Unterschiede der Menschen in Europa gar nicht, vom Nordkap bis zum Peloponnes.

Natürlich haben auch die anderen Menschen Anteil an dem, was wir in unserem Jahrhundert Deutsche und Spanier und Russen und Griechen nennen: Da gab es die Bauernvölker, die noch zwei- oder dreitausend Jahre vor den Kurgan-Hirten aus Vorderasien und Nordafrika nach Europa einwanderten, da gab es die Jäger, die seit Urzeiten die Wälder dieses Kontinents durchstreiften, und die Fischer, die sich seit dem Ende der großen Eiszeit an den Strömen und Seen niedergelassen hatten.

Aber es waren doch wohl die Kurgan-Hirten, die außer ihrer Sprache auch die Charakterzüge mitbrachten, die dann in vieltausendjähriger Entwicklung das Besondere an der *abendländischen* Kultur formten. Es hat in der Weltgeschichte viele hochentwickelte Kulturen gegeben, in Kunst und Religion, in Organisation und Dichtkunst und vielem anderen der abendländischen ebenbürtig. Doch keine wies jenes schonungslose Vorwärtsdrängen im kriegerischen wie im friedlichen Sinne auf, wie es den Indoeuropäern innewohnte, jenes «novarum rerum cupidum», das «Begierigsein auf Neues», jenes offene Aufnehmen fremder Kulturelemente, die dann dem *eigenen* Volkscharakter angepaßt wurden. Wenn man das feststellt, dann ist das keine rassenstolze Überheblichkeit, sondern nüchtern und durchaus selbstkritisch gemeint.

Seit der Einwanderung der Kurgan-Leute nach Mittel- und Osteuropa vor 4500 Jahren sind – so erstaunlich das klingt – bis in die Neuzeit keine größeren fremden Menschengruppen mehr nach Europa gekommen. Alle späteren Umwälzungen haben nur den Topf Europa gründlich umgerührt, haben zur sprachlichen Indoeuropäisierung auch West- und Südeuropas und zur Vermischung der in Europa seitdem vorhandenen Rassen geführt. Hunnische und arabische, ungarische und mongolische und türkische Reiter, die in

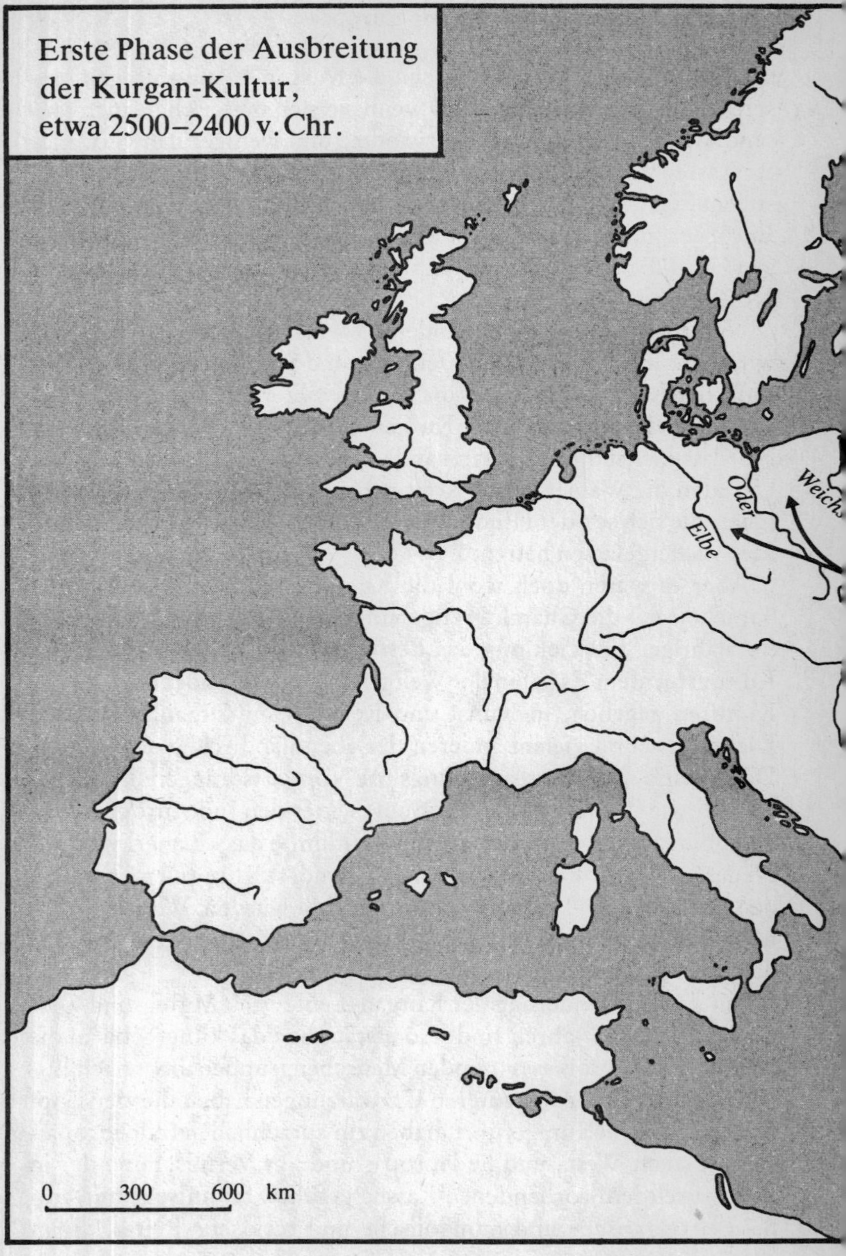
Erste Phase der Ausbreitung
der Kurgan-Kultur,
etwa 2500–2400 v. Chr.
Oder
Elbe
Weichs
0 300 600 km

Pripjetsümpfe
Tripolje-
Dnjestr
Cucuteni-
Kultur
Kurgan-
Kultur
Ural
Don
Wolga
Donez
Dnjepr
Kaspisches Meer
Schwarzes Meer
Trans-
Kura
kaukasische
Kupferzeit-
Arax
kultur
Sumerische
Euphrat
Stadtstaaten

Zweite Phase der Ausbreitung
der Kurgan-Kultur
(«Kurgan IV»),
etwa 2400–2200 v. Chr.
Elbe
Streitaxt-
Oder
Bader
Kult
0 300 600 km

Fatjanowo-
Kultur
...turen
Kurgan-
Kultur
Ural
Cucuteni-
Tripolje-
Kultur
Dnjepr
Dnjestr
Don
Donez
Wolga
Kaspisches Meer
Maikop
Schwarzes Meer
Donau
Kura
Transkaukasische
Kupferzeitkultur
Arax
Troja
Alascha
Hüyük
Akkadisch-
assyrische
Euphrat
Staaten

den letzten zweitausend Jahren immer wieder einmal ihre Pferde auf europäischem Boden grasen ließen, konnten nur an den Rändern Spuren hinterlassen.

Ist es nicht doch von Bedeutung zu wissen, wie das alles begann?

Frohe Botschaft

Um 2460 v. Chr., an der unteren Wolga

Das konnte doch nicht wahr sein! Zitternd griff sich die alte Frau an die Stirn, während sie ungläubig auf einen der beiden Männer starrte, die da vor ihr vom Pferdekarren kletterten. Eben war der Wagen ins Kurgan-Dorf unweit der Wolga hineingerumpelt, eine kleine Schar halbnackter neugieriger Kinder und eine riesige Staubwolke im Gefolge. War das etwa – doch da drehte sich der Mann schon um, blickte ihr ins Gesicht und schlang die Arme um sie: «Mutter!» Ihr Sohn, ihr vor fünfzehn Sommern mit dem Geweihten Frühling ins Unbekannte entschwundener kleiner Sohn war zurückgekehrt!

Nun war er ein Mann, ein freier Krieger und ein seiner Würde bewußter Dems-poti, ein «Herr über sein Haus», der für einen Besuch in die Heimat gekommen war. Mit ihm sein Vetter, der gleich ihm im fernen Land es bereits zu einer kleinen Herde von Rindern und Schafen gebracht hatte, die sich unter der Obhut einiger Knechte aus dem dortigen Bauernvolk kräftig vermehrte. Nun waren sie beide wieder im alten Dorf, doch nur für ein paar kurze Monde. Sie hatten den weiten Weg von der Elbe zur Wolga zurückgelegt, um vom Ergehen der Ausgewanderten zu berichten und um Grüße ihres Uik-poti an dessen Vater, den Häuptling des Heimatdorfes, zu überbringen. Der lebte noch, aber er war alt geworden, grau, von Sorgen und Entbehrungen gebeugt.

Bedächtig führte der alte Häuptling die Gäste – waren sie nun noch Angehörige des Stammes oder schon Fremde? – durchs Dorf. Viele Hütten lagen verlassen, ihr Dach eingefallen, die Bewohner waren gestorben, vor Hunger oder an Krankheiten, viel zu viele. Denn immer noch lastete der Unwillen der Himmlischen auf dem Kurgan-Land. Staubtrocken war die Steppe, die dürr gewordenen

Rinder mußten lange suchen, ehe sie ein paar Grashalme fanden. Schon vor Jahren hatte das doch bereits so klein gewordene Dorf erneut einen Frühling geweiht, um die Götter zu beschwören. In zwei Jahren würde er ausziehen. Und in den Dörfern ringsum war es nicht anders, so weit das Kurgan-Volk seine Herden über die Steppe ziehen ließ, vom Dnjepr bis weit, weit hinüber nach Osten, bis zum sibirischen Balchaschsee.

Wo waren die Zeiten hin, von denen die ältesten Männer des Dorfes noch aus ihrer Jugend zu erzählen wußten? Damals hatte Dieus petér, der Donnerer, in jedem Sommer so viele Gewitter mit Regen geschickt, daß das Gras das ganze Jahr über kräftig stand. Selbst in den schneereichen Wintern fanden ehemals die Rinder und Schafe und Pferde genügend Heu in den kleinen Wäldchen, die überall die ebene Steppe unterbrachen. Jedes Kalb und jedes Lamm, das geworfen wurde, hatte Nahrung, und jedes Kind im Dorf – und es gab viele Kinder! – konnte satt werden. So wuchsen Herden und Stamm. Doch das war lange her.

Als sich die Kunde von der überraschenden Ankunft zweier vor so langer Zeit ausgewanderter Stammesgenossen auch bei den Nachbardörfern herumgesprochen hatte, kamen Abgesandte, um mit eigenen Ohren zu hören, was sie Erstaunliches zu berichten hatten. Die Dorfbewohner fanden es nicht leicht, die vielen Gäste zu bewirten, doch das Gastrecht war heilig; auch in der Not durfte man es nicht brechen. Aber dafür hörten die biederen Kurgan-Hirten und ihre Frauen innerhalb von wenigen Tagen mehr von der Welt um sie herum als vorher in zwanzig Jahren. Denn auch die auswärtigen Gäste hatten ja viel Neues gehört.

Unruhige Zeiten waren es, bei den Göttern. Da wußten junge Leute aus einem Dorf zehn Tagereisen weiter gen Mittag, daß deren Nachbarn nach Abend zu schon mehrmals einen Frühling hatten weihen müssen. Dort seien die Züge vor vielen Jahren bis an das große salzige Wasser (das Schwarze Meer) gegangen und an ihm entlang immer der Abendsonne nach. Jahre später waren dann auch von diesen Zügen Boten zurückgekommen und hatten berichtet, daß man dort unten die gefürchteten Cucuteni-Leute ebenfalls gut umgehen und weit, weit nach Südwesten vorstoßen könne. Zwischen zwei hohen Gebirgen (den Südkarpaten und dem Balkan) gebe es eine große Ebene, wo die Herden der Kurgan-Leute bessere Weiden fanden als daheim. Und noch weiter westlich davon, an dem großen Strom Donau aufwärts, fände man immer saftiges Gras, so weit die Füße trügen.

«Ja, auswandern muß man», schrie ein etwas vorlauter Jüngling aus einem dritten Dorf, der da als Gast am Feuer saß und herzhaft in eine gebratene Ferkelkeule biß, von einem der letzten Schweine des Dorfes übrigens, das seufzend dem heiligen Gastrecht aufgeopfert worden war. Er wolle nicht länger in der staubigen Steppe hocken und nachts vor Magenknurren aufwachen.

«Ich weiß genau, daß es da nach Mittag zu Gegenden gibt, wo man sein Glück machen kann», vermeldete er prahlerisch. Bis zu den schneebedeckten Bergen im Süden (dem Kaukasus) könne man heute schon auf ausgewanderte Kurgan-Leute treffen, die zum Teil mächtige Könige und unermeßlich reich geworden seien, dort unten in Maikop. Denn sie trieben Handel mit weit entfernten Gebieten, wo die Häuser aus Stein seien und ganz dicht beieinanderstünden. «So etwas kann man von dort bekommen!» Und als Beweis für seine guten Beziehungen zog er sein Steinbeil hervor und reichte es voll Besitzerstolz herum. Nein, das war ja gar kein Stein, sondern echtes, kostbares rötliches Erz (Kupfer), glatt und makellos, mit einer interessanten Gußnaht in der Mitte. Der Neid der übrigen Krieger in der Runde war ungeheuer, und insgeheim nahm sich fast jeder vor, bei nächster Gelegenheit wenigstens einen ähnlich aussehenden Stein genauso zurechtzuschleifen wie dieses Kupferbeil, wenn man sich schon den Luxus eines echten Metallbeiles nicht leisten konnte.

Überall im Kurgan-Land brodelte es unter den jungen Leuten, die dem Hunger und der Not entfliehen wollten. Viele zogen nicht mehr mit beklommenem Herzen als Geweihter Frühling ins Ungewisse hinaus, sondern mit einem heiligen Hochgefühl, mit der Abenteuerlust der Jugend: Da draußen wollten sie Heldentaten vollbringen und Reichtümer erwerben, von denen bisher noch nie jemand berichtet hatte ... Manche Kurgan-Leute waren, so hieß es, auch gen Mitternacht in das von Jägern und Fischern spärlich besiedelte Land der großen Wälder (das heutige Mittelrußland) gegangen, wo es dennoch auch für Hirten bessere Lebensbedingungen als in der vertrockneten Steppe gab. Wieder andere sollten, wie einige behaupteten gehört zu haben, westlich der Pripjetsümpfe an der Weichsel und Oder entlang nach Norden gezogen und bis an ein anderes großes Wasser gekommen sein (Pommern, West- und Ostpreußen, Baltikum). Auch ganz, ganz weit im Osten sollten die Stämme in Bewegung geraten sein und Teile davon sich nach Süden bewegen, auf die großen Ebenen um den Aralsee zu.

Die alten Dorfbewohner lauschten gebannt, doch mit resignierter Altersweisheit diesen Erzählungen am Feuer. «Geht nur, ihr jungen Leute», meinte der Uik-poti. «Geht, hier habt ihr doch keine Zukunft mehr. Draußen, jenseits unseres Landes, haben die Himmlischen offenbar mehr Glück für uns bereit als hier. Wir sind zu alt, um noch zu wandern, aber ihr müßt fort, wenn ihr hier nicht verkommen wollt.»

Not und Tatkraft, das schöpferische Elternpaar

Und sie gingen. Zu Hunderten, zu Tausenden, zu Zehntausenden im Laufe der Zeit. Für den Geschichtsabschnitt zwischen etwa 2500 und 2200 v. Chr. haben die Fachwissenschaftler fast überall in Nordost-, Mittel- und Südosteuropa, in Innerasien und im Nordkaukasusgebiet das Auftreten neuer Kulturen festgestellt, tiefgreifende Wandlungen in der Wirtschafts- und Gesellschaftsstruktur der dort lebenden Stämme und Völker. Die Bedeutung der Viehzucht nahm schlagartig zu, Schichten von Brandschutt zeigen eine plötzlich gar nicht mehr so friedliche Zeit an.

Die Vorgeschichtswissenschaft, die die materiellen Hinterlassenschaften alter Völker und Stämme aus der Erde gräbt, ist in einer mißlichen Lage. Da es aus jenen lange vor der Erfindung der Schrift liegenden Epochen keine schriftliche oder mündliche Überlieferung geben kann, weiß man auch nicht, wie die Völker damals wohl geheißen haben mögen. Man kann sie zwar durchaus unterscheiden, nach häufig sehr charakteristischen Formen der hinterlassenen Tontöpfe, des Schmucks, der Waffen und vieler anderer Funde. Aber benennen muß man sie nach modernen Fundorten oder nach besonders typischen Einzelheiten. «Die bleiche Unbenanntheit der vorgeschichtlichen Kulturprovinzen», so hat der deutsche Archäologe Carl Schuchhardt diesen Mangel einmal plastisch beschrieben, steht den «rotwangigen Völkernamen der Geschichte» gegenüber.

Das gilt auch für die Kurgan-Kultur: Denn das ist nur ein von heutigen Wissenschaftlern geprägter Name für das, was wohl einmal der Ausgang der Ausbreitung der indoeuropäischen Völker gewesen ist. Das russische Wort «Kurgan» = Hügel bezeichnet die typischen Grabhügel dieses Volkes. Ehe man von diesem Zusammenhang wußte, nannten die deutschen Archäologen eine erstmals gegen Ende der Jungsteinzeit in Mitteleuropa feststellbare Kultur gern «Schnurkeramische Kultur» oder «Streitaxtkultur» oder «Einzelgrabkultur». Wer will, kann in noch gar nicht so alten Fachbüchern lange Abhandlungen nachlesen, in denen die «tiefgreifenden Unterschiede» zwischen diesen Kulturen bewiesen werden sollen. In Wirklichkeit waren ihre Träger aber doch mit größter Wahrscheinlichkeit Angehörige *eines* großen und über ein weites Gebiet verstreuten Volkes.

In Mittelrußland nennen die Wissenschaftler eine im gleichen Zeitraum aus dem Süden vorgedrungene Viehzüchterkultur «Fatjanowo-Kultur», im Raum um den Aralsee «Tazabag-jab-Kultur», im Gebiet nördlich des Kaukasus «Maikop-Kultur», im nördlichen Teil der Balkanhalbinsel bis hin nach Österreich «Badener Kultur» – alles Namen nach verschiedenen Fundorten. Doch auch hier kann man ihren Ursprung jeweils auf das Gebiet des Kurgan-Volkes zurückführen.

Kein Wissenschaftler hat bis heute gewagt, Vermutungen über die Gründe für diese «Explosion» eines Volkes anzustellen. Wissenschaftler sind ja so vorsichtig mit allem, was über ihr enges Fachgebiet hinausgeht. Dabei brauchen gerade wir Menschen im vierten Viertel des 20. Jahrhunderts nach Christus nicht lange Rätsel zu raten. Kennen wir nicht die Zeitungsmeldungen über die «Katastrophe in der Sahel-Zone»? Immer wieder lesen wir von jener ständig zunehmenden Dürre in Afrika südlich der Sahara, die jährlich Hunderttausende von Menschen Hungers sterben läßt. Aber auch in riesigen Gebieten der Sowjetunion, Nordchinas, Irans, Indiens herrscht fast die gleiche tödliche Dürre. Aus politischen Gründen hört man allerdings weniger davon als von Afrika. Ja, auch Mitteleuropa bleibt neuerdings von Dürrekatastrophen nicht verschont.

«Der amerikanische Geheimdienst CIA macht sich Sorgen um das Wetter», schrieben die Zeitungen im Jahr 1976: «Die sich abzeichnenden Klimaveränderungen könnten Hungersnöte auslösen und zum wirtschaftlichen und politischen Kollaps von Staaten führen, mit sozialen Unruhen, Revolutionen und militärischen Verwicklungen.» Und das in unserem so fortschrittlichen Jahrhundert mit Vereinten Nationen und weltweitem Massenverkehr und Entwicklungshilfe!

Ein Studium der Klimageschichte zeigt, daß solche Dürreperioden immer und immer wieder auftraten, seit vor etwa 12000 Jahren die Eiskappe abschmolz, die Nordeuropa in der letzten Eiszeit bedeckte. Für Europa war dieses geologische Ereignis ein Segen, für Nordafrika und Innerasien ein Fluch. Denn ungeheuer große Gebiete begannen nun allmählich auszutrocknen, und das ist heute noch nicht zu Ende. Dort, wo heute die Sandwüste der Sahara oder die Wüste Gobi oder die innerarabische Wüste sich dehnen, konnten vor vier- oder fünftausend Jahren große Herden von Rindern, Antilopen oder Schafen grasen.

Allerdings gab es immer wieder auch ein vorübergehendes Umschlagen dieser Entwicklung. Es kamen Jahrhunderte, in denen es erneut feuchter in den einstigen Dürregebieten wurde. Man hat das Ganze eine Art «kosmisches Jahr» genannt, mit Sommern (Hitze, Dürre) und Wintern (Abkühlung, Feuchterwerden), die sich alle paar Jahrhunderte wiederholen. Schematisch dürfte der Klimaverlauf im mittleren Asien und in Nordafrika seit der letzten Eiszeit etwa so verlaufen sein:

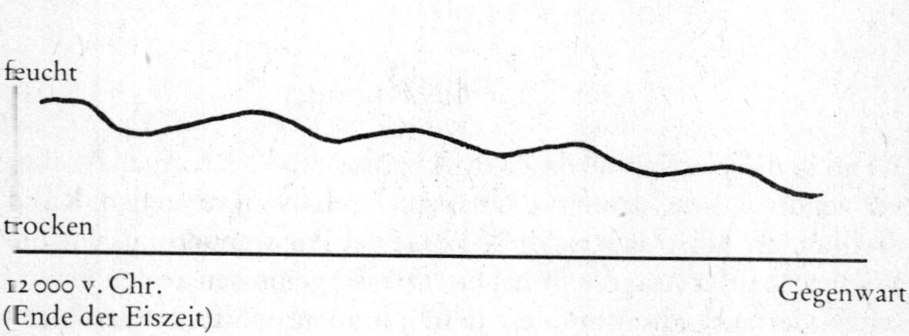

Keine sehr erfreuliche Aussicht für die Zukunft der Menschheit, wenn man sich den künftigen Verlauf der Kurve vorstellt!

Einen überzeugenden Beleg für die These von der Trockenperiode, die die Kurgan-Hirten zur Auswanderung zwang, haben russische Wissenschaftler schon vor einigen Jahrzehnten geliefert. Sie konnten in meterdicken Schlammablagerungen an einem See auf der Krim-Halbinsel, also gar nicht weit von Don und Wolga, die jährlichen Ablagerungsschichten bis über das Jahr 2400 v. Chr. zurückverfolgen und sie mit der Menge der jährlichen Regenfälle in Verbindung setzen. Dabei stellten sie für die drei Jahrhunderte zwischen 2400 und 2100 v. Chr. eine rapide Abnahme der jährlichen Regenmenge fest. Von vorher «mitteleuropäischer» Feuchtigkeit veränderte sich das Wetter in dieser kurzen Periode grundlegend in ein vorwiegend trockenes Steppenklima. Man kann sich vorstellen, was dies für Tiere und Menschen in diesem Gebiet bedeutet haben muß.

Damals gab es keine Zollgrenzen, keine Verwaltungsbürokratie und keine humanitären Hilfsorganisationen. Die Parole hieß: Hilf dir selbst, dann helfen dir die Götter. Die Menschen aus dem am stärksten betroffenen Kurgan-Volk haben sich daran gehalten. Sie haben nicht die Hände in den Schoß gelegt und nicht ihr Schicksal ergeben erwartet, sondern sind nach allen Seiten hin ausgebrochen.

In der Geschichte der Menschheit findet man immer wieder dieses ungleiche Elternpaar einer großen kulturellen Entwicklung: die äußere Not als Vater und die Tatkraft der Menschen, ihr zu entrinnen, als Mutter. Hat der Gedanke nicht auch für unsere eigene Zukunft etwas Tröstliches?

Das Ende des Anfangs

Wenn in diesem Kapitel das Wort «Explosion» des Kurgan-Volkes verwendet wurde, dann ist das natürlich relativ zu verstehen. Rund dreihundert Jahre dauerte diese Phase der Auswanderung, wie die Wissenschaftler festgestellt haben. Das ist, gemessen an den inzwischen viertausendfünfhundert Jahren indoeuropäischer Geschichte, nur ein sehr kurzer Zeitraum. Aber dreihundert Jahre sind für die Menschen, die in dieser Epoche selbst leben, ungeheuer lang. Wieviel ist seit dem Dreißigjährigen Krieg in Europa passiert, und doch ist auch der erst wenig über dreihundert Jahre her!

Die sorgfältigen Archäologen sprechen von zwei Phasen, die die Kurgan-Kultur während dieser Spanne durchgemacht hat, «Kurgan III» und «Kurgan IV», und unterscheiden sie hauptsächlich an bestimmten Mustern und Formen der hinterlassenen Tontöpfe. (Von «Kurgan I» und «Kurgan II» wird noch zu berichten sein.) Aber der Nichtfachmann fragt, was in dieser Zeit passiert ist.

Eine sehr folgenschwere Entwicklung scheint etwa in der Mitte der Auswanderungsphase eingetreten zu sein. Das westliche Nachbarvolk der Kurgan-Leute dehnte sich aus. Es waren die wehrhaften Bauern westlich des Dnjepr bis nach Rumänien hin, deren Kultur man nach einem Fundort am Pruth «Cucuteni-Kultur» genannt hat und die einen Durchzug der Auswanderer so lange erfolgreich zu verhindern wußten. Irgendwann griffen sie nach Nordosten aus und gründeten neue Dörfer am mittleren Dnjepr. Eines davon wurde bei Tripolje in der Nähe von Kiew ausgegraben. Damit war offenbar die jahrzehntelang benutzte «Nordwestpassage» für die Kurgan-Hirten verschlossen. Die Auswanderung mußte sich andere Wege suchen, aber vor allem stockte die bisher immer noch aufrechterhaltene ständige Verbindung der nach Mitteleuropa vorgedrungenen Kurgan-Leute mit der alten Heimat. Die Sprachen begannen sich auseinanderzuentwickeln, auch Moden und Bräuche änderten sich allmählich, am meisten natürlich im fremden Land Europa unter dem Einfluß der dortigen Bevölkerung. Als nach wohl über hundert Jahren auch die Cucuteni-Kultur dem ständigen Ansturm der Kurgan-Krieger erlag und der Weg wieder frei wurde, da war es schon zu spät: Die Leute im Westen und die im Osten entwickelten sich zu eigenen Völkern, langsam, aber unaufhaltbar.

Das galt sicher auch für die jungen Krieger, die in der letzten Phase der Kurgan-Ausbreitung Griechenland und das westliche Kleinasien durchzogen. Sie waren nicht mehr friedliche Auswanderer mit dem einen Ziel, der Not zu entgehen und ihren Rindern eine bessere Weide zu finden. Nein, jetzt begann die Zeit der heldischen

Abenteuer, da man fremde Städte plünderte und reiche Beute wegschleppte, wenn die Kurgan-Horde stark genug war. Ging es anders aus – nun, dann hatten es die Götter so gewollt, und der tote Krieger bekam sein würdiges Grab unter dem Hügel. Uralte Städte in Griechenland wie Lerna, Tiryns und Asine gingen damals in Flammen auf, und die Archäologen geben zögernd zu, daß dies wohl nur das Werk der ersten Indoeuropäer gewesen sein kann, die in dieses Gebiet eindrangen. Bis ins westliche Anatolien läßt sich ihre blutige Spur verfolgen, tausend Jahre vor den aus ähnlichem Geist geborenen Fahrten der Argonauten. Dabei waren die Krieger um 2200 v. Chr. sicher noch keine Griechen oder auch nur direkte Vorfahren davon – doch davon später.

Was im Ursprungsland der Kurgan-Hirten an Wolga und Don und Ural zurückblieb, können nur noch schwache Reste gewesen sein. Doch irgendwann nach diesen dreihundert Jahren war wieder einmal ein Gleichgewicht zwischen Bevölkerungs- und Herdenzahl auf der einen Seite und der Ertragsfähigkeit der Weiden auf der anderen Seite erreicht. Vielleicht wurde es auch wieder etwas feuchter. Das ausgeblutete Land und seine Menschen konnten sich erholen. Die Männer dort blieben, was ihre Vorfahren gewesen waren: Viehzüchter, die auch ein wenig Ackerbau betrieben. Sie legten ihre Gräber immer noch unter großen Hügeln an, nur daß sie die Mode angenommen hatten, die Gruben darunter zu regelrechten unterirdischen Grabkammern auszubauen. Man nennt die Kurgan-Kultur in ihrem ursprünglichen Verbreitungsgebiet nach 2200 v. Chr. daher «Katakombengräberkultur».

Was den Menschen noch blieb, war das Wissen um die große weite Welt ringsum, in der sich ihre Verwandten ihren Platz erkämpft hatten. Nur die Einheit des Kurgan-Volkes war unwiederbringlich dahin. Nach dem Völkersturm kann man nicht mehr von *einem* Kurgan-Volk sprechen, weder sprachlich noch kulturell. Die Zeit des indoeuropäischen Urvolks – wenn es je eines gegeben hat – war vorbei. Nun begann die Zeit der indoeuropäischen Einzelvölker.

Woher weiß man das alles?

Kein vergilbtes Schriftstück, kein Heldenlied, nicht einmal halb verwehte Sagen berichten von dem, was in diesem Kapitel geschildert worden ist. Dennoch hat hier nicht etwa nur blühende Phantasie gewaltet. Die Darstellung der Auswanderung der Kurgan-Hirten beruht vielmehr auf der unermüdlichen Arbeit von Wissenschaftlern aus nahezu aller Welt. Sie verwertete einige ausgewählte Stücke aus einem Puzzlespiel, mit dessen Zusammensetzung man schon seit zweihundert Jahren beschäftigt ist. Allerdings gibt es dennoch bis heute nichts weniger als ein vollständiges Bild.

Nun ist das, was berichtet wurde, unter den Fachwissenschaftlern keineswegs unumstritten – wo findet man das schon, daß Wissenschaftler über einen Punkt völlig einer Meinung sind? Jedoch bestehen Vermutungen, die sich zwar nicht beweisen lassen, für deren Wahrscheinlichkeit aber sehr viel spricht.

Nur ein Beispiel dafür: Kein Mensch kann heute mit Sicherheit sagen, ob tatsächlich die Jungmannschaft, ein Jahrgang eines Kurgan-Dorfes als Geweihter Frühling ins Ungewisse zog. Doch haben wir schriftliche Berichte aus einer fünfzehnhundert Jahre später liegenden Zeit und aus einer anderen Gegend, daß mindestens *ein* indoeuropäisches Teilvolk diese Sitte des öfteren geübt hat. In der Frühzeit Roms, bei den indoeuropäischen Latinern und Samniten in Italien, gab es den Brauch dieses Geweihten Frühlings, des «ver sacrum», der in eben den Formen und aus ähnlichen Gründen zustande kam, wie hier für die Voreltern angenommen. Gerade die alten Italiker haben in Sprache, Religion und zahlreichen anderen Einzelheiten viele der Eigenarten in eine spätere Zeit hinübergetragen, die man als Kennzeichen des Kurgan-Volkes, der Urahnen der Indoeuropäer, wissenschaftlich erschlossen hat. So liegt es nahe, auch hier eine Fortdauer uralter Gebräuche anzunehmen, und verschiedene Wissenschaftler haben diese Vermutung ausgesprochen.

Seit sich die abendländische Wissenschaft mit dem Geheimnis der gemeinsamen Herkunft der indoeuropäischen Völker beschäftigte, hat dieses Thema immer wieder die Menschen fasziniert: wo kommen wir, wir Europäer, eigentlich her? Dabei ist das Bewußtsein einer sprachlichen Zusammengehörigkeit der indoeuropäischen Völker noch gar nicht so alt. Vor zweihundert Jahren dämmerte die Erkenntnis erst – und ausgerechnet in der entferntesten Ecke der Welt, in der sich die indoeuropäische Sprache in ihrer ersten Ausbreitungsphase festgesetzt hatte: in Kalkutta in Indien.

2. Kapitel

Vater – pater – petér

Sprachforscher entdecken ein Volk

Die Spur begann in Kalkutta

1783 n. Chr., Kalkutta/Indien

Merkwürdig, höchst bemerkenswert – der Mann am Schreibtisch brummte vor sich hin und bewegte die Lippen. Schweißtropfen rannen ihm von der Stirn. Im Hintergrund des großen Zimmers hockte weiß gekleidet ein barfüßiger Inder und versuchte mit einer Purdah, einem mächtigen an der Decke befestigten Fächer, ein wenig frische Luft in den stickigen Raum hineinzuwedeln. Die Temperatur und Feuchtigkeit in Kalkutta zur Monsunzeit konnten mitunter für Europäer unerträglich sein. Doch der noch recht junge Mann am Schreibtisch war viel zu gebannt von seinem Gedankengang, auf den er beim Studium des Sanskrit immer wieder gestoßen wurde, als daß er solche Mißhelligkeiten beachtet hätte.

«ásmi, ási, ásti – ich bin, du bist, er ist», hatte er da zu lernen, um in die Anfangsgründe der uralten Literatursprache der Inder einzudringen. Sir William Jones war zwar so etwas wie ein Sprachgenie. Aber auch er mußte nun einmal Grammatik und Vokabeln pauken. Doch Sir William konnte sich nicht so recht darauf konzentrieren. Zu sehr fiel ihm, der schon mit acht Jahren Latein und mit zehn Jahren Griechisch gelernt hatte, die merkwürdige Ähnlichkeit auf: «ásmi, ási, ásti» hieß es im indischen Sanskrit, und «sum, es, est» waren die gleichen Worte im Lateinischen, «eimi, ei (aus esi), esti» im Griechischen. Ja, das sollte nicht nur das gleiche bedeuten – waren das nicht tatsächlich fast die gleichen Worte? Was Sir William an diesen Vokabeln auffiel, wiederholte sich ja bei zahlreichen anderen Worten und grammatischen Formen des altindischen Sanskrit. Mußte man da nicht einfach irgendwelche Zusammenhänge zwischen den Sprachen vermuten?

Derlei Sprachstudien waren für einen «Chief Justice of the Supreme Court of Judicature, Bengal», für den Oberrichter der Ostindischen Handelskompanie von Kalkutta in Bengalen, im Jahr 1783 ein höchst ungewöhnliches Unterfangen. Zum Verkehr mit den indischen Eingeborenen hatte man Dolmetscher. Was ging einen vornehmen Engländer eine Eingeborenensprache an? Denn für die meisten hohen Beamten der Ostindischen Kompanie, für diese Lords und Kaufleute aus Old England, waren Inder nur Objekte, mit denen man gewinnbringend Handel treiben und deren Land man sich nach und nach, auf friedlichem oder weniger friedlichem Wege, aneignen konnte. Dieser Aktiengesellschaft englischer Kapitalisten des 18. Jahrhunderts gehörte in Indien schon mehr Landbesitz, als England Quadratmeilen zählte. Der berühmt-berüchtigte Generalgouverneur der Ostindien-Kompanie, Warren Hastings, regierte noch und pfiff dabei auf vorher abgeschlossene Verträge mit indischen Fürsten, wenn er nur das von der Kompanie verwaltete Gebiet erweitern konnte.

Sir William Jones, der Oberrichter, war wirklich ein weißer Rabe. Ausnahmsweise verdankte er es wohl weniger politischen Gründen und Beziehungen, sondern vielmehr seinen gerühmten Rechtskenntnissen und vor allem seiner tiefgründigen Sprachgelehrsamkeit, daß er ungewöhnlich jung, mit 37 Jahren nämlich, zu diesem hohen Amt berufen und von London nach Kalkutta geschickt wurde und als Draufgabe den Adelstitel «Sir» erhielt. Schon als junger Student beherrschte er neben dem damals selbstverständlichen Latein und Griechisch noch Hebräisch, Arabisch, Chinesisch und Persisch, gar nicht gerechnet die europäischen Sprachen Deutsch, Italienisch, Französisch, Spanisch und Portugiesisch. Er hatte persische und arabische Gedichte übersetzt, eine seinerzeit unter den englischen Juristen vielgerühmte juristische Abhandlung geschrieben – kurz, er war eines der Wunderkinder, wie sie nur in großen Abständen auf die Welt kommen.

In Kalkutta angelangt, stürzte er sich auf das Erlernen des Sanskrit. Er beherrschte es bald so perfekt, daß er zwei große klassische Werke der altindischen Literatur, das Gedicht «Sakuntala» und «Manus Gesetzbuch» erstmals in eine europäische Sprache übertrug. Unbekümmert um die kriegerischen Zeitläufte im Indien seiner Zeit, unberührt von der schimpflichen Abberufung Warren Hastings', ohne sich viel um die Kriege der Ostindien-Kompanie mit dem indischen Fürsten Tippu Sahib von Mysore zu kümmern, lebte Sir William seinen Rechtsfällen – und noch mehr der Bewunderung für die alte indische Kultur, die sich ihm durch seine Sprachstudien erschloß. Schon ein Jahr nach seiner Ankunft in Kalkutta, 1784, gründete er dort mit einigen gleichgesinnten Engländern die «Asiatische Gesellschaft von Bengalen» und wurde deren Präsident. In der von dieser Gesellschaft, sprich von Sir William Jones, herausgegebenen Zeitschrift wurden erstmals zahlreiche Proben asiatischer Literatur in Übersetzung in Europa bekannt.

Bei der Jahreshauptversammlung dieser Gesellschaft im Jahre 1786 – in Preußen starb in diesem Jahr Friedrich der Große, und Sir William war knapp drei Jahre in Indien und erst 40 Jahre alt –, da hielt er einen Vortrag, in dem er die Erkenntnisse aus seinen Anfangsstudien des Sanskrit in Worte faßte: «Das Sanskrit steht dem Lateinischen und Griechischen sowohl in seinen Wortwurzeln wie auch in seinen grammatischen Formen zu nahe, als daß dies ein Zufall sein könnte, ja, so nahe ist es ihnen, daß kein Philologe alle drei Sprachen untersuchen kann, ohne zu dem Glauben zu kommen, daß sie aus einer gemeinsamen Wurzel, die vielleicht nicht mehr existiert, entsprungen sind. Es besteht ein ähnlicher Grund zu der Vermutung, daß sowohl das Gotische (gemeint ist das Germanische) wie das Keltische ... denselben Ursprung wie das Sanskrit haben, und das Altpersische könnte man vielleicht zu derselben Familie rechnen.»

Das war ein erster Gedankenblitz, der späteren Forschern den richtigen Weg wies; man kann, wenn man will, diese Stunde als den Anfang der indogermanischen Sprachwissenschaft bezeichnen, mit deren Hilfe ein Volk entdeckt wurde, von dessen Existenz vorher niemand geträumt hatte. Sir William Jones selbst hat daran allerdings nicht mehr mitwirken können. 1794 schon starb er in Kalkutta mit nur 48 Jahren, hoch geehrt von der Ostindischen Kompanie.

Zehn-Minuten-Kurs in vergleichender Sprachwissenschaft

Man weiß nicht genau, ob der Begründer der indogermanischen Sprachwissenschaft in *Europa*, Franz Bopp, diese Worte des um eine Generation älteren Sir William Jones je gelesen hat. Franz Bopp (1791–1863) studierte in Paris die orientalischen Sprachen und kam zu der gleichen Schlußfolgerung wie der Oberrichter im fernen Kalkutta. «Über das Conjugationssystem der Sanskritsprache in Vergleichung mit jenem der griechischen, lateinischen, persischen und germanischen Sprache» hieß der umständliche Titel seines ersten Hauptwerkes, erschienen im Jahr 1816. Es klingt wie eine Wiederaufnahme der These Sir William Jones'.

Auch andere Wissenschaftler drangen fast gleichzeitig in das Thema ein, bienenfleißig an ihren Schreibtischen, so vor allem der Däne Rasmus Rask (1787–1832) und der Deutsche Jacob Grimm (1785–1863), uns Heutigen besser bekannt als einer der «Brüder Grimm» und Mitsammler der «Grimmschen Märchen».

Die zusammenfassende Bezeichnung für die in Umrissen allmählich aus dem Nebel der Vorgeschichte auftauchende Sprachgemeinschaft steuerte ein Außenseiter bei, ein Philologe Klaproth. Er prägte den Namen «Indogermanen» in einem heute verstaubten Sammelwerk «Asia polyglotta» (1823). Die indische Sprache war damals bereits als der am weitesten nach Osten verbreitete Ableger der gemeinsamen Ursprache bekannt, die germanische Sprache – die «Mutter» des Deutschen, des Englischen, des Norwegischen usw. – als der westlichste Ausläufer. Die geographische Spannweite der Sprachgruppe auszudrücken war der Sinn dieses Wortes. Der Name «Indogermanen» blieb haften, insbesondere in Deutschland, obwohl Franz Bopp selbst stets von «Indoeuropäern» schrieb.

Im übrigen Europa sprechen die Wissenschaftler bis heute fast ausschließlich von Indoeuropäern. Dieser Übung schließt sich dieses Buch im allgemeinen an – nicht um den «verfemten» Namen Germanen zu vermeiden, sondern weil «indoeuropäisch» viel besser die sprachliche, kulturelle und geschichtliche Zusammengehörigkeit fast aller europäischen Völker ausdrückt, auf die es hier ankommt. Nur dort, wo speziell von der auf diese Gruppe bezogenen

Sprach*wissenschaft* die Rede ist, wird die nun einmal in Deutschland dafür offizielle Bezeichnung «Indogermanistik» gewählt.

Einigen englischen Wissenschaftlern – und den Nationalsozialisten in Deutschland – blieb es vorbehalten, noch eine dritte Bezeichnung für die Indoeuropäer einzuführen: die «Arier». Wer es im «Dritten Reich» in Deutschland zu etwas bringen wollte, mußte «rein arische» Vorfahren nachweisen. Praktisch bedeutete das, daß eine jüdische Großmutter oder Urgroßmutter im Stammbaum den Ausschluß eines Bewerbers von jeder höherwertigen Tätigkeit, wenn nicht Schlimmeres zur Folge hatte. In Wirklichkeit hat der Begriff Arier aber überhaupt nichts mit den Menschen*rassen* zu tun, wie es Hitlers Ideologen auslegten, sondern ist eine in der *Sprach*wissenschaft gebräuchliche Bezeichnung für einen Teilzweig der indoeuropäischen Sprachfamilie. Die altindische und die altpersische Sprache sind so eng verwandt, daß man eine gemeinsame Herkunft annehmen muß. Diese uns unbekannte «Mutter-Sprache», eine Art Mittelglied zwischen einer noch ungeteilten indoeuropäischen Grund- oder Gemeinsprache und den Einzelsprachen Altindisch und Altpersisch, nennt man «arisch». «Aryas», die Edlen, so hatten sich gleicherweise vor über zweieinhalb Jahrtausenden die freien indoeuropäischen Inder und Perser bezeichnet.

«Sprachvergleichung» – das war das Zauberwort, mit dem die Philologen vor hundertfünfzig Jahren die Geheimnisse einer seit viertausend Jahren nicht mehr gesprochenen und nie schriftlich fixierten Sprache Stück um Stück aufdeckten. Da nahm beispielsweise einer der «Vorväter» der indogermanischen Sprachwissenschaft das hochdeutsche Wort «Vater» und suchte seine Entsprechungen in anderen Sprachen:

deutsch	Vater
gotisch	fader
englisch	father
lateinisch	páter
griechisch	patér
altirisch (keltisch)	athir
avestisch (altpersisch)	pitar
altindisch	pitar

Als einmal der Bann gebrochen und den Gelehrten die Augen für das Ähnliche, Entsprechende geöffnet war, da fand man immer neue Wortreihen mit gleicher oder fast gleicher Bedeutung und ähnlicher Wortform im Kreise der indoeuropäischen Sprachen. Allerdings gibt es wohl kein Wort, das in *allen* uns bekannten Sprachen dieser Familie aufgefunden werden kann. Dazu haben diese Völker und ihre Sprachen in den vergangenen viertausend Jahren zu unterschiedliche Schicksale gehabt. Worte sind verlorengegangen, und neue wurden gebildet. Aber wenn ein Wort in der deutschen, lateinischen, griechischen und slawischen Sprache, ein anderes im Altindischen, Griechischen, Slawischen und Keltischen, ein drittes im Keltischen, Lateinischen und Germanischen nachgewiesen werden kann – und solche «Gleichungen» gibt es inzwischen zu Tausenden –, dann ist an der Verwandtschaft *aller* dieser Sprachen untereinander nicht zu zweifeln.

Nicht nur die Worte, ihre Bedeutungen und Formen sind sich ähnlich, auch in der Grammatik gibt es überzeugende Übereinstimmungen, zum Beispiel in der Beugung (Flexion) der Haupt- und Tätigkeitswörter. Betrachten wir noch ein weiteres Beispiel, das Wort «tragen», dessen althochdeutsche Entsprechung «beran» heißt – von diesem Wort ist unser neuhochdeutsches «gebären» abgeleitet, und das englische «to bear» = tragen ist damit verwandt.

deutsch	althochd.	altslaw.	lateinisch	griechisch
ich trage	biru	bera	fero	phero
du trägst	biris	beresi	feris	phereis
er trägt	birit	beretu	ferit	pherei
wir tragen	berames	beremu	ferimus	pheromen
ihr tragt	beret	berete	feritis	pherete
sie tragen	berant	beratu	ferunt	pheront

Sehr früh erkannte man auch die sogenannten «Lautgesetze», mit denen man zahlreiche ganz regelmäßige Lautverschiebungen zwischen den einzelnen Sprachen in Regeln festhalten konnte, z. B.

einem «e» im Griechischen, Lateinischen und Slawischen entspricht ein «a» im Altindischen und ein «i» im Gotischen (Germanischen): septem (lateinisch), sapta (altindisch), sibun (gotisch), sieben (deutsch).

Oder:

dem «bh» (einem Hauchlaut) im Altindischen (z. B. bhrater) entspricht ein «f» im Lateinischen (frater) und ein «b» im Gotischen und Deutschen (brothar, Bruder).

Beide Gesetze ließen sich schon beim Wort «fero – biru – tragen» beobachten.

Mit Hilfe dieser Lautgesetze gelang den Sprachforschern sogar die Rekonstruktion von Wörtern der indoeuropäischen Grundsprache, indem sie gewissermaßen die gesetzmäßigen Lautveränderungen in den späteren Einzelsprachen «subtrahierten». Im Grunde war dies eine größere wissenschaftliche Leistung als die Entzifferung der ägyptischen Hieroglyphen, für die der berühmte Champollion immerhin eine säuberliche griechische Übersetzung vorfand.

«Das Schaf und die Rosse»

1863 n. Chr., Jena/Deutschland

«Kinder, seid leise», mahnte die Mutter, als die drei Kinder wieder einmal allzu laut die enge Treppe des alten Häuschens heruntersprangen. «Vater muß sich heute ganz besonders konzentrieren.» Doch der Älteste, Wilhelm, ließ sich damit nicht abspeisen. «Warum sollen wir denn heute so besonders still sein?» fragte er zurück. «Vater sitzt doch auch sonst immer in seinem Studierzimmer und schreibt.» Der Dreizehnjährige konnte mit der Antwort wahrscheinlich nicht viel anfangen: «Weil Vater heute eine Geschichte in einer Sprache schreibt, die kein Mensch seit vielen tausend Jahren gesprochen hat und die auch bisher nie aufgeschrieben worden ist.»

Drinnen im Studierzimmer des Honorarprofessors für vergleichende Sprachkunde an der Universität Jena, August Schleicher, sah es wüst aus. Aufgeschlagene Bücher, Notizzettel, Stapel handgeschriebener Manuskripte lagen auf jedem Tisch, jedem Stuhl, ja selbst auf dem Fußboden. Und das Papierblatt auf dem Schreibtisch des Professors war voller Durchstreichungen und Änderungen. Als er aufatmend den Gänsekiel aus der Hand legte, las er sein Werk nicht ohne Stolz noch einmal durch. Er hatte als erster Mensch ein paar Sätze in einer verschollenen Sprache niedergeschrieben, in Indogermanisch. Und so lautete der Text:

Avis akvāsas ka

Avis, jasmin varnā na ā ast, dadarka akvams, tam, vāgham garum vaghantam, tam, bharam magham, tam, manum āku bharantam. Avis akvabhjams ā vavakat: kard aghnutai mai vidanti manum akvams agantam.

Akvāsas ā vavakant: krudhi avai, kard aghnutai vividvant-svas: manus patis varnām avisāms karnauti svabhjam gharmam vastram avibhjams ka varnā na asti.

Tat kukruvants avis agram ā bhugat.

Als Professor Schleicher diese kurzen Sätze wenig später, im Herbst 1868, in der von ihm begründeten und redigierten Zeitschrift «Kuhn-Schleichers Beiträge zur vergleichenden Sprachforschung» veröffentlichte, schrieb er dazu: «Die folgende Übersetzung ist natürlich für jeden, der im Indogermanischen einigermaßen zu Hause ist, überflüssig.» Da er aber doch wohl richtigerweise annahm, daß nur wenige seiner Leser so perfekt im Indogermanischen wie er selbst waren, fügte er dennoch die Übersetzung hinzu:

Das Schaf und die Rosse

Ein Schaf, auf welchem Wolle nicht war (ein geschorenes Schaf), sah Rosse, das eine einen schweren Wagen fahrend, das andere eine große Last, das andere einen Menschen schnell tragend. Das Schaf sprach zu den Rossen: Das Herz wird beengt in mir (es tut mir herzlich leid), sehend den Menschen die Rosse treiben.

Die Rosse sprachen: Höre, Schaf, das Herz wird beengt in den gesehen-habenden (es tut uns herzlich leid, da wir wissen): der Mensch, der Herr macht die Wolle der Schafe zu einem warmen Kleide für sich und den Schafen ist nicht Wolle (die Schafe aber haben keine Wolle mehr, sie werden geschoren; es geht ihnen noch schlechter als den Rossen).

Dies gehört habend bog (entwich) das Schaf auf das Feld (es machte sich aus dem Staube).

Es tut dem Ruhm August Schleichers, als erster das Wagnis der Wiedererweckung einer nie geschriebenen Sprache unternommen zu haben, keinen Abbruch, daß die Wissenschaft weiterging. Einige Jahrzehnte später schrieb ein anderer deutscher Professor der Indogermanistik, Hermann Hirt, die gleiche Fabel noch einmal auf «ur-indogermanisch» nieder, und nun lautete sie ganz erheblich anders. Heute, über hundert Jahre nach August Schleicher, ist man in Wissenschaftlerkreisen sehr viel vorsichtiger geworden. Heute würde es kein Fachmann mehr wagen, diese Geschichte nochmals auf «indogermanisch» zu schreiben. Man weiß zu gut, daß trotz zweihundertjähriger Forschungsarbeit die Ursprache der Indoeuropäer immer noch voller Rätsel und Fragezeichen steckt. Dabei gibt es heute dicke Wörterbücher des Indogermanischen mit Tausenden von indirekt erschlossenen Worten, denen die Wissenschaftler zum Zeichen, daß man sie nie schriftlich festgehalten und überliefert hat, vorsichtshalber ein Sternchen (*) voranstellen.

Urahne, Großmutter, Mutter und Kind

Gab es überhaupt eine indoeuropäische «Ursprache»? Konnte es sie geben, ein einheitliches Idiom, aus dem sich dann in immer wieder neuer Abspaltung die vielen späteren indoeuropäischen Einzelsprachen entwickelt haben? Dieser ursprünglichen These der ersten Indogermanisten, die insbesondere von dem uns schon bekannten Professor Schleicher aufgestellt worden war, ist später heftig widersprochen worden. Nehmen wir doch einmal ein nicht so lange zurückliegendes Beispiel. Unsere hochdeutsche Sprache, wie wir sie in Büchern und Zeitungen lesen und im Radio, im Fernsehen und auf der Bühne hören, ist erst, wie man weiß, im Lauf der letzten fünfhundert Jahre allmählich als einheitliche Schrift- und Hochsprache entstanden. Nicht zuletzt Martin Luthers Bibelübersetzung hat viel dazu beigetragen, die vorher im deutschen Sprachraum auch schriftlich benutzten Dialekte (Niederdeutsch, Sächsisch, Fränkisch, Bayerisch, Alemannisch usw.) zu vereinheitlichen und daraus eine allen Deutschen verständliche gemeinsame Hochsprache zu formen. Kaum anders verlief die Entwicklung in anderen modernen Sprachen.

Dieses Wissen hat manche Sprachforscher dazu gebracht, nicht eine einheitliche Ursprache als Anfang der indoeuropäischen Sprachfamilie anzunehmen, sondern eine unübersehbare Vielfalt von Dialekten, ja sogar ganz verschiedener Sprachen, die sich erst im Laufe der Jahrhunderte und Jahrtausende einander angeglichen hätten. Aber auch diese These kann so in ihrer Absolutheit nicht stimmen. Denn je weiter wir in der Geschichte und Vorgeschichte zurückgehen, desto kleiner wird die Zahl der Menschen, die gleichzeitig lebten. Auch wenn jeder Stamm, jede Horde von 50 oder 100 Menschen einen etwas anderen Dialekt entwickelte als die Nachbarhorde – und davon darf man angesichts der großen leeren Räume zwischen den einzelnen Menschengruppen damals ruhig ausgehen –, so begrenzt sich doch die Zahl solcher abweichenden Idiome ganz von selbst.

Unterschiedliche Sprachentwicklung, das heißt Aufspaltung einer vorher einheitlicheren Sprache durch zunehmende Isolation von Menschengruppen auf der einen Seite – und Sprachangleichung auf der anderen Seite, zum Beispiel durch Unterwerfung einer Menschengruppe durch eine anderssprachige Herrenschicht, durch regen Handelskontakt mit Nachbarn: beide Faktoren dürften sich ständig überkreuzt und auf die menschlichen Sprachen in aller Welt eingewirkt haben. Dies wird so gewesen sein, seit es dem altsteinzeitlichen Affenmenschen erstmals gelang, Töne zur gegenseitigen Verständigung hervorzubringen, die über ein Grunzen und Kreischen hinausgingen.

Irgendeine eng verwandte, wenn auch von Anfang an in Dialekte gegliederte «Ursprache» wird man also als «Großmutter» der indoeuropäischen Sprachfamilie annehmen dürfen. Es gibt neuerdings Forscher, die sich an Hand der Sprachen noch weiter in die Vorgeschichte zurückarbeiten, bis ans Ende der Altsteinzeit. Damals, vor 10000 oder 15000 Jahren, so vermuten sie, muß eine gemeinsame Wurzel nicht nur für die indoeuropäischen, sondern praktisch für alle heute noch im nördlichen Asien, Europa und Nordafrika benutzten Sprachen existiert haben: also für das Semitische und Hamitische (heute u. a. die Sprachen der Araber, der Juden und Berber, aber auch der alten Ägypter), das Finnisch-Ugrische (die gemeinsame Ursprache der Finnen, Esten und Ungarn), die Turk-Sprachen (Türkisch und verwandte Sprachen) sowie eine Reihe anderer. In westeuropäischen Forscherkreisen wird diese vermutete «Urahnen-Sprache» als «nostratisch» bezeichnet; sowjetische Philologen, die sich viel damit beschäftigt haben, nennen sie «boreisch» (sprich borē-isch, aus dem Griechischen = aus nördlichen Zonen stammend).

Aber so weit wollen wir in diesem Buch gar nicht in die Vergangenheit zurückwandern. Beschränken wir uns auf die viertausendfünfhundert Jahre, über die man bestenfalls die indoeuropäische Sprachgemeinschaft verfolgen kann.

Welche Sprachen gehören denn nun zu dieser Familie? Viele sind in dieser langen Zeit nie aufgeschrieben worden und für uns Heutige ohne jede Spur verschollen. Von etlichen anderen indoeuropäischen Sprachen kennen wir nur die Namen und ein paar zufällig bewahrte Wörter. Andere haben sich in einem ungeheuren Siegeszug über riesige Landstriche und große Bevölkerungsmassen verbreitet. Einige davon vererbten ihren Grundbestand weiter an eine große Zahl von «Tochtersprachen», wie wir sie heute in Europa und in Teilen Asiens vorfinden.

Die Übersichtstabellen über die wichtigsten indoeuropäischen Sprachen und ihre Entwicklung, die im Anhang (Seiten 593 bis 598) zu finden sind, versuchen, diese Sprachen sowohl nach ihren ursprünglichen geographischen Verbreitungsgebieten wie in ihrer zeitlichen Abfolge zu gliedern. Man sieht daraus, daß die meisten heute noch lebendigen Sprachen dieser Familie sich erst verhältnismäßig spät aus nur wenigen verbliebenen «Mutter-Sprachen» weiterentwickelt haben.

Über die engere oder weitere sprachliche Verwandtschaft innerhalb dieser so großen und weitverzweigten Familie sagt die Tafel nichts aus. Dazu wird an den passenden Stellen dieses Buches mehr erklärt werden.

Auch die *heutige* Verbreitung der indoeuropäischen Sprachen über die Erde kann nicht aus der Tafel entnommen werden. Denn die zweite Großphase der Ausbreitung dieser Sprachen von Europa aus über den ganzen Erdball geschah im wesentlichen in den letzten fünfhundert Jahren, in der Zeit der Entstehung der spanischen, portugiesischen, französischen, englischen und russischen Kolonialreiche. Sie ist nicht mehr Gegenstand dieses Buches.

Immerhin – ist es nicht auch ein Beweis für die seltsame dynamische Kraft der indoeuropäischen Sprachen, daß heute unter den dreizehn Sprachen der Erde, die von den meisten Menschen als *Mutter*sprache verwendet werden, neun indoeuropäische sind? Noch deutlicher wird die vielseitige Verwendbarkeit dieser Sprachen darin, daß einige davon, nämlich Englisch, Spanisch und Französisch, offizielle Staatssprachen in zahlreichen vielsprachigen Entwicklungsländern und darüber hinaus in weiten Teilen der Welt die allgemein verstandenen Handelssprachen sind.

Die heute häufigsten Sprachen der Welt

1.	Chinesisch	Muttersprache von 780 Mio Menschen
2.	Englisch	320
3.	Hindi	220
4.	Spanisch	215
5.	Russisch	142
6.	Deutsch	110
7.	Japanisch	105
8.	Bengalisch	100
9.	Arabisch	100
10.	Portugiesisch	100
11.	Malayisch	87
12.	Französisch	70
13.	Italienisch	62

Sprachen als übernationale Staatssprachen

1.	Englisch	in	34 Staaten
2.	Arabisch		29
3.	Spanisch		24
4.	Französisch		21
	Deutsch		4

Indoeuropäische Sprachen unterstrichen

Die Umrisse einer Kultur werden sichtbar

Während der Streit der Sprachwissenschaftler um Aufspaltung oder Angleichung der indoeuropäischen Sprachen weiterging, entdeckten die vielen daran beteiligten Forscher aus zahlreichen Nationen in ihren Studierstuben nicht nur eine nie aufgezeichnete Sprache wieder. Schon das war an und für sich ein Wunderwerk des menschlichen Geistes. Doch das Wunder ging noch weiter. Denn aus den im 19. Jahrhundert allmählich zusammengetragenen Wörterbüchern der indoeuropäischen «Ursprache» wurden mit der Zeit die Umrisse auch des Lebens und der Kultur jener Menschen sichtbar, die einst diese Sprache benutzt hatten.

Die Linguisten hatten im Laufe der Zeit zu unterscheiden gelernt: Da gab es Worte und Wortgruppen, die tatsächlich bereits in der «Ursprache» der noch ungeteilten Indoeuropäer – die in diesem Buch meist «Kurgan-Leute» genannt werden – in Gebrauch gewesen sein mußten. Denn davon abgeleitete Worte waren etwa sowohl aus dem indischen Sanskrit wie aus dem Germanischen oder dem Griechischen bekannt. Man konnte auch ihren ursprünglichen Sinn enträtseln, indem man die zum Teil veränderten Bedeutungen in den «Tochtersprachen» miteinander verglich. Andere Begriffe fanden sich aber nicht mehr übereinstimmend in *allen* verschiedenen Zweigen der indoeuropäischen Sprachen, sondern beispielsweise nur noch bei den späteren «Europäern» oder sogar nur bei dem einen oder anderen später ausgebildeten Einzelvolk. Sie konnten offenbar erst entstanden oder auch von fremden Völkern übernommen worden sein, nachdem einzelne Kurgan-Gruppen ihre weiten Wanderungen angetreten und sich vom Sprachaustausch mit dem Rest des Volkes abgespalten hatten.

Exerzieren wir die Methode der Sprachwissenschaftler an einem einzigen Wort durch, am Wort für «Schaf». Wir haben es schon in der Fabel Professor Schleichers kennengelernt. Dort lautet es «avis». Moderne Indogermanisten bevorzugen die Schreib- oder richtiger Ausspracheweise *«ou̯is» (gesprochen etwa «ouwis»). Denn sie meinen, die ursprüngliche Aussprache müsse so gelautet haben, daß sich sowohl das «ávih» der alten Inder, das «chawi» der Hethiter, das «ois» der Griechen, das «ewe» im Altenglischen (Germanischen), das «oi» im Altirischen (Keltischen), das «avis» der heutigen Litauer wie das «ovis» der lateinischen Sprache daraus entwickeln konnte. Das germanisch-deutsche Wort «Schaf» scheint von einer ganz anderen Wortwurzel zu stammen – was aber für sich noch kein Beweis ist, daß die Vorfahren der Germanen das Schaf noch nicht kannten. Vielleicht bezeichnete dieses Wort («skaf» im Althochdeutschen, «sceap» im Altangelsächsischen) ursprünglich nur eine bestimmte Art von Schaf, etwa ein Muttertier, und das gemein-indoeuropäische Wort für die Gattung ist später in den germanischen Sprachen durch das Spezialwort verdrängt worden.

Dieser kleine und sehr abgekürzte Einblick in die mühsame Arbeit der Rekonstruktion der richtigen «Urform» indoeuropäischer Worte aus den Lexika zahlreicher Einzelsprachen möge genügen. Es reicht für uns die Feststellung, daß offenbar dem alten Kurgan-Volk vor dessen Teilung das kleine genügsame Herdentier gut vertraut war, das Fleisch, Milch und Wolle lieferte. Für die Ziege gibt es dagegen keine durchgehende indoeuropäische Wortgleichung.

August Schleicher hatte seine Fabel in «Altindogermanisch» daher nicht ohne Grund um das Wort Schaf herum komponiert. Ein anderes Schlüsselwort in dieser Fabel ist «akvo», von modernen Indogermanisten *«eku̯o» (sprich «ekwo») geschrieben. Es ist das gemein-indoeuropäische Wort für Pferd (lateinisch z. B. «equus»). Aber ein gemeinsames Wort für «reiten» fehlt in der Kurgan-Sprache. Professor Schleicher mußte daher eine mühsame Umschreibung wählen: «... akvams ... manu āku bharantam – Pferde ... einen Menschen (Mann!) schnell tragend ...». Er ahnte nicht, daß er damit in seiner Fabel einen Stilbruch beging. Denn erst nach seiner Zeit kam man darauf, daß die frühen Indoeuropäer, die diese «Ursprache» benutzten, nicht nur das Wort, sondern wohl auch die Tätigkeit des Reitens noch gar nicht kannten.

Aus dem Vorhandensein oder Nichtvorhandensein von Worten auf die Kenntnis oder Nichtkenntnis der damit bezeichneten Sachen oder Tätigkeiten zu schließen – dieses von Indogermanisten und Historikern in den letzten hundert Jahren entwickelte System nennt man «linguistisch-kulturhistorische Methode» oder auch «linguistische Paläontologie». Es hat uns trotz mancher Irrwege eine erstaunliche Kenntnis über den Kulturzustand der frühen Indoeuropäer beschert.

So hat man allein aus sprachwissenschaftlichen Überlegungen gefolgert, daß für die frühen Kurgan-Leute die Viehzucht die wichtigste Wirtschaftsform gewesen sein muß. (Im folgenden werden statt der theoretisch erschlossenen Worte der «Kurgan-Sprache» die deutschen Begriffe in Anführungszeichen verwendet.) Sie wußten, wie man Tiere «zähmt» (wörtlich «ans Haus gewöhnt»). Ihre Herden von «Rindern», «Schafen» und «Pferden» bildeten ihren Reichtum, denn das Wort für «Vermögen» entsprach ursprünglich der Sammelbezeichnung «Vieh» (im Lateinischen «pecunia» = Vermögen von «pecus» = Vieh). «Rinder», vielleicht später auch «Pferde» wurden ins «Joch» gespannt und zogen «Karren», deren «Räder» sich um «Achsen» drehten. Das «Fleisch» der Tiere wurde «gekocht» oder «gebraten», auch «Milch», «Butter» und «Käse» gegessen sowie die «Wolle» verarbeitet, «gewebt».

Auch den Ackerbau müssen die Indoeuropäer vor ihrer Aufspaltung bereits gekannt haben, wenn auch offenbar nur in ersten Ansätzen. Die primitive Getreidepflanze «Spelt» war ihnen allen vertraut, ebenso das «Säen», jedoch noch nicht der Pflug, denn das Wort hierfür taucht nur in den westindoeuropäischen Sprachen (Lateinisch, Germanisch, Keltisch) gemeinsam auf.

Das Kurgan-Volk wohnte nicht etwa in leichtbeweglichen Leder- oder Stoffzelten, sondern in «Häusern» mit «Türen», «Pfosten», «Dach», in denen sich ein «Zimmer» (eigentlich «Grube») mit einem «Herd» befand. Die Häuser standen in «Dörfern» zusammen, die häufig mit einem «aufgeschütteten» Erdwall umgeben waren und dann eine «Burg» bildeten.

Zum «Kochen» benutzten die Kurgan-Frauen «Kessel» und «Töpfe» aus Ton, der vor dem Brennen «geknetet» werden mußte. Diese Tätigkeit des «Knetens» hieß auf «kurganisch» *«dheigh»; davon kommt unser deutsches Wort Teig. Die Worte für «Hammer» und «Beil», «Messer» und «Säge» waren allen frühen Indoeuropäern wohlbekannt, also doch auch diese Werkzeuge, damals sicherlich noch aus Stein (meist Feuerstein) sorgfältig geschliffen. «Nadeln» werden wohl aus Knochen hergestellt worden sein. Nach den sprachlichen Feststellungen muß das Kurgan-Volk «Dolche», «Bogen» und «Pfeile» als Waffen gekannt haben, wohl auch ein Metall, «aios», das wahrscheinlich Kupfer bedeutete. Aber Fachbegriffe für die Gewinnung und Verarbeitung dieses Metalls fehlen aus der voreinzelsprachlichen Zeit, so daß man folgern muß, daß nur einzelne, bereits bearbeitete Kupferstücke von höher entwickelten Nachbarvölkern eingetauscht wurden.

Auch geistige Vorstellungen konnten aus der gemeinsamen sprachlichen Überlieferung erschlossen werden. Dem Namen des obersten Gottes des Kurgan-Volkes, des «Vaters des Strahlenden» (Himmels), *«Dieus petér», werden wir in diesem Buch noch bei vielen indoeuropäischen Völkern in nur wenig veränderter Form begegnen. Pferde waren offenbar heilige Tiere, denn Pferdeopfer sind sowohl etwa von den alten Indern wie von den frühen Griechen, Germanen und zahlreichen anderen frühen indoeuropäischen Völkern bekannt.

Schließlich konnten auch die Grundzüge der sozialen Ordnung im alten Kurgan-Volk mit der «linguistisch-kulturhistorischen Methode» weitgehend aufgehellt werden. Hierzu wird an den geeigneten Stellen dieses Buches das Nötige gesagt werden.

Wenn man das alles zusammennimmt, was allein die Sprachwissenschaft über die materielle Kultur, die Umgebung, das Handeln und Denken dieses Volkes zutage gefördert hat – eines Volkes, das vor mindestens viertausendfünfhundert Jahren gelebt hat und über das kein schriftliches Dokument berichtet –, dann kann man nur staunen.

Die zuvor erwähnten Beispiele werfen auch ein wenig mehr Licht auf die Art der Mosaiksteine, die bei der reportagehaften Darstellung des Lebens und Denkens des Kurgan-Volkes im ersten Kapitel, aber auch in weiteren Teiles dieses Buches verwendet worden sind.

Professorenstreit um die «Urheimat»

Wenn es eine indoeuropäische Ursprache gab – so fiel den Sprachforschern mit der Zeit auf –, und Menschen, die diese Sprache benutzten, ein Volk mit bestimmten kulturellen Eigenarten, dann wäre es ja vielleicht möglich, von ihm archäologische Hinterlassenschaften aufzufinden. Und weiter: Dieses Volk mußte irgendwo einen bestimmten Wohnsitz gehabt haben, ehe es sich in grauer Vorzeit in die späteren indoeuropäischen Teilvölker, in Griechen, Inder, Germanen und Kelten aufzuspalten begann. Ursprache, Urvolk und Urheimat der Indoeuropäer – das waren die Stichworte, um die eine der längsten und heftigsten Auseinandersetzungen in der europäischen Wissenschaft ausgetragen wurde.

Hier ging es nun nicht mehr um bloße philologische Feinheiten – ob etwa die Endung «-tai» der 3. Person Singular im Medium des griechischen, des Sanskrit- und des indogermanischen Verbs ursprünglich einmal «-tati» gelautet haben mochte, ein Streit, den August Schleicher mit seinen Berufskollegen austrug. Sondern hier standen Fakten der Geschichte zur Diskussion, die auch ein interessierter Laie begreifen konnte. Für Vorgeschichte begeisterte Oberlehrer, Pfarrer und Prinzen ergriffen Partei und machten die Suche nach der indoeuropäischen Urheimat zu einer Art nationalen Angelegenheit.

«Man kann nicht leugnen, daß es eine Aufgabe von hervorragender Wichtigkeit ist, zu erkennen, von wo dieser Sprachstamm, der bedeutendste und energievollste der Welt, ausgegangen ist», schrieb der deutsche Indogermanist Herman Hirt im Jahr 1905. Es dauerte nicht lange, da waren die Spalten nicht nur indogermanistischer Fachzeitschriften gefüllt mit mehr oder weniger scharfsinnigen Auseinandersetzungen um die «Ost-These» und die «Nord-These».

Die «Nord-These»: das war die Behauptung, daß die Wiege der Indoeuropäer im Norden Europas gestanden habe, vorzugsweise in der norddeutschen Tiefebene zwischen Weser und Weichsel. Eine Menge von Gründen wurde dafür ins Feld geführt. Sprachwissenschaftliche Argumente waren noch die sachlichsten. Mit Hilfe der bereits erwähnten «linguistisch-historischen Methode» sucht man nach allen indoeuropäischen Teilvölkern gemeinsamen, also «ur-indoeuropäischen» Worten für charakteristische Tiere. Pflanzen und Naturerscheinungen. Und man bemühte sich dann, eine Gegend ausfindig zu machen, in der alle diese Pflanzen, Tiere oder Naturerscheinungen vorkommen konnten: diese mußte die indoeuropäische «Urheimat» sein.

In manchen älteren Geschichtsatlanten findet man unter der Überschrift «Frühe Ausbreitung der Indogermanen» Karten von Europa mit geheimnisvollen Grenzlinien: «Ostgrenze der Buche», «Verbreitungsgebiet des Lachses» heißt es da wohl zur Erklärung.

Das «Buchen-Argument» hat neben vielen anderen lange eine wichtige Rolle in der Indogermanistik gespielt. Da hatte man entdeckt, daß mehrere indoeuropäische Einzelvölker ein übereinstimmendes Wort für einen Laubbaum benutzten: «Buche» (deutsch), «bagos» (keltisch), «fagos» (lateinisch), «phagos» (griechisch). Also mußte schon das ungeteilte Urvolk die Buche gekannt haben, diese wächst aber als wärmeliebender Baum in Europa nur westlich einer Linie von Königsberg an der Ostsee bis Odessa am Schwarzen Meer. Westlich davon mußte also die Urheimat der Indoeuropäer gelegen haben!

Nur schade, daß man nach einiger Zeit feststellte, daß nur einige sowieso später in Mittel- und Westeuropa ansässige indoeuropäische Teilvölker den Buchennamen kannten und nicht auch die nach Osten abgewanderten Inder und Perser. Wenig zuträglich war der Beweiskraft dieses «Buchen-Argumentes» auch die von seinen Gegnern herausgestellte Erkenntnis, daß das Wort recht verschiedene Baumarten in den einzelnen Sprachen bezeichnete. Und vollends brach das Argument zusammen, als man gelernt hatte, die Schwankungen des Klimas nach der Eiszeit in Europa und Nordasien besser zu enträtseln, und mehrere ausgesprochene Warmzeiten auch in Südrußland und Westasien festgestellt hatte (vgl. 1. Kapitel, S. 35), Zeiten, in denen durchaus auch dort die wärmeliebende Buche gedeihen konnte. Ähnlich ging es mit dem Lachs und den Bienen, deren Verbreitungsgebiete ebenfalls gerne als Bestimmungsgrößen für die indoeuropäische Urheimat herangezogen wurden.

Waren diese Argumente zwar widerlegbar, aber noch durchaus wissenschaftlich-sachlich, so gingen andere Beweisführungen bald in Fragen des Glaubens über. «Der Gedanke, daß diese (indogermanischen) Völker in diese (mittel- und westeuropäischen) Gebiete aus den Gegenden am Schwarzen Meer erst eingewandert sein sollten, stößt auf unüberwindliche Schwierigkeiten», schrieb der schon erwähnte Hermann Hirt in seiner Verteidigung der «Nord-These». «Keinem Volk, das in historischen Zeiten in der südrussischen Steppe gesessen hat, ist es gelungen, irgendwelche Teile Europas seinem Sprachgebiet einzuverleiben.» Also auch nicht in der Vorgeschichte, lautete die unausgesprochene Schlußfolgerung Hirts. Das kann man glauben – oder auch nicht. Es kommt auf den Standpunkt an ...

Aber die Katze nationaler Überzeugung ließ Hermann Hirt (den wir hier an Stelle vieler anderer Vertreter der Nord-These zitieren) aus dem Sack wissenschaftlicher Vermutung, indem er fortfuhr: «Man kann nicht leugnen, daß das blonde Element im indogermanischen Urvolk eine große Rolle gespielt haben muß, wenn auch keiner behaupten kann, daß es nur aus Blonden bestanden habe. Man kann die Heimat dieses Typs da suchen, wo es am stärksten und reinsten vertreten ist, und das ist jedenfalls in den nordeuropäischen Ländern der Fall. Wenn wir nun sagen, daß dieser Menschenschlag, der historisch der germanische ist, außerordentlich kraftvoll und bedeutungsvoll wirkt, voll Tatkraft ist und auf allen Gebieten das Höchste leistet, so widerspricht wenigstens nichts dem, was wir für die Indogermanen voraussetzen dürfen.»

Es war die Zeit, in der das Büchlein «Germania» des römischen Schriftstellers Tacitus, jene propagandistisch-bewundernde Schilderung des damaligen Hauptgegners des degenerierten römischen Volkes, zur Pflichtlektüre jedes deutschen Primaners gehörte. Der Stolz auf die Vorfahren der Deutschen, die Germanen, übertrug sich nun auch auf deren Voreltern, die Indogermanen, und die Deutschen *mußten* einfach die direktesten, die reinsten Abkömmlinge dieser heldenhaften Urahnen sein. Unmöglich, daß sie aus der unkultivierten russischen Steppe oder gar aus Asien stammten ...

Die Gegner der «Nord-These» wehrten sich, so gut es ging, mit feinem Spott, mit Entrüstung und mit wissenschaftlichen Argumenten. «In der Tat dürfte die außerordentliche Willkür, die darin liegt, einen auf indogermanischen Boden uns begegnenden Typus, etwa den Dolichokephalen (Schmalköpfigen), just in seiner skandinavischen Eigenart, ohne weiteres als den echten, ur-indogermanischen aufzufassen und darauf dann die Lehre von einer skandinavischen Herkunft der Indogermanen aufzubauen, allmählich auch dem an einer logischen und wissenschaftlichen Beweisführung sonst nicht Gewohnten klarwerden.» So schrieb, gewissermaßen als Antwort auf Hermann Hirt, ein paar Jahre später (1911) ein anderer deutscher Indogermanist, Otto Schrader, in seiner vorsichtig-umständlichen Art. Er vertrat, wie viele andere Wissenschaftler, die «Ost-These»: die Ansicht, daß die Urheimat der Indoeuropäer im Südosten Europas, am Schwarzen Meer bis zur Wolga hin, ja vielleicht sogar noch weit nach Asien hin gelegen habe.

Jede deutsche Universität zu Ende des 19. Jahrhunderts rechnete es sich zur Ehre an, einen Lehrstuhl für Indogermanistik zu schaffen. Die Professoren, die sich dafür bewarben, wurden jedoch vorher auf Herz und Nieren geprüft, ob sie die «richtige», das heißt die von den Professoren der jeweiligen philosophischen Fakultät dieser Universität vertretene Meinung im Streit um die «Nord-» oder die «Ost-These» teilten. Es war nicht so, daß in Deutschland damals nur eine Meinung in diesem Streit erlaubt war. Die Anhänger beider Thesen dürften sich wohl in etwa die Waage gehalten haben. Aber der Streit machte die wissenschaftliche Auseinandersetzung doch schärfer als sonst üblich.

Einen kleinen Nachgeschmack davon fand der Verfasser dieses Buches, als er im Jahr 1975 die Kartei der Bibliothek eines Instituts für Vorgeschichte an einer deutschen Universität durchstöberte.

Da war auf einer Karteikarte wie üblich nüchtern der Autor, der Titel, Erscheinungsort und -jahr eines Buches verzeichnet. Aber auf der Rückseite stand mit Bleistift gekritzelt – man spürte förmlich die wissenschaftliche Entrüstung, mit der diese Worte vor Jahrzehnten niedergeschrieben worden waren –: «Ist das Papier nicht wert, auf dem es gedruckt ist.»

Doch das alles war harmlos im Vergleich zu dem, was während Hitlers «Tausendjährigem Reich» mit dem Begriff der Indogermanen und der Arier in Deutschland angestellt wurde.

3. Kapitel

Im Würgegriff der Politik

Warum ein vorgeschichtlicher Völkername in politischen Mißkredit geraten konnte

«Arische Weltanschauung»

1938 n. Chr., Deutschland

Die Aula des alten Rats-Gymnasiums war an diesem Mittwochnachmittag des Jahres 1938 gefüllt mit Lehrern. Die alten in Zivil, auch ein paar Frauen darunter, die jungen Männer vielfach in der braunen Uniform der SA, einige trugen sogar die schwarze Uniform der SS: Geschichtslehrertagung in der «Gauhauptstadt». Auf dem Programm stand: «Indogermanisches Bekenntnis – Schlußfolgerungen aus der nationalsozialistischen Weltanschauung für den Vorgeschichtsunterricht».

Mit knallenden Reitstiefeln betrat der Referent in seiner braunen Parteiuniform das Podium und begann mit markigen Worten seinen Vortrag. «In unserem neuen nationalsozialistischen Deutschland muß Schluß sein mit der dekadenten Willkür angeblich zweckfreier Wissenschaft», dozierte er. «Auch in der Geisteswissenschaft gilt: richtig ist, was dem Volke nützt.» Und eine Viertelstunde später war Pg. Zimmermann, seines Zeichens hauptamtlicher Gauwart im NS-Lehrerbund, bei seinem Lieblingsthema: der Notwendigkeit der Reinhaltung der nordischen Rasse im deutschen Volk und der direkten Herkunft dieser Rasse von den indogermanischen Vorfahren.

«Es ist das nordische Blut, das in der Mischung mit anderen Rassen erst die Möglichkeit eines höheren Gedankenfluges ihrer sonst triebhaften, gefühlsmäßig verbleibenden Werte auslöst. Aber jede

Mischung bewirkt gleichzeitig beim nordischen Menschen einen Kulturabstieg ... Es hat in der Weimarer Systemzeit jüdische und sogar deutsche Vorgeschichtswissenschaftler gegeben, die sich nicht entblödeten, die Herkunft der Indogermanen aus den russischen Steppen zu behaupten. Natürlich ist diese Theorie längst wissenschaftlich widerlegt. Ich brauche nicht zu betonen, daß sie gefährlich widersinnig, ja von kultur- und rassenpolitischem Standpunkt aus geradezu bedrohlich ist ... Parteigenossinnen und Parteigenossen, Volksgenossinnen und Volksgenossen! Wir haben in unserem Unterricht die heilige, die nationale Pflicht, zu verkünden, daß von hier, von *deutschem* Boden aus der Strom der indogermanischen Kulturbringer nach Europa und in die Welt ging!»

Zwei ältere Lehrer blickten sich vielsagend an und rührten sich nicht, als die anderen diesen Satz mit lebhaftem Beifall bedachten. Ein Mehr an Kritik konnten sie sich nicht leisten.

*

Eine neue Zeit war eingezogen in Deutschland – und nicht nur im Geschichtsunterricht in den Schulen. «Das deutsche Volk glaubt, was sein Führer Adolf Hitler glaubt», predigten die Propagandisten des Nationalsozialismus in immer neuen Variationen. Was Hitler in puncto Rasse glaubte, wurde sogar Gesetz, das unmenschlichste Gesetz wohl, das je in diesem Jahrhundert erlassen worden ist. Es war das Gesetz, das die «Arier» von den «Nichtariern» schied.

Daß es verschiedene Rassen, sehr verschiedene körperliche Erscheinungsformen unter den Menschen dieser Erde gibt, ist nicht zu leugnen. Lang anhaltende Isolation bestimmter Menschengruppen, Anpassung an das Klima, sprunghafte Veränderungen wichtiger Erbanlagen (Mutationen), natürliche Auslese und andere Faktoren haben nun einmal Neger und Indianer, Mongolen, Hottentotten und Weiße geschaffen. Und Abneigung, Feindschaft, Versuche der gegenseitigen Unterdrückung zwischen den Angehörigen verschiedener Rassen dürften genauso wie ihre ständige Vermischung so alt sein wie der Unterschied der Rassen überhaupt. Aber erst unserem modernen, ach so humanitären Jahrhundert blieb es vorbehalten, die Lehre von der angeblichen Überlegenheit einer einzigen Rasse, der «nordisch-germanischen», über alle anderen Menschenrassen aufzustellen und mit einem pseudowissenschaftlichen Mäntelchen zu versehen.

Wir dürfen es nur als geringen Trost ansehen, daß es keine Deutschen waren, die diese These ursprünglich einmal im 19. Jahrhundert aufstellten. Der französische Graf Gobineau (1816–1892) war mit seinem Buch «Über die Ungleichheit der menschlichen Rassen» der erste. In diesem Werk tauchte auch bereits der Begriff einer «arischen Herrenrasse» auf.

Der Engländer Houston Stewart Chamberlain (1855–1927) baute die abstrusen Ideen des französischen Grafen dann weiter aus. Chamberlain fühlte sich im Gegensatz zu Gobineau zu Deutschland hingezogen. Er liebte Richard Wagners Musik und dessen Tochter, die er auch heiratete. Er siedelte nach Deutschland über und wurde in seinen politischen und weltanschaulichen Ansichten der radikalste Deutsche seiner Zeit. Seine Schriften – er nannte sie großmäulig «Die Grundlagen des 19. Jahrhunderts» und «Arische Weltanschauung» – waren für objektive Wissenschaftler ungenießbar. Aber vielen Deutschtümlern seiner Zeit sprach er aus dem Herzen, wenn er frischweg und natürlich völlig unbeweisbar behauptete, daß alle großen Persönlichkeiten der Welt von Kolumbus bis zu Jesus germanischen oder «arischen» Blutes gewesen seien. Es sei das gute Recht der arischen Rasse, die Welt zu beherrschen. «Am deutschen Wesen wird die Welt genesen» – so wurde Chamberlains Lehre vom Volksmund damals in eine griffige und oft zitierte Formel gebracht.

Chamberlain hatte, weil er sehr wohl wußte, daß in seinem so verehrten deutschen Volk keineswegs nur «germanisches» Blut floß, sondern mindestens ebensoviel «keltisches» und «slawisches», zu einem Trick gegriffen. Alle diese «gesunden», «kulturbringenden» Erbanteile faßte er, da auch sie ja von den indogermanischen Voreltern stammten, unter dem Begriff «Arier» zusammen. Nachdem er über neunzig Prozent der Deutschen zu «guten» Ariern befördert hatte, konnte er ihnen den Rest des Volkes als böse «Nicht-Arier» gegenüberstellen. Und darunter verstand Houston Stewart Chamberlain praktisch allein die Juden. Er sprach damit manchen Antisemiten seiner Zeit in Deutschland aus der Seele.

Es war das Unheil Deutschlands, Europas und der Welt, daß dieses absurde Gedankengebäude nicht auf Biertischrunden und Salonzirkel beschränkt blieb, sondern einem Mann in die Hände fiel, der den eisernen Willen hatte und die Macht bekam, alle diese Theorien in die brutale Wirklichkeit umzusetzen. Adolf Hitler hatte als junger Mann in Wien die Schriften H. St. Chamberlains mit Begeisterung gelesen und sich daraus die «wissenschaftliche» Grundlage seines eigenen Hasses auf die Juden zurechtgebastelt. Über Hitler – und über das, was ihm später Hunderttausende und Millionen nachplapperten – führte der Weg zu dem blutigen Versuch, das «arische Herrenmenschentum» ganz Europa erobern zu lassen und zugleich das «jüdische Untermenschentum» physisch zu vernichten – bis hin zu dem unnennbaren Grauen, zu den Gaskammern der Vernichtungslager.

Die einfachen Kurgan-Leute, die da vor über viertausend Jahren die Ausbreitung der indoeuropäischen Sprachen in Gang gesetzt hatten, die alten Inder und Perser, die sich selbst «Arier» nannten – sie konnten wahrlich nichts dafür, daß im 20. Jahrhundert nach Christus ihr Name so schmählich mißbraucht wurde. Und auch die Sprachforscher, die Sir William Jones', die August Schleichers, die Hermann Hirts, die generationenlang bienenfleißig das Wissen um unsere Vorväter zusammengetragen und in allen Ehren ihre wissenschaftlichen Dispute darüber ausgetragen haben: auch sie waren unschuldig daran.

Rassenkunde wissenschaftlich betrachtet

Hitlers wissenschaftliche Grundlage stand – das sei hier um der Klarheit willen eingeschoben – auf mehr als schwachen Beinen. Denn alle Fachwissenschaftler, die sich mit den menschlichen Rassen und ihren Erscheinungsformen beschäftigen, die Anthropologen, sind sich einig: es gibt überhaupt keine «germanische», «keltische» oder auch «jüdische» Rasse. Ganz abgesehen von der moralischen Unmöglichkeit, einzelne Rassen als gut oder schlecht zu bewerten.

Aus der *einen* Affenmenschenhorde irgendwo in den Savannen Mittelafrikas, die nach Ansicht vieler Wissenschaftler einmal der Anfang der heutigen Menschheit war, haben sich im Laufe von vielen hunderttausend Jahren drei große Rassengruppen entwickelt: die weiße oder europide, die schwarze oder negride und die gelbe oder mongolide Gruppe. Innerhalb dieser groben «Vorsortierung» unterscheidet man zahlreiche Menschenrassen im engeren Sinne, je nach wissenschaftlichem Standpunkt zwischen 30 und 45. Die Fachleute haben ihnen Namen gegeben, die meist auf -id enden.

Die nordide Rasse (das ist die von Hitler so gepriesene «nordische» Rasse) als Unterform der Europiden wird in den einschlägigen Lehrbüchern etwa so beschrieben: hochwüchsig, schlank, hellblondes Haar, blaue bis blaugraue Augen, sehr helle rötliche Haut, mittellanger Kopf (von oben gesehen), hohes Gesicht mit hoher gerader Nase ... und so weiter! Wenn das tatsächlich die äußerlichen Kennzeichen eines «nordischen» Menschen sind: wo finden wir – wenn wir ehrlich sind – jemanden, auf den *alle* diese Merkmale wirklich exakt zutreffen? Seit der Jungsteinzeit, also seit mindestens 5000 Jahren oder 150 Generationen, gibt es den Anthropologen zufolge in Europa keine reinen, unvermischten Rassen mehr. Und Hitler wollte in ein oder zwei Generationen das ganze deutsche Volk «rasserein» machen! Welch ungeheure Verblendung!

Die Menschen in Deutschland gehören nun ohnehin nur zu einem kleinen Teil mit einigen vordergründigen Merkmalen ihres äußeren Erscheinungsbildes zur nordiden Rasse. Jeder Blick auf eine größere Menschenansammlung irgendwo in Deutschland beweist das. Das war der zweite große Irrtum Hitlers, den er selbst aber großzügigerweise übersah. Denn von den etwa zwölf Rassen, die man im weitesten Sinne zur europiden Rassengruppe rechnet, sind nicht weniger als fünf in Deutschland sehr häufig vertreten: die nordide, die dalo-fälische, die osteuropide, die dinaride (dinarische) und die alpinide Rasse. Ganz abgesehen von den zahllosen Einsprengseln vieler anderer Rassen. Der Großteil der Menschen in Deutschland läßt sich infolge der jahrtausendelangen intensiven Mischung ohnehin kaum noch auf einen dieser ausgeprägten Rassentypen festlegen.

Etwa dasselbe Rassenkonglomerat finden wir in nahezu allen europäischen Völkern wieder. In einem modernen Volk sind naturnotwendig viele Rassen durch gemeinsame Geschichte und Sprache vereinigt, so wie jeder einzelne Mensch durch die Verbindung äußerer Merkmale mehrerer Rassen – Erbteile seiner Voreltern – zu einem unverwechselbaren Individuum wird. Das gilt erst recht für das jüdische Volk. Mit einer «jüdischen Rasse» hat das Judentum wirklich nichts zu tun, und überhaupt tun sich die Lexika und die Wissenschaftler sehr schwer, zu definieren, was denn nun eigentlich «jüdisch» ist.

Verdrängung oder Resignation?

Ein junger Mensch, der dieses Kapitel über dreißig Jahre nach dem Ende des Zweiten Weltkrieges liest, dürfte den Schock kaum begreifen können, der mit dem Zusammenbruch des «Großdeutschen Reiches» und der nationalsozialistischen Gewaltherrschaft über Deutschland hereinbrach. Nicht nur der äußere Zusammenbruch, nein, vielmehr der innerliche: die Erkenntnis, daß moralische Werte, an die man geglaubt hatte, wie Treue und Volksgemeinschaft, aber auch als wissenschaftlich gesichert hingestellte Theorien sich als hohle Phrasen zur Verführung der Menge entpuppten. Man warf in jenen Tagen gegen Kriegsende nicht nur alte Uniformen fort, sondern auch das ganze Gedankengebäude, das Hitler und der Nationalsozialismus gepredigt hatten, und man bemühte sich, das alles so schnell wie möglich zu vergessen.

Dem Vergessenwerden, der kollektiven Verdrängung durch ein ganzes Volk fiel auch manches zum Opfer, was dies eigentlich nicht verdiente. Und dazu gehört auch der Begriff Indogermanen. Zu viel Schreckliches verband sich unbewußt damit. «Otto Normalverbraucher» wollte einfach nichts mehr davon hören. Konnte man's ihm verdenken?

Die Fachwissenschaftler – Sprachforscher und Archäologen und Vorgeschichtswissenschaftler – ließen die Finger von dem zu heiß gewordenen Thema. Die noch bis kurz vor dem Zweiten Weltkrieg selbst in deutschen Fachkreisen so umstrittene und bis dahin in

Wahrheit unentschiedene Frage der indoeuropäischen Urheimat – sie ist fast völlig aus der wissenschaftlichen Diskussion entschwunden. «Die Fachwelt hat es aufgegeben, das Problem der Herkunft der Indogermanen zu verfolgen», gestand ein deutscher Professor für Vor- und Frühgeschichte dem Verfasser dieses Buches in einer Unterhaltung offen ein. Und er fügte wie zur Entschuldigung hinzu: «Aus reiner Verzweiflung, weil man wissenschaftlich nicht mehr weiter weiß.» Nun ja, so kann man es auch darstellen ...

Tatsache ist, daß man in hundert wissenschaftlichen Büchern und Aufsätzen der letzten Jahrzehnte über die entsprechende Epoche der Vorgeschichte in archäologischen Facharbeiten höchstens in drei bis fünf so ganz nebenbei einen schüchternen Hinweis findet, diese oder jene jungsteinzeitliche oder bronzezeitliche Kulturgruppe könne vielleicht zur Familie der Indoeuropäer gehört haben. Und in der Bibliothek eines bekannten deutschen Vorgeschichtsmuseums kannte der junge Aushilfsbibliothekar im Jahr 1975 nicht einmal das Stichwort «Indogermanen». So ändern sich die Zeiten ...

Licht aus dem Westen

Vielleicht braucht man einfach örtlich und zeitlich Abstand, um den Mut zu finden, in dieser Situation eine eindeutige Meinung auszusprechen. Denn die vorerst letzte These über das Ursprungsland der Indoeuropäer wurde in Amerika zu Papier gebracht, und sie stammt in ihrer Grundform aus dem Jahr 1963. Das Licht kommt – um den alten Satz «ex oriente lux» abzuwandeln – diesmal weit aus dem Westen.

Die Archäologin Marija Gimbutas ist zwar im Baltikum geboren, wanderte aber nach den Vereinigten Staaten aus und lehrt heute als Professorin für Archäologie an der Universität von Los Angeles. Und sie erklärt schlicht und recht bestimmt, daß ein kleiner Volksstamm an der unteren Wolga und in der westsibirischen Steppe im vierten Jahrtausend vor Christus sich auszubreiten begann und seine Nachbarkulturen überlagerte. Frau Gimbutas nennt dieses Volk die «Kurgan-Kultur». Wir haben schon gehört, daß dieser Name von den charakteristischen Grabhügeln stammt. «Die Träger dieser Kultur», schreibt Frau Gimbutas, «sind wohl zu den Proto-Indogermanen zu zählen [«Proto-» ist griechisch und heißt «Früh-» oder «Vor-»]. Der größere Teil Europas und Teilgebiete des Nahen Ostens sind von ihnen schrittweise indogermanisiert worden.»

Sowjetische Archäologen, die gerade in den letzten Jahrzehnten das Land beiderseits der Wolga immer genauer untersucht haben, bestätigen diese Auffassung voll. Allerdings nennen sie die fragliche Kultur «Jamna-(Grab-)Kultur», ein Name, an den man sich im Westen nicht recht gewöhnen will.

Und deutsche Forscher? Die Inhaber indogermanistischer Lehrstühle an deutschen Universitäten beschäftigen sich lieber mit den Frühformen der abgelegensten indogermanischen Einzelsprachen oder mit komplizierten linguistischen Problemen, als daß sie noch nach geschichtlichen Zusammenhängen fragen. Die Archäologen haben, soweit sie das Thema überhaupt je einmal berühren, offenbar stillschweigend Frau Gimbutas' These akzeptiert. Es gibt keinen Aufschrei der Wissenschaft mehr, keine erbitterten Verfechter der «Nord-These». Hat der Ablauf der Zeit oder die Politik alle ihre Argumente entkräftet? Das ließe darauf schließen, daß die früher für die nördliche Herkunft der Indoeuropäer ins Feld geführten Gründe eben doch wohl nur Scheinargumente waren. Oder gibt es irgendwo einen jungen Wissenschaftler, der überzeugende Gegenbeweise bereits in seinem Schreibtisch hat?

Nach diesem Abstecher in die moderne Zeit können wir nun wieder beruhigt in die Vorgeschichte zurückkehren, um noch mehr über das Volk zu erfahren, das da aus der Steppe nach Europa gekommen war. Machen wir einen Sprung, der uns noch tausend Jahre *vor* die «Explosion» des Kurgan-Volkes zurückführt.

4. Kapitel

Hirten und Bauern

Tausend Jahre Entwicklung zum Kurgan-Volk

Cowboys vor fünftausendfünfhundert Jahren

Um 3500 v. Chr., an der unteren Wolga

Fünf Tage lang waren die zwölf Männer nun schon unterwegs. Leichtfüßig folgten sie der Pferdeherde, die sie unbedingt in ihre Gewalt bekommen wollten. Bisher hatte sich noch keine Gelegenheit ergeben, in dieser Ebene, in der Wald und Wiesen sich ständig abwechselten, die kleinen gelbbraunen Wildpferde zu stellen und einzukreisen, so daß sie nicht mehr entkommen konnten. Man mußte ja auch vorsichtig sein, die Tiere nicht so zu verstören, daß sie mit donnernden Hufen auf Nimmerwiedersehen verschwanden. Dann hätten die Männer zu Fuß keine Chance mehr gehabt, sie je wieder einzuholen.

Den Kurgan-Hirten machten lange Märsche nichts aus. Seit Urzeiten war es nicht anders gewesen, als daß die Jäger und ihre Horde von Frauen und Kindern auf ihren eigenen Füßen geduldig und unermüdlich hinter irgendwelchen Wildtieren hergewandert waren, bis man die Beute irgendwo stellen konnte. Heute kamen solche Jagdexpeditionen nur noch gelegentlich vor, da man doch schon vor Jahrhunderten gelernt hatte, die frei herumlaufenden Herden von Wildschafen mit Hilfe einiger Hunde und schnell errichteter Corrals aus Lederschnüren in der Nähe des eigenen Wohnplatzes zu halten. Man brauchte nun auch nicht mehr Tag für Tag an einem anderen Platz seine Zelte aufzuschlagen. Das war ein großer Fortschritt gewesen. Man hatte sogar gelernt, daß ein Schaf nicht unbedingt geschlachtet werden mußte, wenn man ihm seine Wolle abschneiden wollte, um sie zu Fäden und diese zu wärmenden Stoffen zu verarbeiten. Die Wolle wuchs ja wieder nach! Schafe wurden so mit der Zeit zum persönlichen Besitz ihrer Hirten; wer Schafe hatte, besaß Reichtum und Ansehen.

Einige Zeit später hatten sich die Männer auch an die Herden der großen Wildrinder herangewagt und auch sie an die Nähe des Menschen gewöhnt. Als das erste Mal Hirten einer Wildkuh bei der etwas komplizierten Geburt eines Kalbes geholfen hatten, als die Männer den Rindern gelegentlich etwas von dem begehrten Salz zu lecken gaben – da war auch hier ein Besitzverhältnis geschaffen. Man hatte herausgefunden, daß die Milch der Kühe und auch der Schafe ein vorzügliches Nahrungsmittel war, das sich in vielerlei Gestalt sogar längere Zeit aufheben ließ. Nur mußte man die Kühe und Schafe regelmäßig melken – eine Arbeit für die Frauen –, und das hieß, die Herden stets in erreichbarer Nähe des eigenen Dorfes unter Aufsicht weiden zu lassen. Waren die Weiden abgegrast, was oft genug vorkam, dann mußten die Herden eben ein paar Stunden oder Tage weiter getrieben und die Hütten dort wieder neu aufgebaut werden. Diesmal, bei dieser Pferdejagd, hatte man sie unter der Obhut einiger erfahrener Männer beruhigt für eine Weile allein lassen können.

Der Trupp der Kurgan-Hirten, der an diesem schönen Herbsttag in der Nähe der unteren Wolga auf Pferdejagd ging, fühlte sich richtig wohl. Jeder der Männer trug seine Waffen bei sich: eine Lanze mit scharfem Feuerstein als Spitze in der Hand, Bogen und Pfeile mit Feuersteinspitzen in einem Lederköcher, Feuersteinmesser und Geweihhacke als Vielzweckgerät am Gürtel, daneben einen Lederbeutel mit Proviant: trockener Schafskäse, gedörrtes Fleisch, ein paar Hände voll getrockneter Beeren – mehr brauchten die genügsamen Männer nicht. Es waren schlanke, sehnige Gestalten, die trotz ihrer gut entwickelten Muskeln leicht und behend wirkten, mit schmalen ausdrucksvollen Köpfen und hellen Haaren.

Endlich hatte sich die Pferdeherde, der sie schon so lange folgten, zum Grasen in eine Waldlichtung begeben, deren Ausgänge sich leicht mit Zäunen aus Lederschnüren absperren ließen. Die Herde war gefangen. Nun kam es darauf an, einige der kräftigsten Hengste und Stuten und auch ein paar Fohlen aus der Herde herauszufangen, zu fesseln, ihnen ein Kopfhalfter mit Trense aus haltbarem Hirschknochen überzustreifen und sie dann an langen Schnüren gebunden nach Hause zu treiben. Das alles hatte man schon oft erprobt. Die zahme Pferdeherde beim heimischen Dorf bedurfte dringend der Auffrischung. Man brauchte auch wieder einige Fohlen, um sie den Göttern zu opfern und um ein Festmahl mit ihrem so herrlich schmeckenden Fleisch zu veranstalten.

Plötzlich lautes Rufen, Männergebrüll! Drüben am Waldrand tauchten zwei, drei fremde Männer auf, Angehörige wohl des hier in der Gegend beheimateten Kurgan-Stammes, die selbst die in ihr Revier gewechselten Pferde erbeuten wollten. Aber schon hatte der Häuptling in jäher Wut den einen der Fremden mit seiner Geweihhacke niedergeschlagen, und die beiden anderen liefen davon, als sie die Übermacht ihrer Gegner erkannten. Hirten und Jäger sind immer schnell mit der Waffe zur Hand und gänzlich unsentimental, wenn es gilt, ihre Beute oder ihre Herde zu verteidigen. Die amerikanischen Cowboys des 19. Jahrhunderts waren da gewiß nicht anders als ihre Vorläufer 5400 Jahre früher.

Hirtenleben ist Männerleben. Darüber war man sich einig, als am Abend der kleine Trupp um das rasch mit gequirlten Hölzern entzündete Lagerfeuer saß und ein durch einen schnellen Lanzenstich erlegtes junges Wildschwein briet. Selbstverständlich hatte man dem Herrn des Himmels mit dem üblichen Feueropfer und dem Singen der alten Gebete, mit dem rituellen Tanz ums Feuer für den Jagderfolg gedankt. Nun konnte der Becher mit Rauschtrunk kreisen, das abendliche Gespräch unter Männern beginnen, das ziellos durch Nähe und Fernen schweift.

Bei weit entfernten Völkern, so wurde da erzählt, seien die Männer damit beschäftigt, Tag für Tag den Boden aufzuhacken und Samen hineinzulegen oder die fruchttragenden Gräser mühsam mit ihren Feuersteinsicheln abzuschneiden. Nein, das wäre keine Arbeit, die eines freien Hirten würdig wäre. Und überhaupt: Bei diesen fremden Menschen weit nach Sonnenuntergang und weit nach Mittag zu sollten noch mehr merkwürdige Sitten herrschen. Die Runde am Lagerfeuer lachte laut auf, als das Gespräch darauf kam. Die Götter dort seien weiblich, so munkelte man, man verehre eine große Mutter, die Fruchtspenderin, die große Gebärerin. Und in den Familien bestimmten die alten Frauen, was getan werden mußte und wie man sich zu benehmen habe. «Verkehrte Welt», lachte der Häuptling, «meinen Frauen sollte es nur mal einfallen, mir irgendwo dreinzureden. Die könnten gewiß acht Tage nicht sitzen!» Zufrieden murmelnd bekräftigte sich die Runde gegenseitig, daß man nur zu Hause so leben könne, wie es sich gehöre.

«Und Abel ward ein Schäfer ...»

Diese Erzählung einer vorgeschichtlichen Pferdejagd an der Wolga hat viel Wahrscheinlichkeit für sich. Allerdings sind sich die Fachleute hier, wo wir noch um tausend Jahre früher als bei der Schilderung des Geweihten Frühlings in die ersten Anfänge des Kurgan-Volkes vorzustoßen versuchten, doch noch allzu vieler offener Fragen bewußt. Denn aus dieser Zeit werden die archäologischen Funde so spärlich und auch die Sprachwissenschaft versagt hier, so daß den Wissenschaftlern nur noch wenig konkrete Aussagen möglich sind.

Dennoch dürfen wir annehmen, daß die Entwicklung der einen Komponente des späteren Kurgan-Volkes etwa so verlief: von alt- und mittelsteinzeitlichen Jägern über ständige Begleiter von Wildherden zu jungsteinzeitlichen Hirten, die die Herden als ihren Privatbesitz ansahen. Daß bereits in dieser frühen Phase, die man in der Fachsprache der Archäologie «Kurgan I» nennt, den Menschen dieser Kultur das Pferd ein vertrauter Begleiter war, ist aus Funden einwandfrei nachgewiesen. Es gibt gute Gründe dafür, daß die Kurgan-Hirten die ersten Menschen der Welt waren, die das Wildpferd zähmten und die vielfältigen Möglichkeiten seiner Verwendung erkannten. Das Fahren und erst recht das Reiten gehörte allerdings sicher nicht zu den ersten dieser Verwendungen.

Die Bibel erwähnt die beiden Berufe des Schäfers und des Ackermanns als die ältesten der Welt: in der Geschichte von Kain und Abel, den beiden Söhnen Adams. Und zwischen diesen beiden geschah auch schon der erste Mord. Kain, der Ackermann, erschlug

Abel, den Schäfer, weil Gott dessen Opfer und nicht das des Kain gnädig angesehen hatte. Hätte das 1. Buch Moses die Geschichte andersherum erzählt – daß nämlich der Hirte den Ackermann erschlug –, so entspräche sie wahrscheinlich eher den historischen Abläufen. Denn tatsächlich zieht sich durch die Jahrtausende und über die Kontinente der große Gegensatz zwischen den hauptsächlich Ackerbau betreibenden Völkern und den Viehzüchtern, die als Nomaden oder Halbnomaden ein großes Weidegebiet beanspruchen. Häufig, ja fast immer waren die Viehzüchter das stärkere, energischere Volk, das sich über die Bauern zu Herrschern aufschwang.

Viehzüchter-Weltanschauung

Das hat seine guten Gründe. Die Ernährungswissenschaftler können dabei ein Wort mitreden. Der Viehzüchter, der Hirte, lebt vorwiegend von Fleisch, Milch und Milchprodukten – wissenschaftlich gesprochen von tierischem Eiweiß. Es kostet zwar auf dem Umweg über den Tiermagen erheblich mehr Nährstoffe, dieses tierische Eiweiß zu erzeugen, als die gleiche Menge pflanzliches Eiweiß (etwa in der Form von Getreide, Hülsenfrüchten usw.). Aber dafür ist das tierische Eiweiß für den Menschen leichter bekömmlich – und es macht den, der es in größeren Mengen ißt, kräftiger, energischer, angriffslustiger. Die Natur hat es nun einmal so eingerichtet, daß die Raubtiere ausschließlich Fleischfresser sind, während die pflanzenfressenden Tiere im allgemeinen keine Aggressivität zeigen. Dieses Naturgesetz trifft wohl in gewissem Sinne auch auf den Jäger und Viehzüchter einerseits und den Bauern andererseits zu.

Auch die Lebensweise des Viehhirten trägt zur tiefgreifenden Formung seines Charakters bei. Nur wer hart mit sich selbst und anderen ist, kann die Strapazen des Hirtenlebens, die Nachtwachen, den Viehtrieb, den Kampf gegen Bär und Wolf und Adler und gegen menschliche Feinde aushalten. Hier gilt wie im Wilden Westen das Gesetz: «Erst schießen, dann fragen.» Diese Männerarbeit, die hart und stolz macht, prägt auch das gesellschaftliche Verhältnis im Stamm. Bei allen Völkern, die ursprünglich einmal Viehzüchter waren, ist der Mann der Herr und die Frau dienendes Zubehör: bei den vom Kurgan-Volk abstammenden Indoeuropäern ebenso wie bei den semitischen Völkern, bei Hunnen, Mongolen und Türken. Bei den meisten frühen Ackerbauvölkern war es dagegen in der Tat nahezu umgekehrt. Im Grunde sind alle modernen Bemühungen um die Emanzipation der Frau, um die rechtliche und praktische Gleichberechtigung der beiden Geschlechter nichts anderes als der Versuch, diese von den Indoeuropäern und den anderen Viehzüchtervölkern bis heute durchgesetzte patriarchalische Ordnung der Gesellschaft abzubauen.

So wie in der Kurgan-Familie der älteste Mann (der Vater, der Groß- oder Schwiegervater) der absolute Herrscher war, so gab es auch im Dorf, im «uik» (vgl. lat. «vicus» = Dorf) einen eindeutigen Herrn. Das angesehenste oder stärkste oder an Herden reichste Familienoberhaupt wurde zum «uik-poti» oder «reg» (vgl. lat. «rex» = König) und baute sich ein größeres Haus in der Mitte des Dorfes. Diese Würde blieb meist erblich in der Familie: Die Anfänge des Adels in den indoeuropäischen Völkern lassen sich bis in diese graue Vorzeit zurückverfolgen. Dennoch gab es wirksame Bremsen gegen einen Absolutismus der Dorfkönige. Da hatte die Versammlung der «dems-poti», der Familienoberhäupter, stets ein gewichtiges Wort mitzusprechen. Im römischen Senat finden wir noch ein Abbild davon. Ferner bestand wohl schon beim frühesten Kurgan-Volk ein zweites Organ, gewissermaßen als politische Körperschaft: die Versammlung aller wehrfähigen Männer, die über besonders wichtige Angelegenheiten zu entscheiden hatte. «Teuta» hieß das indoeuropäische Wort dafür, und von diesem Wort ist der Name unserer «deutschen» Sprache und unseres Volkes abgeleitet.

Aus den geringen archäologischen Funden geht nichts über engere Kontakte dieses jungsteinzeitlichen Hirtenvolkes in der südrussischen Steppe mit Nachbarvölkern hervor. Dennoch sind sicher zwei der wichtigsten Neuerungen dieser Vorgeschichtsphase auch zum Kurgan-Volk gedrungen. Sie kannten das Geheimnis, aus Ton Gefäße zu kneten und zu brennen. Man muß zur besseren Haltbarkeit den Ton «magern», ihm Sand, gemahlene Muscheln, kleingehacktes Stroh oder ähnliches beimischen. Und die Kurgan-Leute schliffen wie andere jungsteinzeitliche Völker ihre üblichen Feuersteingeräte so lange von allen Seiten, daß wunderschöne glatte – und nicht mehr, wie früher in der Alt- und Mittelsteinzeit, schartige – Messer, Beile und andere Instrumente entstanden. Ob die Menschen der frühesten Kurgan-Kultur auch bereits den Ackerbau gekannt haben, den die Wissenschaft als das dritte Kennzeichen für eine in die Phase der Jungsteinzeit übergegangene Kultur ansieht, weiß man allerdings nicht genau.

Findelkinder

Wenn man bei diesem Kurgan-Volk noch eine Zwiebelschale abzutrennen versucht, um zum ältesten Kern vorzudringen, wenn man also fragt, ob denn nun diese Viehzüchterstämme nicht vielleicht weitere tausend Jahre zurück in der Gegend um die untere Wolga ansässig waren oder von irgendwoher dorthin eingewandert sind, so muß man feststellen: Fehlanzeige.

Das ist merkwürdig. Denn heute hat sich das Instrumentarium der Vorgeschichtswissenschaft so verfeinert, daß sie von vielen wichtigen Menschengruppen der Jung- und Mittelsteinzeit ihre prähistorischen Wanderwege angeben kann. Häufig läßt sich auch aus der allmählichen Veränderung der archäologischen Fundgegenstände nachweisen, daß bestimmte ältere Menschengruppen in kultureller und wohl auch biologischer Verbindung mit einem späteren Volk gestanden haben müssen.

Nicht so bei den Kurgan-Hirten. In ihrem Gebiet haben die Archäologen bisher einfach noch keine Funde gemacht, die vor längerer Zeit als höchstens 3800–3500 v. Chr. in den Boden gelangten. Ob das nun daran liegt, daß in dem riesigen und auch heute sehr dünn besiedelten Gebiet noch nicht genug oder nicht an den richtigen Stellen gegraben worden ist – oder ob tatsächlich die Kurgan-Leute von anderswoher einwanderten: wir wissen es nicht. Vorerst müssen wir uns mit der Feststellung begnügen, daß die Kurgan-Leute so etwas wie Findelkinder gewesen zu sein scheinen, deren Eltern niemand kennt.

Stippvisite in die Eiszeit und wieder zurück

Nur einige allgemeine Aussagen bleiben möglich bei dem Versuch, den Entwicklungsweg unserer indoeuropäischen Vorfahren noch ein paar Jahrtausende zurückzuverfolgen. Die Kurgan-Leute waren eindeutig Teile des «weißen» oder «europiden» Rassenkreises.

Vor rund 40000 oder 30000 Jahren hatte die Spezies des «Homo sapiens recens», des modernen Menschen, die Bühne der Weltgeschichte betreten – überraschend, weil wir wieder einmal nicht wissen, in welcher Weltgegend er seine notwendigerweise lange Entwicklungsgeschichte durchgemacht hat. Nach und nach hatte der «Homo sapiens» seine primitiveren Vettern, die berühmten Neandertaler, restlos ausgerottet. Der «Homo sapiens» teilte sich bei seiner Verbreitung über die Kontinente in die bereits in anderem Zusammenhang erwähnten drei großen Rassenkreise der Weißen, Gelben und Schwarzen und weiter in die verschiedenen uns heute bekannten Menschenrassen auf.

Das Entstehungs- und Lebensgebiet der weißen Rasse, der Europiden, war Europa, Westasien und Nordafrika. Es war weithin jahrtausendelang geprägt von den lebensfeindlichen Bedingungen der Eiszeit. Die Menschen, die in Europa oder in Asien am Rande des ewigen Eises, in der winddurchtosten vegetationsarmen Tundra überleben wollten, mußten notgedrungen ihren Körper und ihre Geisteskräfte bis aufs äußerste trainieren – ein Erbteil, der der weißen Rasse bis heute zugute gekommen ist.

Als die letzte Eiszeit um das Jahr 10000 v. Chr. plötzlich zu Ende ging – «plötzlich» heißt für solche geologischen Ereignisse: im Verlauf weniger tausend Jahre –, da stellte der tiefgreifende Wandel der Vegetation und der Jagdtiere in diesem Gebiet erneut höchste Anforderungen an Anpassungsfähigkeit und Erfindungsgabe der Menschen. Nicht zu Unrecht bezeichnen manche Anthropologen die weiße Rasse als ein Produkt der Eiszeit: In diesem unerbittlichen Ausleseprozeß der Natur überlebten nur die härtesten, geschicktesten und intelligentesten Individuen. Wenn wir dies feststellen, dann verfallen wir gewiß nicht wieder in den Rassenwahn vergangener Zeiten. Denn für die anderen Rassen galten in *ihrem* «Kampf ums Dasein» andere und sicher nicht weniger harte Auslesebedingungen.

Wahrscheinlich «bevölkerten» nur wenige hundert Menschen gleichzeitig den riesigen Raum zwischen Spanien und Ostasien während des letzten Teils der Eiszeit. Erst die Änderung der klimatischen Verhältnisse nach dem Ende der Eiszeit zog den Vorhang auf für das «Zeitalter des Menschen». Dadurch konnte der Mensch, der Jahrhunderttausende lang «nicht nur das schwächste, sondern auch das seltenste Lebewesen seiner Größenordnung auf der Erde» gewesen war (so der Vorgeschichtsforscher Alfred Rust), sich plötzlich ins Ungemessene vermehren.

Logischerweise müssen die Kurgan-Hirten abstammungsmäßig mit den ersten Vertretern der weißen Rasse des «homo sapiens recens» während der jüngeren Altsteinzeit, also im letzten Abschnitt der Eiszeit, zusammenhängen. Wo mag sich diese lange Entwicklung abgespielt haben? In West- und Mitteleuropa? Moderne Anthropologen wie Ilse Schwidetzky haben enge rassenmäßige Zusammenhänge zwischen den Kurgan-Menschen um 2500 v. Chr. und den Bewohnern West- und Mitteleuropas während der jüngeren Altsteinzeit (um 30000 v. Chr.) festgestellt. Auf der anderen Seite verlegen sowjetrussische Sprachforscher die «Urheimat» der boreischen Sprachgemeinschaft, aus der dann die Sprachen fast aller Völker des europiden Rassenkreises entstanden sein sollen (vgl. 2. Kapitel, S. 51), in den Raum zwischen Nordindien bis Anatolien, von Kaukasien bis zum Persischen Golf.

Diese sich gegenüberstehenden Thesen wirken wie eine Neuauflage der «Nord-» und der «Ost-These» über die Herkunft des indoeuropäischen «Urvolkes», nur jetzt um zehn- oder zwanzigtausend Jahre vorverlegt. Vermutlich wird man in einigen Jahrzehnten, wenn man mehr über die wahrscheinlich ebenfalls kontinentweiten Wanderungen der alt- und mittelsteinzeitlichen Menschen in Europa und Asien weiß, auch darüber ein Buch wie dieses schreiben können. Heute wäre es noch vermessen. Bleiben wir also vorerst dabei, unsere Kurgan-Leute als «Findelkinder» zu betrachten und ihre im Augenblick feststellbare «Urheimat» in der südrussisch-kasachstanischen Steppe zu suchen.

Die «Urheimat» des Kurgan-Volkes – so viel ist jedenfalls gewiß – lag nicht weit von den Gebieten, wo sich die wichtigsten kulturellen und sprachlichen Entwicklungen der vorgeschichtlichen Menschheit vollzogen. Aber sie lag doch wohl am Rande. Denn als in Vorderasien schon die ersten Städte gebaut wurden, als am Euphrat und am Nil die Menschen Kanäle aushoben, um den Segen des Wassers richtig zu dosieren, da zogen die Hirten mit ihren Schaf- und Rinderherden immer noch in der gleichen Weise über die Ebenen an der Wolga, nicht anders, als es schon ihre Vorväter getan hatten.

Und doch vollzog sich offenbar in den tausend Jahren zwischen den ersten Lebensäußerungen des «Findelkindes» und der plötzlichen Ausbreitung des Kurgan-Volkes nach allen Richtungen noch eine sehr wichtige Entwicklung, eine Veränderung, die den späteren Charakter der Kurgan-Kultur nachhaltig beeinflussen sollte.

Tränen um einen falschen Topf

Um 3000 v. Chr., am Donez/Ukraine

Mit den ersten Vogelstimmen war der Mann wach. Er warf den Schafspelz von sich, erhob sich von der niedrigen Schlafbank aus Grassoden und trat aus dem Haus ins Freie. Ein strahlender Morgen war das wieder! Am Abend zuvor hatte der Herr des Donners Blitze und Regen zur Erde geschickt, doch jetzt war der Himmel wieder klar. Auf dem üppigen Gras funkelten Tautropfen.

Die himmlischen Mächte hatten das Kurgan-Volk sichtbar gesegnet. Vom Erdwall um das Dorf konnte man, so weit der Blick in die Ebene reichte, Schaf- und Rinderherden und auch eine kleine Pferdeherde zwischen den zahlreichen Waldstücken erblicken. Eben erhoben sich die Tiere nach der Nachtruhe und begannen wieder zu grasen. Die Hirten der Nachtwache reckten ihre steifen Glieder, und die Hunde liefen bellend heran, wenn eines der Schafe zu weit von der Herde abkam.

Es war schon gut gewesen, daß der Kurgan-Stamm vor einigen Generationen seine Weidegebiete so weit nach Sonnenuntergang zu verlegt hatte. In der alten Heimat war es zu eng geworden. Die Himmlischen hatten das Gras, die Herden und die Familien so kräftig wachsen lassen, daß die Kurgan-Stämme dort sich gegenseitig dauernd ins Gehege kamen. So zogen damals halbe und ganze Dörfer westwärts ins Land der Nordpontier. Alte Stammessagen berichteten noch von dem langen Treck, bei dem man zwei breite Flüsse hatte überqueren müssen, die Wolga und den Don.

Nun stand ihr Dorf schon lange auf den Uferhöhen über dem Donez. Unten am Fluß lagen die etwas primitiven runden Hütten der Einheimischen. Man hatte sich eigentlich immer gut mit den Nordpontiern vertragen, obwohl sie eine andere Sprache redeten und auch anders aussahen: größer, mit gedrungenem, kräftigem Körperbau und manchmal etwas viereckig wirkenden breiten Gesichtern. Sie behaupteten, daß ihre Vorfahren einst vor vielen Generationen weit, weit von den Gebieten zwischen Sonnenuntergang und Mitternacht aus dem Land der großen Wälder herangezogen seien.

Die Kurgan-Leute und die Nordpontier am Donez und am Dnjepr ergänzten sich gegenseitig gut: die Herden des Kurgan-Volkes weideten auf den sonst nicht genutzten Hochflächen zwischen den tief eingeschnittenen Flüssen. Überschüsse an Fleisch, Milch und Fellen konnten an die Nordpontier abgegeben werden, die sich mit annehmbaren Gegengaben revanchierten: mit frisch gefangenen Fischen und Muscheln aus dem Fluß, mit Mehl aus gewissen Grassamen, aus dem man wohlschmeckende Fladenbrote backen konnte, mit Gemüsen aus ihren Hausgärten und mit Schweinen. Die Nordpontier hatten wohl schon früher Wildschweine eingefangen und so gezähmt, daß sie nicht mehr wegliefen. Ihr Fleisch war eine willkommene Abwechslung im Küchenzettel.

Der Mann, der im ersten Morgensonnenschein auf dem Dorfwall seinen Gedanken nachgehangen hatte, schmunzelte, als er sich abwandte, um seine Familie zu wecken. Er hatte ja auch im eigenen Haus eine ganz respektable Gabe der Nordpontier: Seine Frau stammte aus dem Dorf unten am Fluß. Sie war ansehnlich, kräftig und unermüdlich in allen Arbeiten der Frauen. Gern hatte er seinem Schwiegervater die herkömmlichen fünf Rinder als Brautpreis gezahlt. Und die Schwester des Kurgan-Mannes wohnte nun als Frau eines Nordpontiers unten am Fluß. Die Kinder in den beiden Dörfern oben und unten zeigten schon vielfach die gleichen Merkmale *beider* Völker.

Neulich allerdings hatte es Streit in der Familie gegeben, dessen tieferer Grund wohl in der Verschiedenheit des Götterglaubens beider Völker zu suchen war, die sonst die Menschen nicht störte. Das war auch der Anlaß gewesen, daß er, der Kurgan-Mann, nicht mit aller Strenge durchgegriffen hatte. Da hatte seine Frau eines Tages «dheigh» gemacht, jene Mischung aus Ton, Wasser und wohldosierten Beimengungen, aus der man Töpfe und Becher herstellte (vergleiche unser deutsches Wort Teig!). Aber als die Frau dann voll Stolz die fertigen Erzeugnisse ihrem Eheherrn präsentierte, da waren es zu seinem Entsetzen nordpontische und keine Kurgan-Töpfe! Und als der Mann barsch seiner Frau gebot, in seinem Haushalt gefälligst Kurgan-Töpfe herzustellen – Muster gebe es ja wohl genug –, da hatte seine Frau zu weinen angefangen und rundheraus erklärt, das könne sie nicht und das werde sie nicht! Die Formen und die Verzierungen, die sie einst von ihrer Mutter und Großmutter gelernt habe, seien nun einmal die richtigen, von ihrer Tradition geheiligten, und es hieße die Unsterblichen zu beleidigen, wolle man davon abweichen.

Es blieb dem Kurgan-Mann, der von ähnlichen Tragödien in anderen Häusern auch schon gehört hatte, nichts anderes übrig, als beim Nachbarn ein paar überzählige richtige kurganische Töpfe einzutauschen. Denn schließlich hatte er ja *seine* Tradition zu wahren, auch was die Töpfe anging. Im übrigen mußte er wohl warten, bis seine Töchter größer würden. Die formten jetzt schon im kindlichen Spiel mit Eifer kleine Töpfe. Sie sahen allerdings so aus, daß man bei etwas gutem Willen sowohl einen Kurgan- wie einen nordpontischen Topf darin erblicken konnte.

Welchem Volk gehört der Tote?

Um 3000 v. Chr., am Donez/Ukraine

Am Abend, als die Versammlung der «dems-poti» wieder einmal zusammensaß, um die laufenden Geschäfte des Dorfes zu beraten, da ging es auch wieder um ein Problem, das aus dem allmählichen Zusammenwachsen der beiden Völker entstanden war. Ein angesehener Dorfbewohner war in seinen besten Jahren an einem plötzlichen Fieber gestorben – nun war es Sache des Dorfes, ihm seine würdige letzte Ruhestätte zu bereiten. Aber eben darüber gab es Streit.

Der Verstorbene hatte zwar im Kurgan-Dorf gewohnt und sich dort als tüchtiger Hirt eine ansehnliche Herde erarbeitet. Aber sein Vater war ein Nordpontier aus dem Dorf am Fluß, seine Mutter eine Angehörige des Kurgan-Volkes gewesen. Bisher hatten die beiden Volksgruppen die Toten sorgfältig nach ihren sehr unterschiedlichen Sitten begraben: die Kurgan-Leute einzeln in rechteckigen Gruben, darüber einen großen Erdhaufen, den berühmten Kurgan, die Toten mit angehockten Beinen zusammengebunden. Ganz anders die Nordpontier: Hier wurden die Verstorbenen flach auf dem Rücken liegend eng nebeneinander in einem langen geraden Graben unter die Erde gebracht und mit sehr viel Ocker bestreut.

Diesmal nun war die Volkszugehörigkeit nicht so einfach zu entscheiden. Der Rat der Alten, zu dem auch einige angesehene Männer aus dem Dorf am Fluß eingeladen waren, beriet hin und her. «Er hat in unserem Dorf gewohnt», meinten die Alten des Kurgan-Dorfes, «also muß er nach unserer Sitte bestattet werden.» Doch die Nordpontier hatten ein gewichtiges Gegenargument: «Aber sein Vater war von unserem Volk, und bei euch richtet sich doch auch sonst immer alles nach dem Vater!» Schließlich setzte sich doch die Meinung der Kurgan-Leute durch: Der Tote sollte sein Grab unter einem Kurgan bekommen, aber um die Götter der Nordpontier nicht zu verletzen, sollte man ihn nach deren Brauch zusätzlich mit Ocker, mit der roten Erde der Ewigkeit, weihen.

Einige Tage nach diesem Beschluß war der Kurgan vollendet. Es hatte viele Schweißtropfen gekostet, die Erde in Körben auf den immer höher werdenden Hügel zu tragen. Aber niemand hatte sich von dieser selbstverständlichen Gemeinschaftsarbeit ausgeschlossen, wann immer neben den alltäglichen Aufgaben Zeit blieb. Auch die Nordpontier aus dem Dorf am Fluß hatten loyal ihren Anteil beigetragen, nachdem sie zu aller Sicherheit mit *ihren* Totengesängen und *ihren* Tänzen um das Grab dafür gesorgt hatten, daß die Götter des nordpontischen Volkes den Verstorbenen in ihre Obhut nehmen würden.

Die Händler aus dem Süden

Um 3000 v. Chr., am Donez/Ukraine

Heute konnte die Arbeit ruhen. Als ob die Bedeutung des Tages besonders herausgehoben werden sollte, erschienen am Nachmittag wieder einmal die fremden Händler aus dem Süden. Sie kamen fast jedes Jahr, lebhaft begrüßt, mit ihren Säcken voll Schätzen einer fremden Welt, die sie gegen Fuchs- und Biberfelle eintauschten.

Diesmal aber – nein, war das merkwürdig! – erschienen sie mit einem hölzernen Gestell, vor das sie zwei Kühe gespannt hatten. Das Gestell bewegte sich auf vier runden Scheiben aus Holz, die man sorgsam aus dicken Baumstämmen gehauen hatte. Wagen nannten die Fremden ihre Erfindung, die von den Kurgan-Leuten gebührend bestaunt wurde. Insbesondere die Zimmerleute des Dorfes, die sonst beim Hausbau die Steinäxte am geschicktesten schwangen, wurden nicht müde, dieses Wunderwerk zu betrachten. Praktisch war das schon, das mußte man zugeben. Auf so einem Wagen konnte man viel schwerere Lasten transportieren als auf dem menschlichen Rücken.

Noch lange nach der Abreise der fremden Händler, die in ihre Heimat jenseits der schneebedeckten Kaukasusberge zurückkehrten, redete man im Kurgan-Dorf von diesem Ereignis und von den Vorteilen, die es bieten würde, hätte man auch einen solchen Wagen.

Sonst waren die Handwerker ja nicht so überaus hoch geachtet, die lieber mit ihren Steinäxten Holzstämme bearbeiteten, als Hirten zu spielen. Die meisten von ihnen hatten das Blut beider benachbarten Völker in sich, daran mußte es wohl liegen. In der «Teuta» hatten sie ebensowenig Stimmrecht wie die bloßen Bauern und Fischer des Unterdorfes. Jetzt aber, in diesem Augenblick, brauchte man die Zimmerleute. Man redete auf sie ein und schmeichelte ihnen: ob sie nicht auch ein solches Kunstwerk fertigbrächten? Der Jubel war groß, als nach einigen Monden harter Arbeit auch im Kurgan-Dorf ein Wagen dastand, der sich sogar wirklich von vorgespannten Kühen ziehen ließ. Nur den Zimmerleuten selbst gefiel ihr Werk noch nicht so recht. Es war zu schwer, zu ungelenk. «Das nächste Mal», so versprachen sie, «bauen wir einen besseren Wagen!»

Der Spaten bestätigt das Wörterbuch

Eine zweite, mehr bäuerliche als viehzüchterische Komponente mußte es im Kurgan-Volk gegeben haben, ehe es sich um 2500 v. Chr. in alle Himmelsrichtungen zerstreute. Darauf deuteten viele der sprachwissenschaftlichen Erkenntnisse über die indoeuropäische «Ursprache» kurz vor ihrer Aufspaltung (vgl. 2. Kapitel, S. 55f). *Allen* frühen Indoeuropäern waren feste Häuser und Dörfer, waren Ausdrücke für Getreidepflanzen und für das Schwein bekannt, das sich nun einmal seiner Natur nach nicht als Haustier für Nomaden oder Halbnomaden eignet. Auch andere gemein-indoeuropäische Worte ließen auf eine durchaus seßhafte, bäuerliche Lebensweise schließen.

Weiter konnten allerdings die Indogermanisten des 19. und des frühen 20. Jahrhunderts die verwickelte Entstehungsgeschichte des indoeuropäischen Urvolks mit ihrem Instrumentarium nicht aufklären. Erst in den letzten Jahrzehnten hat eine intensive Spatenforschung sowjetischer Archäologen im Gebiet nördlich des Schwarzen Meeres so viele Funde zutage gefördert, daß wenigstens dieses Kapitel nicht mehr im dunkeln zu liegen braucht.

Zu Beginn der von den Archäologen «Kurgan II» genannten Phase, die von etwa 3100–2500 v. Chr. gedauert haben dürfte, dehnten sich die Viehzüchterstämme aus ihrer Urheimat beiderseits der Wolga stetig nach Westen aus – vielleicht auch nach Osten, doch ist das archäologisch bisher nicht nachgewiesen. Man vermutet, daß damals eine mehrhundertjährige Feuchtigkeitsperiode herrschte, diejenige, die im Gezeitenwechsel «feucht-trocken» der großen Dürre um 2500 v. Chr. voranging. Auch *zu* gute Weideverhältnisse können in einem relativ dicht besiedelten Land zu Schwierigkeiten führen; doch wußte man ihnen wirkungsvoll – durch Auswanderung – zu begegnen.

Im Gebiet nördlich des Schwarzen Meeres (das auf griechisch «Pontos euxeinos» heißt, daher «nordpontisch») wohnten damals Menschen einer bäuerlichen Kultur mit gewissem jägerischem Einschlag. Die Archäologen bezeichnen sie als «Dnjepr-Donez-Kultur» oder als «nordpontische Kultur». Die Wissenschaft glaubt an eine Einwanderung dieser Menschen in ihr späteres Wohngebiet während der Mittelsteinzeit, und zwar aus dem westrussisch-polnischen Raum. Anthropologisch, das heißt ihrer Rasse nach, repräsentierten die Nordpontier einen anderen Zweig des europiden Rassenkreises als die Kurgan-Leute: Ihre breiten, fast viereckigen Gesichter und ihr derber, ein wenig grobknochiger Körperbau deuten auf eine Abkunft von der im letzten Teil der Altsteinzeit in West-, Nord- und Osteuropa weit verbreiteten Rasse der «Cromagniden». Auch diese Menschen hatten, wie die Anthropologen glauben, ebenso helle Haut und meist blonde Haare wie die Kurgan-Leute, nur einen derberen Körperbau. Nachfahren dieser Rasse kann man auch heute noch in manchem «typisch westfälischen» Bauern erblicken. Vermutlich hingen die Nordpontier sowohl biologisch wie sprachlich mit jenen Jägern und Fischern zusammen, die damals ganz Nordosteuropa bis weit nach Nordrußland hinein bewohnten und aus denen sich später zum Teil die sprachlichen Ahnen der Finnen und Ungarn entwickeln sollten.

Die Überlagerung der nordpontischen Kultur durch die Kurgan-Hirten und das allmähliche Zusammenschmelzen beider Völker scheint tatsächlich völlig friedlich verlaufen zu sein. Die Archäologen fanden die Überreste ihrer Ansiedlungen dicht nebeneinander in den gleichen Fundschichten, ohne Anzeichen von Kämpfen, die sonst an dem so typischen Brandschutt abzulesen sind. Daß bei diesem Zusammenwachsen, für das etwa 500 Jahre Zeit zur Verfü-

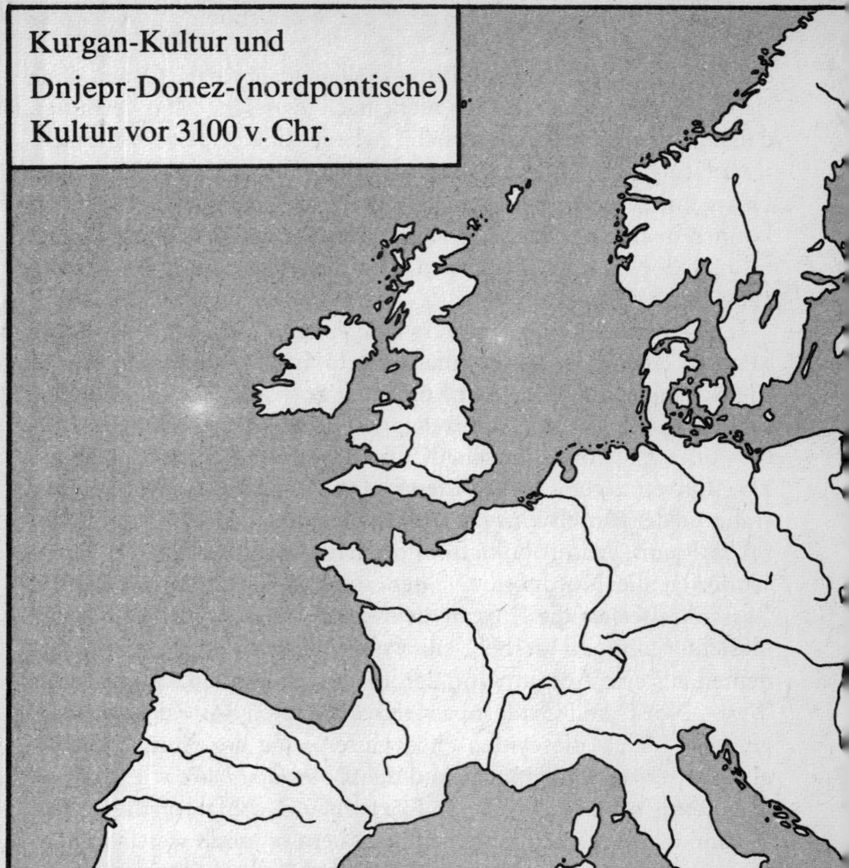

Kurgan-Kultur und
Dnjepr-Donez-(nordpontische)
Kultur vor 3100 v. Chr.
0 300 600 km

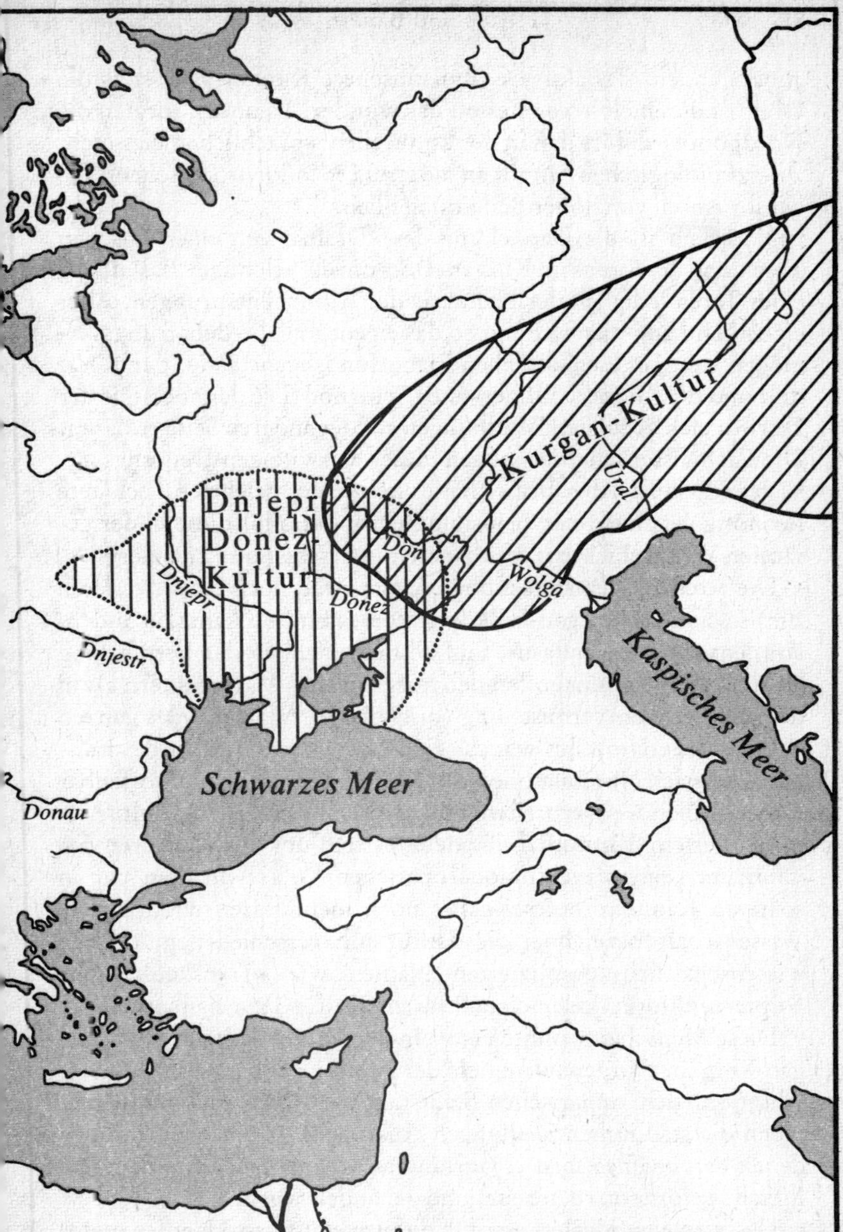
Kurgan-Kultur
Dnjepr-
Donez-
Kultur
Ural
Don
Wolga
Dnjepr
Donez
Dnjestr
Kaspisches Meer
Schwarzes Meer
Donau

gung standen, das aktivere, dynamischere Kurgan-Volk stets die Oberhand behielt – wen nimmt das wunder? Dennoch sorgten die Nordpontier dafür, daß in der kulturellen, sprachlichen und nicht zuletzt biologischen Mitgift an die späteren indoeuropäischen Völker ihr Anteil von hoher Bedeutung blieb.

Natürlich ist die Darstellung des «Dramas um einen falschen Topf» und des Streits im Kurgan-Dorf um die «richtige» Bestattung eines Toten lediglich der Phantasie des Autors entsprungen. Aber eigentlich kann man sich nur so das eigentümliche Beharrungsvermögen der vorgeschichtlichen Hauptfundgegenstände, der Keramik und der Gräber, auf der einen Seite und ihre dennoch mit der Zeit vor sich gehenden Wandlungen auf der anderen Seite erklären. Die Fachwissenschaftler mögen diesen vorwitzigen Deutungsversuch verzeihen. Aber bisher hat es keiner der gelehrten Fachleute für nötig gehalten, eine plausible Begründung für diese in der gesamten Vorgeschichte zu beobachtende Erscheinung zu liefern.

Die Archäologen stellen übereinstimmend noch einen weiteren Einfluß auf das Kurgan-Volk fest. Dieser Einfluß kam von Süden, von jenseits des Kaukasus, und bestand mehr in der Vermittlung kultureller Neuerungen bei den kurganischen Viehzüchtern als in der biologischen Vermischung von Völkern. Während des ganzen 3. Jahrtausends v. Chr. war das Gebiet von der Bergkette des Kaukasus bis nach Nordanatolien von Menschen besiedelt, die offenbar eine räumlich weitverbreitete und ziemlich einheitliche Kultur repräsentierten. Vermutlich handelte es sich um die Vorfahren der Churriter, einem nichtindoeuropäischen Volk, von dem wir in späteren Kapiteln dieses Buches noch mehr hören werden. Die Wissenschaft bezeichnet die Kultur mit verschiedenen, typisch wissenschaftlich-komplizierten Namen wie «Transkaukasische Kupferzeitkultur» oder «äneolithische Kultur Transkaukasiens».

Diese Menschen wohnten etwa in der Mitte zwischen dem Kurgan-Volk im Norden und einem der Zentren der damaligen Weltzivilisation, den sumerischen Stadtstaaten an Euphrat und Tigris. Auch die städtischen Siedlungen Anatoliens waren nicht fern, in denen bereits im frühen 3. Jahrtausend v. Chr. Kupfer und andere Metalle gefördert, verarbeitet und gehandelt wurden.

Das war eine ideale Lage für die wagemutigen Händler dieses

Volkes, die es vermutlich verstanden haben, sowohl einen kleinen Anteil des Reichtums des Zweistromlandes in die eigenen Kanäle zu leiten wie auch die hinterwäldlerischen Kurgan-Leute beim Tauschhandel nach Möglichkeit übers Ohr zu hauen. Import und Export und hohe Gewinnspannen dabei sind nicht erst eine Erfindung moderner Wirtschaftskapitäne, sondern wurden bereits in der Steinzeit nicht weniger konsequent betrieben als heute. Gewinn und Reichtum sind ja auch nicht an das Vorhandensein von gemünztem oder gedrucktem Geld gebunden, das damals noch längst nicht erfunden war.

Immerhin gelangten so eine Menge von Waren und – was noch wichtiger war – neue kulturelle Ideen aus dem Süden zum Kurgan-Volk, das sie begierig aufnahm. Die Kenntnis des von Tieren gezogenen Wagens zum Beispiel erlangten die Kurgan-Hirten, wie uns die Fachwissenschaftler versichern, durch den Kontakt mit der benachbarten Kultur im Süden. Denn dort hatte man sich schon recht früh dieses fortschrittlichen Hilfsmittels bedient. Im Kurgan-Volk allerdings scheint man zuerst auf die Idee gekommen zu sein, statt langweiliger Kühe oder Ochsen oder schwacher Esel die temperamentvollen und schnellen Pferde vor die Wagen zu spannen.

Es waren einfache, schlichte Viehhirten und Bauern, die da in der südrussischen Steppe auf ihren Auftritt in der Weltgeschichte warteten: genügsam, zäh, nüchtern, ohne sichtbare künstlerische Ader, aber mit ungeheurem Stolz auf ihre eigene Kraft und auf die ihnen eigene Lebensform. Viele ihrer Talente ruhten noch unerkannt in ihnen. Wie bei der Explosion einer Atombombe sollten die meisten ihrer Energien und Fähigkeiten erst durch die plötzliche Ausbreitung des Kurgan-Volkes freigelegt werden, durch die das vorher verhältnismäßig einheitliche Volk aber gleichzeitig sich selbst auflöste.

Als die Jungmannschaften der Kurgan-Hirten zwischen 2500 und 2200 v. Chr. in alle Himmelsrichtungen aufbrachen, da war die Welt um sie herum nicht etwa menschenleer. Im Gegenteil. Sie hätten Schiller zitieren können: «Was tun? sprach Zeus; die Welt ist weggegeben.» Denn überall, wohin sie sich wendeten, hatten andere, mit ihnen nicht verwandte Menschengruppen vor ihnen schon begonnen, den Boden urbar zu machen, die großen Wälder zu bejagen und die ersten großstädtischen Zivilisationen aufzubauen. Die Auseinandersetzung mit diesen fremden, nichtindoeuropäischen Kulturen füllte die erste Phase indoeuropäischer Entfaltung aus.

Die wichtigsten dieser fremden Kulturen, wie sie sich etwa zu dieser Zeit darboten, sollen daher im folgenden Kapitel vorgestellt werden.

5. Kapitel

Die fremde Welt, in die die Kurgan-Hirten gingen

Kultur und Kulturen vor viertausendfünfhundert Jahren

«Kaufherr Lugalanda aus Ur, Im- und Export»

Um 2500 v. Chr., Ur/Mesopotamien

«Herr, das Schiff aus Dilmun ist angekommen!» meldete der Privatschreiber mit ehrerbietiger Stimme. Der reiche Handelsherr Lugalanda pflegte zwar in seinem prächtig eingerichteten Schlafgemach während der heißesten Stunden des Tages zu ruhen, aber er hatte ausdrückliche Weisung gegeben, ihn sofort zu wecken, wenn diese Nachricht kommen sollte. Als Lugalanda sein zweistöckiges Backsteinhaus mit dem schattigen Innenhof verließ, schlug ihm die Gluthitze des Sommers entgegen. Aber das war nun einmal die Jahreszeit, da die Schiffe aus Dilmun in Ur festmachten, nachdem der stetige Monsun sie nordwärts den Meerbusen hinauf bis zur Mündung des Euphrat getrieben hatte. Jetzt mußte er, begleitet von zweien seiner Schreiber mit ihren Griffeln und feuchten Tontafeln, zum Hafen, um den Kapitän zu begrüßen und um eine Aufstellung der angekommenen Waren zu machen.

Trotz der Hitze boten die Straßen der Stadt Ur, durch die Lugalanda mit seinen Begleitern schritt, einen geschäftigen Anblick. In den schattigen Basaren arbeiteten Handwerker der verschiedensten Art, Wasserträger brachten das kostbare Naß vom Brunnen in die Häuser, Bauern kamen von den Dörfern rund um die Stadt, um einen Sack voll Gerste oder einen Ballen Wolle beim Tempel oder bei ihrem Grundherrn abzuliefern. Von der breiten Prachtstraße aus, die zum Hafen führte, konnte man in der entgegengesetzten

Richtung die hohen Mauern des Tempels sehen, der mit seinen langen schrägen Treppenaufgängen wie ein künstlicher Berg die Stadt und ihr Umland mit ihren über 50000 Einwohnern beherrschte.

Kaufherr Lugalanda war wie die meisten Bewohner von Ur ein typischer Sumerer: von verhältnismäßig kleiner, gedrungener Statur, mit rundem Kopf, hervortretender, in einer Linie mit der Stirn liegender Nase, brauner Haut und schwarzen, glatten Haaren. Er trug die übliche Männerkleidung, einen fest um die Taille gewickelten Rock, der den Oberkörper frei ließ. Gelegentlich konnte man auf den Straßen auch größere, schlanke Männer mit scharfen Gesichtszügen, hellerer Haut und sorgfältig gekräuseltem bräunlichem Vollbart sehen.

Lugalanda betrachtete solche Gestalten voller Mißtrauen: Fremde, Eindringlinge aus dem Norden waren es. In einigen der alten sumerischen Städte weiter oben am Fluß hatten sie sich schon zu Herren gemacht, diese ehemaligen Schafhirten aus der Steppe gen Sonnenuntergang. Aber sie waren tüchtige Leute, das mußte man ihnen lassen, als Herrscher und als Händler – und eben darum eine besonders unerwünschte Konkurrenz. Sie trugen dazu bei, die Sorgen, die sich Lugalanda angesichts der ständigen Kämpfe der sumerischen Städte untereinander um die Zukunft machte, nur noch zu vermehren.

Aber zunächst war einmal das Schiff aus Dilmun da, das im Auftrag Lugalandas kostbare Edelsteine, harten Dioritstein für Werkzeuge, wertvolle Hölzer und zahlreiche andere Waren aus den Städten des fernen Indien gebracht hatte. Das versprach reichen Gewinn. Lugalanda war sicher, wieder einen beachtlichen Teil der Ladung an den König Mesannapadda verkaufen zu können. Der König und seine Königin Pu-Abi hatten bei dem viele hundert Menschen umfassenden Hofstaat stets Bedarf an Schmuck jeder Art, an Bauhölzern und an Gold, Silber und Kupfer.

Einen anderen Teil der Ladung würde er an den Tempel Nannars, des Mondgottes, verkaufen können, dem die Stadt Ur zu Eigentum gehörte. Auch die Priester des Tempels mußten Tausende von Menschen, die im unmittelbaren Dienst des Tempels standen, mit allem Notwendigen versorgen. Schließlich gab es in der wohlhabenden Handelsstadt Ur auch noch viele selbständige Handwerker,

Kleinkaufleute, Schankwirte und dergleichen, die sich schon einmal eine hübsche Karneolkette oder goldene Ohrringe für ihre Frau leisten konnten oder die nur die Rohstoffe dafür zur handwerklichen Weiterverarbeitung benötigten.

Die Stoffe aus Wolle oder Flachs, die Lugalanda als Gegenleistung dafür erhalten würde, konnte er im Winter, wenn das Schiff mit dem Nordostmonsun wieder nach Dilmun (Bahrein), dem Hauptumschlagplatz für den kontinentweiten Handel, zurücksegelte, gewinnbringend in die fernen Länder exportieren. Lugalanda kalkulierte schon im Kopf, wieviel Eselskarren voll diesmal die Ladung ausmachen würde, die aus dem Schiff in das große Magazin bei seinem Stadthaus transportiert werden müßte, und wieviel Gebühren er den Schreibern des Königs als Zoll für das Entladen bezahlen müßte …

Die großen Flüsse: Wiegen der Zivilisation

Wir wissen nicht, was aus dem Kaufherrn Lugalanda, seiner Kalkulation und seinem Im- und Exportgeschäft geworden ist. Schon wenige Jahre nach der geschilderten Szene, die uns etwa in das Jahr 2500 v. Chr. versetzen soll, war die Stadt Ur vom König der sumerischen Nachbarstadt Lagasch, Eannatum, erobert – und vermutlich waren König Mesannapadda und die Angehörigen der herrschenden Schicht, darunter auch Lugalanda, erschlagen oder zu Sklaven gemacht worden, wenn sie nicht rechtzeitig geflohen waren. Aber das war nichts Ungewöhnliches in jenen unruhigen Zeiten. Und hundertsechzig Jahre später waren Ur und die anderen sumerischen Städte in der Hand des Königs Sargon von Akkade, des ersten Großreichsherrschers aus dem von Lugalanda mit solchem Mißtrauen betrachteten Schafhirtenvolk. Noch einmal gut zweihundert Jahre später sollte sich die alte Stadt Ur allerdings unter einer neuen Königsdynastie zum letztenmal zur Eigenständigkeit und sogar zu einer weiträumigen Herrschaft aufschwingen.

Die hochentwickelte Zivilisation jener Zeit, wie sie uns in den sumerischen Stadtstaaten an Euphrat und Tigris entgegentritt, mit

Großstädten und einem komplizierten Gesellschaftsaufbau, mit unvergänglichen Schöpfungen der darstellenden Kunst und der Architektur, mit vollentwickelter Schrift und dem Beginn einer vielfältigen Literatur, mit einem allgegenwärtigen bürokratischen Beamtenapparat – sie hatte auch eine schlimme Kehrseite. Anlässe zum Streit gab es zahllose, und jeder Streit zwischen den eifersüchtig miteinander rivalisierenden Städten wurde mit Waffengewalt ausgetragen. Da zogen dann die Stadtkönige an der Spitze ihrer uniformierten Soldaten in den Krieg. Wir können ihre Abbildungen heute noch auf sumerischen Plastiken sehen.

Ein Kurgan-Hirte, den es in eine der sumerischen Städte des Jahres 2500 v. Chr. verschlagen hätte, wäre sich dort wahrscheinlich ebenso fremd vorgekommen wie heute ein Pygmäe aus dem Kongo-Urwald, der sich plötzlich in der modernen Großstadt Johannesburg wiederfände. Wir können uns den Unterschied im Kulturzustand gar nicht groß genug vorstellen.

Die Menschheit hat die Entwicklung zu den ersten Hochkulturen an verschiedenen Stellen der Erde ungefähr zur gleichen Zeit begonnen. Jedesmal waren große Flußtäler ihre Wiege und die Arbeit zur Regulierung des lebenswichtigen Wassers ihr Ausgangspunkt. Das war so in Mesopotamien, dem heutigen Irak, als die zunehmende Austrocknung der bewaldeten Gebirge die Bauern zwang, in die vorher sumpfigen Flußtäler hinabzusteigen. Das war so in Ägypten, als der gleiche klimatische Vorgang die Jäger, Viehzüchter und Bauern aus der Savanne und später Wüste westlich des tief eingeschnittenen Flusses veranlaßte, nun das breite Niltal zu besiedeln. Auch die früheste chinesische Hochkultur am Hoangho und die sogenannte Indus-Kultur Nordwestindiens sind Kinder ihrer Flüsse.

Im Zweistromland an Euphrat und Tigris waren es die um 3200 v. Chr. offenbar aus Innerasien zugewanderten Sumerer, die den Anstoß zur eigentlichen Entwicklung zur Hochkultur gaben. Nur wenige hundert Jahre nach ihrer Ankunft begannen aus dem Gebiet, das heute Arabische Wüste heißt, Menschen mit semitischer Sprache in das Kulturland an den großen Flüssen einzusickern. Es waren Kleinviehzüchter mit einer ähnlichen Lebensauffassung und ähnlicher Tatkraft wie die Indoeuropäer. In immer neuen Wellen –

Akkader, Amoriter, Babylonier, Assyrer, Kanaanäer, Aramäer, Juden, Araber – sollten sie bis heute für Sprache und Kultur des größten Teils Vorderasiens und Nordafrikas bestimmend bleiben.

Entlang des Indus-Flusses im heutigen Pakistan entstand zur gleichen Zeit, als die Kurgan-Hirten vor der Dürre auswanderten, ebenfalls eine Hochkultur, die schon erwähnte Indus-Kultur. Sie wurde von den Archäologen erst vor wenigen Jahrzehnten wieder ans Licht gefördert. Auch hier gab es mehrere große Städte mit regelmäßig gebauten Straßen und Kanalisation, viele Dörfer, eine entwickelte, bis heute allerdings unentzifferte Schrift und einen lebhaften Fernhandel – unter anderem auch mit den über 2000 Kilometer entfernten sumerischen Städten. Bis heute dauert das Rätselraten, welche Menschen diese Zivilisation begründeten. Manches spricht für die Theorie, wonach es Verwandte der Sumerer waren, ebenfalls aus Innerasien zugewandert, die Vorfahren der heutigen (nicht indoeuropäisch sprechenden) Drawida-Bevölkerung Südindiens. Ein sowjetischer Sprachforscher, Professor Baljawski, fand vielleicht 1981 eine Spur. Die Sprache eines kleinen sibirischen Volkes, das heute nur noch 4000 Köpfe zählt, weist nach seiner Meinung eine auffallende Verwandtschaft mit dem Sumerischen und – wie er behauptet – mit dem Etruskischen auf. Ist dieses Volk der letzte, in der Urheimat «zurückgebliebene» Rest einer jungsteinzeitlichen Völkergruppe, die zu den Begründern der ersten Hochkulturen der Welt gehörte?

In Ägypten war fast vierhundert Jahre zuvor aus dem Zusammenschluß Ober- und Unterägyptens das erste Großreich im Niltal entstanden, das sogenannte «Alte Reich». Unter seinen Pharaonen wuchsen die weltberühmten Pyramiden empor und die Riesenmonumente der Sphinx; die Ägypter erfanden die Hieroglyphen als Schrift, sie schufen wie in den sumerischen und indischen Städten einen durchorganisierten Staat und eine bildende Kunst, die uns heute noch höchste Bewunderung abnötigt.

Auch auf Gebiete weit nördlich, am Mittelmeer, fiel ein Abglanz jener Hochkultur – oder war es der neue Werkstoff Metall, der hier an der Nordwestecke Anatoliens ein neues Zeitalter heraufführte?

Das goldene Ohrgehänge von Troja

Um 2500 v. Chr., Troja/Kleinasien

Aufatmend legte der Goldschmied seine Bronzehämmer und Punzen, seine Pinzetten und Zangen beiseite und betrachtete das fertige Werk. Zwei Ohrgehänge waren es, genau gleich, aus Dutzenden von Stücken Gold- und Silberdraht und zu Röhrchen gedrehtem Goldblech kunstvoll zusammengesetzt: ein Schmuck, würdig einer Fürstin. Für die Gattin seines Herrn, des Fürsten von Troja, war die Arbeit auch bestimmt.

Viele Menschen hatten schaffen müssen, damit dieser Schmuck entstehen konnte. Da waren die Arbeiter in den Goldbergwerken im Gebirge weit im Norden (im heutigen Siebenbürgen); kürzlich erst hatten erfahrene Prospektoren aus dem kleinasiatischen Taurus-Gebirge dort oben die neuen Goldvorkommen entdeckt. Da waren die Kaufleute und Lastenträger, die unter anderem auch diese kostbare Fracht den weiten Weg von der Donau bis ins reiche Troja befördern mußten, ferner die Bergleute, die an den Hängen der Sierra Nevada jenseits des Meeres (im heutigen Südspanien) das weiße Metall Silber der Erde entrissen. Da waren die Kapitäne und Matrosen, die es im Bauch ihrer Schiffe in monatelanger Fahrt vom West- zum Ostende des Mittelmeeres schafften. Und natürlich hatte er selbst, der Goldschmied, viele Tage daran gesessen, der Künstler, der aus stumpfem Metall glänzende Kunstwerke schuf.

Der Fürst von Troja, der diese Ohrgehänge von seinem Goldschmied empfangen sollte, konnte sich derartigen Luxus wohl leisten. Denn seine Burg war ein Zentrum des Handels in der ganzen buchten- und inselreichen Ägäis. Nicht ohne Grund hatte der Fürst erst vor kurzem die baufällig gewordenen Mauern einer früheren Burg niederreißen und erheblich größer und stärker wiederaufbauen lassen. Er brauchte genügend Raum für Soldaten, für Träger – und für die Schätze, die sich von Jahr zu Jahr mehr in Troja anhäuften.

Um Troja kam man nicht herum, wenn man Waren von der Ägäis in das Schwarze Meer befördern wollte. Denn Wind und Strömung machten es für die kleinen Schiffe fast unmöglich, die Einfahrt in die Meerenge der Dardanellen von Südwesten her zu erzwingen.

Daher landeten die Schiffe an einer Bucht ein wenig südlich der Mündung der Dardanellen ins Ägäische Meer, ließen ihre Ladung von Trägern zwei Stunden weit über Land bringen, um sie dann in einer anderen Bucht an der Meerenge wieder auf ein Schiff zu verstauen. An diesem Weg lag die Burg Troja. Sie stellte die Träger für diese Transportunternehmen – und die Soldaten, die darauf zu achten hatten, daß kein Kapitän wieder abfuhr, ohne die fällige Abgabe zu zahlen. Und die Züge der Kaufleute, die aus dem Inneren der kleinasiatischen Halbinsel oder sogar von den Städten im Zweistromland auf die andere Seite der Meerenge, in das Land der großen nördlichen Wälder wollten, oder auch umgekehrt, die mußten ebenfalls an Troja und seinen Wächtern vorbei. Kein Wunder, daß die Schatzkammern dort nicht groß genug sein konnten.

Der Goldschmied lebte noch nicht allzu lange in der Burg Troja. Er stammte aus einer der uralten Städte im Inneren Kleinasiens, wo man schon seit Generationen dem Geheimnis der Metallverarbeitung auf der Spur war. Der Fürst von Troja hatte ihn, den geschickten Handwerker, mit großen Versprechungen in seine Burg gelockt, aber der Goldschmied hatte es nicht bereut. Er war unter stammverwandten Menschen, die wie er die «Große Mutter», die Erdgöttin, verehrten. Die Leute hier sprachen auch fast die gleiche Sprache, die er aus dem Landesinneren mitgebracht hatte und wie sie auch die Menschen drüben auf den Inseln verwendeten und auf dem Festland jenseits des Wassers, dort, wo die Sonne unterging. Hier in Troja, im Kreuzungspunkt der Handelswege, war man weltoffen und informiert. Und man konnte gut leben, denn der Fürst wußte seine Leute bei guter Laune zu halten.

Vor unendlichen Zeiten, so hieß es, waren Bauern aus dem Bergland im Osten hinübergezogen über die Meerenge und hatten die fruchtbaren Ebenen Thessaliens besiedelt. Genügsame Bauern waren es geblieben, auch wenn sie sich im Laufe ungezählter Generationen immer weiter nach Mitternacht ausgedehnt hatten. Erst in letzter Zeit begann sich das zu ändern. Es war, als ob nach einer langen Nacht endlich die Morgenröte einen strahlenden Tag ankündigte. Der Goldschmied, als Techniker und Künstler mit wachen Sinnen begabt, er spürte diese Wandlung deutlich: Auf einmal fuhren mehr Schiffe über das Meer, die Menschen wurden überall geschäftig, sie zogen Wein und Oliven, um damit Schmuck und die begehrten Werkzeuge aus Kupfer eintauschen zu können. Sie sahen nun auch nicht mehr bloß ihren Acker und ihre Ziegenherde, sondern auch die Schönheit der Welt, und sie bemühten sich, selbst Schönes zu erschaffen.

Der Goldschmied in seiner trojanischen Werkstatt ließ mit Sachverstand seine Blicke über den ebenmäßigen, mattgrauen Tonpokal mit den zwei Henkeln streifen, ein Geschenk seines Fürsten.

Da war ein anderer Künstler am Werk gewesen, das hatte er im Gefühl. Er hob den Pokal und trank bedächtig einen Schluck goldgelben Weins von den Kykladen, in stillem Dank für das Gelingen seines eigenen Werks und für die Zeit, in der ihn die Götter leben ließen. Dann erhob er sich, um seinem Fürsten die bestellten Ohrgehänge für dessen Gattin abzuliefern.

Hier irrte Schliemann

Am 14. Juni 1873, am vorletzten Tag seiner Grabungskampagne in dem Ruinenhügel von Hissarlik in der Nordwestecke der Türkei, fand Heinrich Schliemann in 28 Fuß Tiefe einen Goldschatz, der seitdem Fachleute und Laien immer wieder fasziniert hat. Unter den Tausenden von Einzelstücken – Diademe und Spangen, Ketten, Knöpfe, Fingerringe und vieles andere mehr – war auch ein Paar goldener Ohranhänger, das Heinrich Schliemann in der Verzückung über seinen Fund auf der Stelle seiner jungen griechischen Frau anlegte. Schliemann, der allen Expertenmeinungen zum Trotz in diesem Trümmerhügel das von Homer besungene Troja wiedergefunden hatte, zögerte nicht, die Schmuckgegenstände zum «Schatz des Priamos» zu erklären. König Priamos war der Vater des Prinzen Paris, der durch den Raub der Helena jenen so unheilvollen Krieg um Troja ausgelöst hatte, von dem noch heute deutsche Gymnasiasten auf griechisch in der Schule lesen.

Allerdings: hier hat sich Schliemann gründlich geirrt. Denn von dem Augenblick, in dem unser trojanischer Goldschmied sein Kunstwerk vollendete, bis zum Ausbruch des in der Ilias besungenen Kampfes um Troja sollten mehr als dreizehnhundert Jahre vergehen! Und die Sprache des Goldschmieds und seiner Zeitgenossen hatte aber auch gar nichts mit Griechisch zu tun. Als die Facharchäologen die Ausgrabungen des wissenschaftlichen Selfmademan Schliemann genauer unter die Lupe nahmen, stellten sie fest, daß dort nicht weniger als neun Burgen fast dreißig Jahrhunderte lang immer wieder übereinandergebaut worden waren, die jüngere immer auf den Überresten der älteren und etwas größer. Man hat die Burgen, von der ältesten angefangen, numeriert. Nummer II wurde etwa um 2500 v. Chr. erbaut, also in der Zeit, in der unser Goldschmied dort arbeitete. Sie hielt mit etlichen Umbauten und Erweiterungen bis etwa zum Jahr 2200, bis sie, wie man vermutet, von einer Horde durchziehender Kurgan-Krieger verbrannt wurde. Erst «Troja VII» war nach Meinung moderner Wissenschaftler die Stadt, die im «Trojanischen Krieg» Homers so schwer umkämpft wurde (um 1200 v. Chr.); wir werden von dieser Zeit in einem späteren Kapitel noch hören (Kapitel 9: Der Zug gegen Troja – nicht nach Homer). Immer aber war Troja, die Raubritterburg im Winkel zwischen Ägäischem Meer und Dardanellen, doch zugleich eine bedeutende Handelsstadt, eine reiche Stadt und eine Stadt, die in besonderer Weise Asien und Europa miteinander verband.

Asiatische Kolonisten in Europa

Über die West- und Nordwestküste Kleinasiens – eben dort, wo Troja lag – waren seit dem 6. Jahrtausend v. Chr. in verschiedenen Wellen die Bauernscharen aus Anatolien, vielleicht zum Teil auch aus Syrien, gezogen, die erstmals die Künste des Ackerbaus, der Kleinviehhaltung und der Keramikherstellung nach Europa brachten. Zuerst Teile Nordgriechenlands, dann immer weitere Gebiete der Balkanhalbinsel bis hinauf nach Ungarn und Rumänien wurden von dieser ursprünglich asiatischen Bevölkerung (allerdings aus dem europiden Rassenkreis) besiedelt. Vielleicht war auch die Cucuteni-Kultur, die bis zum Dnjepr reichte und von der im 1. Kapitel die Rede war, ein entfernter Nachfahre jener Einwanderer, ver-

Harz
0 300 600 km

Kulturen in Europa und
Vorderasien um 2500 v. Chr.
(vor der Ausbreitung der Kurgan-Kultur)
Metallverarbeitende städtische Kulturen des Orients
Ausstrahlung der orientalischen Stadtkulturen (Kleinasien, östliches Mittelmeer)
Südosteuropäische Bauern (Balkankreis)
Bandkeramische Bauern (Donauländische Kultur)
Osteuropäische Bauern (später Tripolje-Cucuteni-Kultur)
Nordafrikanisch-westeuropäische Bauern (Westischer Kreis)
Trichterbecherkultur (Norddeutschland, Großsteingräber)
Mehr oder minder starkes Nachleben mesolithischer Jäger
Troja
Ur

mischt mit den einfachen Jägern und Fischern, den Ureinwohnern Europas. Im Laufe von dreitausend Jahren waren die Menschen natürlich längst Einheimische, Europäer, geworden. Und sie hatten sich, wie das so zu gehen pflegt, in viele voneinander unterscheidbare «Kulturen» aufgespalten. (In der Archäologie spricht man ungern von «Völkern»: einmal, weil uns die Namen der vorgeschichtlichen Menschengruppen unbekannt sind, zum anderen, weil zu einem Volk im geschichtlichen Sinne mehr gehört als eine Zahl von Menschen mit gleicher Sprache und gleichen Vorfahren.)

In Rasse und Sprache, in ihren religiösen Anschauungen und ihren landwirtschaftlichen Methoden scheinen diese Kolonisten viel aus ihrer asiatischen Heimat mitgebracht zu haben. Man spricht jedenfalls in Wissenschaftlerkreisen von einer «vorderasiatischen Kulturtrift», die Südosteuropa zwischen dem 6. und dem 3. vorchristlichen Jahrtausend überzog.

Die kulturelle Weiterentwicklung ging nur langsam. Erst in der Mitte des 3. Jahrtausends scheinen starke Impulse auch in diesem Gebiet die Menschen auf den Weg zur Hochkultur gedrängt zu haben. Die ersten Städte auf dem griechischen Festland wurden gebaut, die Bevölkerungszahl wuchs sprunghaft ebenso wie der Anbau von Wein und Oliven, in der Keramik erreichten die Töpfer rings um das Ägäische Meer ein hohes künstlerisches Niveau, der Handel quer über die Kontinente und über die ganze Länge des Mittelmeeres blühte auf. Und überall übte man sich auch im Gebrauch der Metalle: Gold und Silber für Schmuck, Kupfer für Werkzeuge und Gebrauchsgegenstände. Die Kunst des Schreibens fand ihren Weg allerdings noch nicht hierher. Und bis zur Hochblüte der ersten echten Zivilisation auf europäischem Boden, der Hochkultur Kretas, sollte es auch noch über ein halbes Jahrtausend dauern.

Rund zweitausend Kilometer noch weiter nordwestlich war allerdings vom Anbruch eines neuen Zeitalters noch nichts zu spüren. Dennoch war das Land so dicht besiedelt, wie es der Zustand der Landschaft und die Fähigkeiten der Menschen, für ihre Ernährung zu sorgen, zuließen.

Zwei Welten: Bauern und Jäger

Um 2500 v. Chr., am Harz/Deutschland

Die Sonne stand hoch am Himmel, und es war schwül. Ächzend und schwitzend richtete sich der etwa dreißigjährige Mann aus seiner hockenden Stellung auf, um eine Pause zu machen. Die Sichel aus einem krummen Ast mit sorgfältig eingesetzten winzigen Feuersteinschneiden ließ er fallen. Es war eine harte Zeit in jedem Jahr, die Wochen der Ernte des Weizens, der Gerste und der Hirse. Man mußte immer ein Büschel Getreidehalme mit der linken Hand umfassen und mit der Sichel in der rechten Hand so lange schlagen und sägen, bis alle Halme abgeschnitten waren. Und das Fuß vor Fuß, Tag um Tag, Frauen, Männer und Kinder, das ganze Dorf. Nur ein paar Halbwüchsige hatten andere Aufgaben. Sie mußten die kleine Schaf- und Ziegenherde und die paar Rinder hüten, die am Rande der großen Waldlichtung grasten. Und die alten Frauen des Dorfes versorgten die Schnitter mit Essen und Trinken bei ihrer harten Feldarbeit.

Der Bauer, der sich reckte, um den Krampf aus den Gliedern zu bekommen, stand weit genug vom südlichen Rand der Lichtung entfernt, um dort, wo die Sonne stand, gerade über den Baumwipfeln, die blauen, im Dunst verschwimmenden Konturen der Harzberge erkennen zu können. Zur rechten Hand lagen die sieben großen strohgedeckten Häuser des Dorfes, achtzig Schritt lang, aus Balkenfachwerk schön gefügt, die Gefache mit geflochtenem Reisig verkleidet und von beiden Seiten mit Lehm beworfen. An der einen schmalen Giebelwand war der Eingang, im Inneren waren mit ein paar Balken und Flechtwerk einige Abteilungen geschaffen: ein Vorraum, ein Aufenthaltsraum für die große Sippe, die das Haus bewohnte – etwa zwanzig Menschen lebten in ihm –, Räume für das Vieh, für die Vorräte. So bauten die Bauern ihre Häuser seit undenklichen Zeiten.

Man war am Ende der Ernte. Heute nachmittag konnten die letzten Garben zum Dreschen ins Dorf geschafft werden, und abends würden dann die alten Frauen, die Mütter des Dorfes, das große Dankesfest für die «Große Mutter» feiern, die auch in diesem Jahr wieder die Getreidehalme und das Gemüse hatte aus der Erde keimen und wachsen lassen. Allerdings war der Ertrag schon wieder geringer als im vorigen Jahr und erst recht als im vorvorigen Jahr. Es schien an der Zeit zu sein, wieder einmal zu wandern.

Prüfend schaute sich der Bauer in der ihm so vertrauten Umgebung um. Rings um die große Lichtung stand der Wald: Fichten, Ulmen und allerlei andere Laubbäume und Sträucher bunt gemischt. Der Wald war Heimat und Feind der Bauern zugleich. Sie brauchten den Wald dort, wo er auf lockerem, fruchtbarem Boden wuchs, um ihn niederzuhauen und niederzubrennen, um auf der so geschaffenen künstlichen Lichtung ihre Häuser zu bauen, um zwischen den verkohlten Baumstümpfen in der segenspendenden Asche ihre Saatkörner zu versenken. Aber zugleich fürchteten die Bauern die fremde dunkle Welt des Waldes, in dem sie sich nie heimisch fühlen konnten. Sie waren Kinder der weiten offenen Ebene, sie brauchten das Sonnenlicht und fürchteten die Schatten. Dennoch mußten sie immer wieder, wenn etwa zehn Jahre vergangen waren, hineintauchen in die unermeßlichen Wälder, um einen neuen Platz zum Leben zu schaffen: wenn der erschöpfte Boden das Getreide nicht mehr genug wachsen ließ.

In einigen Tagen, nach dem Abschluß der Ernte und nach dem großen Fest, so entschloß sich der Bauer, würden er und einige seiner Nachbarn wohl oder übel einen Erkundungsgang in die Wälder machen müssen, um ihren neuen Wohnort für die nächsten Jahre zu finden. Nach Norden zu hatte es keinen Zweck zu ziehen. Dort stieß man bald auf die Wohngebiete eines anderen Volkes, das zwar auch Getreide baute und Vieh züchtete, aber einen völlig anderen Glauben hatte. Es errichtete mit ungeheuren Mühen seinen Verstorbenen riesige steinerne Grabkammern und deckte Erde darüber, und es verehrte andere Götter als die «Große Mutter». Zwar gab es nicht gerade Krieg zwischen den beiden benachbarten Völkern. Dazu bestanden zu viele Handelsbeziehungen zwischen ihnen, und auch junge Mädchen des einen oder anderen Volkes waren gelegentlich als Hausfrauen in die Häuser des Nachbarvolkes gegen willkommene Handelswaren eingetauscht worden. Man hatte sich arrangiert und achtete die unsichtbar durch das Land laufende Grenze – aber man war und blieb mißtrauisch gegenüber dem Andersartigen, wie das Bauern in aller Welt sind. Nein, das Ziel des Erkundungsganges konnte nur im Süden liegen, irgendwo in Richtung auf den Harz zu, in dessen Vorbergen man wohl ein geeignetes Waldstück an einem größeren Bach finden würde, das man niederbrennen und für ein paar Jahre zur neuen Heimat machen konnte.

Acht Tage später saßen fünf Bauern aus dem Dorf im Harzvorland um ein Lagerfeuer. Vor ihnen floß ein munteres Flüßchen, dem sie seit frühmorgens aufwärts gefolgt waren. Hinter ihnen rauschten unheimlich die Bäume im Abendwind. Ein Käuzchen schrie, im Gebüsch knackte es. Erschauernd wickelten sich die Bauern in ihre Schafsfelle und legten sich zum von Angstträumen geplagten Schlaf, nicht ohne die «Große Mutter» um Schutz ihres Lebens in dieser Wildnis angefleht zu haben. Alle bösen Geister der Unterwelt waren in einer solchen Nacht los, und nur die eigenen vier Wände eines Hauses boten ausreichend Schutz vor ihnen.

Verwundert, daß ihnen in der Nacht nichts geschehen war, erwachten die Bauern am Morgen, als das Vogelkonzert sie weckte. Sie mußten weiter, denn noch hatten sie nicht ein passendes Stück Wald gefunden. Rechts und links des Flüßchens gab es zwar genügend freie Flächen ohne Bäume – aber dieser Platz nützte ihnen nichts. Die mit dichtem saftigem Gras bewachsene Flußaue war mit ihren Steinhacken beim besten Willen nicht aufzulockern. Einen Acker für Getreide konnte man daraus nicht machen. Daher mußten die Bauern weiter in das große Waldland hinein.

Sie waren an diesem Morgen noch nicht lange unterwegs, nun am rechten Ufer eines Baches, der sie tiefer in den Wald hineinführen sollte. Da hielt der vorderste der Bauern plötzlich an und deutete mit allen Anzeichen des Schreckens nach vorn. Leise, als schwebten sie über den mit raschelndem Laub und abgefallenen Zweigen bedeckten Waldboden, kam ihnen da eine lange Reihe von Menschen entgegen: Männer, Frauen und Kinder, beladen mit Stangen und Bündeln. Einige Frauen trugen Babies auf dem Rücken, die sie mit Lederstreifen festgebunden hatten. Das war das geheimnisvolle Waldvolk, von dem man so viel im Dorf erzählte, das aber selten jemand zu sehen bekam, weil es scheu die Nähe der gerodeten Lichtungen mied und lieber dort seine Rehe und Hirsche und Wildschweine jagte, wo der Wald am dichtesten war. Es waren große, muskulöse Gestalten mit breiten Gesichtern, gegenüber denen sich die Bauern aus dem Dorf klein und verloren vorkamen. Bekleidet waren die Waldleute fast ausschließlich mit Hosen und Mänteln aus Leder, nur einzelne bunte Tücher der Frauen hatten wohl im Wege des Tausches aus irgendeinem Bauerndorf zu ihnen gefunden.

Als der Anführer der Waldleute die Gruppe der Bauern erreichte, hielt er an und fragte sie mit rauher Stimme etwas in einer fremden Sprache. Natürlich verstanden die Bauern nichts. Mit Gesten machte der fremde Häuptling klar, daß er mit den Bauern in einen Tauschhandel eintreten wolle. Doch als diese bedauernd ihre wenigen Habseligkeiten vorwiesen, die sie zu dem kurzen Erkundungsausflug mitgenommen hatten, gab der Häuptling der Waldleute achselzuckend einen kurzen Befehl, und die etwa zwanzig Angehörigen seines Volkes setzten sich schweigend wieder in Bewegung. Nur ein paar Atemzüge, und der Wald hatte sie verschluckt: Überreste einer Zeit, die selbst hier oben in den Wäldern des Nordens mit Riesenschritten dem Ende entgegenging.

Denn schon zwei Monate später klangen hier, wo sich die Vertreter der beiden Völker begegnet waren, pausenlos die geschliffenen Steinbeile, mit denen die Bauern die Bäume zum Hausbau fällten, und fraß das Feuer eine neue große schwarze Lücke in den grünen Wald, eine Lichtung, auf der im nächsten Jahr Häuser stehen und Getreidekörner der Ernte entgegenwachsen sollten.

Jungsteinzeitliche Kulturen Europas

Von der Mündung der Donau ins Schwarze Meer bis zu ihrer Quelle und am rechten Ufer des Rheins abwärts bis fast zu seiner Mündung in die Nordsee besiedelten seit dem 5. Jahrtausend v. Chr. Menschen einer bemerkenswert einheitlichen Kultur Mittel- und Osteuropa. Die Wissenschaft bezeichnet sie als «Bandkeramiker» nach den typischen bänderartigen Verzierungen auf ihren Tontöpfen, oder auch als «Donauländische Kultur».

Sie waren die ersten, die den Anbau von Getreide und anderen Früchten, die Viehhaltung und die Keramikherstellung in diesem Gebiet einführten, und die Archäologen können an Hand ihrer Hinterlassenschaften feststellen, daß sie in langsamem Zug irgendwoher aus Südosten kamen. Ob die Bandkeramiker in rassischer und kultureller Verbindung mit den nur wenig vorher in den Balkan eingewanderten Bauern aus Asien standen oder aus anderer Wurzel stammten, ist unter den Vorgeschichtswissenschaftlern heute noch immer umstritten. Manche Züge ihrer Rasse und auch ihrer Kultur deuten auf die erste Hypothese hin, zum Beispiel die Art ihrer Landwirtschaft, Formen und Schmuck ihrer Töpfe, die Vorliebe für Mittelmeermuscheln als Schmuck für ihre Frauen. Dagegen spricht unter anderem die völlig abweichende Art des Hausbaus, die bestimmt Ausdruck unterschiedlicher gesellschaftlicher Verhältnisse war. Wir brauchen die Streitfrage nicht zu entscheiden, denn sicher ist: Indoeuropäer, also Verwandte des Kurgan-Volkes, waren die Bandkeramiker nicht.

Natürlich hatte auch diese ursprünglich recht einheitliche Kultur im Verlauf von über zweitausend Jahren vielfältige Einzelgruppen entwickelt. Sie hatten sich in Norddeutschland bis an den nördlichen Rand der Mittelgebirge ausgedehnt, bis dorthin, wo der feine, fruchtbare Löß aus der Eiszeit und der darauf wachsende lichte Eichenmischwald ihnen die Kultivierung des Bodens ermöglichte. Da Fruchtwechsel und Düngung, ja auch der Pflug ihnen noch unbekannt waren, erschöpfte sich der Boden rasch, und nach einigen Jahren mußte das Dorf um ein paar Kilometer auf eine frisch gebrannte Lichtung versetzt werden.

Im Jahr 2500 v. Chr., in dem unsere Schilderung spielen soll, waren die Bauern im Harzvorland die am weitesten nach Norden vorgeschobenen Vorposten dieser Kultur. Norddeutschland und Südskandinavien wurden zur gleichen Zeit von einem Volk bewohnt, das man die «Trichterbecherkultur» genannt hat oder auch die «Großsteingräberbauer». Auch über dieses Volk hat es die heftigsten wissenschaftlichen Kontroversen gegeben. Es lebte dort, wo noch einmal zweitausend Jahre später die Heimat der Germanen lag, und es blieb nicht aus, daß die Trichterbecherleute als die direkten Vorfahren der Germanen, als reinste Verkörperung der nordischen Rasse und als die Urahnen der Indogermanen in Anspruch genommen wurden.

So einfach lagen die Dinge allerdings nicht. Heute glaubt man, daß das Trichterbechervolk aus einer Mischung früher Bandkeramiker mit den einheimischen, noch im Kulturzustand der Mittelsteinzeit lebenden Jägern hervorgegangen ist. Bald nachdem die Menschen auch in dieser Gegend die Errungenschaften der Jungsteinzeit kennengelernt hatten – Ackerbau, Viehzucht, geschliffene Steinwerkzeuge, Keramik und die Seßhaftigkeit –, muß das Trichterbechervolk von der Nordsee her durch eine neue religiöse Weltbewegung beeinflußt worden sein.

Die Verbreitung der Sitte der Großsteingräber rund um die Küsten des Mittelmeeres, des Atlantiks und der Nordsee ist eines der geheimnisvollsten und zugleich erregendsten Kapitel der europäischen Vorgeschichte. Man hat vermutet, daß Händler mit ihren Schiffen, die zugleich «Missionare» einer Art Weltreligion waren, die Idee verbreiteten, aus großen zusammengestellten Steinen den verstorbenen Ahnen unvergängliche Sippenbegräbnisse zu schaffen. Die Form der steinernen Gräber oder der steinernen Gedenkstätten ist überaus verschieden in diesem weiten Verbreitungsgebiet. Dennoch scheint ihnen ein gleicher tiefer Sinn zugrunde gelegen zu haben. Nur kennen wir heutigen Menschen ihn nicht. Waren es die «Kirchen» einer verschwundenen Religion, die dreitausend Jahre vor dem Christentum einen großen Teil Europas kulturell zu einer gewissen Einheit zusammenschloß?

Wir können heute noch die «Hünengräber» in der Lüneburger Heide oder an anderen Stellen Norddeutschlands bewundern. Nur – mit den Indoeuropäern haben sie nichts zu tun. Denn im Jahr 2500 v. Chr., als die ersten Kurgan-Gruppen auch Mittel- und Norddeutschland erreichten, da war die Epoche von über fünfzehnhundert Jahren schon fast vorüber, in der man dort Großsteingräber (auf griechisch «Megalithen» genannt) baute.

In den großen Wäldern, die sich damals in Mitteleuropa dehnten, dürfte es selbst gegen Ende der Jungsteinzeit noch einzelne Menschengruppen gegeben haben, die als konservative Jäger nicht bereit waren, die Lebensart der Mittelsteinzeit aufzugeben. Das Neben- und Gegeneinander der Jäger und Bauern damals läßt sich aus manchen Anzeichen schließen, auch wenn die kleinen unsteten Jägerhorden selten archäologische Fundstücke hinterließen. Wir dürfen sie uns wohl etwa so vorstellen wie die letzten wilden Indianer, die den Farmern und Siedlern im «Wilden Westen»

Amerikas vor hundert Jahren gelegentlich Schauer über den Rükken jagten.

Wer lebte sonst noch in Europa in der Mitte des 3. vorchristlichen Jahrtausends? Auch im Westen, in Frankreich und in Spanien, gab es noch lange Jägervölker, die aber zunehmend an Lebensraum einbüßten. Denn vom Mittelmeer her drängten andere Bauernscharen nach Norden. Im 5. oder 4. Jahrtausend v. Chr. waren sie von Nordafrika her kommend in Sizilien, in Südfrankreich, Südspanien, Süditalien und Kreta gelandet. Es müssen entfernte Verwandte der alten Ägypter gewesen sein: nicht etwa Neger, sondern eine zierliche, hellbraune und dunkelhaarige Unterrasse des großen europiden Rassenkreises. Die Basken in Nordspanien, die einzigen Menschen in Westeuropa, die heute noch keine indoeuropäische Sprache sprechen, dürften sich, so vermutet man, wenigstens sprachlich von diesen afrikanischen Einwanderern herleiten. Im Verlauf der nächsten zweitausend Jahre besetzten sie große Teile der iberischen Halbinsel, Italiens, Frankreichs und der britischen Inseln. Sie brachten eine «nordafrikanische Kulturtrift» (oder den «westischen Kulturkreis») nach Westeuropa, wie die Vorgeschichtswissenschaftler sagen. Aber im Laufe zweier Jahrtausende und in der zunehmenden Vermischung mit den einheimischen Jägern wurden sie ebenso echte Europäer wie die Bauern, die fast gleichzeitig von Asien herübergekommen waren.

Nordosteuropa, das heißt die Wälder des mittleren und nördlichen Skandinaviens, Polens und Rußlands, waren bewohnt von verschiedenen einfachen Völkern, die zum Teil ebenfalls noch im Kulturzustand der Mittelsteinzeit lebten: Sie waren Jäger, Fischer und Sammler. Es gab aber auch dort schon einzelne Menschengruppen, die seßhaft geworden waren, die Getreide anbauten und Vieh hielten und die die Kunst der Keramikherstellung beherrschten. In jener Zeit hatte aber die Kunst der Metallverarbeitung noch nicht den Weg in diese nördlichen Breiten gefunden, auch wenn einzelne kupferne oder goldene Schmuckstücke bereits die Kleidung einer einfachen Bauersfrau im europäischen Norden zieren mochte.

Überall in Vorderasien und Europa wohnten also Menschen in den unterschiedlichsten Stufen der Kulturentwicklung. Gemessen an heutigen Verhältnissen, war das Land außerordentlich dünn besiedelt. Aber auch damals, vor 4500 Jahren, war die Zahl der Menschen und die Menge der produzierbaren Nahrungsmittel in einem bestimmten Gebiet in ungefährem Gleichgewicht. Die Natur hat das schon ganz weise eingerichtet.

Wenn die Kurgan-Hirten der Dürre in ihrer Heimat ausweichen wollten, dann mußten sie sich überall unter Menschen ihren Platz erobern, die ihren eigenen Lebensraum zu verteidigen hatten. Vielleicht war es ein Vorteil für die ersten Indoeuropäer, daß sie nicht mit einem mächtigen Heer, nicht wie der Mongolensturm erobernd in ein fremdes Land einfielen, sondern langsam, fast unmerklich und in kleinen Gruppen. Das forderte ihre neuen Nachbarn und Landsleute viel weniger zum aktiven Widerstand heraus. Und es ließ den Kurgan-Leuten Zeit, sich nach und nach mit den Alteinwohnern zu vermischen und ihnen ihre Sprache, ihre Sitten, ihre Gesellschaftsform und ihre Götter aufzuzwingen.

Dieses allmähliche Einsickern der Kurgan-Leute in neue Wohngebiete dürfte auch der Grund sein, warum für die moderne Forschung zwischen der deutlich feststellbaren Phase der Expansion nach allen Seiten (2500–2200 v. Chr.) und dem ersten sicheren Nachweis von Einzelvölkern mit indoeuropäischer Sprache eine große Lücke klafft. Wenn wir uns jetzt der Vorgeschichte der indoeuropäischen Einzelvölker zuwenden, dann müssen wir fast überall fünfhundert Jahre und mehr überspringen. Daß die ersten Einzelvölker im Süden, im Strahlungsbereich der frühen vorderasiatischen Hochkulturen auftauchten, hat seinen guten Grund. Denn dort kannte man ja schon früh die Schrift, es war also hier zuerst möglich, auch die neuen Sprachen aufzuzeichnen, die aus der Aufspaltung der Kurgan-Sprache entstanden. Dort endete zuerst die schriftlose «Vorgeschichte» und setzte die «Geschichte» mit ihren schriftlichen Quellen ein. Darum handelt auch dort der zweite Teil dieses Buches.

II

Die Streitwagenherren

2000–1200 v. Chr.

6. Kapitel

Die vergessene Großmacht

Das Reich der Hethiter

Nächtliche Eroberung

Um 1850 v. Chr., Kleinasien

Die Nacht war dunkel. Vor dem Halbmond hing eine dicke Wolke. Zwischen den Bäumen des Waldes kamen tausend Männer hervor, die kupferne Streitaxt in der einen Hand, die Lanze in der anderen. Schweigend zogen sie an ihrem König Pitchana von Kuschara vorbei, der auf einem Streitwagen die gespenstische Parade abnahm. Würde der Wettergott des Himmels ihnen den Sieg gewähren?

Eine Stunde später hatten die Krieger von Kuschara die Wälle der Stadt Kanesch und des davor gelegenen Karum umzingelt. Ehe die völlig überraschten Einwohner und die Soldaten des Königs von Kanesch sich von ihrem Schrecken erholen konnten, waren die Leute aus Kuschara Herren der Stadt. Die Palastwache war niedergemacht worden, die als einzige versucht hatte, sich ernsthaft zur Wehr zu setzen, und der Stadtkönig von Kanesch stand mit auf den Rücken gebundenen Händen als Gefangener vor König Pitchana.

Atemlos vor Angst warteten die Einwohner der Stadt in ihren Häusern, welches Los sie erwartete. Würde jetzt die Stadt in Flammen aufgehen, würde man sie selbst alle totschlagen oder in die Sklaverei führen? Auch die assyrischen Kaufleute im Karum, in der an die Stadt angrenzenden Handelsfaktorei, waren besorgt. An sich genossen die Kaufleute so etwas wie diplomatische Immunität, sie hatten sich die Unabhängigkeit von der Rechtsprechung des Königs von Kanesch ertrotzt und hielten sich im Interesse ihrer Handelsbeziehungen sorgfältig aus allen Streitigkeiten der einheimischen Fürsten heraus. Der Karum von Kanesch, das Zentrum der assyrischen Handelskolonien in Anatolien, gewissermaßen ein assyrisches Handelsamt im Ausland, stellte eine Macht dar, weniger eine militärische als vielmehr eine wirtschaftliche. Aber konnte man wissen, was der König von Kuschara, dieser Fürst der landfremden Eroberer, vorhatte?

Die Einwohner der Stadt und auch die gar nicht mehr so hochmütigen assyrischen Kaufleute und ihre Familien trauten ihren Ohren nicht, als am Morgen ein Herold des Königs von Kuschara mit weit hallender Stimme verkündete, daß den Männern und Frauen von Kanesch und den Gästen aus Assur kein Haar gekrümmt werden solle und daß der König Pitchana heute in feierlicher Prozession dem Stadtgott von Kanesch, Chalmaschuitta, opfern werde, um ihn in die Schar der Götter von Kuschara aufzunehmen.

Für König Pitchana war dies der Triumph. Ihm, dem Fürsten des unbedeutenden Städtchens Kuschara, war es gelungen, die wichtigste Stadt Mittelanatoliens fast ohne Blutvergießen in die Hand zu bekommen. Wichtig war Kanesch weniger als Stadt, sondern eben wegen des benachbarten Karum, wegen des darüber laufenden Handels und wegen der Abgaben, die der König von Kanesch dafür kassieren konnte.

Seit einigen Generationen erst lebten die Krieger von Kuschara im Land. Alte Leute unter ihnen wußten zu berichten, daß ihre Urgroßväter und Urgroßmütter nach einem mehrere Jahre dauernden Marsch um die Schneeberge des Kaukasus herum hier eingewandert seien. Sie stammten ursprünglich aus einem Land weit im Norden, dort wo der große Strom Wolga ins Meer mündete. Aber der Sonnengott des Himmels – in ihren Gebeten nannten sie ihn «der Menschheit Hirte» – hatte Dürre und Trockenheit über sie gesandt. Fünfhundert Familien hatten sich damals aufgemacht, so ging die Sage, um bessere Weideplätze zu suchen. Und sie hatten sie gefunden, hier inmitten der anatolischen Hochebene, wo es noch genügend Gras und Wald gab, wo die Erde nicht so ausgedörrt war wie im alten Land. Sie hatten einfach die Weiden besetzt, und die kleinen, in ewiger Rivalität miteinander lebenden Stadtstaaten waren zu schwach gewesen, sich dagegen zu wehren.

Die Leute von der Wolga hatten es ausgezeichnet getroffen. Hier konnten sich ihre dezimierten Herden wieder vermehren, auch ihr Volk wuchs. Die Männer heirateten, darunter viele einheimische Frauen, die Kinder brauchten nicht mehr früh vor Hunger zu sterben, sondern konnten aufwachsen und selbst Kinder zeugen. Bald mischten die Ankömmlinge in der Politik ihres neuen Landes mit. Vor zwei Generationen hatte sich ihr Anführer in einem ähnlichen Handstreich wie heute zum Herrn und König des Städtchens Kuschara gemacht. Nun aber, nach der Eroberung von Kanesch, konnte man mit Fug und Recht die Oberhoheit über ganz Mittelanatolien beanspruchen und das äußere Zeichen dafür, den Titel «Großfürst». Voraussetzung dafür war, daß der assyrische Handel mit Zinn und Blei, mit Tuchen und Gold und Silber und Kupfer und vielen anderen Gütern weiter florierte. Daher die für die Einwohner von Kanesch so erstaunliche Milde König Pitchanas.

Geheimnisse um die Herkunft der Hethiter

Die Eroberung der Stadt Kanesch durch König Pitchana von Kuschara ist ein historisches Ereignis, überliefert in einer Inschrift in hethitischer Sprache aus dem 14. Jahrhundert v. Chr. Man weiß heute, daß diese Inschrift nur die Abschrift eines längst verloren gegangenen viel älteren Dokuments ist und daß die nächtliche Schlacht etwa um das Jahr 1850 v. Chr. stattgefunden haben muß. Sie ist nahezu das älteste Zeugnis für das Auftauchen indoeuropäisch sprechender Menschen, der Hethiter, in der heutigen Türkei.

Nahezu das älteste Zeugnis. Denn interessanterweise hat man in den Ruinen des Karum von Kanesch Tausende von Tontafeln mit Briefen und Dokumenten in Keilschrift und altassyrischer Sprache gefunden, die ein Bild von dem lebhaften Handelsverkehr dieser Auslandsniederlassung der Kaufleute vom Tigris vermitteln. Unter den Namen, die darin als Vertragschließende, als Zeugen oder Bürgen oder in sonstiger Eigenschaft vorkommen, gab es auch einige, die weder assyrisch (also semitisch) noch hattisch noch südanatolisch noch churrisch klangen – in der Gegend stießen damals Völker der verschiedensten Sprachen zusammen –, sondern indoeuropäisch. Die Zunft der Indogermanisten müßte diese betreffenden Tafeln eigentlich in Gold gefaßt ins Museum stellen, denn sie sind die absolut frühesten schriftlichen Zeugnisse für eine indoeuropäische Sprache, die bisher ausfindig gemacht werden konnten. Die Tafeln beweisen zugleich, daß schon *vor* 1850 v. Chr. mindestens einzelne Indoeuropäer mitten in Kleinasien ansässig gewesen sein müssen.

Nimmt man den weiteren Text der Inschrift über König Pitchanas Sieg hinzu, dann ist eigentlich nicht zu zweifeln, daß die Abkömmlinge des Kurgan-Volkes in Anatolien schon in dieser frühen Zeit einen recht beachtlichen Volkskörper dargestellt haben müssen. Die Inschrift berichtet nämlich weiter von anderen Schlachten des Königs Pitchana und später seines Sohnes Anitta. 1400 Krieger und 50 Streitwagen konnte Anitta in einer dieser Schlachten einsetzen. Das heißt, daß das Volk, das diese Soldaten stellte, mindestens 10000 Menschen aller Altersstufen umfaßt haben muß.

Der Weg der Einwanderer ist in der modernen Wissenschaft sehr umstritten gewesen. Kamen sie östlich oder westlich um das Schwarze Meer herum nach Mittelanatolien? Manche Hinweise deuten darauf, daß sie den östlichen Weg, den um den Kaukasus herum an der Küste des Kaspischen Meeres wählten, durch das Land der «Transkaukasischen Kupferzeitkultur» hindurch. Über den Zeitpunkt dieser Wanderung weiß man nichts, ebensowenig, ob die Kurgan-Leute tatsächlich mit «fünfhundert Familien» als geschlossener Block einrückten. Unterstellt man aber diese Annahme als richtig und nimmt man ferner an, daß die 3000 oder 4000 Einwanderer etwa zwei- bis dreihundert Jahre Zeit ungestörten Wachstums in ihrem neuen Wohngebiet hatten, dann konnte dieses Volk sich tatsächlich leicht in einem so langen Zeitraum verdreifachen. Ein Geburtenüberschuß von drei auf tausend Einwohner war für damalige Verhältnisse, wo die Menschheit im Durchschnitt nur außerordentlich langsam wuchs, sehr hoch, aber denkbar. Heute beträgt in vielen Entwicklungsländern die jährliche Zunahme zehn oder zwanzig auf tausend Einwohner. Die klimatischen Verhältnisse waren zu jener Zeit wohl in Anatolien besonders günstig. Während nördlich des Schwarzen Meeres die Steppen austrockneten, gab es im anatolischen Hochland einen Wandel zu mehr Feuchtigkeit, wie die Klimaforscher feststellen konnten.

Schwierig wurde für die Vorgeschichtsforscher die Sache, als man feststellte, daß im 2. Jahrtausend v. Chr. nicht weniger als vier eng miteinander verwandte, aber doch unterscheidbare indoeuropäische Sprachen in Anatolien in Gebrauch waren: Hethitisch, Luwisch, Palaisch und das sogenannte «Bild-Hethitisch», eine in besonderen, erst unlängst entzifferten Hieroglyphen geschriebene Sprache. Die gelehrten Auseinandersetzungen über die Herkunft dieser Sprachen ist noch längst nicht abgeschlossen, aber vorläufig meinen viele Fachleute, daß die Luwier und die Palaiten – man kennt von beiden nur geringe Sprachreste – im Gegensatz zu den Hethitern von Westen her, also über die Dardanellen nach Kleinasien einmarschiert sind. Es mag die Spur jener Kurgan-Krieger sein, die wir hier wiederfinden, die gegen Ende der großen Kurgan-«Explosion» sengend und raubend durch Griechenland zogen und die vermutlich auch die Burg von Troja niederbrannten (siehe 1. Kapitel, S. 37/38). Luwier und Palaiten scheinen nur kleine Menschengruppen gewesen zu sein, die später unter die Oberherrschaft der wesentlich stärkeren Hethiter gerieten.

Die Sprachen dieser Völker sind stark mit Worten und grammatischen Eigenheiten der Vorbevölkerung Anatoliens durchsetzt, ein Zeichen, daß die Abkömmlinge der Kurgan-Hirten schon lange im Lande lebten, ehe ihre Sprachen erstmals schriftlich aufgezeichnet werden konnten. Aber was den Wissenschaftlern noch mehr Kummer machte, war: die Hethiter, von denen sie die ganze Zeit geredet hatten, waren gar keine Hethiter!

Das indoeuropäische Volk, das über den Kaukasus in Anatolien eingedrungen war und die Herrschaft an sich gerissen hatte, dieses Volk nannte zwar in den in großer Zahl aufgefundenen Urkunden aus späterer Zeit sein Land das «Land der Chatti» oder «Hatti». Dieser Begriff sollte später auch in der Bibel auftauchen, die lange Zeit die einzige Informationsquelle über das Volk war, mit dem wir uns im Augenblick beschäftigen. Über die hebräisch geschriebene Bibel und die Übersetzung Martin Luthers wurde daraus im Deutschen der Völkername Hethiter (englisch und französisch «Hittites»). Nur: Hatti oder Hethiter, das waren in Wirklichkeit die Ureinwohner Anatoliens, eine weder indoeuropäisch noch semitisch sprechende Völkerschaft. Die Eroberer aus der Kurgan-Kultur übernahmen einfach den Namen des beherrschten Landes. Wenn in den Urkunden von ihrer eigenen Sprache die Rede war, nannten sie diese «nesili» = «nesisch». Und dieses Wort kommt von der Stadt *Kanesch*, die die Eroberer später in einer gewissen Umformung des Wortes als *Nescha* oder Nesa bezeichnen sollten. Also müßte man das indoeuropäische Herrschervolk eigentlich «Nesier» nennen. Doch der Name Hethiter war schon zu sehr eingebürgert, als daß man ihn noch hätte ändern können. Die Wissenschaftler halfen sich, indem sie einfach die weniger bekannten Ureinwohner in «Protohattier – Vor-Hethiter» umtauften.

Noch eine Überraschung sprachlicher Art gab es, als seit 1915 die hethitische Sprache von dem tschechischen Sprachforscher Bedřich Hrozný entschlüsselt und als indoeuropäisch erkannt wurde. Man hatte die bis dahin bekannten indoeuropäischen Sprachen nach bestimmten Ausspracheeigentümlichkeiten in zwei große Gruppen geteilt. Da gab es die «Kentum-Gruppe» mit den Sprachen Keltisch, Germanisch, Romanisch und Griechisch, und es gab die «Satem-Gruppe» mit den Sprachen Indisch-Persisch, Slawisch, Baltisch, Armenisch, Albanisch. (Kentum ist das lateinische Wort für hundert, Satem bedeutet das gleiche auf altpersisch; man hat diese Zahlworte als Unterscheidungsmerkmale genommen.) Das war eine schöne Einteilung, denn zur Kentum-Gruppe gehörten die in früher historischer Zeit im Westen wohnenden Völker, die im Osten wohnenden waren in der Satem-Gruppe unterzubringen. Nun aber entpuppte sich Hethitisch (übrigens auch Luwisch und Palaisch) eindeutig als Kentum-Sprache, obwohl seine Träger doch weit östlich gewohnt hatten. Damit ließ sich auch die Behauptung nicht mehr halten, schon in der Urheimat der Indoeuropäer hätten die Vorfahren der späteren Kentum-Völker in der westlichen Hälfte des Gebietes gewohnt und seien nach Westen abgewandert. Die Ausbreitung der Kurgan-Leute und ihrer verschiedenen Dialekte, die sich später zu eigenen Sprachen entwickeln sollten, war wohl doch erheblich komplizierter, als das die Sprachforscher zunächst angenommen hatten.

Die Streitwagen

Um 1600 v. Chr., Kleinasien

Die vierhundert Hufe klangen wie ein Gewitter über die Ebene. Unermüdlich schlugen die Fahrer mit der langen Peitsche auf die Pferdegespanne ein, um sie zu noch schnellerem Lauf anzutreiben. In breiter Front rasten die fünfzig Streitwagen des hethitischen Heeres schräg von hinten auf die im Nahkampf ineinander verkrallten Fußtruppen zu, immer näher, unaufhaltsam in ihrer atemberaubenden Fahrt. Schon hatten sie die letzten Krieger des feindlichen Heeres erreicht. Jeder der hinter zwei Pferden vorwärtsschießenden Wagen riß eine breite Spur des Verderbens in die Reihen des Gegners. Die trommelnden Pferdehufe, die rasenden Räder, die Peitsche des Fahrers, die Lanzen und Streitäxte der beiden Krieger auf den Wagen – sie alle forderten auf jedem Schritt ihrer Bahn ihre Opfer.

Doch dort, wo die eigenen Krieger zu Fuß sich verbissen gegen die überlegene Zahl der Gegner zur Wehr setzten, hielten die Wagen plötzlich an. Wiehernd stiegen die Pferde an ihren Deichseln empor, als der rohe Zug am Zügel sie zwang, mitten im Lauf abzustoppen. Jetzt zeigte sich der Nutzen der immer und immer wiederholten Übung: Angriff in breiter Front auf die feindliche Phalanx, Zerteilen der gegnerischen Reihe, Töten und Verwirren ihrer Krieger, abstoppen vor den eigenen Fußkriegern, um sie nicht zu gefährden, wenden, zurückfahren in die Haufen des Feindes ...

In noch nicht zehn Minuten war die Schlacht zugunsten der Hethiter entschieden, die vorher schon fast verloren schien. Es zahlte sich aus, daß die jungen Herren aus den Adelsfamilien des Hethitervolkes in letzter Zeit keine schönere Beschäftigung mehr kannten, als auf ihren leichten zweirädrigen Streitwagen mit den beiden Pferden davor spazierenzufahren und all die komplizierten Manöver zu üben, die der Einsatz einer größeren Gruppe dieser unübertrefflichen Waffe nun einmal voraussetzte.

*

Eine solche Schlacht wird sich häufig im Nahen Osten im Laufe des 2. Jahrtausends v. Chr. abgespielt haben. Man weiß nicht genau, wer die entscheidende Erfindung gemacht hat, die bisherigen schwerfälligen Karren zu federleichten einachsigen Wagen umzugestalten und die früheren hölzernen Scheibenräder durch sorgfältig gefertigte leichte Räder aus Speichen und Felgen zu ersetzen. Solche wendigen Wagen mit zwei pfeilschnellen Pferden davor waren die Wunderwaffe in den häufigen Kriegen – wenigstens solange nicht auch der Gegner eine ebenbürtige Zahl dieser Panzer des Altertums aufbieten konnte.

Man hat lange gemeint, den Ruhm dieser Erfindung den frühen Indoeuropäern, den Hethitern, den arischen Mitanni und anderen Vettern aus dem früheren Kurgan-Volk, zuschreiben zu können. Neuere Forscher haben dem widersprochen und behauptet, es sei eine Erfindung des Zweistromlandes gewesen. Vielleicht kann aber eine Entdeckung sowjetischer Wissenschaftler dazu führen, daß auch hier die Geschichte noch einmal umgeschrieben werden muß. Im Jahr 1975 gruben sie am Ufer eines Flusses im mittleren Ural, also ganz in der Nähe der Urheimat des Kurgan-Volkes, die Reste eines solchen leichten zweirädrigen Wagens aus der ersten Hälfte des 2. Jahrtausends v. Chr. aus. Er wies bereits aus zehn Speichen gefertigte Räder von etwa einem Meter Durchmesser auf. Waren doch die Kurgan-Leute die frühesten Benutzer des Streitwagens? Wie dem auch sei: Fest steht, daß die ersten in der Weltgeschichte greifbaren indoeuropäischen Einzelvölker diese Erfindung sehr früh und mit großem Erfolg auswerteten.

Die Streitwagen, das waren Geräte und Waffen für Adlige, für stolze Viehbarone, die sich die teure Anfertigung und den Unterhalt eines solchen Gefährts und das ständige Training damit leisten konnten. Es gab dem, der auf dem Wagen in Windeseile dahinbrauste, ein Gefühl unendlicher Überlegenheit gegenüber den einfachen Kriegern, die zu Fuß ihre Waffen schleppen und im Nahkampf Mann gegen Mann einzig ihre Körperkraft einsetzen konnten. Wenn man Faktoren nennen soll, die das Entstehen sozialer Unterschiede in den vorgeschichtlichen Völkern Asiens und Europas gefördert haben, dann darf der Streitwagen nicht vergessen werden.

Der «Mann von Hattuscha» und sein Reich

Mit den Königen Pitchana und Anitta, des ersteren Sohn, hören für uns die Nachrichten über die Frühzeit der Hethiter in Anatolien zunächst einmal wieder auf. Nach der Regierungszeit Anittas, der es noch fertiggebracht hatte, seine Schlachten und Erfolge und die seines Vaters durch eine Inschrift der Nachwelt zu übermitteln, scheinen außerordentlich unruhige Zeiten über Mittelanatolien hereingebrochen zu sein. Der Karum von Kanesch und die Stadt selbst wurden irgendwann um 1800 v. Chr. durch Brand zerstört, der jahrhundertelang so lukrative Fernhandel der assyrischen Kaufleute kam zum Erliegen. Es gab offenbar auch niemanden mehr, der in Anatolien die Kunst des Schreibens beherrschte, denn die vorher so reichlich produzierten Dokumente auf Tontafeln fehlen plötzlich.

Erst über ein Jahrhundert später tauchen wieder Namen aus dem Dunkel auf. Da wird in einem langen Dokument eines späteren hethitischen Königs der Stammvater seines Geschlechts erwähnt, König Labarnas (oder Tabarnas) von Kuschara. Allem Anschein nach war er nicht ein Abkömmling Pitchanas und Anittas, sondern ein Usurpator auf dem Thron der Könige von Kuschara, die ihren alten Titel immer noch behalten hatten, obwohl sie schon längst in Nescha (Kanesch) residierten. Labarnas (seine Regierungszeit vermutet man etwa zwischen den Jahren 1680 und 1650 v. Chr.) genoß unter seinen Nachfolgern so viel Ansehen, daß sie seinen Namen als ständigen Königstitel führten, so wie dies später die römischen Kaiser mit dem Namen Cäsars taten.

Vermutlich war es auch König Labarnas, der den wichtigen Schritt der Gründung einer neuen Hauptstadt seines Reiches unternahm. Weiter oben im Norden lag auf einer Anhöhe über der anatolischen Hochebene die Stadt Hattuscha, die Stadt der Hatti. König Anitta hatte sie seinerzeit im Sturm genommen und zerstört. Ihr hartnäckiger Widerstand hatte ihn so empört, daß er einen Fluch über den aussprach, der diese Stätte je wieder besiedeln sollte. Eroberung und Verfluchung sind uns durch die schon erwähnte Inschrift Anittas bekannt. Der Usurpator Labarnas kümmerte sich allerdings nicht um den Fluch, sondern baute eben in Hattuscha seine neue Hauptstadt. Denn der Platz hatte eine unübertrefflich gute strategische Lage. Und wie es scheint, änderte Labarnas daraufhin sogar seinen Namen und nannte sich fortan Hattusilis, der Mann von Hattuscha. Dieser Namenswechsel trug nicht wenig zur Verwirrung der Archäologen bei, die versuchten, die Fakten aus der Geschichte des Hethiterreiches zu sortieren. Mit Labarnas-Hattusilis beginnt in den heutigen Geschichtsbüchern das «Ältere hethitische Reich».

Sein Adoptivsohn und Nachfolger Mursilis erhob mit einem einzigen Schlage sein Land in den Rang einer Großmacht, die gleichberechtigt im Intrigen- und Kriegsspiel der Mächte des Nahen Ostens mitmischen konnte. In einem überraschenden Anlauf marschierte er mit seinem Heer 1200 Kilometer weit nach Südosten und eroberte und zerstörte die Stadt Babylon am Euphrat. Der Hethiterkönig hatte es wohl nicht darauf angelegt, diese so weit entfernte Eroberung zu halten, sondern sein Heer zog sich schwer mit Beute beladen schnell wieder ins heimatliche Anatolien zurück (vermutlich um 1595 v. Chr.). Um zu verstehen, was dieser Zug aber an Prestigegewinn für Mursilis und die Hethiter bedeutete, müssen wir einen Blick auf die politische Szene im Vorderen Orient werfen, die sich seit der ersten Auswanderung kleiner Kurgan-Gruppen aus ihrer Heimat neunhundert Jahre vorher gründlich verändert hatte.

Im Jahr 2500 v. Chr. bereiteten sich die semitisch sprechenden Viehhirten aus der arabischen Wüste gerade auf die Machtübernahme im Zweistromland vor. Nun, um das Jahr 1600 v. Chr., war schon die dritte Welle semitischer Einwanderer über die Staaten an Euphrat und Tigris und am Orontes in Syrien geflutet. Das erste Großreich unter einem König aus semitischem Stamm, König Sargon von Akkade, hatte allerdings keinen allzu langen Bestand (etwa von 2350 bis 2170 v. Chr.). Die nur oberflächlich unterworfenen sumerischen Städte im Süden, wie Ur und Lagasch, konnten sich noch einmal befreien. Zugleich stiegen weit oben im Norden Mesopotamiens die Stadtfürsten von Assur, auch sie von semitischer Abstammung und Sprache, zu bedeutendem Einfluß empor, der – wie wir gesehen haben – mit Hilfe der erfolgreichen assyrischen Kaufleute in der Fremde politisch und kulturell viel weiter reichte als militärisch.

Seit 2000 v. Chr. drangen die Amoriter oder Frühkanaanäer als zweite semitische Welle in die Kulturzentren östlich und westlich der Steppengebiete in Syrien-Irak ein. Sie brachten frisches Blut und semitisch sprechende Herrschaften in nahezu alle Kleinstaaten im großen Bogen des «Fruchtbaren Halbmonds», wie man die Länder von Ägypten über Palästina und Syrien bis nach Mesopotamien hinüber zusammenfassend genannt hat. Ein Fürst aus einem Amoriterstamm war Hammurabi, der um 1700 v. Chr. die vorher unbedeutende Stadt Babylon zur Großstadt machte und als zweiter Großreichsherrscher seine Macht über alle Länder vom Persischen Golf bis an das Taurusgebirge in Anatolien und von den Zagrosbergen an der persischen Grenze bis zur syrischen Mittelmeerküste ausdehnte. Auch wenn Hammurabis Söhne und Enkel diesen Machtbereich nicht auf die Dauer halten konnten, so war der Ruhm Babylons doch ungeheuer, und automatisch übertrug sich ein Teil dieses Ansehens auf den, der die «Stadt der Gottespforte» (das heißt Babylon auf deutsch) erobern konnte, auf den König der Hethiter.

Weiter im Westen, in den Städten und Kleinstaaten Palästinas und Syriens, war um diese Zeit bereits die dritte semitische Welle aus der Steppe dabei, sich neuen Lebensraum in den klimatisch begünstigteren Gegenden zu erobern: die sogenannten Kanaanäer, zu denen die in der Bibel erwähnten Erzväter Abraham, Isaak und Jakob gehörten. Daneben breiteten sich aus dem armenisch-kaukasischen Bergland die Churriter immer mehr nach Westen und Süden aus und errangen die Herrschaft in vielen kleineren Staaten. Die Churriter scheinen rassisch und sprachlich Abkömmlinge der Träger der «Transkaukasischen Kupferzeitkultur» gewesen zu sein, Menschen, die weder indoeuropäisch noch semitisch sprachen.

Es muß im Nahen Osten zu jener Zeit wie ein Ameisenhaufen gewimmelt haben von verschiedenen Völkern, Herrschaften und Königen, und erst recht unüberschaubar für uns Heutige scheint es, wer gerade wo die Oberhand hatte. Um so deutlicher schälen sich aus diesem Durcheinander die wenigen Stellen heraus, wo eine starke Dynastie für eine großräumige und längerfristige Herrschaft sorgte. Das war damals vor allem in Hattuscha der Fall. Allerdings auch nicht ohne innere Schwierigkeiten.

Eine ungewöhnliche Entscheidung

Um 1520 v. Chr., Kleinasien

Der Streitwagen, der heute als Reisewagen diente, rollte langsam auf die Anhöhe zu. Hinter der wuchtigen Stadtmauer blickten die weißgekalkten Häuser der Stadt von ihrer beherrschenden Position herab. Die staubige Straße wand sich den Berg hinauf, um im Dunkel des Stadttores zu münden. Der junge Herr Hilluwizza schaute sich neugierig um, dieweil sein Waffenträger müde zu seinen Füßen hockte. Das also war das berühmte Hattuscha, die Hauptstadt des Reiches, der Sitz des Königs Telepinu. Während der Wagen durch die holprigen Straßen am riesigen Haupttempel des Reiches vorbei ratterte, verglich Hilluwizza das heimatliche Zalpuwa mit der Hauptstadt. Hier war Glanz, weltstädtisches Leben, ganz anders als in der verschlafenen Provinzhauptstadt, in der er aufgewachsen war.

Der junge Herr war 22 Jahre alt, nicht sehr groß, mit breiten Schultern, hoher Stirn, gerader Nase und hellbraunem lockigem Haar. Als Sohn des Provinzgouverneurs von Zalpuwa hatte er, seit er mannbar war, im hethitischen Heer seiner Heimatprovinz gedient, zuletzt als Befehlshaber einer Zehnerschaft von Streitwagen. Sein Vater war einer der einflußreichsten Adligen des Reiches und ein treuer Gefolgsmann des Königs gewesen. Vor einem halben Jahr aber war der Vater plötzlich an einer Wunde gestorben, die er im Kampf mit der stets aufständischen Bergbevölkerung, den Kaska, erhalten hatte. Nun hatte er, der junge Herr Hilluwizza, unversehens die Rolle des Oberhaupts seiner Familie und auch eines Mitgliedes des Pankus übernehmen müssen. Und zu diesem Zweck war er zum erstenmal in seinem Leben hier in Hattuscha. Denn der König hatte alle Mitglieder des Pankus aus dem weiten Reich zu einer wichtigen Beratung gerufen.

Der Weg zum Königspalast war nicht schwer zu finden. Er stand am höchsten Punkt der Stadt, eine Zitadelle, eine kleine mauerbewehrte Stadt für sich. Hilluwizza wies seinen Fahrer an, ihn dorthin zu bringen. Denn in der Zitadelle wollte er wohnen, bei seinem Oheim mütterlicherseits, dem «Vorsteher der Zepterträger des Königs» Haruwandulis, der zu den höchsten Beamten des Königs zählte.

Am Abend saßen die beiden hethitischen Adligen bei einem Krug Wein zusammen, zum vertrauten Gespräch unter Verwandten. «Erkläre mir, Oheim, was wir hier entscheiden sollen», bat Hilluwizza. «Ich bin noch so jung und weiß so wenig von den Staatsgeschäften.» – «Das will ich gerne tun», meinte der Onkel. «Es ist nicht leicht für einen jungen Mann wie dich, das alles zu verstehen. Du hast unseren König Telepinu ja schon gesehen, als er nach Zalpuwa zum jährlichen Opfer und zur Musterung kam. Aber was du auch wissen mußt, ist dieses: Das Reich der Hatti gehört dem Wettergott. Himmel und Erde und Menschen gehören dem Wettergott. Doch der Wettergott und die anderen Götter rächen sich fürchterlich, wenn die Menschen nicht nach den Geboten der Götter leben. Die Gebote der Götter gelten für alle Sterblichen, auch für den König und gerade für ihn, der ja unser oberster Priester ist. Hier aber im Geschlecht des Königs hat es seit Generationen Bluttaten gegeben, die die Götter nicht verziehen haben.»

Und der alte Hofmann erzählte seinem jungen Neffen von den furchtbaren Ereignissen in der Sippe des Königs, die seit Labarnas' Zeiten immer wieder den königlichen Palast und das Reich erschüttert hatten. Rebellion der Prinzen gegen ihren Vater, Mord am König, Vatermord waren geradezu das Normale; kaum ein König war in den hundertfünfzig Jahren seit Labarnas eines natürlichen Todes gestorben. Die Rache der Götter ließ nicht auf sich warten: Mißernten, Pestseuchen, politischer Abfall unterworfener Provinzen, militärische Niederlagen hatten das einst so große und mächtige hethitische Reich wieder auf sein Ausgangsgebiet im Zentrum Anatoliens beschränkt. Auch der jetzige König Telepinu war nur durch Mord an die Regierung gekommen. Er hatte König Chuzzija, seinen Schwager, erschlagen müssen, als dieser versuchte, ihn selbst aus dem Wege zu räumen. Doch Telepinu fühlte den Fluch der Götter, und er war bemüht, dem Morden in der Königsfamilie und zugleich der Schwäche des Reiches Einhalt zu gebieten. Dazu sollte eine neue Thronfolgeordnung dienen.

«Aber was haben wir, der Panku, der Adelsrat, damit zu tun?» fragte der junge Herr Hilluwizza. Der Vorsteher der Zepterträger konnte ihn aufklären: «Das Recht des Pankus war es seit jeher in unserem Reich, den König zu wählen. Allerdings kann sich niemand entsinnen, daß der Panku je einen anderen zum König gewählt hat als den, der schon auf dem Thron saß, ob durch Gewalt oder nicht. König Telepinu aber will, daß es keinen Streit mehr in der königlichen Sippe geben kann. Erst kürzlich gab mir Seine Majestät den Entwurf des Beschlusses, über den der Panku beraten soll und mit dem der Panku sein Wahlrecht aufgibt, aber ein viel wichtigeres Recht gewinnt.»

Haruwandulis griff nach einer Tontafel, die auf dem Tischchen vor ihm lag, rief nach seinem Schreiber und bedeutete ihm, den Text der Tafel zu verlesen: «König soll der erstgeborene Prinz sein. Ist ein erstgeborener Prinz nicht am Leben, so soll ein Sohn zweiten Ranges König werden. Wenn ein männlicher Thronfolger nicht vorhanden ist, so soll man der ersten Tochter einen einheiratenden Ehemann geben, und jener soll König werden. Blut darf in der königlichen Familie nicht mehr vergossen werden. So ist es der Wille der Götter. Wer sich in Zukunft dagegen vergeht, der wird der Gerichtsbarkeit des Adelsrates unterstellt. Wenn der König durch Mord an die Regierung kommt, so soll der Panku den König rechtmäßig zum Tode verurteilen.»

Hethitisches Recht und hethitische Kultur

Dieser Beschluß wurde vom Panku tatsächlich gefaßt, ein unerhörtes Novum in der Welt der absoluten Königsherrschaften im Nahen Osten. Im Panku – das hethitische Wort bedeutet «Gesamtheit» – erkennen wir unschwer den Rat der «dems-poti», der Familienoberhäupter aus der Kurgan-Zeit, wieder, wenn seine Funktionen auch auf wenige, allerdings außerordentlich wichtige Entscheidungen zusammengeschrumpft waren. Nach diesem Beschluß haben die folgenden hethitischen Könige gehandelt, das Morden in der Familie hörte auf.

Nicht nur hierbei zeigt das Denken und Handeln der Hethiter viele Züge, die gänzlich unorientalisch, die europäisch wirken. Unter König Telepinu (etwa 1525–1500 v. Chr.) wurde, wie man annimmt, auch das hethitische Straf- und Zivilrecht kodifiziert, das heißt gesammelt und auf den neuesten Stand gebracht. Das hatte bereits lange vor ihm in Babylonien der berühmte König Hammurabi getan, und gewisse Parallelen zwischen dem Recht der beiden Länder sind nicht zu übersehen. Aber im Unterschied zu dem grausamen Recht Hammurabis, wo auf einfachen Diebstahl schon die Todesstrafe stand und Folterung und Verstümmelung häufig waren, erscheint uns das hethitische Recht viel menschlicher. Hier kam es darauf an, den Missetäter zum angemessenen Schadenersatz zu zwingen und dem Geschädigten oder dessen Familie jeden Gedanken an Privatrache zu nehmen. So mußte etwa der Brandstifter das Haus des Geschädigten wiederaufbauen; ein Mörder mußte die betroffene Familie für ihren Verlust entschädigen. Die Todesstrafe gab es im allgemeinen nur bei Auflehnung gegen die Autorität des Königs.

Als die indoeuropäischen Hethiter in Anatolien einwanderten, hatten sich die angesehensten der «fünfhundert Familien» zu den Adelsfamilien des entstehenden Reiches und ihre Oberhäupter zu Mitgliedern des Pankus, gewissermaßen zu erblichen Lords, entwickelt. (Es gibt, wie erwähnt, keine Belege für die Annahme einer Einwanderung einer solchen geschlossenen Gruppe der Hethiter, aber auch keine Gegenbeweise.)

So wurde der Hethiterstaat zu einem feudalen Gemeinwesen mit einer sorgfältig gegliederten Gesellschaft: zuoberst der König, dem als Regenten, Feldherrn und oberstem Priester jedermann Gehorsam schuldete. Dann die Schicht der althethitischen Adligen, aus denen die Provinzgouverneure, die Heerführer und Hofchargen besetzt wurden und die nach wie vor großen Einfluß auf die Staatsführung hatten. Darunter gab es eine Klasse freier Bauern. Wieweit dazu neben den eingewanderten Hethitern auch Bauern aus der Ureinwohnerschaft, den Hatti oder Protohattiern, gehörten, ist unklar. Schließlich zählten in unterschiedlicher Abstufung ihrer Rechte die Bewohner unterworfener Provinzen, Kriegsgefangene oder Sklaven zur hethitischen Gesellschaft. Aber selbst die Sklaven hatten mehr persönliche Rechte als in anderen orientalischen Reichen und auch später bei den Griechen und Römern. Sklaven konnten rechtsgültige Ehen mit freien Männern oder Frauen eingehen, die Tötung von Sklaven wurde mit Geldbuße bedroht.

Ein eigentümliches Verhältnis hatten die Hethiter auch zu den Staaten, die sie im Lauf ihrer mehrhundertjährigen Geschichte an ihren Grenzen eroberten. Nur selten hören wir aus den hethitischen Dokumenten jener Zeit von Verheerungen und Zerstörungen. Die Schonung der Stadt Kanesch durch König Pitchana war offenbar nicht nur eine seltene Ausnahme. Sehr oft wurde den eroberten Staaten selbst ihr König oder Fürst als Herrscher gelassen, nur mußte dieser in einem feierlichen Vertrag geloben, die Oberhoheit des Hethiterkönigs anzuerkennen, ihn im Kriegsfall mit Soldaten zu unterstützen, Flüchtlinge auszuliefern und auch sonst dem König in Hattuscha diese oder jene genau formulierte Hilfe zu leisten. Auch das unterscheidet das Hethiterreich vorteilhaft von den oft schonungslos grausamen Kriegszügen der Assyrer oder Babylonier.

Man hat mitunter die Kultur, die die Hethiter im Laufe der Jahrhunderte entwickelten, mit einem etwas abschätzigen Unterton als «typische Mischkultur» bezeichnet. Aber mit dem gleichen Recht könnte man jede andere Hochkultur ebenfalls als Mischkultur abwerten. Denn Sumerer, Ägypter oder Griechen, sie alle empfingen viele Einflüsse von den Völkern, die vor ihnen da waren, und von ihren Nachbarn und verarbeiteten diese vielfältigen Anregungen zu etwas Neuem, Unverwechselbarem.

In der Religion brachten die Hethiter ihre Götter aus der südrussischen Steppe mit. Sie verehrten Schiuschummi, «unseren Gott». In der ersten Silbe können wir noch den indoeuropäischen Stamm «dieus, Zeus» wiedererkennen. Ihren Hauptgott Teschup, den Wettergott, kennen wir allerdings nur unter einem churritischen, also nicht indoeuropäischen Namen; auch die hochverehrte «Sonnengöttin von Arinna» deutet eher auf orientalischen als auf Kurgan-Einfluß. Überhaupt waren die Enkel des Kurgan-Volkes so tolerant oder so klug, es mit den vielen hundert Göttern nicht zu verderben, denen ihre so unterschiedliche unterworfene Bevölkerung opferte. Sie alle wurden kurzerhand in die hethitische Götterschar aufgenommen, und der König nahm seine Aufgabe als oberster Priester für das «Volk der tausend Götter» – so nannten sich die Hethiter selbst – sehr ernst.

Die Hethiter übernahmen nach dem schon erwähnten schriftlosen Jahrhundert die akkadische (babylonische) Keilschrift, in der sie sowohl ihre eigene Sprache wie die Sprachen ihrer unterworfenen Völker wie die Diplomatensprache des 2. vorchristlichen Jahrtausends, das Babylonische (einen semitischen Dialekt) schrieben. Natürlich beherrschte immer nur eine kleine Schicht besonders ausgebildeter Schreiber diese neue Kunst, wie im ganzen Altertum überhaupt. Mit Hilfe dieser Schrift entwickelten die Hethiter aber eine umfangreiche Literatur. Bezeichnenderweise war es keine «schöne» Literatur wie Gedichte, Erzählungen oder Mythen, sondern es waren juristische, historische Texte oder Verhaltensregeln für religiöse Zeremonien. Die Rechenschaftsberichte verschiedener hethitischer Könige enthalten erstmals im Altertum auch selbstkritische Teile – in auffälligem Gegensatz zu den von Selbstlob überquellenden Inschriften anderer orientalischer Herrscher.

Auch in der Baukunst leisteten die Hethiter Erstaunliches. Wer heute die aus mächtigen Steinen zusammengefügten Mauern Hattuschas betrachtet, erkennt darin einen eigenen Gestaltungswillen, der sich weit von den assyrischen oder babylonischen Vorbildern entfernt.

Großmacht unter Großmächten

Der Thronfolgeerlaß des Königs Telepinu konnte zwar die Bluttaten in der Königsfamilie beenden, nicht aber den alten Glanz des Reiches sofort erneuern. Es sollte noch ein halbes Jahrhundert dauern, bis König Tudhaliyas II. (etwa 1460–1440 v. Chr.) wieder so viel Macht nach außen entwickelte, daß die heutigen Historiker mit ihm ein zweites, ein «Neues hethitisches Reich» beginnen lassen. Tudhaliyas und seine Nachfolger, nunmehr selbst den Pharaonen und den Assyrern ebenbürtige «Großkönige», waren tief verstrickt in die Kämpfe und Rivalitäten der nahöstlichen Großmächte jener Zeit.

Der eine Hauptgegner war Ägypten. Das Alte Reich der Pharaonen war zwar längst vergangen, und auch ein Mittleres Reich war schon vor einigen Jahrhunderten zusammengebrochen. Fremde asiatische Horden, die Hyksos, waren um 1650 v. Chr. ins Land geströmt und hatten für ein Jahrhundert die Herrschaft an sich gerissen. Die Wissenschaft vermutet, daß es sich dabei um Teile der semitischen Kanaanäer und der Churriter gehandelt hat, die sich zu gemeinsamem Raubzug zusammengeschlossen hatten. Möglicherweise gab es auch Indoeuropäer unter ihnen, Splitter der Arier, von denen wir noch im nächsten Kapitel hören werden. Um 1550 v. Chr. jedoch hatte sich Ägypten von der verhaßten Fremdherrschaft befreit, ein «Neues Reich» war unter tatkräftigen Pharaonen entstanden, und es griff an der Mittelmeerküste Palästinas und Syriens kräftig nach Norden aus. Im Norden Syriens stießen die Einflußsphären des ägyptischen und des hethitischen Reiches zusammen, eine ständige Reibungsfläche und Gelegenheit für die zahlreichen Kleinfürsten der Gegend, sich bald auf diese, bald auf jene Seite zu schlagen.

Im Südosten war ein anderer bedrohlicher Gegner für die Hethiter entstanden: das Königreich Mitanni, das sich zeitweise von Assur bis fast zur syrischen Mittelmeerküste erstreckte. Die staatstragende und die Kultur gestaltende Bevölkerung dieses Reiches waren Churriter, jene unruhigen Menschen aus dem Kaukasus, von denen wir schon oft gehört haben. Ihre Könige aber waren Arier, waren Indoeuropäer, die sich nicht scheuten, ihre sprachlichen Vettern, die Hethiter, heftig zu bedrängen und zeitweise erheblich in Sorgen zu versetzen.

Erst dem mächtigsten und erfolgreichsten Großkönig von Hattuscha gelang es, das gefährliche Mitanni niederzuwerfen. Ihm widerfuhr es auch, daß er um ein Haar Vater eines ägyptischen Pharaos geworden wäre. Doch diesen Roman der Weltgeschichte, den kein Schriftsteller so dramatisch und so verwickelt hätte erdenken können, werden wir erst im nächsten Kapitel erzählen. Denn Schlüsselfigur in diesem Stück war eine Prinzessin aus arischem Stamm.

Der hethitische Großkönig trägt den für uns etwas zungenbrecherischen Namen Suppiluliuma (der Erste). Auf deutsch heißt das etwa «Lauterbrunner» (der «Mann vom reinen Brunnen»). Dieser Herrscher regierte etwa von 1375 bis 1340 v. Chr. Genauer als mit einem vorsichtigen «etwa» läßt sich das nicht angeben, denn in elf verschiedenen Geschichtsbüchern und Nachschlagewerken werden diese Regierungsdaten genau elfmal verschieden vermerkt! (Ein kleiner Hinweis auf die Schwierigkeit, aus dieser Zeit vor dreitausend Jahren Geschichte zu schreiben.)

Dabei weiß man gerade über Suppiluliuma und seine kriegerischen und diplomatischen Taten erstaunlich viel. In den Ruinen des Königspalastes von Hattuscha fand man Anfang dieses Jahrhunderts Zehntausende von Tontafeln, ein ganzes königliches Archiv. So wie heute jede Sekretärin einen Durchschlag der abgesandten Briefe zu den Akten legt, so fertigten damals die königlichen Schreiber Abschriften der Briefe für ihr Archiv, die Hauptquelle für unser Wissen über die Hethiter. Und ein Teil der Originalbriefe des Suppiluliuma konnte sogar im entsprechenden Archiv eines der Empfänger entdeckt werden: im ägyptischen Dorf Tell-el-Amarna in den Ruinen des Palastes des Pharaos Amenophis IV.

In den wechselvollen hethitisch-ägyptischen Beziehungen gelang es Suppiluliuma, einen Krieg zu vermeiden. Das drohende Gewitter kam erst vierzig Jahre später zum Ausbruch, in einer Schlacht bei Kadesch in Nordsyrien (um 1285 v. Chr.). Auf beiden Seiten waren die Könige selbst die Oberbefehlshaber: Suppiluliumas Enkel Muwatalli bei den Hethitern, Pharao Ramses II. bei den Ägyptern. Die Schlacht ging jedoch unentschieden aus; keinem Reich gelang es, das andere in die Knie zu zwingen. Politische Einsicht führte dazu, daß etwa fünfzehn Jahre später (um 1270 v. Chr.) beide Länder einen regelrechten Freundschafts- und Nichtangriffspakt schlossen, der bis zum Ende des Hethiterreiches Bestand haben sollte. Auch von diesem Vertrag besitzt die Wissenschaft beide Originale. Das ägyptische Schriftstück wurde in Hattuscha, das hethitische in Ägypten gefunden.

Auch sonst bemühten sich die Hethiterkönige, wenigstens mit den anderen Großmächten Assyrien und Babylonien Frieden zu halten. In Hattuscha hatte man genug Ärger mit den dauernd zu Aufständen geneigten unterworfenen Provinzen. Im Westen der kleinasiatischen Halbinsel gab es neue unruhige Nachbarn. Ein Reich der «Achchijawa» tauchte immer häufiger in den Urkunden Hattuschas auf. Viele Wissenschaftler sehen darin die Achäer, also die Griechen, die damit erstmals schriftlich erwähnt werden. Auch

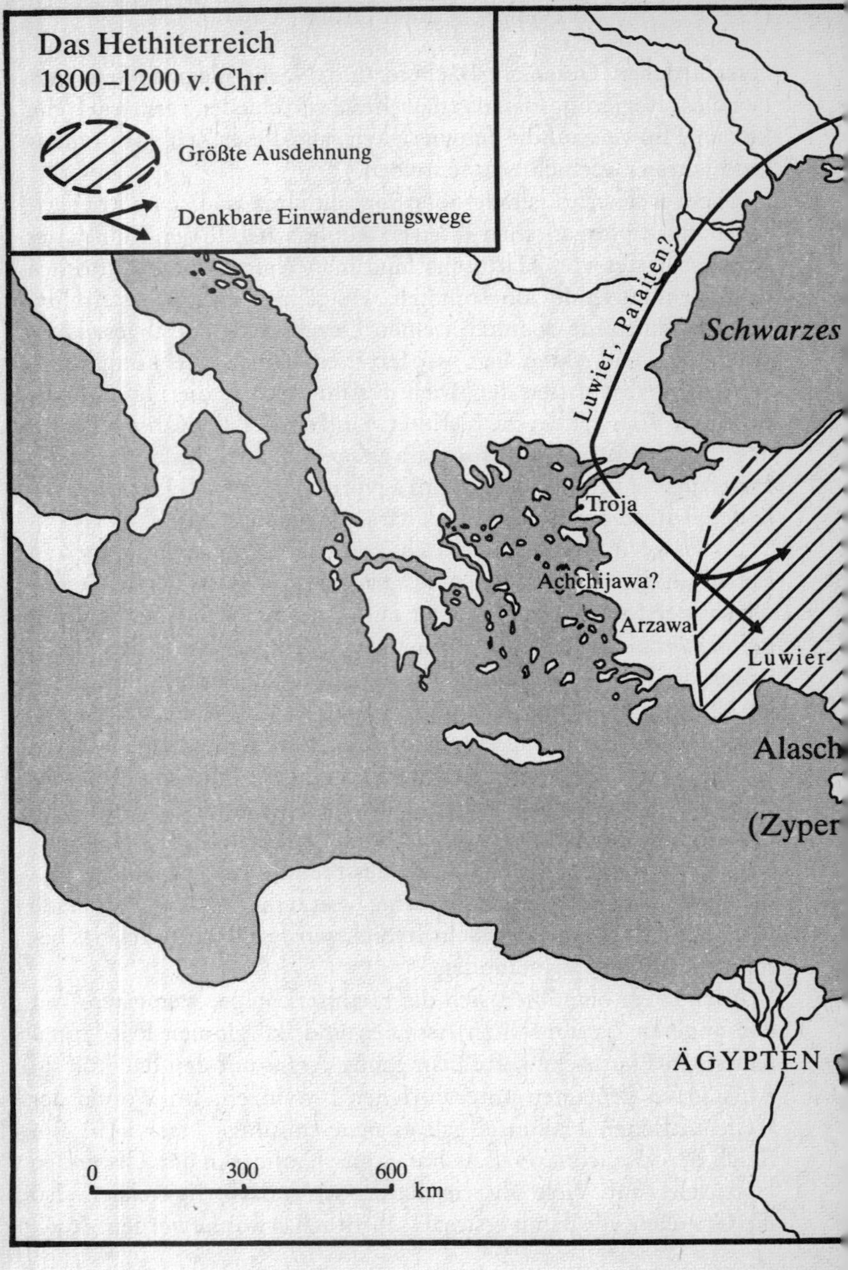

Das Hethiterreich
1800–1200 v. Chr.
Größte Ausdehnung
Denkbare Einwanderungswege
Luwier, Palaiten?
Schwarzes
Troja
Achchijawa?
Arzawa
Luwier
Alasch
(Zyper
ÄGYPTEN
0
300
600
km

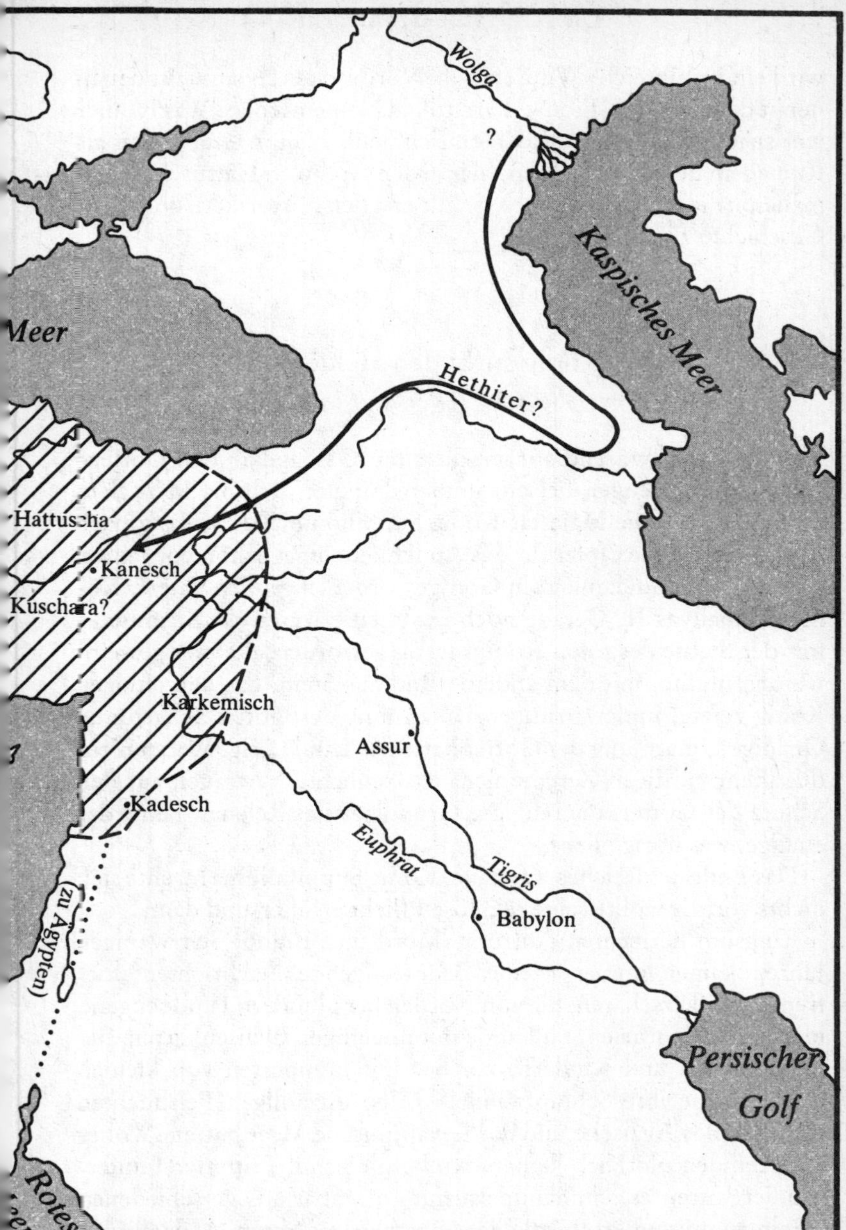

Wolga
?
Kaspisches Meer
Meer
Hethiter?
Hattuscha
Kanesch
Kuschara?
Karkemisch
Assur
Kadesch
Euphrat
Tigris
Babylon
(zu Ägypten)
Persischer Golf
Rotes

wird ein Königreich «Wiluscha» im Nordwesten genannt, und man denkt dabei an «(W)Ilion», den antiken Namen Trojas. Was Homer viel später besang und was Heinrich Schliemanns Grabungen als Ruinen an den Tag brachten, hier in den Archiven Hattuschas fand man nun die schriftlichen Belege, die erst den Historikern erlauben, Geschichte zu schreiben.

Ein König stirbt den Heldentod

Um 1180 v. Chr., Hattuscha/Kleinasien

Flehend, beschwörend stiegen die alten Gesänge zu den Göttern empor. In der engen Felsenkammer drängten sich die Menschen und sangen. Seine Majestät König Suppiluliuma II. vollzog nach uraltem Ritus die Opfer für das Andenken seines schon vor Jahren gestorbenen und damit zum Gott gewordenen großen Vaters, König Tudhaliyas II. Gerade noch rechtzeitig waren die Steinmetze mit der Statue des toten Königs fertig geworden, die hier geweiht werden mußte, mit dem anderen Bild aus Stein, das den jetzigen König zeigte, in der gnädigen Umarmung des Gottes Scharruma. Gnädige Umarmung der Götter hatte das Land nötig. Waren nicht die altehrwürdigen Zeremonien, das schlichte Vertrauen auf den Schutz der Götter, die religiöse Grundlage des Reiches, heute das einzige, was übrig blieb?

Das Ende des Reiches war nahe. König Suppiluliuma machte sich nichts vor. Er wollte seine religiöse Pflicht erfüllen und dann ...

Ringsum herrschten Aufruhr, Mord und Brand. Seit wenigen Jahren kamen immer wieder beunruhigende Nachrichten über fremde Völkerscharen, die von Norden her plündernd und sengend in das Reich einfielen, zu Lande mit ungefügen Ochsenkarren und mit Weibern und Kindern, zur See mit Hunderten von kleinen Schiffen, die ihre Schlupfwinkel in den unzähligen Felsbuchten rings um das Ägäische und das Levantinische Meer hatten. Woher die Fremden plötzlich kamen, wußte niemand. Primitive Hinterwäldler waren es, ein Sammelsurium offenbar aus verschiedenen Stämmen, mit unterschiedlichen Sprachen und Sitten. Aber alle ungeheuer stark und wild und ohne ein anderes Lebensziel als Raub und Gewalttat. Das ohnehin schon schwache hethitische Reich würde sich ihrem Ansturm nicht mehr lange wide setzen können, zumal auch im Inneren – wohl durch den äußeren Feind ermutigt – alle Unterworfenen, die eingeborenen Hatti, die Einwohner der eroberten Provinzen, alle unzuverlässigen Elemente auf einmal zum Aufstand angetreten waren.

Kürzlich noch hatte König Suppiluliuma eine Seeschlacht vor Zypern gegen die Schiffe der Fremden erfolgreich beenden können, doch als er wieder an Land kam, waren auch da die Feinde, und er mußte vor ihrer Übermacht zurückweichen. Hier in Hattuscha rüsteten er und seine letzten treuen Soldaten sich zum Endkampf. Das Reich würde fallen, und der König und seine Krieger auch. Aber die Götter sollten wissen, daß ihr Oberpriester bis zuletzt ihnen die schuldige Ehre erwies.

Wenige Tage später brannte Hattuscha. Und im Schein seines brennenden Palastes lag König Suppiluliuma, erschlagen vom Schwert eines der fremden Räuber.

*

Der Untergang des Hethiterreiches kam plötzlich. Kurz nach dem Jahr 1200 v. Chr. brechen die schriftlichen Dokumente plötzlich ab, und die Ausgräber von Hattuscha registrierten aus dieser Zeit eine Schuttschicht, die nur von einem ungeheuren Brand herrühren konnte. In diesem Brand oder der vorangegangenen Schlacht dürfte der letzte Hethiterkönig den Tod gefunden haben. Nicht nur in Hattuscha, auch in allen anderen Städten des Reiches brannte es.

Wer waren die Feinde, die so plötzlich ins Land einfielen? Die Wissenschaftler haben lange darüber gerätselt. Heute ist man ziemlich sicher, daß es Scharen der sogenannten «Seevölker» waren. Der ägyptische Pharao Ramses III. berichtet in einer Inschrift um das Jahr 1190 v. Chr. knapp von ihnen und dem Ende des Hatti-Reiches: «Die Fremdländer verschworen sich untereinander. So waren plötzlich die Staaten verschwunden und zerstreut. Kein Land konnte vor ihren Waffen bestehen: Hatti, Karkemisch, Arzawa, Alascha (die drei letzteren waren hethitische Vasallenstaaten), waren auf einmal abgeschnitten.» Die «Seevölker» werden in diesem Buch noch eine Rolle spielen. (Vgl. 10. Kapitel: «Unsere Pläne werden gelingen!», S. 208 ff.)

Dreitausend Jahre lang vergessen

Was blieb nach der Katastrophe von Volk und Reich der Hethiter übrig? Im eigentlichen Kernland, der Mitte Anatoliens, scheinen die Barbaren mehr oder weniger die ganze Oberschicht umgebracht zu haben, also alles, was hethitisch sprach und vielleicht auch schreiben konnte. Nur im Süden hielten sich einige kleine Königreiche, die sich stolz «hethitisch» nannten und Reliefbilder ihrer Könige und Inschriften in «Bild-Hethitisch» hinterließen, sogar noch einige Jahrhunderte lang. Sie waren die Nachbarn der nach Palästina eingewanderten Israeliten, und durch ihre Vermittlung geriet der Stammesname Hethiter in die Bibel.

Versprengte Reste hethitisch oder luwisch sprechender Menschen haben möglicherweise bei der Bildung der späteren kleinasiatischen Völker der Lyder (im Inneren der Halbinsel, siehe 12. Kapitel: Lydien, Vermittler zwischen Osten und Westen, S. 261 ff) und der Lykier (an der Südküste) mitgewirkt. Diese Sprachen – man konnte von ihnen nur spärliche Reste rekonstruieren – beruhen auf indoeuropäischer Grundlage, sind aber mit außerordentlich vielen fremdartigen Bestandteilen vermischt.

Sonst aber sank die große Zeit des Hethitervolkes schnell in das Dunkel des Vergessenwerdens zurück. Wieder einmal gab es einige Jahrhunderte lang niemanden mehr in Anatolien, der die Kunst des Schreibens beherrschte. Und die Archive der benachbarten Großmächte Ägypten, Babylon und Assyrien sahen keinen Anlaß, das Andenken an die unheimliche, aber nun glücklicherweise vernichtete Konkurrenz zu bewahren.

Als der «Vater der Historiker» des Altertums, der Grieche Herodot, rund achthundert Jahre nach dem Untergang des Hethiterreiches die Geschichte und Geschichten Griechenlands und seiner Nachbarländer beschrieb, da gab es keinen Funken von Erinnerung mehr an das Reich Hatti. Hethitische Felsbilder und Hieroglyphen, die Herodot selbst gesehen hatte, beschrieb er arglos als «ägyptischen Ursprungs».

Noch vor hundert Jahren wußte die Welt nicht mehr, als was die Bibel über die Hethiter berichtete: eine kleine kanaanitische Völkerschaft in Palästina – und das war falsch. Erst seit dieser Zeit gelang es den Wissenschaftlern, das Geheimnis der Hethiter zu enträtseln.

Heute ist das türkische Dorf Bogazköy, knapp 150 Kilometer östlich von Ankara, eine Wallfahrtsstätte für Wissenschaftler und altertumsbegeisterte Touristen aus aller Welt. Dort grub man über dreitausend Jahre nach ihrem Untergang die Ruinen der Hauptstadt Hattuscha wieder aus: wehrhafte Mauern, Paläste, Tempel – und ein Archiv, das Kunde gibt vom Leben des ersten Kulturvolkes indoeuropäischer Sprache.

7. Kapitel

Söldner und Könige

Arische Herrschaften im Nahen Osten

Ein heikler Auftrag

Um 1650 v. Chr., am Amu-Darja, Innerasien

Die churritischen Kaufleute mit ihrem Pferdewagen trafen auf die Grama dort, wo die feuchte Flußaue des Amu-Darja in die trockenere Viehweide überging. Die primitiven Hütten der Jahressiedlung trennten die kleinen, flüchtig angelegten Felder von den Rindern und Schafen der Herde, dem Stolz und dem Reichtum der Arier. Nicht weit entfernt konnten die Händler die rauchgeschwärzten Ruinen eines alten Bauerndorfes erblicken. Die arischen Viehzüchter hatten bei ihrem Einzug wohl wie üblich die Wohnungen der verachteten Bauern ausgeraubt, verbrannt und zur Abschreckung ein paar Männer und Frauen erschlagen. Reizen durfte man die wilden Krieger aus dem Norden nicht. Aber vielleicht konnte man ihren Stolz und ihre unbändige Kampfkraft für die Zwecke des churritischen Volkes im fernen Zweistromland nutzbringend verwerten, wenn man es geschickt anstellte.

Das war der heimliche Auftrag, den die churritischen Händler diesmal von ihrem Fürsten auf die Geschäftsreise über die uralte Völkerstraße vom Tigris über das persische Bergland bis nach Turan mitbekommen hatten. «Könnte man nicht», so hatte der Fürst listig gefragt, «einige von diesen, wie ihr erzählt, unbesiegbaren Kriegern veranlassen, zu uns zu kommen und uns in unseren Kämpfen mit Assyrern und Hethitern beizustehen? Versprecht ihnen an Beute, was sie wollen. Wenn sie so wanderlustig sind, werden sie den weiten Weg nicht scheuen.» Nun waren die Kaufleute am Ziel, nach einer Reise von vier Monaten. Würden sie ihre Absicht ausführen können?

Diese Arier waren schon ein merkwürdiges Volk. Jedes Jahr, wenn die Händler aus dem Land Churrum wieder einmal an den Amu-Darja kamen, trafen sie andere Sippen dieser Viehzüchter. Ein ganzes Volk schien unterwegs zu sein, in stetigem Zug nach dem Süden. Es hieß, daß die Arier aus Gegenden weit im Norden stammten, wo die großen Wälder sich mit der Steppe mischten. Aber von dort waren sie schon seit Jahrzehnten unterwegs, sie wußten selbst nicht mehr recht, warum. Im Herbst bauten sie dort, wo es ihnen gefiel, ihre einfachen Hütten, säten im Frühjahr ein wenig Getreide, ließen ihre Herden weiden, ernteten im nächsten Herbst und zogen zehn oder zwanzig Tagemärsche mit Sack und Pack und Herden weiter nach Süden. Denn die nächste Grama ihrer Stammesgenossen, die Treckgemeinschaft einiger Familien, war ihnen sicher schon auf den Fersen. Daß die Arier dabei den ihnen sprachverwandten Vorbewohnern der Gegend die Äcker zertrampelten, kümmerte sie nicht. Wer sich beschwerte, dem wurde sein Haus angezündet.

Als die churritischen Händler, die bei ihren vielen Reisen genügend von der arischen Sprache gelernt hatten, abends am Ratsfeuer unter vielen Schmeicheleien geschickt ihren Vorschlag bei den arischen Familienoberhäuptern angebracht hatten, da zeigte sich, daß er durchaus auf fruchtbaren Boden fiel. Nicht alle Männer waren bereit, in den fernen Westen zu ziehen. Aber viele der jüngeren Krieger reizte die Aussicht auf Kampfruhm und Beute. Boten wurden zu den anderen Gramas der Arier in der Nähe geschickt mit der Frage, ob nicht wagemutige Krieger und ihre Familien mitkommen wollten zum Zug ins Zweistromland, von dem man schon so viel gehört hatte. Den Rückweg vom Amu-Darja zum Tigris konnten die Kaufleute im Vollgefühl ihres Erfolges antreten, denn ein immer länger werdender Zug von Kriegern der Arier mit jungen Frauen und Kindern auf ihren Streitwagen mit den stolzen Pferden schloß sich ihnen an.

Was hatten Inder in Mesopotamien zu suchen?

Die vorstehende Episode ist, wie zugegeben werden muß, erheblich mehr auf Phantasie und Spekulation gegründet als die meisten anderen in diesem Buch. Denn über Zeit, Gründe und Weg der Einwanderung der Arier in den Nahen Osten im 2. vorchristlichen Jahrtausend weiß man auch heute so gut wie nichts.

In der Zeit der großen Ausgrabungen im Vorderen Orient vor sechzig bis neunzig Jahren fanden die Wissenschaftler an mehreren Stellen Tontafeln, auf denen sie altindisch klingende Königs- und Götternamen entziffern konnten. Arische Inder im Nahen Osten – das war für die europäische Wissenschaft damals keineswegs so sensationell wie die später erfolgte Entdeckung der Hethiter als Indoeuropäer mit einer «westlichen» Sprache. Denn man glaubte ja an eine Urheimat der noch ungeteilten Indoeuropäer irgendwo im Norden. Wenn Inder und Perser aus Ost- oder Mitteleuropa oder auch aus Südrußland nach ihren späteren Wohnsitzen ausgewandert waren, dann mußten sie zwangsläufig irgendwann einmal das Gebiet des Fruchtbaren Halbmonds berührt haben. So konnte man in alten Geschichtsbüchern die These finden, daß «die Inder», die seit 1500 v. Chr. in Bewegung gewesen seien, sich nach Überschreiten des Kaukasus im Zweistromland niedergelassen hätten. Später seien sie dann, gesättigt mit der babylonisch-assyrischen Kultur, nach Indien weitergezogen. Es gab auch die Behauptung, ein Teil der Arier, die Indien erreicht hätten, sei von dort in einem Marsch über 3000 Kilometer wieder zurück in Richtung Nordwesten nach Mesopotamien und Syrien gezogen.

In Wirklichkeit scheint sich das anders abgespielt zu haben. Vieles deutet darauf hin, daß die Einwanderung der Arier in den Vorderen Orient aus Osten und nicht aus dem Norden erfolgte. Als das Kurgan-Volk allmählich aus dem Dunkel der Vorgeschichte auftauchte, war seine westliche Grenze ungefähr der Dnjepr. Nach Osten zu scheint sich sein Lebensraum aber schon weit in die kasachstanisch-südsibirische Steppe hinein erstreckt zu haben, nördlich des Kaspischen Meeres und des Aralsees bis etwa zum Balchaschsee. Von dort gingen in der Zeit der Kurgan-«Explosion» (nach 2500 v. Chr.) offenbar starke Auswanderungswellen nach Süden.

Hirten aus der Kurgan-Kultur müssen in einer ersten Welle die Bauernbevölkerung in der damals noch wasserreichen und fruchtbaren Ebene von Turan südlich des Aralsees und zwischen dessen beiden Zuflüssen Amu-Darja und Syr-Darja überlagert haben. Daraus bildete sich zunächst eine bodenständige Mischkultur in den zahlreichen Oasen, die Ackerbau und Viehzucht mit gleicher Intensität betrieb. Von den Fachleuten wird sie «Tazabag-jab-Kultur» genannt. Trotz der weiten Entfernung muß das westliche Innerasien seit frühesten Zeiten enge kulturelle und Handelsbeziehungen zum fast zweitausend Kilometer entfernten Zweistromland gehabt haben. Das Westende der späteren «Seidenstraße», die im frühen Mittelalter eine erste Verbindung Europas mit China herstellte, wird schon damals von wagemutigen Kaufleuten regelmäßig begangen worden sein.

Die Wissenschaft bezeichnet die im östlichen Teil des alten Kurgan-Gebietes, in Kasachstan, verbliebene Bevölkerung während der Bronzezeit (etwa ab 1800 v. Chr.) als «Andronowo-Kultur». Die Menschen dort waren seßhaft gewordene Viehzüchter, die auch den Ackerbau wichtig nahmen. Sie bauten schon recht ansehnliche Dörfer entlang den Flüssen; ihre Fürsten ließen sich mächtige Hügelgräber errichten, deutlich von denen des gemeinen Volkes abgesetzt. Kurz, die Menschen lebten genau in dem Kulturzustand, den man bei einer kontinuierlichen Weiterentwicklung von einigen hundert Jahren aus der früheren Kurgan-Kultur erwarten durfte. Dort muß auch ein indoeuropäischer Dialekt gesprochen worden sein, aus dem bald die «arische» Sprache, die «Muttersprache» des Altindischen und des Altpersischen, erwuchs. Auch die Leute der südlich angrenzenden Tazabag-jab-Kultur werden diese Sprache verwandt haben, vermischt mit Wörtern und sprachlichen Besonderheiten der bäuerlichen Ureinwohner.

In vielen Siedlungen des Turan-Gebietes und auf der iranischen Hochebene, also dort, wo die Tazabag-jab-Leute wohnten, und noch darüber hinaus haben nun die Archäologen Zerstörungsschichten gefunden, die sie auf die Zeit zwischen 1700 und 1500 v. Chr. datieren: deutliche Anzeichen fremder Eroberer, die vom Norden her kamen. Es müssen Andronowo-Leute gewesen sein, rassisch und sprachlich Vettern des Tazabag-jab-Volkes. Wir wissen nicht, was sich da vor fast 3400 Jahren in Kasachstan und Westsibirien abgespielt hat. Waren es schon wieder klimatische Gründe, eine neue Trockenperiode, die vielleicht noch primitive Teilstämme der Andronowo-Kultur erneut zum Auswandern nach Süden zwangen? Es können nur Teile gewesen sein, denn die Andronowo-Kultur dauerte in ihrem Stammgebiet unverändert fort.

Die meisten dieser kriegerischen Horden, die ab 1700 v. Chr. zu wandern begannen, behielten die Richtung nach Südosten bei und zogen um den Aralsee herum an den beiden Flüssen Amu-Darja und Syr-Darja aufwärts bis in die Bergwelt des Hindukusch und weiter nach Indien. Von ihren späteren Erlebnissen wird im nächsten Kapitel die Rede sein. Eine kleinere Gruppe dieser gleichen Auswanderer aber scheint am Südufer des Kaspischen Meeres oder, noch wahrscheinlicher, auf der späteren Seidenstraße nach Westen umgebogen und nach Mesopotamien gelangt zu sein. Das vermuten jedenfalls heute viele Archäologen. Warum diese Arier nicht ihren Stammesgenossen folgten, kann heute niemand mehr mit Sicherheit sagen. Ganz abwegig ist der Gedanke aber sicher nicht, daß sie als eine Art Söldner oder Hilfstruppen für die kriegerischen Auseinandersetzungen im Vorderen Orient regelrecht geworben wurden. Und warum sollten es nicht churritische Kaufleute gewesen sein, denen das bei ihren weiträumigen Handelsreisen gelang? Denn daß die Menschen der churritischen Kultur durch die Jahrtausende geschickte und weitgereiste Händler waren, darf uns nicht überraschen, waren sie doch rassisch – nicht sprachlich! – die Ahnherren der späteren Armenier.

Nur ein paar Namen als Spuren für die Detektive

Sosehr man unter den inzwischen Hunderttausenden von Tontafeln, dem glücklicherweise so haltbaren «Papier» des alten Orients, gesucht hat: mehr Zeugnisse von der Anwesenheit der Arier im Nahen Osten als die bereits erwähnten Königs- und Götternamen hat man nicht gefunden. Aber diese waren da, unleugbar in altindischer Sprache: die Könige Schuttarna, Sauschattar, Tuschratta, Artatama und ein paar andere, vor allem jedoch die Götter Indra, Mitra, Varuna und die Götterzwillinge der Nasatyas. Schließlich noch im altertümlichen Sanskrit ein paar Fachausdrücke aus dem Bereich der Pferdezucht, enthalten innerhalb eines Textes in fehlerhaftem Hethitisch, den man in den Ruinen von Hattuscha aus dem Boden gegraben hat. Das ist alles an Beweisen, was den archäologischen Kriminalisten bis heute zur Verfügung steht. Was kann man daraus schließen?

Die arischen Personennamen gehören vor allem Königen des im vorigen Kapitel schon erwähnten Reiches Mitanni, das etwa seit 1550 v. Chr. in den Annalen des Vorderen Orients genannt wird und das zeitweise eine Großmacht wie Babylon, Assyrien, das Reich der Hethiter und Ägypten war. In ununterbrochener Folge tragen die Könige von Mitanni, die wir von etwa 1500 bis 1270 v. Chr. kennen, diese arischen Namen. Nur die Könige interessanterweise, während die Namen der Frauen des Königshauses aus der churritischen Sprache entnommen sind. Auch sonst scheint die Bevölkerung von Mitanni im wesentlichen churritisch gesprochen zu haben. Die ständige Ausbreitung der Churriter aus ihrer südkaukasischen Urheimat nach Süden, in die östliche Hälfte Anatoliens, den Nordteil Mesopotamiens und Syriens bis an die Mittelmeerküste zwischen etwa 2300 und 1600 v. Chr. wurde schon in anderem Zusammenhang kurz verzeichnet. In diesen Jahrhunderten gab es zahlreiche kleine churritische Herrschaften im Nordbogen des «Fruchtbaren Halbmonds».

Irgendwann um 1550 v. Chr. muß ein starker Herrscher viele dieser churritischen Kleinstaaten zur zeitweiligen Großmacht Mitanni vereinigt haben. Und kurze Zeit darauf trugen die Mitanni-Könige arische Namen. Die heutige Wissenschaft konnte bisher nichts über diese merkwürdigen Zusammenhänge herausfinden, denn das 16. Jahrhundert v. Chr. ist für Nordmesopotamien eine «dunkle Epoche», aus der kaum Schrifttafeln überliefert sind. In dieser Spanne, so meint man, müssen die Arier dort angelangt sein. Es ist wohl erlaubt, sich vorzustellen, daß sie als Söldner gerufen wurden, daß sie dank ihrer unbekümmerten Zielstrebigkeit bald die churritischen Kleinfürsten beiseit drängten, daß sie es waren, die

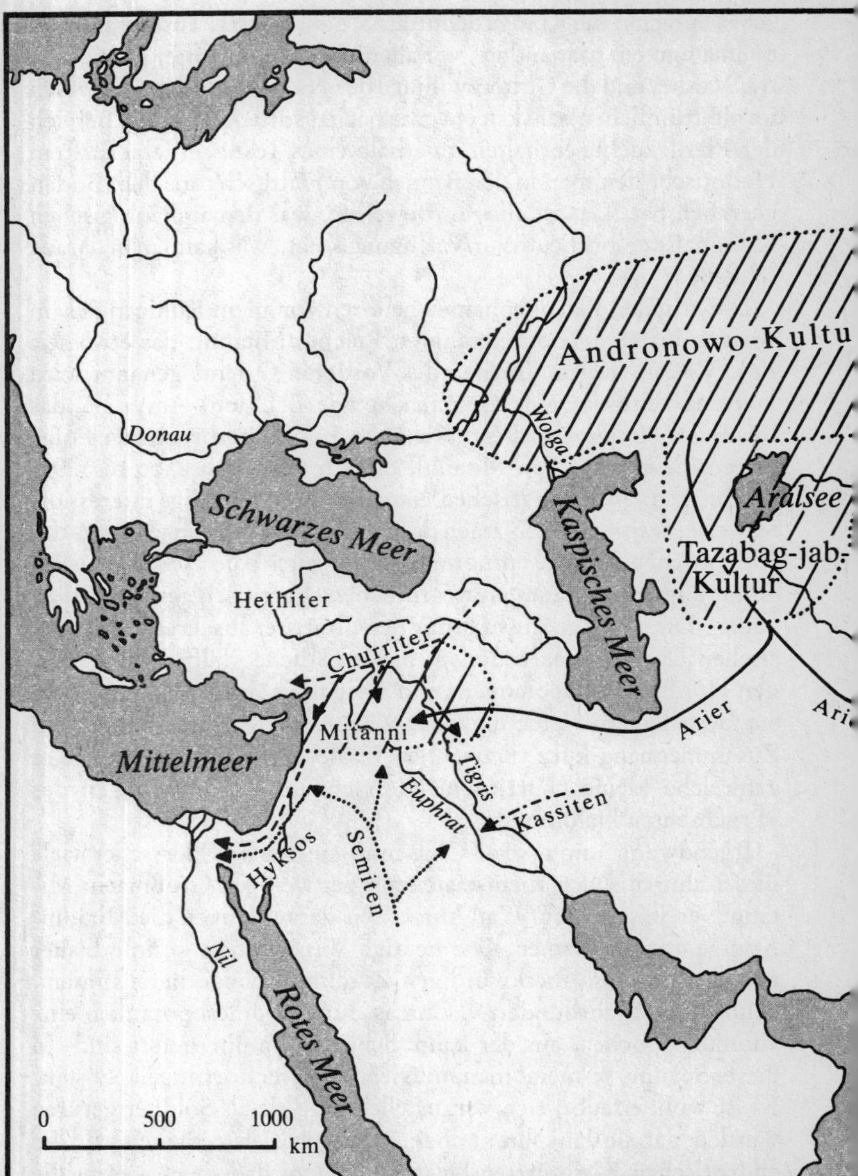

Andronowo-Kultu
Wolga
Donau
Schwarzes Meer
Kaspisches Meer
Aralsee
Tazabag-jab-
Kultur
Hethiter
Churriter
Mitanni
Arier
Ari
Mittelmeer
Tigris
Euphrat
Kassiten
Hyksos
Semiten
Nil
Rotes Meer
0
500
1000
km

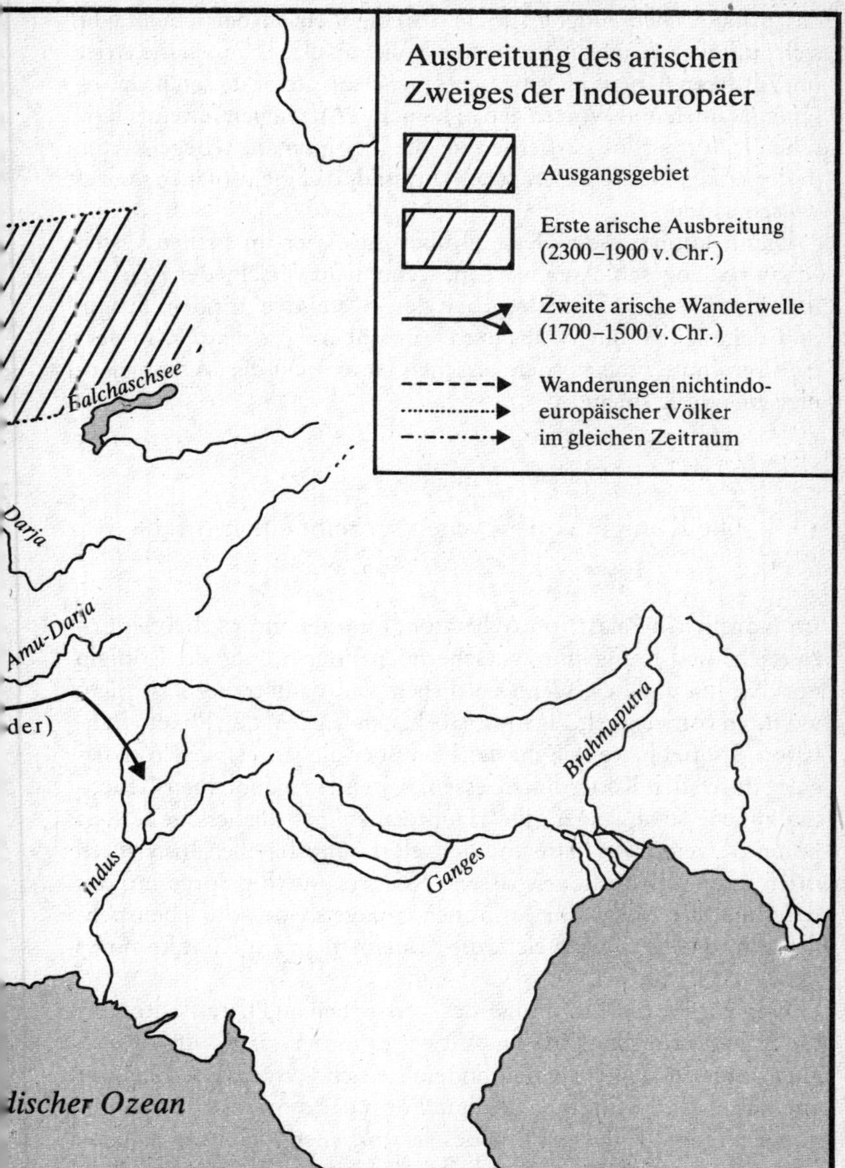

Ausbreitung des arischen Zweiges der Indoeuropäer
Ausgangsgebiet
Erste arische Ausbreitung (2300–1900 v. Chr.)
Zweite arische Wanderwelle (1700–1500 v. Chr.)
Wanderungen nichtindo-europäischer Völker im gleichen Zeitraum
Balchaschsee
Darja
Amu-Darja
der)
Indus
Ganges
Brahmaputra
discher Ozean

das Mitannireich einigten. Mehr als eine kleine Adelsschicht, die sich äußerlich schnell ihrem neuen Volk anpaßte, können die Arier im Vorderen Orient nie gewesen sein. Denn außer diesen paar arischen Namen und Worten gab es keinerlei Anzeichen für einen arischen Kultureinfluß, so gerne auch die Indogermanen-Begeisterten in der ersten Hälfte unseres 20. Jahrhunderts einen solchen vorgewiesen hätten.

Damit könnte dieses Kapitel über die Arier im Nahen Osten schon fast abgeschlossen werden, wenn nicht verschiedene Zufälle und die zähe Kombinationsarbeit der «Detektive mit dem Spaten und dem Wörterbuch» uns ein Drama überliefert hätten, in dem eine berühmte Frau aus dem arischen Geschlecht der Mitanni-Könige eine Rolle spielte.

Die Königin von Ägypten schreibt einen Brief

Um 1347 v. Chr., Amarna/Ägypten

Im Nördlichen Palast von Achetaton, inmitten ihrer geliebten Lotosteiche und Käfige mit zwitschernden Vögeln, ging die Königin unruhig hin und her. Wenn sie ehrlich war, dann trauerte sie nicht um ihren vor wenigen Tagen verstorbenen Gatten, den Pharao Echnaton. Zu tief hatte sich ihr der Haß über die jahrelange Erniedrigung durch den König eingefressen, der einem männlichen Geliebten zuliebe seine langjährige Hauptgemahlin, «die Schöne, die da kommt», verstoßen hatte und der selbst auf offiziellen Inschriften ihren Namen hatte tilgen lassen. Nein, es war die Sorge um das Reich und die Sorge um Aton, den einzigen Gott, die lebenspendende Sonnenscheibe, welche die Königin nicht zur Ruhe kommen ließ.

Wer würde die Nachfolge des verstorbenen Pharao antreten? Noch hatte sie, die Königin-Witwe, es in der Hand, dem Reich einen neuen König zu geben, indem sie sich verheiratete. Das war eine durch die Tradition geheiligte Form der dynastischen Erbfolge, wenn kein leiblicher Sohn des verstorbenen Pharao vorhanden war. Aber wen konnte sie durch ihre Wiederverheiratung zum Pharao machen? Wem von den Ägyptern, von den Großen des Hofes, den Oberpriestern und Militärs konnte sie trauen? Sie gierten doch alle nur nach der Macht für sich und würden vor allem bedenkenlos den Kult des Aton verraten, den sie bis jetzt so eifrig mitgemacht hatten, weil ihr Pharao es so befahl. Doch der Widerstand gegen den neuen einzigen Gott war im ganzen Reich spürbar. Fehlte die starke Hand, die dem Sonnengott die schuldige Anbetung auf Erden garantierte, dann würden sofort die ungezählten alten Götter wiederkommen, die Ptah und Hathor, Thot und Amun und wie sie alle hießen.

Die schöne, trotz ihrer Reife noch immer jugendlich wirkende Königin war sich klar, daß sie keinen Ägypter heiraten konnte. Ihre Gedanken schweiften zurück in ihre Kinderjahre im Königspalast von Waschschukanni, der Hauptstadt des Reiches Mitanni, weit drüben im Nordosten, wo die Sonne aufging. Damals hieß sie noch Prinzessin Taduchepa und war die Tochter des Königs Tuschratta. Zu der Zeit war Mitanni noch mächtig. Sogar der Pharao von Ägypten rechnete es sich zur Ehre an, als König Tuschratta seine Tochter mit einer großen Gesandtschaft an den Nil schickte, um die Gemahlin des Pharao zu werden. Tuschratta tat das allerdings erst nach Empfang einer in langwierigem Briefwechsel ausgehandelten Sendung von ägyptischem Gold und einer Grenzbereinigung in Syrien. An die Zeit im Harem des alternden Pharao Amenophis III. und auch an die Zeit ihrer zweiten Ehe mit dessen Sohn, dem Pharao Echnaton – bis zur Erklärung des Aton-Kultes zur Staatsreligion hatte er wie sein Vater Amenophis (der Vierte) geheißen –, wollte die Witwe jetzt nicht denken. Im Augenblick ging es um die Zukunft. Aus ihrer Heimat Mitanni konnte ihr keine Hilfe kommen. Ihr Vater Tuschratta war tot, ermordet von einem seiner Söhne, und das einst so mächtige Reich war Vasall des Großkönigs der Hethiter geworden.

Der war jetzt der mächtigste Mann im ganzen Orient, Suppiluliuma, der Herrscher in Hattuscha. Wenn die ägyptische Königin einen starken Rückhalt finden wollte in dem Mann, dem sie ihre Hand reichte, dann nur in einem hethitischen Prinzen. Das war der Entschluß! Jetzt kam es darauf an, rasch zu handeln. Die Königin rief ihren Privatschreiber und diktierte einen Brief an König Suppiluliuma: «Mein Gatte ist gestorben, einen Sohn habe ich nicht, aber dir sagt man viele Söhne nach. Wenn du mir einen deiner Söhne geben würdest, würde er mein Gatte werden. Niemals aber werde ich einen meiner Diener nehmen und ihn zu meinem Gatten machen.» Und als Unterschrift ließ die Frau, die für kurze Zeit heute das Schicksal Ägyptens in ihren Händen hielt, nur den Titel «die Königin» in den feuchten Ton des Briefes drücken. Denn sie war sich sicher, daß der Hethiterkönig ihren Namen kennen würde: Nofretete, «die Schöne, die da kommt».

Wochen später. Vor der belagerten Stadt Karkemisch in Nordsyrien stand das prachtvolle Zelt des Großkönigs Suppiluliuma, das ihm zeitweilig als Hauptquartier diente. Die wichtigsten seiner Vertrauten, Würdenträger des Hofes, Generäle, manche davon Spiel- und Kampfgenossen aus der Jugendzeit, saßen vor ihm in respektvollem Schweigen. «Ein derartiger Fall ist mir in meinem ganzen Leben noch nicht vorgekommen», rief der König und schwenkte eine Tontafel, die ihm vorhin ein Eilbote aus Ägypten gebracht hatte. Die ägyptische Königin bat ihn, den hethitischen König, um die Hand eines Sohnes! Das konnte eine Falle sein, Mißtrauen war jedenfalls angebracht. Suppiluliuma schickte zunächst einmal seinen Privatsekretär Hattuscha-ziti in vertraulichem Auftrag an den Nil, um verläßliche Nachrichten von dort mitzubringen.

Im nächsten Frühjahr kehrte der Bote aus Ägypten zurück. Er brachte einen neuen Brief der Königin Nofretete und einen ägyptischen Abgesandten mit; alle bestätigten die Ernsthaftigkeit des ungewöhnlichen Angebotes. Erst jetzt entschloß sich der Großkönig, seinen Sohn Prinz Zannanza als Anwärter auf den Pharaonenthron nach Achetaton, der derzeitigen Hauptstadt Ägyptens, zu entsenden. Doch Suppiluliuma hatte zu lange gezögert. Zannanza wurde ermordet, kaum daß er die ägyptische Grenze überschritten hatte, sicher nicht aus reinem Zufall. Denn in Ägypten setzten inzwischen die Generäle und Hofschranzen ein Kind, einen entfernten Verwandten der Pharaonenfamilie, auf den Thron: Tut-ench-Aton, der kurze Zeit später unter dem Einfluß seiner Ratgeber seinen Namen in Tut-ench-Amun ändern und die Staatsreligion seines Vorgängers, die Verehrung des Sonnengottes Aton, schleunigst wieder abschaffen sollte. Nicht viel später wurde er umgebracht und erhielt das übliche prunkvolle Grab im «Tal der Könige». Nur dem Umstand, daß gerade sein Grab als einziges unberaubt in der Gegenwart ausgegraben werden konnte, verdankt Tut-ench-Amun seine Berühmtheit. Königin Nofretete starb bald nach dem Regierungsantritt Tut-ench-Amuns, verachtet, vergessen, allein.

Nur die lebensgroße Büste der Königin wurde über 3200 Jahre später aus dem Sand des ägyptischen Dorfes Tell-el-Amarna gegraben und bezaubert noch heute jeden Betrachter durch ihre geheimnisvolle Schönheit. Erst in jüngster Zeit kam zutage, daß diese berühmte Büste auch das älteste lebensechte Abbild eines Menschen aus indoeuropäischem Stamm ist. Ägyptologen stellten nämlich die Identität der nachweislich aus dem Königshaus von Mitanni nach Ägypten gesandten Prinzessin Taduchepa mit der späteren Königin Nofretete fest. Schon immer war an der Büste der «unägyptische» Gesichtsschnitt aufgefallen. Kein Wunder, denn man darf annehmen, daß der aus Westsibirien mitgebrachte «arische» Rassentyp gerade im mitannischen Königshaus noch am reinsten bewahrt wurde.

Der Brief der Königin an Suppiluliuma ist wörtlich in einem in Hattuscha gefundenen Text enthalten, der auch die weitere, so tragisch endende Geschichte erzählt. Sie muß sich um das Jahr 1347 v. Chr. abgespielt haben. Allerdings bedurfte es jahrzehntelanger akribischer Detektivarbeit der Wissenschaftler, bis klar wurde, daß die Königin, die diesen ungewöhnlichen Brief geschrieben hatte, ebenfalls die berühmte Nofretete war. Bis dahin hatte man angenommen, der Brief stamme von der jugendlichen Witwe des Kind-Pharaos Tut-ench-Amun. Ob Suppiluliuma je ganz klargeworden ist, welche Chance er sich und seinem Reich hat entgehen lassen, als er zu lange zögerte, weiß man nicht. Die Weltgeschichte wäre unter Umständen völlig anders verlaufen, wenn Ägypten und das Hethiterreich damals ihre Macht hätten zusammentun können.

Das Ende der Arier von Mitanni

In Waschschukanni gab es zu jener Zeit zwar noch einen König von Mitanni. Aber von Großmacht konnte keine Rede mehr sein. Nach endlosen Thronstreitigkeiten in dem schon von den Hethitern besiegten Reich war einer der Kronprätendenten namens Kurtiwazza zum Erbfeind, zum Großkönig Suppiluliuma, geflohen und bat dort, *ihm* das Thronfolgerecht zuzusprechen. Das tat Suppiluliuma auch, er gab ihm sogar eine seiner Töchter zur Frau und band den neuen Vasallen durch einen Vertrag, dessen Einhaltung der Mitannikönig von Hattis Gnaden bei allen Göttern des Hatti- und des Mitannilandes beschwören mußte.

Die Hethiter waren in solchen Verträgen peinlich genau, damit ja nicht ein Gott vergessen wurde und sich beleidigt zeigen konnte. In diesem Vertrag also tauchen eben auch die «indischen» Götter Indra, Mitra und Varuna auf, die die Forscher überhaupt erst auf die Idee gebracht hatten, daß Arier nach Vorderasien verschlagen worden waren.

Es dauerte nicht lange, da machte sich das von Mitanni jahrzehntelang unterjochte Assyrien wieder selbständig und drehte den Spieß um, indem es ein Stück des Mitannireiches nach dem anderen selbst okkupierte. Um 1270 v. Chr. war auch der letzte Rest von Mitanni verschwunden.

Die churritische Bevölkerung Mitannis ging im Kriegerstaat Assyrien auf, ja es wird behauptet, daß sie diesem Staat die soldatische Disziplin, aber auch die Strenge und Grausamkeit verlieh, die dem späteren assyrischen Großreich nachgesagt wurde. Ein anderer Teil der Churriter zog sich in das Bergland nördlich des Tigris zurück und gründete dort ein Königreich Urartu, das zwischen 900 und 600 v. Chr. eine bedeutende Rolle spielte. Auf dieses Land werden wir später noch einmal zurückkommen, denn dort siedelten sich rund siebenhundert Jahre nach König Tuschratta und Nofretete die indoeuropäischen Armenier an (12. Kapitel: Aus den Schluchten des Balkans ins wilde Armenistan, S. 265 ff).

Weit ab vom Hauptstrom ihrer Stammesgenossen waren die indoeuropäischen Krieger aus dem fernen Innerasien zu mächtigen Königen aufgestiegen. Und doch versickerte dieser Zweig der Arier fast spurlos im blutgetränkten Sand des Zweistromlandes. Nur einigen glücklichen Umständen ist es zu verdanken, daß wenigstens ein paar Schritte ihres langen Weges aufgehellt werden konnten. Wie oft aber werden den Erben des Kurgan-Volkes die merkwürdigsten Schicksale widerfahren sein, ohne daß auch nur eine Spur davon blieb?

8. Kapitel

Die Edlen aus dem Norden

Die arischen Eroberer Indiens

«Kampf den Dasyus!»

Um 1500 v. Chr., Pandschab/Pakistan

Der Rajan (König, lateinisch rex!) hatte die Sabha einberufen, die Ratsversammlung seines Stammgebietes. Wenn der König rief, dann hieß das, daß es Krieg geben würde, denn sonst kümmerten sich die einzelnen Gramas (Treckgemeinschaften) wenig um die Autorität des Rajan. Aber Krieg war nächst dem Erwerben von Rindern die schönste Beschäftigung der Aryas. Darum kamen die Gramani (Treckführer) und die anderen Würdenträger des Königs gerne zur Versammlung.

Das Dorf, in dem der König wohnte, unterschied sich in nichts von den Ansiedlungen der anderen Gramas, nur die aus Holzflechtwerk erbaute Hütte des Rajan war etwas größer als die übrigen Häuser. Die Männer, die sich da versammelten, waren mittelgroße schlanke und sehnige Gestalten in Wollumhängen mit auffällig heller Hautfarbe und hellen Haaren. Viehhüten, Wandern, Krieg führen – das war ihr ganzer Lebensinhalt. Die ältesten Väter konnten sich nicht erinnern, daß es je anders gewesen sei. Von den himmelaufragenden Schneebergen des Hindukusch waren die Eltern herabgestiegen in das Tal des Indus-Flusses nach Süden, die Großeltern hatten den Khaiber-Paß überschritten, die Urgroßeltern waren eine Zeitlang am Oberlauf des Amu-Darja-Flusses ansässig gewesen. Was davor geschehen war, wußte kein Mensch mehr. Nur eine uralte Hymne an die Götter hatte wie ein Hauch des Erinnerns das Andenken an eine Heimat bewahrt, in der «der Winterfrost die Wälder kahl macht». Hier gab es keinen Winterfrost, und im Sommer war es heiß. Es regnete nicht besonders viel, aber ausreichend, um die Weiden für Rinder und Pferde, Schafe und Ziegen stets frisch zu halten. Man konnte gut leben in diesem Land.

Und dennoch hielten es die Aryas, die Edlen, wie sie sich selbst nannten, nicht lange an einer Stelle aus. War es die in jahrhundertelangem Treck erworbene Wanderlust, der rauhe Druck nachfolgender verwandter Stämme oder bloß die Freude, wieder einmal eine Pur (Burg), eine der befestigten Städte der plattnasigen, dunkelhäutigen Dasyus, der alten Einwohner des Landes, zu zerstören? Nie würden es die Aryas über sich bringen, selbst in einer solchen engen Ansammlung von Ziegelhäusern zu wohnen. Aber um die Städte herum gab es viele Dörfer der Dasyus. Ihr Land konnten die Aryas dann in Besitz nehmen, die dunklen Einwohner für sich auf den Feldern arbeiten lassen. War es das, was sie trieb?

Doch bevor dies geschah, mußte erst nach altem Brauch den Göttern das Opfer gebracht sein und die Sabha entschieden haben. Feierlich wurde das heilige Feuer entzündet und der Gott des Feuers, Agni, angerufen, in den von Generation zu Generation überlieferten Hymnen. An Diaus-pita, den Vater des Himmels, richteten sich die Gebete, an Varuna, den Schöpfer und Erhalter der Welt, an Mitra, den Gott der Verträge, vor allem aber an Indra, den Gott des Krieges, den Drachenkämpfer, den sich die Aryas so vorstellten, wie sie selbst gern sein wollten: mit lärmender, maßloser Kraft, ein großer Trinker von Soma, dem Rauschtrank, ein großer Liebhaber, ein kriegerischer Held. «Kampf um Kampf suchst du kühnlich auf, Burg um Burg schlägst du mit Kraft zusammen, Indra! Wir wollen deine Heldentaten feiern, welche Burgen der Dasyus du soma-berauscht im Anlauf gebrochen hast.» So sangen die Stammesweisen, die die alten Lieder alle im Kopf hatten, am Opferfeuer und spritzten den Becher voll Soma in die Flammen.

«Aufbruch zum Kampf gegen die Dasyus, gegen die Opferlosen, die Andersgläubigen», das war das selbstverständliche Ergebnis der Beratung in der Sabha. Daß die verachteten Feinde zehnmal mehr Menschen zählten als sie selbst, schreckte die arischen Krieger nicht. Kampfesgierig ließen sie zur Probe die Sehne ihres starken, weittragenden Bogens schwirren, und selbst die Rosse vor den leichten Streitwagen scharrten ungeduldig mit den Hufen, als warteten sie auf den Befehl zum Angriff ...

Realistische und weniger realistische Theorien

Zwischen 1500 und 1200 v. Chr., so berichten unsere Geschichtsbücher heute, drangen die kriegerischen Nomadenvölker der Arier in Nordwestindien ein. Ihr Weg vom Norden her ist einigermaßen klar: Es gibt eigentlich nur das eine Einfallstor durch die Bergwelt des Hindukusch, den Khaiber-Paß, über den auch heute noch die einzige größere Verbindungsstraße zwischen Afghanistan und Pakistan führt. Woher im weiteren Verlauf ihrer Wanderung die Arier kamen, darüber haben sich die Sprach- und Vorgeschichtsforscher vor fünfzig oder hundert Jahren entweder gar keine oder recht abenteuerliche Thesen zurechtgemacht. Heute ist aber weithin die Annahme akzeptiert, daß die Arier, die sprachlichen Ahnherren der Inder und Perser, aus Kasachstan kommend in langsamer Wanderung durch das Gebiet südlich des Aralsees immer weiter nach Süden gezogen sind, so wie es schon im vorigen Kapitel geschildert wurde.

Allerdings, es gibt keinerlei schriftliche und kaum archäologische Belege für diese Annahme. Das führte ahnenstolze Inder der Neuzeit dazu, eine Gegenthese aufzustellen. Denn ihnen behagte es gar nicht, ihre Hochkultur auf irgendein primitives Viehzüchtervolk aus der russischen Steppe zurückführen zu müssen. Nein, die Arier in Indien mußten selbst der Ausgangspunkt für die indoeuropäische Sprachgemeinschaft gewesen sein, ja für nahezu alles, was an kulturellen Werten in Asien und Europa in den letzten viertausend Jahren aus dem Boden gegraben oder in Schriften überliefert wurde. Das ging ganz einfach. Man machte die vedischen Schriften der arischen Inder – wir werden von diesen frühesten Erzeugnissen indoeuropäischer Dichtkunst noch hören – kurzerhand um ein- oder zweitausend Jahre älter. Dann brauchte man nur noch zu jedem Namen einer historischen Persönlichkeit oder eines Ortes in Ägypten, in Sumer, im Reich der Hethiter oder sonstwo ein ähnlich klingendes Sanskritwort zu finden. Damit konnte man «beweisen», daß alle diese Kulturen von den Ariern abstammten.

Man könnte über dieses Bemühen erhaben lächeln – doch hüten wir uns davor! Denn bekanntlich versuchten vor gar nicht allzu langer Zeit deutsche Vorgeschichtsforscher aus ganz ähnlichen Motiven, die Abstammung der Indoeuropäer – pikanterweise wurden sie ja auch hierzulande teilweise Arier genannt – aus Norddeutschland nachzuweisen. Man muß zugeben, daß die alten Arier dem berühmten griechischen Helden Odysseus ähneln, dem «in viele Orte der Welt Verschlagenen» – wenigstens auf dem Papier. Und das ist bekanntlich geduldig.

Wenden wir uns lieber wieder den in der Wissenschaft anerkannten Theorien über die arischen Eroberer Indiens zu. Kriegerische Eroberer waren es gewiß, das haben sie der Nachwelt in ihren alten Gesängen in immer neuen Variationen überliefert.

Wer aber waren die Dasyus, ihre Gegner? Zum Teil waren es wohl dunkle, negerartige Menschen, die man heute noch als sogenannte «Munda-Kol-Völker» in kleinen Rückzugsgebieten in ganz Südostasien finden kann. Hauptsächlich aber werden es Menschen der sogenannten Induskultur gewesen sein, die im 3. und 2. Jahrtausend v. Chr. im heutigen Pakistan und darüber hinaus eine der bedeutendsten, aber bis heute noch geheimnisvollsten frühen Zivilisationen der Weltgeschichte geschaffen hatten. Wenn die Vermutungen der Forscher richtig sind, dann kamen sie tausend Jahre vor den Ariern in Indien an, auch sie waren Einwanderer irgendwo aus Innerasien. Eine gewisse kulturelle, vielleicht auch sprachliche Verwandtschaft zu den Sumerern im Zweistromland ist nicht ausgeschlossen, jedenfalls unterhielten die Städte der Induskultur Handelsbeziehungen zu den sumerischen Handelsmetropolen. Eine weitverbreitete, allerdings nicht ganz unwidersprochene Theorie besagt, daß Menschen der Induskultur, nachdem sie von den Ariern besiegt und verdrängt wurden, sich nach Südindien zurückzogen. Ihre Nachkommen wären dann in der Gegenwart die dunkelhäutigen Drawidas, ein bedeutendes indisches Kulturvolk mit heute über 100 Millionen Menschen, das zwar im Laufe der Zeit die hinduistische Religion und Gesellschaftsordnung, nicht aber die Sprache der arischen Eroberer annahm.

Groß und mächtig kann die Induskultur allerdings nicht mehr gewesen sein, als die Arier sich vom Khaiber-Paß herab ins Pandschab, das Fünfstromland am oberen Indus, stürzten. Wie man heute annimmt, mußten die Städte am Indus in ständigem Kampf mit dem wechselnden Lauf der Flüsse und einer langsamen Landhebung immer und immer wieder neu gebaut werden. Der einst blühende Seehandel wurde abgeschnitten, als einstige Häfen nach einiger Zeit weit im Binnenland lagen. Die Kraft der Menschen war wohl bereits verbraucht, die Kultur im Niedergang, als die Arier angriffen. In einer Stadt, Mohenjo-daro, fand man rund zwanzig Skelette unbestattet und achtlos herumliegend, mit deutlichen Spuren von Axt- und Schwerthieben. Waren das die letzten kümmerlichen Verteidiger einer einst so mächtigen Kultur? Gaben die Arier der Induskultur den Gnadenstoß?

Der «Mund des Puruscha»

Um 1300 v. Chr., Nordindien

Auf seinem gewohnten Platz unter einem Feigenbaum saß der Brahmane, weiß gekleidet, mit untergeschlagenen Beinen. Vor ihm hockte sein elfjähriger Sohn. Unermüdlich sprach er die heiligen Verse nach, die der Vater ihm vorsagte, Wort für Wort, Zeile für Zeile, immer und immer wieder, bis das Gehirn die Worte so aufgenommen hatte, daß sie nie wieder verlorengehen könnten. Es war schwer für den Jungen, aber der Brahmane gönnte seinem Kind nur selten eine Pause.

«Sei immer eingedenk», mahnte der Vater, «daß du der Sohn eines Brahmanen bist, daß du dereinst selbst ein Verkünder der heiligen Weisheit sein wirst und daß du der Vater eines Brahmanen sein wirst. Sei immer eingedenk, daß das rechte Opfer die rechten Worte verlangt, die alten geheiligten Worte, wie ich sie von meinem Vater gelernt habe und mein Vater sie von seinem Vater hörte. Das rechte Wort ist rechte Macht. Die Götter wollen es nicht, daß wir Menschen daran etwas verändern. Ein Wort hinzu oder ein Wort hinweg – schon ist es nicht mehr unser heiliges Wissen.» Und gehorsam sprach der Junge die nächste Hymne seinem Vater nach, Wort für Wort, Zeile für Zeile, immer und immer wieder.

Als auch diese Strophen fest im Kopf des Jungen saßen, schwieg der Vater eine Weile und belehrte seinen Sohn dann: «Lerne den heiligen Rigveda, mein Sohn, das Wissen der Verse, dann kannst du beim Opferfeuer der Hotar sein, der Rufer, der die heiligen Worte spricht. Lerne den heiligen Samaveda, mein Sohn, das Wissen der Melodien, dann kannst du als Utgatar, als Sänger, mit deinen Tönen die Opferhandlung begleiten. Lerne den heiligen Yajurveda, mein Sohn, das Wissen der Opferformeln und Sprüche, dann kannst du als Adhwarja, als Opferverrichter, die Tötung der Tiere vollziehen und sie und das heilige Soma im Feuer opfern. Lerne das alles, mein Sohn, und dazu die Brahmanas, die Erklärungen der heiligen Veden, und vieles mehr, dann wirst du wie ich ein Brahmane sein, ein Oberpriester, der das Werk aller anderen Priester überwacht. Denn das rechte Opfer verlangt das rechte Wort, und nur wer das rechte Wort weiß, hat die rechte Macht.»

Schweigend hörte der Junge den schon so oft gehörten Lehren seines Vaters zu, versunken in seinen Gedanken. «Wisse, mein Sohn: Am Anfang war Puruscha, der Ur-Mensch. Der Brahmane ward Puruschas Mund, seine Arme wurden zum Kschatrya, seine Schenkel zum Vaischya, und aus seinen Füßen entstand der Schudra. Jeder hat seinen Platz in der Welt. So gehört jeder Mensch zu seiner Varna (Kaste) und kann ihr nicht entrinnen. Der Brahmane soll den Veda studieren, lehren und opfern. Ihm ist übertragen, für Heil und Wohlsein in dieser Welt und im Jenseits zu sorgen. Darum sind die Brahmanen die höchste Kaste. Der Kschatrya (Krieger) soll das Volk beschützen, der Vaischya soll Ackerbau, Handel und Viehzucht treiben. Alle drei dürfen den Veda kennen. Denn Brahmanen, Kschatryas und Vaischyas sind die Zweimalgeborenen. Sie kamen gemeinsam als unsere Vorväter von Mitternacht. Sie brachten das heilige Wissen der Aryas mit. Nie aber darf ein Schudra, ein Diener, das Vedawort hören. Halte dich stets getrennt von ihnen, mein Sohn. Und nun, mein Sohn, sprich mir die nächste Hymne nach: Zum Opferdienst antretend, wollen wir dem Agni ein Dichterwort aufsagen, der auch in der Ferne auf uns hört ...»

Eine ganze Bibliothek im Kopf

Für die Wissenschaftler, die sich mit der Vorgeschichte Indiens beschäftigen, gibt es eine höchst merkwürdige Erscheinung. Aus der ein Jahrtausend lang blühenden Induskultur hat man archäologische Funde in übergroßer Zahl gemacht, aber bis heute liegt aus dieser Zeit kein einziges geschriebenes Wort vor, das wir verstehen könnten. Denn die Bilderschrift der Induskultur ist auch jetzt noch, über ein halbes Jahrhundert nach ihrer Entdeckung, ein völliges Rätsel. Andererseits konnten die Ausgräber in Indien nur wenige Überreste der arischen Eroberer und Herrscher in Form von Keramik, Waffen, Schmuck, Häusern oder Grabhügeln ihrer Anführer finden. Dennoch wissen wir über ihre Kultur und über ihr Denken unendlich viel.

Im Gegensatz zu den weitläufig verwandten Hethitern waren die indoeuropäischen Arier, insbesondere die Inder, offenbar von frühester Zeit an ein ungemein poetisches Volk, hierin den späteren Griechen ähnlich. Ihre Poesie war allerdings über ein Jahrtausend lang ausschließlich religiös bestimmt. Oder richtiger: Der gesamte Lebensablauf, jede Einzelheit auch des Alltags der Inder war so völlig eingewoben in religiöse Gedankengänge und Riten, wie wir nüchternen Europäer es wohl nie nachempfinden können.

Bei den Opfern, dem Hauptbestandteil der altindischen Religion, kam es darauf an, die althergebrachten Anrufungen der Götter, die rituellen Handlungen und Gesänge in genau der überlieferten Form zu vollziehen. Worte und Gesten wurden wichtiger als der geistige Gehalt, eine Erscheinung, die wir bei verschiedenen frühen indoeuropäischen Völkern wiedertreffen. Dieses für den einzelnen Arier und seine Gemeinschaft so lebensnotwendige Wissen konnte nicht mehr von jedermann vollständig bewahrt werden. Sondern es bildeten sich Familien heraus, in denen es in der gehörigen Form vom Vater auf den Sohn vererbt wurde. Die Tätigkeit des Priesters, des Brahmanen und seiner Gehilfen, wurde ein Beruf, und der Beruf wurde erblich. Die Rolle des Königs, des «Uik-poti» aus alten Kurgan-Zeiten, der einstmals selbst das Opfer geleitet und die Zeremonien dafür selbst ausgeführt hatte, beschränkte sich bei den arischen Indern im religiösen Bereich: Er konnte anordnen, zu welcher Gelegenheit die Opfer dargebracht werden sollten, und – er mußte die Priester für ihre Mühe bezahlen. Dakschina hieß dieses Entgelt, und es wurde – wie sollte es bei den frühen Ariern anders sein – in Kühen entrichtet.

Für die Arier – wie für alle anderen Völker vor Erfindung der Schrift – gab es nur eine einzige Möglichkeit, das richtige Wissen zu bewahren: im Kopf. Für uns Heutige erscheint es unglaublich, daß Hymnen und Verse, Prosaerläuterungen und andere Texte, die heute ganze Bibliotheken füllen, von den indischen Brahmanen ausschließlich mündlich von Generation zu Generation überliefert worden sind, unverändert in einer altertümlichen Sprache, die niemand mehr richtig verstand. Das wäre so, als wenn heute alle Lehrer in Deutschland das Nibelungenlied in mittelhochdeutscher Sprache (rund 2300 vierzeilige Strophen) und das Heliandlied in altsächsischer Sprache vollständig auswendig lernen und ihren Schülern weitergeben müßten – ohne diese Texte je schriftlich vor sich gehabt zu haben.

Die Inder haben dieses Wunder fertiggebracht. Die ältesten Texte ihres religiösen Wissens haben die Brahmanen lediglich mündlich in vier «Sammelwerken» weitergegeben, den sogenannten «Veden». Das altindische Wort «Veda» heißt «Wissen» und ist mit diesem deutschen Wort auch sprachverwandt. Zu den bereits in der Episode vom Brahmanen und seinem Sohn erwähnten drei Veden-Sammlungen (Samhitas) des Rigveda, des Samaveda und des Yajurveda, die gewissermaßen das Handwerkszeug dreier verschiedener Priesterkategorien waren, kam noch ein vierter Veda: der Atharvaveda, der Veda des Hauspriesters mit Beschwörungen und Zauberformeln für alle möglichen Gelegenheiten.

Die Philologen und Historiker haben diese Texte untersucht. Teilweise scheinen die Hymnen so alt zu sein, insbesondere im Rigveda, daß sie längst vor der Einwanderung der Arier nach Indien, also vor 1500 v. Chr. gedichtet worden sein müssen. Niedergeschrieben wurden sie aber, wie man vermutet, erstmals im 7. oder 6. Jahrhundert vor Christus, also fast tausend Jahre später. Es soll jedoch noch im 19. Jahrhundert *nach* Christus indische Brahmanen gegeben haben, die die Veden und andere «Schriften» ausschließlich auf Grund mündlicher Überlieferung auswendig konnten.

Nach diesen Sammlungen nennt man die älteste uns bekannte indische Sprachform, eine Stufe, die noch vor dem berühmten Sanskrit liegt, «vedisch», und als «vedisch» bezeichnet man auch die rund fünfhundert Jahre nach der arischen Einwanderung, also etwa die Zeit von 1500–1000 v. Chr.

Das Land prägt die Menschen

Als Geschichtsquelle geben die Veden allerdings so gut wie nichts her. Die Brahmanen kümmerte nicht, was sich an Schlachten zwischen Ariern und Dasyus, an Kämpfen auch zwischen den vielen kleinen arischen Königreichen, an politischen und sozialen Veränderungen im Laufe der Jahrhunderte abspielte. Deshalb fanden diese Dinge kaum einen Niederschlag in den Versen und Texten der Veden. Doch selbst wenn sich daraus ein genaues Bild der geschichtlichen Ereignisse gewinnen ließe, wäre es wahrscheinlich nur für ein paar Experten von Interesse, für den historischen Laien dagegen höchst verwirrend. Denn so wie die Arier in vielen einzelnen Gramas (Treckzügen; erst später erhielt das Wort die weitere Bedeutung «Dorf») in das Fünfstromland eingewandert waren, so brachten sie es nur ganz vorübergehend einmal zu einer gemeinsamen großräumigen Herrschaft in Indien. Die vielen kleinen Fürstentümer von Radschas und Maharadschas, die noch unter der englischen Kolonialherrschaft in Indien bestanden, waren typisch schon für die vedische Geschichtsepoche dreitausend Jahre früher. Wir werden wohl nie eine Antwort auf die Frage erhalten, wie es kam, daß die ersten indoeuropäischen Eroberer in Asien, die Hethiter, trotz jahrhundertelanger Dauer einer mächtigen und weiträumigen Herrschaft schließlich spurlos untergingen. Und wieso es im Gegensatz dazu den arischen Indern möglich war, ihre Sprache, ihren Glauben, ihre Anschauungen der Millionenbevölkerung ihres neuen Heimatlandes aufzuerlegen, obwohl sie nie ein einheitliches Reich schaffen konnten.

Auch wenn die arischen Eroberer es nicht wahrhaben wollten

und sich dagegen wehrten: dadurch, daß sie in diesen tropischen Subkontinent Indien hineinzogen, der so völlig anders war als ihre kalte Steppenheimat, mußte sich ihr Leben, ihre soziale Struktur und ihr Denken verändern. Je weiter sie in den heißen, feuchten Süden wanderten, desto weniger konnten sie so weitgehend von der Rinderzucht leben wie früher. Hinzu kam, daß die Arier mit der Zeit das hohe Ansehen, das die Kühe bei ihnen genossen, bis zur Unverletzlichkeit und Heiligkeit dieser Tiere steigerten, ein religiöses Tabu, das heute noch in jeder indischen Großstadtstraße unübersehbar ist. Für Inder ist es völlig normal, wenn Kühe sich mitten auf der Fahrbahn zu einem Schläfchen hinlegen. Die Autos fahren vorsichtig darum herum. Wenn man Kühe nicht mehr schlachten und essen kann, sind sie höchstens noch als Lieferanten von Milch und Butter interessant. Der Eiweißbedarf muß dann mehr aus pflanzlicher Nahrung gedeckt werden. Die Inder bauten daher immer mehr Reis und Hirse an.

Im Bestreben, ihr Volk rassisch unvermischt zu halten, entwikkelten die Arier die Philosophie der Kasten. Vielleicht kamen auch religiöse Tabu-Vorstellungen der Ureinwohner Indiens diesem Bemühen entgegen. Jedenfalls entstand das Kastenwesen ganz allmählich im Laufe eines Jahrtausends nach der arischen Einwanderung. Im Indischen heißt das, was wir Europäer mit «Kaste» bezeichnen, «Varna». Und das bedeutet «Farbe, Hautfarbe», ein deutlicher Hinweis darauf, was die Kasten ursprünglich einmal sein sollten: Selbstschutz der Arier vor der Vermischung mit der unterworfenen dunkelhäutigen Bevölkerung.

Es hat ihnen nicht allzuviel geholfen; kein Inder ist heute mehr so hellhäutig und hellhaarig wie ein Europäer und wie es offenbar auch die frühen Arier waren, wenn auch die recht zahlreiche Brahmanen-Kaste sich meist sichtbar von den übrigen Indern abhebt. Und die Idee der Kasten verselbständigte sich zu einem nur in Indien anzutreffenden religiös-sozialen Phänomen. Vier Kasten bildeten in der vedischen Zeit die Grundstruktur. In den dreitausend Jahren bis heute sollten sie sich in zahllose Unterkasten aufteilen. Die Angehörigen jeder Kaste durften nur innerhalb ihrer eigenen Bevölkerungsgruppe heiraten und waren auch für immer auf die ihrer Kaste zugewiesenen Berufe festgelegt.

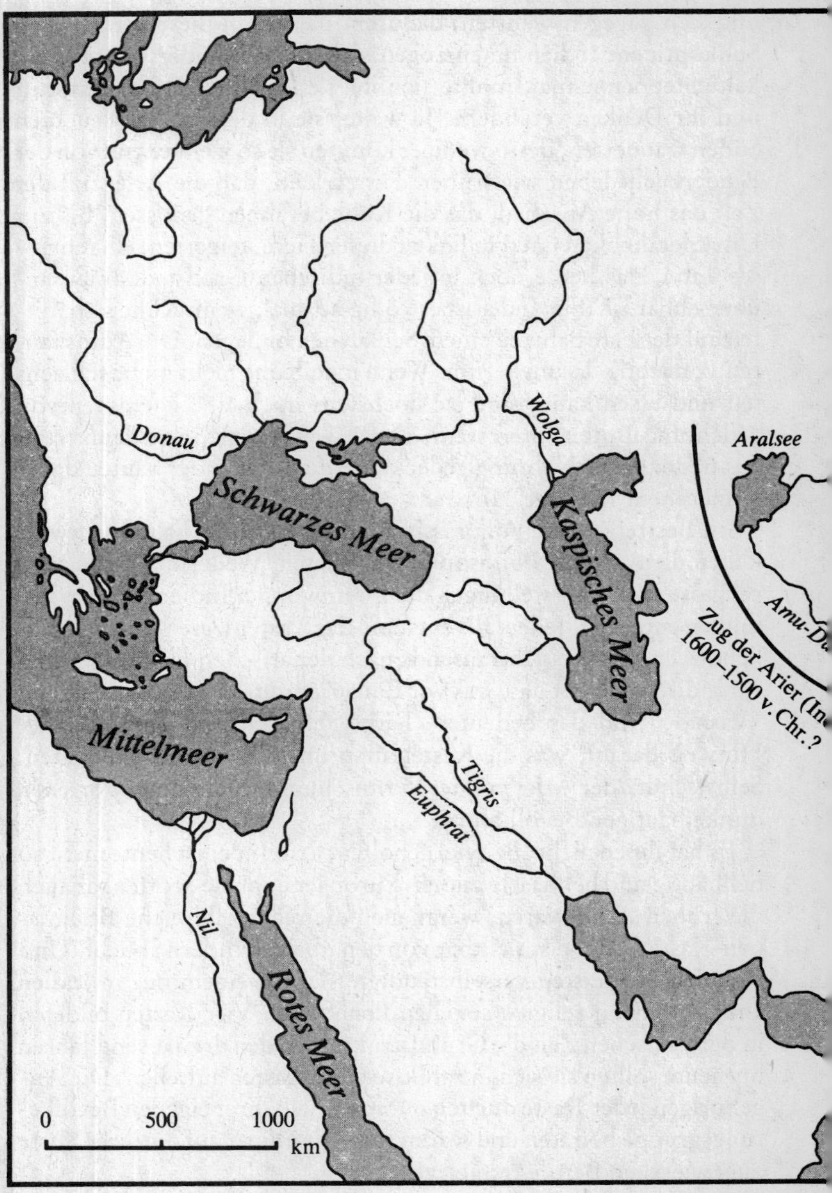

Donau
Wolga
Aralsee
Schwarzes Meer
Kaspisches Meer
Amu-D
Zug der Arier (In
1600–1500 v. Chr. ?
Mittelmeer
Tigris
Euphrat
Nil
Rotes Meer
0
500
1000
km

Arische Landnahme in Indien
Gebiet arischer Eroberungen in frühvedischer Zeit (1500–1000 v. Chr.)
Arische Staaten in spätvedischer (brahmanischer) Zeit (1000–500 v. Chr.)
Balchaschsee
-Darja
Khaiber-Paß
Pandschab
Harappa
Indus
Ganges
Mohenjo-daro
Brahmaputra
discher Ozean

Die Priester, die Brahmanen, waren die angesehenste Kaste – der «Mund» des Menschen, wie es in dem oben zitierten Gleichnis aus dem Rigveda heißt. In steter Rivalität mit ihnen standen die Kschatryas, die Krieger. Das waren die arischen Adelsfamilien, aus denen auch die Könige stammten. Als dritte Kaste der Freien nennen die Veden die Vaischyas, die Handwerker, Händler und Bauern. In den Kriegen stellten sie das Fußvolk, während die Kschatryas auf den Streitwagen kämpften, die die Arier offenbar schon aus Innerasien mitgebracht hatten.

Eine merkwürdige Zwitterstellung nahm die vierte Kaste ein, die der Schudras. Das waren Menschen, die man vielleicht als Hörige bezeichnen müßte, Angehörige der unterworfenen Vorbevölkerung, aber auch Arier, die aus irgendwelchen Gründen «deklassiert» worden waren und in persönlicher Abhängigkeit zu den arischen Herren standen, ohne Sklaven im klassischen Sinne zu sein. Die Schudras waren von den religiösen Zeremonien ausgeschlossen, also vom Opfer und der Rezitation der vedischen Hymnen, aber sie hatten ihre eigenen religiösen Gebräuche. Auch diese vierte Kaste gehörte jedoch zum sozialen System der arischen Königreiche.

Ausgestoßene waren dagegen eine Zahl von Menschen, die außerhalb dieses Kastensystems standen. Sie mußten die verachteten, niedrigen Berufe wie Henker oder Fleischer ausüben. Sie durften nicht am gleichen Brunnen Wasser holen wie die Angehörigen der vier Kasten, sie mußten außerhalb der Städte kampieren. Sie zu berühren, verbot den übrigen Indern ihre Religion. War es ein Wunder, daß sich, wie man vermutet, ein besonders freiheitsliebender Teil dieser Kastenlosen vor über tausend Jahren auf den Weg in die Freiheit machte? Es waren die Vorfahren der Zigeuner, die noch heute auf dem Weg durch Europa und Amerika sind und eine dem Sanskrit verwandte Sprache benutzen, obwohl sie rassisch sicher keine Abkömmlinge der arischen Eroberer sind. Auch heute noch gibt es viele Millionen von «Parias», von «Unberührbaren», in Indien. Alles Bemühen aufgeklärter Inder, diese Menschen zu vollwertigen Staatsbürgern zu machen, stößt auf hartnäckigen Widerstand der konservativen indischen Volksmassen.

Während sich allmählich diese Veränderungen vollzogen, verlagerte sich zugleich von Jahrhundert zu Jahrhundert der geographische Schwerpunkt der arischen Herrschaften in Nordindien immer mehr nach Osten. Wenn das eroberte Land nicht mehr genügend Frucht trug und keine großen Rinderherden mehr ernähren konnte, zog der Stamm weiter. Das steckte den Ariern immer noch im Blut. «Von Westen nach Osten ziehen die Menschen landgewinnend», heißt es in einem der altindischen Gedichte. Kein Wunder, daß es bei solchen Verhältnissen zu dauernden Kriegen auch zwischen den arischen Königen kam! Lagen um das Jahr 1000 v. Chr., am Ende der «vedischen» Zeit, die Königreiche der Arier im Pandschab, an den Nebenflüssen des oberen Indus im Nordwesten, so hatten sie sich fünfhundert Jahre später im mittleren Nordindien, am mittleren und oberen Ganges, etabliert. Etwa in der Mitte dieses Gebietes liegt heute die Hauptstadt der Indischen Union, Neu-Delhi.

Dharma und Bhakti

Um 800 v. Chr., Nordindien

In der Königsburg herrschte erwartungsvolle Stille. König Janaka von Videha und die Angehörigen seines Hofstaates hatten sich in der großen Halle gelagert, um den Vortrag des Suta (Wagenlenkers) Mudgata zu lauschen. Der königliche Wagenlenker war eine bedeutende Persönlichkeit: nicht nur Diener seines Herrn, sondern auch Vertrauter und Berater. Mehr noch: Er war der Verkünder des königlichen Willens, sein Herold, aber auch der Verkünder unsterblicher Weisheiten und uralter Heldenlieder, wie sie von Mund zu Mund, von Königshof zu Königshof weitergegeben wurden. Heute hatte der König seinen Barden gebeten, einige Teile aus dem «Mahabharata» vorzutragen, aus dem langen Gedicht über den «Großen Krieg der Nachkommen König Bharatas».

Mudgata begann die getragenen Verse in altertümlichem Indisch zu rezitieren, die man am Hofe König Janakas immer wieder gerne hörte, war doch der König stolz, selbst weitläufig zu den Nachkommen Bharatas zu gehören. Aus alter Zeit erzählte das Gedicht, von jenem Kampf, der einst die arische Welt bis in ihre Grundfesten erschüttert hatte. Da zauberte die Kunst Mudgatas die Söhne Dritaraschtras in die Vorstellung der Zuhörer, jene hundert Männer, die man die Kauravas nannte, und ihre Vettern, die Pandavas, sowie ihren jahrelangen Streit. Ausführlich erzählte das Gedicht, wie die Pandavas einen Teil des Königreichs zur Herrschaft erhielten, wie die neidischen Kauravas ihnen diesen Anteil wieder abnahmen und wie die Feinde gewordenen Vettern darum einen mörderischen Krieg führten, die Schlacht auf dem Kuru-Feld.

Ritterlich hatten die Gegner kämpfen wollen: «Im regelrechten Kampf, der jetzt entbrannt ist, laßt uns kämpfen auch, allein auf ritterliche Art, wie es von alters her Gebrauch. Es kämpft mit Kraft, wie er's vermag und angestrengt ein Mann, nie greift er den erschöpften Feind, nie greift er ohne Anruf an.» Die Zuhörer litten mit, als sie hörten, wie die wachsende Erbitterung die Krieger auf dem Kuru-Feld alle Regeln übertreten ließ. Denn achtzehn Tage lang rannten die Heere voller Wut und Verzweiflung gegeneinander, bis am Ende von den vielen tausend Streitern nur noch zwei Hände voll lebten: drei auf der Seite der Kauravas, sechs auf der Seite der Pandavas.

Am schönsten aber fanden die Zuhörer immer wieder den Abschnitt, den man «Bhagavatgita – den Gesang des Erhabenen» nannte. In ihm hielt der Pandava-Held Arjuna mit seinem Wagenlenker Krischna, der in Wahrheit der auf die Erde gekommene Gott Wischnu war, ein langes Zwiegespräch über das richtige Handeln. Konnte er, der ritterliche Arjuna, gegen seine eigenen Verwandten kämpfen? «Die stehn in Reihen hier, im Kampf aufopfernd Leben, Hab und Gut. Lehrer, Vater und Söhne sind's und ebenso Großväter auch. Diese zu töten wünsch' ich nicht, und sollten sie mich töten auch.» So klagte Arjuna in dem Gedicht. Doch Krischna belehrte ihn, daß es gelte, die Pflicht des Kriegers in der Schlacht zu erfüllen: «Vergebens trachtest du, mein Freund, dem Bruderkampfe zu entfliehn. Unmöglich kannst du, Tapf'rer, dich dem Walten der Natur entziehen. Es bindet dich, o Kuntis Sohn, der angeborene Beruf, auch wider Willen mußt du tun, wozu dich das Gesetz erschuf.» Das war der Dharma, das ewig-gültige Sittengesetz, das jeden Menschen an seinen Platz, an Aufgabe und Lebensweise seiner Kaste band, den Kschatrya an die Pflicht des Tötens. Die arischen Kriegsherren kannten es nicht anders.

Aber es gab auch noch andere Gedanken in diesem Gedicht, neu und schwer verständlich, aufgestiegen aus dem geheimnisvollen Götterglauben der dunkelhäutigen Ureinwohner. Der Mensch war nicht ein einmaliges Wesen, nein, er bestand aus dem sterblichen Leib und der unsterblichen Seele: «Vergänglich sind die Leiber nur, in ihnen weilt der ew'ge Geist, der unvergänglich, unbegrenzt – drum kämpfe nur, du Bharata!» So mahnte Krischna. Und diese Seele konnte immer und immer wieder in einem neuen Leib wiedergeboren werden, in einem ewigen Kreislauf, wie Krischna seinen Gesprächspartner aufklärte: «Gar viel Geburten hab' ich schon durchlebt, du auch, o Arjuna!» Wer aber seinem Dharma, seiner Pflicht entsprechend handelte, ohne Selbstsucht und Eigennutz, wer dem Gott Wischnu die Bhakti, die rechte liebende Hingabe entgegenbrachte, der konnte die Welt und den Kreislauf der Wiedergeburten durch göttliche Gnade überwinden.

Das waren neue Töne. Nicht mehr die starren Riten der Brahmanen, von denen das Volk, auch die Kschatryas, kaum noch etwas verstanden, nicht mehr die Unpersönlichkeit der alten arischen Götter. Hier in der Dschungelfeuchte Indiens, wo sich der Mensch überall umgeben sah von magischen Erscheinungen und bedrängt von den Göttern der Schudras, hier suchte man nach Trost und Erlösung.

Im Strom der Zeit

Irgendwann um die Wende vom 2. zum 1. vorchristlichen Jahrtausend muß die Schlacht auf dem Kuru-Feld – vermutlich nicht allzu weit von Neu-Delhi – stattgefunden haben, ein historisches Ereignis wie ihre griechische Parallele, der Trojanische Krieg, und ebenso wie dieser in der Erinnerung verklärt und ausgeschmückt durch die Lieder berufsmäßiger Sänger. Arische Dichter widmeten dem Kampf der Kauravas und Pandavas das längste epische Gedicht der Welt, rund 100000 Doppelstrophen lang, die «Mahabharata». Auch dieses Werk wurde zunächst ausschließlich mündlich weitergegeben wie die Veden, nun aber nicht mehr bloß von Brahmanen, sondern eher von Angehörigen der Kschatrya-Kaste. Der indische Suta, der altgriechische Sänger – einer von ihnen war Homer –, der isländische Skalde, der keltische Barde – wir können diese Figur bei fast allen frühen indoeuropäischen Völkern in einer bestimmten Phase ihrer kulturellen Entwicklung wiederfinden: wenn die geistige Regsamkeit einer lebensfrohen Adelsschicht nach nicht mehr nur religiöser Betätigung verlangte, die Kunst des Schreibens und Lesens aber noch nicht bis zu diesem Volk vorgedrungen war oder nur eine winzige Minderheit diese Kunst beherrschte.

In der ersten Hälfte des letzten Jahrtausends vor Christus – man nennt sie die «brahmanische» oder auch «spätvedische» Epoche – rauschte der Strom der Veränderung in Indien unaufhaltsam weiter. Politisch konsolidierte sich die Herrschaft mehr oder weniger mächtiger Könige in ganz Nordindien, doch sind Namen und Ereignisse, die hier auftauchen, noch völlig mythisch und historisch nicht belegbar. Die Varnas (Kasten) kapselten sich immer stärker voneinander ab und vermehrten gleichzeitig ihre Zahl. In den Königssitzen konzentrierte sich erstmals unter den Ariern wieder so etwas wie städtisches Leben. Im übrigen aber ging das wirtschaftliche Leben fort wie eh und je. Die indischen Bauern arbeiteten in traditionsgebundenem Gleichmaß auf ihren Feldern, schlecht und recht am Existenzminimum entlang, damals wie heute noch das Rückgrat der indischen Volkswirtschaft.

Die wichtigsten Veränderungen betrafen mehr das geistige Leben. Alles hochmütige Sichabkapseln der Arier hatte nicht verhindern können, daß die Kulte der vorarischen Ackerbauer und der drawidischen Träger der Induskultur sich mit den indoeuropäischen Gottheiten mischten. Bei den alten gemein-indoeuropäischen Göttern hatte es sich um personifizierte Naturerscheinungen gehandelt wie den Donner- und Himmelsgott Dieus petér, die Göttin der Morgenröte, Usas (griechisch Eos), oder den Gott des Feuers, Agni (vgl. lateinisch «ignis» – das Feuer). Ihnen hatten wohl schon die arischen Auswanderer im innerasiatischen Turangebiet eine zweite Schicht neuer Götter hinzugefügt, Verkörperungen ethischer Ordnungen wie Mitra, der Gott der Verträge, Varuna, der Gott des Eides, und Indra.

Nun aber, nach vielen hundert Jahren Aufenthalt der Arier im neuen Land, wurden die alten Götter mit Symbolen alter drawidischer Fruchtbarkeitsgötter und zugleich mit neuen Namen ausgestattet. So wandelte sich der arische Gott Rudra (der «Rote», ein Sonnengott) nun mit Stiergehörn und Schlangenzier in den dämonengestaltigen Gott Schiwa, einen Gott der Fruchtbarkeit und der Vernichtung zugleich. Auch ein anderer Gott, Wischnu, trat auf, in dem Gedicht «Mahabharata» in der Gestalt eines Menschen, Krischna – Götter, die der indische Glaube heute noch kennt.

Vor allem aber wandelte der ursprünglich recht schlichte Glaube der Arier seinen Inhalt. «Gebe ich dem Gott das Opfer in der gehörigen Form, dann gibt der Gott mir Wohlstand, Kriegsglück oder Kindersegen» – das war die bauernschlaue und naiv-diesseitige Einstellung der arischen Hirtenkrieger gewesen. Nun aber drang die Philosophie in die Religion hinein und überwucherte sie, vermutlich allerdings nur in den Kreisen der hochgebildeten Brahmanenkaste und bei Teilen der Kschatryas. Aber sie tat das so gründlich, daß die indische Religion heute mehr Philosophie ist, zumindest was Europa davon kennt und zu verstehen glaubt. Die früheste Philosophie bei einem indoeuropäischen Volk war zugleich die langlebigste. Denn auch moderne indische «Gurus» (religiöse Lehrer) berufen sich stets auf Weisheiten, die von Brahmanen viele Jahrhunderte vor Christi Geburt formuliert worden sind.

Ein wichtiger Ausgangspunkt für diese philosophischen Spekulationen war das Gebet, «Brahman», das mit der Zeit selbst zu einem Gott wurde: «Brahmanaspati – der Herr der Gebete». Und danach wurde dieses Brahman von den indischen Philosophen zu einem für abendländische Geister nur schwer zu begreifenden abstrakten Prinzip des Seins ausgestaltet. Die menschliche Seele «Atman» soll mit der Weltseele «Brahman» eins werden. Doch durch die Seelenwanderung von einem Körper in den anderen, wie sie schon im «Mahabharata»-Gedicht zum Ausdruck kam, kommt es auf das jeweilige gute oder böse Handeln des Menschen an, in welchem Körper seine Seele die nächste Wiedergeburt erlebt: in einem Radscha oder Paria, in einem Tiger oder Dämon. Nur durch Tötung der Begierden, nur durch völlige Hingabe an die Gottheit kann der Gläubige die erlösende Erkenntnis der Einheit von «Atman» und «Brahman» erreichen.

Erst im 7. oder 6. Jahrhundert v. Chr. – so glaubt man heute – kam die Kenntnis der Buchstabenschrift vom Nahen Osten nach Indien. Die für uns so kompliziert aussehenden indischen Schriftzeichen sind ebenso vom phönizischen Alphabet abgeleitet wie unsere eigene lateinische Schrift. Allerdings leisteten sich die Inder den Luxus, aus *einem* Ausgangsalphabet, der antiken «Brahma-Schrift», bis heute rund zweihundert verschiedene Schriften zu entwickeln, die sich erheblich mehr unterscheiden als das lateinische, das griechische und das hebräische Alphabet.

Als man in Indien schreiben gelernt hatte, war auch die Zeit gekommen, die Sprache zu normieren. Das «Sanskrit», das «Zurechtgemachte», wurde von einigen Gelehrten des 5. oder 4. Jahrhunderts v. Chr. als Hoch- oder Künstlersprache in allen Einzelheiten festgelegt. Dabei benutzte schon zu diesen Zeiten kein Inder mehr diese Sprache als «Muttersprache». Sanskrit war und ist eine reine Literatursprache, die aber bis heute praktisch unverändert geblieben ist und zum Teil noch heute in der indischen Literatur Anwendung findet.

Lediglich für den Geschichtsforscher, der nur auf das vertraut, war er schwarz auf weiß in Büchern findet, erscheint die Epoche zwischen 600 und 400 v. Chr. in Indien als ein Umbruch. Denn jetzt tauchen erstmals Namen in der indischen Geschichte auf, die nicht mehr in den Bereich der Mythen und Sagen gehören, Menschen, deren Geburts- und Sterbejahr man wenigstens ungefähr kennt. Die Vorgeschichte Indiens endet also etwa in dieser Zeit, die Geschichte beginnt. Wir könnten daher an dieser Stelle unsere Schilderung abbrechen, entsprechend der thematischen Begrenzung dieses Buches – wenn eine solche Grenze nicht allzu schematisch wäre.

Doch gerade die erste wirklich greifbare und zugleich die bedeutendste historische Persönlichkeit dieser Epoche hat durch ihr Wirken mehr als alles andere dafür gesorgt, daß die alte Zeit der Aryas, der Edlen aus dem Norden, unwiderruflich zu Ende ging und ein neues Zeitalter anbrach.

Der «Erleuchtete»

Um 540 v. Chr., Nordindien

Siddharta war ein typischer Sprößling der Kschatrya-Kaste. Von Dienern umsorgt, lebte er im Prunk und Luxus des Palastes von Kapilavastu. Die Unterhaltungen des hohen Adels wie Tigerjagden und Wagenrennen waren auch sein Zeitvertreib. Das stand ihm auch zu, denn schließlich war er der Sohn des Fürsten Suddhodana, der am Fuß des Himalaja, im heutigen Nepal, ein kleines Gebiet beherrschte. Siddharta hätte sich hoch erhaben über seine Mitmenschen dünken können, denn noch mehr als die fürstliche Herrschaft seines Vaters zählte, daß dieser aus dem ältesten und vornehmsten Kschatrya-Geschlecht, dem der Sakyas, stammte.

Aber Siddharta hatte andere Gedanken. Wenn er mit seinem Streitwagen spazieren fuhr, erblickte er alte Menschen, Kranke und Tote. Er sah nicht hochmütig darüber hinweg, sondern fragte sich, wie er das Leid überwinden könne, aus dem alles Leben letzten Endes bestehe. Eines Tages – Siddharta war gerade 29 Jahre alt – hatte er seinen Entschluß gefaßt. Er legte die prunkvollen Kleider des Königssohnes ab, hüllte sich in ein gelbes Mönchsgewand und verließ den Palast seines Vaters, seine Frau und seinen Sohn. «Er ging von der Heimat in die Heimatlosigkeit», wie es in alten Texten heißt.

Das taten zu seiner Zeit (und auch heute noch) nicht wenige Inder, um als Einsiedler, als Asketen oder Wandermönche die Einheit von «Atman» und «Brahman» zu finden. Siddharta schloß sich einigen von ihnen an. Mit Fasten und härtesten Selbstprüfungen hoffte er, zur Erleuchtung zu gelangen. Doch vergebens; dieser Weg war offensichtlich nicht der richtige. Nach sieben Jahren sinnloser Entbehrungen zog er sich enttäuscht von seinen bisherigen Lehrern zurück und begann, in der Einsamkeit sich «in sich selbst zu versenken», zu meditieren.

Und in einem Zustand der Entrücktheit hatte Siddharta im Gazellenhain nahe der heiligen Stadt Benares unter einem Pipa-Baum die Erleuchtung in das Wesen des Daseins und seine Überwindung. Mit dieser Stunde – sie muß etwa in das Jahr 524 v. Chr. gefallen sein – begann für Indien und für Asien eine neue Zeit. Siddharta, der sich auch Gautama nannte, erhielt den ehrenden Beinamen «Buddha – der Erleuchtete», und seine Predigten fanden immer mehr Anhänger, die sich als Mönche und Nonnen vom Getriebe der Welt absonderten.

Die Lehre Buddhas wurzelte einerseits tief in indischen Glaubensvorstellungen und indischer Philosophie seiner Zeit. Ihr Ausgangspunkt war der ewige Kreislauf der Wiedergeburten, abhängig vom guten oder schlechten Handeln des Menschen während seines Lebens. Allerdings lehrte Buddha, daß es keine unsterbliche Seele gebe, sondern nur Körper, Gefühle, Wahrnehmungen, Triebkräfte und Bewußtsein, die «zu etwas anderem umgeboren werden». Das Leben sei Leid, so predigte der «Erleuchtete», auch die Wiedergeburten seien Leid, es gelte daher für den Menschen, diesen Kreislauf durch Eingehen in das «Nirwana», in das «Verwehen», aufzuheben. Das sei zu erreichen auf dem «mittleren Pfad» unter Vermeidung der Sinnenfreude, des Hungers nach Leben und Lust, auf der einen Seite und unter Vermeidung von Selbstquälerei und sinnloser Askese auf der anderen Seite, durch Streben nach vollkommener Begierdelosigkeit und Seelenruhe, nach der «Meeresstille des Gemütes». Jedoch nur wenige «Heilige» können diesen Zustand erreichen.

Was Buddha hier verkündete, der Religionsstifter aus ältestem arischem Kriegergeschlecht, war das gerade Gegenteil der arischen Kriegerethik, der bedingungslosen Erfüllung irdischer Pflichten, wie sie noch im «Mahabharata» ihren Ausdruck gefunden hatte. Buddha lehnte die brahmanische Formelreligion, die Ungleichheit der Menschen und das darauf beruhende Kastenwesen mit ihrer Vorherrschaft der Brahmanen, ihrer religiösen Intoleranz und ihrer Mitleidlosigkeit ab. Aber seine Lehren bedeuteten auch – für diejenigen, die sie bis zur letzten Konsequenz verfolgten – Abwendung vom tätigen Leben, Passivität, Aufgabe jeglichen Strebens. Im Grund war und ist der Buddhismus eine Lebensform nur für wenige auserwählte Mönche, denen die anderen, die im täglichen Leben und seiner Arbeit verhafteten Menschen, die nicht so «heilig» werden können, ihr kärgliches Essen spenden.

Was seit Buddha, den Erleuchteten, die arischen Inder geistig von ihren indoeuropäischen Vettern im Abendland trennt, drückt der Religionshistoriker Hans-Joachim Schoeps so aus: «Der Abendländer ist Tatmensch und will, obwohl und gerade weil er den Widerstand der Welt erfährt, ihrer Herr werden. Der Buddhist hingegen will der leidvollen Welt ledig werden und damit sich selbst zur Aufhebung und zum Verlöschen bringen.»

Unvergängliches Erbe der Arier

Die Ausbreitung des Buddhismus in Indien in den Jahrhunderten nach dem Tod des «Erleuchteten» (vermutlich im Jahr 480 v. Chr.) gehört nicht mehr zum Thema dieses Buches. Auch nicht der Siegeszug dieser neuen Religion durch ganz Südost-, Ost- und Innerasien im ersten Jahrtausend unserer christlichen Zeitrechnung. Das Bemerkenswerte daran ist, daß der Buddhismus aber zugleich in seinem Ursprungsland Indien nach über tausend Jahren der Herrschaft wieder völlig verschwand. Hier waren die von Ariern und Drawidas in der Verschmelzung ihrer religiösen Vorstellungen dem Volk eingeprägten Denkweisen auf die Dauer stärker als die Lehren Buddhas. Das Kastenwesen und die Verehrung der alten Götter setzten sich wieder durch, wenn auch nicht mehr in der alten Form des Brahmanismus, sondern in einer Weiterentwicklung, dem Hinduismus. Manche *Formen* dieser Religion und ihrer Auswirkungen auf das gesellschaftliche Leben stammen von den Ariern. Die *Inhalte* allerdings, die Art, wie das Kastenwesen und die Anschauungen über die Götter ausgestaltet wurden – das ist noch älteres Erbe, das ist asiatisch.

Die Arier waren nicht die ersten und erst recht nicht die letzten, die erobernd in Indien einfielen. Perser, Griechen, Skythen, «weiße» Hunnen, Araber, Mongolen, Portugiesen, Franzosen und Engländer folgten ihnen nacheinander als neue Herren. Die Fremden zogen über die Gebirgspässe des Hindukusch oder landeten an den langen Küsten, angelockt vom Reichtum dieses Landes. Sie hinterließen zum Teil tiefe Eindrücke im indischen Leben und schufen bedeutende Kulturen.

Aber keines dieser Erobervölker prägte das Land und seine Bewohner so unauslöschlich wie die Arier. Heute sprechen über 400 Millionen Menschen im indischen Subkontinent Sprachen, die vom ursprünglichen Indoarischen abstammen. Über 300 Millionen hängen der Hindureligion an, die man bis auf die arischen Neuankömmlinge zurückführen kann, und die von den Ariern geschaffene Kastenordnung bestimmt noch heute das soziale Leben des modernen Indiens.

Sie müssen schon eine ganz besondere Kraft in sich getragen haben, jene Hirten, die als Abkömmlinge der Kurgan-Kultur vor über 3500 Jahren vom Khaiber-Paß in das Indusbecken hinabgestiegen waren ...

9. Kapitel

Die Helden des Homer

Mykenische Kultur in Griechenland

Das Opfer des Akrisios

Um 1850 v. Chr., Argos/Griechenland

Akrisios fror, als er den Berg hinaufstieg, und er schlug seinen wollenen Mantel fester um sich. Kalte Regenschauer fegten, vom Nordwind Boreas getrieben, über die mit Eichen, Tannen und Zypressen locker bestandenen Hänge oberhalb seines Dorfes Argos. Es war kein Wetter zum Herumlaufen an diesem Tag vor der Wintersonnenwende. Aber da morgen gleichzeitig Vollmond sein würde, war dies sein letzter Tag im Leben. Akrisios wollte allein sein und nachdenken. Hoch über den Hütten von Argos, dort, wo er zwischen den Regenschauern im Süden das Wasser des Argolischen Golfes sehen konnte, setzte er sich in den Windschatten eines Felsblocks.

Der hochgewachsene kräftige Mann hatte rötlichblondes Haar und blaue Augen. Die bronzene Streitaxt trug er als Zeichen seiner Kriegerwürde in der Hand. Nun legte er sie neben sich, und seine Gedanken wanderten zurück in die Kindheit, die er mit seinem Stamm weiter oben im Norden, in Thessalien, verbracht hatte. Das Wandern war seiner Sippe wohl eingeboren, denn sein Großvater hatte ihm erzählt, daß dessen Urahne einst hoch oben in Makedonien gewohnt habe und daß seine Phyle (Stamm) der Arkader seit unzähligen Generationen auf dem Marsch gewesen sei: zuerst am Schwarzen Meer entlang, dann durch die fruchtbaren Weiden an der Donau und über die Gebirgspässe des Balkans – immer nach

Süden. Nun hatte die Wanderung hier wohl ihr vorläufiges Ende gefunden, am Golf mit dem salzigen Wasser, im Dorf Argos mit seiner unversiegbaren Quelle, am Hang der Berge, die die Einwohner nach ihrer hirschgestaltigen Göttin Artemision nannten.

Unter ihm lag die Ebene, die sich bis zum Meer erstreckte. Die einfachen Hütten des Dorfes drängten sich zusammen, wo sie nichts von dem kostbaren Ackerboden besetzten. Kleine Äcker waren daneben abgesteckt, mühsam von Bäumen, Gesträuch und Steinen befreit, mit harter Arbeit gepflügt und besät mit Weizen und Gerste, mit Erbsen und Linsen und mit Bohnen, die nur die Frauen pflanzen, ernten und essen durften. In den lichten Wäldern oberhalb des Dorfes weideten die Rinder, die Schafe und Ziegen, gehütet von der Jugend und einigen alten Männern; diese mußten gleichzeitig zahllose Eicheln aufsammeln, die bittere, aber nahrhafte Zukost für die Wintertage. Das Leben war einfach und ärmlich hier. Aber das war nie anders gewesen, für die erst kürzlich zugewanderte Sippe der Arkader nicht, für die stamm- und sprachverwandten Jonier nicht, die einige Generationen vorher schon sich hier niedergelassen hatten, und für die Pelasger nicht, die offenbar seit Urzeiten hier wohnten.

Nicht weit von Argos lagen bei dem Dorf Lerna die Ruinen eines großen steinernen Hauses. Die Pelasger erzählten, daß es einst die Residenz ihrer Königin gewesen sei. Vor über einem Dutzend Generationen war es von fremden, aus dem Norden her ziehenden Kriegern niedergebrannt worden. Einige dieser Fremden waren im Land geblieben, waren von einheimischen Frauen als Ehemänner aufgenommen worden und hatten den Pelasgern fremdartige blonde Kinder und ein paar Worte ihrer Sprache geschenkt. Dann, eine ganze Zeit später, waren die Jonier mit ihren Rinder- und Schafherden in Argos und den benachbarten Dörfern einmarschiert. Obwohl sie recht zahlreich waren, auch in langer Wanderung erprobte Hirten und Krieger, hatten sie nicht mit Gewalt die Oberhoheit im pelasgischen Dorf erringen können. Man mußte auf die Glaubensvorstellungen der Pelasger Rücksicht nehmen, und diese waren denen der Zuwanderer aus dem Norden vielfach entgegengesetzt.

Die Pelasger gehorchten der «Großen Göttin», der Erdmutter, die sich im Mond den Menschen offenbarte. Eine Nymphe, eine mannbare Frau, war die Anführerin, die Basileia (Königin) der Pelasger und stellte die Verbindung zur Göttin her. Jedes Jahr erwählte sie sich einen neuen Gemahl als Basileus (König), den Stärksten, der im kriegerischen Wettstreit am Wintersonnenwendtag die anderen Männer besiegt hatte. Doch am gleichen Tag mußte sein Vorgänger als Basileus sterben: Er wurde von den anderen Nymphen des Dorfes, die an diesem Tag von ihren Tänzen und dem Genuß eines heiligen Pilzes berauscht waren, in Stücke gerissen, und sein Blut wurde über Felder, Bäume und das Vieh versprengt, um die Fruchtbarkeit der Natur für das nächste Jahr zu sichern. Die Jonier, die an ihrem alten Gott aus der nördlichen Steppe, an Zeus, festhielten, mußten sich diesem grausigen Brauch unterwerfen, wenn sie überhaupt zur Herrschaft als Könige gelangen wollten. Wenigstens war es ihnen nach langen Diskussionen und manchen Drohungen mit nackter Gewalt gelungen, den Pelasgern das Zugeständnis abzuringen, daß nicht mehr in jedem Sonnenjahr ein König sterben müsse, sondern nur dann, wenn nach hundertundvier Monden die Wintersonnenwende wieder mit dem Vollmond zusammenfiel, nach einem «Großjahr», also nach acht Sonnenjahren. Nach 52 Monden, nach der Hälfte, wurde ein symbolischer Zwilling des Basileus als Stellvertreter geopfert.

Auch der jüngst angekommene Stamm der Arkader, dem Akrisios angehörte, konnte dieses Männeropfer nicht abschaffen, als er sich mit mehr oder weniger sanfter Gewalt in Argos und dessen Umgebung niederließ und die meisten Jonier nach Nordosten vertrieb. Er, Akrisios, war auf Wunsch der beiden so verschiedenen Völker, der Arkader und der Pelasger von Argos, die nun zusammenwachsen sollten, der Gemahl der Aganippe, der Basileia von Argos, geworden. Er hatte sich in seiner Mitregierungszeit bemüht, das Beste für seine Untertanen zu tun, für die pelasgischen Bauern und die arkadischen Hirten, die hier auch schnell zu seßhaften Bauern wurden. Mit seinem Königs«zwilling» und Stellvertreter Proitos hatte er sich nach langen Auseinandersetzungen geeinigt, das Land zu teilen. Proitos war in das Dorf Tiryns gezogen und regierte von dort seine Hälfte des Königreiches an der Seite seiner Basileia Anteia.

Morgen aber war das «Großjahr» des Akrisios um, sein Schicksal erfüllt. Er begehrte nicht dagegen auf, denn dem Anführer auch in seinem elterlichen Stamm konnten die Götter bestimmen, sich eines Tages für das Wohl der Menschen und des Viehs opfern zu müssen. Dennoch schauderte ihn bei dem Gedanken, daß morgen schon sein Leib von den Frauen in wilder Verzückung in Stücke gerissen und das rohe Fleisch von ihnen verschlungen werden sollte. Ihm allein von allen Kriegern der Arkader war es nicht vergönnt, das übliche Grab in einer Steinkiste zu finden, das Bronzebeil an seiner Seite. Doch das Heil seines Stammes erforderte auch dieses Opfer.

Griechische Mythen und die Wirklichkeit

Wer vor fünfzig oder sechzig Jahren ein deutsches Gymnasium besuchte, lernte selbstverständlich auch Griechisch. Er las Thukydides und Homer im Urtext und erfuhr viel über die griechische Geschichte. Von dem Zeitraum aber, über den dieses Kapitel berichtet, von den Jahrhunderten zwischen 2000 und 1200 v. Chr., hörte er mit Sicherheit nicht ein Wort. Denn hier war für die Historiker ein blinder Fleck in der Geschichte. Schon den griechischen Schriftstellern und Dichtern des «klassischen Altertums» um 400 v. Chr. war dies so gegangen. Was Herodot und Homer und wie sie alle hießen an Wissen über die griechische Vergangenheit der Nachwelt überlieferten, verlor sich in seltsamen Mythen von Göttern und Königen, unverständlich und märchenhaft. Da ließ man die griechische Geschichte lieber erst ein Jahrtausend später beginnen.

Den Sprachforschern im 19. Jahrhundert war klargeworden, daß die Griechen mit ihrer indoeuropäischen Sprache irgendwann von Norden in ihre späteren Wohnsitze am Südende der Balkanhalbinsel eingewandert sein mußten. Aber wann und auf welchem Wege, das blieb offen. Auch die Erkenntnis, daß die Völker, die später griechisch sprachen, sich wohl mit als erste vom allgemeinen Bereich der Indoeuropäer abgetrennt und somit an weiteren gemeinsamen Sprachentwicklungen der anderen Völker nicht mehr teilhatten – ähnlich war es bei den Hethitern und Ariern –, half nicht viel weiter.

Erst die geduldige Spatenforschung der Archäologen, die Ende des 19. Jahrhunderts einsetzte, war in der Lage, den «blinden Fleck» in der Geschichte der ersten europäischen Kulturnation ein wenig aufzufüllen.

Danach kann man heute mehrere Wellen indoeuropäischer Einwanderer in Griechenland unterscheiden. Die erste, um 2200 v. Chr., war wohl die der Luwier, die an der Schwarzmeer- und Ägäisküste entlang teils nach Kleinasien zogen und dort später im Hethiterreich aufgingen, teils ihre Streifscharen bis in den Peloponnes schickten. Auf ihr Konto schreiben heute viele Wissenschaftler die Zerstörung des frühen Palastes von Lerna und anderer Orte sowie geringe Spuren einer besonderen indoeuropäischen – aber noch nicht griechischen – Einzelsprache im Altgriechischen.

Erst zwei- oder dreihundert Jahre später traten dann diejenigen Kurgan-Nachfahren in Erscheinung, die sich im Laufe von über tausend Jahren zu den Griechen entwickeln sollten. Ihr Wanderweg vom Dnjepr scheint sie zur Donaumündung und danach an diesem Strom aufwärts bis in die Gegend des heutigen Belgrad geführt zu haben. Denn erst von dort kommt man ohne alpines Klettern sowohl auf die West- wie auf die Ostseite der unwegsamen Gebirgskämme, die die Balkanhalbinsel bis in den Peloponnes hinein von Norden nach Süden teilen.

Um 1950 v. Chr. sollen als erste Welle der späteren Griechen die Jonier, wenige Generationen später die Arkader und Äolier im östlichen, der Ägäis zugewandten Teil Griechenlands sich nach Süden ausgebreitet haben. Es waren schlichte Hirtenstämme, die sicher nicht als großer Heerzug einmarschierten, sondern in vielen kleinen Sippenverbänden («Phratrien, Bruderschaften»). Teils kriegerisch, teils friedlich nisteten sie sich in den Bauerndörfern der pelasgischen Urbevölkerung ein, deren Kultur ebenfalls einfach, aber dennoch den Hirtenstämmen noch erheblich überlegen war. Die Archäologen können im übrigen von den ersten vierhundert Jahren nach der «griechischen» Einwanderung nur berichten, daß wohl die neu auftauchende Bestattungsart in «Steinkistengräbern», die Funde von bronzenen Streitäxten und eine besondere, die viel zu kostbaren Metallgefäße recht gekonnt nachahmende Keramik auf die fremden Einwanderer zurückgehen.

Für die Geschehnisse dieser langen Zeit, für das geistige Leben gibt uns die materielle Hinterlassenschaft dieser frühen Griechen nicht den kleinsten Hinweis. Und doch existieren Quellen. Sie müssen allerdings mit Bedacht verwandt werden: die schon erwähnten Mythen und Sagen, die der Studienrat Gustav Schwab vor hundert Jahren einst brav als «Griechische Götter- und Heldensagen für den Gebrauch der reiferen Jugend» gesammelt hat. Was den Indern die tausend Jahre lang mündlich bewahrten Veden waren, das bedeuteten für die erzählfreudigen Griechen die Geschichten von Zeus und Hera, von Perseus und Herakles, von Orpheus und vielen hundert anderen. Auch sie wurden aus grauer Vorzeit mündlich überliefert und erst in der «klassischen» Zeit aufgeschrieben, dabei natürlich stark verändert, da die geschilderten Vorgänge von den späteren Griechen nicht mehr recht verstanden wurden. In ihnen ist viel von der politisch-religiösen Geschichte jenes schriftlosen Jahrtausends versteckt, wenn man sie zu deuten versteht, wie es der englische, von deutschen Vorfahren abstammende Mythenforscher Robert von Ranke-Graves in seinem Buch «Griechische Mythologie» versucht hat. Mit diesem Leitfaden versehen, gelingt es uns Heutigen, wenigstens einen Blick durch einen kleinen Spalt in eine fast viertausend Jahre zurückliegende Zeit zu werfen. Tief betroffen sehen wir da, so etwa in der Episode von Basileus Akrisios, in urtümliche und grauenerregende Vorstellungen hinein, die doch einmal selbstverständliche Wirklichkeit für unsere Vorfahren waren.

König Atreus von Mykene

Um 1530 v. Chr., Mykene/Griechenland

Zögernd betrat Eunomos die Halle des Königspalastes von Mykene. Er trug den üblichen Chiton aus Leinen, ein einfaches kurzes Hemd, das jetzt vom langen Weg staubbedeckt war, und einen Wanderstock. Eunomos hatte eine weite Wanderung hinter sich, war er doch aus seinem Heimatort Iolkos geflohen, weil er im Zorn seinen Bruder erschlagen hatte. Hier, bei König Atreus von Mykene, dem Reichen, hoffte er Gastfreundschaft und Schutz zu finden.

Die Halle war gefüllt mit lachenden, lärmenden Männern, die, auf Polstern hingestreckt, große Krüge mit Wein vor sich stehen hatten und sich laut unterhielten, während drei hübsche Sklavinnen auf Flöten bliesen. Die Blicke des Ankömmlings suchten nach dem König, den er rasch an seinem goldenen Becher und einem goldenen Zepter mit der kleinen Figur des Widders darauf erkannte. Atreus war ein stattlicher Mann mit breitem Gesicht, gerader Nase und einem wohlgestutzten Schnurrbart. Von ihm strahlte Würde und Kraft aus, aber auch stolze Überlegenheit über das gewöhnliche Volk. Ehrerbietig sprach Eunomos den König an und flehte, am heiligen Herdfeuer der Hestia in der Mitte der Halle stehend, um Gastfreundschaft im Namen des Zeus, des Schutzherrn der Fremden. Gnädig gewährte Atreus ihm diesen Schutz, ließ ihm einen Becher mit Wein bringen und forderte ihn auf, sich im Kreis der Männer niederzulassen. Während Eunomos still zuhörte, wovon die Männer sprachen, eröffnete sich ihm eine neue Welt, ein anderes Denken und Fühlen, wovon in seinem hinterwäldlerischen Iolkos nie etwas zu ahnen gewesen war.

Ein neuer Geist war in Griechenland eingezogen, seit der Vater des Atreus, Pelops, mit einer kleinen Schar stolzer Krieger, die sich Achäer nannten, aus einem fremden Land herübergekommen war und sich mit List und Kühnheit die Herrschaft in einem Teil der Halbinsel erobert hatte, die man jetzt schon ihm zu Ehren «Peloponnes – die Insel des Pelops» nannte. Atreus selbst war nicht weniger glücklich gewesen. Unterstützt von einer Gruppe seiner kriegerischen Freunde war er nach Mykene gezogen; der dortige König hatte ihn zu seinem Stellvertreter eingesetzt und war kurz darauf in einer Schlacht gefallen. Nun war Atreus selbst König, «Wanax», wie er sich nannte. Der Reichtum aus den Goldminen des Großvaters Tantalos im fernen Asien war sein Helfer gewesen und sein weitfliegender Unternehmungsgeist, nicht weniger aber auch die neuartigen kurzen Bronzeschwerter, die Atreus und sein Gefolge im Bedarfsfall sehr entschieden zu handhaben wußten.

Mykene war eine aufblühende Stadt, ohne Zweifel. Schiffe fuh-

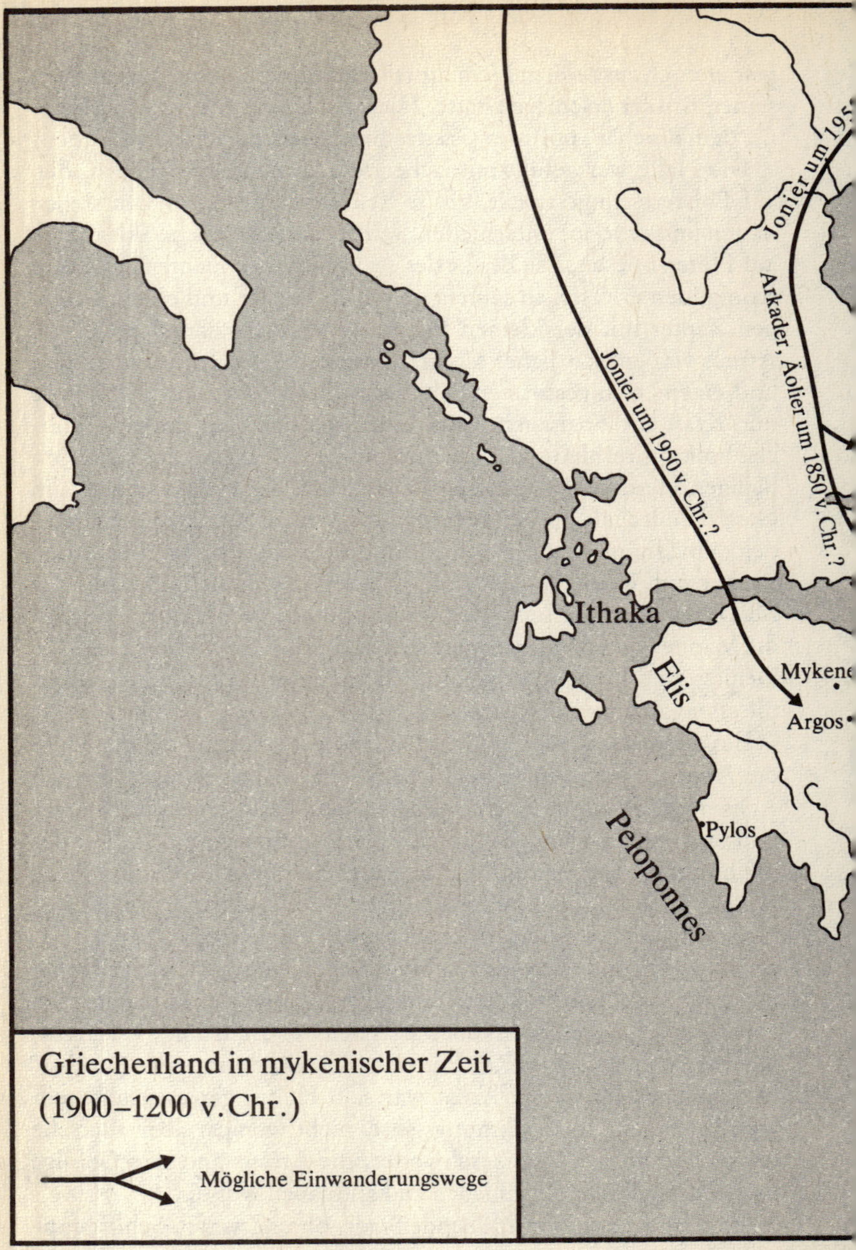

Griechenland in mykenischer Zeit
(1900–1200 v. Chr.)

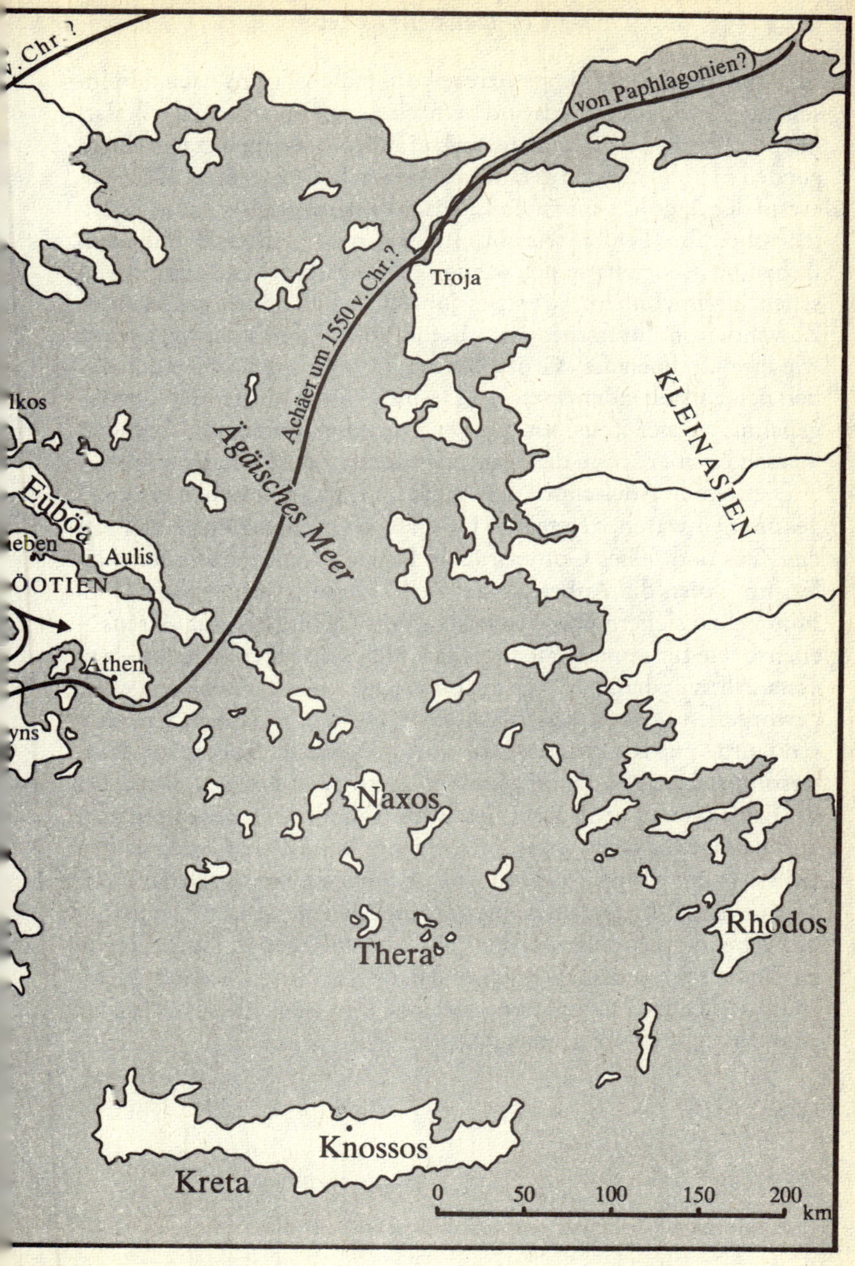
v. Chr. ?
(von Paphlagonien?)
Troja
Achäer um 1550 v. Chr.?
Ägäisches Meer
KLEINASIEN
lkos
Euböa
eben
Aulis
ÖOTIEN
Athen
yns
Naxos
Thera
Rhodos
Knossos
Kreta
0
50
100
150
200
km

ren im Auftrag des Königs Atreus vom Hafen Tiryns nach den Inseln der Ägäis, nach Kreta und bis nach Ägypten, um je nach Bedarf kleine Orte zu überfallen und auszurauben oder auch gewinnbringenden Handel mit den geraubten Wertsachen zu treiben. Die Bauern in der Argolis genannten Landschaft rund um Mykene bestellten weiter ihre Felder, wie vor Hunderten von Jahren. Für die einfachen Menschen hatte sich wenig verändert, für dieses aus pelasgischen Ureinwohnern, wenigen jonischen und vielen arkadischen Zuwanderern zusammengewachsene Volk. Die Bauern verehrten wie ihre Urahnen die «Große Mutter», die nun aber in der allmählich neu entstehenden Sprache «De-meter – die Mutter der Gerste» genannt wurde. Zeus, ein uralter Gott der Jonier und Arkader, machte ihr aber schon den Rang als wichtigste Gottheit streitig.

Die fremde Adelsclique der Achäer, die da so plötzlich ins Land gekommen waren, zeigte sich ebenfalls als entschiedene Anhänger des Zeus und seines Götterbruders Poseidon; die Achäer taten alles, um ihnen die Anbetung auf der Erde und die Herrschaft im Himmel zu sichern. Für einen Mann vom Schlage König Atreus' – ebenso wie für seinen Vater Pelops und dessen Vater Tantalos – war es natürlich undenkbar, sich am Ende eines «Großjahres» von wildgewordenen Weibern abschlachten und opfern zu lassen. Statt dessen wurde zur Besänftigung des abergläubischen Volkes zur Wintersonnenwende ein Kind geopfert, zerstückelt und sein Blut über die Felder verspritzt. Schon Großvater Tantalos hatte es so gemacht und dabei behauptet, es sei sein eigener Sohn Pelops, den er den Göttern zum Mahl vorgesetzt habe, Pelops sei aber durch ein Wunder des Zeus, der solche Opfer ablehne, wieder zusammengefügt und lebendig gemacht worden. Die mykenischen Adligen, die im lärmenden Gespräch auch dieses Thema berührten, lachten schallend, als sie sich erinnerten, welchen Eindruck dieses Märchen beim einfachen Volk gemacht hatte.

Wer waren die Achäer?

Die Fachliteratur über die griechische Vor- und Frühgeschichte ist sich ziemlich einig, daß im 16. Jahrhundert v. Chr. in Südostgriechenland entscheidende Wandlungen stattfanden. Es gab zwar keinen Wechsel der Bevölkerung, die man nun schon griechisch nennen kann, und keinen Bruch in der materiellen oder religiösen Kultur für den Großteil der Menschen. Aber plötzlich begann die vorher unbedeutende Burg Mykene, 12 Kilometer nördlich von Argos gelegen, aufzublühen, ein Zentrum von Reichtum und Macht und Mittelpunkt einer bis dahin in Griechenland nicht vorhandenen Kriegerzivilisation zu werden. Freude an Krieg und Jagd, am Besitz kostbarer Waffen und goldenen Schmucks verbreitete sich in einer neu über der Bauernschicht entstehenden Adelsgruppe, die weltaufgeschlossen war und von Seeraub – der keineswegs als unmoralisch galt – und Handel lebte. Die heutigen Historiker wagen nicht, Gründe für diese plötzliche Veränderung zu nennen. «Der Schluß liegt nahe, daß sich das Indogermanentum nunmehr, wohl nach einer längeren Inkubationszeit, auf sozialem Gebiet endgültig als die führende Schicht durchgesetzt hat», schreibt der Professor für griechische Geschichte Bengtson im Jahr 1968 vorsichtig-unklar.

Doch auch hier können möglicherweise die griechischen Götter- und Heldensagen zur Aufklärung beitragen. Nur scheint bisher keiner der modernen Historiker gewagt zu haben, diese als Geschichtsquellen heranzuziehen. Es gibt einen Sagenkreis von einem König Tantalos aus dem Nordwestteil der kleinasiatischen Halbinsel, aus Paphlagonien, und seinem Sohn Pelops, der nach einem Streit mit anderen Herrschern in dieser Gegend «mit seinen sagenhaften Schätzen über das Ägäische Meer zog, entschlossen, für sich und sein großes Gefolge eine neue Heimat zu schaffen». Das gelang ihm in Elis im westlichen Peloponnes, und Pelops' Sohn Atreus wurde der Sage nach König von Mykene. Wenn die griechischen Sagen mehr sind als bloße Märchen – und alles spricht dafür –, dann scheint hier die Einwanderung einer kleinen Gruppe von Kriegern, der späteren Achäer, die dieses neue Lebensgefühl, diese Dynamik mitbrachten, ihren Niederschlag gefunden zu haben.

Es müssen reine, noch unvermischte Indoeuropäer gewesen sein, wahrscheinlich sogar sprachlich und kulturell Verwandte der Jonier, Arkader und Äolier, welche Jahrhunderte vorher das spätere Griechenland besetzt und sich mit der Urbevölkerung schon stark vermischt hatten. Was wir nicht entscheiden können, ist, ob der sagenhafte Herkunftsort Nordwestanatolien stimmen kann. Warum aber eigentlich nicht? Dieses Gebiet östlich von Troja war nie Bestandteil des Hethiterreiches. Schriftliche Quellen anderer Art existieren nicht. Wäre es nicht denkbar, daß einige «urgriechische» Stammessplitter zunächst dorthin vordrangen, ehe auch sie nach Griechenland zogen?

Heinrich Schliemann, der nicht nur Troja, sondern auch Mykene vor rund hundert Jahren als erster ausgrub, fand die Gräber mykenischer Könige mit unermeßlichen Goldschätzen und lebensgroßen Gesichtsmasken aus Goldblech, offenbar echte Porträts einst lebender Menschen, keine stilisierten Symbole. Schliemann glaubte, die Totenmaske des Königs Agamemnon gefunden zu haben, der nach Homer der griechische Anführer im Kampf um Troja war. Aber in Wirklichkeit muß es sich um Könige gehandelt haben, die dreihundert Jahre vor dem Trojanischen Krieg lebten. Vielleicht ist eines dieser Porträts das von König Atreus. Dagegen stammt das König Atreus zugeschriebene «Schatzhaus» – in Wahrheit ein Kuppelgrab – aus späterer Zeit.

Das Erscheinen dieser neuen, verhältnismäßig kleinen Menschengruppe in Griechenland fällt zusammen mit dem Ende der von den Archäologen «mittelhelladisch» genannten Kulturepoche um 1550 v. Chr. Oder richtiger: Pelops, Atreus und ihre Gefährten waren es vermutlich, die diesen Wandel herbeiführten und eine erste kulturelle Blüte in Griechenland, die früheste wirklich europäische Hochkultur, in Gang setzten, die man heute das «mykenische» (oder auch «späthelladische») Zeitalter nennt.

Mykene war wohl der Ort, an dem diese Entwicklung am frühesten sichtbar wurde. Aber auch zahlreiche andere Königsresidenzen, meist im östlichen Griechenland – Athen, Theben, Pylos und viele andere – zeigten bald ähnliche Erscheinungen. Es hat nie ein mykenisches Großreich, eine Oberherrschaft des Königs von Mykene gegeben, wie zeitweise behauptet worden ist. Die griechische

Kleinstaaterei und dauernder Streit und Krieg zwischen diesen Kleinstaaten waren diesem Land durch die Natur in die Wiege gelegt und blieben bis zur Eroberung durch die Römer sein Kennzeichen.

Die Welt ist weit und hell

Um 1400 v. Chr., Tiryns/Griechenland

Kapitän Idas freute sich jedesmal, wenn er mit seinem dreißigrudrigen Schiff in Tiryns anlegen konnte. Das war zwar nicht seine Heimat. Er stammte aus Messenien in der Südwestecke des Peloponnes, und sein Vater Aphareus war noch ein einfacher bäuerischer Landadliger gewesen, der wie alle seine Vorfahren nicht verstehen konnte, daß sich ein Mensch freiwillig diesem nassen Element Wasser anvertrauen konnte. Aber Idas hatte als erster in der Familie die Sehnsucht nach Weite, nach Abenteuern auf dem Meer verspürt und hatte schon als Junge auf Handelsschiffen angeheuert. Als junger Mann war er Teilnehmer der berühmten Erkundungsfahrt der «Argo» in das Schwarze Meer gewesen. Hier in Tiryns, dem Südhafen der Argolis, konnte er sicher sein, irgendwelche alten Freunde, Gefährten von der «Argo» oder andere alte Seebären wie er selbst wiederzutreffen.

Heute war Idas mit einer Ladung von höchst wertvollem Elfenbein, Gold und Zedernholz aus Syrien vom Hafen Ugarit an der Ostküste des Meeres (nördlich des heutigen Latakia in Syrien) angekommen. Davor war er über ein Jahr lang zwischen vielen der Häfen des östlichen Mittelmeeres – Knossos auf Kreta, Avaris in Ägypten, Ugarit in Syrien, Paphos auf Alaschia (Zypern), Ialysos auf Rhodos, zahlreichen Kykladeninseln bis hinauf nach Troja – hin und her geschippert. Vielmals hatte er die Ladung des Schiffes löschen, neue Ladung aufnehmen können und dabei jeweils einen beachtlichen Gewinn erzielt. Fast überall, wohin er gekommen war, und noch weit darüber hinaus, gab es Niederlassungen griechisch sprechender Kaufleute, die dort in den ausländischen Städten geachtete eigene Gemeinwesen mit teilweiser Selbstverwaltung

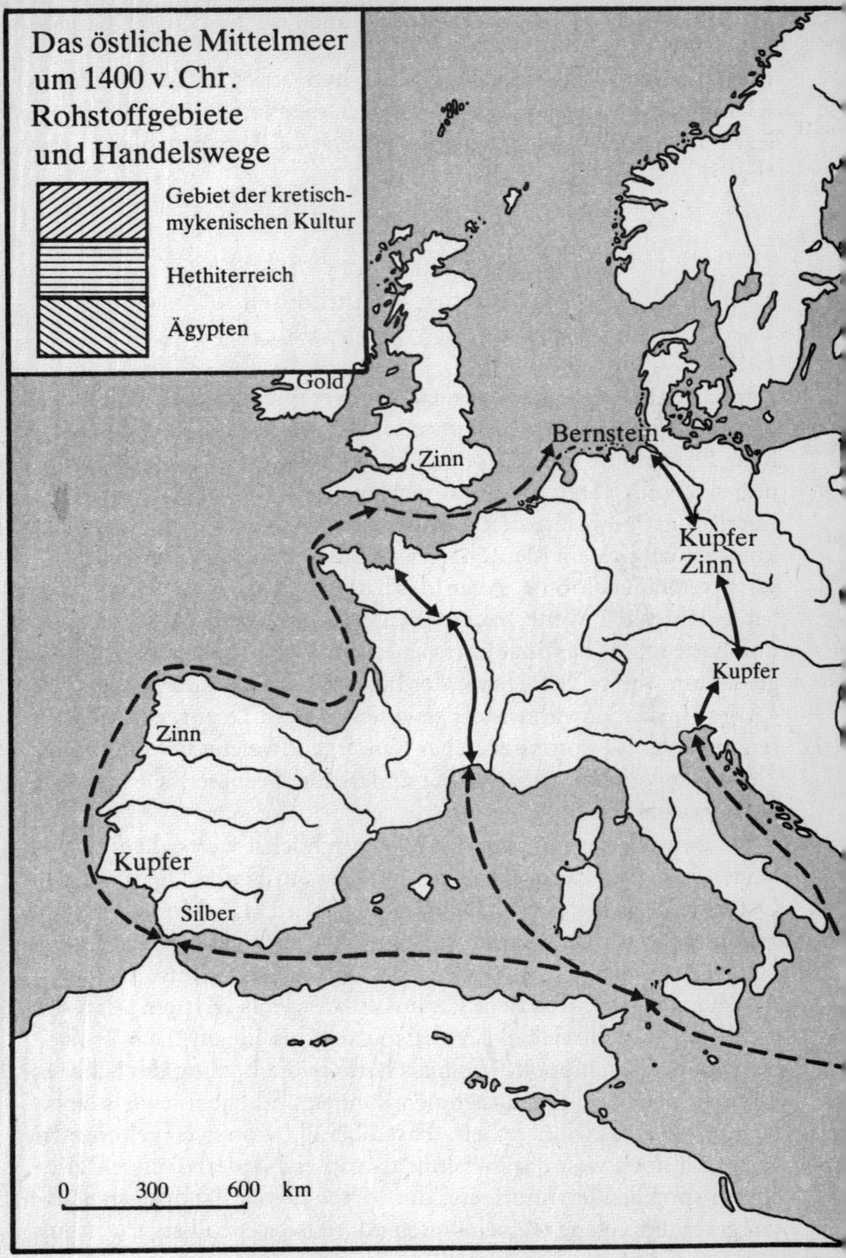
Das östliche Mittelmeer
um 1400 v. Chr.
Rohstoffgebiete
und Handelswege
Gebiet der kretisch-mykenischen Kultur
Hethiterreich
Ägypten
Gold
Zinn
Bernstein
Kupfer
Zinn
Kupfer
Zinn
Kupfer
Silber
0
300
600
km

ernstein
Kupfer
Gold
Hattuscha
Troja
Kreta
Kupfer

und hohem Wohlstand gegründet hatten. Über sie konnte man jeden Handel abwickeln. Nun aber durfte Idas wieder einmal im griechischen Heimatland Urlaub machen.

Während der Kapitän vom Liegeplatz seines Schiffes durch das bunte Hafengewimmel der Unterstadt von Tiryns schritt, blickte er sich wie immer aufmerksam um. Vom hohen Felsen, ein wenig landeinwärts, ragte die aus wuchtigem Mauerwerk erbaute Burg, der Wintersitz des Königs von Mykene. Baugerüste und aus der Entfernung winzige Menschen auf ihren Mauern zeigten, daß da wieder einmal die Burgbefestigung und die Gebäude innerhalb des Mauerrings prächtiger aufgebaut wurden. Der König konnte sich das auch leisten, denn Mykene und sein Hafen Tiryns waren einer der Brennpunkte des Seehandels, der das gesamte bekannte Erdenrund überzog.

Auf der gepflasterten Straße, die von der Burg herabführte, kamen zwei Streitwagen mit je zwei Pferden heruntergerattert. Seit etwa drei Generationen war diese praktische Erfindung – man sagte, sie käme aus Ägypten oder dem Hethiterreich in Asien – hier in Griechenland in Gebrauch gekommen. Die jungen Herren des Adels waren gar nicht mehr von diesen Wagen herunterzubringen. Zwei Krieger aus der Leibwache des Königs fuhren offenbar mit irgendeinem Sonderauftrag eilig davon, jeder angetan mit einem schweren Panzer aus Bronzeblech, einem Helm, auf dessen Bronzeplatten Eberzähne genietet waren, gerüstet mit dem kurzen reichverzierten Bronzeschwert der mykenischen Krieger und dem schweren achtförmigen Schild. Ein einfach gekleideter Wagenlenker kutschierte das Gefährt. Auf den neuerdings gebauten Steinstraßen würden die beiden Wagen schnell in Mykene, Korinth oder anderen Städten sein, wohin der Auftrag des Königs sie führte.

Als Kapitän Idas das unter Seeleuten bekannte Haus des Wirtes Kyllenios betrat und an der Tür stehenblieb, um seine Augen nach dem hellen Sonnenlicht an das plötzliche Dunkel zu gewöhnen, scholl ihm ein lauter Begrüßungsruf entgegen. Da saß doch tatsächlich Asterios bei einem Krug Wein, Asterios, der als sein Bank- und Rudernachbar alle Abenteuer der Argonauten mit ihm geteilt hatte, nun ein erfolgreicher Schiffskapitän wie er selbst. Nachdem die ersten Schlucke Wein auf das gegenseitige Wohlergehen der Freunde getrunken waren – nicht ohne das gewohnte Opfer eines Spritzers Wein für Zeus und Poseidon, den Herrn des Meeres –, da mußte Asterios erzählen, wohin es ihn in den letzten Jahren verschlagen hatte.

Asterios war mit seinem Schiff auf großer Fahrt nach Westen und Norden gewesen, zu den Kassiteriden, den Zinninseln im fernen Nordmeer (die Britischen Inseln). Sie lagen weit jenseits der Meeresstraße, die man jetzt nach einem Abenteurer und Emporkömmling etwas obskurer Herkunft aus Theben die «Säulen des Herakles» (die Straße von Gibraltar) nannte. Die Kassiteriden waren ein häufiges Reiseziel für griechische Seeleute, denn das von dort exportierte Zinn war ein unentbehrlicher Zusatz für das aus Zypern und anderen Gegenden bezogene Kupfer. Aus neun Teilen Kupfer und einem Teil Zinn konnten die Schmiede Bronze herstellen, das Erz, aus dem man Schwerter und Schmuck und alle die Gebrauchsgegenstände goß, ohne die man heutzutage nicht mehr auskommen konnte.

Es war noch nicht lange her, daß die Griechen so weite Seereisen machten. Erst eine Generation zuvor war Knossos auf Kreta, der Sitz der sagenhaften Dynastie des Minos, in die Hände der Achäer gefallen. Jahrhundertelang vorher hatte Kreta mit seinen Schiffen das Meer von seiner Ostküste bis zur westlichen Meerenge beherrscht, und häufig genug hatten sich kretische Schiffe auf den Atlantik hinausgewagt. Kretischer Handel und kretische Mode, kretische Kunst und kretische Handelsbevollmächtigte, auch die kretischen Götter hatten überall in Griechenland und auf den Inseln der Ägäis den Ton angegeben. Es dauerte eine Weile, bis die Achäer selbst genug Seemannschaft gelernt hatten. Mehrere verheerende Vulkanausbrüche und Erdbeben hatten die kretische Macht allerdings schon erschüttert, ehe damals der Prinz Theseus aus Athen den Königspalast von Knossos eroberte und durch die Hochzeit mit der kretischen Prinzessin Ariadne die Herrschaft an sich riß. Ariadne – so erzählte man – hatte dieser Hochzeit keineswegs nur unter dem Druck der Waffen zugestimmt. Theseus benahm sich aber nicht sehr fein und ließ sie schon auf der Insel Naxos schmählich zurück. Aber immerhin: Dank seinem Gewaltstreich war nun der Handel auf dem Meer eine Art griechisches Monopol.

Neuerdings kamen allerdings immer mehr waghalsige Seeleute aus dem Land der Hyperboreer, aus dem entferntesten Norden, bis nach Kreta und Tiryns, blonde und blauäugige Abenteurer, die den achäischen Adligen gar nicht so unähnlich waren und deren Sprache und deren Götter auch manche Anklänge an die der Achäer, Jonier und Arkader zeigten. Sie brachten ebenfalls Zinn, Kupfer und Gold, vor allem aber den begehrten Bernstein in ihren Schiffen mit, jenen seltsamen Edelstein aus fernem nordischem Land, der Frauen und Männer in Griechenland, in Kreta und Ägypten so faszinierte. Bernstein kam auch vom Nordende der Adria, wohin er auf einer uralten Handelsstraße quer durch den nördlichen Kontinent von Händlerkarawanen gebracht wurde.

Das Leben war aufregend und lebenswert, stellten Idas und Asterios fest und tranken sich zu. Die Welt war weit und hell, und wer beherzt zupackte und Abenteuer nicht scheute, der konnte es zu etwas bringen. König oder Handelsmagnat oder als Halbgott verehrter Heros – es kam auf den persönlichen Geschmack an, welches Los einem am angenehmsten dünkte.

Zeit des Handels, Zeit der Heroen

Um das Jahr 1400 v. Chr. war im östlichen Mittelmeer eine Entwicklung zum Abschluß gekommen, die keine zweihundert Jahre vorher mit Pelops, Atreus und ihren Achäern begonnen hatte. Politisch, wirtschaftlich und kulturell hatten sich die Gewichte verschoben. Bis dahin war Kreta die Seemacht gewesen, die über sechshundert Jahre lang mit ihren Schiffen den Handel im östlichen Mittelmeer beherrschte, einen unerhörten Reichtum anhäufte und in Kunst und Bauten eine Kultur entwickelte, die anders war als die ägyptische und babylonische und dennoch jeden Vergleich aushalten konnte. Was sich in diesen Jahrhunderten auf dem griechischen Festland und auf den Inseln der Ägäis an Kultur entwickelte, trug unverkennbar den Stempel der Herkunft oder zumindest der Anregung aus Kreta.

Nun aber war das anders geworden. Heutige Wissenschaftler

sind überzeugt, daß in der berühmten griechischen Heldensage von Theseus und seinem Kampf mit dem Minotaurus, dem «Stier des Minos», ein wahrer Kern steckt. Um 1400 v. Chr. ging die Herrschaft im Palast von Knossos auf Kreta auf griechisch sprechende Herrscher über. Einen Beweis für diese lange gehegte Vermutung konnte der Engländer Michael Ventris liefern, dem es 1952 gelang, die auf Tontäfelchen in Knossos gefundene Bilderschrift («Linear B») teilweise zu entziffern. Es war sehr altertümliches Griechisch, was man da lesen konnte, auch wenn es nur Verzeichnisse von Lagerbeständen waren wie «Ein Paar Räder, silberbeschlagen; ein Paar Räder, mit Bronze beschlagen, untauglich für den Betrieb». Tontafeln der gleichen Schrift und Sprache aus etwa der gleichen Zeit und mit dem gleichen unergiebigen Inhalt wurden auch in Mykene und Pylos auf dem griechischen Festland ausgegraben: die frühesten schriftlichen Denkmäler der griechischen Sprache, über sechshundert Jahre älter als die bis dahin bekannten ältesten Texte. Andere in Knossos gefundene Tafeln tragen eine etwas abweichende Bilderschrift, das sogenannte «Linear A». Diese Schrift konnte bisher noch nicht entziffert werden; man nimmt an, daß sie zur Wiedergabe der ebenfalls noch unbekannten altkretischen Sprache diente.

Daß nun die indoeuropäisch beeinflußten Griechen in Handel und Kultur die Kreter überflügelten, war mit das Werk eines verheerenden Vulkanausbruchs auf der Kykladeninsel Thera gewesen (um 1525 v. Chr.). Viel stärker als der berühmte Ausbruch des Krakatau im Jahr 1883, scheint dieses Naturereignis den Königspalästen in Kreta und dem dort konzentrierten Seehandel einen Stoß versetzt zu haben, von dem sich die kretische «Thalassokratie» (Seeherrschaft) nie mehr richtig erholen konnte.

In Griechenland – so nimmt man heute an – war die Auswirkung des Vulkanausbruchs nicht so stark zu spüren. Unter der Führung der unternehmungslustigen Achäer konnten sich hier Produktion und Handel, Machtbewußtsein und Prunkentfaltung ungestört entwickeln. Die Burgen in Mykene, Tiryns, Pylos und anderswo wurden erweitert und immer prächtiger ausgeschmückt, mit großartigen Mauern und Toren, wie dem berühmten Löwentor in Mykene, mit Freskomalereien an den Wänden der königlichen Thronsäle und mit gewaltigen Grabbauten wie den Kuppelgräbern von Mykene. Waren diese Gräber nicht so etwas wie eine Stein gewordene Erinnerung an die aus Holzbalken erbauten «Katakombengräber» der in der südrussischen Heimat gebliebenen Kurgan-Verwandten?

Die Mitte des 2. Jahrtausends v. Chr. war in Griechenland nicht nur eine Zeit weltweiten Handels und kultureller Hochblüte. Sondern diese Zeit gebar auch die Heroen. Die griechischen Sagen sind voll von den Taten des Herakles, eines Theseus oder Jason. Spätere Jahrhunderte haben Söhne des Zeus oder seines Bruders Poseidon aus diesen berühmten Abenteurern gemacht, ihre Zeitgenossen werden wohl etwas realistischer über ihre Herkunft gedacht haben. Immerhin waren sie in ihrem Leben so erfolgreich, daß sie nach ihrem Tod als Halbgötter von den späteren Griechen verehrt wurden. Die Forschungen der Archäologen haben auch hier die griechischen Sagen bestätigt und mit Leben erfüllt: mit Leben, das viel weltaufgeschlossener, freundlicher und menschlicher wirkt als die oft grausigen Mythen von Brudermord und Kinderzerstückelung. Es gab eben beides, vor dreitausendfünfhundert Jahren wie heute: Tragik und Lebensfreude, Erfolg im Leben und grausames Sterben, dicht nebeneinander.

Der Zug gegen Troja, nicht nach Homer

Um 1230 v. Chr., Aulis/Griechenland

In der Bucht von Aulis, an der engsten Stelle der Meerenge zwischen der Insel Euböa und der Landschaft Böotien, lag eine stattliche Flotte griechischer Schiffe. Die Mannschaften hielten sich an Land auf, zum Teil schon seit vielen Wochen. Man wartete auf die letzten Verstärkungen, die bald eintreffen sollten. Es war für die Kapitäne und Befehlshaber nicht leicht, die temperamentvollen und ungeduldigen Krieger bei Laune und in Ruhe zu halten, zumal Schiffe und Kämpfer aus den verschiedensten Burgen der griechischen Halbinsel hier zusammengekommen waren. Häufig genug gerieten sich die untätig wartenden Soldaten der verschiedenen

Kontingente gegenseitig in die Haare, obwohl sie doch diesmal alle Verbündete sein sollten.

Im Zelt des Königs Agamemnon von Mykene, des reichsten und angesehensten Fürsten der Griechen, saßen die Könige und Anführer der Kontingente zusammen. Wie schon so oft in den Tagen zuvor gab es verschiedene Meinungen über den Tag des endgültigen Aufbruchs, über den zu rudernden Kurs, ja über die Zweckmäßigkeit des Unternehmens überhaupt. Da nahm Odysseus von Ithaka das Wort. Er war nur der König einer kleinen Insel an der Westküste Griechenlands, aber einer der geachtetsten und klügsten Anführer, auf dessen Rat die anderen hörten.

«Ihr Könige und Fürsten», sagte Odysseus mit seiner angenehmen, aber manchmal ein wenig spöttisch-überlegen klingenden Stimme, «hört mich an: Ehe wir uns ganz zerstreiten, laßt uns den Zug gegen Troja abblasen. Ihr wißt, daß ich von Anfang an gewarnt habe und Zeus durch mich hat weissagen lassen, daß der Krieg zehn Jahre dauern wird.» Diesem Vorschlag widersprach die Versammlung lebhaft mit lauten Rufen und Murren.

«Gut», fuhr Odysseus fort, «da ihr in eurer Mehrheit den Kampf wollt, da die Göttin Athene auf unserer Seite steht und da zum erstenmal, solange ich denken kann, sich griechisch sprechende Könige mit ihren Kriegern zu einem gemeinsamen Kriegszug vereinigt haben – darum laßt uns mutig und klug und entschlossen handeln. Wenn dir, König Menelaos von Sparta, deine Frau Helena mit dem Prinzen Paris von Troja durchgebrannt ist, dann ist das dein persönliches Unglück – oder Glück, wie man es nimmt. So etwas ist vielen schon passiert, und es tut nicht not, darüber vor aller Welt zu reden, und noch weniger, alle Könige, die Zeus verehren, zu einem Krieg gegen Troja aufzustacheln. Doch weil Troja, wie wir alle wissen, nach wie vor den Handel durch die Dardanellen kontrolliert und unsere Schiffe gerade in den letzten Jahren nie ungehindert ins Schwarze Meer fahren läßt, sollten wir die Gelegenheit nützen, wo wir uns einmal ausnahmsweise einig sind, Troja zu erobern und zu zerstören. Auch wenn der Krieg lange dauern wird, haben wir eine gute Chance. Denn Poseidon, der Erderschütterer, hat vor einigen Jahren Troja mit einem Erdbeben schwer geschadet. Seine Mauern und seine Verteidiger sind nicht mehr so stark wie zur Zeit unserer

Väter. Wenn uns die Eroberung Trojas gelingt, kann unser friedlicher Handel mit den Schätzen des Ostens blühen, und wir haben es nicht mehr nötig, zur Vermehrung unseres Reichtums und unserer Sklaven gegenseitig unsere Burgen und Dörfer zu überfallen.»

Die anderen Helden des griechischen Heeres – König Agamemnon von Mykene, sein Bruder Menelaos, der alte Nestor aus Pylos, Achilleus der Held, der Große und der Kleine Aias und wie sie alle hießen – fanden die Worte des Odysseus vernünftig, gaben großen Beifall und setzten die Abreise nach Troja für zwei Tage später fest. Der Krieg begann ...

*

Diese Rede des Odysseus ist von keinem antiken Schriftsteller überliefert worden, erst recht nicht von Homer, dem Dichter der «Ilias» und der «Odyssee», den berühmten Heldenliedern über den Kampf um Troja und die Heimkehr des Odysseus. Und dennoch, es ist nicht auszuschließen, daß eine ähnliche Rede gehalten wurde.

Die Frage nach der geschichtlichen Wahrheit des Trojanischen Krieges ist seit alters umstritten. Nicht nur Homer (oder vielmehr der Kreis von Dichtern, dem man zusammenfassend den Namen Homer gab) hat in der «Ilias» darüber berichtet. Sondern auch andere griechische Schriftsteller und Dichter der «klassischen» Zeit haben, vielfach ergänzend, über den Kampf um Troja und seine Vor- und Nachspiele geschrieben. Heute sind die meisten Fachwissenschaftler überzeugt, daß auch diese berühmteste Überlieferung aus der griechischen Vorzeit auf tatsächliche historische Vorgänge zurückgeht. Allerdings war die Zeit Homers mindestens vierhundert Jahre später, und bis dahin hat sich in der Erinnerung manches verschoben oder wurde dichterisch verklärt.

Der britische Fachmann für griechische Mythologie, Robert von Ranke-Graves, schreibt – und diese Meinung wird von Historikern geteilt –: «Der Trojanische Krieg ist eine historische Tatsache. Was auch immer seine unmittelbare Ursache gewesen sein mag, es war ein Handelskrieg. Troja beherrschte den gewinnbringenden Schwarzmeerhandel mit Gold, Silber, Eisen, Zinnober, Schiffsholz, Leinen, Hanf, getrockneten Fischen, Öl und chinesischem

Jade. Als Troja gefallen war, waren die Griechen in der Lage, entlang der östlichen Handelsroute Kolonien zu errichten, die so reich waren wie die in Kleinasien und Sizilien.»

Die von antiken Autoren angegebene Zeit für den Trojanischen Krieg – in unsere Zeitrechnung umgerechnet von 1194–1184 v. Chr. – muß allerdings wohl nach modernsten Erkenntnissen etwas nach oben korrigiert werden. Es ist anzunehmen, daß dieser Krieg um das Jahr 1230 v. Chr. stattfand.

Vollständige Vernichtung?

Der Zug gegen Troja dürfte allen Anzeichen nach das einzige gemeinsame Unternehmen der griechischen Königreiche während der ganzen mykenischen Kulturepoche gewesen sein. Vielleicht ist es gerade deswegen so intensiv durch Sänger und Dichter im Gedächtnis späterer Generationen bewahrt worden, im Gegensatz zu den dunklen Jahrhunderten danach. Auch wenn Troja nach zehnjährigem Kampf tatsächlich erobert und zerstört werden konnte – die antike Überlieferung berichtet davon, und die Archäologen gruben Zerstörungsspuren in der trojanischen Burg «VII a» aus, die dazu passen würden –, genützt hat das den Griechen wenig. Denn der Krieg fiel in den Beginn einer Epoche, die zu den dramatischsten der Weltgeschichte gehört. Innerhalb nur weniger Jahrzehnte gingen fast gleichzeitig mehrere festgefügt erscheinende Zivilisationen zugrunde, und neue, barbarische Völker erschienen auf der Drehbühne der Geschichte. Ganz Europa und der Nahe Osten wurden dadurch erschüttert.

Die griechisch sprechenden Träger der mykenischen Kultur waren vermutlich Opfer und Mitvollstrecker dieses Umsturzes zugleich. Der Trojanische Krieg hat ihr Ende vielleicht sogar beschleunigt. Laut Homer hatte eine Pestepidemie das griechische Heer dezimiert. Zu Hause hatten die jahrelange Abwesenheit der Könige und der Krieger mancherlei Eindringlinge angelockt. König Agamemnon von Mykene wurde bei seiner Heimkehr von seiner Frau und deren Geliebtem heimtückisch ermordet, und Odysseus mußte eine ganze Horde von Freiern um seine angeblich verwitwete Frau vertreiben, wenn wir die dichterischen Berichte über die Nachspiele des Trojanischen Krieges hier einmal als historische Fakten unterstellen. Auch die Einigkeit der Griechenstaaten untereinander wird nicht lange angehalten haben. Munter wird man wieder, wo es Erfolg versprach, die Burg des Nachbarn berannt und erobert haben. Vor allem aber zogen immer mehr fremde Horden plündernd und zerstörend von Norden und von See her durchs Land. Von ihnen wird der ganze III. Teil dieses Buch zu erzählen haben.

Überall wurden in Griechenland in den Jahrzehnten vor und nach 1200 v. Chr. die Befestigungen der Burgen fieberhaft verstärkt, geheime Gänge zu verborgenen Quellen gegraben, eine große Abwehrmauer quer über den sechs Kilometer breiten Isthmos von Korinth gebaut, wohl um fremde Eindringlinge vom Peloponnes fernzuhalten. Doch Erfolg hatten alle diese Anstrengungen nicht. Die Burgen in Pylos, Theben, Orchomenos, Mykene, Argos und zahlreichen anderen Orten wurden nach und nach zerstört, die Könige vermutlich erschlagen. Der friedliche Handel über See stockte. Griechische Schiffe schlossen sich dem Beispiel fremder Seeräuber an und wurden wieder, wie dreihundert Jahre zuvor, zu Piraten, überfielen wahllos griechische und andere Orte und zerstörten so selber die Stützen ihres früheren Wohlstandes.

Der Amerikaner Maitland A. Edey beschreibt diesen Zusammenbruch folgendermaßen: «Der Untergang erfolgte sehr rasch. Ein Ereignis löste das nächste aus, jedes Element des Systems der mykenischen Paläste brach zusammen, sobald die stützenden Elemente nachgaben. Ungefähr um 1100 v. Chr. war die mykenische Kultur verschwunden. An ihre Stelle trat eine Feudalgesellschaft, die sehr arm und zugleich sehr gewalttätig war. Die Einwohnerzahl sank rapide. Die Überlebenden verkrochen sich in Schlupfwinkel, in denen sie sowohl vor der gefährlichen See als auch vor ihren nicht weniger gefährlichen Nachbarn sicher waren. Die Künstler, die keine Aufträge von königlichen Gönnern mehr erhielten, verloren ihre Fähigkeiten, wurden alt und starben, und niemand trat an ihre Stelle. Den großen Meistern auf dem Gebiet der Keramik und Metallverarbeitung ging es ähnlich. Silber und Gold zum Tauschieren von Bronzeschwertern gab es nicht mehr, oft war nicht einmal Bronze vorhanden. Es wurden keine Aufzeichnungen über Paläste geführt, denn es gab keine Paläste mehr; es war weder Inventar da, das zu verzeichnen gewesen wäre, noch lebten in dieser Zeit des kulturellen und geistigen Zerfalls Menschen, die Inventarisationen lesen konnten. So gingen schließlich wie alles andere vor ihnen auch die Künste des Lesens und Schreibens unter.»

Zur gleichen Zeit versank tausend Kilometer weiter östlich in Inneranatolien auch das Großreich der Hethiter in Schutt und Asche und Vergessenheit, überspült von der gleichen Völkersturmflut. «Jedenfalls endete die Epoche mit vollständiger Vernichtung», schrieb der englische Historiker Michael Grant mit Blick auf die mykenische Kultur, die erste Hochkultur auf europäischem Boden und indoeuropäischer Prägung. Aber hatte er wirklich recht mit der Annahme vollständiger Vernichtung?

III

Räuber, Heroen, Könige

1300–500 v. Chr.

10. Kapitel

Völker auf dem Marsch

Von der illyrischen Wanderung, dem Seevölkersturm und den Philistern

Die Jugend wird unruhig

Um 1300 v. Chr., Burgenland/Österreich

Hoch über dem Dorf, am Hang des Berges, dem östlichsten Ausläufer der Alpen über der großen ungarischen Tiefebene, lag die alte Kupfermine. Einige Dutzend Männer arbeiteten hier in einer tief in die Felsen geschlagenen künstlichen Höhle, um das kostbare Erz zu bergen und aufzubereiten. Davor hatten die Schmiede ihre Werkstatt eingerichtet, wo sie ihre Werkzeuge und Schwerter und Geräte gießen und schmieden konnten. Die Bergleute stammten aus dem Dorf unten. Sie waren zumeist überzählige Söhne armer Bauern, die hier oben zwar harte Arbeit, aber auch Brot fanden. Denn der Fürst des Dorfes, der zusammen mit den anderen Adligen das Bergwerk betreiben ließ und die Gewinne aus dem Kupferexport einstrich, sorgte dafür, daß die Bauern genügend Fleisch, Getreide, Gemüse und andere Lebensmittel zum Unterhalt der Bergleute lieferten. Anders war es mit den Schmieden. Sie sprachen zwar die gleiche Sprache wie die Dorfbewohner, aber sie stammten nicht von hier. Sie waren freie Leute, sie hatten die Fesseln, die die anderen an ihre Stammessitten und an ihren Fürsten banden, abgeschüttelt und konnten sich, wo sie wollten, ein paar Jahre hier, ein paar Jahre dort niederlassen, um ihre vielbewunderte Kunst auszuüben.

Die Jugend des Dorfadels, insbesondere Dasas, der zwanzigjährige Sohn des Fürsten, war ständiger Gast bei den Schmieden.

Nicht so sehr, um ihr Handwerk zu lernen, sondern vielmehr, um immer wieder ihren Erzählungen von fernen Ländern zu lauschen. Man wußte viel im Dorf von der Welt ringsum, lag es doch an der seit undenkbar vielen Generationen begangenen Handelsstraße von der Donau zur Adria, über die auch der Kupferexport vonstatten ging. Schwerter und Schmuck aus Mykene, Bernstein von der Ostsee zogen hier auf Packtieren verladen oder auf Karren vorbei, und manches davon blieb im Dorf, im Austausch gegen das überall begehrte Kupfer und die neuerdings von den Schmieden im Dorf so hervorragend hergestellten Bronzeschwerter und Bronzepanzer. Aber mit dem dadurch erworbenen Reichtum und dem Wissen um die noch reicheren fernen Länder kam die Sehnsucht nach der Weite, das Bewußtsein der Enge des eigenen Daseins.

«Ich halte es nicht mehr hier aus», klagte Dasas dem Ältesten der Schmiede, der in vielen Unterhaltungen sein Vertrauter geworden war. «Es gibt so viele Menschen hier, viel zuviele für das Dorf und seine Äcker. Dieus und die unsterblichen Götter haben uns so gut geholfen, daß sich unsere Familien fast zu sehr vergrößert haben. Wir haben zuwenig Raum, zuwenig Essen und zuwenig Betätigungsfeld für uns junge Leute. Wir alle sind unzufrieden, wir würden am liebsten fortgehen.» Der alte Schmied konnte das verstehen: «Hast du nicht gehört», fragte er den Fürstensohn, «daß beim vorigen Vollmond in einem Dorf drei Tagereisen weit nach Sonnenaufgang fast die Hälfte der Einwohner aufgebrochen ist? Männer und Frauen sind fortgegangen, um sich neuen Platz irgendwo in der Welt zu erobern.» Begeistert fiel Dasas ein: «Ja, ich hab's gehört, und ich glaube, auch wir sollten das tun, damit wir wieder frische Luft atmen können. Ich habe mein gutes Schwert, das du mir gemacht hast, Schmied, ich habe einen Schild und ein Pferd; ich werde die jungen Leute im Dorf fragen, ob sie nicht mitkommen wollen.»

War es ein Gott, war es ein Dämon, der in die Geister der jungen Leute gefahren war? Überall im weiten Land hörte man von Unzufriedenheit, von der Enge, der man entfliehen wollte, von bewaffnetem Aufbruch. Im Dorf mit seinem Kupferbergwerk war der Eifer Dasas' wie ein Sturmwind in die glimmende Glut unter der Jugend gefahren und hatte ein Feuer der Begeisterung entfacht. Die Alten schüttelten den Kopf, aber sie mußten insgeheim zugeben, daß es wirklich sehr eng geworden war im Dorf. Und lag nicht weit im Süden, jenseits der See, das Land, wo es Gold und Silber und Wein in Fülle gab? Waren die jungen Männer nicht kräftig genug, sich eine neue Heimat zu erobern?

Wenige Wochen nach dem Gespräch Dasas' mit dem Schmied brach der Zug auf. Mehrere hundert junge Männer und Frauen, ja kaum dem Kindesalter entwachsene Burschen und Mädchen hatten sich aus mehreren Nachbardörfern zusammengefunden, Adlige und Bauernsöhne und Handwerker, die etwas anderes als das tägliche Einerlei erleben wollten. Die reichen Familien konnten ihren Söhnen Pferde mitgeben, die man nicht nur zum Ziehen der Gepäckkarren verwenden konnte. Neuerdings hatten die Dorfbewohner von Durchreisenden auf der Handelsstraße gelernt, daß man auf Pferden auch reiten könne; damit konnte man die ganze Schnelligkeit dieser edlen Tiere ausnützen. Aber nur wenige waren wohlhabend genug, sich diesen Luxus leisten zu können.

Das erste Ziel für den gewaltigen Zug war den Teilnehmern schon klar: Es war die Küste des Adriatischen Meeres, dort wo die Handelsstraße endete. Man hatte schon viel von diesem Gebiet gehört, wo anderssprachige Stämme leben sollten. Dasas, der Anführer, und seine jungen Leute waren sich sicher: Man würde dort an der Küste mit diesen Fremden wenig Federlesen machen, sie erschlagen oder vertreiben und den Reichtum, den sie an der Umschlagstelle zwischen Land- und Seehandelsstraße angehäuft haben mußten, an sich nehmen. Was sollte schon dabei sein? Schließlich waren es ja Fremde.

Die «Urnenfelderwanderung»

Es muß kurz vor oder kurz nach dem Jahr 1300 v. Chr. gewesen sein, als sich im Raum zwischen Ostalpen, mittlerer Donau und dem Bogen des Karpatengebirges, in der Übergangszone zwischen Mitteleuropa und der Balkanhalbinsel, ganz bedeutsame Wandlungen unter der ansässigen Bevölkerung vollzogen. Was die tiefere Ursache dieser Wandlungen gewesen sein mag, ist den Wissenschaftlern heute noch fast so unklar wie vor siebzig oder neunzig

Jahren, als die Archäologen die ersten äußerlich sichtbaren Zeichen dafür aus der Erde zu graben begannen.

Ein wesentliches Symptom war die grundlegende Änderung der Begräbnissitten. Hatte vorher in der ganzen älteren und mittleren Bronzezeit in Europa – von ihr wird in diesem Buch später noch mehr die Rede sein – der altindoeuropäische Brauch geherrscht, die vornehmeren Toten einzeln unter großen Grabhügeln (Kurganen) zu bestatten, so kam nunmehr eine völlig neue Art auf. Die Toten wurden auf Scheiterhaufen verbrannt und ihre Asche in tönernen Urnen in regelrechten Friedhöfen, in «Urnenfeldern» beigesetzt. Man kann vermuten, daß dies mit einem Wandel der religiösen Anschauungen, mit einer neuen Vorstellung vom Weiterleben der Verstorbenen im Jenseits zusammenhing. Denn ein Wechsel der Bevölkerung, die Einwanderung neuer Stämme ist in dieser Zeit nicht nachweisbar. In bestimmten Gegenden des Nordbalkans, etwa im späteren Siebenbürgen, war die Sitte der Leichenverbrennung schon lange geübt worden; nun aber breitete sie sich fast schlagartig über weite Gebiete aus. Die Wissenschaftler sprechen von der sogenannten «Urnenfelderwanderung». Natürlich wanderten nicht Urnen oder Urnenfelder, sondern Menschen, die diesen Brauch weitertrugen. Waren es «Missionare», waren es fanatisch für ihren Glauben streitende mächtige Herrscher, die die neue Mode mit Gewalt einführten? Wir wissen es nicht.

In den rund tausend Jahren, die seit der Einwanderung von indoeuropäischen Kurgan-Stämmen in die nördliche Balkanhalbinsel verstrichen waren, hatten sich diese Eindringlinge in einer ruhigen Entwicklung mit den Ureinwohnern gemischt. Sie hatten wie fast überall ihnen im Laufe der Zeit ihre Sprache, ihre Glaubensvorstellungen und ihre patriarchalische Gesellschaftsordnung aufgedrängt, natürlich nicht ohne auch ihrerseits viele Anregungen von der Vorbevölkerung zu empfangen. Das Land beiderseits der mittleren Donau erwies sich als ein besonders reiches Gebiet: reich an Kupfer und anderen Metallen, die in der Bronzezeit (von etwa 2000 bis 800 v. Chr.) mit Gewinn gefördert und exportiert werden konnten, reich an fruchtbaren Weiden für das Vieh, reich an Ackerboden zur Aussaat von Getreide. Die zunehmende Verwendung bronzener Pflugscharen steigerte die Ertragsfähigkeit des Bodens.

Die Bevölkerung wurde wohlhabend und wuchs rasch an, allerdings wohl mit der Zeit schneller als der Ernteertrag.

Manche Archäologen nehmen heute an, daß diese Überbevölkerung der eigentliche Anstoß zu einer neuen «Explosion» der indoeuropäischen Stämme war, über ein Jahrtausend nach der ersten «Explosion» der Kurgan-Stämme, und daß das Ausgangsgebiet dafür der Donau-Nordbalkan-Raum gewesen sein dürfte. Es muß sich dabei um recht massive «Völkerwanderungen» gehandelt haben, nicht bloß um Züge einzelner schwacher Jahrgangstrupps in der Art des Geweihten Frühlings der Kurgan-Leute. Andererseits muß aber immer noch genug von der Bevölkerung in dem Ausgangsgebiet zurückgeblieben sein, denn dort sprechen die Bodenfunde von ungebrochenem Andauern der vorherigen Kultur. Die Stoßrichtung der Auswanderer ging wiederum fast in alle Himmelsrichtungen, und die Folgen waren für ganz Europa und das Gebiet um das östliche Mittelmeer außerordentlich tiefgreifend. In diesem III. Teil des Buches sollen ihre Auswirkungen auf die Balkanhalbinsel und Vorderasien geschildert werden. Der V. Teil wird dann das Ergebnis der Völkerwanderungen und -wandlungen für den Rest Europas darstellen.

Was waren das für Menschen, die da ins Wandern gerieten? Indoeuropäisch geprägte Stämme auf jeden Fall, vermutlich mit einer Sprache, die um 1300 v. Chr. noch mehr oder weniger von Dänemark bis an die mittlere Donau, vom Rhein bis zur Weichsel gesprochen und – trotz sicher vorhandener Dialektunterschiede – verstanden wurde. «Alteuropäisch» nennen heute die Sprachwissenschaftler diese Zwischenstufe zwischen der noch ungeteilten «ur-indoeuropäischen» Sprache und den späteren Einzelsprachen wie Keltisch, Germanisch, Italisch und Illyrisch. Aus dieser über dreitausend Jahre zurückliegenden Zeit stammen – so versichern uns die Sprachforscher – viele Namen von Flüssen und Gewässern in Mittel- und Westeuropa. Bis heute wurden sie nur leicht umgeformt, z. B. Sala = Saale, Regana = Regen; es sind die ältesten heute noch existierenden Zeichen indoeuropäischer Sprache in unserer Region (siehe dazu auch 17. Kapitel: Wandlungen in «Alteuropa», S. 378 ff).

Die Menschen, zumindest im Südosten dieses großen Gebietes,

wahrscheinlich aber bis weit in den Norden Mitteleuropas hinein, dürfen bereits um 1300 v. Chr. als Vorfahren der späteren Illyrer, als «Proto-Illyrer» angesehen werden. Wieviel dieses Volk mit uns Deutschen, aber auch mit anderen europäischen Völkern zu tun hat, werden wir später noch sehen. Da die Vorstöße der «Urnenfelderbewegung» in den Süden der Balkanhalbinsel und über See in das Ostmittelmeergebiet weitgehend von diesen «Früh-Illyrern» getragen wurde, nennt man heute diesen Teil der vorgeschichtlichen Völkerwanderung oft auch die «illyrische Wanderung». Sie sollte nicht bereits am Nordende der Adria enden.

«Unsere Pläne werden gelingen!»

Um 1175 v. Chr., bei Port Said/Ägypten

Um den einzigen Süßwasserbrunnen drängten sich Tausende von Männern, Frauen und Kindern. Sie mußten mit ihren Gefäßen warten, bis sie an die Reihe kamen. Trotz der Hitze trugen die Männer ihre Waffen und ihre bronzene Rüstung, denn der Feind war nahe. Das Lager war nicht weit von der Mittelmeerküste aufgeschlagen, in dem schmalen grünen Streifen zwischen Sandstrand und der Wüste, die sich nach Süden bis in die Berge der Halbinsel Sinai erstreckte. Hier, am Brunnen, konnten die Frauen und Kinder und die Ochsenkarren zurückbleiben, wenn die Krieger morgen bei Tagesanbruch weiter nach Westen marschierten. Die östlichste Nilmündung war nur noch einen Tagesmarsch entfernt, aber auch das ägyptische Heer lag dort in Bereitschaft, das wußte man von den Spähern. Dennoch war keine Furcht unter den vielen tausend Menschen zu spüren.

Etwas abseits vom Getriebe tagte die Versammlung der Anführer. Da waren die Fürsten der Zeker und der Tyrsener, der Sikuler und Danaer, auch einige Achäer waren dabei: ein großer Teil der verschiedenen Völker, die seit Jahrzehnten Krieg und Brand durch die Länder um das östliche Mittelmeer trugen, vor deren Ansturm kein noch so festgefügter Staat sicher war. Zum Feldherrn in der kommenden Schlacht hatten die verbündeten Fürsten den mächtigsten unter ihnen gewählt: Dasa, den Fürsten der Palaister, der sie mit seiner großen Gestalt alle überragte und dessen Lederkappe mit den rundherumgesteckten Federbüschen eigentümlich von den Bronzehelmen seiner fürstlichen Kollegen abstach.

Fürst Dasa hatte gerade das Wort genommen. Er verwendete seine eigene Sprache, die alle Teilnehmer der Versammlung nach jahrzehntelangem Kontakt verstanden, obwohl die verbündeten Völker von Hause aus die unterschiedlichsten Sprachen mitgebracht hatten. Dasa erwähnte zuerst die ruhmreiche Vergangenheit, als seine eigenen Vorfahren aus einem Land aufgebrochen waren, das weit im Norden, viele Tagereisen von der See entfernt lag. An der Küste der Adria hatte das Volk der Palaister dann schnell den Umgang mit Schiffen gelernt, und seit hundert Jahren waren seine schnellen Segler mit den Vogelköpfen an Bug und Heck überall auf den Inseln, auf Kreta, Sizilien, in der Ägäis und auch in den Häfen des nördlichen Festlandes gefürchtet gewesen. Mit den anderen Völkern sei es genauso, erklärte Dasa, auch wenn sie aus anderen Gegenden stammten: die Tyrsener von den Insel der nördlichen Ägäis, die Danaer und Achäer vom Festland nördlich Kreta. Nicht umsonst würden die Ägypter sie alle voll Furcht die Hanebu, die Seevölker, nennen. Ihnen allen hätten die Götter bestimmt, die See zu beherrschen.

«Nicht nur die See ist unser Reich!» fuhr Dasa fort. «Muß ich euch daran erinnern, daß unser vereinigtes Heer vor wenigen Jahren das mächtige Hattuscha erobert hat, daß Karkemisch, Ugarit und Alaschia vor unserem Ansturm in Flammen aufgingen? Hier am Strand liegen unsere Segler, die morgen mit der Hälfte unserer Krieger die Ruderschiffe der Ägypter in den Grund bohren werden. Und unsere Krieger zu Fuß werden die Soldaten des Pharao zu Paaren treiben, so wie wir gemeinsam alle Länder der Amoriter erobert haben. Niemand kann uns standhalten. Dieus und die unsterblichen Götter sind mit uns! Seid zuversichtlich! Unsere Pläne werden gelingen!»

Doch zwei Tage später war die Katastrophe eingetreten. Zum erstenmal seit Jahrzehnten waren die Krieger der Seevölker auf einen militärisch überlegenen Gegner gestoßen, der mit dem Mut der Verzweiflung und unter Ausnutzung aller taktischen Vorteile kämpfte. Die Flotte war in eine Windflaute geraten, so daß die Ruderschiffe der Ägypter leichtes Spiel mit den hilflos treibenden Seglern der Seevölker hatten. Und an Land waren die Streitwagenkolonnen des Pharaos Ramses wie ein Unwetter in die Reihen der Palaister, der Tyrsener und Danaer und ihrer Verbündeten gefahren. Tote und Verwundete lagen zu Hunderten auf dem Schlachtfeld. Die ägyptischen Soldaten trieben die Gefangenen zusammen, mit auf dem Rücken zusammengeschnürten Ellbogen, auch die Frauen und Kinder auf ihren Ochsenkarren, soweit ihnen nicht die Flucht nach Osten mit den Resten des Heeres gelungen war. Einige der verbündeten Kontingente hatten sich, als sie sahen, daß das Kriegsglück sie verließ, schon zu Beginn der Schlacht eilig davongemacht. Pharao Ramses III. konnte in seiner Residenz in Theben am Nil mit Recht einen großen Siegestempel bauen und seinen Sieg verherrlichen lassen. Daß Ägypten auch nach dieser für die Seevölker so verlustreichen Schlacht auf die Herrschaft über die früher zum Nilreich gehörende Ostküste des Mittelmeeres verzichten mußte, das brauchten die Chronisten ja nicht mit aufzuschreiben.

Der Seevölkersturm

Zu den heute noch am besten erhaltenen Bauten aus altägyptischer Zeit gehört der Tempel von Medinet Habu bei Theben, eine Anlage des Pharaos Ramses III. (ca. 1184–1153 v. Chr.). Er stellt ein einziges Bilderbuch dar: Wände über Wände voller detailgetreuer Szenen von Schlachten und Siegen des Königs. Hieroglypheninschriften geben die nötigen Erklärungen. Aus ihnen erfuhren die Ägyptologen schon vor Jahrzehnten von einer großen kombinierten Land- und Seeschlacht Ägyptens gegen die «Seevölker», die um das Jahr 1175 v. Chr. stattgefunden haben muß. Bereits knapp fünfzig Jahre vorher wurden diese Völker schon einmal von ägyptischen Quellen erwähnt: Sie nahmen an einem von Pharao Merenptah zurückgeschlagenen Angriff der Libyer von Westen her auf das Niltal teil (ca. 1219 v. Chr.). Das sind die einzigen uns schriftlich überlieferten Hinweise auf die «Seevölker», die in der Weltgeschichte ebenso geheimnisvoll auftauchten wie verschwanden.

Indizien zur Aufhellung des Rätsels lieferten indessen die Archäologen. Sie fanden Schwerter von im Nahen Osten ungewohntem, eher an mitteleuropäische Herkunft erinnerndem Typus an den verschiedensten Stellen der Küste des östlichen Mittelmeeres, auch fremdartige Rüstungen und Schmuck, die aus der Zeit um die Wende vom 13. zum 12. vorchristlichen Jahrhundert stammen mußten. Sie fanden Brandschichten in zahlreichen mykenischen Burgen und in Städten im Nahen Osten, unter anderem in Hattuscha. Nach verschiedenen tastenden Deutungsversuchen bringen die Vorgeschichtswissenschaftler heute ziemlich übereinstimmend jene Zeit der Unruhe im Ostmittelmeer mit der mitteleuropäischen Urnenfelderwanderung in Verbindung.

Illyrische Abenteurer, also Mitteleuropäer, als bronzezeitliche Eroberer im Vorderen Orient? Warum nicht? Wenn wir uns an die Weiträumigkeit des ersten indoeuropäischen Aufbruchs erinnern, kann uns das nicht so sehr überraschen wie die Historiker vor siebzig oder achtzig Jahren, die noch nichts davon wußten. Allerdings wäre es falsch, die ganze Seevölkerbewegung in Bausch und Bogen den Indoeuropäern zuzuschreiben.

Die ägyptischen Hieroglyphen haben uns die Namen von einer Reihe dieser Völker überliefert, jedoch wie bei der hebräischen oder arabischen Schrift ohne die zugehörigen Vokale. «Sch-k-l-sch» kann man da zum Beispiel lesen, und es bleibt dem Gefühl oder der Erfahrung des Hieroglyphenkundigen überlassen, ob dieses Wort wie «Schekelesch» oder «Schakalscha» auszusprechen ist. So nannten die Ägypter eines der Seevölker, und man meint, es mit der aus antiken römischen und griechischen Schriften bekannten Völkerschaft der «Sikuler» gleichsetzen zu können – ohne daß diese Gleichung zwingend ist. Die Sikuler dürften eine Stammesgruppe protoillyrischer, indoeuropäischer Sprache gewesen sein, die erst nach ihrer Niederlassung auf der großen Insel südwestlich Italiens dieser *ihren* Namen gegeben hat: Sizilien.

Schon bei ihren nördlichen Nachbarn, den Scherdana (Sarden), die vermutlich nach manchen Irrfahrten Sardinien besiedelten, ist eine indoeuropäische Herkunft unwahrscheinlich, ebenso bei den Tyrsenern (auf ägyptisch Turscha). Diese werden von manchen Forschern mit den Etruskern in Verbindung gebracht, den Begründern jener Hochkultur in Italien, die zur geistigen Mutter der römischen wurde. Eigenen Legenden zufolge sollen die Etrusker oder Teile davon aus dem Gebiet am Ägäischen Meer stammen. Der römische Dichter Vergil hat sie in seinem berühmten Epos «Äneis» als Flüchtlinge aus Troja geschildert, was wohl nicht ganz korrekt, aber auch nicht völlig falsch ist.

Der gewaltsame Aufbruch protoillyrischer Haufen aus dem Mitteldonaugebiet, wie er zu Beginn dieses Kapitels mit ein wenig Phantasie beschrieben wurde, dürfte in einer Kettenreaktion viele, ja alle Völker der Balkanhalbinsel und darüber hinaus in Bewegung gesetzt haben. Ein Stamm nach dem anderen wurde von räuberischen, Platz suchenden Nachbarn vertrieben oder sah, daß er sich selbst auf diese Weise zu Reichtum und Lebensraum verhelfen konnte und mußte.

Manche Gruppen dürften sich an die Adriaküste gewandt haben und scheinen dort mit dem Meer und mit Schiffen vertraut geworden zu sein. Später haben sie – so vermutet man – sich bald einmal hier, bald dort auf den Inseln des östlichen Mittelmeeres festgesetzt, zunächst noch ohne die Absicht bleibender Ansiedlung. Ihre Frauen und Kinder und ihre Habe konnten schnell mit Schiffen weiterbefördert werden. Ein rascher Angriff mit einigen wohlbewaffneten Schiffen auf einen fremden Hafen brachte oft ungeahnte Schätze in die Hände der abenteuerlustigen Barbaren. Innerhalb weniger Jahrzehnte dürfte die Seeräuberei zur Haupttätigkeit vieler dieser Stämme geworden sein. Manche traten, wo guter Lohn und Beute winkten, als Söldner in ägyptische oder hethitische Dienste, wie es ihnen gerade paßte. Da nun ohnehin schon der friedliche Handel im Mittelmeer ziemlich schlagartig zusammengebrochen war, beteiligten sich offenbar auch die mykenischen Griechen an diesem Spiel – mit dem Ergebnis, daß in kurzer Zeit ihre eigenen Burgen erobert und verbrannt waren.

Verwandte Völkerschaften, die aus dem Inneren der Balkanhalbinsel über Land nach Süden gedrängt wurden, setzten sich in Griechenland fest; von ihnen, den «dorischen» Griechen, wird das nächste Kapitel mehr erzählen. Wieder andere Stämme waren donauabwärts gezogen und erreichten über die Küste des Schwarzen Meeres Kleinasien, oder sie zogen zu Lande über Thrakien dorthin. Eine ganze Völkerlawine meist indoeuropäischer Zunge – Phryger, Thraker, Armenier – geriet in dieser Zeit in Bewegung und trug vermutlich mit zum Untergang des Hethiterreiches bei. Diesen Völkern ist das 12. Kapitel gewidmet.

Sosehr die Seevölker sich wahrscheinlich auch gegenseitig bekriegten, gelegentlich müssen sie oder Teile davon sich auch verbündet haben. Das war offenbar beim großen Libyerangriff auf Ägypten (1219 v. Chr.) der Fall. Die Fürsten der berberischen Libyer werden noch von Herodot 800 Jahre später als hellfarbig und blauäugig geschildert, ein deutliches Zeichen, daß auch sie europäischer Abkunft gewesen sein müssen. Aber wir wissen heute nichts Näheres darüber. Auch der Schreckenszug durch Kleinasien, Syrien und Palästina kurz vor 1175 v. Chr. war das Werk verbündeter Völker. So ließ Pharao Ramses III. in Medinet Habu berichten: «Die Fremdländer verschworen sich untereinander. Kein Land konnte vor ihren Waffen bestehen von Hatti (Hethiterreich) an. Kode, Karkemisch, Arzawa, Alaschia waren vernichtet. Sie kamen, indem ein Feuer vor ihnen herging, auf Ägypten zu. Ihre Verbündeten waren die Pelset, Zeker, Schekelesch, Denen und Weschesch vereint. Ihre Herzen waren voll Vertrauen, und sie sagten: Unsere Pläne gelingen.»

Ihre Pläne gelangen nicht. Die Niederlage der Seevölker am östlichen Nilarm (östlich des heutigen Port Said) beendete ziemlich abrupt die Unruhe, die über hundert Jahre im Mittelmeer geherrscht hatte. Aber die Folgen waren dennoch katastrophal. Nicht nur die Hochkultur des Hethiterreiches war vernichtet, sondern auch die der mykenischen Griechen, die blühenden Handelsstädte an der West- und Südküste Kleinasiens und an der syrisch-palästinensischen Küste. Kunst und Handel und die Kenntnis der Schrift kamen zum Erliegen. Die vorher so lebhaften Verbindungen zwischen den Ländern um das Mittelmeer hörten auf, eine Isolierung trat ein; für ein paar Jahrhunderte fielen große Teile der damaligen Kulturwelt in die Barbarei zurück. Aber es waren auch zugleich die Seevölker, die hier an der östlichen Küste des Mittelmeeres in den folgenden Generationen für eine eigenartige Verbindung zwischen Ost und West im Volk der Philister und für das Entstehen einer neuen Kultur- und Seefahrernation, der Phönizier, verantwortlich waren.

Der Triumph der Philister

Um 1000 v. Chr., Beth-Schean/Israel

An der Festungsmauer neben dem Tor der alten Stadt Beth-Schean westlich des Jordan hingen seltsam verkrümmt vier nackte, ausgeblutete menschliche Körper, denen man die Köpfe abgeschlagen hatte. Ein paar Holzpflöcke waren roh durch das Fleisch in die Ritzen der Steinmauer getrieben. Davor standen Soldaten und Offiziere des Heeres der Philister, mit Bronzerüstungen und Eisenschwertern schwer bewaffnet, und trieben ihren Spott mit den toten besiegten Feinden.

«Seht nur Saul, den König der Hebräer, der immer so groß tat! Jetzt baumelt er hier tot an der Wand, und seine drei Söhne dazu!» Einer der Philister schrie es triumphierend. Und ein anderer prahlte: «Ich hab ihn gefunden, als er sich in sein Schwert gestürzt hatte, denn er konnte uns nicht mehr entkommen. Hoch oben auf den Berg Gilboa hat er sich verkrochen, nachdem wir diese Bande der Hebräer auf der Ebene Jesreel besiegt hatten. Fünf davon habe ich selbst erschlagen!»

Das war der größte Triumph für die Philister. Vor fast zweihundert Jahren hatten sie sich hier niedergelassen, an der Ostküste des Mittelmeeres, nachdem die Ägypter ihren Vormarsch an den Nil zurückgewiesen hatten. In dieser langen Zeit waren die Philister Einheimische geworden. Sie hatten die kleinen Städte Gaza, Askalon, Aschdod, Ekron und Gath an oder nahe der Küste erobert und die Sprache der dort wohnenden Kanaanäer gelernt. Aber noch war die Erinnerung im Volk der Philister lebendig, daß es einst über See gekommen war. Im Vergleich zu den kleinwüchsigen Kanaanäern und den ihnen sprachverwandten Hebräern wirkten die hohen kräftigen Gestalten der Philister wie Riesen, wie Gäste in einer fremden Welt.

Ägypten hatte zwar vor zwei Jahrhunderten das Heer der Seevölker besiegt, aber es war dem Nilreich in dieser ganzen Zeit nicht gelungen, die syrische Küste wieder wie früher in seine Gewalt zu bekommen. Zu zäh verteidigten sich die kampfgewohnten Philister, und zu schwach war inzwischen das Pharaonenreich geworden. Ägypten begnügte sich damit, ein paar seiner alten Festungen im Land dem Namen nach aufrechtzuerhalten, so auch die Festung Beth-Schean südlich des Sees Genezareth, wenn auch die Besatzungstruppen dort schon lange Philister waren, die hier wie im ganzen Land nach eigenem Gutdünken schalteten und walteten. Die Ägypter waren keine Bedrohung mehr für die Philister, wohl aber die Hebräer. Diese sollten, so sagte man, einstmals eine Gruppe ägyptischer Sklaven gewesen sein, die unter dem Pharao Merenptah aus dem Nilreich geflüchtet und durch die Sinai-Wüste von Südosten her in das Land Kanaan gekommen waren. Sie nannten sich selbst das Volk Israel und glaubten an einen einzigen Gott Jahwe, der ihnen auf ihrer langen Wanderung durch ihren Anführer Moses ein strenges, unverbrüchlich zu haltendes Gesetz mitgeteilt hatte. Das war fast zur gleichen Zeit gewesen, als sich der Zug der Philister und ihrer Verbündeten von Norden her an der syrischen Küste entlangwälzte und die Schiffe der Philister dort landeten.

Während die Philister die Ackerbau treibenden und in den Städten wohnenden Kanaanäer leicht überwältigen und beherrschen konnten, blieben die nomadischen Hebräer in den östlichen Steppenbergen immer unabhängig, trotz unzähliger Schlachten und Scharmützel, die die beiden benachbarten Völker seit über hundertfünfzig Jahren miteinander ausgetragen hatten. Einmal hatte sogar ein junger Schafshirte aus dem Volk der Hebräer namens David den stärksten Helden der Philister, Goliath, schmählich besiegt, indem er, statt im ehrlichen Schwertkampf anzutreten, Goliath mit einem Stein aus einer Schleuder tötete. Nun war allerdings dieser David mit einem Haufen seiner Leute zu den Philistern übergegangen, weil er sich mit König Saul nicht vertrug. David verteidigte jetzt irgendwo im Süden das philistäische Stammland vor Angriffen eines anderen Wüstenvolkes, der Amalekiter.

Jetzt, da König Saul und seine Söhne tot an der Stadtmauer von Beth-Schean aufgehängt waren, schien die hebräische Gefahr endgültig vorüber zu sein. Der Einflußbereich des philistäischen Städtebundes erstreckte sich nun von der ägyptischen Grenze, von Gaza, im Süden bis zu den Seestädten im Norden, wo Verwandte der Philister dabei waren, den dortigen Kanaanäern die Kunst der Seemannschaft beizubringen, und ihrerseits von den Einheimischen deren Sprache und kaufmännische Gerissenheit lernten.

Die Philister, die da spottend und triumphierend vor dem Leichnam König Sauls standen, konnten nicht ahnen, was ihnen bereits in kurzer Zeit bevorstand. Schon in der nächsten Nacht stahlen hebräische Männer diese entehrten Körper von der Mauer und begruben sie würdig. Und jener reichlich charakterlose Hebräer David trat wenige Jahre später die Nachfolge Sauls als König von Juda und Israel, also als König aller Hebräer, an und drängte dabei die Philister rasch wieder auf ihre ursprünglichen fünf Küstenstädte zurück.

Indoeuropäer mit semitischer Sprache

Über das Volk der Philister kann man einiges – und nicht sehr Schmeichelhaftes – in der Bibel lesen. Das Alte Testament, vor allem das Buch der Richter, das 1. und 2. Buch Samuel und das 1. Buch der Chronik, berichtet viel von den Erzfeinden der Juden. Aber man erfährt nichts über ihre Herkunft und kaum etwas über ihre Kultur. So steht noch in einem deutschen «Konversationslexikon» vom Ende des 19. Jahrhunderts kurz und bündig, die Philister seien ein kanaanäischer Stamm gewesen. Die Kanaanäer gehörten zu einer der großen semitischen Wanderungen, die während des zweiten vorchristlichen Jahrtausends im Siedlungsgebiet an der Küste zwischen Kleinasien und Ägypten zum Stillstand gekommen waren. Waren die Philister also Semiten, Sprachverwandte der Juden?

Sprachverwandt waren sie schon, nachdem die Philister in ihrer neuen Heimat die Sprache der beherrschten Kanaanäer angenommen hatten. Aber rassisch und nach ihrer Herkunft hatten sie nun wirklich nichts mit den Israeliten und den Kanaanäern zu tun. Modernere Geschichtswerke bezeichnen die Philister als «ägäischer»

Herkunft, meist ohne sich darüber auszulassen, was das im einzelnen heißen soll. Als Beleg dafür verweist man auf eine sehr an mykenische Vorbilder erinnernde Keramik der Philister und andere archäologische Funde. Man weiß inzwischen auch, daß die Philister der in den ägyptischen Quellen als «Pelset» bezeichnete Teil der Seevölker waren und daß sie sich nach deren Zug durch Kleinasien und Syrien an der östlichen Mittelmeerküste niedergelassen haben. Manche Forscher behaupten, daß die Philister von der Insel Kreta gekommen sind, und das mag auch stimmen. Nur waren sie dort aller Wahrscheinlichkeit nach nicht einheimisch, sondern hatten lediglich vorübergehend ihre Wohnsitze auf der Insel aufgeschlagen.

Etwas nach der Zeit der obigen Episode vom Tod des israelischen Königs Saul hatte sein Nachfolger König David eine Leibwache, die der Bibel zufolge (nach der Übersetzung Luthers) aus «Krethi und Plethi» bestand. Das waren keine Juden, keine Verehrer des einzigen Gottes Jahwe, sondern fremde Söldner: Die einen waren, so vermutet man heute, Krieger, die in Kreta heimisch gewesen waren, die anderen Philister. Schon das zeigt, daß die Philister keine Kreter waren, jedenfalls nicht im Verständnis ihrer Zeitgenossen. Auch wenn es keine sicheren Beweise dafür gibt, so spricht doch vieles dafür, daß die geheimnisvollen Philister Nachkommen jener illyrischen, also indoeuropäischen Stämme waren, die dreihundert Jahre zuvor vom Alpenrand und dem ungarischen Becken aus zu ihrem großen Abenteuer aufgebrochen waren.

Kulturell haben die Philister keine großen Leistungen hinterlassen. Sie glichen sich rasch in Sprache und Religion an die Einheimischen an. Aber eine kulturelle Errungenschaft führten sie doch in ihrer neuen Heimat ein: das Eisen. Die Bibel berichtet, daß sie lange Zeit ein eifersüchtig gehütetes Monopol auf die Herstellung und Bearbeitung dieses Metalls besaßen, das so viel härter und brauchbarer, aber auch schwieriger zu erzeugen war als die herkömmliche Bronze. Ob sie diese Kenntnis von den Hethitern hatten, die bereits einige Jahrhunderte früher gelegentlich eiserne Waffen als große Kostbarkeiten verschenken konnten?

Nach der Errichtung des jüdischen Großreichs durch die Könige David und Salomo und auch während der jahrhundertelangen Teilung dieses Staates in zwei rivalisierende Königreiche Juda und Israel war der Einfluß der Philister beschränkt auf ihre fünf Städte an der Südostecke des Mittelmeeres. Und als in den folgenden Jahrhunderten Assyrer und Babylonier, nochmals Ägypter, Perser, dann Griechen und Römer sich in der Herrschaft über diese Weltgegend ablösten, da war es auch rasch mit den Philistern vorbei. Was es noch an Eigenarten ihres Volkstums gegeben haben mochte, verschmolz im nahöstlichen Völkergemisch.

Nur viel später, als das Volk der Philister längst untergegangen war, erlebte sein Name eine Wiederauferstehung: als politisches Programm. Denn nach der blutigen Niederschlagung des jüdischen Aufstandes in den Jahren 66–70 n. Chr. verfügte der römische Kaiser Vespasian, daß man den bis dahin als Judäa bezeichneten Landstrich nach den historischen Erbfeinden der Juden «Palästina» benennen solle. Der Name blieb bis zur Gegenwart gebräuchlich und stellt auch heute im Munde der arabischen Palästinenser ein antijüdisches Schlagwort dar. Und in deutschen Studentenkreisen des 18. Jahrhunderts kam das Wort «Philister» als ein Schimpfwort für engstirnige Spießbürger auf – was die historischen Philister sicher nicht waren. Seltsames Schicksal eines Völkernamens!

Ein Nachbarvolk der Philister muß in diesem den Seevölkern gewidmeten Kapitel wenigstens am Rande erwähnt werden: die Phönizier. Sicherlich wäre es völlig falsch, dieses berühmte Seefahrervolk des Altertums den Indoeuropäern zuzurechnen. Die Menschen, die in den kleinen Städten an der Küste des heutigen Libanon um das Jahr 1200 v. Chr. wohnten, waren semitisch sprechende Kanaanäer wie ihre Verwandten im späteren Palästina.

Aber irgendwann nach dem Durchzug der Seevölker durch dieses Gebiet, als aus dem von ihnen hinterlassenen Chaos wieder allmählich neues Leben und neuer Handel zu blühen begann, also ab der Mitte des 12. Jahrhunderts v. Chr., da trat das Volk der Phönizier in Erscheinung. Semitisch in Sprache und Religion, aber mit einer diesem Menschenschlag vorher nicht bekannten Fertigkeit in der Beherrschung von Schiffen. Sie füllten die Lücke, die der Niedergang erst der kretischen, dann der mykenischen Seeherrschaft im Mittelmeer hinterlassen hatte. Verschiedene Kenner der phönizischen Frühgeschichte stimmen darin überein, daß Teile der Seevölker, Spritzer der großen indoeuropäischen Wanderungswelle, sich um diese Zeit in Tyros und Sidon, in Beirut und Byblos und den anderen Küstenstädten inmitten der nördlichen Kanaanäer niederließen und mit ihnen verschmolzen. Die Kunst der Seemannschaft und der Unternehmungsgeist, der die Phönizier zu Schiff an die Küsten des gesamten Mittelmeeres bis auf den Atlantik trieb und der so erfolgreiche Kolonien wie Karthago hervorbrachte, als indoeuropäisches Erbgut? Vielleicht ist das eine zu gewagte Spekulation. Doch ganz von der Hand weisen läßt sie sich gewiß nicht.

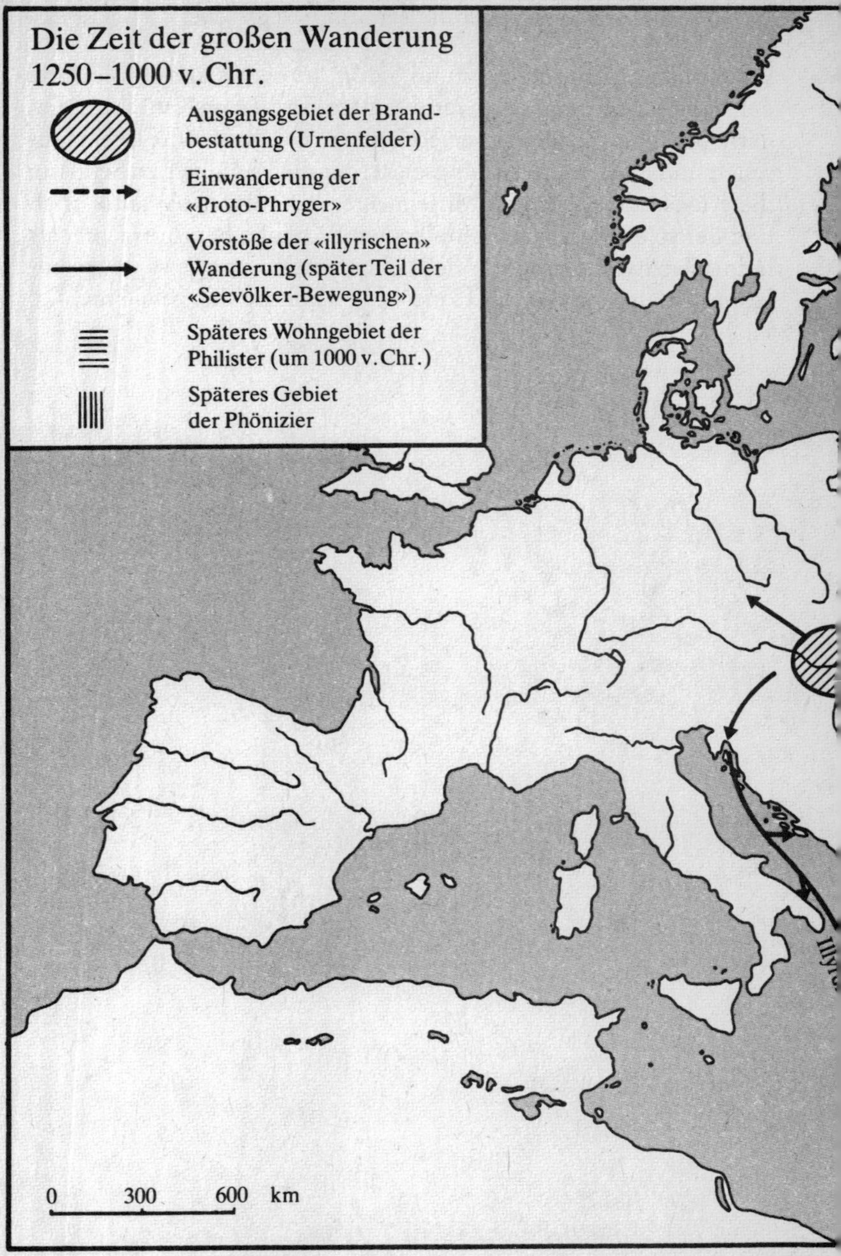
Die Zeit der großen Wanderung
1250–1000 v. Chr.
Ausgangsgebiet der Brandbestattung (Urnenfelder)
Einwanderung der «Proto-Phryger»
Vorstöße der «illyrischen» Wanderung (später Teil der «Seevölker-Bewegung»)
Späteres Wohngebiet der Philister (um 1000 v. Chr.)
Späteres Gebiet der Phönizier
0
300
600
km

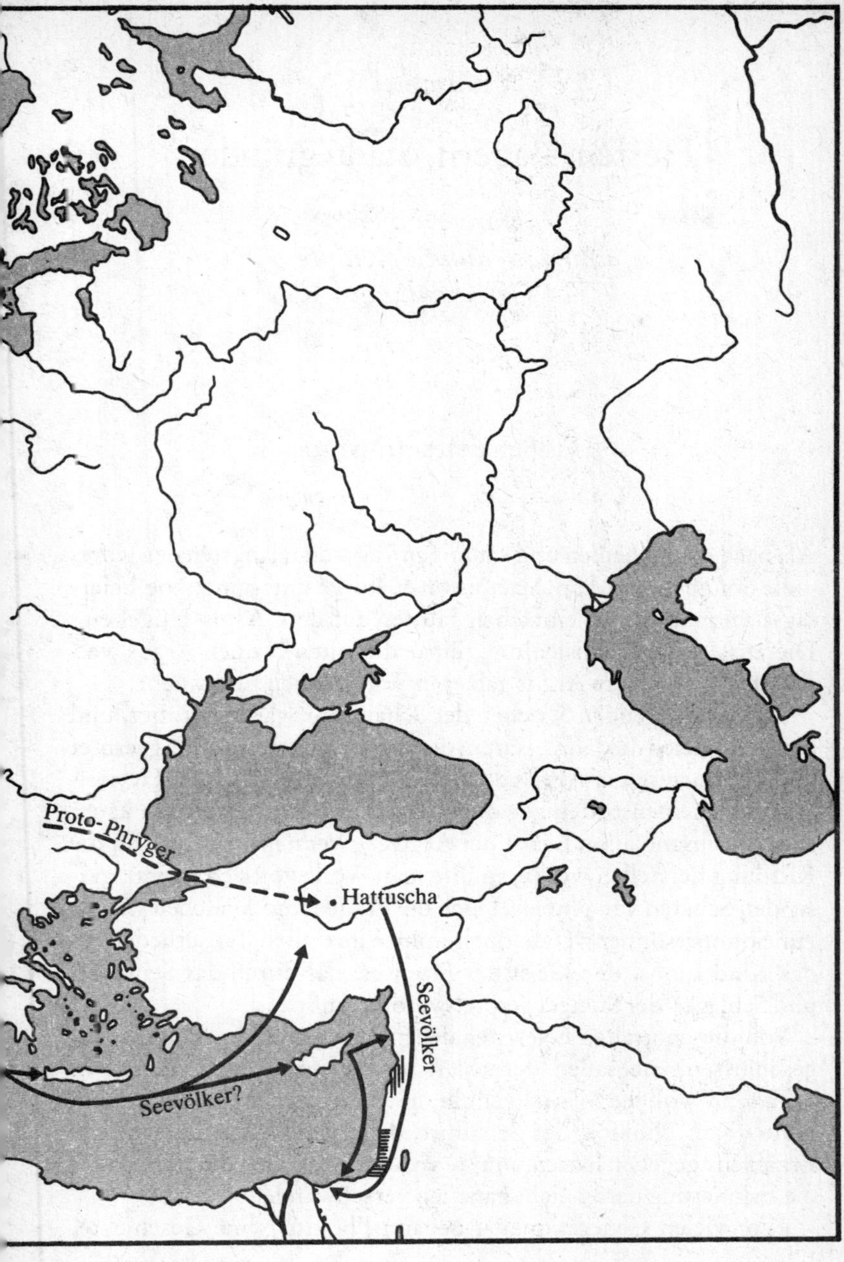

Proto-Phryger
Hattuscha
Seevölker
Seevölker?

11. Kapitel

Herren, Bauern, Städtegründer

Dorer, Jonier
und das «dunkle Zeitalter»
Griechenlands

Das Schafsfest in Argos

Um 1000 v. Chr., Argos/Griechenland

Als nach einem heißen und staubigen Tag – dem längsten des Jahres – die Sonne hinter dem Artemision-Gebirge unterging, zog Feiertagsstimmung in die einfachen Hütten auf dem Aspis-Hügel ein. Die unscheinbare Ansiedlung führte den alten Namen Argos weiter, aber das frühere Argos gab es in Wirklichkeit nicht mehr.

Die anstrengenden Wochen der Schafschur waren vorüber, und es war zugleich die Jahreszeit, in der man früher den Flachs geerntet und in gemeinsamer Arbeit daraus das Rohmaterial für die Herstellung von Leinenstoffen gewonnen hatte. Heute kannte man kaum noch Flachsanbau im Lande der Argiver. Wenn man Tücher für die Kleidung herstellen wollte, mußte man Wolle von den überall grasenden Schafen verspinnen. Doch die Frauen und Mädchen sangen zur Sommersonnenwende noch immer ihre alten Trauerlieder auf das Kind Linos, den Geist des Flachses, das durch das Stampfen und Schlagen der Stengel getötet werden mußte.

Von diesen uralten Feierriten der Frauen waren die Männer ausgeschlossen. Sie saßen derweilen um ein rauchendes Feuer im Freien, in wollene Mäntel gehüllt, aßen Lammbraten und tranken Wein dazu. Phokios, der Schafhirt, dem die Götter die Gabe des Erzählens gegeben hatten, mußte von alten Zeiten berichten, damit die Erinnerung daran nicht gänzlich verschwände.

«Vor vielen Generationen», begann Phokios seine Geschichte,

«lebte dort oben auf dem Berg Larisa der Wanax (König) Tisamenes aus der Familie des Pelops. Ihr könnt noch jetzt die Ruinen seiner mächtigen Burg sehen. Er herrschte über ein reiches Land, viele Äcker wurden bestellt, und die Argolis war weit und breit für ihre Pferdezucht bekannt. Da kamen fremde Kriegerhorden von Norden her und verheerten viele Städte auf dem Peloponnes. Kaum eine der festen Burgen hielt ihnen stand, auch unsere Burg auf der Larisa wurde zerstört, der König und seine Soldaten erschlagen. Aber die Götter zürnten über diesen Frevel und schickten eine furchtbare, lang anhaltende Dürre und im Gefolge davon eine schreckliche Pest, der viele im Heer der Eroberer zum Opfer fielen. Dessen Reste flüchteten davor wieder nach Norden und nahmen Gold und Bronze in Menge mit. Aber auch das Volk der Argiver litt furchtbar unter der Dürre und der Pest. Was die Eroberer nicht erschlagen hatten und nicht an der Krankheit starb, ging bei den Kämpfen unter, die die letzten achäischen Könige von Mykene, von Tiryns und einigen anderen Städten trotz der äußeren Bedrohung untereinander führten. Nur wenige arkadische Bauern blieben übrig, um sich fortzupflanzen. Von denen stammen wir alle ab, deren Familien seit alters her in Argos wohnen. So wie hier war es im ganzen Peloponnes, im Süden sogar noch schlimmer als hier. Von den überlebenden Arkadern und Achäern flohen etliche in das Gebirge in der Mitte und im Norden des Peloponnes und leben seitdem dort als einfache Hirten wie wir hier.»

Phokios nahm einen tüchtigen Schluck Wein, wischte sich den Bart und fuhr fort: «Es war eine schlimme Zeit. Alle Könige und alle Edlen und die meisten der einfachen Menschen waren tot. Not und Armut herrschte. Lange Zeit verging so. Da kamen neue Eroberer von Norden. Sie sprachen fast die gleiche Sprache wie wir und verehrten auch Zeus als Vater der Götter. Sie brauchten niemanden totzuschlagen, als sie hierher nach Argos kamen. Denn die wenigen Menschen, die es hier vor drei Generationen gab, konnten keinen Widerstand leisten. Die Fremden nahmen sich das beste Land, verteilten es unter sich und siedelten sich hier an. Heute sind sie unsere Herren, die Krieger aus den Stämmen der Dymanen, Hylleer und Pamphylier, die sich zusammen Dorer nennen. Wir dürfen nur Schafe hüten und Getreide liefern. Orneaten heißen wir bei ihnen, und wir haben keine Rechte in der Stadt, obwohl wir die Eingeborenen sind. Aber was sollen wir tun? Die Dorer haben eiserne Schwerter, und wer von uns aufbegehrt, den erschlagen sie, ohne lange zu fragen.»

Resigniert schwieg Phokios, und die Runde seiner Stammesgenossen am Feuer murrte, doch keiner wagte ein Wort des Widerstandes. Zu groß war die Furcht vor den dorischen Herren.

Zur gleichen Zeit saß auch Diokles, der Archagetes (Anführer) der Dorer in Argos, in festlicher Runde mit seinen Mitkriegern zusammen. Sie feierten auch: nicht das Kind Linos, sondern das Ende der Schafschur, für Hirten ihres Schlages ein wichtiger Abschnitt im Jahreslauf. Arnis, das Schafsfest, nannten sie ihr Fest. Die dorischen Herren hatten in den zurückliegenden arbeitsreichen Tagen genauso kräftig zugegriffen wie ihre leibeigenen Diener, die Gymneten. Hirten hatten für ihre Herde zu sorgen, was auch an Arbeit und Verantwortung das immer erforderte, Diokles, der Anführer, nicht weniger als seine Krieger. Doch nun durften sie den Göttern Dankopfer bringen für die segensreiche Schafschur, und sie durften ruhen, wie ihre Diener und wie die Familien der Orneaten. Heute war für alle Menschen in Argos die Zeit des großen Festes.

Die Gespräche auch der dorischen Herren schweiften zurück in die Vergangenheit, im Gedenken an die lange, lange Zeit, da sie, die sich Dymanen nannten, als arme Schaf- und Ziegenhirten in der kargen Bergwelt des Pindosgebirges hin und her gewandert waren, mit Lederzelten als Obdach und Ledereimern an Stelle von zerbrechlichen Töpfen als einzigem Wandergepäck. Viele Generationen war es nun schon her, da war das Gleichmaß ihres nomadischen Lebens unterbrochen worden. Fremde Scharen aus dem Norden zogen unten in der Ebene an ihnen vorüber nach Süden und kamen bald darauf in panischer Flucht vor dem Zorn der Götter wieder zurück. Kleine Teile davon – man nannte sie Hylleer – hatten vorher schon in den Bergen sich niedergelassen und das Leben der Wanderhirten angenommen, ganz ähnlich wie sie selbst, die Dymanen.

Mit der Zeit waren die Dymanen und Hylleer zu einem Volk zusammengewachsen, da sie doch in der gleichen Landschaft das gleiche Leben führten und eine ähnliche Sprache redeten. Auch

Grüppchen anderer, durch die Zeit der Unruhe versprengter Stämme schlossen sich ihnen in ihrer Bergeinsamkeit an und wurden unter dem Namen der Pamphylier («Männer von allen Stämmen») in den immer mächtiger werdenden Stammesverband in den Bergen aufgenommen. Es waren harte, energische Männer, vom rauhen Hirtenleben an das Ertragen aller Strapazen gewöhnt und rasch bei der Hand, wenn es galt, zur Verteidigung des Eigentums oder zur Gewinnung lockender Beute das Schwert zu ziehen. Die Hylleer hatten aus dem Norden die Kunst mitgebracht, wie man aus dem Eisenerz unter dem Gras der Wiesen Eisen schmelzen und schmieden konnte, Eisen, das wunderbar harte Schwerter und Speerspitzen ergab. Der Speer wurde die Hauptwaffe der Gebirgsleute; und Speerkämpfer, «Dorimachoi» oder abgekürzt «Doroi» nannten sich mit der Zeit die drei zu einem Stamm (Phyle) vereinigten Geschlechterverbände (Phratrien) der Dymanen, Hylleer und Pamphylier.

Weiter unten im Flachland und überall nach Süden zu lag fast leeres Land, in dem der Vernichtungsfeldzug der fremden Krieger und der Bruderkrieg der Achäer die Bevölkerung dahingerafft hatte. Dorthin zog es die Dorer. Immer mehr Trupps wanderten von den Höhen des Pindosgebirges herab, marschierten durch Böotien, Attika und die korinthische Landenge, so schnell es der Zustand ihrer Herden und der hier und da doch noch aufflackernde Widerstand der spärlichen Einwohner zuließ. In immer neuen Wellen setzten sie sich auf dem Peloponnes fest, und Argos, die alte Königsstadt, wurde von ihnen zu einer ihrer Residenzen gemacht.

Es war nicht schwer für die herrischen Dorer, sich in diesem Land Respekt zu verschaffen. Wer von den Vorbewohnern gutes Land sein eigen nannte, wurde gefangen, seiner Freiheit und seines Eigentums verlustig erklärt, er selbst und seine Familie als Gymnete zur lebenslangen Knechtsarbeit für die neuen Herren gezwungen, sein Land unter die dorischen Herren durch das Los verteilt. Nur wer weniger wertvolles Land besaß oder weiter weg vom Hauptort Argos wohnte, konnte sein Eigentum behalten, mußte aber als Orneate den neuen Herren Tribute und nötigenfalls im Krieg Gefolgschaft leisten.

Die Dorer, die ihre Lehmhütten auf dem Aspis-Hügel gebaut

hatten, mußten sich gelegentlich gegen neue Dorerscharen zur Wehr setzen, die immer wieder das Land durchzogen. Doch heftige Kämpfe gab es nicht. Denn im Süden, in der Landschaft Lakonien, war noch viel Platz, wo die landhungrigen Hirten sich niederlassen konnten. Im Grunde war dies eine friedliche und ereignislose Zeit. Daß die Dorer und ihre Gewaltunterworfenen unendlich viel primitiver lebten als die Menschen in Argos zweihundert Jahre vorher, kümmerte sie nicht. Sie lebten, und das war heute die Hauptsache.

Kehrten die «Söhne des Herakles» zurück?

Die Griechen sind das einzige indoeuropäische Volk, dem in diesem Buch zwei Kapitel gewidmet sind. Aus gutem Grund. Denn ihre Einwanderung in das Land, das später als Griechenland, als Hellas, bekannt werden sollte, erfolgte in völlig verschiedenen Kulturepochen. Die Jonier, Arkader und Achäer kamen in der Bronzezeit, die Dorer in der beginnenden Eisenzeit, fast ein Jahrtausend nach der ersten Welle.

Die «dorische Wanderung» war im Gegensatz zu den früheren Einwanderungen der Jonier und Arkader den antiken griechischen Schriftstellern und Historikern rund siebenhundert Jahre später noch in vager Erinnerung und wurde von ihnen mit «achtzig Jahre nach dem Fall Trojas» zeitlich eingeordnet. So ganz falsch lagen die Herren Thukydides und Herodot damit gar nicht. Was damals wirklich geschehen war, wußten sie jedoch weniger genau als die Fachleute heute. Auch die allerdings erst seit kurzer Zeit. Erst sorgfältige Untersuchungen der vielen hundert prähistorischen Fundorte in Griechenland in den letzten zwei Jahrzehnten brachten ein wenig Klarheit in das dramatische Geschehen vor über 3000 Jahren.

Bis vor kurzem noch waren auch die wenigen Professoren, die sich für griechische Vor- und Frühgeschichte interessieren, der Meinung, die Dorer seien es gewesen, die das Ende der mykenischen Burgen und das Ende ihrer Kultur um das Jahr 1200 v. Chr. herbeigeführt hätten. Doch merkwürdigerweise zeigte sich, daß nach diesen Zerstörungen kümmerliche Reste der mykenischen

Kultur im Peloponnes noch fortexistierten, während Anzeichen *neuer* Siedler – kenntlich etwa an dem neumodischen Brauch der Feuerbestattung und der Beigabe von Eisenschwertern in den Urnengräbern – erst rund hundert Jahre später – etwa ab 1100 v. Chr. – einsetzten. Die englischen Wissenschaftler Desborough und Snodgrass, die sich intensiv mit dem «dunklen Zeitalter» Griechenlands beschäftigt haben, kommen zu dem Schluß, daß es nur fremde, nichtgriechische Kriegerscharen gewesen sein können, die über Land von Norden her Griechenland verheerten und sich nach einer fast völligen Zerstörung der vorgefundenen mykenischen Siedlungen wieder zurückzogen.

Wer mögen diese fremden Krieger gewesen sein? Niemand unter den Fachwissenschaftlern wagt eine klare Antwort. Aber eigentlich können es doch wohl nur Menschen aus dem Nordbalkan gewesen sein, illyrische oder protoillyrische Scharen, vielleicht auch Thraker, Teile der in der «Urnenfelderwanderung» aufgestörten Stämme aus Mittel- oder Südosteuropa. Und vielleicht war es tatsächlich eine im Verlauf ihres blutigen Zuges aufgetretene Epidemie – keine Quelle berichtet darüber –, die sie zum spurlosen Rückzug zwang, die zugleich aber das südliche Griechenland fast völlig menschenleer machte. Dieser Rückgang der Besiedlung Griechenlands zwischen dem 13. und dem 11. Jahrhundert v. Chr. ist von den Archäologen eindeutig nachgewiesen worden. Klimaforscher behaupten, daß damals in Nordgriechenland und dem Peloponnes längere Zeit ein überaus trockenes Klima geherrscht haben muß. Vielleicht war dies die eigentliche Ursache all der kulturellen Umwälzungen in Griechenland.

Die Dorer waren Griechen wie die Jonier und Arkader auch. Ihr Dialekt scheint sich in der frühesten Zeit sogar weniger von dem ihrer eher ins Licht der Geschichte getretenen Vettern unterschieden zu haben als nachher in der «klassischen» Zeit. Vermutlich waren sie bei der Einwanderung der griechischen Stämme in den Südteil der Balkanhalbinsel um 2000 v. Chr. als einfache Hirten in den Gebirgsgegenden Nordgriechenlands, vielleicht auch in Albanien und Dalmatien, zurückgeblieben – zurückgeblieben im räumlichen wie im übertragenen Sinne. Kulturell hatten sie die Entwicklung in der mykenischen Zeit nicht mitgemacht. Noch viel später, in der

«Klassik» Griechenlands, galten die Dorer und besonders ihre noch ein wenig primitiveren Vettern, die «Nordwestgriechen», den kultivierten jonischen Schriftstellern aus Athen und Kleinasien als Halbbarbaren, jedenfalls als kulturell den übrigen Griechen nicht voll ebenbürtig. Das mochte stimmen. Aber zumindest waren die Dorer und Nordwestgriechen reiner indoeuropäisch in Rasse, Sprache und religiösen Vorstellungen als die schon weitgehend mit Pelasgern und anderen Völkern nichtindoeuropäischer Herkunft vermischten Jonier und Arkader.

Die griechischen Mythen berichten vom Einfall der Dorer in den Peloponnes unter der seltsamen Überschrift «Die Rückkehr der Herakliden», der Herakles-Söhne. Herakles, der mythische Held und Halbgott, dessen menschliches Vorbild (wenn es ein solches je gegeben hat) im 14. Jahrhundert v. Chr., also in mykenischer Zeit, in der Argolis und weit darüber hinaus unwahrscheinliche Abenteuer erlebt hatte – was hatte Herakles mit den Dorern aus dem Pindosgebirge zu tun? Der Sage nach waren seine zahlreichen, keineswegs immer ehelich gezeugten Kinder, die Herakliden, nach dem Tode des Heros von neidischen Königen vertrieben worden; die Nachkommen seien aber einige Generationen später als Dorer ins Land eingefallen und hätten sich ihr angestammtes Erbe mit Waffengewalt erobert. Den antiken Schriftstellern war der Zusammenhang offenbar auch nicht recht klar, außerdem kannte die Politik damals wie heute Verbiegungen der Geschichte zum Zwecke der Propaganda. Bemerkenswert ist, daß vor allem die Phyle (Stamm) der Hylleer den Herakles als Stammvater verehrte, also die fremde, von Norden her gekommene, im Ursprung nicht griechische Gruppe unter den Dorern. Vielleicht gibt es keine bessere Erklärung hierfür als die Fritz Schachermeyrs, daß schon lange vor der dorischen Wanderung einzelne Leute aus den Bergen, denen ihre Einsamkeit und Ereignislosigkeit nicht behagte, in den Dienst mykenischer Königshöfe getreten seien, was sich noch in der Gestalt des Herakles auszudrücken scheine. Die Richtigkeit dieser Annahme unterstellt, würde das bedeuten, daß schon zwischen 1400 und 1300 v. Chr. protoillyrische Gruppen in die Gebirge des nördlichen Griechenlands eingesickert sein müssen. Denn die «Hylleer» sind – wie die Fachleute heute übereinstimmend versichern – niemand anderes als Teile der Illyrer, was sich schon in der Namensverwandtschaft ausdrückt.

In der Zeit, in der die vorige Episode vom Schafsfest in Argos spielt, um das Jahr 1000 v. Chr., waren die Dorer dort schon knapp hundert Jahre ansässig. Aber der Zuzug dorischer Scharen dauerte noch an. Von Sparta, der späteren dorischen Hochburg, war noch keine Rede. Vielmehr war Argos die stärkste dorische Macht im Peloponnes, sofern man in dieser Zeit überhaupt von staatlicher Macht sprechen konnte. Es gab keinen Handel mehr in Griechenland, keine Außenbeziehungen, jede Stadt – oder besser, jede Ansammlung primitiver Hütten, die sich Stadt nannte – sorgte selbst für ihren gesamten Lebensunterhalt, wobei das Schwergewicht auf tierischer Nahrung lag. Das früher so berühmte Handwerk lag darnieder, es gab niemanden mehr, der die Kunst des Schreibens beherrschte – was hätte man auch aufschreiben sollen? Auch wenn die Sonne nach wie vor hell über Griechenland strahlte, war es in der Tat ein dunkles Zeitalter, kulturell und im Wissen der Späteren über diese Epoche.

Zu neuen Ufern

Um 1000 v. Chr., Milet/Kleinasien

Neileos, der Sohn des Kodros, stand am Mast des vordersten Schiffes, den Blick weit nach Osten gerichtet. Fünfzig Männer arbeiteten hart an den Rudern, und das Schiff glitt schnell wie ein Pfeil durch das blaugrüne Wasser des Ägäischen Meeres. Die anderen fünf Schiffe taten es ihm gleich.

Endlich lag Athen hinter ihm und seinen Männern – Athen, die kleine Ansiedlung auf dem Burghügel in Attika, unweit der Küste. Heimat war ihm dieser Ort, in dem er geboren war, und doch war er froh, ihren Staub von den Füßen schütteln zu können.

Neileos hieß wie sein mythischer Ahnherr, der Gründer der Königsstadt Pylos an der Südwestecke des Peloponnes. Nestor, einer der berühmtesten Könige im Trojanischen Krieg, war sein Urgroßvater. Die berufsmäßigen Sänger von Athen berichteten in ihren Liedern noch jetzt stolz von jenen alten glanzvollen Zeiten. Aber als vor nunmehr fast zweihundert Jahren fremde Eroberer auch die Burg von Pylos zerstörten, flüchteten die Königsfamilie und viele Einwohner der Stadt zu Schiff, bis sie nach manchen Abenteuern das stammverwandte Athen erreichten. Dieser Ort konnte sich bis heute glücklich schätzen, von keinem Fremden erobert und zerstört worden zu sein. Die Leute aus Pylos ließen sich dort nieder, versippten sich mit den Einwohnern von Athen, und Kodros, des Neileos Vater, wurde durch eine glückliche Fügung sogar Wanax (König) von Athen. Als dorische Scharen vor ein paar Jahren Athen angriffen, sicherte König Kodros durch seinen Opfertod den Sieg und die Freiheit der Athener.

Doch als er, Neileos, die Nachfolge des gefallenen Königs antreten wollte, war er den eingebildeten Athenern plötzlich nicht mehr gut genug. Keiner sei mehr würdig, Wanax wie Kodros zu sein, sagte eine einflußreiche Clique einheimischer Athener und warf sich im Kollektiv zu den wahren neuen Herren des Ortes auf. Des Neileos Bruder Medon war korrupt genug, sich unter dem neuen Titel Archon Basileus («Machthaber König») zum lebenslangen Anführer, doch ohne die Macht des alten Wanax machen zu lassen. Er aber, Neileos, und sein Bruder Androkles strebten seitdem aus Athen fort. Sie mußten einsehen, daß nach den umwälzenden Ereignissen der letzten Generationen die Zeit offenbar vorüber war, da ein Wanax absoluter Herrscher seiner Stadt sein konnte.

Nur einige Tage noch und ein paar Übernachtungen auf den günstig gelegenen Inseln der Kykladen, dann konnten die Schiffe in Milet landen. Neileos und Androkles hatten sie mit unzufriedenen Nachkommen pylischer Familien, mit allerlei abenteuerlustigen Athenern und sonstigem Strandgut der großen Unruhe der letzten Jahre bemannt. Fast alle aber waren Angehörige des großen Stammes der Jonier und konnten ihre Verwandtschaft zu einem der vier traditionellen Geschlechterverbände dieses Stammes, den Argadeern, den Aigikoreern, den Geleonten oder den Hopleten, nachweisen. Dort drüben, am jenseitigen Ufer des Ägäischen Meeres, hatte schon vor über dreihundert Jahren eine Niederlassung von Bauern und Kaufleuten aus Mykene bestanden. Vor einigen Generationen war sie von einheimischen Karern überrannt und ausgelöscht worden, weil der Rückhalt aus der Heimat fehlte. Doch einer entschlossenen Schar kampfgewohnter Männer würde es gewiß nicht schwerfallen, sich in einem Handstreich in den Besitz der kleinen, ideal gelegenen Halbinsel am latmischen Meerbusen zu setzen und sich dort neuen Lebensraum zu schaffen.

Ein paar Wochen später waren die griechischen Auswanderer schon eifrig dabei, aus Schlammziegeln kleine Häuser zu bauen, und eine Stadtmauer entstand quer über die Halbinsel. Die wenigen karischen Bauern waren Hals über Kopf vor der griechischen Invasion geflohen; vorerst machten sie auch keine Anstalten, die Kolonisten anzugreifen. Aber Neileos wollte sichergehen und ließ seine Leute von Morgengrauen bis Sonnenuntergang schwitzen, um die «Polis» (Burg) von Milet in Verteidigungszustand zu setzen. Waren doch schon die Boten nach Athen unterwegs, die den erfolgreichen Handstreich melden und Frauen und Kinder in mehreren Schiffen nachholen sollten.

Bald konnte man schon darangehen, im Vorfeld der Stadtmauer ein paar Äcker zu pflügen, und die mitgebrachten Schafe, Ziegen und Schweine weideten schon auf den saftigen Wiesen. Die Auswanderer waren in erster Linie Bauern und wollten das auch im neuen Land bleiben, wo Zeus mehr Regen schickte und die Schwemmböden an der Mündung des Mäanderflusses bessere Frucht trugen als in der mitunter recht kargen Heimat.

Den heimischen Göttern aber blieb man treu. So hatten schon die ersten Schiffe einen rohen Baumstumpf mitgebracht, der bereits drüben, westlich des Meeres, als Kultbild der Göttin Athene gegolten hatte. Hier in Milet wurde dieses Heiligtum feierlich in der Mitte der Siedlung unter freiem Himmel aufgestellt, und es spielte bei zahlreichen Festen der griechischen Auswanderer die Hauptrolle.

Die Anfänge der Hellenen

Die Auswanderung jonischer Griechen aus Attika nach der Westküste Kleinasiens um das Jahr 1000 v. Chr. – also etwa zur gleichen Zeit, in der die Dorer und ihre Vasallen in Argos das Schafsfest feierten – ist eine historische Tatsache, die von den Archäologen durch zahlreiche Ausgrabungen bestätigt wurde. Ob allerdings die schöne Erzählung von König Kodros und seinen Söhnen Medon, Neileos und Androkles, die uns vom griechischen Schriftsteller Herodot überliefert worden ist und die der vorigen Episode zugrunde lag, ganz den geschichtlichen Abläufen entspricht, darüber streitet man sich in Wissenschaftlerkreisen.

Nicht nur Milet wurde um diese Zeit von Männern und Frauen aus Attika und Euböa gegründet, sondern auch zahlreiche andere Städte an den Küsten Kleinasiens. War es der Druck der Dorer, der jonische Griechen zum Zug über das Meer veranlaßte? Zum Teil mag das der Fall gewesen sein. Denn die Jonier müssen sich damals als die letzten freien Vertreter des alten, untergegangenen mykenischen Zeitalters gefühlt haben, als Erben einer weltoffeneren, glanzvollen Zeit der Königshöfe und der göttergleichen Heroen. Mit den nüchternen, rücksichtslosen, von keiner Kultur beleckten Dorern verband sie außer einer sehr ähnlichen Sprache und einigen von beiden Völkern gleichermaßen verehrten Göttern kaum etwas. Wo man sich ihrer nicht mit Gewalt oder mit Glück erwehren konnte – wie in Athen –, mußte man ihnen aus dem Wege gehen, weit weg, übers Meer möglichst. Im nördlichen Teil Griechenlands wurden die seit vielen Jahrhunderten dort ansässigen äolischen Griechen von den nachdrängenden «Nordwestgriechen» fast völlig vom Festland verjagt. Auf den Inseln der nördlichen Ägäis und im Norden der kleinasiatischen Ägäisküste ließen sich die Äolier nieder und gründeten ebenfalls Kolonien nördlich des von Joniern besiedelten Küstenstreifens, die spätere «Äolis».

Aber vielleicht waren doch noch andere Empfindungen und Gründe bei dieser ersten griechischen Kolonisation im Spiel als nur die Furcht vor Dorern und Nordwestgriechen. Möglicherweise hilft hier der Rückgriff auf eine moderne Naturwissenschaft weiter, nämlich auf die Meteorologie. Es gibt Spezialisten unter den Klimaforschern, die behaupten, gerade Attika und die Inseln in der mittleren Ägäis seien während der schlimmen Dürreperiode, die das übrige Griechenland zwischen dem 12. und 10. Jahrhundert v. Chr. heimsuchte, verhältnismäßig feucht gewesen. Diese Gegenden wären also die nächstgelegenen Rückzugsgebiete für Flüchtlinge vor der Dürre gewesen und damit stark übervölkert. Den Joniern aus Athen und ihrer unfreiwilligen Einquartierung blieb also nur der Weg der Auswanderung, wenn sie auf Dauer überleben wollten.

Dazu kam wohl noch eine andere Ursache. Die Unruhe der großen Völkerstürme, die in den vorangegangenen Jahrhunderten über das Gebiet des östlichen Mittelmeeres hinweggebraust waren, hatte die Jonier sicherlich auch psychologisch beeinflußt. An den Raubzügen der «Seevölker» nahmen ja auch Gruppen teil, die von den Ägyptern «Danuna» und «Akaiwascha» genannt wurden. Heute setzt man diese Völker mit den Danaern und Achäern gleich, und das waren in den Epen Homers Synonyme für die gegen Troja kämpfenden Griechen. Die Ansiedlungen auf den Kykladen, auf Rhodos und anderen Inseln der Ägäis mußten in diesen sonst so unruhigen Jahrhunderten keine Zerstörungen erleiden – waren sie die Heimat dieses griechisch-mykenischen Teils der Seevölker? Auch wenn um die Wende vom 2. zum 1. vorchristlichen Jahrtausend die eigentlichen Seevölker längst seßhaft geworden waren, so mag es sein, daß der Drang in die Ferne nun auch die auf dem Festland wohnenden Griechen erfaßt hatte.

Denn auch die Dorer unternahmen den Sprung über das Meer. Gruppen dieses Stammes müssen schon bald nach der Eroberung fast des ganzen Peloponnes nach Kreta gefahren sein. Die große Insel war in der späteren Zeit bis auf kleine Reste eine dorische Domäne, ebenso die Inseln Thera, Kos und Rhodos und andere im Südteil der Ägäis. Auch auf dem kleinasiatischen Festland setzten sich die Dorer fest, in Halikarnassos und fünf anderen Städten, die man bald mit dem gemeinsamen Namen «Doris – Dorerland» nannte.

So zogen sich schon im 10. Jahrhundert v. Chr. drei Siedlungsgebiete griechischsprechender Völker quer über das Südende der Balkanhalbinsel, die Ägäis und den Westrand Kleinasiens: im Norden die Äolier, in der Mitte Jonier, im Süden Dorer. Dazu kamen noch in der Nordwestecke des Peloponnes und im Westteil Mittelgriechenlands die «Nordwestgriechen», die damals und auch später nicht den Sprung über das Meer wagten. Als fünften der griechischen Dialekte kennt man noch das «Arkadisch-Zyprische». Gesprochen wurde es von Flüchtlingen vor dem dorischen Ansturm einmal in einem Rückzugsgebiet in der Mitte des Peloponnes und zweitens auf Zypern, wohin offenbar große Teile der alten Arkader seinerzeit ausgewichen waren.

So sah auch in der «klassischen» Zeit rund fünfhundert Jahre später im großen ganzen die Völker- und Sprachenkarte Griechenlands aus: ein reichlich buntes Gemisch. Man wagt kaum, den Begriff «griechisches Volk» zu benutzen, denn von Herkunft, geschichtlicher Entwicklung und Kultur waren die einzelnen Stämme völlig verschieden. Dazu kamen noch die geographischen Gegebenheiten: hohe unwegsame Gebirgsketten zerschneiden Griechenland kreuz und quer und erschweren den Durchgangsverkehr. Es ist leicht erklärlich, wenn sich unter diesen Umständen zwar viele räumlich auf eine Talebene, eine Flußmündung beschränkte «Stadt»-Staaten bildeten, aber nie ein griechisches Reich politisch vereinigt wurde. Daß dennoch schon während dieser «dunklen Jahrhunderte» so etwas wie ein «Wir-Gefühl» aller griechischsprechenden Menschen entstand, daß bald alle «Hellenen» stolz den «Barbaren», den Menschen nichtgriechischer Zunge, gegenübergestellt wurden – das ist eines der Wunder in der Geschichte der indoeuropäischen Völker.

Einen wesentlichen Anteil daran dürfte die Religion gehabt haben. Die Götterfamilie, die auf dem Olymp, Griechenlands höchstem Berg, ihre Wohnung haben sollte, stammt bekanntlich aus zwei ganz verschiedenen Kulturkreisen: Einige der wichtigsten Götter wie Zeus und Poseidon sind Weiterentwicklungen gemeinindoeuropäischer Naturgottheiten; andere, insbesondere weibliche Göttergestalten, waren das Erbe einer vorderasiatisch-bäuerlichen Urbevölkerung. In einer Entwicklung über anderthalb Jahrtausende verschmolzen diese Götter und Göttinnen nicht nur zu einer großen Familie, sondern die einzelnen Götter selbst nahmen Merkmale von Gottheiten aus dem anderen Kulturkreis an – das Bild wird recht verwirrend, wenn man tiefer in die griechische Religionsgeschichte eindringt. Diese Entwicklung spielte sich bei allen griechischen Stämmen ab, gleich ob Jonier oder Dorer.

Die Feste für bestimmte Götter, die im Jahresablauf immer wiederkehrten, wurden nicht nur in einer Stadt oder Landschaft gefeiert, sondern bildeten ein einigendes Band. Zunächst gab es gemeinsame Feste und gemeinsame Heiligtümer etwa für die Jonier, die Äolier und die Dorer in Kleinasien. Man nannte diese Festgemeinschaften auf griechisch «Amphyktionie». Aber bald errangen bestimmte heilige Orte auch auf dem griechischen Festland überregionale Bedeutung: Dodona im heutigen nordgriechischen Epirus etwa, ein deutlicher Hinweis darauf, wo einst die Heimat der Dorer und Nordwestgriechen gelegen haben muß. Nach diesem Ort wurden Olympia im Nordwesten des Peloponnes und Delphi in Mittelgriechenland rasch berühmt, so weit die griechische Zunge klang. Von beiden Orten wird in diesem Kapitel noch mehr die Rede sein. Tempel allerdings, diese in ihrer ästhetischen Wirkung bis heute unübertroffenen Kultstätten des klassischen Griechenlands, Tempel gab es in jenen «dunklen Jahrhunderten» noch nicht. Man begegnete den Göttern unter freiem Himmel, wie es schon die Ahnen des Kurgan-Volkes vor tausend oder zweitausend Jahren getan hatten.

In dem hier geschilderten Zeitalter, das man auch das griechische «Mittelalter» nennt, begann eine bemerkenswerte soziale Entwicklung. Die ersten griechischen Einwanderer, Jonier, Arkader und Äolier, hatten keine sozialen Unterschiede gegenüber den pelasgischen Bauern gekannt, in deren Gebiet sie eindrangen. Später, in der mykenischen Zeit, entstanden zwar mächtige Königshöfe mit einer Adelsschicht reicher Hofbeamter und eine Klasse wohlhabender Handwerker, die sich deutlich vom armen Volk der Bauern abhoben. Aber dieser Reichtum verschwand wieder spurlos in den Wirren der «großen Wanderung» und der dorischen Landnahme.

Die dorischen Herren und auch die jonischen Auswanderer waren selbst bitterarm. Ihr einziger Reichtum bestand in ihren starken Armen und in ihrer Tatkraft. Diesen Reichtum nützten sie allerdings konsequent, um sich bald auch materiellen Reichtum zu erwerben. Es dauerte nicht mehr lange, da gab es in jeder griechischen Siedlung einige Familien, die mit dem Reichtum zugleich den Einfluß und die Macht auf sich zu konzentrieren wußten. Sie waren von sich überzeugt, die Besten (griechisch: «aristoi») zu sein, denen das Volk (griechisch: «Laos») zu folgen habe. Sie handelten dabei nicht anders als ihre indoeuropäischen Kurgan-Vorfahren. Von der griechischen Demokratie des klassischen Zeitalters – die sich ohnehin nur auf die relativ kleine Zahl der freien Bürger bezog – war man damals, in den «dunklen Jahrhunderten», noch sehr weit entfernt.

Sparta – wie man es nicht kennt

Um 750 v. Chr., Amyklai/Griechenland

Es war überwältigend und kaum zu fassen! Während die Sonne über dem schneeglänzenden Kamm des Taygetos-Gebirges unterging, stand der Archagetes (Herzog) der Spartaner, Teleklos, mit seinen Kriegern im Innern der uralten Stadt Amyklai, vor der heiligen Säule des Apollo. Der König der eroberten Stadt, Nikandros, hatte sich in den Schutz dieses Heiligtums gerettet. Aber es blieb ihm nichts übrig, als sein Schwert zu übergeben und auf die Gnade des Siegers zu hoffen, doch selbst in der Niederlage noch ein Herr. Fast kampflos war Amyklai in die Hände der Spartaner gefallen. Fünf Generationen lang hatte die Stadt den immer neuen Eroberungsversuchen der dorischen Einwanderer getrotzt, Amyklai, jenes letzte Überbleibsel längst vergangener Zeiten, das über vierhundert Jahre nach dem Fall der mykenisch-achäischen Königsburgen überall sonst in Griechenland immer noch von keinem Feind besetzt worden war.

Ein glücklicher Umstand war den Spartanern zu Hilfe gekommen. In den hundertfünfzig Jahren «feindlicher Koexistenz» zwischen Amyklai und der nur sechs Kilometer entfernten Ansammlung von Dörfern, die man zusammen Sparta nannte, waren die Leute von Amyklai so oft durch Waffenlärm und angebliche Angriffe von ihrer normalen Arbeit abgehalten worden, daß ihr König schließlich verboten hatte, Alarm zu schlagen. So konnten die Krieger aus dem Volk der Dorer gewissermaßen unbemerkt die Stadt der Achäer besetzen, als sie es wieder einmal – mehr um des Prinzips als um des Erfolges willen – versuchten.

Was sollte nun mit Amyklai und seinen Einwohnern geschehen? Blut war kaum geflossen. Und die Spartaner, die selbst tapfere Krieger waren, konnten ihren Gegnern die Achtung angesichts der generationenlangen Verteidigung nicht versagen. Zwischen den zahlreichen Scharmützeln hatte es – gewissermaßen inoffiziell – auch recht friedliche Beziehungen zwischen den Gegnern gegeben, Frauen hatte man hinüber und herüber geheiratet, Lebensmittel getauscht, das Apollo-Heiligtum stand auch bei den dorischen Spartanern in hohem Ansehen – dies war eine Gelegenheit, Gnade walten zu lassen.

Ja, mehr noch. Wenn der spartanische Archagetes zu einem friedlichen Ausgleich mit Amyklai kam, konnte er vielleicht sogar die herannahende Krise im Stammesverband der Spartaner abwenden. Fünf oder sechs Generationen zuvor waren 2000 dorische Hirten mit ihren Familien unter dem Archagetes Agis von Norden her in das Tal des Eurotas-Flusses im südlichen Peloponnes eingewandert, in ein fast menschenleeres Land. Die wenigen achäischen und arkadischen Einwohner, die die schrecklichen Jahre damals überstanden hatten, zogen sich in das befestigte Amyklai zurück. Nun aber hatte die Zahl der Spartaner stark zugenommen, und die Krieger ließen sich das Regiment ihres Anführers und der nach längerer Seßhaftigkeit reich gewordenen Adelsgruppe nur noch murrend gefallen. Der Platz war zu eng geworden, und die Doppelbelastung durch die Landarbeit und den ständigen Kriegsdienst war zu groß.

So schloß Herzog Teleklos aus der Familie des Agis mit dem eroberten Amyklai einen Frieden, wie er selten auf der weiten Erde war: Die Stadt wurde als fünfter Ort zu den vier Dörfern Spartas hinzugezählt, seine Bewohner traten mit vollen Rechten und Pflichten in das Volk der Spartaner, ja König Nikandros wurde als gleichberechtigter zweiter König mit an die Spitze der Spartaner berufen, so daß nunmehr immer zwei Könige aus den Familien der Agiaden und der Eurypontiden (von Amyklai) gleichzeitig die Regierung innehatten. Es war klar, daß die Leute von Amyklai sich im Fall innerer Unruhen bedingungslos auf die Seite des Fürsten stellen würden, der ihnen so überaus vorteilhafte Friedensbedingungen auferlegt hatte.

Und diese inneren Unruhen ließen nicht lange auf sich warten. Nur wenige Jahre nach der Eroberung von Amyklai standen die Krieger der Spartaner plötzlich in einer Volksversammlung zusammen, schlugen auf ihre Schilde, schrien und forderten mehr Land und mehr Rechte. Die beiden Könige und ihre Berater, die Ältesten der angesehensten Familien, saßen pausenlos zusammen, um einen Kompromiß zu finden, der das Volk zufriedenstellen und zugleich die weise Regierung des wachsenden, landhungrigen Volkes auf Dauer sichern konnte. Schließlich fand man eine Formel, die der Apella gefiel, der Versammlung des Damos (dorisch-griechisch: Volk), das heißt der waffenfähigen Krieger. Um diese Formel obendrein noch durch den göttlichen Segen unangreifbar zu machen, schickte man Boten nach Delphi, jenem Heiligtum des Apollo, das von allen Menschen griechischer Zunge verehrt wurde, und ließ das dortige Orakel fragen, ob es der Formel zustimme. Das tat Gott Apollo, und als «Große Rhetra» (Spruch) sollte die gefundene Einigung von nun an für viele Jahrhunderte als Staatsgrundgesetz von Sparta dienen.

Ein merkwürdiges Gleichgewicht war damit erreicht: Zwei Könige zusammen aus den beiden alten Herrschergeschlechtern waren die Anführer im Krieg, oberste Priester und Rechtsprecher; aber nur im Verein mit 28 Ältesten, die auf Lebenszeit vom Volk in die «Gerusia» (Rat der Alten) gewählt wurden, konnten sie die inneren Geschicke des Staates lenken und Gesetze geben. Diese Gesetze und sonst alle wichtigen Beschlüsse mußten von der regelmäßig tagenden Volksversammlung, der Apella, gutgeheißen – oder auch abgelehnt werden. Und als Kontrollorgan wurden da noch die fünf «Ephoren» (Aufseher), die ursprünglich einmal so etwas wie Bürgermeister der fünf spartanischen Dörfer gewesen waren, mit großer, aber jeweils nur auf ein Jahr begrenzter Macht versehen.

Als dieses Übereinkommen erzielt und von Apollo mit seinem Segen ausgestattet war, feierten die Spartaner ein Fest, wie sie es bei allen Gelegenheiten gern taten. In feierlicher Prozession zogen Männer und Frauen, Jünglinge und Mädchen zum neuen Heiligtum des Zeus Syllanios, und beim kultischen Tanz tönten Flöten und Lyra durch das anmutige Tal des Eurotas. Hinterher ließen es sich die sehnigen, gut trainierten jungen Männer nicht nehmen, nackt wie junge Götter ihre gymnastischen Wettspiele auszutragen: Wettlauf und Speerwurf, Weitsprung und Ringen, Faustkampf und Wagenrennen. Chöre blonder junger Mädchen verherrlichten die Güte der Götter, die Tapferkeit der spartanischen Helden und die Schönheit des lieblichen Sparta. Und zum Schluß, zur Bekräftigung ihres Vorhabens und um Zeus Lykaios, den Herrn der Hirten und der Wölfe, gnädig zu stimmen, vollzogen sie eine uralte Zeremonie, die sie von den arkadischen Vorbewohnern übernommen hatten: Sie töteten einen Jüngling und kochten seine Eingeweide zu einer Suppe, die die Hirten essen mußten – um die Wölfe zu bannen.

*

Jahrhunderte später, als die griechischen Schriftsteller der Klassik und des Hellenismus sich für die Frühgeschichte des zweitwichtigsten Staates von Hellas, nämlich Sparta, zu interessieren begannen, da wußte man von solchen grausamen, unzivilisierten Bräuchen nichts mehr – oder man wollte nicht davon wissen. Statt dessen wurde ein sagenhafter Gesetzesstifter der Spartaner namens Lykurg erfunden und die ganze eigenartige Verfassung Spartas auf ihn zurückgeführt. Dabei sind heute viele Wissenschaftler überzeugt, daß der Name Lykurg von dem archaischen Kult des Zeus Lykaios, des Wolfsgottes, herzuleiten ist, den die Spartaner zum Schutzherrn ihrer Verfassung einsetzten.

Die obige Episode von der Eroberung Amyklais (um 750 v. Chr.) und der Schaffung der «Großen Rhetra» – beide sind sicher historische Ereignisse – ist wie so viele andere in diesem Buch eine Mischung aus belegten Fakten, wissenschaftlichen Vermutungen und ein wenig Phantasie. Man weiß nicht sicher, wann und wie es zu dem seltsamen Doppelkönigtum der Spartaner und zur Schaffung der Verfassung der Lakedaimonier (so hieß der Staat der Spartaner offiziell) kam. Aber es ist durchaus möglich, daß es so zusammenhing. Im übrigen erkennen wir unschwer wieder die altindoeuropäischen Institutionen des Königs und der beiden mit unterschiedlichen Rechten ausgestatteten Versammlungen der Sippenoberhäupter und der erwachsenen Männer insgesamt.

Wo aber, wird der klassisch gebildete Leser fragen, wo blieben in der Episode von den Spartanern deren typische Eigenschaften: die «spartanische» Härte, Tapferkeit, Einfachheit und Strenge? Ganz einfach: In der Zeit, in der diese Episode spielt, gab es sie noch nicht – oder kaum!

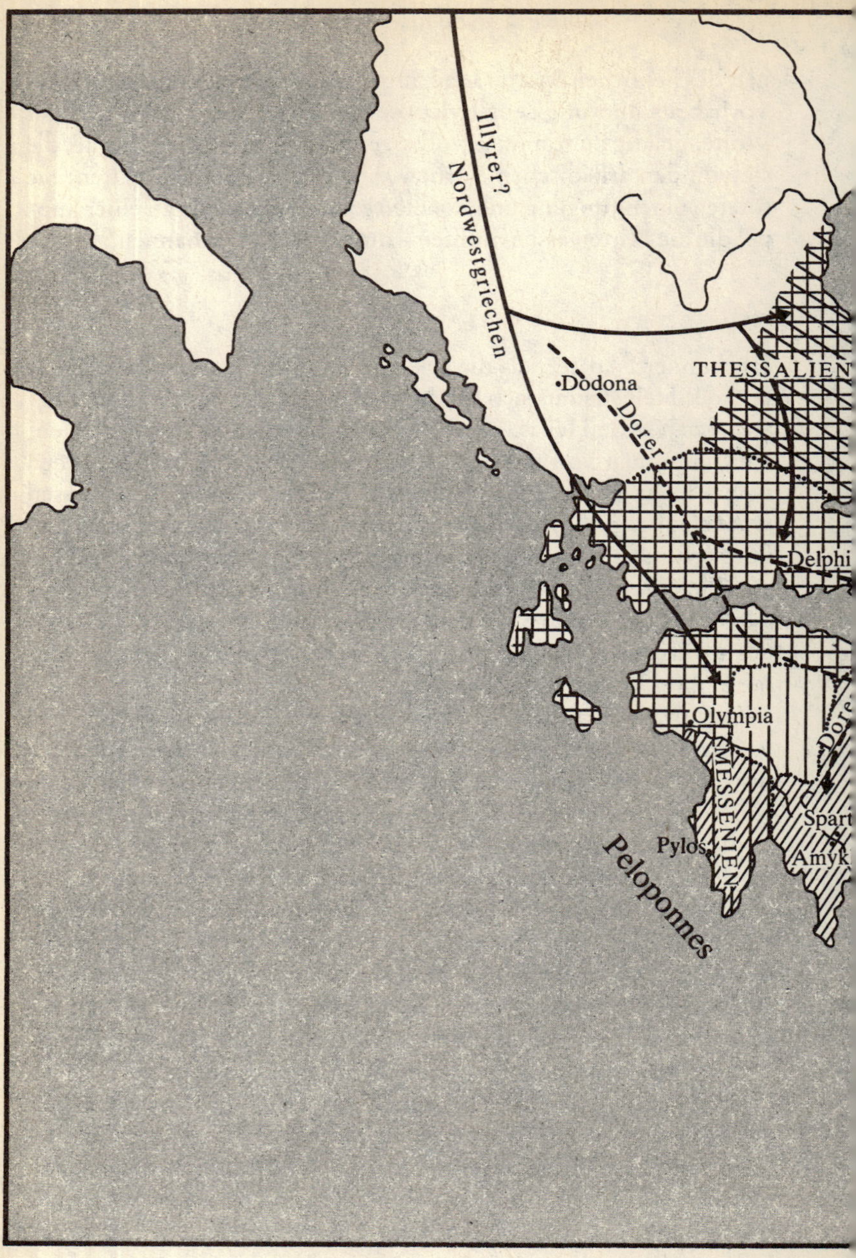

Illyrer?
Nordwestgriechen
Dodona
Dorer
THESSALIEN
Delphi
Olympia
MESSENIEN
Pylos
Peloponnes

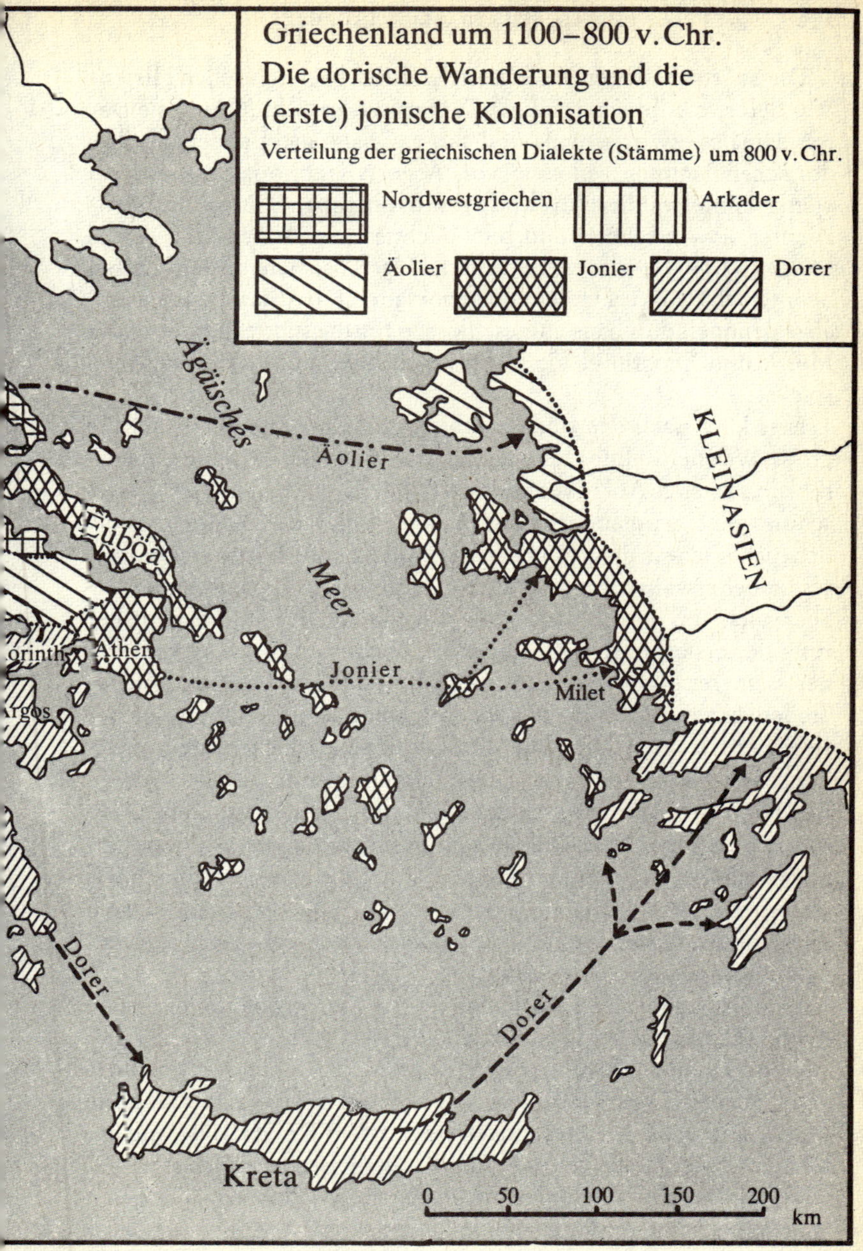
Griechenland um 1100–800 v. Chr.
Die dorische Wanderung und die
(erste) jonische Kolonisation
Verteilung der griechischen Dialekte (Stämme) um 800 v. Chr.
Nordwestgriechen
Arkader
Äolier
Jonier
Dorer
Ägäisches
Meer
Äolier
KLEINASIEN
Euböa
Athen
orinth
Argos
Jonier
Milet
Dorer
Dorer
Kreta
0
50
100
150
200
km

Die Spartaner waren die letzten der dorisch-griechischen Hirten-Wanderer, die ihre endgültigen Wohnsitze erreichten, und sie waren damals – zwischen 900 und 750 v. Chr. – nicht anders als ihre dorischen Stammesgenossen von Argos, Kreta oder Rhodos ein wenig «hinterwäldlerisch» und primitiv, tüchtige Bauern und Viehzüchter, etwas schroff und sehr nüchtern, Fanatiker des Gleichheitsprinzips – soweit es die dorische Herrenschicht betraf –, dabei bereit, sich im Krieg tapfer und gehorsam für den Staat zu schlagen, aber dennoch durchaus aufgeschlossen für die schönen Künste der Musik und Dichtung, für frohe Feste, Tanz und harmlose Wettspiele.

Erst kurz nach den oben geschilderten Ereignissen begann die große Weichenstellung, die die Spartaner in eine extreme Lebensführung zwang. Auch wenn dieser Teil der Geschehnisse um Sparta schon weitgehend zur geschriebenen Geschichte und damit eigentlich nicht mehr in dieses Buch gehört, muß er doch des Verständnisses halber erwähnt werden. Wohl im Jahr 740 v. Chr. begannen die Spartaner, um ihrer Überbevölkerung abzuhelfen, mit der Eroberung des benachbarten Königreiches Messenien sowie verschiedener kleinerer Nachbarorte. Als Ergebnis der langwierigen Kämpfe fanden sich die etwa 10000 spartanischen Krieger als Herren einer sieben- bis zehnmal größeren Zahl von Staatssklaven, den unterworfenen Messeniern, die man «Heloten» nannte, und vor deren Rache und Aufständen sich die Spartaner fürchten mußten. Dazu kamen fast 50000 «Periöken», zum Bündnis gezwungene Einwohner von Nachbarorten und -landschaften, die zwar persönlich frei waren und als «Lakedaimonier» wie die spartiatischen Herren Kriegsdienst leisten mußten, aber höchstens so etwas wie kommunale Selbstverwaltung genossen.

Die Notwendigkeit, die Heloten – sie entsprechen in etwa den «Gymneten» im ebenfalls dorischen Argos – zu überwachen und sinnvoll zu beschäftigen, prägte für die kommenden Jahrhunderte den Lebensstil der Spartiaten, wie sich die dorische Herrenkaste selbst nannte. Sie konnten sich nur noch dem Kriegsdienst und der Vorbereitung darauf widmen; die körperliche Arbeit leisteten die dauernd überwachten und in Angst gehaltenen Sklaven. Schon von früher Jugend an mußte ein männlicher Spartiat sich üben – da blieb keine Zeit und keine Lust für kulturelle Ergötzungen. Das einst weltoffene und heitere Sparta fiel in den folgenden Jahrhunderten in eine für heutige Augen – und auch für die der lebensfroheren griechischen Zeitgenossen – finstere Engstirnigkeit und Strenge, die das gesamte Leben durchzog. Der tapfere Opfertod der 300 Spartiaten mit ihrem König Leonidas in der Perserschlacht an den Thermopylen (480 v. Chr.) stellt allerdings bis heute ein leuchtendes Beispiel für die bessere Kehrseite dieser Medaille dar. Doch darüber kann man in anderen Büchern nachlesen.

Saatbeet der abendländischen Kultur

Das 8. Jahrhundert v. Chr. in Griechenland, das wir mit dem vorigen Abschnitt erreicht haben, war gewissermaßen das Saatbeet der abendländischen Kultur, vielleicht entscheidender als die Epoche der griechischen Klassik drei- bis vierhundert Jahre später. Nur erfährt der Normalgebildete kaum etwas darüber. Die Samen waren schon viel früher – in der Entwicklung der griechisch-mykenischen Kultur – in die Erde gelegt und dann durch die Seevölker und die dorische Wanderung noch einmal gründlich durcheinandergewirbelt worden. Nun aber war die Zeit gekommen, da diese Saat von der Sonne Griechenlands zum kräftigen Austreiben gebracht werden konnte.

Am Anfang dieses so wichtigen Zeitabschnitts stand Homer – oder richtiger: jene Generationenfolge von «Handwerkern», die die Taten längst verstorbener Helden und das Wirken der Götter in packende Verse zu kleiden wußten. Wir haben den von den Griechen tatsächlich sehr achtungsvoll zu den Handwerkern, den «Demiurgen», gerechneten Berufsstand der Sänger und Dichter schon bei einem anderen indoeuropäischen Volk kennengelernt, bei den Indern, und auch bei anderen vorgeschichtlichen Völkern dieser Gruppe kommt er, wie erwähnt, vor. Die berühmtesten dieser Gesänge – und die einzigen, die bis auf unsere Zeit überliefert wurden – sind die beiden langen Gedichte der «Ilias» und der «Odyssee».

Der seit dem Altertum geführte Streit, ob sie von einem einzigen

Dichter – eben Homer – stammen oder erst im Lauf längerer Zeit der mündlichen Überlieferung und Ausgestaltung ihre endgültige Form erreichten, ist inzwischen wohl endgültig zugunsten der letzteren Annahme entschieden. Für uns ist bemerkenswert, daß die Rhapsoden (Dichter) des 9. und 8. Jahrhunderts nicht etwa die Taten der zeitgenössischen Könige besangen; dabei wird es genug davon gegeben haben. Sondern sie schilderten Ereignisse aus einer ganz anderen, wohl als «heldischer» empfundenen Kulturepoche, der Bronzezeit. Obwohl der Trojanische Krieg über 300 Jahre zurücklag – so lange wie für uns der Dreißigjährige Krieg –, bemühten sich die unter dem Namen Homer zusammengefaßten Dichter, den so ganz anderen Kulturzustand von damals in ihren Gedichten lebendig zu machen, auch wenn sie gewissermaßen aus Versehen oft genug Einzelheiten aus ihrer eigenen Umwelt daruntermischten. Ein Zeichen aber, daß weder die blutmäßige noch die kulturelle und Erinnerungsverbindung zum mykenischen Zeitalter in Griechenland ganz abgerissen war.

Die «Ilias» und die «Odyssee» hätten kaum den Rang einer «Bibel» für die Griechen errungen, wenn sie nicht bald nach ihrer endgültigen Ausgestaltung in zunächst mündlicher Form hätten schriftlich fixiert werden können. Das Schreiben war ja eine Kunst, die einzelne Griechen schon vor 500 Jahren erlernt hatten, aber sie war inzwischen restlos verlorengegangen. Nun kam von Osten her eine neue Anregung. Die Phönizier, jene handels- und seetüchtigen Erben der Philister und der semitischen Kanaanäer an der Küste des heutigen Libanon, hatten eine Buchstabenschrift erfunden, die viel einfacher zu handhaben war als die komplizierten ägyptischen Hieroglyphen und die Silbenschriften der nahöstlichen Großreiche, auch als die kretisch-mykenische Silbenschrift.

Irgendein kluger Kopf unter den Griechen muß das phönizische Alphabet bei den zahlreichen Handelsbeziehungen zwischen Phöniziern und Griechen kennengelernt und auf die griechische Sprache zugeschnitten haben. Und anders als sonst überall in der zeitgenössischen Welt lernten die Griechen nun sehr schnell die wiederentdeckte Kunst des Lesens und Schreibens. War diese Kenntnis in Ägypten und Babylon, in Indien und Persien stets auf kleine Priester- und Gelehrtenkasten beschränkt, so konnten in Griechenland schon nach wenigen Jahrhunderten sehr viele freie Männer (und sogar manche Frauen) lesen und schreiben – auch wenn man darunter sicher meist keine tiefergehende literarische Bildung verstehen durfte.

Die schnelle Ausbreitung der Schriftkenntnis in Griechenland war nur *ein* Symptom, daß die vorübergehende Isolierung der einzelnen Orte und Landschaften nach der dorischen Wanderung nun der Vergangenheit angehörte. Es gab wieder Handel von Ort zu Ort, und es gab Kulturbeziehungen überallhin, wo griechisch gesprochen wurde – und noch weiter.

Für die frühen Griechen – wie wohl für fast alle Kulturvölker des Altertums – war das gesamte Leben Religion: Bindung an die Götter, Verehrung der Unsterblichen. Jede wichtigere Handlung im Alltag war Anlaß zu einem Gedenken an die Himmlischen, jeder Abschnitt im Jahreslauf bot Gelegenheit für ein religiöses Fest. Die bedeutendsten Feste gab es alle vier Jahre, wenn die Hälfte eines «Großjahres» vorüber war, jene Zeitpunkte, zu denen in grauer Vorzeit die Könige oder ihre Stellvertreter sich für das Wohlergehen ihres Volkes opfern mußten.

Auch wenn später nicht mehr die Könige ihr Leben lassen mußten, so blieben die Festspiele, die sich aus den Feiern entwickelten, doch noch lange eine Angelegenheit auf Leben und Tod. Waren sie doch immer dem Angedenken eines längst verstorbenen Heros gewidmet, und der Tote hatte ein Anrecht auf Begleiter bei seiner Jenseitsreise. Wer im Wettkampf nicht stark, nicht schnell, nicht geschickt genug war, der war als das Opfer ermittelt und wurde ins Totenreich geschickt, begleitet von den Gebeten und frommen Gesängen der Zuschauer, die von weit her zu dieser besonderen Gelegenheit kamen.

Erst ganz allmählich verloren die großen Festspiele diesen für unsere Anschauungen unheimlichen Zug, aber immer enthielten sie die drei Komponenten des religiösen Festes, der sportlichen Wettkämpfe und der kulturell-musischen Umrahmung. Durch das Zusammenströmen von Besuchern aus vielen griechischen Landschaften trugen sie mehr als anderes zur Entwicklung eines kulturellen Gemeinschaftsgefühls aller Griechen bei. «Zum Kampf der Wagen und Gesänge, der auf Korinthos' Landesenge der Griechen Stämme froh vereint, zog Ibykos, der Götterfreund», so beschrieb Schiller eines dieser regelmäßigen Festspiele.

Das berühmteste war das von Olympia in Elis, einer kleinen Landschaft im nordwestlichen Peloponnes, gefeiert zu Ehren des Zeus und im Andenken an den Heros Pelops, den Vater des Königs Atreus von Mykene. Wer in Olympia in den Wettkämpfen siegte, wurde in ganz Griechenland berühmt, denn es kämpften die besten Sportler aus allen griechischen Landschaften gegeneinander. Bereits seit 776 v. Chr. – also noch vor der Eroberung Amyklais durch Sparta – sind Listen der «Olympioniken», der Sieger in den dortigen Wettkämpfen, erhalten, übrigens das älteste feste Datum in der griechischen Geschichte. Damals war wohl schon nicht mehr die Niederlage mit der Folge des Opfers, sondern der Sieg das entscheidende Ergebnis der sportlichen Wettbewerbe.

Unsere modernen Olympischen Spiele haben die musisch-kulturelle Komponente völlig eingebüßt. Für die alten Griechen war sie aber mindestens von gleicher Wichtigkeit wie die sportliche. Wie Hans Georg Wunderlich in seinem Buch «Wohin der Stier Europa trug» hervorhebt, boten diese Festspiele die Möglichkeit, sich in der Darstellung der Lebensgeschichte des Heros, zu dessen Ehren sie stattfanden, «mit diesem zu identifizieren, ihm nachzueifern. Das unter Beteiligung des Chores, ja des ganzen Volkes auf dem Theater nachgestaltete Heldenepos zählt zu den Wurzeln der europäischen Kultur.» Dadurch entwickelte sich das Werkzeug der ausdrucksvollen, anpassungsfähigen Sprache, ohne die die spätere griechische Philosophie nicht denkbar gewesen wäre. Aus dem gestalteten Heldenepos entstanden die klassische Tragödie, aber auch die burlesken Zwischenspiele, die späteren Komödien, die Darstellung unterschiedlicher menschlicher Charaktere und Handlungen, die ein genaues Beobachten und In-Worte-Umsetzen bedingt: Grundlage des rationalen Denkens, das die Griechen dem Abendland geschenkt haben.

Während solcher Festspiele sowie einige Wochen davor und danach herrschte in ganz Griechenland der Festfrieden, in dem Kriege verboten waren, damit Wettkämpfer und Zuschauer unbehelligt das Heiligtum in Olympia, in Delphi, in Korinth oder wo auch immer besuchen und auch wieder verlassen konnten. Das war nötig, denn die kulturell-religiöse Zusammengehörigkeit hinderte die Griechen nicht, sich politisch ständig in den Haaren zu liegen. Kriege zwischen den einzelnen Landschaften und «Poleis» müssen auch im «dunklen», schriftlosen Zeitalter an der Tagesordnung gewesen sein, doch sind der Nachwelt eben keine Zeugnisse davon überliefert worden.

Die «Polis» (Mehrzahl «Poleis») war eine andere Eigenart der griechischen Entwicklung schon vor und im 8. Jahrhundert. Das Wort mit «Stadt» zu übersetzen ist ebenso unvollständig wie die Übersetzung «Staat». Es gab große Gebiete im alten Griechenland, wo sich keine «Poleis» entwickelten, wo der ursprüngliche Stamm der Einwanderungszeit oder die Bewohner einer großen Landschaft den – mehr auf einen Personenverband als auf ein Territorium gegründeten – Staat bildeten, so auch in Sparta. Aber in den mehr «zivilisierten» Gebieten Ostgriechenlands und in den Kolonien an der kleinasiatischen Küste entstanden Hunderte von kleinen Ackerbürger-Stadtstaaten, mit der befestigten Königsburg, der «Akro-polis», der «Hoch-Burg» als Mittelpunkt. Sprachlich ist das griechische Wort Polis mit dem indischen «pur», Burg, stammverwandt. In den zahlreichen Kriegen nutzten die Bauern der Umgebung die Burg als Zufluchtsstätte und siedelten sich bald innerhalb des schützenden Mauerringes an. Auf griechisch nannte man diese Phase «Synoikismos», das Zusammensiedeln. Eine Polis war eine engräumige Gemeinschaft des Rechtes, des Glaubens und der Wirtschaft, zunächst fast ausschließlich der Landwirtschaft. Hier entwickelte sich im Laufe der folgenden Jahrhunderte – die aber nicht mehr Gegenstand dieses Buches sind – die verschiedenen Formen griechischer Demokratie, der Anteilnahme aller freien männlichen Bürger an der Regierung ihrer Stadt, wie wir sie aus dem Stadtstaat Athen der klassischen Zeit am besten kennen.

Das 9. und 8. vorchristliche Jahrhundert brachte in ganz Griechenland einen starken Bevölkerungszuwachs. Denn nach dem ungeheuren Aderlaß am Ende der mykenischen und zu Beginn der dorischen Zeit war es trotz allen Streits doch erheblich friedlicher geworden. Bald gab der beschränkte bebaubare Boden nicht mehr genug Nahrung her. Die Griechen wählten in der Regel einen Ausweg aus dieser Notlage, der an den Geweihten Frühling des Kurgan-Volkes anderthalb Jahrtausende früher erinnert: Sie gründeten Kolonien. Wenn es in einer Polis zu eng wurde, sammelte ein unternehmender Adliger landhungrige Bauern und einige Handwerker, rüstete ein paar Schiffe aus und baute mit den Auswanderern irgendwo an der Küste des Mittelmeeres oder des Schwarzen Meeres eine Pflanzstadt, die aber mit der Mutter-Stadt (griechisch «Metropolis») in enger kultureller Verbindung blieb. Seit etwa 760 v. Chr. siedelten sich Griechen in Unteritalien, Sizilien, Südfrankreich und Südspanien, in Ägypten und Libyen, an der nördlichen und südlichen Schwarzmeerküste an.

Diese zweite griechische Kolonisationswelle – nach der ersten, der jonischen Kolonisation von Kleinasien zweihundertfünfzig Jahre zuvor – trug die griechische Sprache, die griechische Kultur und griechisches Denken überall in das Gebiet, das später einmal das Abendland genannt werden sollte. Doch diese Zeit überschreitet schon die Grenze zur geschriebenen Geschichte und ist daher nicht mehr Gegenstand dieses Buches.

Waren nun die Griechen am Vorabend der «klassischen» Zeit nur jene blonden, blauäugigen, «nordisch-indogermanischen» Helden, als die manche tendenziösen Bücher nicht nur der Nazis sie zeitweise darstellten? Ihre Sprache und ein großer Teil ihrer Religion, ihrer Kultur, ihrer Vorstellungswelt und ihrer Lebensformen stammten zweifellos aus der südrussischen Steppe, entsprangen indoeuropäischem Geist. Und die vier verschiedenen griechischen Einwanderungswellen zwischen 2100 und 1000 v. Chr. hatten genügend indoeuropäisches Blut nach Griechenland gebracht, daß noch tausend Jahre später viele blonde und blauäugige hochgewachsene Gestalten unter den Griechen sich als Erben des Kurgan-Volkes auch im körperlichen Erscheinungsbild erwiesen.

Aber das griechische Volk, das die Hochleistungen der ersten abendländischen Kultur schuf, das bis heute bewunderte Tempel baute, das die Philosophie und Kunst, Literatur und Wissenschaft erstmals in der Welt in einen auf den Menschen bezogenen Rahmen stellte, dieses griechische Volk war die glückliche Mischung indoeuropäischer und vieler vorderasiatischer Blutströme, die im Lauf der Jahrtausende sich in diesem Winkel der Welt gekreuzt haben. Das anzuerkennen mindert nicht den Stolz auf seine Leistung.

12. Kapitel

Im Schmelztiegel der Völker

Die zweite indoeuropäische Welle in Kleinasien

König Midas' Glück und Ende

Um 700 v. Chr., Gordion/Kleinasien

Der Zug kam den Bergweg zur hoch gelegenen Burg von Gordion herauf, wie jedes Jahr Anfang April. Zahlreiche Frauen bliesen im Chor ihre Flöten, aber sie wurden fast übertönt vom Lärm dumpfer Pauken und klappernder Metallbecken, die man aneinanderschlug, und von den besessenen Schreien der betrunkenen Menge. Die Menschen, die da wie rasend den Berg hinauf tanzten, hüpften, schrien und lärmten, hatten Kränze aus frischem Frühlingsgrün und Blumen umgehängt, und wenn sie einmal stehenblieben, dann nur, um einen tüchtigen Schluck des gerade ausgegorenen jungen Weins aus den mitgeschleppten Ziegenschläuchen und Krügen zu trinken.

Mitten im Zug tanzte König Midas der Reiche, der Herrscher der Phryger. Es war sein Amt als oberster Priester seines Volkes, in jedem Frühjahr dem Fest vorzustehen, das sein Volk zu Ehren des Mondgottes Men, des Herrschers über Himmel und Unterwelt, und zu Ehren der Göttin der Fruchtbarkeit, Kybele, und ihres getöteten und jährlich wiederauferstehenden Geliebten Attis veranstaltete. Midas hatte die uralte, sorgfältig aus einem Eselskopf gearbeitete Mütze des Oberpriesters auf.

Ein paar Fremde, Gäste aus den griechischen Städten am Meer, standen staunend am Weg und stießen sich, ihr Lachen verbeißend, in die Seite, als sie den König mit den langen Eselsohren auf dem

Kopf erblickten. Doch das Lachen verging ihnen rasch: Zwei, nein, drei junge Männer warfen in ihrer irrsinnigen Trunkenheit ihre Kleidung ab, drehten sich mit Schaum vor dem Mund um sich selbst, hielten dann plötzlich an, entrissen einigen der den Zug begleitenden Priester ihre Schwerter, hackten sich, begleitet von einem ekstatischen Schrei, selbst ihr männliches Glied ab und hielten es triumphierend hoch. Kybele hatte damit drei neue Mitglieder in der Zunft ihrer Priester erhalten. Die Fremden waren tief beeindruckt von dem Schauspiel, mit dem die Religion ihrer phrygischen Nachbarn sich ihnen darbot, wild-urtümlich und zugleich doch für sie, die zivilisierten Griechen, eigenartig mitreißend. Sie würden zu Hause viel zu erzählen haben.

Abgesehen von solchen Augenblicken im Priesterornat mit der Eselskopfmütze, wirkte König Midas alles andere als lächerlich auf die Griechen aus Milet und Smyrna, war er doch der mächtigste Fürst im ganzen Kleinasien. Einige Generationen vor ihm hatte ein Vorfahr, Gordios, der mit frischen Einwanderern aus Europa gekommen war, unter den ihm stammverwandten Phrygern die Stadt Gordion und ein mächtiges Reich gegründet. Ein Pferdewagen hatte bei der Machtergreifung des Gordios eine sagenhafte Rolle gespielt, und der Wagen war immer noch auf der Burg von Gordion zu besichtigen; ein kunstvoller Knoten an seiner Deichsel hielt nach einem alten Orakel das Schicksal Asiens fest.

Jetzt schien König Midas von Phrygien das Schicksal Asiens in seinen Händen zu halten. Er war unermeßlich reich, denn nach phrygischem Brauch gehörte ihm alles Gold, das aus den goldführenden Flüssen seines Landes gewaschen wurde, so daß es sprichwörtlich hieß, dem Midas werde alles, was er anfasse, zu Gold. Darüber hinaus verhandelte er auch auf gleicher Rangstufe mit dem assyrischen Großkönig Tiglatpilesar III., der sich doch fast den ganzen «fruchtbaren Halbmond» vom Persischen Golf bis zur palästinensischen Küste unterworfen hatte. Im Vertrauen auf die Stärke der benachbarten Phryger versuchten immer wieder Kleinfürsten im südöstlichen Kleinasien und im nördlichen Syrien, bisherige Zwangsverbündete der Assyrer, sich von deren drückender Oberhoheit zu befreien. Midas hatte sie dazu angestiftet, um selbst sein Einflußgebiet zu erweitern. Allerdings bekam das den Kleinfürsten schlecht, denn assyrische Straffeldzüge stellten jedesmal, wenn auch erst nach heftigen Kämpfen, die alte Ordnung wieder her und sandten die aufständischen Fürsten als Gefangene in die assyrische Hauptstadt.

Das phrygische Reich selbst wurde davon zunächst nicht berührt – es waren ja nur «Hilfstruppen», die für Midas kämpften. Dagegen gelang es König Midas, seine Macht nach Westen auszudehnen. Nicht nur, daß er die Oberherrschaft über Lyder, Karer und verschiedene andere schon lange im westlichen Kleinasien einheimische Völker errang, er knüpfte auch Beziehungen mit den griechischen Kolonien an der Ägäisküste an. Es war ein eigenartig zwiespältiges Verhältnis, das er zu den Griechen hatte: Einerseits mochte er deren geschniegelte Überheblichkeit gegenüber den «Barbaren» nicht, andererseits konnte er sich dem kulturellen Einfluß der Hellenen nicht entziehen. War doch seine eigene Frau Demodike eine Griechin aus der Stadt Kyme bei Smyrna, die Tochter des dortigen Stadtfürsten, und das Apollon-Orakel von Delphi beeindruckte Midas so sehr, daß er als erster Nichtgrieche ein kostbares Weihegeschenk nach Delphi schickte: seinen eigenen Königsthron.

Gegen Ende seiner langen Regierungszeit konnte König Midas allerdings keine fremden Hilfstruppen mehr in die Auseinandersetzung mit dem assyrischen Großkönig, nunmehr Sargon II., schikken. Er mußte selbst gegen den grausamen Feind kämpfen, der ein mächtiges Heer zu einem Rachefeldzug gegen Phrygien schickte. Nach harten verlustreichen Schlachten war Midas gezwungen, eine Gesandtschaft mit Tributen zu Sargon zu schicken, als Zeichen demütiger Unterwerfung, wenn er sein Land vor völliger Vernichtung bewahren wollte. Sargon gab sich damit zufrieden und ließ Midas von Phrygien im übrigen unbehelligt, denn der assyrische Herrscher hatte an seiner eigenen Süd- und Ostgrenze andere, noch gefährlichere Gegner.

Midas, der hier noch einmal glimpflich davongekommen war, durfte noch einige Jahre friedlich regieren, wenn auch seine Großmachtträume verflogen waren. Dann aber kam plötzlich wie ein vernichtender Wirbelwind das große Entsetzen von Sonnenaufgang her in sein Land. Auf kleinen struppigen Pferden galoppierten wilde Reiter durch die Flußtäler, ihre Pfeile trafen jedes Ziel, und wo sie durchgezogen waren, da blieben die Häuser geplündert und brennend, die Frauen geschändet und die Männer erschlagen zurück. Kimmerier nannte man das wilde Volk, das da so unversehens aus den Steppen nördlich des großen (Schwarzen) Meeres in Kleinasien eingefallen war. Von seiner sicheren Burg in Gordion mußte König Midas hilflos mit ansehen, wie ringsum die Dörfer in Flammen aufgingen. Denn die phrygischen Krieger, die den Kampf zu Fuß und auf Streitwagen gewohnt waren, blieben den blitzschnellen Reitern aus der Steppe völlig unterlegen. Midas war alt und kraftlos geworden, er konnte sich nicht mehr aufraffen, dennoch den aussichtslosen Kampf zu wagen. So gab er sich lieber selbst den Tod, als noch länger das Unglück seines Volkes mit ansehen zu müssen. Er tat es, so erzählte man sich später, indem er einen Becher voll Stierblut trank. Als die Kimmerier abgezogen waren und nun andere Teile Kleinasiens ausplünderten, setzten die überlebenden Phryger ihren toten König bei: nach alter Vätersitte in einem hölzernen Sarg, und sie häuften einen mächtigen Erdhügel darüber.

Dionysos kam aus Phrygien

In der üblichen, auf Griechen und Römer fixierten Geschichtsdarstellung des Altertums kommen Völker wie die Phryger bestenfalls nur in ein paar Zeilen vor. Dabei ist heute noch nicht ausgemacht, wer im 8. vorchristlichen Jahrhundert – in der zweiten Hälfte davon lebte König Midas – den stärkeren kulturellen Einfluß ausübte: die Griechen auf die Phryger oder die Phryger auf die Griechen.

Im 13. Jahrhundert v. Chr., als die illyrische oder «Urnenfelderwanderung» die Zeit der großen Unruhe in Südosteuropa und im Nahen Osten auslöste, da müssen auch Nachbarn der Illyrer in Bewegung geraten sein: Völker mit indoeuropäischer Sprache, die wohl an der mittleren Donau und im heutigen Südjugoslawien ansässig gewesen sind. Teile davon zogen nun an der Westküste des Schwarzen Meeres nach Süden, setzten über die Meerenge der

Dardanellen nach Kleinasien über und beteiligten sich vermutlich an der Zerstörung der Hethiterhauptstadt Hattuscha. Das Herzland Kleinasiens, dort wo vorher die Hethiter ihr Reich gehabt hatten, wurde ihre neue Heimat. Jedenfalls tauchen nach einem «dunklen Zeitalter» von 400 Jahren dort die Phryger aus der Undeutlichkeit der Vorgeschichte empor.

Den unermüdlichen Forschungen der Archäologen und Sprachforscher ist es zu verdanken, daß wir heute erheblich mehr über die komplizierten Wanderungsvorgänge des 1. Jahrtausends v. Chr. in Kleinasien wissen als etwa der griechische Geschichtsschreiber Herodot (485–430 v. Chr.), der doch dieser Zeit um 2400 Jahre näher stand als wir. Herodot berichtete zum Beispiel – völlig zu Recht, wie heute nachgewiesen werden kann –, daß die Phryger aus Europa stammten, mit den dort verbliebenen Thrakern verwandt waren und aus Wohnsitzen, die den Makedonen benachbart waren, in ihre spätere Heimat im Inneren Kleinasiens eingewandert waren. Aber er wußte nichts davon, daß es mindestens drei verschiedene Züge verwandter Bevölkerungsgruppen waren, die im Verlauf von 400 Jahren nach Asien einfielen: Im 13. Jahrhundert, kurz vor oder kurz nach dem berühmten Kampf der Griechen um Troja, kam ein Volk, dessen verwehte Spuren aus dem lediglich noch überlieferten Namen «Askaner» bestehen. Das hebräisch geschriebene Alte Testament hält ihren Namen in der Schreibweise «Aschkenasim» fest – heute seltsamerweise ein Name für die einstmals in Mittel- und Osteuropa heimisch gewesenen Juden. Eine zweite europäische Wanderungswelle, wohl bald danach, brachte die späteren Phryger nach Anatolien. Schließlich – vermutlich erst kurz vor 800 v. Chr. – war es ein dritter Strom von Phrygern, der unter Midas' mythischem Ahnherren Gordios das für ein Jahrhundert machtvolle phrygische Königreich gründete.

Die Phryger lernten etwas später als die Griechen zu schreiben, in einer dem griechischen Alphabet verwandten Schrift. Allerdings entwickelte sich offenbar keine phrygische Literatur wie jenseits der Ägäis bei den Hellenen. Die Sprachforscher haben die spärlichen phrygischen Sprachreste und Inschriften sorgfältig gesammelt und das Phrygische für eine einwandfrei indoeuropäische Sprache erklärt. Sie hat Anklänge an das Thrakische (kein Wunder!), an das

Griechische, mit dessen Trägern die «Proto-Phryger» einmal irgendwo auf der Balkanhalbinsel eng benachbart gelebt haben müssen, und an das Balto-Slawische. Da man annimmt, daß das vorgeschichtliche Entstehungsgebiet dieses letzteren Zweiges der indoeuropäischen Sprachfamilie nördlich der Karpaten, am Oberlauf des Pruth und Dnjestr, lag, ist das ein interessanter Hinweis auf den Wanderweg der Vorfahren der Phryger. Auch die von den Phrygern und ihren Verwandten nach Kleinasien mitgebrachte Sitte der Bestattung der Adligen unter hohen Erdhügeln erinnert sehr an die Kurgan-Gräber der Urväter. Die ersten indoeuropäischen Einwanderer in Kleinasien, Hethiter, Luwier und Palaier, die über den Kaukasus ihre späteren Wohngebiete erreicht hatten, kannten übrigens die Sitte der Hügelgräber nicht. Sie scheint offenbar in der Frühzeit des Kurgan-Volkes anderthalb Jahrtausende vor König Midas mehr in der (westlicher gelegenen) Ukraine als im Steppenland östlich der Wolga heimisch gewesen zu sein, wo vermutlich die Hethiter-Vorfahren herstammten.

Über die Ereignisse der phrygischen Geschichte, wie sie in der vorigen Episode von König Midas zusammengetragen wurden, sind wir nur durch einige assyrische Inschriften sowie durch Sagen unterrichtet, die spätere griechische Schriftsteller aus Phrygien zu erzählen wußten. Phrygische Quellen selbst gibt es nicht. Zur Zeit, als König Midas seinem Leben ein Ende setzte (etwa 696 v. Chr.), waren die Griechen noch allzusehr mit sich selbst beschäftigt, als daß sie die Geschichtsschreibung für ihre Nachbarvölker mit übernehmen konnten. Und später wußte man von den Phrygern fast nur noch so schöne Märchen wie die von den Eselsohren, die dem Midas einst gewachsen seien, und die er unter einer «phrygischen Mütze» verborgen habe.

Man weiß heute, daß die Phryger eine ausgesprochen bäuerlich-friedliche Kultur entwickelt haben, daß sie in der Textilherstellung und in der Gewinnung von Gold aus Flüssen berühmt waren. Heutige Touristen und Archäologen bewundern ihre Felsenmonumente, großartige aus Stein gehauene Fassaden, die die Front von Häusern nachahmen. Die Wissenschaftler sind sich noch nicht recht einig, ob es sich um Felsengräber oder um Opfertempel handelte. Bleibenden Einfluß hatten die Phryger auf ihre griechischen Nachbarn durch ihre Musik, die im Altertum in hohem Ansehen stand, wenn wir auch heute keine Vorstellung von ihrem Klang mehr haben.

Vor allem aber die religiösen Kulte der Phryger fanden bald auch in Griechenland begeisterte Anhänger. Aus dem phrygischen Mondgott Men, den man auch Sabazios nannte, machten die Griechen Dionysos, den Gott der Fruchtbarkeit und der Ekstase. Wenn Dionysos auch nie den zu höchsten «olympischen» Gottheiten gehörte, so war er doch bald einer der beliebtesten Götter des griechischen Volkes. Sie feierten ihn mit ähnlichen orgiastischen, weintrunkenen Umzügen, wie es die Phryger zu Beginn der Episode um König Midas in Gordion taten. Der mystische Kult der phrygischen Göttin Kybele wurde von den Römern in den ersten nachchristlichen Jahrhunderten offiziell in der Kaiserstadt Rom eingeführt, vielleicht als Gegengewicht gegen das sich ausbreitende Christentum.

Nach der Zerstörung weiter Teile des phrygischen Königreichs durch die Kimmerier – wir werden diesem Volk noch mehrfach begegnen (vor allem 13. Kapitel: «Reiten oder untergehen», S. 273 ff) – konnte sich Phrygien nicht mehr als Großmacht behaupten. Es gab zwar allem Anschein nach noch phrygische Könige in Gordion und sogar eine recht beachtliche materielle Kultur in den phrygischen Siedlungen. Aber politisch stand das Land nun unter der Oberherrschaft der Nachbarn im Westen, der Lyder. Mit diesen teilte es alle weiteren Schicksale: die Eroberung erst durch die Perser und dann durch Alexander den Großen. Dieser kam extra nach Gordion, um dort den sagenumwobenen «gordischen Knoten» mit dem Schwert zu durchhauen. Es folgte eine weitgehende Hellenisierung, dann kamen die keltischen Galater und schließlich die Römer, die Mongolen, die Türken ...

Immer mehr verloren die Phryger ihre völkische Eigenart. Zudem war ihr Land ein beliebtes «Liefergebiet» für die großen Sklavenmärkte in Athen oder Rom. Aber noch im 6. Jahrhundert *nach* Christus, also elfhundert Jahre nach Midas, soll in Innerkleinasien Phrygisch vom einfachen Volk gesprochen worden sein. Doch dann muß auch diese Sprache, eine der vielen indoeuropäischen Sprachen in Kleinasien, endgültig erloschen sein.

Phryger
Thraker
(um 1100 vor 800 v. Chr.)
MYSIEN
PHRYGIE
Gordi
Griechische Kolonien
Sardes
LYDIEN
Milet
KARIEN
LYKIEN
ÄGYPTEN
0
300
600
km

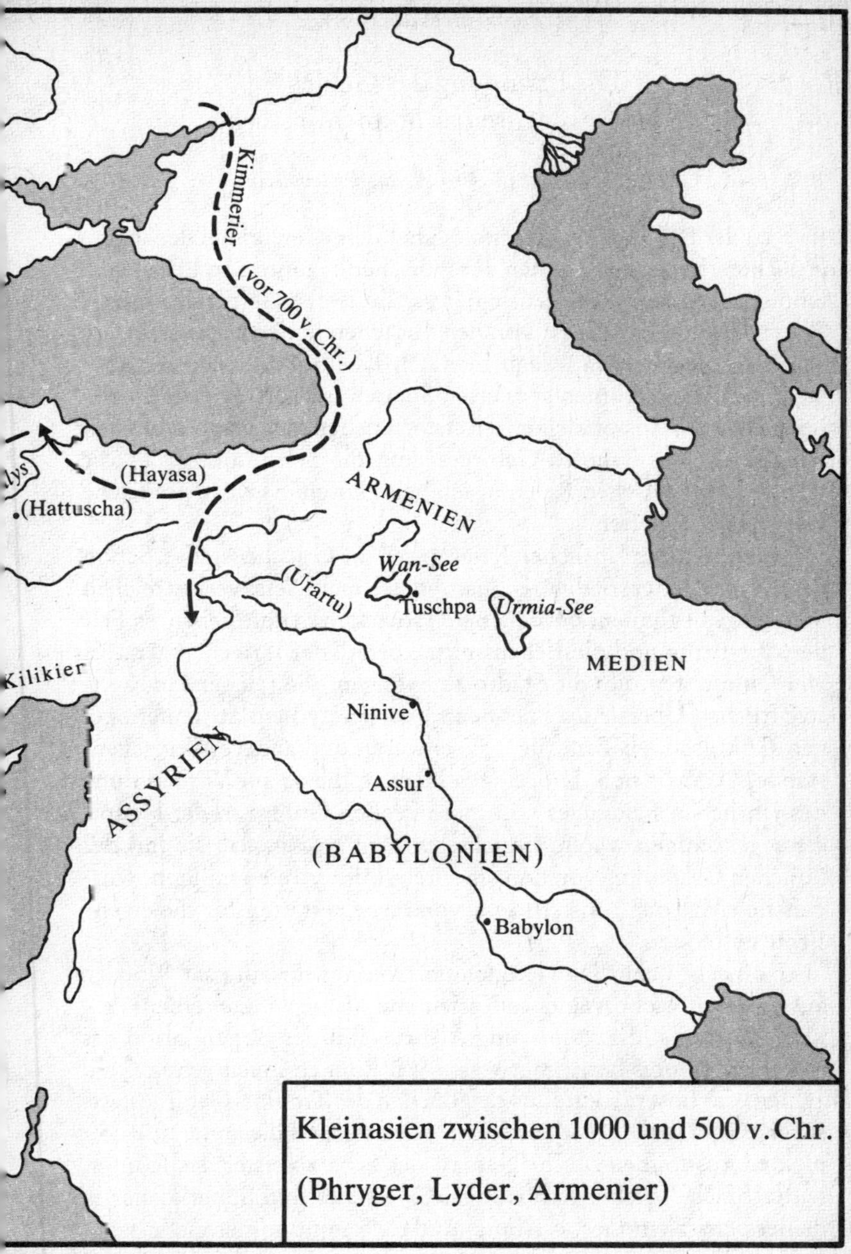

Kleinasien zwischen 1000 und 500 v. Chr.

(Phryger, Lyder, Armenier)

Die Erfindung des Geldes und eine folgenreiche Sonnenfinsternis

Um 600 und 585 v. Chr., Lydien/Kleinasien

Im Saal der Burg von Sardes, hoch über dem Gewimmel der strohgedeckten Lehmziegelhütten der lydischen Hauptstadt, begab sich König Alyattes mit einigen seiner vertrautesten Gefolgsleute zum Essen. Nach einer jüngst von den Griechen in den Städten an der See übernommenen Sitte legte man sich dabei auf ein weiches Ruhelager, und Dienerinnen servierten Speisen und den würzigen einheimischen Wein auf kleinen Tischchen neben den Sofas. Über den Berggipfeln des Tmolos-Gebirges ging die Sonne unter, als die Großen des lydischen Reiches sich beim Essen in ernste politische Gespräche vertieften.

Es ging um den jährlichen Krieg gegen die Griechenstädte. Schon des Königs Vater, Sadyattes, hatte diese nicht sehr verlustreichen Streifzüge begonnen, bei denen im Hochsommer die bebauten Felder, die Ernte und die Lebensmittelvorräte der Griechen zerstört werden mußten, um die Städte zu zwingen, die reichen landwirtschaftlichen Überschüsse des benachbarten Lydiens zu kaufen, gegen Gold, schöne Tonkrüge, Eisenwaren und andere Wertgegenstände, versteht sich. Die adligen Herren, die da zur Vorbereitung des jährlichen Feldzuges von ihren großen Gütern in die Hauptstadt gekommen waren, berichteten dem König, daß sie mit der üblichen Gestellung von Lanzenreitern kürzertreten müßten, würden sie sich doch sonst zu sehr von Arbeitskräften für die eigene Ernte entblößen.

«Es macht keine Schwierigkeiten, Söldner für ein paar Wochen aus unseren Nachbarländern Karien und Mysien anzuwerben», erklärte Bartares, der von König Alyattes mit der Organisation des lydischen Heeres beauftragt war. «Wir können ihnen genug Gold zahlen, das unsere Leute aus den Bächen des Tmolos-Gebirges waschen. Gold lockt die Menschen.» Alyattes und die anderen Ritter nickten zustimmend. Nur Namas, der Schatzmeister des Königs, widersprach. «Sicher hast du viel Goldstaub und Silberkörner in deiner Schatzkammer, o König, und es kommt immer mehr dazu.

Aber es ist sehr, sehr mühsam, dieses Metall einzeln an zweitausend Söldner auszuwiegen. Habt ihr bedacht, was das für Arbeit macht?» Gelächter in der Runde. «Wenn es nichts Schlimmeres gegen die Anwerbung der karischen Söldner zu sagen gibt», meinte der König, «für deine Sorge, Namas, wird sich doch wohl eine Abhilfe finden lassen!» Und ein Teilnehmer der Runde meinte: «Jeder Söldner erhält doch den Wert von zehn Schafen in Gold und Silber für seine Dienste, nicht wahr? Dann laß doch, Namas, unsere Goldschmiede Stücke zusammenschmelzen, die gerade dieser Menge entsprechen, und laß sie alle gleichmachen. Dann hast du es bei der Auszahlung ganz leicht!» So geschah es. Als die karischen Söldner die neuen glänzenden Scheiben aus Elektron, der neuerdings so beliebten Mischung von Gold und Silber, in den Händen hielten, waren sie zunächst etwas mißtrauisch. Doch der Stier- und der Löwenkopf auf der Scheibe überzeugte sie, daß es sich um gutes vollgültiges Edelmetall handelte, waren doch Stier und Löwe die Wappentiere des Lyderkönigs. Und die Kaufleute in Sardes nahmen die Elektronplättchen gerne in Zahlung. Schatzmeister Namas mußte immer mehr solcher Plättchen herstellen lassen, nicht nur für die Söldner. Eine neue Idee war geboren.

*

Fast zwanzig Jahre waren vergangen, und das Reich des Alyattes war groß und mächtig geworden. Im Westen hatte er fast alle Griechenstädte an der Küste mit mehr oder weniger sanfter Gewalt unterworfen, ohne sie doch allzusehr zu schädigen oder ihre Fähigkeit zur Vermittlung des gewinnbringenden Handels irgendwie einzuschränken. Nun befand sich König Alyattes mit seinem Heer weit im Osten des Landes, im Gebiet der unterworfenen Phryger.

Schon seit Jahren war der Lyderkönig mit der benachbarten Großmacht Medien in einen Krieg um die Ausweitung der Einflußgebiete verwickelt. Doch in fünf Jahren unterschiedlichen Kriegsglücks hatte sich gezeigt, daß keine der beiden Mächte der anderen eindeutig überlegen war. Heute standen die beiden Heere wohlgerüstet zur Entscheidungsschlacht bereit. Sowohl König Alyattes wie sein Gegner, König Kyaxares von Medien, waren entschlossen, diesmal alles auf eine Karte zu setzen und im letzten Anlauf endgültig zu siegen oder unterzugehen.

Es war Ende Mai, und nach einem heißen, trockenen Tag neigte sich die Sonne schon dem Abend zu, als auf beiden Seiten das Angriffszeichen gegeben wurde. Pfeile begannen herüber- und hinüberzufliegen, schon sank der eine oder andere Lyder oder Meder von Lanzen getroffen zusammen – doch was war das? Obwohl keine Wolke am Himmel stand, verdunkelte sich plötzlich die Sonne, und kurze Zeit später war es finster wie in der Nacht. Die Kämpfenden ließen voneinander ab. Ging die Welt unter? Oder war das nicht vielmehr ein Zeichen der Götter, mit dem Kampf aufzuhören? Die sonst so tapferen lydischen Ritter und ihre Gefolgschaft sammelten sich um das Zelt des Königs und Feldherrn Alyattes und beschworen diesen, dem göttlichen Fingerzeig zu gehorchen und Frieden zu schließen. Auf der anderen Seite ging es König Kyaxares mit seinen kampfgewohnten medischen Kriegern nicht anders.

Man schloß Waffenstillstand, Boten gingen hin und her, und die Könige der benachbarten Staaten Kilikien und Babylonien, denen nichts am Übergewicht einer der beiden Mächte lag, boten sich als Vermittler an. Nach kurzer Zeit hatten die so lange kriegführenden Völker der Lyder und Meder einen festen Frieden miteinander vereinbart, der ihren beiderseitigen Einflußsphären eine klare Grenze setzte: den großen Fluß Halys, der mitten durch Anatolien ins Schwarze Meer floß. Man versöhnte sich nach gutem altem Brauch, indem die Könige Alyattes und Kyaxares gegenseitig bei allen ihren Göttern schworen, in Zukunft Frieden zu halten, und diesen Schwur dadurch besiegelten, daß sie sich in die Arme ritzten und das herausquellende Blut gegenseitig ableckten. Darüber hinaus gab Alyattes dem Mederkönig seine Tochter Aryenis zur Frau.

Das alles hatte die plötzliche Verdunkelung der Sonne bewirkt. Einige Zeit später – Alyattes war längst wieder in seiner Hauptstadt Sardes – wurde ihm berichtet, der berühmte Weise Thales aus der Griechenstadt Milet, die zum lydischen Reich gehörte, habe lange vor dem unerklärlichen Ereignis vorausgesagt, daß sich genau an diesem Tage die Sonne verdunkeln werde. König Alyattes hielt das für ein ebenso großes Wunder wie die Verdunkelung der Sonne selbst ...

Lydien, Vermittler zwischen Osten und Westen

Die Geschichte von der Sonnenfinsternis während der Schlacht zwischen Lydern und Medern hat Herodot der Nachwelt überliefert, einschließlich der Vorhersage dieses Naturereignisses durch Thales von Milet. Moderne Astronomen haben daraus errechnet, daß die Schlacht genau am 28. Mai 585 v. Chr. nachmittags stattgefunden haben muß, wahrscheinlich das früheste historische Ereignis der Weltgeschichte, das wir heute bis auf den Tag genau festlegen können. Herodot hat in seinem Geschichtswerk auch sonst noch viel von den Lydern berichtet. Ohne ihn wüßten wir heute nur aus spärlichen Keilschriftdokumenten der Assyrer und Babylonier, daß es einst im westlichen Kleinasien eine Macht gegeben hat, die für über hundert Jahre den alten Großstaaten des Nahen Ostens – Assyrien, Babylonien und Ägypten – und dem Emporkömmling Medien durchaus ebenbürtig war. Allerdings, daß die Lyder auch gleichberechtigt in *dieses* den früheren Indoeuropäern gewidmete Buch gehören, das haben wieder erst die modernen Sprach- und Vorgeschichtsforscher herausgefunden.

In der Endzeit des hethitischen Großreiches, im 13. und frühen 12. Jahrhundert v. Chr., müssen in dem fruchtbaren Flußtal bei Sardes, über 600 Kilometer westlich der Hauptstadt Hattuscha, hethitische Einflüsse wirksam geworden sein. Möglicherweise gab es eine hethitische Oberschicht über den einfachen Bauern und Viehzüchtern, die allmählich ihre – für uns nicht mehr rekonstruierbare – altanatolische, nichtindoeuropäische Sprache aufgaben, natürlich nicht, ohne die hethitische Sprache ihrer Herren nachhaltig zu beeinflussen. Aus jener Zeit sind unter anderem nicht weit von Sardes noch heute Steinskulpturen in typisch hethitischem Stil zu sehen, die Herodot einst besichtigt und für – ägyptischen Ursprungs gehalten hatte.

Um 1190 v. Chr., als Hattuscha und das Hethiterreich untergingen, als «Seevölker» und «Askaner» und «Proto-Phryger» raubend und sengend durch Kleinasien zogen, dürfte es auch im Gebiet des späteren Lydiens, im Westteil der großen Halbinsel, schwere politische Umwälzungen gegegen haben. Allerdings können wir sie heute nur noch erahnen. Wieder ist es Herodot, der hierzu eine seltsame Geschichte erzählt: Es habe dort eine große Hungersnot gegeben – das kann man sich im Zusammenhang mit dem «Seevölkersturm» gut vorstellen! –, und um sie zu lindern, sei eine Hälfte des Volkes auf Schiffe gestiegen, «in das Land der Umbrer» ausgewandert und habe dort den Namen «Tyrsener» angenommen.

Diese Nachricht Herodots über die Herkunft der geheimnisvollen Etrusker im alten Italien hat die Wissenschaftler seit der Antike stark beschäftigt. Wir wollen die Frage hier nicht weiter verfolgen. Denn trotz der wenigen Erkenntnisse, die man bis heute über die Sprache der Etrusker hat, steht fest, daß sie *keine* Verwandtschaft mit indoeuropäischen Sprachen zeigt. Andererseits weisen tatsächlich viele Eigenarten der etruskischen Kultur auf Kleinasien, gerade auch auf Lydien als ein mögliches Herkunftsland. Vielleicht – so könnte man vermuten – war es wirklich ein in seiner Sprache noch nicht oder kaum von den indoeuropäischen Hethitern beeinflußter Teil der späteren Lyder, der auswanderte und über Zwischenstationen im östlichen Mittelmeer nach zwei bis drei Jahrhunderten sich in Italien ansässig machte.

Die Sprache der in Kleinasien zurückgebliebenen Lyder war jedenfalls – soweit man das aus den spärlichen aufgefundenen Inschriften in einer dem griechischen Alphabet ähnlichen Schrift belegen konnte – indoeuropäischen Ursprungs. Sie weist eine bemerkenswerte Verwandtschaft mit dem alten Hethitisch auf, allerdings stark durch Mischung mit altanatolischen Sprachen entstellt. Ihre Träger – zumindest in der Oberschicht – waren also wohl Abkömmlinge der *ersten*, der hethitisch-luwischen Welle der Besiedlung Kleinasiens durch Indoeuropäer, nicht Teile der zweiten, «phrygischen» Einwanderergruppe. Weiter im Süden der großen Halbinsel, im Grenzgebiet zu Syrien, hatten ja verschiedene hethitische Kleinkönigreiche noch Jahrhunderte überdauert. Und an der Südküste Kleinasiens konnten im Schutz hoher Bergzüge und steiler Felsufer Reste der einstigen Luwier ihre indoeuropäische Sprache ebenfalls noch bis in die ersten Jahrhunderte *nach* Christus bewahren: in Lykien.

Auch in Kleinasien – wie in Griechenland – hatte der «Seevölkersturm» dunkle, schriftlose Jahrhunderte verursacht. Über die Ereignisse in dieser Zeit wissen wir so gut wie nichts. Erst aus dem

7. und 6. Jahrhundert v. Chr. haben wir einigermaßen verläßliche historische Angaben. Die gesellschaftlichen Verhältnisse, die sich daraus für diese Zeit in Lydien erschließen lassen, deuten ebenfalls auf eine frühindoeuropäische Herkunft wenigstens der Oberschicht. Es gab ein starkes Königtum, zumindest seit um 680 v. Chr. ein Usurpator namens Gyges sich des lydischen Königsthrones bemächtigt hatte und seit eine neue Dynastie, die sogenannten Mermnaden, die Söhne, Enkel und Urenkel des Gyges, über Lydien regierte. Daneben existierte eine Schicht großer Grundbesitzer, einflußreicher Adliger, deren Gefolgsleute – meist mit Lanzen bewaffnete Reiter – den Hauptteil des königlichen Heeres bildeten. Lydien wies im Gegensatz zu den vorderasiatischen Großreichen wie Assyrien und Babylonien ein ausgesprochen feudales Gepräge auf.

Die «Erfindung» des ersten Münzgeldes in der menschlichen Geschichte in Lydien – man vermutet, zu Anfang der Regierungszeit König Alyattes', etwa um 605 v. Chr. – ist eine unter anderem von Herodot berichtete und durch Münzfunde bestätigte Tatsache. Die Volkswirtschaft Lydiens und aller anderen Staaten, die kurz darauf diese Erfindung nachahmten, nahm damit einen ungeahnten Aufschwung. Das Münzgeld ermöglichte gegenüber dem vorher üblichen Tauschhandel eine enorme Beschleunigung und Vergrößerung des Handels und eine Teilhabe auch des «kleinen Mannes» an der Wertvermehrung, die ein Verkauf von Waren und Dienstleistungen mit sich bringt. Lydien wurde durch seine Lage zwischen der Welt der Griechen und der der orientalischen Großreiche zu einer Durchgangsstation für Handel und Kultur zwischen Osten und Westen.

Unter der Dynastie der Mermnaden entwickelte sich Lydien zu einem sagenhaft reichen Land, und es dehnte sich auch kräftig aus. Die durch den Kimmeriereinfall geschwächten Könige von Phrygien wurden als Vasallen der lydischen Oberhoheit unterstellt, und auch die Griechenstädte wurden nach jahrzehntelangen Kämpfen der lydischen Einflußsphäre einverleibt – zum Nutzen beider Seiten. Die Lyderkönige hatten nichts gegen die Griechen; sie fühlten sich selbst kulturell halb als Angehörige dieses Volkes, aus dem häufig auch die Frauen der Könige stammten. Aber die Staatsräson des expandierenden Reiches gebot es, die Griechenstädte an der Westküste als Vasallen und nicht als Handelskonkurrenten in unmittelbarer Nähe zu haben.

Der Aufstieg des lydischen Reiches zu einer Großmacht vollzog sich, obwohl auch in dieses Land im 7. Jahrhundert v. Chr. mindestens dreimal die wilden Kimmerier und die mit ihnen verbündeten thrakischen Trerer einfielen und zweimal sogar für kurze Zeit die Hauptstadt Sardes eroberten. Erst König Alyattes – wohl dem mächtigsten der lydischen Könige, obwohl Herodot am wenigsten von ihm zu erzählen weiß – gelang es um 570 v. Chr., die Trerer endgültig zu vernichten.

Die Katastrophe kam, als König Kroisos, Alyattes' Sohn und Nachfolger – sein Reichtum («ein Krösus») ist heute noch sprichwörtlich –, im Jahr 547 v. Chr. einen Krieg gegen den Perserkönig Kyros anfing. Über Kyros, der sich im fernen iranischen Hochland drei Jahre vorher gegen die medische Oberherrschaft empört hatte, wird noch im 14. Kapitel dieses Buches Näheres zu erzählen sein. Kroisos von Lydien verließ sich, als er den Kampf begann, auf einen Spruch des berühmten Orakels von Delphi in Griechenland, das er vorher um Rat gefragt hatte: «Wenn du den Halys [den Grenzfluß zu Medien] überschreitest, wirst du ein großes Reich zerstören.» Doch es war sein eigenes Reich, das er zerstörte. Kyros besiegte das Heer des Kroisos in einer Feldschlacht, und wie ein Gewittersturm kam das Perserheer nun über Lydien. Nach vierzehntägiger Belagerung war Sardes erobert und Kroisos gefangen.

Noch lange spielte die Stadt Sardes eine gewisse Rolle als Sitz persischer Statthalter («Satrapen»), aber das lydische Volk verlor rasch seine Eigenart. Als Alexander der Große über zweihundert Jahre später das Perserreich zerstört hatte, setzte sich die griechische Sprache und Kultur im ganzen Westen Kleinasiens durch, und was sich nicht assimilieren ließ, wurde als Nachschub auf die Sklavenmärkte von Athen und später von Rom geschickt. «Lydus» und «Lydia» nannten römische Reiche ihre Sklaven und Sklavinnen aus dem fernen Osten, deren einheimische Namen für Römer zu schwer auszusprechen waren.

Nur der auch heute noch gelegentlich benutzte weibliche Vornamen Lydia – und für Kundige die Geldmünzen im Portemonnaie –

erinnern bis in die Gegenwart an ein großes Reich indoeuropäischer Abkunft, das da einst in Kleinasien blühte.

Wer heute in der Türkei von der Großstadt Izmir (dem alten Smyrna) ins Landesinnere über Turgutlu nach Alaschir mit dem Wagen fährt, der kann ein wenig abseits von der Autostraße die kleinen Dörfer der Bauern sehen: Wie vor über 2500 Jahren leben die Menschen in ihren Hütten aus ungebrannten Lehmziegeln und Strohdächern, lassen ihre Schafe und Ziegen in den Strauchdickichten des Tmolos-Gebirges (heute Boz Dagh) weiden und bestellen ihre Weizen-(und heute Baumwoll-)Felder. Abgesehen davon, daß sie heute türkisch sprechen und zu Allah beten, haben sie ihre Lebensweise in den vergangenen Jahrtausenden kaum verändert.

Aus den Schluchten des Balkans ins wilde Armenistan

Um 600 v. Chr., Wan-See/Kleinasien

Seit zwei Tagen folgte der wehrhafte Zug der Straße am Südufer des riesigen Sees. Die Männer trugen kleine Schilde, eine Lanze und mehrere kleine Wurfspeere, dazu einen Eisendolch im Gürtel. Ihr Kopf wurde geschützt von seltsamen, aus federnden Weidenzweigen geflochtenen Helmen, die Füße von festen, bis zur halben Wade reichenden Lederstiefeln. Daneben gab es aber auch Reiter mit spitzen Mützen, die ganz anders, mit merkwürdig gekrümmten Bogen und Pfeilen, bewaffnet waren, und es gab auf Karren mit Mauleseln davor Frauen und Kinder und Gepäck, ein seltsam gemischter Haufen.

Gegham, der Anführer, blickte zurück. Seit Wochen war man nun schon wieder seit dem letzten Winterlager unterwegs. Es würde bald wieder Zeit sein, Hütten zu bauen und ein paar Äcker zu bestellen, um für den nächsten Winter gerüstet zu sein. In Wirklichkeit waren seine Leute und schon deren Eltern und Großeltern seit Jahrzehnten nicht mehr zur Ruhe gekommen, seit die wilden Kimmerier raubend und mordend durch ihre Heimat Hayasa gezogen waren und seit König Midas in Gordion sich das Leben genommen hatte. Solange die Phryger, mit denen Geghams Leute verwandt waren, auch über Hayasa geherrscht hatten, konnte man in Frieden leben. Dann aber waren die Großväter übereingekommen, das unsicher gewordene Land zu verlassen und sich eine neue, bessere Heimat zu suchen. Teile der Kimmerier, die inzwischen selbst geschlagen und gejagt worden waren, hatten sich ihnen im Laufe der jahrzehntelangen Wanderung angeschlossen; sie waren hochwillkommene Verbündete, die Reiter mit Pfeil und Bogen, deren Sprache seltsamerweise gar nicht so sehr von der eigenen abwich.

Hier, am Ufer des großen Sees zwischen den Bergen (gemeint ist der Wan-See in Ostanatolien), schien die Hoffnung der Haykh, der Leute aus Hayasa, auf diese neue Heimat in Erfüllung zu gehen. Vorne, hoch über dem Ufer auf einem Felsenvorsprung, brannte noch die Burg der verhaßten Könige von Urartu. Tuschpa, die Hauptstadt unterhalb der Burg, war zerstört, kürzlich erst erobert von medischen Kriegern aus dem Osten. Doch was scherte Gegham und seine Leute die brennende Stadt! Städte interessierten sie nicht, sie suchten gutes Acker- und Weideland, und das fanden sie hier.

Die Haykh waren genauso Feinde von Urartu wie die Meder. Hatten doch die urartäischen Könige in früheren Generationen immer wieder Hayasa, ihr Nachbarland im Westen, in räuberischen Kriegszügen angegriffen und Teile des dortigen Volkes nach dem guten alten Brauch orientalischer Despoten ins Landesinnere verschleppt – oder umgesiedelt, wie man vornehmer sagte. So fanden die Neuzuwanderer aus Hayasa hier, im Inneren von Urartu, immer wieder Landsleute, die froh waren, dank des Sieges der Meder die drückende Herrschaft von Urartu abschütteln zu können. Und die Meder waren offenbar andererseits ganz zufrieden, die Reste der Urartäer, die sich in die Gebirgstäler geflüchtet hatten, gewissermaßen unter die Kontrolle der waffentüchtigen Haykh zu stellen, der neu einwandernden wie der schon lange als Sklaven im Lande lebenden. Daß der Mederkönig Kyaxares für dieses Bündnis und die Erlaubnis an die Haykh, sich in Urartu niederzulassen, die nominelle Oberhoheit verlangte, störte Gegham nicht. Die Berge waren hoch, und König Kyaxares war weit ...

*

Vielleicht hat sich die Einwanderung des Volkes, das wir heute Armenier nennen, in seine späteren Wohnsitze – dort, wo jetzt die Türkei, der Iran und die Sowjetunion zusammenstoßen – tatsächlich etwa in der geschilderten historischen Situation um das Jahr 600 v. Chr. zugetragen. Genaueres weiß bis heute kein Wissenschaftler. Sicher ist nur, daß *vor* dem 7. Jahrhundert v. Chr. im heutigen Armenien keine Indoeuropäer wohnten, daß aber seitdem oben in den Bergen im östlichen Zipfel Anatoliens ein Volk mit indoeuropäischer Sprache zu Hause ist.

Das alte Kulturvolk der Armenier hat aus jener vorgeschichtlichen Zeit keine Erinnerungen bewahrt. Aber sorgfältige Sprachforschung – und der gute alte Herodot belegen, daß die Menschen, die Träger der nachmaligen armenischen Sprache waren, sprach- und stammverwandt mit den Phrygern gewesen sein müssen. Sie selbst nannten sich wohl nach ihrem mittelanatolischen Herkunftsland Haykh; Griechen und Perser bezeichneten sie nach einer Teillandschaft ihres späteren Wohngebietes als Armenier. Ein paar hundert Jahre vor ihrer Wanderung ins ostanatolische Hochland scheinen sie zusammen mit den Phrygern aus der Balkanhalbinsel ins mittlere Kleinasien gezogen zu sein und dort gesiedelt zu haben, bis sie durch die neue Unruhezeit im 7. Jahrhundert zum Weiterzug nach Osten veranlaßt wurden. Sehr wahrscheinlich war es auch nicht eine einzige Gruppe von Menschen, sondern viele über eine Reihe von Jahrzehnten, die da nach und nach das Bergland mit seinen fruchtbaren Tälern besetzte, vermischt, wie man vermutet, mit versprengten Resten der Kimmerier. «Von den Schluchten des Balkans ins wilde Armenistan», so könnte man in Abwandlung zweier Buchtitel Karl Mays diesen über 2000 Kilometer langen und vielleicht 600 Jahre in Anspruch nehmenden Weg bezeichnen.

Von etwa 830 bis gegen 600 v. Chr. hatte im Gebirgsland um die majestätischen Gipfel des Ararat – dort sollte nach der Bibel Noahs Arche am Ende der Sintflut gelandet sein – ein mächtiges Königreich Urartu bestanden, dessen Hauptbevölkerung aus Nachkommen der Churriter bestand. Diese Churriter stammten aus dem Kaukasusgebiet, redeten eine isolierte, weder mit dem Indoeuropäischen noch mit dem Semitischen verwandte Sprache und hatten die gedrungenen Gestalten und kurzen hohen Schädel mit dunklen

Haaren und großer gebogener Nase, wie man sie bei vielen Vorderasiaten heute noch antrifft. Wir sind den Churritern schon einmal begegnet, dem zahlenmäßig stärksten Volk im kurzlebigen Großreich der arischen Mitanni im 15. und 14. Jahrhundert v. Chr. in Nordmesopotamien.

Nun, um 600 v. Chr., waren der Einfluß und die Kultur von Urartu vergangen, zerschlagen erst durch zahlreiche Kriegszüge des südlich angrenzenden Assyrien, später durch den Ansturm der neuerdings zur Großmacht strebenden Meder und nicht zuletzt durch die Raubzüge der Kimmerier und der Skythen, die hundert Jahre lang die Staatenwelt des Nahen Ostens erschüttert hatten. Die Haykh konnten sich dort ohne größere Kämpfe niederlassen, auch wenn sie noch jahrzehntelang mit den Resten der churritischen Bevölkerung von Urartu um Weideland und Ackerflächen stritten. Schließlich verschmolzen die beiden Völker: wie fast immer mit dem Ergebnis, daß die Herren – hier die Armenier – dem neuen Volk ihre Sprache und die Besiegten – hier die Churriter – den Herren ihre Frauen und nach einigen Generationen daher auch die äußere Gestalt und erhebliche Anteile an der materiellen und geistigen Kultur lieferten. Es gibt allerdings auch heute noch nicht selten blonde, schlanke und blauäugige Armenier, körperliche Erben der alten, vom Norden gekommenen Rasse.

Aus den frühen, vorgeschichtlichen Zeiten des armenischen Volkes ist nur wenig bekannt. Der griechische Schriftsteller Xenophon – er schildert in seiner «Anabasis» den Zug griechischer Söldner unter anderem durch Armenien im Jahr 400 v. Chr. – beschreibt das Land als reich an landwirtschaftlichen Produkten. Weizen und Gerste, Bohnen, Wein und Rosinen, Schinken, Sesamöl und eine Art Bier, das man mit Strohhalmen aus Tonkrügen trank, wurde den griechischen unfreiwilligen Touristen vorgesetzt. Die Weiden waren voll von Ziegen, Schafen, Kühen, Schweinen und Pferden. Die Menschen wohnten in wohlbefestigten kleinen Dörfern; Städte kannten sie nicht. Das Leben spielte sich ab in der Großfamilie und im durch gemeinsame Abstammung verbundenen Sippenverband («Tun»). Schon in frühen Zeiten muß es verschiedene, voneinander getrennte Stände gegeben haben: Adel, Priester, Bauern, Handwerker. Auf soziale Gleichheit aller Menschen haben die frühen

Indoeuropäer ja nie Wert gelegt. Darüber gab es immer wieder armenische Könige, wenn auch für gewöhnlich unter fremder Oberhoheit.

Armenien war fast nie im Lauf seiner Geschichte selbständig. Erst waren die Meder die Oberherren, dann die Perser, dann die Makedonen-Griechen, die Römer, Parther, Byzantiner, Sassaniden, Araber, europäische Kreuzritter, Mongolen, Turkmenen, wieder die Perser, die Türken, die Russen. Häufig war das Land zwischen verschiedenen Oberherren geteilt. Aber stets hat das kleine zähe Volk in seinem abgelegenen Bergland es verstanden, sich sein Volkstum und seine beachtliche Kultur zu bewahren – bis heute. Viel dürfte dazu beigetragen haben, daß die Armenier schon sehr früh das Christentum annahmen, Jahrzehnte vor Konstantin dem Großen in Rom! Sie haben es durch alle Verfolgungen einer christenfeindlichen Umwelt fünfzehnhundert Jahre lang verteidigt. Doch das alles kann nicht mehr Gegenstand dieses Buches sein, obwohl man mit den großartigen und tragischen Schicksalen des armenischen Volkes bis zur Gegenwart mehrere dicke Bücher füllen könnte.

Von den assyrischen Königen an war es im Nahen Osten, diesem Schmelztiegel der Völker, geradezu die Regel, die unterworfenen Stämme brutal durch Deportationen zu entwurzeln, zu Sklaven zu machen und der Kultur der Herrscher einzuschmelzen. Die «Babylonische Gefangenschaft eines Teils der Juden, die wir aus der Bibel kennen, war einer dieser Versuche, etwa zur gleichen Zeit, da die Armenier ihr neues Land besiedelten. Altertum, Mittelalter und Neuzeit zeigen in dieser Hinsicht wenig Unterschiede! Daß die Armenier dennoch bis heute Armenier geblieben und nicht Türken, Russen oder Perser geworden sind – an brutalen «Umerziehungs»- und Ausrottungsversuchen hat es bis in die jüngste Vergangenheit nicht gefehlt! –, ist das wahre große Wunder an diesem Volk. Es spricht seine uralte indoeuropäische Sprache noch heute, wie vor über zweitausendsechshundert Jahren, als der legendäre Gegham und seine Gefolgsleute das Bergland am Ararat sich zu eigen machten.

IV

Die Reiter aus dem Osten

800 v. Chr.–1000 n. Chr.

13. Kapitel

Der erste «Hunnensturm»

Kimmerier und Skythen –
Vorboten einer neuen Zeit

«Reiten oder untergehen»

Um 760 v. Chr., am Dnjestr/Ukraine

«Wir müssen reiten und kämpfen – sonst gehen wir unter!» Herausfordernd und anklagend zugleich rief Sigynnis diese Worte über die Versammlung hinweg. Es war ein entscheidender Augenblick für das große Kimmerier-Volk. Zum Unterlauf des Tyras (Dnjestr) beim Dorf des Königs waren aus allen Dörfern und Wanderlagern der westlichen Kimmerier die Sippenoberhäupter und andere wichtige Abgesandte herangeritten, um über die Entscheidung zu beraten. Sie spürten alle, daß man ihr nicht lange mehr ausweichen konnte.

Sigynnis hatte die Einberufung der Versammlung vom König erzwungen. Er gehörte zu den mächtigsten Adligen der Kimmerier, stand in den besten Jahren, war ein erstklassiger Reiter und Bogenschütze und – was mindestens soviel zählte – Oberhaupt einer der größten Sippen des Volkes, der Wolfssippe, und daher Herr über eine Herde von Rindern, Schafen und Pferden, für deren Zahl die Sprache der Kimmerier keinen Ausdruck mehr kannte. Und schließlich war er wohl der Mensch, der von seinem Volk am meisten von der Welt gesehen hatte. Vor kurzem war er erst von einem Ritt, der mehrere Jahre gedauert hatte, aus dem Osten zurückgekommen.

Sigynnis, dieser außergewöhnliche Mann, hatte die östlichen Kimmerier besucht, die am anderen Ende des großen salzigen Wassers (des Schwarzen Meeres) ihre Herden weiden ließen. Vor einiger Zeit war dieses Volk auf dem schmalen Weg zwischen Wasser und himmelhoch ragenden Bergen (am Westrand des Kaukasus entlang) nach Süden gezogen und war nun in den Bergtälern seines neuen Wohngebietes in heftige, aber meist erfolgreiche Kämpfe mit einem König von Urartu verwickelt. Die östlichen Kimmerier hatten ihren mächtigen Nachbarn, den Skythen, ausweichen müssen, die eine ähnliche Sprache redeten und auch sonst manche Bräuche mit den Kimmeriern teilten.

Trotz dieser Verwandtschaft erwiesen sich die Skythen als rücksichtslos bei der Eroberung neuer Weiden für ihre großen Herden. Denn die Skythen erklärten, ihre eigenen alten Weidegebiete weiter im Osten, an der unteren Wolga, seien von einem jenseits der Wolga beheimateten Nomadenstamm, den Massageten, besetzt worden, und diese wiederum würden von einem weiteren Volk, den Issedonen, noch weiter von Sonnenaufgang her, bedrängt. Nach dem, was Sigynnis aus zahllosen Erzählungen an abendlichen Lagerfeuern hatte in Erfahrung bringen können, war die ganze Steppe in Bewegung gekommen, weil unendlich weit im Osten ein mächtiger König gelbhäutiger Bewohner steinerner Häuser fremde Reiter besiegt und zurückgetrieben hatte, die sein Volk angegriffen hatten. Außerdem hatten die Götter des hohen Himmels wieder einmal eine Dürre über die Steppe kommen lassen, so daß die Äcker und Gemüsegärten der Bauern vertrockneten und die Herden immer weitere Wege zurücklegen mußten, um frische Weide und wasserführende Tränken zu finden.

So war den Völkern in der Steppe nichts anderes übriggeblieben, als ihre Hütten und spärlichen Äcker in Stich zu lassen, ihre Frauen, Kinder und den Hausrat auf Wagen zu verladen und den Herden zu folgen. Die Männer hatten glücklicherweise genügend Pferde, und sie hatten seit vielen Generationen gelernt, sich rittlings mit den Beinen auf den nackten Rücken der Tiere festzuhalten, die sie in brausendem Galopp schnell wie Pfeile über die Steppe tragen konnten. Als Reiter waren die Stämme Herren über den Raum, sie konnten der Trockenheit zusammen mit ihren Herden ausweichen, den Nachbarvölkern in plötzlichen Überfällen deren Herden, Frauen und Wertsachen rauben, sich blitzschnell zurückziehen, wenn die Gegner zu stark waren. Kurz, sie waren plötzlich in der Lage, der zuvor herrschenden Not zu entgehen, und zugleich waren sie stärker als alle Menschen um sie herum, die nicht wie sie selbst fast ihr ganzes Leben auf dem Rücken der Pferde verbrachten.

Das alles berichtete Sigynnis der Versammlung der Sippenältesten seines Volkes, und er beschwor sie, ein Gleiches zu tun, die festen Ansiedlungen aufzugeben und mit Herden, Wagen, Frauen und Kindern ein Leben der Ungebundenheit und des neuen Reichtums zu beginnen. Anderenfalls werde man gegen die Skythen, die seit einer Generation schon in bedrohlicher Nähe ihre Herden weiden ließen, und gegen deren Schwerter aus einem neumodischen grauen, unheimlich harten Metall hoffnungslos unterlegen sein.

Doch es gab Widerstände in der Versammlung. Der König – er zählte schon siebzig Winter und war, wie Sigynnis fand, reichlich starrsinnig und verkalkt in seinen Ansichten – wehrte sich gegen die neuen Ideen. Warum sollte man die Heimat aufgeben, in der seit Jahrhunderten die Grabhügel die Geister der dahingeschiedenen Ahnen bewachten? Man solle doch nicht den Lockrufen jedes dahergelaufenen Herumtreibers folgen ... Sigynnis ließ solche anzüglichen Bemerkungen nicht auf sich sitzen, es gab einen heftigen Wortwechsel, und kurze Zeit später standen sich der alte König und der kräftige Edle Sigynnis nach altem Brauch zum Zweikampf und Gottesurteil mit den Bronzeäxten gegenüber. Dank seiner Geschicklichkeit und Körperkraft entschied ihn Sigynnis schnell: Der alte König lag tot in seinem Blut, und das Volk jubelte seinem neuen König zu.

Die Sippe des toten Königs schuf diesem das übliche Ehrengrab in einem der ehrwürdigen Grabhügel am Tyras, weigerte sich aber im übrigen beharrlich, das Land der Väter zu verlassen. Doch das übrige Volk der Kimmerier bereitete den Auszug vor. Man zimmerte Wagen, auf denen die Frauen und Kinder fahren und die Männer in der Nacht schlafen konnten. Wenige Wochen später setzte sich das Volk der westlichen Kimmerier in Bewegung nach Sonnenuntergang, dort wo die weiten Steppen Raum für viele Herden boten und wo die benachbarten Thraker, mit denen viele Kimmerier versippt waren, nun ihrerseits vor dem Ansturm der Reiter aus dem Osten flüchteten.

Aus Viehhirten wurden Reiternomaden

Gewährsmann für die vorstehende Episode ist wieder einmal der gute alte Herodot, der sie allerdings ein wenig anders berichtete: Das Volk der Kimmerier habe dem Druck der Skythen durch Flucht entgehen wollen, der König (wohl mit einer Reihe von Anhängern) habe sich dem widersetzt; schließlich hätten Vertreter beider Seiten miteinander gekämpft und sich gegenseitig umgebracht, woraufhin das übrige Volk nach Süden, über den Kaukasus, vor den Skythen geflohen sei. Moderne Wissenschaftler haben die Erzählung für eines der vielen Märchen gehalten, auf die Herodot hereingefallen sei. Aber warum soll es sich beim Abzug der Kimmerier nicht so ähnlich abgespielt haben? Wahrscheinlicher als das gegenseitige Sichumbringen ist der Sieg der Partei, der die Zukunft gehörte: der Sieg *der* Kimmerier, die bereit waren, Reiternomaden zu werden.

Das, was sich an entscheidenden Veränderungen im 8. Jahrhundert v. Chr. in den Weiten des innerasiatischen Steppengürtels vom Schwarzen Meer bis nach China hin abgespielt haben muß, wurde zwar ebenfalls von Herodot angedeutet; in seinen Hintergründen und Zusammenhängen können wir es aber erst heute erkennen. In jenem Jahrhundert entstand – offenbar verhältnismäßig plötzlich, innerhalb von nur wenigen Jahrzehnten – eine menschliche Lebensform, die seitdem fast bis in die unmittelbare Gegenwart hinein das Bild Asiens, aber auch eines Teiles von Europa weitgehend beeinflußt hat: das Reiterkriegertum. Indoeuropäische Völker trugen es als erste nach Westen, in die zivilisierteren Gegenden der Welt. Fast tausend Jahre lang waren sie der Schrecken der Kulturvölker Europas und Westasiens, bis die indoeuropäischen Reiter von Hunnen, Awaren, Ungarn, Mongolen und Türken abgelöst wurden – von Reitern mit anderer Sprache und Rasse, aber ähnlicher Geisteshaltung. (Siehe dazu 16. Kapitel, Ende, S. 355ff und 23. Kapitel, S. 518ff).

Im alten Ursprungsgebiet der indoeuropäischen Kurgan-Kultur, in den Steppen nördlich des Schwarzen Meeres bis zur Wolga, hatten nach der großen «Kurgan-Explosion» zwischen 2500 und 2200 v. Chr. Menschen gelebt, die ohne Zweifel Abkömmlinge der Kurgan-Menschen waren. Sicher verwendeten sie Sprachen, die dem

Früher …

... war die Rollenverteilung anscheinend eindeutiger: der Mann mußte ans Geldverdienen denken, die Frau hatte sich um Haus und Hof zu kümmern. Boshafte Menschen drücken es noch heute so aus: der Mann verdient das Geld, und die Frau gibt es aus!

Dabei sind beide Tätigkeiten im Grunde genommen nur die verschiedenen Seiten einer Medaille: der eine verdient Geld, der andere gibt es so überlegt und haushälterisch aus, daß genügend übrigbleibt: um zu sparen.

theoretisch erschlossenen «Ur-Indoeuropäisch» noch verhältnismäßig ähnlich waren. Ihre Grabsitten hatten sich – vermutlich unter dem kulturellen Einfluß von Kurgan-Rückkehrern aus dem Mittelmeergebiet – etwas verändert. Man begrub die vornehmen Toten noch immer unter Kurganen, machte sich aber oft nicht mehr die Mühe, neue Grabhügel aufzuschütten, sondern nahm die in der Steppe reichlich vorhandenen Hügel der Ahnen, grub Löcher hinein, baute richtige kleine Gewölbe darin und setzte die Toten dort bei. «Katakombengräberkultur» ist dieses Volk mangels schriftlicher Überlieferung von der Wissenschaft benannt worden.

Rund sechshundert Jahre lang lebte es ungestört dort, hütete seine Herden, bebaute die kleinen primitiven Äcker und formte seine Tontöpfe. Doch um die Mitte des 2. Jahrtausends v. Chr. wurde es von einer ersten Einwanderungswelle von Osten, durch ein verwandtes Volk, überlagert. Diese Neuankömmlinge waren eng verwandt mit der weiter östlich ansässigen Andronowo-Kultur. Sie führten auch eine neue Grabsitte ein: Statt Steingrüften wurden nun kleine Holzkammern, teilweise mit hüttenartigen Dächern, in die alten Kurgane eingebaut. Dieses Volk erhielt daher den Namen einer «Holzkammergrabkultur». Sein ausgedehntes Wohngebiet reichte zwischen 1500 und 750 v. Chr. von der Wolga im Osten bis zum Dnjepr im Westen. Die Andronowo-Leute haben wir im 7. Kapitel schon als vermutliche Vorfahren der arischen Inder und der Mitanni-Leute kennengelernt; wenn sie nahe Verwandte der «Holzkammergrab-Leute» waren, so dürften die letzteren ebenfalls eine arische, mit dem späteren Persischen und Indischen verwandte Sprache gesprochen haben.

Tatsächlich haben die Sprachforscher diese Vermutung bestätigt, für die historischen Skythen, die sich im östlichen Teil des Gebietes der Holzkammergrabkultur entwickelten, mit Sicherheit, für die Kimmerier im westlichen Teil der gleichen Kultur mit großer Wahrscheinlichkeit. Abgesehen davon, daß im Laufe des 2. vorchristlichen Jahrtausends die Bronze auch in den südrussischen Steppen immer stärker verwendet wurde und schließlich die alten Werkstoffe Stein, Knochen und Hirschgeweih ganz verdrängte, änderte sich die Lebensweise der Völker dort kaum. Im Sommer zogen die Männer mit den Rindern und Schafen von einer Weidestelle zur anderen, die wie ein nicht allzu weiter Ring die Ansiedlungen am Fluß umgaben, während die Bauern die Äcker und die Gemüsegärten bestellten.

Doch plötzlich – zwischen 800 und 750 v. Chr. – passierte dann der ungeheure Bruch mit der Vergangenheit, wie ihn die vorige Episode zu schildern versuchte. Die Archäologen haben eine völlige Aufgabe fester Ansiedlungen im Gebiet nördlich des Schwarzen Meeres zwischen etwa 750 und 600 v. Chr., ja sogar eine weitgehende Menschenleere nachweisen können – eine beweiskräftige Ergänzung der Berichte Herodots und anderer klassischer griechischer Schriftsteller. Der chinesische Kaiser Hsiun Wang aus der Tschou-Dynastie, der von etwa 827 bis 781 v. Chr. regierte, soll nach alten chinesischen Berichten die «wilden Hiung-nu» zurückgeschlagen haben, die die Städte der frühen nordchinesischen Hochkultur aus der mongolischen Steppe heraus bedrohten. Mit dem gleichen Namen nannten die Chinesen fast tausend Jahre später ein Volk, mit dem genau das gleiche geschah und das kurze Zeit danach als Hunnen in Westeuropa auftauchen sollte. Wir wissen nicht, welches Volk sich damals, um 800 v. Chr., unter dem chinesischen Wort verbarg. Möglicherweise waren es auch zu jener Zeit schon Vorläufer der späteren Mongolen und Türken, die mit ihrer Niederlage gegen die Chinesen und ihrer Flucht nach Westen die Kettenreaktion in Gang setzten, indem sie die indoeuropäischen Siedler, die sich im Steppengürtel weit bis Innerasien ausgebreitet hatten, ihrerseits nach Westen trieben.

Eine innere Bereitschaft, die Seßhaftigkeit der bäuerischen Viehzüchter aufzugeben und in Zukunft das «Glück der Erde auf dem Rücken der Pferde» zu suchen, scheint bei diesen indoeuropäischen Völkern vorhanden gewesen zu sein, seit sie das Pferd nicht nur als Fleischlieferanten und als Zugtier für den Wagen, sondern auch als Reittier zu nutzen gelernt hatten. «Die Stämme gingen von der Weidewirtschaft zur nomadischen Viehzucht über», schreibt der sowjetrussische Archäologe Grjasnow, der sich viel mit diesem Phänomen beschäftigt hat. Dies erweiterte schlagartig – mit der größeren Reichweite der Pferde – die Weidefläche, gestattete den Erwerb größerer Herden, gleich ob auf friedliche oder auf kriegerische Weise, und veränderte zutiefst das Bewußtsein dieser Völker.

Reiter, Nomade zu sein, auf edlem Roß hoch über dem Boden blitzschnell riesige Entfernungen überwinden zu können – das war etwas grundsätzlich anderes als das Leben eines dem Erdboden verhafteten Bauern, das war etwas Vornehmeres, Ritterliches, Kämpferisches. Die anderen, die Bauern, die Städtebewohner, ihre Reichtümer und ihre Herden, waren die gottgewollten Opfer der Reitervölker. Ganz ähnlich wandelten sich die Prärieindianer in Nordamerika im 18. und 19. Jahrhundert aus friedlichen Jägern und Ackerbauern in berittene todesmutige Krieger, als sie die den Spaniern in Mexiko entlaufenen verwilderten Pferde, die Mustangs, gefangen und gezähmt hatten.

Der IV. Teil dieses Buches wird den frühen indoeuropäischen Völkern gewidmet sein, denen es das Schicksal bestimmt hatte, als Reiterkrieger immer wieder in die Geschichte der Völker Mittel- und Osteuropas und Vorderasiens einzugreifen.

Kimmerier von Urartu bis Frankreich

Die weiteren Schicksale des Volkes der Kimmerier, von dem am Anfang dieses Kapitels die Rede war, sind schnell erzählt. Die Kunst des Schreibens hat dieses Volk nie gelernt, und in dem einen Jahrhundert, während dessen es die umliegenden Völker in Angst und Schrecken versetzte, hat es sich keine Freunde unter den damaligen Schreibkundigen gemacht; niemand fühlte sich bemüßigt, Ausführlicheres über die Kimmerier niederzuschreiben. Wir wissen heute außerordentlich wenig über dieses Volk.

Ein Teil war sicher, so wie es Herodot geschildert hat, nach Süden am Kaukasus entlanggezogen. Hier geriet es in den Hexenkessel Vorderasiens, wo sich mehrere starke Reiche in unaufhörlichen Kriegen gegenseitig den Rang streitig machten: das aufstrebende Churriter-Reich von Urartu, das alte mächtige Assyrien und das von indoeuropäischen Einwanderern aus dem Balkan gegründete phrygische Reich. Daneben zahlreiche bald dem einen, bald dem anderen Großreich untertänige Kleinfürstentümer – und weiter im Osten, auf dem iranischen Hochland, bereits die unruhiger werdenden Stämme der Meder und Perser, Reiter arischer Abstammung wie die Kimmerier und die Skythen selbst.

Aus der Zeit um 715 v. Chr. berichten Inschriften aus Urartu und auf Tontafeln verewigte assyrische «Geheimdienstberichte» von einer für das Königreich Urartu höchst verlustreichen Schlacht mit den wilden Reitern aus dem Norden, den Kimmeriern. Es scheint, daß dieses Volk bereits längere Zeit davor in Transkaukasien Unruhe gestiftet hatte und nun konsequent nach Süden drängte. Von nun an reißen die Schreckensmeldungen für längere Zeit nicht ab: Um 700 v. Chr. wurde die griechische Kolonialstadt Sinope an der Schwarzmeerküste Anatoliens ein Opfer der räuberischen Angreifer, die danach dieses Gebiet offenbar als Ausgangspunkt weiterer Zerstörungszüge benutzten. Im Jahr 696 v. Chr. überfielen sie – wie im 12. Kapitel erwähnt – das Phrygerreich und seine Hauptstadt Gordion. König Midas nahm sich daraufhin das Leben. Um 680 bedrohten Kimmerier das alte mächtige Assyrien, wie angstvolle Gebete in assyrischer Keilschrift über die «furchtbaren Gimirrai» berichten. König Asarhaddon von Assyrien konnte endlich – wohl 679 v. Chr. – irgendwo in der Mitte Anatoliens einen Sieg über den Kimmerierherrscher Teuschpa melden, woraufhin die reitenden Bogenschützen mit ihren spitzen Mützen ihre Aktivität offenbar lieber in den Westen Kleinasiens verlegten.

Zwischen 667 und 664 v. Chr. berichten griechische und assyrische Quellen von einem ersten Einfall der Kimmerier in das gerade auf Kosten Phrygiens erstarkende Reich der Lyder; ein Einfall, den König Gyges noch einmal zurückschlagen konnte. Aber zwölf Jahre später (652 v. Chr.) waren die Räuber schon wieder da, eroberten die Hauptstadt Sardes und töteten König Gyges bei der Verteidigung der Burg. In dieser Zeit überfielen und plünderten sie auch eine Reihe der jonisch-griechischen Kolonialstädte an der ägäischen Küste Kleinasiens. Allerdings, Städtebewohner waren die Kimmerier gewiß nicht. Sie scheinen sich nach diesem Sieg mit reicher Beute beladen wieder in ihr «Überwinterungsgebiet» um Sinope zurückgezogen zu haben. Nun aber gerieten sie in die Defensive, denn Assyrien hatte sich inzwischen ein ebenso tapferes, ebenso im Reiterkrieg hervorstechendes Volk als Bundesgenossen gesichert, das seit einiger Zeit gleichfalls in Kleinasien eingefallen war: die

Skythen. Den verbündeten Skythen und Assyrern gelang (wahrscheinlich um 640 v. Chr.) ein schwerer Schlag gegen die Kimmerier im Pontusgebiet (Gegend am Schwarzen Meer). Daß Assyrien hierbei den Teufel mit Beelzebub ausgetrieben hatte, merkte es erst hinterher ...

Noch zweimal wurden in den alten griechischen Quellen die Kimmerier erwähnt: Um 645 v. Chr. eroberten sie zum zweitenmal Sardes für kurze Zeit, und erst um 575 gelang es König Alyattes von Lydien, ihre Reste in der Nordwestecke Kleinasiens, bei Troja, endgültig zu vernichten. Vermutlich handelte es sich bei diesen Kimmeriern aber schon nicht mehr um die Nachkommen jener, die hundertfünfzig Jahre zuvor über den Kaukasus gezogen waren, sondern um Angehörige desselben Volkes, die etwas später *westlich* um das Schwarze Meer geritten waren und sich mit dem thrakischen Volk der Treren verbündet hatten. Die letzten östlichen Kimmerier haben wohl im unzugänglichen Inneren Anatoliens, in Kappadokien, und – wie manche Forscher glauben – bei den in ihre neue Heimat einwandernden Armeniern eine letzte Zuflucht gefunden.

Noch weniger weiß man über den Zweig der Kimmerier, der sich – unter der Führung des in der obigen Episode erdichteten Sigynnis – nach Westen wandte. Die Archäologen fanden in Ungarn, Österreich und Bayern, ja vereinzelt sogar in Frankreich, Überreste von Pferdezäumen, sogenannte Trensenknebel, die genauso aussehen wie solche, die am Schwarzen Meer und im Kaukasus gefunden wurden. Man nennt sie heute «thrakisch-kimmerische Trensen». Und aus einer Zeit, die die Fachleute auf das halbe Jahrhundert zwischen 775 und 725 v. Chr. datieren, deckten Wissenschaftler an vielen Stellen Österreichs, Böhmens und Süddeutschlands Edelmetallschätze auf. Die Archäologie nennt sie «Hortfunde». Vermutlich wurden sie von Einwohnern dieser Gegenden hastig vergraben, um sie vor den wilden Reitern aus dem Osten in Sicherheit zu bringen. Doch was nützten die Schätze, wenn ihre Eigentümer von einem Pfeil der räuberischen Kimmerier getroffen worden waren?

Ob die Begegnung der Kimmerier mit den damaligen Einwohnern Mitteleuropas immer nur kriegerischer Natur war, wissen wir nicht. Möglicherweise hat es auch Perioden friedlicher Koexistenz, des Handels und des Kulturaustausches gegeben. Verschiedene Vorgeschichtsforscher versichern, daß ein gehöriger Schuß kimmerischer Kultur und kimmerischen Blutes bei der Ausformung der großen keltischen Nation eine Rolle gespielt haben muß, die zu jener Zeit an der oberen Donau entstand. Wir werden davon noch hören (19. Kapitel, S. 416f).

Was mit den als Reiternomaden nach Mitteleuropa brandenden Kimmeriern insgesamt geschah, ist noch heute ein großes Rätsel. Sicherlich waren sie der Schrecken der Völker, wie tausend Jahre nach ihnen die Hunnen. Und vermutlich sind sie ebenso schnell wie diese untergegangen, erschlagen, aufgerieben durch die ihnen fremde Kultur und Landschaft. Nur im heutigen Ungarn könnte möglicherweise ein Rest von ihnen für einige Generationen überdauert haben. Wieder ist es Herodot, der davon berichtet: Jenseits des Istros (Donau) bis an das Gebiet der Veneter, nahe dem Adriatischen Meer, solle – so hatte man ihm berichtet – das Volk der Sigynner wohnen, die behaupteten, Abkömmlinge der Meder zu sein (richtiger müßte man wohl sagen: Abkömmlinge der alten Arier); sie trügen auch medische Kleidung (damit sind wohl Hosen gemeint!). Ihre Pferde seien klein, und diese hätten lange struppige Haare. Waren das die kleinen halbwilden Pferde der asiatischen Steppe, auf denen die Nachkommen des Königs Sigynnis sich noch tummelten?

In der alten Heimat, den Steppen am Schwarzen Meer, verblieben nur verschwindend wenige der Kimmerier. Vor den später einrückenden Skythen zogen sie sich in das traditionelle Fluchtgebiet dieser Region zurück, in die Gebirge auf der Halbinsel Krim im Schwarzen Meer. Und nur dieser Name «Krim» hält die verwehte Erinnerung an die alten Kimmerier bis heute fest.

Totenfeier für einen König

Um 500 v. Chr., am Don/Ukraine

Langsam näherte sich der Wagen des Königs mit seinen ungefügen, quietschenden Holzscheibenrädern dem derzeitigen Lager der Königssippe der Skythen am Fluß Gerrhos. Hoch wirbelte der Staub, den Tausende von Pferdehufen erzeugten. Der tote König der Skythen, der da nach alter Sitte einbalsamiert in seinem Wagen lag, um von allen Stämmen seines großes Volkes zur langen Reise in das Totenreich verabschiedet zu werden, hatte ein zahlreiches Ehrengeleit. Denn die Sippenhäuptlinge und die tapfersten Krieger aller Skythenstämme, die der Königswagen auf seiner Rundfahrt berührt hatte, mußten dem Wagen folgen und an den Totenfeiern teilnehmen, wie es Brauch war bei den freien Skythen.

Am Ufer des Gerrhos hatten Angehörige der Königssippe bereits mit der Vorbereitung des Grabes begonnen. Ein großes Rund war mit Pfählen abgesteckt und darin eine Grube gegraben. In sie bettete man sorgsam den toten König Idanthyrsos. Seine Haut sah dank der Kräuter, mit denen man den Körper ausgestopft hatte, noch aus, als schliefe der alte Mann nur; die dunklen Tätowierungen – kämpfende Löwen, Hirsche und Fabeltiere – hoben sich deutlich von der Haut der kräftigen Brust ab. Man legte den König zur letzten Ruhe in seinen Prachtgewändern, reich mit Goldschmuck verziert, an seiner Seite den nie fehlenden Bogen und den Akinakes, das kurze skythische Schwert, mit dem König Idanthyrsos so manchen persischen Soldaten erschlagen hatte.

Während die skythischen Adligen sich als sichtbares Zeichen ihrer Trauer um den toten König wie im Rausch mit Messern in die Haut schnitten oder einen Pfeil durch die Hand stachen, wurde eine junge Frau an das Grab herangeführt, auch sie in kostbare Pelze gehüllt und mit Gold über und über geschmückt. Gefaßt trank sie den Becher mit dem schnell wirkenden Gift, das sie hinüberführte in das dunkle Reich des Todes, an die Seite ihres Gatten, dem es auch in jenem Reich an nichts mangeln sollte. Ihren Leichnam legten die Diener nicht weit vom Körper des Königs auf eine Lagerstätte und errichteten aus Holzpfählen eine Art Hütte über den Toten. Doch die Opfer für den König waren noch nicht zu Ende.

Zwölf der Lieblingspferde des Königs wurden mit Schwertern erschlagen und rund um das Grab gelegt, und auch die wichtigsten Diener des alten Königs – sein Koch, sein Stallmeister, sein Weinschenk, sein Herold – traten die Reise ins Totenreich an, um ihrem Herrn auch dort zu dienen. Als alles an seinem Platz lag, begann die Arbeit der Angehörigen der Königssippe und der Gäste aus allen Skythenstämmen, die nun in Wagen Steine und in Körben Erde aus der weiten Steppe heranschleppten, um den gehörigen Kurgan über dem Grab aufzuschütten.

Erst als der Hügel die angemessene Höhe erreicht hatte, konnten die Skythen darangehen, sich an die rituelle Reinigung zu begeben, indem sie sich die Köpfe wuschen. Auch ihren Geist schickten sie auf die lange wunderbare Reise, während sie in kleinen Lederzelten den Rauch von angebrannten Hanfsamen einatmeten.

Ariapeithes, der Sohn des toten Idanthyrsos und nun regierender König der Skythen, träumte in seiner Filzjurte im Haschisch-Rausch von einem unübersehbaren Heer von Fröschen und Mäusen, die seltsamerweise wie persische Soldaten aussahen. Von einem zum anderen Horizont füllten sie das Land aus, quakend und pfeifend; doch da nahte schon König Idanthyrsos auf schnellem Roß. Und während die Mäuse und Frösche unbeholfen auf das Roß Jagd machten, schoß der König einen Pfeil nach dem anderen auf die wimmelnde Menge ab, bis diese schließlich in panischer Flucht das Weite suchte. Ariapeithes sah in seinem Traum auch die Brüder des Königs, Taxakis und Skopasis, und sich selbst im Sturm hinter den fliehenden Mäusen und Fröschen herreiten, er hörte das Gequake des Froschkönigs, während dieser mit hastigen Sprüngen heimwärts floh: «Ich bin Darius, der König der Könige, und alle Welt ist mir untertan», und er hörte die Skythen auf ihren Pferden über die persischen Frösche lachen, daß die Erde dröhnte ...

Sechs Jahrhunderte skythischer Geschichte

Viel mehr als über die Kimmerier wissen wir über ihre nahen Verwandten, erbitterten Gegner und Nachfolger im Besitz des Schwarzmeergebietes, die Skythen. Auch dieses Volk hat, obwohl es enge Berührung mit den längst schon schriftkundigen Griechen hatte, in seiner sechshundertjährigen Geschichte nicht ein einziges Wort in seiner Sprache geschrieben. Aber seine griechischen Zeitgenossen – in erster Linie wieder einmal Herodot – haben recht ausführlich über die Reiter der südrussischen Steppe berichtet. Und in Hunderten von Gräbern unter den altehrwürdigen Kurganen haben die Skythen ganze Museen voll wertvollster Andenken hinterlassen: Waffen, Schmuck, Kleidung, goldene Kunstwerke von hohem Material- und noch höherem Kunstwert, die uns oft bis ins Detail beschreiben, wie dieses Volk einst gelebt und gedacht hat.

Die Skythen waren zumindest in ihrer Frühzeit ein ruheloses, räuberisches Nomadenvolk wie auch die Kimmerier; ihre naive Besitzgier richtete sich auf Viehherden und Beutegut. Die so erworbenen Reichtümer wollten sie bei sich tragen und zeigen, und das konnten sie als reitende Nomaden nur, wenn sie diese in Form von Gold oder Silber an ihrer Kleidung, ihren Waffen und Geräten anbrachten. Das taten sie in überreichem Maße, und aus jedem Halsring, jedem Beschlag eines Pferdezaumes, jedem Becher machten sie Glanzstücke der Goldschmiedekunst, die die Auffassung Lügen strafen, Nomadenvölker seien primitiv und künstlerischen Regungen unzugänglich. Dem widerspricht nicht, daß sie im Kampf gegen Feinde des einzelnen oder des Stammes grausam und blutdürstig waren und daß viele ihrer Sitten – wie in der vorigen Episode geschildert – uns heutigen zivilisierten Menschen wie ein Alptraum vorkommen.

Im 8. Jahrhundert v. Chr. müssen die Skythen, der östliche Zweig der alten «Holzkammergrabkultur», der am Unterlauf der Wolga ansässig war, in Bewegung geraten sein, aus Gründen, wie sie oben geschildert wurden. Sie drängten ihre westlichen Nachbarn und Verwandten, die Kimmerier, aus dem Lande nördlich des Schwarzen Meeres, doch bewohnten die Skythen selbst dieses

Land zwischen 800 und 600 v. Chr. offenbar nur in verschwindend geringer Zahl; warum, das wissen wir nicht.

Ein Großteil der Skythen war wohl dem Lockruf des reichen Südens gefolgt und war, ebenso wie einige Dutzend Jahre vor ihnen die Kimmerier, unter Überwindung der Kaukasuspässe in Vorderasien eingefallen. Hier mischten sie ein Dreivierteljahrhundert lang kräftig mit in den unentwegten Kämpfen zwischen den dort rivalisierenden Mächten.

Erst ging es *gegen* die Assyrer (aus der Zeit um 675 v. Chr. hören wir aus Keilschriftberichten von einem Sieg dieses Königreichs über einen Skythenhäuptling in der Gegend des Urmia-Sees im Nordwesten des heutigen Irans), dann *mit* den Assyrern verbündet gegen die Kimmerier. Das iranische Volk der Meder, das seit über einem Jahrhundert östlich des assyrischen Reiches aufgetaucht und zunächst von Assyrien unterworfen worden war, sich aber zunehmend als Bedrohung für den alten Kulturstaat in Obermesopotamien erwies, diese Meder also waren erst Bundesgenossen, dann Gewaltunterworfene der Skythen. Wir werden im nächsten Kapitel mehr über die Meder und ihre Vettern, die Perser, erfahren. Schließlich wandten sich die Skythen, die sich vermutlich im heutigen Aserbeidschan niedergelassen hatten und Streifzüge in alle Richtungen unternahmen, wieder *gegen* ihren langjährigen Verbündeten Assyrien.

Zwischen 630 und 620 v. Chr. zogen skythische Reiter eine blutige Spur durch Syrien und Palästina und verheerten damit die ganze Westhälfte des einst so mächtigen assyrischen Reiches. In Jerusalem – zu der Zeit ein Vasallenstaat Assyriens – klagte der jüdische Prophet Jeremias: «Siehe, es wird ein Volk kommen von Mitternacht, das Bogen und Lanze führt. Es ist grausam und ohne Barmherzigkeit, sie brausen dahin wie ein ungestümes Meer und reiten auf Rossen, gerüstet wie Kriegsleute, wider dich, du Tochter Zions!» Auch die Städte der Philister an der Mittelmeerküste wurden geplündert, und Ägypten blieb nur verschont, weil Pharao Psammetich den Skythen ein beträchtliches Geldgeschenk anbot, und wohl auch, weil der Angriffsgeist der Skythen inzwischen verraucht war und sie nun den Rückzug antraten. In der alten palästinensischen Stadt Beth-Schean, dort, wo fast vierhundert Jahre früher die illyrischen

Philister den Leichnam des Hebräerkönigs Saul ans Tor genagelt hatten, blieb offenbar eine größere Gruppe von Skythen zurück, denn noch Jahrhunderte später hieß dieser Ort auf griechisch «Skythopolis – Skythenstadt».

Insgesamt war die Zeit der Skythen in Vorderasien nun vorbei. Was nicht in den vielen Kämpfen umgekommen war oder was sich nicht noch in einzelnen geschützten Landschaften festsetzte, zog sich um 600 v. Chr. in die Region zurück, die der skythischen Lebensart angemessener war als die warmen kultivierten Länder Vorderasiens: nach Südrußland. Gewissermaßen im Vorbeigehen zerstörten sie noch die letzten Städte des alten, von Assyrern und Medern in die Knie gezwungenen Kulturreiches Urartu. Und indirekt waren sie auch die Ursache für den fast gleichzeitigen Untergang des einst so mächtigen Assyrien (beides zwischen 615 und 600 v. Chr.). Denn die vorher etwas hinterwäldlerischen Meder hatten ihren skythischen Oberherren die neue Kampfweise großer Reiterheere abgesehen, hatten sich dann mit Gewalt die skythischen Aufpasser vom Halse geschafft und gingen nun mit Entschlossenheit gegen Assyrien vor. Im Bunde mit den ebenfalls die assyrische Oberherrschaft abwerfenden Babyloniern zerstörten die Meder die Stadt Assur, das Symbol jahrhundertelanger grausamster Zwingherrschaft über den ganzen «Fruchtbaren Halbmond».

Die Skythen, die inzwischen nach Südrußland zurückgekehrt waren, ging das alles nichts mehr an. Sie hatten aus Vorderasien manche Erfahrung und vor allem die Kunst mitgebracht, Figuren in Goldblech zu treiben oder zu gießen. Auf dem Schmuck der Skythen, der aus den Gräbern seit dem 6. Jahrhundert v. Chr. geborgen wurde, kämpfen – seltsam verschlungen und verfremdet, bis ins Detail künstlerisch ausgeführt – die Tiere ihrer alt-neuen Heimat: Hirsch, Pferd und Adler, mit den Tieren Vorderasiens: Löwe, Steinbock und vielen anderen; ein wundersames, faszinierendes Gemenge. Wenn auch viele skythische Kunstwerke offenbar von griechischen Handwerkern hergestellt worden sind, so müssen diese doch ihre Anregungen von einem spezifisch skythischen Formgefühl übernommen haben.

In den Steppen der heutigen Ukraine brachten es die reitenden, nomadisch mit ihren Herden herumziehenden Skythen rasch zur

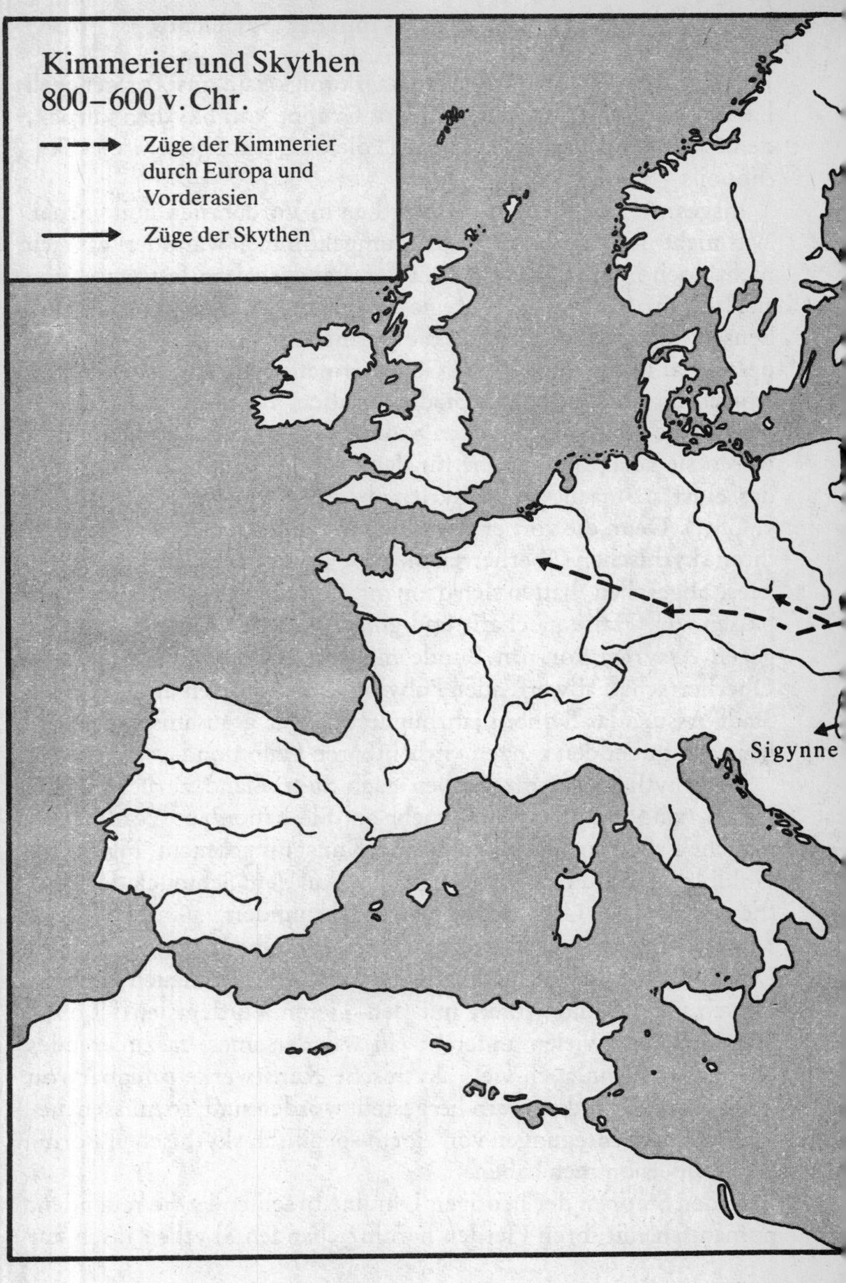
Kimmerier und Skythen
800–600 v. Chr.
Züge der Kimmerier durch Europa und Vorderasien
Züge der Skythen
Sigynne

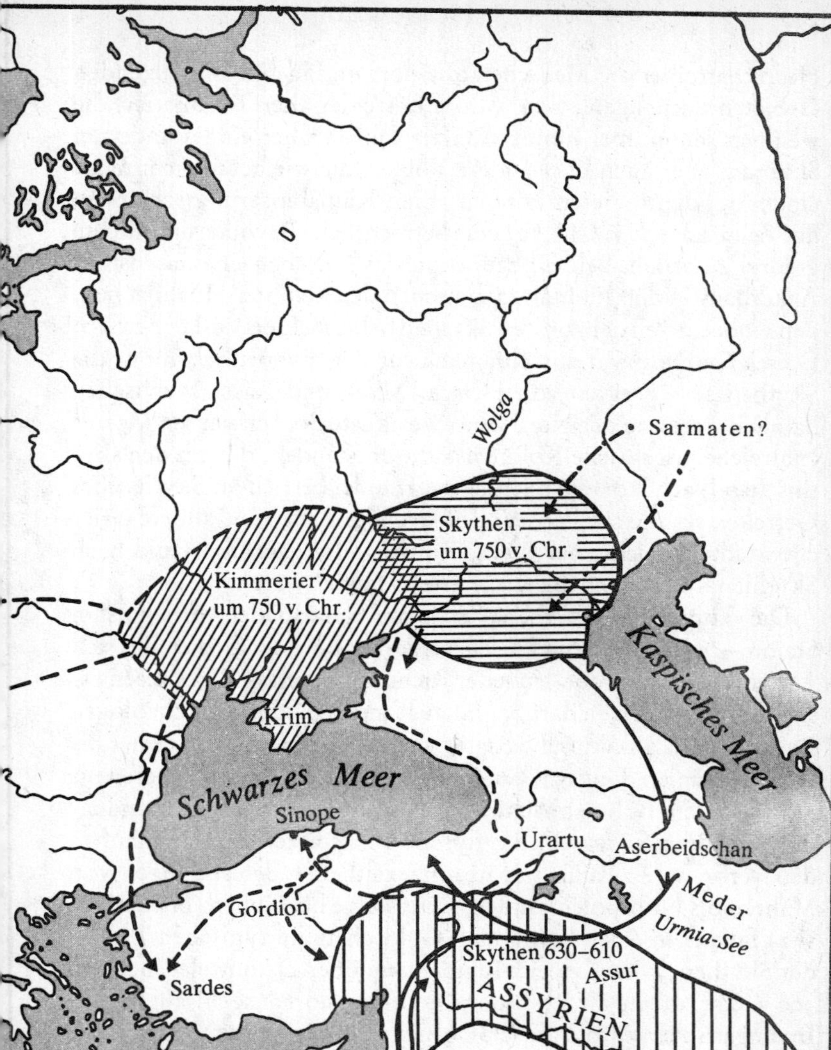

Wolga
Sarmaten?
Skythen
um 750 v. Chr.
Kimmerier
um 750 v. Chr.
Krim
Kaspisches Meer
Schwarzes Meer
Sinope
Urartu
Aserbeidschan
Meder
Urmia-See
Gordion
Sardes
Skythen 630–610
Assur
ASSYRIEN
Beth-Schean
ÄGYPTEN

Herrschaft über die Menschen, die dort und in den angrenzenden Gebieten zurückgeblieben waren, Reste der alten Kimmerier, die wenigen schon über hundertfünfzig Jahre früher eingewanderten Skythen, aber auch über andere Völker, die wir heute nicht mehr eindeutig identifizieren können. Eine Klimabesserung scheint in der Zeit nach 600 v. Chr. für eine beträchtliche Bevölkerungsdichte gesorgt zu haben. Beides begünstigte das Aufleben eines intensiven Ackerbaus in den Flußtälern zwischen den Steppen-Hochflächen, den wohl ein Teil der von den Skythen beherrschten Völker betrieb. Dieses Getreide war ausschließlich für den Export bestimmt; die Skythen selbst lebten von Fleisch, Milch und Käse. Inzwischen nämlich waren an der Nord- und Westküste des Schwarzen Meeres zahlreiche griechische Kolonialstädte entstanden, die mit den skythischen Nachbarn einen lebhaften Handel betrieben. Skythisches Getreide, skythische Pelze und Sklaven für Athen und andere Griechenstädte, griechischer Wein, Kunsthandwerker und Gold nach Skythien – das waren die wichtigsten Handelswaren.

Die «königlichen Skythen» – so nennt Herodot den vornehmsten Stamm – herrschten vom Pferderücken aus über ein Gebiet, das sich – wieder laut Herodot – in jeder Richtung zwanzig Tagesreisen erstreckte. Jedoch weit darüber hinaus fanden moderne Archäologen Zeugnisse, daß skythische Reiter wie vor ihnen die Kimmerier bis nach Rumänien, Ungarn, Galizien, ja in einzelnen Streifscharen bis nach Mähren, Böhmen, Schlesien, Polen und in die Mark Brandenburg gekommen waren. Skythische Pfeilspitzen lagen zuhauf in den verbrannten Ruinen spätbronzezeitlicher Befestigungen von Mähren bis Nordpolen, und in Vettersfelde bei Guben (Niederlausitz) fand man einen berühmten Goldschatz im typischen Tierstil der Skythen. Dieser zweite Reitersturm über Ostmitteleuropa um 500 v. Chr. dürfte die Reste der Kimmerier dort ausgelöscht haben. Im ungarischen Alföld (fälschlich meist Pußta genannt) ließ sich der skythische Reiterstamm der Agathyrsen nieder.

Ob es dieselben Skythen waren, die 5000 Kilometer weiter östlich, jenseits des Kaspischen Meeres, das inzwischen entstandene Perserreich belästigten, ist sehr fraglich. Der Perserkönig Darius I. scheint es geglaubt zu haben; seine geographischen Vorstellungen waren wohl sehr mangelhaft. Denn er versuchte im Jahr 513 v. Chr.

die Stämme, die immer wieder räuberisch in seine östlichsten Satrapien einfielen, durch einen Feldzug gegen die Skythen jenseits des nordwestlichen Endes seines Herrschaftsgebietes zu züchtigen. Mit angeblich 700000 Mann, dem größten Heer, das die Erde bis dahin gesehen hatte, zog er über Kleinasien auf die Balkanhalbinsel, durch Makedonien und Thrakien, über die Donau hinauf nach Norden. Aber die Skythen, die er schlagen, demütigen und unterwerfen wollte, fand er nicht. Behend wichen sie dem schwerfälligen Riesenheer auf ihren Steppenpferdchen aus, verschütteten die Brunnen, nahmen alle Lebensmittel mit und ließen Darius in die leere Steppe marschieren. Schließlich, nach wochenlanger nutzloser Verfolgung, gab Darius auf. Im Eiltempo marschierte er zurück an die Donau, das Heer dezimiert durch Krankheiten, Hunger und Durst und ständige kleine Überfälle der Skythen, ohne ein größeres Gefecht durchgekämpft zu haben. Die Skythen unter ihrem König Idanthyrsos und seinen Brüdern verhöhnten die Perser als Frösche und Mäuse und feierten den Sieg über den Perserkönig; mit Recht, denn kein anderes Volk außer den Griechen wenig später konnte sich rühmen, das persische Heer zum Rückzug gezwungen zu haben.

Seitdem hatten die Skythen Ruhe in ihrem Gebiet, bis zweihundert Jahre später ein anderer Großer kam, Philipp II. von Makedonien, der Vater Alexanders. Er schickte im Jahr 339 v. Chr. ein Heer über die Donau und trieb die Skythen zurück, die sich bis weit ins heutige Rumänien ausgebreitet hatten. Danach ging es mit ihrem Reich bergab. Drei Feinde bedrängten es: von der Wolga und dem Don her die stammverwandten Sarmaten, die die nächste Völkerwanderung von Ost nach West einleiteten; von Westen her die wanderlustigen Kelten, die an Kriegstüchtigkeit und Grausamkeit den Skythen recht ähnlich waren. Wir werden von beiden Völkern noch hören. Der dritte Feind saß im Inneren des skythischen Volkes. Es war die allmähliche Aufgabe der nomadischen Lebensweise, die Verweichlichung, die Folge der engen Berührung der Skythen mit der griechischen Zivilisation, die von den Kolonien an der Schwarzmeerküste ausstrahlte. Die Skythen begannen seßhaft zu werden, sie bauten feste Häuser und sogar Städte und nahmen auch sonst manche griechische Sitten an. Auf der Krim, wohin sie sich unter dem Druck der sarmatischen Feinde ab etwa 200 v. Chr. zurückziehen mußten, behauptete sich das letzte skythische Königreich in der Stadt Neapolis (bei Simferopol) bis um das Jahr 100 v. Chr.

Als die römische Weltherrschaft um diese Zeit nach Kleinasien und der Balkanhalbinsel griff, war für die Steppen Südrußlands der Name Skythien schon nicht mehr in Gebrauch, sondern durch den Namen Sarmatien ersetzt. Von nun an waren es die Sarmaten, die nahen Verwandten und erbitterten Gegner der Skythen und ihre Nachfolger im Besitz des Schwarzmeergebietes, die für fünfhundert Jahre dort den Ton angaben. Man sieht, manchmal wiederholt sich die Geschichte doch.

Es war eine eigenartige Kultur, die die Skythen repräsentierten: das Leben wilder kriegerischer Reiter, die «das Pferdegewieher mehr liebten als das Flötenspiel» – so berichtete der antike Schriftsteller Plutarch. Wenn sie in ihren besten Zeiten bis weit nach Europa hinein über die Ebenen galoppierten, die Lanze in der Hand, den Bogen im Köcher und die Skalpe getöteter Feinde am Gürtel, dann waren sie (und die schattenhaften Kimmerier) nur die Vorboten anderer Völkerstürme. Sie kamen nach ihnen aus den asiatischen Steppen, alle paar Jahrhunderte ein neuer Schrecken: Sarmaten und Alanen, Hunnen und Awaren, Ungarn, Mongolen und Türken.

Zugleich brachen die Skythen den ehrgeizigsten Völkern arisch-iranischer Herkunft, den Medern und Persern, in Vorderasien Bahn zur Verfolgung ihrer Weltmachtpläne. Die Skythen waren der westliche Vorposten einer inzwischen längst versunkenen indoeuropäisch-nordiranischen Völkerfamilie, die im letzten vorchristlichen Jahrtausend in ganz Innerasien bis zum Altai, ja bis an die Grenzen Chinas ihre Herden weiden ließ. Nicht von ungefähr kam es, daß man noch bis ins frühe Mittelalter alles, was an nicht näher bekannten Reitervölkern Innerasiens in den Gesichtskreis der westlichen Welt trat, der Einfachheit halber als Skythen bezeichnete.

Als eigenes Volk waren die Skythen schon vom 2. Jahrhundert v. Chr. an so gut wie verschwunden. Aber mit ihrer Kunst, insbesondere ihrer eigenartigen Tierornamentik, lebten sie weiter in den

Völkern, die sie kulturell beerbten: Bei den Kelten, bei den Sarmaten, bei den Germanen der Völkerwanderungszeit, die auf ihren Märschen die südrussische Steppe durchzogen, bei Normannen und frühen Russen zeigten sich noch tausend Jahre später deutliche Anklänge an den charakteristischen Kunststil, den die Skythen einst geschaffen hatten.

Und zwischen Bug und Wolga kann man auch heute noch mitten in der flachen Steppe die mächtigen Grabhügel antreffen, unter denen skythische Edle vom Reiten und Kämpfen ausruhen.

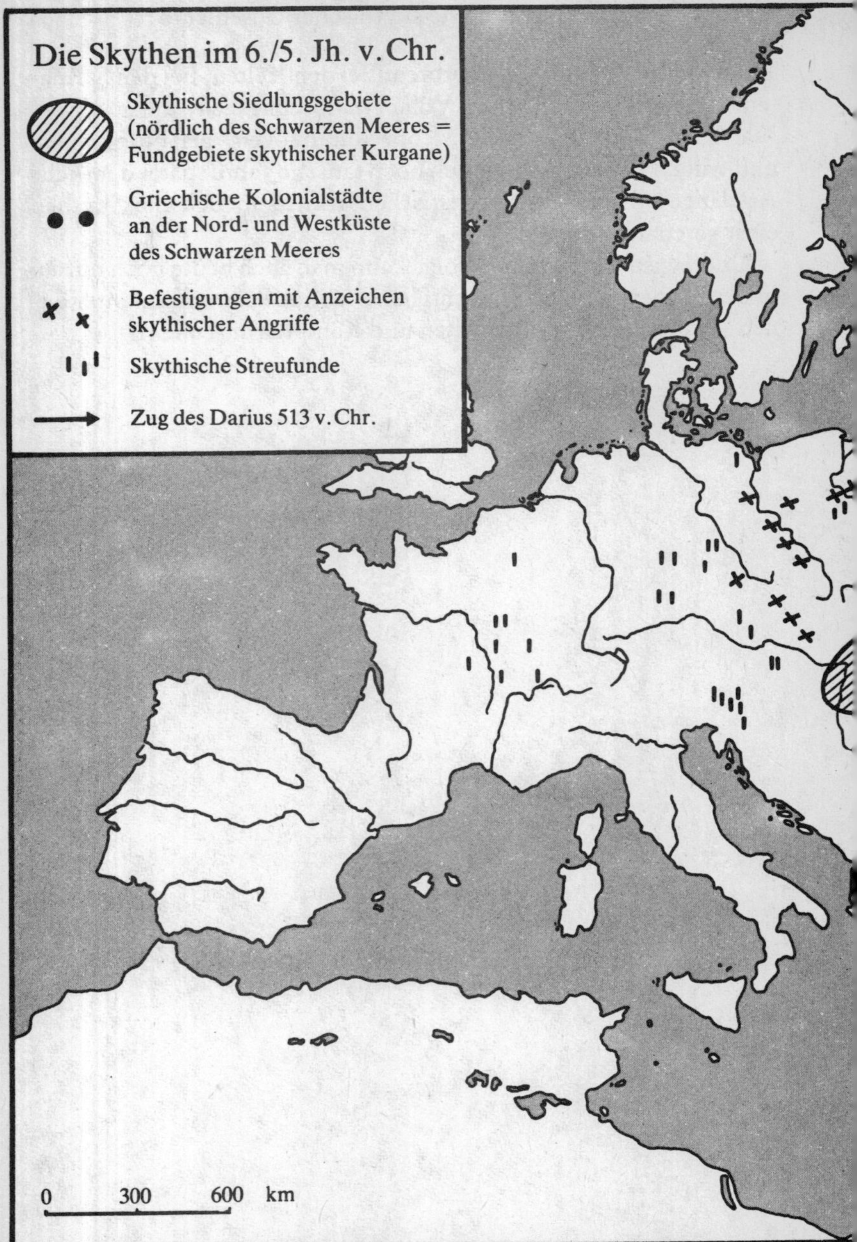
Die Skythen im 6./5. Jh. v. Chr.
Skythische Siedlungsgebiete (nördlich des Schwarzen Meeres = Fundgebiete skythischer Kurgane)
Griechische Kolonialstädte an der Nord- und Westküste des Schwarzen Meeres
Befestigungen mit Anzeichen skythischer Angriffe
Skythische Streufunde
Zug des Darius 513 v. Chr.
0
300
600
km

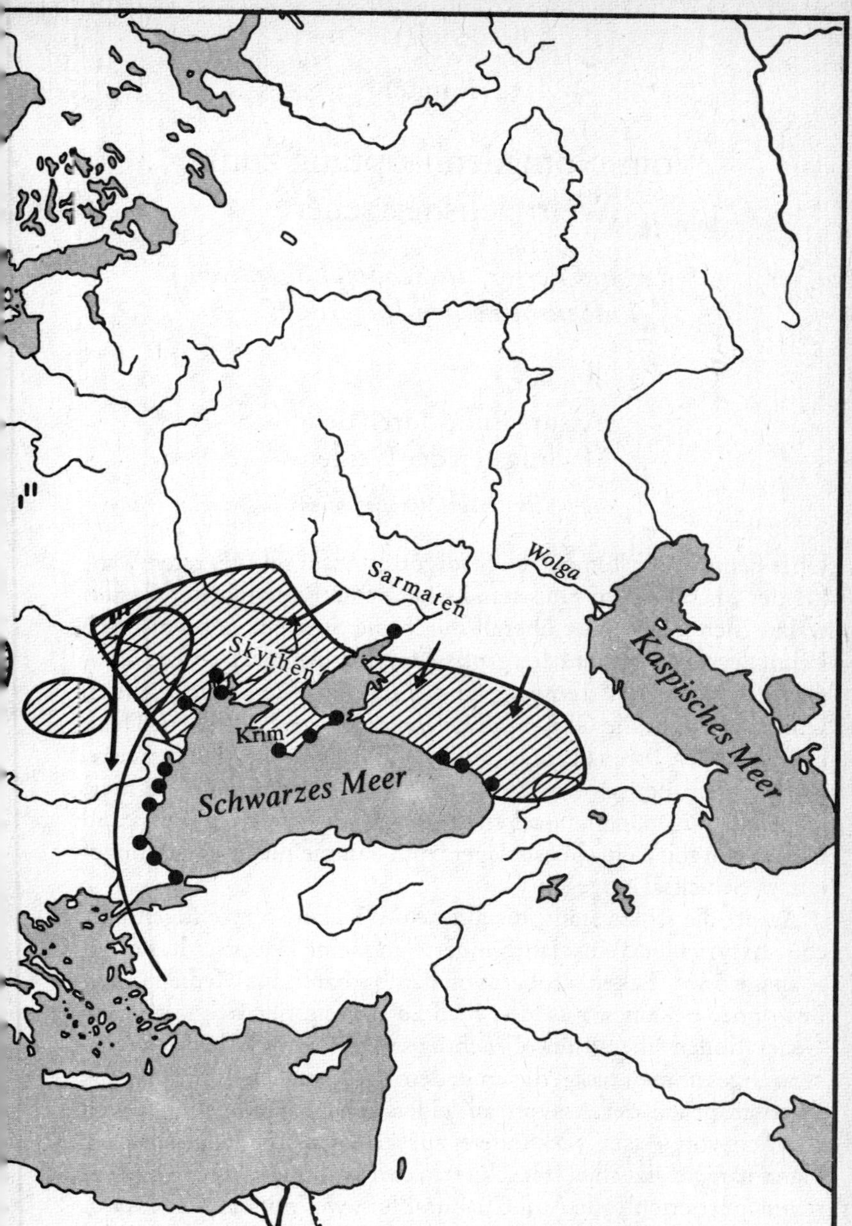
Wolga
Sarmaten
Skythen
Krim
Schwarzes Meer
Kaspisches Meer

14. Kapitel

Vom Nomadenhäuptling zum Weltreichsherrscher

Meder und Perser, die Schöpfer des ersten indoeuropäischen Imperiums

Assurs Ende durch den «Mächtigsten der Heiden»

614 v. Chr. Assur/Mesopotamien

Über dem großen Tempel des Stadtgottes Assur im äußersten Winkel der Halbinsel im Fluß stand eine dichte Rauchwolke. Qualm wälzte sich auch sonst überall durch die Straßen, quoll aus den Lehmziegelhäusern und den großen, mit Statuen und bunten Fassaden geschmückten Tempeln und Palästen. Menschen rannten schreiend durch die Gassen, ohne einen Ausweg zu finden. Denn überall an den Toren der Stadtmauer und in den Vorhöfen der Tempel wachten die fremden Krieger. Wen von den Einwohnern sie nicht erschlugen, dem fesselten sie die Hände auf dem Rücken und trieben ihn mit Peitschenschlägen zum Sammelplatz, einem ungewissen Schicksal entgegen.

Assur, die stolze Stadt, die älteste des früher so mächtigen Reiches Assyrien und einst jahrhundertelang seine Hauptstadt, brannte an allen vier Ecken, erobert von den Barbaren aus Medien. Seine Bewohner bekamen nun den Haß zu spüren, der sich seit vielen Generationen überall im «Fruchtbaren Halbmond» bei den Völkern angesammelt hatte, die unter dem despotischen, blutrünstigen Machtanspruch der Assyrer zu leiden gehabt hatten. Nicht weit westlich von Assur verkündete zur gleichen Zeit begeistert ein Mann namens Ezechiel (Hesekiel) in den Siedlungen der von Assyrien deportierten Juden am Chabur-Fluß, was mit der Stadt Assur geschah: «Siehe, Assur war wie ein Zedernbaum auf dem Libanon, von schönen Ästen und dick von Leib und sehr hoch. Darum spricht der Herr: Weil er so hoch geworden ist, daß sein Herz sich erhob, darum gab ich ihn dem Mächtigsten unter den Heiden in die Hände, daß der mit ihm umginge und vertriebe, wie er verdient hat mit seinem gottlosen Wesen!»

Auf dem großen Festplatz am Fluß Tigris, dort wo der Wind den Rauch der brennenden Stadt ein wenig zerteilte, hatte König Huwakschatra sein Hoflager einrichten lassen. Rund um das prunkvolle Zelt standen Soldaten seiner Leibgarde, Abordnungen aus den erst vor wenigen Jahren eingerichteten und einexerzierten drei Heeresteilen: Kavallerie, Bogenschützen und Lanzenkämpfer. Ihre Waffen und ihre Kampfesart war verschieden, und ihr gruppenweiser Einsatz im Kampf – je nach den taktischen Erfordernissen – war das Geheimnis der jüngsten Siege des medischen Heeres. Aber ihre gleichartige Kleidung – runde Mützen aus Filz mit Nackenschutz, lange lederne Hosen (eine völlig neue modische Erfindung, besonders geeignet für Reiter!), die Arme und den Hals reich mit goldenen Armbändern und Halsringen geschmückt –, dieser Tracht sah man an, daß hier ein Volk in die uralten Kulturstädte am Tigris und am Euphrat eingefallen war, das von weit, weit her kam.

König Huwakschatra stand mit den wichtigsten der medischen Stammesfürsten vor dem Zelt und blickte nachdenklich in die Flammen des Heiligen Feuers, das vor ihm auf einem Steinblock entzündet worden war. Noch vor zwei Tagen hatte auf dem Block eine große Steinfigur als Wächter des assyrischen Tempels gestanden, ein Stier mit Menschenkopf und Flügeln. Jetzt war der Wächter gestürzt, und die Meder konnten an dieser Stelle *ihren* Göttern Ahura, Masda und Mithra, dem Kriegsgott, die gebührenden Dankopfer in Form von geschlachteten Rindern darbringen. So schnell vergeht der Ruhm der Welt...

Ein Angehöriger der mächtigen und einflußreichen Sippe der Mager stand in weißem Gewand, eine hohe zylinderförmige Filzmütze auf dem Kopf und mit einem Palmwedel in der Hand vor dem Heiligen Feuer und rezitierte mit singender Stimme die uralten Gebete an Gott Mithra: «Er steht auf seinem Wagen, er schwingt die Peitsche, er, Mithra, ist geschützt durch einen Silberhelm und einen goldenen Panzer ...» Trotz des großen Einflusses – oder vielleicht gerade deswegen – war die «zantu» (Sippe, lat. «genus») der Mager dem König und den anderen medischen Edlen stets etwas suspekt. Hieß es doch, sie sei eigentlich nicht arischer Herkunft, sondern vor vielen Generationen durch Aufnahme einiger Männer der unterworfenen Völker droben im östlichen Bergland in das Volk der Meder entstanden. Und die meisten einfachen Meder verstanden nicht mehr, was die Mager mit ihren Gesängen in altertümlicher Sprache und mit ihren Ritualen meinten. Aber es war sicher gut, dem Gott Mithra, dem man den Sieg über Assur verdankte, ein Opfer zu spenden.

König Huwakschatra konnte seine Gedanken nicht auf die Opferfeier konzentrieren. Sie schweiften immer wieder ab nach seiner Hauptstadt Ekbatana, die viele Tagereisen weit nach Sonnenaufgang zu in den Bergen lag. Dort hatte sein Volk endlich einen festen Mittelpunkt gefunden, nachdem es seit undenklichen Zeiten immer nur auf dem Marsch gewesen war mit seinen Rindern, Schafen und Pferden. Immer wieder hatte es sich niedergelassen, hatte Hütten gebaut und Getreide gesät – und war nach einiger Zeit weitergewandert. Seit einigen Generationen war das nicht mehr möglich gewesen, denn die Meder stießen auf die Abwehr überlegener Reiche, an deren Grenzen sie angekommen waren. Ja, die mächtigen Assyrer hatten ihrerseits weit nach Osten ausgegriffen und das Land der Meder mit ihren Heeren durchzogen, auf der Suche nach Pferden für die assyrische Kavallerie, die seit kurzem im Aufbau begriffen war. Und als die Assyrer sich zurückziehen mußten, hatten die Meder eine andere unangenehme Einquartierung erhalten. Ein wildes Reitervolk, Skythen aus dem Kaukasus, hatte rücksichtslos die Macht im iranischen Hochland an sich gerissen und den Medern auf ihren Raubzügen alles weggenommen, was die Begehrlichkeit der Räuber reizte. Schließlich hatte Huwakschatra die Abwesenheit eines großen Teiles dieser Skythen auf einen langen Ritt zur Plünderung der Länder im Westen benutzt, um die Häuptlinge der im Land verbliebenen Skythen zu einem Gelage einzuladen. Er hatte sie mit Wein betrunken gemacht – es waren zahlreiche Ziegenschläuche voll Wein dabei draufgegangen, denn die Skythen vertrugen unheimlich viel! –, und dann hatte man ihnen, als sie ihren Rausch ausschliefen, kurzerhand die Hälse durchgeschnitten...

Das war der Beginn der Siegesserie der Meder gewesen. Schon nach wenigen Jahren gehorchten alle medischen Stämme im Hochland dem Befehl des Stammeshäuptlings Huwakschatra, denn schon sein Vater Kaschtaritu hatte sich «König der Meder» genannt. Der große, mit den Medern verwandte Stamm der Perser weiter im Süden hatte ebenfalls seine Oberhoheit anerkennen müssen. Als nächstes hatten die Meder das nordöstlich angrenzende Reich Urartu erobert und seine Hauptstadt Tuschpa zerstört. Und nun stand König Huwakschatra auf den Ruinen Assurs. Noch war Ninive, die heutige Hauptstadt Assyriens, zu erstürmen und der assyrische König zu töten, aber dann war er, Huwakschatra, der Herr fast der ganzen Welt!

Ein Hornsignal riß den König aus seinen Träumen. Ein Späher meldete ihm, weit im Süden der Stadt sei ein großes Heer der Babylonier unter König Nabopolassar gesichtet worden. Mit den Babyloniern, den Erzfeinden Assurs, die sich kürzlich erst von der langen Knechtschaft Assyriens frei gemacht hatten, hatte Huwakschatra schon mehrere freundschaftliche Botschaften gewechselt, und man hatte vereinbart, Assur gemeinschaftlich zu erstürmen. Nun waren die Meder den Babyloniern zuvorgekommen. «Man empfange König Nabopolassar so, wie es einem Großkönig gebührt, er ist mein Freund und Verbündeter!» befahl Huwakschatra. Aber er ordnete als vorsichtiger Mann zugleich an, die medischen Truppen in Alarmbereitschaft zu versetzen und an strategisch günstige Punkte in der brennenden Stadt zu verteilen. Ein Emporkömmling wie der medische König konnte solchen Nachdruck bei den Friedens- und Bündnisverhandlungen mit dem uralten Kulturstaat Babylon wohl gebrauchen.

Die frühen Iraner und das kurzlebige Großreich der Meder

Von der Eroberung Assurs im Jahre 614 v. Chr. durch den Mederkönig Huwakschatra und seinem auf den rauchenden Trümmern der Stadt geschlossenen Friedens- und Beistandspakt mit König Nabopolassar von Babylon unterrichtete der chaldäische (spätbabylonische) Schriftsteller Beressos im 4. Jahrhundert v. Chr. die Nachwelt. Auch Herodot erwähnt die Eroberung Assurs kurz. Die Meder selbst haben, wie so viele Völker, die uns im Laufe dieses Buches begegnen, kein Wort ihrer Sprache schriftlich hinterlassen. Denn bis zum Ende ihres kurzlebigen Großreiches haben sie es nicht fertiggebracht, die Kunst des Schreibens zu lernen, und sei es nur, daß sie sich zu Verwaltungszwecken einer benachbarten Schriftsprache bedienten. So gehört das Medische bis heute zu den fast völlig unbekannten indoeuropäischen Sprachen. Man weiß nur, daß es mit dem Altpersischen eng verwandt war.

Auch rassisch und kulturell hatten die Meder engste Berührung mit den Persern, ihren «jüngeren» Vettern, von denen sie bald so vollständig im Wettkampf um die «Weltmacht» überholt werden sollten. Wie kamen diese beiden Völker in das Hochland des westlichen Iran? Im 7. Kapitel wurde von der Wanderung indoeuropäischer Gruppen aus dem Gebiet südlich des Aralsees nach Westen, ins nördliche Mesopotamien, berichtet. Es handelte sich um Teile des sogenannten «arischen» Zweiges der Kurgan-Abkömmlinge, die teils nach Indien zogen, teils am Euphrat eine vorübergehende Herrschaft aufrichteten. Diese Wanderungswelle bewegte sich zwischen 1700 und 1500 v. Chr. durch das westliche Innerasien.

Die Meder und Perser gehörten offenbar einer etwas jüngeren Wanderungswelle arischer Völker an, die vielleicht zwei- bis dreihundert Jahre später auf dem gleichen Weg vom Amu-Darja am Südufer des Kaspischen Meeres entlang langsam nach Westen rückte. Auch wenn heute manche Vorgeschichtsforscher einen Weg dieser Völker *westlich* des Kaspischen Meeres am Kaukasus entlang nach Süden nicht ausschließen wollen, so erscheint doch die Einwanderung der Meder und Perser aus der Kasachen-Steppe in ihre späteren historischen Wohnsitze von *Osten* her plausibler. Schon im 14. und 13. Jahrhundert v. Chr. müssen Vorfahren der späteren Meder und Perser im nordwestlichen Teil des heutigen Iran gelebt haben, wie man aus Besonderheiten ihrer Keramik und ihrer Bewaffnung nachweisen zu können glaubt. Diese Menschen sprachen wohl immer noch eine Sprache, die der ihrer frühindischen «Vettern» sehr ähnlich war, sie hatten ähnliche religiöse Vorstellungen und eine ähnliche Lebensweise und Lebensauffassung. Daß nun, nach der Trennung der beiden Volkszweige durch 3000 Kilometer Gebirge und Wüsten, sich auf allen diesen Gebieten Unterschiede zu entwickeln begannen – wen wundert das?

In den Jahren um 840 v. Chr. – so haben die Entzifferer der assyrischen Tontafelarchive von Assur und Ninive herausgefunden – wurden in Kriegsberichten der assyrischen Könige erstmals der Stamm der Madai (Meder) und das Land Parsua erwähnt; ein Zeichen, daß nun die Auseinandersetzung zwischen den uralten, überheblich gewordenen Kulturstaaten des Zweistromlandes und den jugendfrischen, unverbrauchten Hirtenvölkern aus der innerasiatischen Steppe begonnen hatte. Dieser Kampf sollte über dreihundert Jahre dauern und mit dem vollkommenen Sieg der letzteren enden.

Wahrscheinlich war es gerade der Ausdehnungsdrang Assyriens, der die schlichten «hinterwälderischen» Arier im iranischen Hochland zur Einigung ihrer zersplitterten Sippen zu mächtigen Stammeseinheiten veranlaßte. Vorher hatten sie sich ohne engeren Zusammenhalt als Halbnomaden lediglich der Aufzucht ihrer Schaf-, Rinder- und Pferdeherden und der Bestellung ihrer kärglichen Äkker gewidmet – und natürlich ab und an einem kleinen Raubüberfall auf grenznahe Orte ihrer reichen Nachbarn im Tiefland Mesopotamiens. Aber die ständigen Vorstöße der Assyrer in die Berge Irans, unternommen zur «Beruhigung» der räuberischen Nachbarn und zum Raub der begehrten Pferde der Meder – das ließen sich die freiheitsgewohnten medischen Hirten und Bauern nicht gefallen. Sie rotteten sich zusammen und setzten sich gegen Assyrien zur Wehr. Zunächst mit negativem Erfolg.

Um 715 v. Chr. soll ein Häuptling namens Daiakku (in griechischer Aussprache Deiokes) die Meder zu einem Aufstand gegen die assyrischen «Besatzungstruppen» im iranischen Hochland veranlaßt haben, allerdings vergeblich. Daiakku wurde gefangen und – ein seltsames Zeichen der Milde bei den sonst unerhört grausamen assyrischen Königen – nach Syrien in die Verbannung geschickt.

Andere medische Häuptlinge mußten einen Vasallenvertrag mit Assyrien schließen. Unser Gewährsmann Herodot berichtet von diesem Deiokes (oder Daiakku) Wunderdinge, wie er listig und kraftvoll zugleich die Herrschaft über die Meder erlangt und sich zu einem absoluten König vorderasiatischen Typs gemacht habe. Wenn die assyrischen und die griechischen Quellen tatsächlich denselben Mann meinen, dann scheint Herodot in diesem Fall einen ausgesprochenen Märchenerzähler als Quelle benutzt zu haben. Denn so weit von ihrer indoeuropäisch-urwüchsigen Art entfernt waren die Meder zu jener Zeit gewiß noch nicht, daß sie einen absoluten König als Herrscher ertragen hätten.

Herodot nennt als Nachfolger des Deiokes einen König Phraortes, der in assyrischer Aussprache in Keilschrifttexten als Kaschtaritu auftaucht. Auch über ihn, seine Regierungszeit und seine Schicksale herrscht unter den Fachleuten große Unklarheit. Es heißt, er habe erstmals viele medische Stämme zu einem selbständigen Staat geeint, die Hauptstadt Ekbatana (heute Hamadan in Nordwestiran) gegründet, er habe die verwandten Stämme der Perser in eine Art Lehnsabhängigkeit gebracht und gleichzeitig mehr oder weniger erfolgreich gegen die assyrische Oberherrschaft gekämpft, ja er sei beim Versuch, die Hauptstadt Assyriens, Ninive, zu erstürmen, gefallen. Wahrscheinlicher ist allerdings, daß er sich mit den Reiterscharen der Skythen herumschlagen mußte, die damals als vorübergehende Verbündete Assyriens die Hochebenen Nordwestirans heimsuchten, und daß er *dabei* den Tod fand. Aber es ist unklar, ob dieser Phraortes in der ersten Hälfte oder in der zweiten Hälfte des 7. Jahrhunderts v. Chr. gelebt hat und ob die 28jährige Herrschaft der Skythen über die Meder – von der Herodot berichtete und die bereits im vorigen Kapitel erwähnt wurde – *in* seine Regierungszeit fiel oder erst danach.

Etwas sichereren Grund betritt die Geschichtsforschung erst beim Sohn und Nachfolger des Phraortes, dem bereits zu Beginn dieses Kapitels als Eroberer der Stadt Assur beschriebenen König Huwakschatra von Medien. Herodot nennt ihn auf griechisch Kyaxares, und unter diesem Namen ist er der Nachwelt bekannt als Begründer des ersten indoeuropäischen Großreichs in Vorderasien. Der Beginn seiner Regierung wird normalerweise auf 625 v. Chr. angesetzt. Die ersten Jahre seiner Herrschaft waren erfüllt von Kämpfen nach allen Richtungen. Die führerlos gemachten Skythen im Inneren seines Landes wurden vertrieben oder erschlagen, der medische Einfluß auf die südlicher wohnenden Perser verstärkt, weite Gebiete des heutigen Nordostiran bis an den Ostrand des Hochlandes medischem Einfluß unterworfen. Im Nordwesten Mediens gelang es Kyaxares, dem früher so mächtigen Reich Urartu den Todesstoß zu versetzen, nachdem sich Assyrer, Kimmerier und Skythen schon jahrzehntelang blutige Schlachten mit den Soldaten dieses Landes geliefert hatten. König Kyaxares erlaubte großzügig den Haykh, den Armeniern, sich im Herzen des einstigen Urartu niederzulassen und dort unter medischer Oberhoheit ein eigenes Königreich zu gründen.

Den folgenreichsten Krieg führte der medische König allerdings mit seinem Nachbarn im Westen und ehemaligen Oberherrn, mit Assyrien, dem Reich, das über ein halbes Jahrtausend lang vom Zweistromland aus mit harter Hand den «Fruchtbaren Halbmond» beherrscht hatte. Nun war Assyrien alt und schwach geworden; das jahrhundertelang unterworfene Babylon weiter im Süden hatte sich als Chaldäisches oder Neubabylonisches Reich noch einmal selbständig gemacht und sich sogleich mit dem kräftigsten Feind Assyriens, mit Medien, verbündet. Assur, die frühere Hauptstadt, fiel, und zwei Jahre später (612 v. Chr.) auch die letzte Hauptstadt, Ninive. Die Reste des assyrischen Heeres flohen nach Westen und wurden kurze Zeit später von den beiden verbündeten Mächten aufgerieben. Auch wenn im Süden des Zweistromlandes, in Babylon, das Königreich der Chaldäer noch einmal seinen Platz behauptete, so konnte der medische König Kyaxares doch mit Fug und Recht – in Anbetracht der riesigen Ausdehnung seines neuen Machtbereiches vom Osten des iranischen Hochlandes bis weit nach Anatolien hinein – sich als «König der vier Weltteile» fühlen und damit die Nachfolge der Assyrer als Großkönig und Weltreichsherrscher antreten.

Was Wunder, daß er nach einigen Jahren der Konsolidierung seines Riesenreiches mit dem neuen Nachbarn im Nordwesten, dem Lyderkönig Alyattes, in Streit um Macht und Einflußsphären geriet. Ein Weltreich ist immer bestrebt, auch den letzten noch unabhängigen Nachbarn zu unterwerfen. Doch dieser Krieg ging unentschieden aus. Die indoeuropäischen Lyder waren an Kriegstüchtigkeit und Reichtum ihren entfernten Verwandten, den Medern, damals noch ebenbürtig, und der geplanten Entscheidungsschlacht im Inneren Anatoliens machte die berühmte Sonnenfinsternis ein überraschendes Ende, wie es im 12. Kapitel beschrieben wurde. Lydien und Medien schlossen Frieden, grenzten ihre Einflußsphären gegeneinander ab, und die lydische Prinzessin Aryenis wanderte als die übliche Besiegelung solcher Friedensschlüsse als Frau des Mederkönigs Kyaxares in dessen Harem. Ein aufregendes Eheleben wird die Lydierin allerdings kaum geführt haben, denn Kyaxares war schon alt und starb offenbar wenige Monate nach diesem Friedensschluß (585 v. Chr.).

Seinem Sohn und Nachfolger Astyages (in Keilschrifttexten Ischtuwegu genannt) war eine lange und offenbar recht friedliche Regierungszeit beschieden, denn von größeren Kämpfen ist den Historikern nichts bekannt geworden. Das Chaldäerreich (Babylonien) grenzte sich zwar vorsichtig durch eine «Medische Mauer», einer Art Gegenstück zur großen Chinesischen Mauer, von seinem unheimlich gewordenen einstigen Verbündeten im Norden ab. Aber König Astyages liebte wohl mehr orientalischen Prunk und ausschweifende Feste in seiner mit allem Reichtum der eroberten Länder ausgestatteten Hauptstadt Ekbatana, als daß er auf neue Eroberungen ausging. Äußerlich deutete zunächst nichts darauf hin, daß er und das Volk der Meder sehr plötzlich die Herrschaft über ihr Imperium verlieren sollten.

Im Inneren seines Reiches war Astyages bemüht, den immer noch sehr großen Einfluß der medischen Stammesfürsten zu brechen. Er – und wohl nicht sein sagenhafter Vorfahr Deiokes, wie es Herodot wissen wollte – war es, der versuchte, sich zu einer Art orientalischem Despoten zu machen. Er stützte sich dabei auf die einflußreiche Sippe der Mager, die erblichen Priester und «Zauberer», deren Name – als Magier – noch heute in den europäischen Sprachen einen unheimlichen Klang hat. All dies rief bei den unterworfenen Völkern und Stämmen verschiedenster Sprachen und Rassen Widerstand hervor, am meisten aber bei seinem eigenen Volk, den Medern und deren mächtigen Fürsten.

Die Methoden, die er ihnen gegenüber anwandte, widersprachen auch gar zu sehr dem rauhen, aber ehrlichen Moralkodex jener frühen, noch nicht von der «Zivilisation» orientalischer Höfe verdorbenen Nomadenhäuptlinge aus der Steppe. So gab Astyages aus Furcht vor seinem eigenen medischen Adel seine Tochter Mandane nicht einem medischen Feudalherrn zur Frau, sondern einem persischen Vasallenfürsten, Kambyses (dem I.) von Anschan. Und als er einen Traum hatte, der ihm Gefahr vom Kind seiner eigenen Tochter weissagte, befahl er, dieses Kind zu töten. Der damit beauftragte medische Hofbeamte Harpagos ließ das Kind aber am Leben und zeigte Astyages statt dessen ein totgeborenes Baby. Als später der Mederkönig von diesem Täuschungsmanöver erfuhr, ließ er heimlich des Sohn des Harpagos töten und setzte seinem Gefolgsmann das gekochte Fleisch seines eigenen Sohnes zum Essen vor. So erzählt wenigstens Herodot die grausige Geschichte, auch wenn dies wahrscheinlich nur eine Legende ist.

Der gerettete Sohn des Persers Kambyses und der Mederprinzessin Mandane, Prinz Kyros, wuchs heran, und er war es, der sein Volk der Perser zu einem Aufstand gegen die medischen Oberherren aufstachelte und seinen Großvater Astyages entthronte. Der medische Adel, infolge der schlechten Behandlung durch den eigenen König längst aufsässig gesinnt, ging bei dieser Gelegenheit in Scharen auf die Seite des Aufrührers über und ermöglichte Kyros so einen leichten Sieg. Astyages wurde gefangen und lebte noch ein paar Jahre in ehrenvoller Haft. Das Volk der Meder spielte zwar noch im Heer und in der Verwaltung des neu entstehenden persischen Weltreiches eine wichtige Rolle. Aber die eigene «Welt»-Herrschaft der Meder war damit sehr plötzlich zu Ende gegangen. Und nicht lange mehr, da verschwand auch das eigene Volkstum der Meder, es ging unter im größeren und stärkeren Volk der nahe verwandten Perser.

Nicht ganz allerdings: Es gibt Ethnologen und Sprachforscher, die behaupten, das Volk der Kurden, das noch heute wie vor über 2000 Jahren im Wetterwinkel zwischen Irak, Iran und der Türkei lebt, bedrängt von allen Seiten und in zähem, blutigem Kampf um seine nationale Eigenart, bewahre wenigstens sprachlich das Erbe der alten Meder. Das Kurdische – ein dem Neupersischen eng verwandtes Idiom – gehört jedenfalls in den nur kleinen Kreis indoeuropäischer Sprachen, die sich in Vorderasien, jenem Schmelztiegel der Völker, aus dem Altertum bis heute bewahrt haben.

Kyros, der «König des Weltalls»

539 v. Chr., Babylon/Mesopotamien

Die «Stadt der Gottespforte», Babylon, die Hochberühmte, summte vor Aufregung. Dicht an dicht standen die Einwohner der Metropole des Zweistromlandes auf dem großen Platz zwischen Esangila, dem riesigen Tempel des Marduk, und Etemenanki, dem «Turm, der so hoch wie der Himmel ist». Das war noch nie dagewesen in dieser uralten Stadt, die schon so viele Eroberungen, Zerstörungen und neuen Wiederaufbau erlebt hatte: Fremde Truppen hatten sie gerade erst erobert, und nun, zwei Wochen später, sollte der König dieses Eroberungsvolkes seinen Einzug halten. Aber die Tempel und Paläste, die Stadtmauern und auch die Wohnhäuser der hunderttausend Einwohner standen unversehrt und ungeplündert. Und die Bevölkerung Babylons empfing ihren Eroberer als Befreier, ja als Vollstrecker des Willens des höchsten Gottes der Stadt, Marduk.

Von fern her tönten Trompeten, erwartungsvolles Schweigen legte sich über die Menge. In langen Reihen marschierten die persischen Soldaten vom Ischtar-Tor herauf in die Stadtmitte, vorbei an der schaulustigen Menge, die scheu Platz machte, vorbei an den berühmten Mauern mit ihren blauglasierten Ziegelfassaden und ihren goldfarbenen Stieren und Löwen als Verzierungen, dem Kennzeichen des Reichtums der Stadt seit dem großen König Nebukadnezar. Es waren harte, kampfgewohnte Krieger, die in den verschiedenen Abteilungen ihre Bogen oder ihre Lanzen geschultert trugen, dazwischen immer wieder Schwadronen der berühmten persischen Reiterei auf ihren feurigen Rassepferden von den östlichen Bergen. Und endlich der König Kurusch: ein mittelgroßer, sehniger Mann von etwa 60 Jahren, mit einer kräftigen Adlernase im Gesicht, gekleidet wie seine Soldaten in das um den Leib gegürtete Manteltuch der Perser, das bei ihm allerdings mit Goldborten üppig verziert war, die hohe zylinderförmige persische Filzmütze auf dem Kopf.

Auf seinem Lieblingspferd ritt der König inmitten seiner Vertrauten und Generale durch die Stadt, bis er die Stufen des großen Turmes erreichte. Dort saß er ab, ehrfürchtig begrüßt von der versammelten Priesterschaft des Marduk-Tempels, die ihn die Stufen emporgeleiteten, bis er auf dem ersten Absatz des Turmes angekommen war, für alle sichtbar, hoch über der Menge, die nun in Jubelrufe ausbrach. Der Sängerchor der Marduk-Priesterschaft stimmte eine Hymne an: «Wir preisen, o Marduk, mit Freude deine erhabene Gnade. Unsere Gebete hast du erhört. Du erlöstest uns von der Herrschaft des ungerechten Königs, der dich nicht ehrte. Du ließest Kurusch, den König von Anschan, aus einer ewigen Königsfamilie, deren Regierung Bel und Nabu lieben, ohne Kampf und Schlacht in Babylon einziehen, unter Jubel und Freude. König Kurusch ergriff deine Hände, o Marduk, du großer Gott, und wurde dadurch dein Sohn, rechtmäßiger Herrscher über Babylon, König von Sumer und Akkad, König der Perser und Meder, König der vier Weltteile, König des Weltalls!»

Die Zeremonien der Königsproklamation nach babylonischem Ritus nahmen hoch auf den Stufen des sagenhaften Turmes von Babylon mit der Opferung eines Lammes für den Gott Marduk durch den König ihren traditionsgeheiligten Fortgang. Währenddessen wanderten des Königs Gedanken zurück auf dem Weg, den er bis zu dieser Stunde des endgültigen, des höchsten Triumphes hatte gehen müssen.

In der Wiege war ihm dieser Erfolg – bei Ahura Mazda, dem Allweisen Herrn! – gewiß nicht gesungen worden, auch wenn er der Erbprinz von Anschan aus dem uralten, aber schließlich damals noch ganz unbedeutenden persischen Häuptlingsgeschlecht der Achämeniden war. Dachte Kurusch an die Jugend im dürren Hochland der Persis weit unten im Südosten, an die hochmütig-grausame Behandlung durch den Verwandten und medischen

Oberherrscher König Astyages? Erinnerte sich Kurusch an den Aufstand gegen diesen Lehnsherrn, den er, eben selbst zum König von Anschan geworden, unter seinem Perservolk und bei den mit ihrem Herrscher unzufriedenen medischen Adligen gegen Astyages erregt hatte und der ihn in kurzer Zeit auf den Thron des Mederreiches geführt hatte? Dachte er an die Kämpfe, mit denen er im Osten des Hochlandes die Adlerstandarte seines Geschlechtes über Chorasmiern, Drangianern, Sogdern und vielen anderen Völkerschaften aufrichtete? Dachte er an die rasche Eroberung der reichen Stadt Sardes in Lydien, im fernen Westen Kleinasiens, und an die Gefangennahme des Königs Krösus?

Das alles waren nur Schritte gewesen, Vorbereitungen für den Kampf mit dem letzten Rivalen um die Weltherrschaft, mit dem mächtigen Reich der Babylonier, dessen Einfluß all das Fruchtland und die großen Städte im «Fruchtbaren Halbmond» vom «Unteren Meer» (Persischer Golf) bis zum «Oberen Meer» (Mittelmeer) umfaßte. Nun war auch dieser Kampf beendet, fast unblutig, durch das geheime Bündnis mit den Marduk-Priestern von Babylon, die ihrem König Nabonid nicht verzeihen konnten, daß er Götter aus anderen Städten dem Hauptgott Babylons vorzog. Nabonid war gefangen, bei der Eroberung der Stadt vor wenigen Tagen in die Hände des persischen Generals Gobryas gefallen, und wartete auf sein Schicksal.

Doch König Kurusch war ganz anders als seine Vorgänger auf den Thronen der orientalischen Großreiche. Es war nicht seine Art, die unterworfenen Städte und Länder zu verwüsten und ihre Anführer eines grausamen Todes sterben zu lassen. Hatte er nicht seinen Verwandten, König Astyages von Medien, bis zu seinem Tode in ehrenvoller Haft gehalten, ebenso wie er es mit dem klugen König Krösus von Lydien getan hatte? Auch König Nabonid von Babylon sollte nicht sterben. Es genügte, daß seine Hauptstadt und sein Reich fast kampflos an den Perserkönig gefallen waren, infolge der Unzufriedenheit der Priesterschaft und der Bevölkerung mit ihrem früheren König.

Er, Kurusch, wollte all den verschiedenen Völkern und Stämmen seines nun unermeßlich großen Reiches Frieden, Ordnung, Glück und Gedeihen bringen, nicht Not und Unterdrückung. Er fühlte, daß er mit seiner Herrschaft zugleich eine ernste Verpflichtung übernommen hatte, die «rechte Ordnung» und den «guten Sinn» des alleinigen Schöpfergottes Ahura Mazda in seinem Reich zu verwirklichen. Vor Jahren hatte Zarathustra diese gewaltige Lehre gepredigt. König Kurusch war am Anfang seiner politischen Laufbahn mit diesem großen Mann einmal zusammengetroffen, weit im Osten seines Reiches, und dieses Gespräch hatte ihm einen unauslöschlichen Eindruck hinterlassen, und sein Denken und Handeln geprägt.

Nicht lange nach der feierlichen Ausrufung als König von Babylon empfing Kurusch die Abordnung eines Stammes aus dem äußersten Westen seines neuen Reiches. Juden nannten sich die Leute, und sie führten bewegte Klage über die früheren Babylonierkönige Nebukadnezar und Nabonid, die einst ihre Hauptstadt Jerusalem erobert, den heiligen Tempel ihres einzigen Gottes Jahwe zerstört und einen großen Teil der Bevölkerung an den Euphrat deportiert hatten, wo diese nun schon in der zweiten Generation fern der Heimat leben mußte.

Erstaunt hörte Kurusch die Worte, die Jahre zuvor ein jüdischer Seher, Jesaias mit Namen, dem jüdischen Volk in der Babylonischen Gefangenschaft als Trost in der Trübsal geweissagt hatte: «So spricht Jahwe, der Herr, zu seinem Gesalbten, dem Kores: Ich ergreife ihn bei seiner rechten Hand, daß ich die Heiden vor ihm unterwerfe und den Königen das Schwert abgürte. Der ist mein Hirte und soll all meinen Willen vollenden, daß man sage zu Jerusalem: Sei gebaut, und zum Tempel: Sei gegründet!» Eindrucksvoll stellten die Wortführer der Juden dem persischen König dar, daß *sein* einziger Gott Ahura Mazda, der Allweise Herr, und *ihr* einziger Gott Jahwe, der Herr, sicher derselbe Himmelsgott seien. Kurusch war daher gerne bereit, das Unrecht seiner babylonischen Vorgänger wiedergutzumachen. Er erlaubte den Juden die Rückkehr und den Wiederaufbau ihres zerstörten Tempels in Jerusalem, gab die geraubten, im Schatz der Babylonierkönige aufbewahrten goldenen und silbernen Tempelgeräte zurück und bot sogar Steuergelder auf, um den Juden beim Neubau ihres Tempels zu helfen. 42000 Juden zogen ein Jahr nach der Proklamation des Kurusch zum «König des Weltalls» nach Judäa zurück.

Einige Griechen aus Milet, der Jonierstadt am fernen Ägäischen Meer, die sich nach der Eroberung Lydiens als einzige Griechenstadt freiwillig dem Perserkönig unterworfen hatte, gehörten zum Gefolge des Königs in Babylon. Wenn sie sich in ihrer Heimatsprache unterhielten, machten sie bedenkliche Gesichter: «Dieser König Kyros ist ein großer und gerechter Herrscher. Aber er will die Macht über die ganze Welt. Er und sein Volk werden uns Griechen noch schwere Sorgen machen.»

*

Die erstaunliche Geschichte von der nahezu kampflosen Eroberung Babylons durch den Perserkönig Kyros ist durch verschiedene babylonische Dokumente und durch Darstellungen griechischer Schriftsteller aus nur wenig späterer Zeit der Nachwelt überliefert. Daraus wissen wir auch, daß sich der Einzug des Kyros in Babylon genau am 29. Oktober 539 v. Chr. abspielte.

Persische Frühzeit

Der in wenigen Jahrzehnten vollendete Aufstieg der Perser vom halbnomadischen Hirten- und Bauernstamm irgendwo im kargen, kulturfernen Hochland von Iran zum Träger des ersten Weltreiches, das diesen Namen wirklich verdiente, ist eines der erstaunlichsten Beispiele für die Dynamik und Lernfähigkeit der frühen indoeuropäischen Völker.

Aus spärlichen Keilschrifttexten der Assyrer und Babylonier lassen sich die Spuren der arischen Perser etwa 300 Jahre nach rückwärts verfolgen. Zusammen mit oder im Gefolge der Meder waren sie vermutlich zwischen 1400 und 1200 v. Chr. in die Hochebenen Nordirans eingerückt. Ihre Sippen (auf altiranisch «visch»; vgl. lat. «vicus» = Dorf) und Familien (altiranisch «demana»; vgl. lat. «domus» = Haus) spiegeln die gesellschaftliche Gliederung aller altindoeuropäischen Völker wieder. Auf ihrem langsamen, insgesamt weit über tausend Jahre dauernden Zug aus den Steppen am Aralsee durch die Flußoasen des Oxus und Jaxartes (Amu-Darja und Syr-

Darja), am subtropischen Südufer des Kaspischen Meeres entlang hatten sie manche fremde Völkerschaft überwältigt und zu Sklaven gemacht. Nachkommen dieser zum Teil wohl dunkelhäutigeren (nichtindoeuropäischen) Stämme begleiteten die frühen Iraner (Meder und Perser) gezwungenermaßen.

Die Perser nannten sich selbst stolz in der Frühzeit «Aryaman», die «Freien», während sie – ähnlich wie zu gleicher Zeit ihre indischen Vettern – die gewaltunterworfenen Fremdvölker als eine besondere Kaste (iranisch «pischtra» = Farbe!) betrachteten. Und auch in der eigentlich herrschenden Gruppe der freien Arier gab es in jener grauen Vorzeit noch Rangunterschiede, die überraschend denen in Indien glichen. Da waren die geachteten Athravan, die Priester, nach ihnen rangierten die Rathaeshtar, die edlen Krieger, die ihre Streitwagen – die «Panzerwagen der Bronzezeit» – lenken konnten, ferner die einfachen, aber freien Hirten, die das für Kriege unentbehrliche Fußvolk stellten, und schließlich die Handwerker. Körperliche Kraft, Zähigkeit, Genügsamkeit, Stolz und Wahrheitsliebe waren die Eigenschaften der frühen Perser, die aus den späteren Berichten ihrer orientalischen und griechischen Nachbarn hervorleuchten.

Künstlerische oder sonstige kulturelle Ambitionen konnten nicht bei ihnen entdeckt werden. Die berühmten «Luristan-Bronzen» – künstlerisch hochwertige Handwerkserzeugnisse aus Westiran, die vor einigen Jahrzehnten plötzlich im Antiquitätenhandel auftauchten, ohne daß man Näheres über die Herkunft erfahren konnte – stammen vermutlich nicht von den Persern. Man glaubt, daß sie von einem anderen Reiterkriegervolk produziert wurden, das vor den Persern in derselben Gegend gelebt haben muß, von dem man aber bis heute keine anderen Spuren gefunden hat.

Im 9. Jahrhundert v. Chr. wurde in assyrischen Quellen ein Land «Parsua» westlich des Urmia-Sees im Zagros-Gebirge genannt, das heute Nordirak und die Türkei vom Iran trennt. Doch um das Jahr 700 v. Chr. scheinen die zehn Stämme der Perser aus dieser unruhigen Gegend ausgewichen zu sein. Sie waren ja auch vorher schon immer wieder auf dem Marsch gewesen. Dort oben kämpften damals die Reiche Assyrien und Urartu, die aufstrebenden Meder und die wilden, von Norden eingefallenen Kimmerier um Beute und

Einfluß. Der sagenhafte Stammvater des persischen Königsgeschlechts, Häuptling Achaimenes (auf altpersisch Hachamanisch) soll den Zug angeführt haben, der die Perser fast tausend Kilometer weiter nach Süden in das dünnbesiedelte südöstliche Hinterland Elams führte, nördlich des Persischen Golfes.

Elam mit seiner Hauptstadt Susa, ein alter selbständiger Kulturstaat mit engen Verbindungen zu Babylon, hatte lange dem Großmachtstreben Assyriens widerstanden, aber um 640 v. Chr. konnte Assyrien den Rivalen erobern und zerstören. Die Perser trieben eine kluge Politik, indem sie bald als Vasallen Elams, bald als Gefolgsleute Assurs auftraten und sich aus den Kämpfen möglichst heraushielten. Als unter König Kyaxares die Meder die Oberherrschaft im iranischen Hochland antraten, erkannten die Perser auch deren Lehnshoheit an, ohne deswegen ihre innere Unabhängigkeit und ihre einfache Lebensweise von Hirten-Kriegern in karger Umgebung aufzugeben.

Nachkommen des Häuptlings Achaimenes herrschten als «Könige von Anschan» über ihr Perservolk. Anschan war eine kleine Stadt im östlichen Elam. Es gab einen König Teïspes, dessen Söhne Ariamnes und Kyros I. um 640 v. Chr. zwei Linien des Fürstenhauses stifteten. Etwa ein Jahrhundert lang regierten die Fürsten aus der älteren Linie, Nachkommen des Ariamnes, im Osten des Persergebietes, die Söhne und Enkel des Kyros I. (jüngere Linie) im Westen: Kambyses I. und Kyros II. Erst dieser letztere führte sein Volk als Kyros der Große aus der Unscheinbarkeit und Weltabgeschiedenheit, aus der äußeren Abhängigkeit von anderen Völkern heraus – und sofort in einem Siegeszug von kaum zwanzig Jahren zur Weltherrschaft.

Vermutlich 559 v. Chr. kam Kyros II. zur Regierung über sein Volk, nachdem sein Vater Kambyses, König von Anschan, gestorben war. Ob Kyros wirklich der Enkel des Mederkönigs Astyages war, wie Herodot erzählt, ist nicht sicher. Eine Verschwägerung der beiden Königshäuser ist aber durchaus wahrscheinlich. Der rasche Aufstieg des Kyros zum «Weltherrscher» braucht hier nur noch kurz gestreift zu werden, um – soweit möglich – ein historisches Gerüst zu liefern. Noch als medischer Vasall führte er im Osten des Iran Kämpfe mit verschiedenen Völkern (darunter mehrere ebenfalls arischer Abstammung), die er seiner Herrschaft unterwarf. 553 v. Chr. griff er die medische Garnison im Hauptort der Perser, Pasargadä, an, drei Jahre später (550) eroberte er Ekbatana und nahm König Astyages von Medien gefangen. Kyros war zum Herrn des ganzen Iran geworden. Auch sein Verwandter aus der älteren Fürstenlinie der Achämeniden, Arsames, verlor seine nominelle Königswürde und wurde Gefolgsmann seines erfolgreichen Vetters.

Aber des Kyros Ehrgeiz ging weiter. Das mächtige lydische Reich, seit dem Frieden von 585 v. Chr. mit Medien verbündet, störte den persischen Handel. In einem Blitzfeldzug stürmte Kyros 547 die Hauptstadt Sardes. Nun war als Großmacht nur noch Babylonien im Weg. 539 v. Chr. gelang es Kyros, auch dieses einst so mächtige Reich zu erobern. Wie ihm das gelang, ist in der vorigen Episode geschildert worden.

Ägypten, das in Jahrhunderten zuvor mehrfach zu Assyrien oder Babylonien gehört, sich aber noch einmal unabhängig gemacht hatte, sollte sicher auch noch dem Weltreich des Kyros eingegliedert werden. Daher auch die überraschende Milde des Kyros den Juden gegenüber, um sich die Einfallstraße zum Nil durch eine wohlgeneigte Bevölkerung offenzuhalten. Aber zu diesem Feldzug kam Kyros nicht mehr. Im äußersten Osten seines Reiches – es maß von Milet bis zum Jaxartes rund 4000 Kilometer, das ist die Entfernung vom Nordkap bis Sizilien! – hatten sich Saken, Massageten und andere primitivere iranische Stämme als Störer des Reichsfriedens unangenehm bemerkbar gemacht. Im Kampf mit diesen Stämmen fiel Kyros der Große im Juli 530 v. Chr., weit östlich des Kaspischen Meeres.

In Pasargadä, dem Stammsitz seines Geschlechtes, errichteten die Perser ihrem großen König ein ergreifendes Grabmal: ein schlichtes, aber monumentales persisches Haus aus großen Steinquadern auf einem stufenförmig angelegten Hügel. Noch heute überstrahlt den Gründer des persischen Weltreichs, der sich durch seine Milde hell von den orientalischen Despoten aller Zeiten abhebt, ein eigentümlicher Glanz. Niemand kann sich dem Eindruck der großen Persönlichkeit entziehen, der sich je einmal damit beschäftigt hat. Der inzwischen gestürzte und gestorbene Schah des

Iran, Reza Pahlewi, betonte bewußt die iranische Kontinuität, als er im Jahr 1976 (christlicher Zeitrechnung) den Beginn einer neuen iranischen Zeitrechnung auf die Thronbesteigung Kyros' II. festsetzte, so daß sein Reich damit auf eine Vergangenheit von 2535 Jahren zurückblicken konnte.

Also sprach Zarathustra ...

Um 560 v. Chr., Ostiran

Im Schatten eines Felsens hatte sich eine seltsame Schar niedergelassen. Acht oder zehn Männer, jüngere und ältere, in dunkler zerlumpter Kleidung, lagerten um einen Greis, der sich trotz seiner grauen Haare ein jugendlich-temperamentvolles Aussehen bewahrt hatte. Obwohl er einfach wie die anderen gekleidet war und es in der Gruppe Männer gab, die ihm mindestens gleichaltrig waren, schien er der unbestrittene Anführer und Mittelpunkt zu sein.

Am Morgen waren sie aus dem kleinen ummauerten Ort in der Ebene mit seinen quadratischen gelblich-grauen Lehmhäusern aufgebrochen und den Berghang hinaufgestiegen, um mit sich allein zu sein. Immer wieder waren sie an Herden weidender Schafe und Rinder vorbeigekommen, die von ein paar Hirten mit ihren Hunden bewacht wurden. Freundlich hatten sich die Wanderer und die Hirten zugewinkt, denn sie kannten sich gut. Nun hatten die Wanderer Rast gemacht und blickten auf Keschmar herab, ihre Heimat. Dort unten war die Residenz des Kavi (Priester-Königs) Wischtaspa, zu dessen Stamm der Fryana sie alle – bis auf den Anführer – gehörten. Wischtaspa hatte vor Jahren ihrem Anführer freundlich Zuflucht gewährt, als dieser auf der Flucht vor erbitterten Feinden seine Heimat verlassen mußte. Wischtaspa war es auch gewesen, der als einer der ersten sich offen zu dem bekannte, was dieser seltsame Mann in ihrer Mitte verkündete.

Es war auch gar zu umstürzend, was er allen Menschen predigte. Und es war kein Wunder, daß er damit den Haß der Priester des alten Glaubens erregte, denen er die alten, durch Tradition geheiligten Zeremonien des Opferns von Stieren und des Bereitens und

Genießens des berauschenden Haoma-Trankes (vgl. altindisch «soma»!) verbieten wollte. «Genossen des drug, der Lüge» nannte er sie zornig. Doch die Schar seiner Begleiter, die der alte Mann seine «Frya» (Freunde) und die «Vidva» (Wissenden) bezeichnete, hatte er überzeugt, und diese hatten sich entschieden, die rechte Wahl zu treffen und der «Asha», der Rechten Ordnung, zu folgen.

Lange saß die Gruppe schweigend und hing ihren Gedanken nach, bis endlich Jamaspa die Stille unterbrach. Er war fast gleichaltrig mit ihrem Anführer und einer seiner ersten Schüler gewesen. «Künde uns, o Zarathustra, den Ruhm des Allweisen Herrn, Ahura Mazda, wie du so oft es tatest, daß wir lernen, der Wahrheit und dem Guten Sinn zu folgen!» Der Angeredete sammelte sich einige Minuten. Endlich sprach er in jenem Versmaß, das er einst in jungen Jahren als Hoatar, als priesterlicher Hymnensänger, gelernt hatte, eine seiner berühmten «Gathas» (Gesänge):

«Verkünden will ich, nun vernehmet, nun höret!

Das frag ich dich, künd es mir recht, o Herr:
Wer wahrt die Erde drunten und den Himmel
Vor ihrem Sturz? Wer Wasser und die Pflanzen?
Wer lieh den Winden und den Wolken Schnelle?
Wer, Weiser, ist des Guten Sinnes Schöpfer?

Das frag ich dich, künd es mir recht, o Herr:
Wer schuf wohlwirkend Licht und Dunkel?
Wer schuf wohlwirkend Schlaf und Wachen?
Wer Morgen, Mittag und die Nacht,
Die den Verständ'gen seiner Pflicht gemahnen?»

Zarathustra machte eine Pause und fuhr dann fort:

«Der Einzig-Heilige bist du, Ahura Mazda!
Als ‹Guter Sinn› einst zu mir kam,
Auf seine Frag: ‹Wen wirst du wählen?›
Antwortet ich: ‹Mit der Verehrung deines Feuers
Will ich an ‹Rechte Ordnung› denken, solang ich kann.»

*

Mit Zarathustra stoßen wir in diesem Buch nach Buddha auf die zweite historische Persönlichkeit aus einem indoeuropäischen Volk der Frühzeit, die zu einem religiösen Reformator von epochaler Bedeutung wurde. Er lebte sogar etwas früher als der «Erleuchtete» in Indien, wie er aus alter indoeuropäisch-arischer Familie. Religionswissenschaftler mögen manche gemeinsame Ausgangspunkte zwischen beiden feststellen. Allerdings führte ihr philosophisch-religiöses Denken sie in entgegengesetzte Richtung: Buddha zur Weltflucht, Zarathustra zur Bejahung tatkräftigen, rechtschaffenen Lebens. Eine andere hochbedeutsame geistige Verbindungslinie führt von Zarathustra zur Religion der Juden, die ja damals schon längst in Jahwe den einen wahren Gott verehrten und die Vielgötterei aller Völker um sie herum konsequent ablehnten. Der unbekannte Autor eines Teiles des Bibel-Buches Jesaias, der sogenannte «Deutero-Jesaias», war sein jüngerer Zeitgenosse und hat, wie man meint, gewisse Anregungen von Zarathustra empfangen.

Zarathustra schuf in seiner ostiranischen Heimat die erste monotheistische Religion auf indoeuropäischem Boden. Auch wenn dieser Glauben in zweieinhalb Jahrtausenden manches Auf und Ab, manche tiefgreifende Veränderung erlebte, so hat er sich dennoch immer wieder regeneriert. Noch heute bekennt sich eine allerdings klein gewordene Zahl von Menschen zu diesem Glauben Zarathustras: die «Parsen» in Indien und im Iran.

Das Leben dieses Mannes verschwimmt zwischen Legende und bruchstückhaften echten Überlieferungen. Aber er ist unzweifelhaft eine historische Persönlichkeit gewesen. Eine gängige, allerdings nicht unbestrittene Lehrmeinung der Wissenschaft gibt seine Lebensdaten mit 628–551 v. Chr. an. Er muß im Osten Irans gelebt haben, jenseits des Machtbereiches der westiranischen Stämme der Meder und Perser, die damals gerade ihren Aufstieg erlebten. Es gibt Vermutungen, daß es im Inneren Asiens, vom Aralsee bis zu den Bergen des Iranischen Hochlandes, in jener Zeit ein anderes großes Reich oder mehrere kulturell weit fortgeschrittene Staaten ostiranischer (arischer) Völker gegeben hat. Doch wir wissen bis heute so gut wie nichts darüber.

Zarathustra, der «Mann, der gelbe Kamele besitzt» (das bedeutet der altpersische Name), war in seiner Jugend offenbar Haotar

(Dichter-Priester; ein ganz entsprechendes «Amt» gab es in der frühvedischen Epoche der arischen Inder: Hotar). Die altiranische und die altindische Religion wiesen ja überhaupt noch große Ähnlichkeiten auf. Zarathustra aber hatte eine Vision – darin und in anderen Zügen dem späteren Propheten Mohammed ähnlich – und verkündete daraufhin die Lehre vom einzigen Schöpfergott Ahura Mazda, dem «Allweisen Herrn». Alle anderen Götter der früheren Religion, die Daeva (vgl. lat. «deus» = Gott) verteufelte er als Dämonen. Zarathustras Lehre brach radikal mit dem uralten Glauben, daß man das Walten der Götter entweder als unabänderliches Schicksal hinzunehmen habe oder daß man es lediglich durch die vorgeschriebenen Gebete und Opfer günstig beeinflussen könne. Er predigte, daß der Mensch mit seinem freien Willen wählen könne zwischen dem Guten und dem Bösen und danach sich sein weltliches und geistliches Schicksal entscheide. Er stellte konkrete ethische Forderungen an die Menschen, die in irdischer Hinsicht hinausliefen auf ein «weidenreiches schönes Wohnen» in einer friedlichen Welt, in der die Erkenntnis des «Guten Sinnes» sich eingefunden hat.

Es würde zu weit führen, die theologischen Gedanken Zarathustras hier näher zu beschreiben. Sicher ist, daß seine Religion das Sendungsbewußtsein *der* iranischen Stämme und Völker, die ihr folgten, ungeheuer beflügelt hat, ohne doch zur religiösen Intoleranz zu führen. Die Könige des persischen Weltreiches haben sich bis zu dessen Untergang durch Alexander den Großen zu Ahura Mazda bekannt, wenn ihr Glauben auch bald schon wieder Beimischungen aufwies, die der Gründer ausdrücklich bekämpft hatte, so zum Beispiel die Verehrung weiterer Götter und Göttinnen wie Mithras und die Wiederaufnahme der abgelehnten Stieropfer und des Haoma-Trankes. Ja, in späteren Jahrhunderten bis zur zwangsweisen Islamisierung Persiens durch die Araber (ab 642 n. Chr.) erlebte der Hochgott-Glaube Zarathustras einen neuen großartigen Aufschwung. Der Name dieses frühesten bekannten Propheten aus indoeuropäischem Stamm verdient es eigentlich nicht, zum Titelhelden eines nihilistisch-überheblichen Buches des deutschen Philosophen Nietzsche herabgewürdigt zu werden, in dem er das «Herrenmenschentum» anpries («Also sprach Zarathustra», 1883).

Auf der Höhe der Macht

Die auf Kyros den Großen folgenden Perserkönige standen schon nahezu voll im Licht der geschriebenen Geschichte. Von ihnen braucht daher nur so weit berichtet zu werden, daß der Leser den Anschluß an den Ausschnitt der alten Geschichte gewinnt, den man bei uns in der Schule lernt.

Der älteste Sohn des Kyros, Kambyses II., regierte nur knapp acht Jahre (529–522 v. Chr.). Er war längst nicht so beliebt wie sein Vater, aber ihm gelang es, die Eroberung nachzuholen, die Kyros nicht mehr hatte vollenden können: Er marschierte mit einem mächtigen Heer an den Nil und besetzte Ägypten bis nach Libyen und an den Mittellauf des Nils. Auf dem Rückmarsch starb er in Syrien, wie es hieß, durch einen unglücklichen Sturz vom Pferd.

Über die nachfolgenden Thronwirren berichtet wieder einmal unser alter Gewährsmann Herodot ausführlich: Kambyses war kinderlos, und da er bei seiner Thronbesteigung heimlich seinen jüngeren Bruder Bardija habe umbringen lassen, hatte das Reich keinen legitimen Erben. Weit im Osten des Stammreiches habe sich ein medischer Mager, Gaumata mit Namen, als Bardija ausgegeben, und eine Weile sei es ihm auch gelungen, große Teile des Reiches unter seine Herrschaft zu bringen. Doch da habe der junge Darius, ein Abkömmling der einst von Kyros entthronten älteren Linie des Achämenidenhauses und Schwiegersohn des Kyros, der in der Leibwache des Kambyses als Offizier diente, die Initiative ergriffen und mit einigen anderen persischen Adligen den falschen Bardija getötet. Darius bestieg den Thron der persischen Könige im Alter von 22 Jahren, während sein Vater und sein Großvater noch lebten – eine für die patriarchalischen Vorstellungen der frühen Indoeuropäer sehr ungewöhnliche Karriere. Seine Nachkommen beherrschten das Perserreich fast 200 Jahre lang.

In einigen Feldzügen besiegte Darius die Aufständischen, die sich in Teilen des weiten Reiches die unklaren Herrschaftsverhältnisse zunutze gemacht hatten. Dann ging er tatkräftig daran, die Grenzen seines schon so riesigen Weltreiches noch zu erweitern oder Ruhestörer an den Rändern zur Räson zu bringen. Er unternahm einen weiteren Zug nach Ägypten und eroberte im Südosten

Teile Indiens bis zum Indus. Persien war damit auf der Höhe seiner Macht angelangt.

Dann wollte Darius die Skythen strafen, die – wie er meinte – den Tod Kyros' des Großen verschuldet hatten. Er wollte sie im Rükken packen und marschierte 513 v. Chr. über den Bosporos (beim heutigen Istanbul) nach Thrakien (Bulgarien) und über die Donau nach Norden ins Skythenland. Daß er dabei über 3000 Kilometer von den Stämmen entfernt kämpfte, mit denen es einst Kyros zu tun hatte, lag wohl an einer sehr ungenauen Vorstellung der Perser von der Erdgestalt, die ja im Altertum überhaupt noch weit von der Wirklichkeit entfernt war. Wie unglücklich dieser Skythenfeldzug des Darius ausging, ist im vorigen Kapitel geschildert worden.

Ein Aufstand der zum Perserreich gehörenden Griechen in Jonien (Westrand Kleinasiens) ab 500 v. Chr. löste dann jene Kette von Kriegen der Perser mit den Griechen aus, die in der abendländischen Geschichtsdarstellung das Etikett eines Freiheitskampfes des einzigen Kulturvolkes der Welt gegen grausame despotische Barbaren verpaßt bekommen haben. Die griechischen Schriftsteller der Antike, die gewandter als die Perser mit der Feder umzugehen verstanden, haben damit den langfristig wohl erfolgreichsten Werbefeldzug der Welt geführt.

Noch heute sehen die meisten Gebildeten in Europa Altpersien ausschließlich durch die gefärbte Brille der Griechen – wenn sie es überhaupt zur Kenntnis nehmen. Dabei waren die Perser alles andere als jene kulturlosen Barbaren, als die die Griechen sie gerne darstellten, und der Verlust des Krieges gegen die Griechen, den Darius, dessen Sohn Xerxes und Enkel Artaxerxes fünfzig Jahre lang führten (500–449 v. Chr.), blieb von Persien aus gesehen nur eine vorübergehende Episode, die das Weltreich nicht ernstlich schwächen konnte.

Es ist richtig, daß die Verwaltungsfachleute, die Händler, die Künstler, die Architekten, die Schreiber im persischen Reich im allgemeinen aus den vielen unterworfenen Fremdvölkern kamen, darunter auch viele Griechen. Dennoch haben die persischen Könige in ihren Monumentalbauten in Persepolis und Susa, in Pasargadä und anderen Stellen einen unverwechselbaren Baustil entwikkelt, der noch heute in den Ruinen dieser Städte einen unvergeßlichen Eindruck von der Größe und Würde dieses Reiches hinterläßt. Ohne staatsmännisches Geschick und ihre im allgemeinen verständnisvolle und tolerante Behandlung der unterworfenen Völker wäre es den Achämenidenherrschern sicher nicht gelungen, über 200 Jahre lang ein Weltreich von 18 Millionen Einwohnern – eine im Altertum unvorstellbar große Zahl! – zu regieren. Erst der Makedone Alexander der Große stieß die schwach gewordenen Achämeniden vom Thron (330 v. Chr.) und eroberte in einem einzigen Siegeszug ihr gesamtes Weltreich: der Sproß eines anderen indoeuropäischen Volkes, dessen plötzlicher Aufbruch aus der Vorgeschichte zur Größe die Welt verändern sollte.

15. Kapitel

Zähigkeit im Wandel der Welt

Sarmaten, Alanen, Parther – die Schrecken des Römischen Weltreiches

Die Lanze ist stärker als der Pfeil

Um 250 v. Chr., am Dnjepr/Ukraine

Trotz des Sieges war die Stimmung im Heerlager der Roxolanen aus dem großen Volk der Sarmaten gedrückt. Es war nicht die Trauer um die toten Kriegerinnen und Krieger: Für ein kämpferisches Volk wie die Sarmaten war der Tod auf dem Schlachtfeld nichts Ungewohntes oder Trauriges. Nicht einmal die tödliche Verwundung der Anführerin der sarmatischen Krieger, welche doch die Enkelin der Stammesfürstin war – ein Ereignis, das die künftige Führung des Stammes problematisch machte –, war als solche Anlaß zu dieser Mißstimmung. Nein, sie kam aus anderen, tiefer liegenden Motiven. Rebellion lag in der Luft, ein Abweichen von geheiligten Traditionen sollte von Mitgliedern des Stammes erzwungen werden – was würden die Götter dazu sagen?

Kopfschüttelnd standen ältere Frauen und ältere Männer zwischen den Wagen mit ihren Planen aus dunklem Filztuch, die die fahrbaren Wohnungen der Sarmaten bildeten, und besprachen die aufregenden Ereignisse der letzten Tage. Da war der größte Teil der weiblichen und männlichen Krieger des Stammes mit seinen Pferden im Schutz der Dunkelheit an einer flachen Stelle über den breiten Fluß Borysthenes (Dnjepr) an das andere Ufer geschwommen, das bisher vom Skythenstamm der Skoloten gehalten wurde. Es war zur unvermeidlichen Schlacht gekommen, doch die sonst so tapferen und kräftigen Kriegerinnen und Kämpfer der Sarmaten

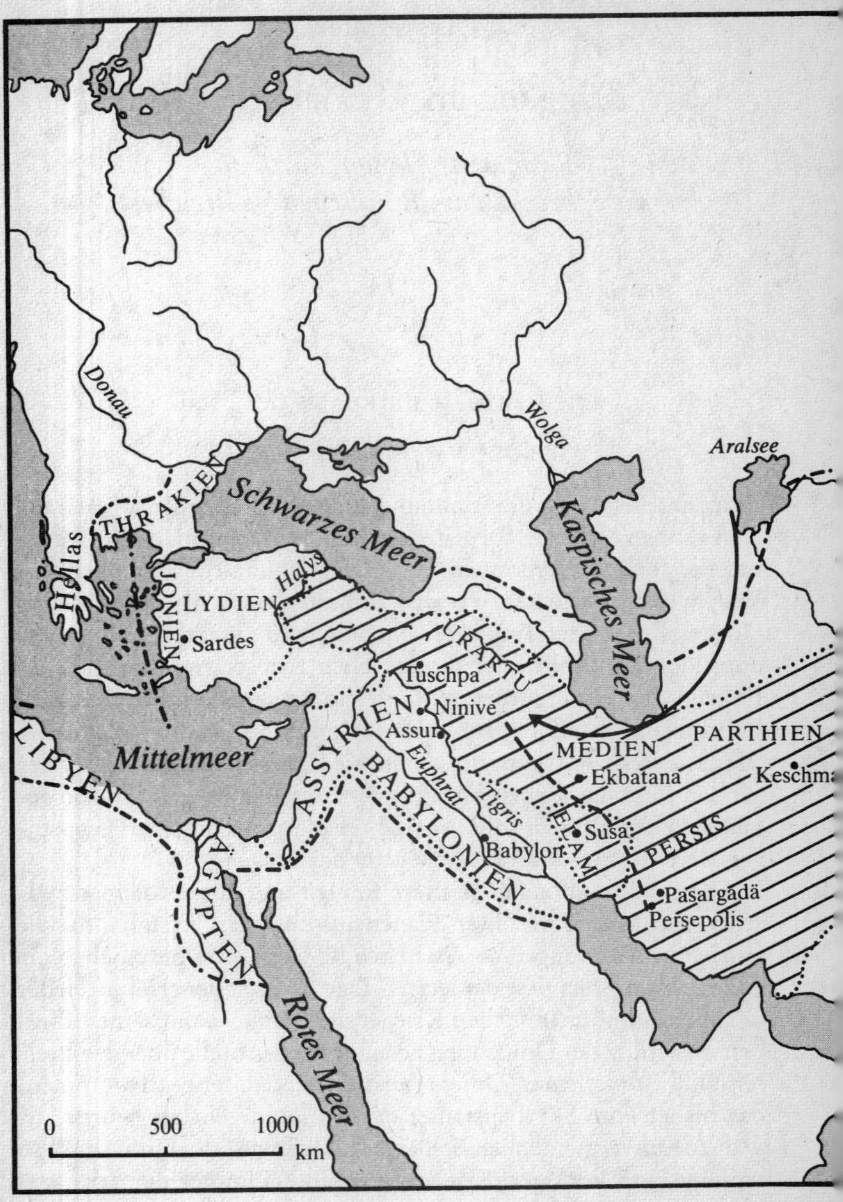

Donau
Wolga
Aralsee
THRAKIEN
Schwarzes Meer
Kaspisches Meer
Hellas
Halys
LYDIEN
JONIEN
Sardes
URARTU
Tuschpa
Ninive
Assur
ASSYRIEN
MEDIEN
PARTHIEN
Ekbatana
Keschm
Mittelmeer
LIBYEN
BABYLONIEN
Euphrat
Tigris
ELAM
Susa
PERSIS
Babylon
Pasargadä
Persepolis
ÄGYPTEN
Rotes Meer
0
500
1000
km

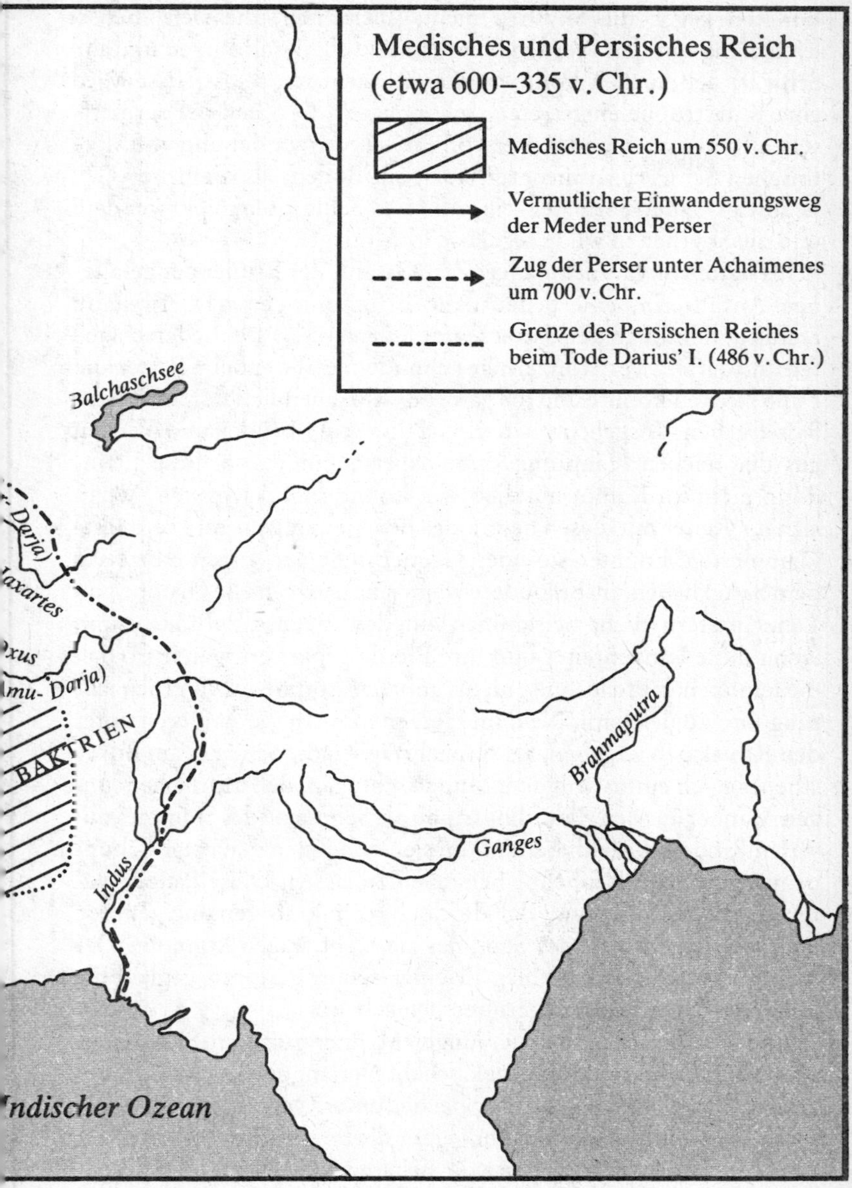
Medisches und Persisches Reich
(etwa 600–335 v. Chr.)
Medisches Reich um 550 v. Chr.
Vermutlicher Einwanderungsweg der Meder und Perser
Zug der Perser unter Achaimenes um 700 v. Chr.
Grenze des Persischen Reiches beim Tode Darius' I. (486 v. Chr.)
Balchaschsee
Darja)
Jaxartes
Oxus
mu- Darja)
BAKTRIEN
Indus
Ganges
Brahmaputra
Indischer Ozean

konnten gegen die Skythen nichts ausrichten, die sich ebenso leichtfüßig mit den Pferden bewegen und Pfeil und Bogen und ihr Schwert gebrauchen konnten wie die Sarmaten selbst. Fast wäre eine Katastrophe eingetreten, schon lag ein Großteil der sarmatischen Reiterinnen und Reiter von Pfeilen verwundet und von skythischen Schwertern niedergehauen am Boden, als die neue «Geheimwaffe» der Sarmaten eingriff, das Schlachtenglück wendete und die Skythen in wilde regellose Flucht jagte.

Da hatte vor gar nicht langer Zeit Gatalis, der Bruder der gefallenen Anführerin, eine bedeutsame Erfindung gemacht. Er hatte rechts und links an den Sattel seines Reitpferdes zwei Lederschlaufen und daran zwei Bronzeringe gebunden, in die er beim Reiten die Füße stecken konnte und die ganz unwahrscheinlich festen Halt im Sattel gaben. Insgeheim hatten Gatalis, seine Brüder und Vettern aus der reichen Häuptlingssippe experimentiert, ob diese Erfindung nicht im Kampf nützlich sein könnte. Und wirklich: Wenn sich die Reiter mit diesen neumodischen Steigbügeln am Pferd festklammerten, konnten sie einen Gegner mit einer langen Lanze aus dem Sattel heben, insbesondere wenn eine ganze große Gruppe von Lanzenreitern dicht beisammen auf den Gegner zubrauste und wenn diese Lanzenreiter und ihre Pferde gepanzert waren, so daß die feindlichen Pfeile ihnen nichts anhaben konnten. Mit Hochachtung und zugleich mit Neid im Herzen mußten die Ärmeren unter den Roxolanen zugeben, als sie nachträglich die Schlacht am Borysthenes noch einmal mit dem Munde schlugen, daß die reichen jungen Männer aus der Häuptlingssippe die Schmiede des Stammes mit vielen Rindern bezahlt hatten, um sich von ihnen neuartige Schuppenpanzer und Eisenhelme herstellen zu lassen. Diese Panzer waren allerdings so schwer, daß die doch recht kräftigen und geübten jungen Kriegerinnen des Stammes sie nicht tragen konnten. Der Erfolg – der glänzende Sieg in einer schon verloren geglaubten Schlacht – hatte den Kriegern recht gegeben.

Aber nun das Verhalten der jungen Männer nach dem Sieg – nein, das war schockierend und gefährlich. Verlangten sie doch in der großen Toten- und Siegesfeier, bei der unter Opferung zahlreicher Pferde der traditionelle Grabhügel für die tote Anführerin errichtet werden sollte, den Ehrenplatz für sich und nicht für die überlebenden Kriegerinnen. Ja, noch revolutionärer: Gatalis forderte von der Fürstin Amage, seiner Großmutter, als Nachfolger seiner gefallenen Schwester zum Anführer des Heeres und Anwärter auf die Fürstenwürde des Stammes proklamiert zu werden. Man bedenke: ein Mann, wo doch seit Jahrhunderten in einer von den Göttern geheiligten Tradition bei den Sarmaten jeweils die Ältermutter aus der Häuptlingssippe die Geschicke ihres Stammes lenkte. Aber Gatalis war mit seiner männlichen Gefolgschaft vor den Wagen seiner Großmutter gezogen und hatte lautstark und mit drohendem Unterton eine Änderung dieser Sitte verlangt. Eine neue Zeit habe begonnen, und die Lanzen der sarmatischen Männer, nicht die Pfeile der berittenen Frauen hätten den Sieg errungen. Die Herrschaft auch bei den Roxolanen gebühre in Zukunft den Männern, so wie bei den Völkern ringsum.

Mit starrem Blick hatte Amage, die alte Fürstin, dieser Demonstration zugesehen, und als die jungen Männer drohend mit ihren Panzern und Lanzen auf ihren Wagen vorgerückt waren, hatte sie resignierend, aber schweigend Zustimmung gewinkt. Dann hatte sie sich abgewandt und geweint. Die Frauen und Männer der Roxolanen waren verwirrt. Durfte eine Fürstin weinen? War es vielleicht doch der Wille der Götter, daß die Männer auch im Volk der Sarmaten die Führer im Kampf und im Frieden sein sollten?

Sarmaten – die Vorbilder der Amazonen-Sage?

Die griechische Kunst und Dichtung ist voll von geheimnisvollen Mythen über die Amazonen, kriegerischen Reiterinnen aus irgendwelchen fernen asiatischen Völkern. Sosehr Dichter und Künstler ihrer Phantasie bei der Darstellung der Amazonen freien Lauf gelassen haben, die Berichte sind zu vielfältig, als daß sie alle restlos erfunden sein können. In den Sarmaten, einem Volk, das etwa ab 500 v. Chr. von Osten her nach Südrußland einrückte, könnte eines der realen Vorbilder der griechischen Amazonen-Sagen ermittelt sein. Denn zusätzlich zu zahlreichen Berichten griechischer Schriftsteller über die kriegerischen Frauen der Sarmaten haben Archäologen in den letzten Jahrzehnten viele Hügelgräber in Südrußland aus sarmatischer Zeit aufgedeckt, in denen Frauen als Fürstinnen und Kriegerinnen beigesetzt waren, mit reicherem Schmuck und Waffen, als gleichzeitige Männergräber enthielten.

Wie aber kommt ein Volk, in dem die Frauen eine solche überragende Bedeutung hatten, in dieses den frühen Indoeuropäern gewidmete Buch, mitten unter Völker, wo die Männerherrschaft ein ehernes Gesetz gewesen zu sein scheint? Auch hier gibt es offenbar keine Regel ohne Ausnahme. Alle Fakten sind eindeutig: Die Sarmaten waren ein Volk, das kulturell und sprachlich mit den Skythen eng verwandt war, zur großen Gruppe der arisch-nordiranischen Völker gehörig. Sie waren Reiternomaden, die vermutlich vor der Mitte des letzten vorchristlichen Jahrtausends durch die damals Innerasien erschütternden Völkerverschiebungen (siehe dazu 13. Kapitel) aus dem überfüllten Gebiet südlich des Aralsees in Bewegung geraten waren und langsam nach Norden und Westen drängten. Im 4. Jahrhundert v. Chr. durchstreiften sie mit ihren Herden die Steppen zwischen Wolga und Don, um 250 v. Chr. überschritten sie den Dnjepr im Kampf mit ihren entfernten Verwandten, den Skythen, wovon die vorige Episode erzählt. Die Sarmaten waren in vielem primitiver und «hinterwäldlerischer» als die Skythen, die damals schon jahrhundertelang in enger Berührung mit griechischer Kultur gestanden hatten. Aber sie waren das Volk der Zukunft in dieser Weltgegend, die sie fast fünfhundert Jahre, bis zum Beginn der großen hunnisch-germanischen Völkerwanderung, beherrschen sollten.

Wie dieses sicher indoeuropäische Volk zu einer Sozialstruktur gekommen war, in der die Frauen den Ton angaben, ist für die Historiker heute ein Rätsel. Möglicherweise hat einmal in Innerasien eine Mischung mit einem mutterrechtlich organisierten Volk anderer kultureller Herkunft stattgefunden. Vielleicht aber war die Männervorherrschaft bei den frühen Indoeuropäern auch gar nicht so ausschließlich, wie man bisher angenommen hat. Wie dem auch sei: Bei den Sarmaten kämpften und jagten in der Frühzeit die jungen Frauen gleichberechtigt mit den Männern vom Pferderücken aus mit, schossen geschickt ihre Pfeile ab und konnten mit Schwert und Lasso umgehen, einem Gerät, das die Sarmaten als Hirtenvolk gut zu beherrschen verstanden. Wie es hieß, durfte eine junge sarmatische Frau erst dann heiraten und sich aus der Kriegertruppe zurückziehen, wenn sie mindestens einen Gegner im Kampf eigenhändig getötet hatte. Ältere Frauen hatten in der Politik und im öffentlichen Leben ihres Stammes als Fürstinnen und Priesterinnen den eindeutigen Vorrang vor den Männern.

Gerade in der Epoche, die unsere obige kleine Episode schildert, sollte sich dieser Vorrang der Frauen aber zugunsten der Männer ändern. Und die erwähnten Faktoren hatten vermutlich einen entscheidenden Einfluß auf diesen Wandel: die von den Sarmaten gemachte Erfindung des Steigbügels und die darauf basierende Änderung der Kampfesweise der Reiterkrieger (Einsatz gepanzerter Lanzenreiter in geschlossener Formation statt Fernkampf mit Pfeilen aus regellos durcheinandersprengenden Reitergruppen). Allerdings hat sich der Vorgang wahrscheinlich über sehr viel längere Zeiträume erstreckt, als es hier in dichterischer Freiheit zusammengedrängt wurde. Die für die Kunst des Reitens epochemachende Erfindung des Steigbügels hat sich seltsamerweise von den Sarmaten zuerst nur nach Osten, bis Indien und China, verbreitet. Griechen und Römer griffen diese Verbesserungen nicht auf, obwohl sie später engen kriegerischen und friedlichen Kontakt mit den Sarmaten hatten. Erst im Mittelalter, um das Jahr 900 n. Chr., kamen auch in Mitteleuropa die Steigbügel in Gebrauch, auch hier mit der Folge des Einsatzes gepanzerter Ritterheere.

Das, was für die Griechen ein paar Jahrhunderte vorher die Skythen gewesen waren – ein barbarisches Volk in den Steppen des geheimnisvollen Nordostens, halb gefürchtet und bekämpft, halb als Handelspartner und Vorbild wilder, noch unzivilisierter Kraft bewundert –, stellten für die Römer lange die Sarmaten dar. Sarmaten streiften um Christi Geburt und noch weit danach vom Ural bis zur unteren Donau mit ihren Herden durch die südrussischen Steppen, Sarmaten waren in die einst griechischen Kolonialstädte am Nordufer des Schwarzen Meeres – inzwischen längst Schutzstaaten des Römischen Kaiserreiches – eingesickert und hatten die einstigen Herren des Hinterlandes, die Skythen, unterworfen und versklavt. Sarmaten stießen immer wieder entlang der Donau nach Westen in das Römische Reich vor, in wechselvollen Kämpfen mit mehreren römischen Kaisern. Gruppen dieser wilden Reiterkrieger ließen sich als Hilfstruppen von den Römern anwerben und wurden in Oberitalien, im Hunsrück, in Britannien und an allen möglichen anderen Stellen des riesigen Weltreichs stationiert, wo sie im Laufe der Zeit in der einheimischen Bevölkerung aufgingen.

Trotz dieser mehrhundertjährigen Berührung mit einer höheren Zivilisation blieben die Sarmaten kulturell fast unverändert. Wir kennen ihre Sprache nur in wenigen Bruchstücken, denn auch sie haben es nie zu einer Schrift oder gar einer Literatur gebracht. Sie bewahrten ihren aus Ostiran mitgebrachten, vielleicht von Zarathustra beeinflußten Kult der Feueranbetung und des Pferdeopfers, und noch fünfhundert Jahre nach ihrem ersten Auftauchen am Rande der damaligen Zivilisation hausten sie wie am Anfang in ihren filzbedeckten Wagen, die von einem Paar Ochsen gezogen wurden, und sie begruben ihre Toten unter runden Erdhügeln in der Steppe, wie es ihre Kurgan-Ahnen in der gleichen Gegend zweieinhalb Jahrtausende vorher auch schon getan hatten.

Einzelne der sarmatischen Stämme – so die Jazygen – hatten sich in den wildbewegten Zeiten der römischen Kaiserzeit Siedlungs- und Weideland im heutigen Ungarn erkämpft. Noch bis ins 18. Jahrhundert gab es in Ungarn eine von anderen Bewohnern des Landes unterschiedene Völkerschaft, die den ungarischen Königen und Habsburger Kaisern Regimenter wilder Reiter stellte und die man Jazygen nannte. Allerdings waren dies wohl mehr Nachkommen kleiner Turkvölker, die im frühen Mittelalter neben und nach den Ungarn in dieses westlichste Steppengebiet Eurasiens eingedrungen waren; immerhin haben sie den alten Namen des einst aus Ostiran gekommenen indoeuropäischen Reitervolkes bewahrt.

Erst als der große Hunnensturm im 4. Jahrhundert n. Chr. Ost- und Mitteleuropa durcheinanderwirbelte und das Altertum beendete, verschwand auch der Name der Sarmaten, die so lange – neben den Germanen – hartnäckige und letztlich unbesiegte Gegner der sonst so siegreichen Römer gewesen waren.

Der weite Weg der Alanen

Einem ihrer Stämme, den Alanen, hatte allerdings die Geschichte noch besonders merkwürdige Schicksale zugedacht. Etwa um die Zeit, da im fernen Jerusalem ein gewisser Jesus aus Nazareth am Kreuz starb, zwang ein kleiner sarmatischer Teilstamm nördlich des Kaspischen Meeres andere Stämme der Umgegend unter sein hartes kriegerisches Joch, Verwandte wie Teile anderer Sarmatenstämme und Skythen, aber auch Gruppen anderer sprachlicher und kultureller Herkunft aus dem Kaukasus. Bald nannte sich dieser neue Stammesverband Alanen. Diese unerhört zähen und kriegerischen Stämme fielen immer wieder von den Steppen beiderseits der unteren Wolga aus plündernd in die reicheren Gebiete südlich des Kaukasus, in Armenien, Medien und Kleinasien ein. Aber auch bis zur unteren Donau zogen sie und lieferten mehreren römischen Kaisern heftige Gefechte. Doch nicht dort im Osten erfüllte sich ihr Geschick, sondern am anderen Ende Europas – und in Nordafrika!

Das ostasiatische Volk der Hunnen riß bei seinem wilden Ritt im 4. Jahrhundert n. Chr. auch die Alanen nach Westen mit. Teils als Verbündete der Hunnen, zum größeren Teil aber auf der Flucht vor ihnen schlossen sich die Alanen den Westgoten und anderen Germanenstämmen an. Diese waren bereits vor längerer Zeit von Nordwesten her in ihre Weidegebiete in der südrussischen Steppe eingewandert und mußten nun ebenfalls dem hunnischen Druck weichen. Als einziges nichtgermanisches Volk machten die Alanen die große germanische Völkerwanderung zwischen 375 und 450 n. Chr. mit.

Zusammen mit Goten und Vandalen fielen sie um 380 im römischen Pannonien (Ungarn) ein, zogen dann im Bunde mit Vandalen weiter nach Westen an den Rhein und durch Gallien und weiter über die Pyrenäen nach Spanien (406). Hier gaben sie zusammen mit den ebenfalls dort auftauchenden Goten einer spanischen Provinz bis heute ihren Namen: Katalonien (Got-Alanien), und Gruppen der Alanen werden dort geblieben sein und ihren Blutsanteil zum Völkergemisch Spaniens beigetragen haben. Aber den größeren Teil der Alanen riß es schon bald wieder fort. Quer durch das dem Namen nach noch römische Hispanien fuhren sie mit ihren Ochsen-

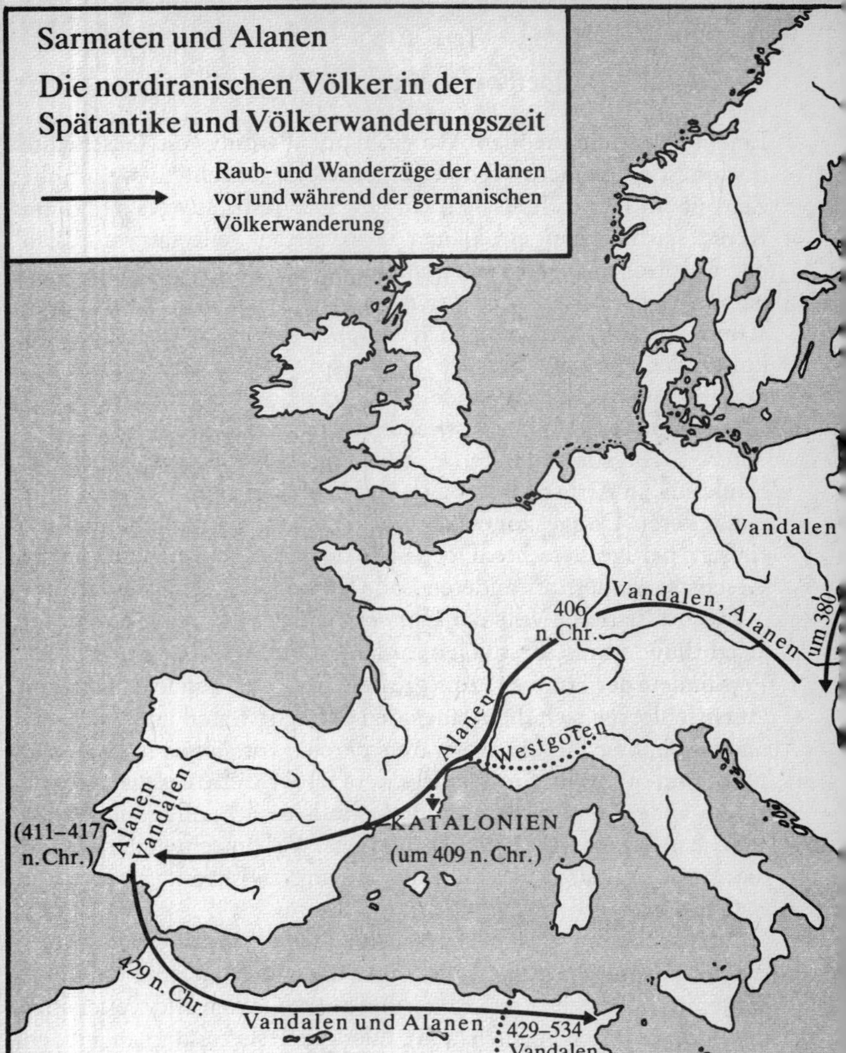
Sarmaten und Alanen
Die nordiranischen Völker in der Spätantike und Völkerwanderungszeit
Raub- und Wanderzüge der Alanen vor und während der germanischen Völkerwanderung
Vandalen
Vandalen, Alanen
um 380
406 n. Chr.
Alanen
Westgoten
KATALONIEN
(um 409 n. Chr.)
Alanen
Vandalen
Alanen
Vandalen
(411–417 n. Chr.)
429 n. Chr.
Vandalen und Alanen
429–534 Vandalen reich
0 300 600 km

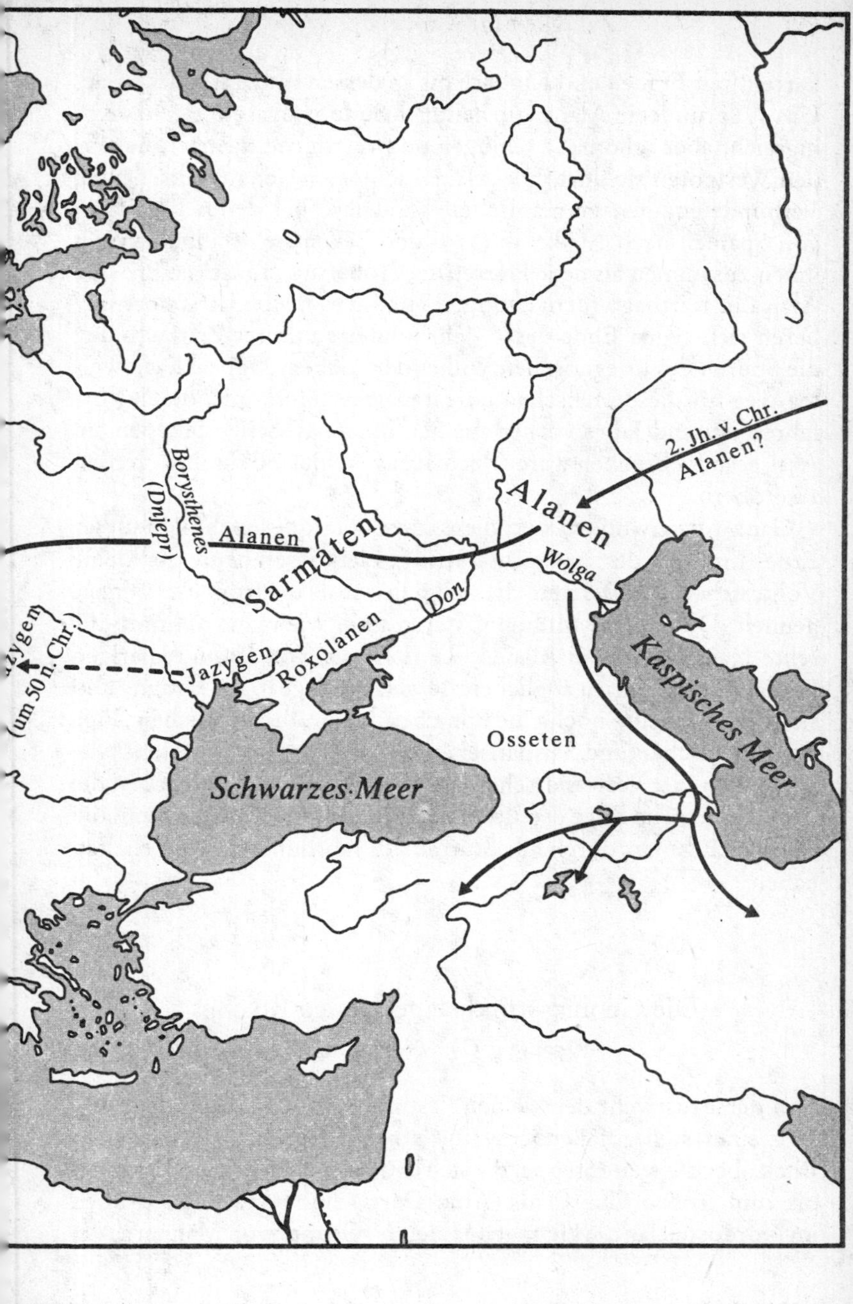

2. Jh. v. Chr.
Alanen?
Alanen
Borysthenes
(Dnjepr)
Alanen
Sarmaten
Wolga
Don
Roxolanen
Jazygen
Jazygen
(um 50 n. Chr.)
Kaspisches Meer
Osseten
Schwarzes Meer

karren, mit Frauen und Kindern bis an dessen südwestliches Ende. Um 411 gründeten Alanen im heutigen Südportugal ein eigenes Königreich, aber schon 417 schlugen und vertrieben die nachrückenden Westgoten sie dort. Die Alanen schlossen sich nun ihren alten Verbündeten, den germanischen Vandalen, bei deren Überfahrt von Spanien nach Afrika an (429) und ließen sich schließlich mit ihnen zusammen als neue Herren der eroberten römischen Provinz Africa in Karthago (dem heutigen Tunesien) nieder. Erst dort verlieren sich gegen Ende des 5. Jahrhunderts unserer Zeitrechnung die Spuren des kriegerischen Volkes der Alanen. Wahrlich ein weiter Weg für diese Menschen nordiranischer Herkunft, deren Vorfahren tausend Jahre vorher aus den innerasiatischen Steppen am Aralsee aufgebrochen waren, sich neues Weideland für ihre Herden zu erobern.

Ganz verschwunden sind die Alanen allerdings nicht von dieser Erde. Inmitten des Kaukasus-Gebirges lebt noch heute die kleine Völkerschaft der Osseten, die sich selbst stolz die Iron, die Reinen, nennen. Diese halbe Million Osseten sind, wie man annimmt, direkte Nachfahren von Alanen, die sich einst vor den raubgierigen Hunnen in die unzugänglichen Berge zurückgezogen hatten, und sie sprechen heute noch eine Sprache, die die altertümlichen Züge des Skythischen und Sarmatischen bewahrt hat und mit dem Altpersischen viel Verwandtschaft aufweist. Auch kulturell haben die Osseten manche Züge der alten Sarmaten bewahrt – Menschen, die zäh ihre Eigenart durch alle Stürme der Jahrhunderte festgehalten haben.

Die Geburtsstunde eines neuen Reiches

Um 250 v. Chr., Nordostiran

Von der Brustwehr der kleinen Festungsstadt Asaak auf dem Plateau eines steil abfallenden Hügels hatte man einen großartigen Blick über die weite Steppe, die sich endlos nach Osten und Norden bis zum großen Fluß Oxus (Amu-Darja) erstreckte. Dort drüben im Nordosten lag die Heimat der kleinen Gruppe von Männern, die gerade in der Halle des einstigen Festungskommandanten die wichtigste Stunde ihres irdischen Daseins erlebt hatten. Sie hatten ihren Anführer Arschak, der vorher nur ein unbedeutender Kommandeur eines kleinen Kriegerhaufens gewesen war, zum König eines neuen Reiches ausgerufen.

Nach uralter iranischer Tradition hatte Arschak über seinem leuchtendroten Mantel, der ihn als Mitglied des Kriegerstandes kennzeichnete, einen weißen Umhang gelegt, das Zeichen der Priesterwürde, die er nun als König ebenfalls ausübte. Er hatte im Kultraum der alten Festung sein persönliches Feuer entzündet, er hatte aus den Händen seiner alten Freunde und Genossen den goldenen Stirnreif mit den Laubzacken entgegengenommen, den ein griechischer Goldschmied kunstvoll gefertigt hatte, und seine Begleiter sowie Abgesandte der Adelsfamilien Parthiens hatten ihn laut als «Herrscher des Zeitalters» und König begrüßt. Und zu Ehren des Krieger- und Sonnengottes Mithra war ein weißes Pferd geopfert worden. Nach Generationen fremder Herrschaft hatte das Land wieder einen König und Beschützer aus altem arischem Geschlecht.

Es war ein weiter Weg gewesen, den die verschworene Gruppe edler junger Männer aus dem Parner-Stamm bis zu dieser Stelle geführt hatte. Aber alle Mitglieder der «Haena», des kriegerischen Männerbundes, erinnerten sich noch genau jeder Einzelheit. Sie dachten daran, wie sie als wilde Bande halbwüchsiger Jungen mit ihrem Stamm und dessen Rinder-, Schaf- und Pferdeherden in der Steppe herumzogen, ungeduldig die Zeit erwartend, da sie nach der Tradition unter ihrem gleichaltrigen Anführer Arschak, dem Sohn des Häuptlings Phriapites, für einige Jahre auf dem Pferderücken auf Kriegszug und Abenteuer ausziehen konnten.

Die Steppe war in großer Bedrängnis damals. Von Mitternacht her strömten immer neue, verwandte Völker in ihr Gebiet, das den vielen Herden kaum mehr Raum genug bot, denn weit, weit nach Nordosten zu hatten gelbhäutige wilde Reiter alle Stämme in Panik und Flucht versetzt. Und von Westen her war vor wenigen Generationen der große Held Alexander mit seinem Heer von Griechen und Makedonen auch durch ihre Weidegründe gezogen, hatte Städte gegründet und griechische Garnisonen zurückgelassen. Ein griechischer König, Enkel eines der Generale des Königs Alexander, herrschte nun über die Städte und die fruchtbaren Gefilde, und seine Statthalter – ebenfalls Griechen – ließen sich von den Städtern, den Bauern und den Nomaden Wein, Getreide, Schafe, Pferde und andere Erzeugnisse des Landes als Steuern abliefern.

Einem dieser griechischen Gouverneure, dem Satrapen Diodotos von Baktrien, hatte sich Arschak und sein wilder Haufen junger parnischer Edler zur Verfügung gestellt, als die Haena ihren Stamm verlassen hatte und, wie es der uralte Brauch wollte, im glückhaften Rausch Kriegsruhm und Reichtum suchte. Der Grieche hatte gerne die Hilfe der ungestümen Bogenschützen und Reiter angenommen, war er doch dabei, die Oberherrschaft seines Königs Antiochos im fernen Westen abzuschütteln und ein Königreich aus eigenen Gnaden hier im äußersten Osten griechischer Kultur zu gründen. Doch nicht lange hielt dieses Bündnis; Arschak und Diodotos gerieten in Streit, und die Haena der Parner mußte flüchten, weil der Griechenherrscher eine überlegene Streitmacht griechischer und makedonischer Soldaten auf sie losließ.

Die Flucht ging nach Westen, nach Parthien, in einen anderen Teil des großen Reiches des Makedonen Antiochos. Einst war dieses Gebiet eine Zierde im Kranz der Provinzen der alten Perserkönige aus dem Geschlecht der Achämeniden gewesen. Hier fanden Arschak und seine parnischen Mitstreiter einen besseren Boden für ihre Träume. Auch hier hatte der griechische Gouverneur – Andragoras hieß er – gerade gegen seinen König Antiochos gemeutert. Aber nicht dieser kam mit einem Heer herangezogen, um ihn zu bestrafen, sondern Arschak und seine berittenen Bogenschützen brausten wie ein Unwetter von Osten heran. Nach einer kurzen heftigen Schlacht war Andragoras' kleine griechische Leibgarde von parnischen Pfeilen durchbohrt oder in die Flucht gejagt, Andragoras selbst tot, und Arschak hatte die Macht in der Provinz Parthien inne. Die parthischen Barone aus eingeborenen edlen Geschlechtern, denen der größte Teil des Landes und der Bauern seit Jahrhunderten gehörte, besannen sich auf ihre Verwandtschaft mit den Parnern, den Nomaden von jenseits der Grenze des Bauernlandes, stammten doch beide Völker aus altem arischem Blut, verehrten die gleichen Götter und sprachen eine ähnliche Sprache. So machten die Barone Parthiens Arschak den Vorschlag, ihr neuer unabhängiger Herrscher zu werden. Im Gegensatz zu Baktrien gab es in dieser Provinz Parthien kaum Städte und infolgedessen auch kaum griechische Kolonisten und Söldner, die Arschak und den Parnern hätten gefährlich werden können. Daher kam es, daß schon wenige Monate nach dem Tod des Andragoras Arschak in der Bergfestung Asaak zum König von Parthien gekrönt wurde.

Es war die Stunde höchsten Triumphes für die parnischen Krieger, die sich nun nach ihrem neuen Land Parther nennen wollten. War es nicht der Anfang eines neuen, eines großen Zeitalters? Erschauernd vor ihrer eigenen Bedeutung, lauschten König Arschak und seine Gäste beim Festmahl nach der Krönung den Versen eines alten Sehers namens Wischtaspa, der dem König weissagte, seine Söhne und Enkel würden dermaleinst ein Reich regieren, das an Umfang und Macht dem der alten Perserkönige aus dem Geschlecht der Achämeniden gleichkomme. «Hütet euch aber», so rief der Seher aus, «vor eisengepanzerten Männern aus Sonnenuntergang, die die ganze Welt erobern wollen. Noch beherrschen sie nur eine Stadt auf sieben Hügeln und eine kleine Halbinsel im Ozean. Aber der Tag wird kommen, da sie ihre Kräfte mit dem König der Parther messen werden.»

Ein halbes Jahrtausend trotzten Parther den Griechen und Römern

Etwa zur gleichen Zeit, da am Ufer des Dnjepr die sarmatischen Roxolanen und die Skythen ihre Entscheidungsschlacht austrugen (um 250 v. Chr., siehe Seite 321 ff), spielten sich zweitausend Kilometer südöstlich davon die in der obigen Episode geschilderten Vorgänge ab. Und wiederum gleichzeitig schlugen sich viertausend Kilometer weiter westlich Krieger einer kleinen Stadt in Italien namens Rom ziemlich erfolglos mit den Truppen einer mächtigen nordafrikanischen Handelsstadt Karthago herum (erste Hälfte des «1. Punischen Krieges», 264–241 v. Chr.). Keiner der an diesen Vorgängen beteiligten Zeitgenossen wird damals je etwas von den so weit entfernt sich abspielenden Ereignissen in den anderen Ländern erfahren haben. Und dennoch waren sie Ausgangspunkte für Entwicklungen, die Jahrhunderte später noch schwerwiegende Auswirkungen haben sollten.

Über die Machtergreifung des Königs Arschak (griechisch Arsakes) und seiner Gefolgsleute aus dem Nomadenstamm der Parner haben die antiken Schriftsteller nur bruchstückhafte Andeutungen hinterlassen. Es kann sich aber etwa so zugetragen haben, wie in der obigen Episode geschildert. Die Dynastie der Partherkönige, die ihren Ursprung von Arschak herleitete und fast 500 Jahre über weite Gebiete des Mittleren Ostens herrschte, begann ihre eigene Zeitrechnung mit dem Jahr 247 v. Chr. Es ist möglich, allerdings nicht sicher, daß sie damit die Krönung Arschaks als Ausgangspunkt ihrer neuen Ära nahm.

Daß es gerade eine als «Männerbund» (auf altiranisch «Haena») zusammengeschlossene Gruppe parnischer Edler war, die Arschak zu seiner neuen Würde verhalf, haben die antiken Quellen nicht überliefert, doch liegt diese Schlußfolgerung nahe. Denn solche verschworenen Gefolgschaften junger gleichaltriger Krieger waren bei allen altiranischen Völkern, aber auch bei verschiedenen anderen frühen Indoeuropäern, zum Beispiel Kelten und Germanen, eine häufige Erscheinung. Ihre Antriebskraft und ihr Zusammenhalt war ein Gemisch aus religiös motivierter Schwärmerei, ja Raserei, jugendlichem Drang nach sportlich-kriegerischem Einsatz, Abenteuer und Beute, männlich-erotischer Freundestreue und Streben nach ungezügelter Freiheit von den engen moralischen Schranken, die die Traditionen des Stammeslebens den jungen Männern sonst zogen. Häufig begleiteten zahlreiche junge Mädchen aus dem eigenen Stamm und fremde Abenteurerinnen solche Gruppen auf ihren Zügen und teilten mit den jungen Männern in freier Liebe das Lager. Sicherlich waren solche Männergefolgschaften eine Fortentwicklung der Gruppen des Geweihten Frühlings, wie wir sie zu Beginn dieses Buches beim Kurgan-Volk kennengelernt haben. Manche Forscher nehmen heute an, daß ein großer Teil der frühen Eroberungszüge der Kimmerier, Skythen, Meder, Perser und verwandter Völker auf derartige Kriegerbünde zurückzuführen ist.

Der Nomadenstamm der Parner, aus dem Arschak und sein Gefolge stammten, war in der Steppe östlich des Kaspischen Meeres zu Hause. Er gehörte zum damals großen Stammesverband der Daher, und dieser hatte einige Zeit zuvor das Volk der Massageten besiegt und dessen Reste in sich aufgenommen. Die Massageten waren ein paar Jahrhunderte vorher Beherrscher desselben Steppengebietes und ebenbürtige Gegner des großen Perserkönigs Kyros gewesen. Parner, Daher, Massageten – sie alle waren sprachlich, rassisch und kulturell eng untereinander verwandt und gehörten zur großen Gruppe nordiranischer Völker, die uns bereits in den Kimmeriern und den Skythen sowie den Sarmaten und Alanen begegnet ist.

Die Massageten und ihre Nachfolger, die Daher, hatten wie die Kimmerier und Skythen unter dem Druck klimatischer Veränderungen und kriegerischer Nachbarn den Wandel von viehzüchtenden Bauern zu Pferdenomaden und Reiterkriegern mitgemacht. Die nomadischen Daher und Parner waren der Schrecken der Bauern und Städtebewohner, die in den Flußoasen und den höher gelegenen fruchtbaren Gebieten Innerasiens lebten. Seit Jahrhunderten gab es hier den fundamentalen Gegensatz zwischen den räuberischen Nomaden und der friedlichen Bevölkerung der klimatisch günstigeren Gebiete, ein Gegensatz, von dem schon Zarathustras Gesänge erfüllt waren. Dennoch war die Bevölkerung beider Zonen nach ihrer Abstammung, Sprache und religiösen Vorstellungen sich sehr ähnlich. Sie alle waren Nachkommen jenes arischen Zweiges der Indoeuropäer, der sich einst von Südrußland aus nach Innerasien, Indien und Persien verbreitet hatte. Es ist anzunehmen, daß dazwischen noch Reste aller möglichen nichtindoeuropäischen Völker lebten, doch spielten sie dort kulturell und politisch damals schon keine Rolle mehr. Das Klima war vor zweitausend Jahren in Innerasien noch erheblich besser, das heißt feuchter als heute; wo sich jetzt riesige Wüsten erstrecken, konnten damals noch große Herden weiden, und alte fruchtbare Ackerflächen sind heute zu karger Steppe geworden.

Nach der Zerschlagung des persischen Weltreiches durch Alexander den Großen (336–323 v. Chr.) hatte der Makedonengeneral Seleukos den Ostteil des Alexanderreiches unter seine Herrschaft gebracht. Zehntausende griechischer und makedonischer Soldaten und Siedler waren tief bis nach Innerasien vorgedrungen und hatten griechische Sprache, griechische Götter und griechische Kultur mitgebracht. Sie gingen bald eine interessante Symbiose mit der einheimischen iranischen Kultur ein. Doch die neue makedonische Königsdynastie der Seleukiden verlor schon bald die Herrschaft über die so weit vom Mittelmeer entfernt gelegenen Gebiete. In Baktrien, etwa dem heutigen Afghanistan, machte sich der griechische Gouverneur, wie erwähnt, um 250 v. Chr. zu einem selbständigen König; dieses Reich, das sogenannte helleno-baktrische, hielt sich bemerkenswerterweise noch über hundert Jahre gegen den Ansturm weiterer Nomadenstämme indoeuropäischer Abkunft. Im nächsten Kapitel wird davon erzählt werden.

Das fast zur gleichen Zeit im heutigen Nordiran entstandene neue Königreich Parthien sollte sich aber noch als viel langlebiger erweisen. Die Königsfamilie, die Arsakiden, und die politisch herrschende Schicht der Parner waren, wie berichtet, nordiranischen Ursprungs, aber sie nahmen rasch die westiranische Sprache ihrer neuen parthischen Untertanen (dem alten Medischen und dem Persischen nahe verwandt) und auch deren Volksnamen an.

Im Laufe der nächsten hundert Jahre dehnte sich das Partherreich immer weiter aus. Von der begrenzten Ausgangszelle, der Provinz Parthien, wuchs es rasch auf ein Gebiet, das etwa dem heutigen Iran und Irak (dem alten Mesopotamien bis zum Euphrat) entsprach. Der Arsakidenkönig Mithradates I. (171–138 v. Chr.), der eigentliche Schöpfer der parthischen Großmacht, nahm den alten Titel der persischen Achämenidenherrscher «König der Könige» wieder auf, den übrigens der Schah des Iran bis in die jüngere Zeit hinein trug, denn sein offizieller Titel «Schah-in-schah» bedeutete nichts anderes.

«König der Könige» war auch gar keine so falsche Bezeichnung für die Herrscher über das Partherreich, denn dieses war alles andere als ein Einheitsstaat. Halbunabhängige Fürsten und Könige regierten große Teilgebiete, oft in eifersüchtiger Konkurrenz zum Großkönig. Viele von Griechen bewohnte und nach griechischem Recht sich selbst verwaltende Städte pochten auf diese Sonderrechte, eine Fülle von Völkern verschiedener Sprache, Kultur, Rasse und Religion lebte unter der toleranten Arsakidendynastie.

Der in jenen Jahrhunderten schon sehr intensive Karawanenverkehr zwischen dem geheimnisvollen China im Fernen Osten und der griechisch-römischen Welt über die berühmte «Seidenstraße», die durch das Partherreich führte, brachte durch die Zollabgaben erheblichen Reichtum ins Land. Daß man im Partherreich auch in naturwissenschaftlicher Hinsicht den Griechen und Römern ebenbürtig, wenn nicht gar überlegen war, konnte jüngst nachgewiesen werden: Ein in den Ruinen der späteren Partherhauptstadt Ktesiphon (bei Bagdad am Tigris) gefundener Tontopf mit seltsamen Einbauten entpuppte sich bei genauer wissenschaftlicher Untersuchung im Jahr 1978 als das früheste bekannte elektrotechnische Gerät der Welt! Es diente zur Galvanisierung kleiner Metallplastiken, also zur Herstellung eines dünnen Goldüberzugs auf elektrochemischem Wege. War auch die elektrische Leistung dieses Gerätes nur gering und das Ganze wohl mehr ein Spielzeug, so legt es doch Zeugnis vom hohen Stand der Kultur im Partherreich ab.

Im Geschichtsunterricht kommen die Parther nicht vor, und ihr Zeitalter gilt bei vielen Historikern als «dunkles Mittelalter» im persischen Raum, weil sie außer ein paar Tonscherben mit Weinrechnungen und etlichen Münzen keine *schriftlichen* Zeugnisse ihrer Kultur hinterlassen haben. Dennoch ist ihr Beitrag zur Kulturentwicklung der östlichen Hälfte Eurasiens nicht gering. In Baukunst und Plastik haben sie eindrucksvolle Reste ihres eigenen künstlerischen Gestaltungswillens überliefert: nicht unbeeinflußt von den griechischen Vorbildern, die seit Alexander dem Großen in ihrem Bereich vorhanden waren, aber durchaus unter Bewahrung und Fortentwicklung altiranischer und orientalischer Traditionen.

König Arschak mußte mit seiner Thronbesteigung einen historischen Rollenwechsel vollziehen. War er einst Häuptling eines Nomadenvolkes, das beutelüstern die festen Ansiedlungen jenseits der Grenze zwischen Steppe und Fruchtland überfiel, so diktierte ihm seine neue Würde die Aufgabe des Verteidigers der Städte und der ansässigen Bauern gegen räuberische Nomaden zu. Er und seine Nachfolger auf dem Arsakidenthron haben diese Rolle verantwortungsbewußt wahrgenommen.

Daß seinem Reich einmal auch die Rolle des einzigen ebenbürtigen Gegners des Weltreichsanspruchs Roms zufallen würde, hat König Arschak wohl nicht ahnen können. Es ist ungewiß, ob die (historischen) antirömischen Prophetien des iranischen Sehers

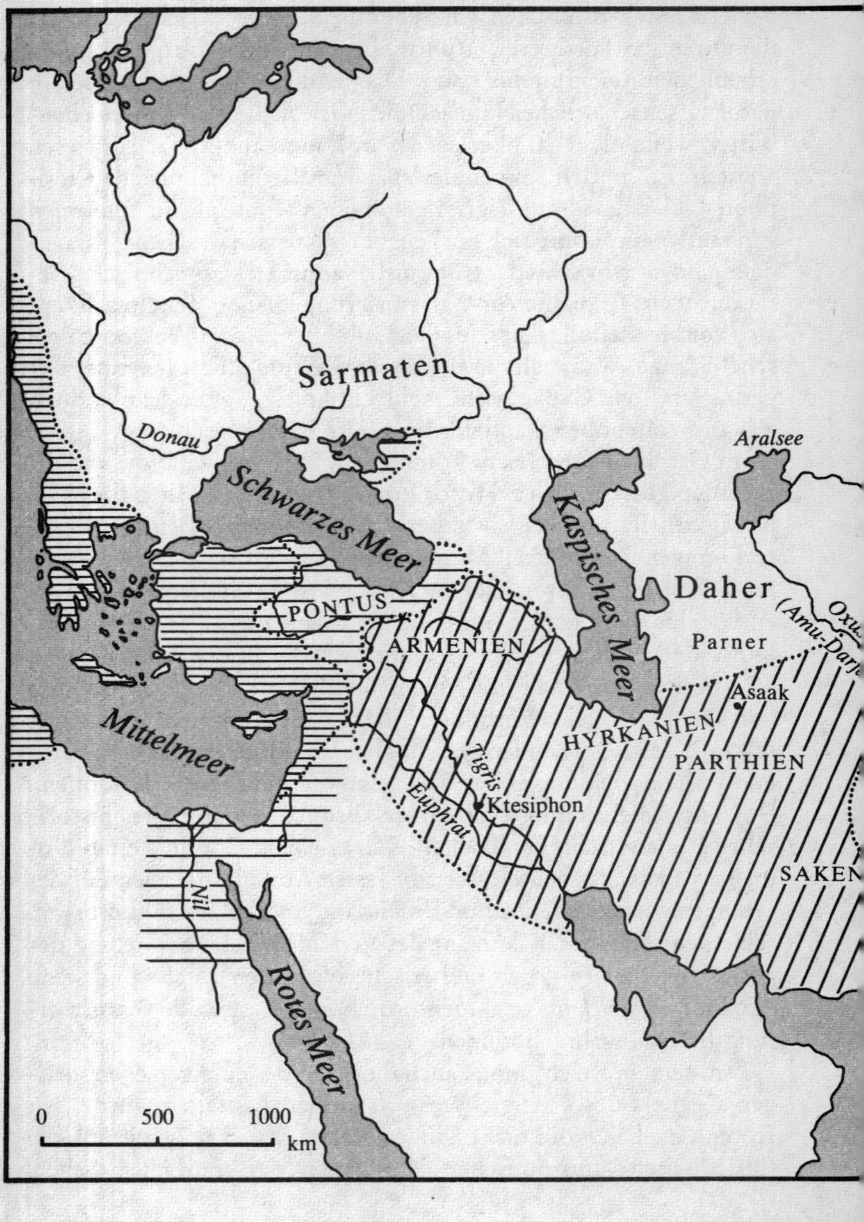
Sarmaten
Donau
Schwarzes Meer
Kaspisches Meer
Aralsee
Daher
Parner
Asaak
PONTUS
ARMENIEN
HYRKANIEN
PARTHIEN
Tigris
Euphrat
Ktesiphon
Mittelmeer
Nil
Rotes Meer
0
500
1000
km

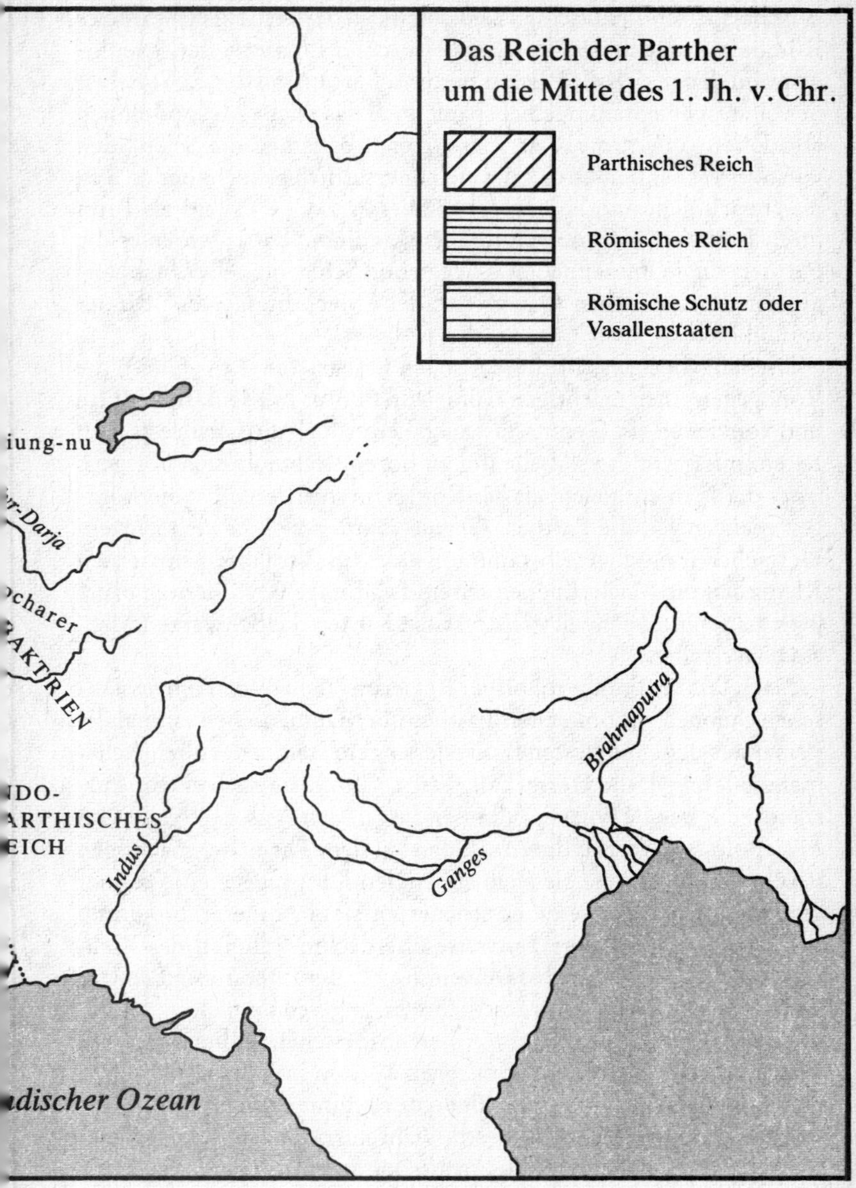
Das Reich der Parther
um die Mitte des 1. Jh. v. Chr.
Parthisches Reich
Römisches Reich
Römische Schutz oder
Vasallenstaaten
iung-nu
r-Darja
ocharer
RAKTRIEN
NDO-
ARTHISCHES
EICH
Indus
Ganges
Brahmaputra
ndischer Ozean

Wischtaspa schon zu seinen Lebzeiten existierten. Zuerst waren es Könige aus der makedonisch-griechischen Dynastie der Seleukiden, mit denen sich die Parther herumschlugen und denen sie neben dem iranischen Stammgebiet später auch das reiche Mesopotamien abnahmen (um 140 v. Chr.). Aber bald bekamen die Seleukiden von Westen her den Druck des sich unersättlich ausdehnenden Römischen Reiches zu spüren (etwa ab 196 v. Chr.). Und als Rom ihren Reststaat in Syrien 64 v. Chr. geschluckt hatte, waren es die Parther, die in immer neuen Kriegen und Schlachten die Unabhängigkeit des iranischen Ostens vor dem Machthunger der Römer verteidigten.

Die langwierigen «Mithradatischen Kriege» (88–63 v. Chr.), die Rom gegen einen mächtigen König von Pontus in Kleinasien führte und von denen ein Gymnasiast auch heute noch die Chance hat, im Lateinunterricht etwas beiläufig zu hören, richteten sich übrigens trotz der Namensgleichheit des Königs mit mehreren Partherkönigen nicht gegen die Parther. Gegner Roms war hier vielmehr ein Herrscher iranischer Abstammung, dessen Vorfahren im fernen Kleinasien die Macht über eine fremdstämmige Bevölkerung usurpiert hatten und der zeitweise fast alle Küsten des Schwarzen Meeres beherrschte.

Nach fast fünfhundertjähriger Regierung der aus den innerasiatischen Steppen gekommenen Parther übernahmen noch einmal die Perser aus dem Südwesten Irans, der engere Stamm der alten Achämenidenkönige, die Herrschaft. 226 n. Chr. löste nach einem Aufstand eine neue Dynastie, die der Sassaniden, aus der Nähe von Persepolis stammend, die Arsakiden auf dem Thron des mächtigen Reiches ab. Während sie nach außen den Kampf gegen die Römer sehr erfolgreich fortsetzten, erneuerten sie im Inneren die durch zahlreiche andere Kulte zeitweise überdeckte Religion des Zarathustra und sorgten für eine Blüte nun auch der Literatur in Persien. Damit endete dort die Vorgeschichte im engeren Sinne.

Lange bevor die Parther von der historischen Bühne abtraten, hatten sie dem griechisch-römischen Westen noch eine Erbschaft von weitreichender geistiger Bedeutung hinterlassen. Es war die Mysterienreligion des Mithras, die während des Römischen Kaiserreiches eine ungeheure Rolle, insbesondere unter den Legionären der Armee, spielte und von diesen bis in die äußersten Winkel des Römerreiches verbreitet wurde. Der alt-arische Gott der Verträge, Mithra, hatte darin den Rang eines Erlösergottes, eines Weltenheilandes eingenommen, der seinen Verehrern die Auferstehung beim Weltende sicherte.

Der Ursprung dieser Religion ist in den bereits erwähnten altiranischen Männerbünden zu suchen, und auch später, bei den Römern, war der Mithraskult ausschließlich Männern, und hier im wesentlichen Soldaten, vorbehalten. Natürlich hat der Kult im Laufe der Zeit erhebliche Veränderungen und Ausgestaltungen erfahren, die ihn vom iranischen Urbild allmählich entfernten. Der größte Widersacher des sich ausbreitenden Christentums in der römischen Antike waren nicht etwa die Kaiser, die gelegentlich Christen verfolgten. Sondern es war der Mithraskult als Rivale, der ganz erstaunliche Ähnlichkeiten (allerdings auch wichtige Unterschiede) mit christlichen Glaubens- und Kultbestandteilen aufwies: die Geburt des Erlösers am 25. Dezember in einer Felsengrotte und die Anbetung des Neugeborenen durch Hirten, die Taufe der Gläubigen, der Glaube an Auferstehung und ein ewiges Leben, Jüngstes Gericht, Himmel und Unterwelt, den Mittler zwischen den Gläubigen und dem unsichtbaren Gott (Christus bzw. Mithras). Den Religionswissenschaftlern fällt es schwer zu entscheiden, welche dieser Elemente in beiden Religionen unabhängig voneinander entstanden und welche das Christentum von dem älteren Mithraskult übernommen hat. So hat vielleicht die geistige Welt der altiranischen Parther weitaus größere historische Auswirkungen gehabt, als sie selbst und wir heute je geahnt haben.

16. Kapitel

Rund um das «Dach der Welt»

Das Ende der Epoche indoeuropäischer Vorherrschaft in Innerasien

Am Hofe König Kanischkas

Um 90 n. Chr., Peschawar/Pakistan

Das war ein Abend ganz nach dem Geschmack König Kanischkas. Fackeln erleuchteten die große Halle im Königspalast von Puruschapura (Peschawar) und warfen ihr Licht auf eine buntgemischte Versammlung. Auf dem Thron am Stirnende des Saales saß König Kanischka von Kuschan selbst. Ein weiter Schnallenmantel umgab seinen Oberkörper, lange weite Hosen und mächtige Lederstiefel zeigten, daß der Herrscher die Sitte seines Stammes, vom Pferderücken aus zu regieren, noch nicht vergessen hatte. Neben ihm hockten mit untergeschlagenen Beinen einige Inder im weißen Sari, einem locker um den Körper geschlungenen Tuch, darunter Ashvaghosa, der große Philosoph, Charaka, der Leibarzt des Königs, und Mathara, der Premierminister. Parther und Saken, hohe Würdenträger des Reiches, mit ihren den Kuschanas ähnlichen Trachten, saßen daneben, aber auch einige schlanke hellhäutige singhalesische Kaufleute aus Taprobane (Ceylon), die des Handels wegen so weit nach Norden gereist waren.

Gerade hatte ein Sänger sein langes Lied beendet, in der sogdischen Sprache, die hier unten in Indien nur wenige Menschen verstanden, eigentlich nur die engsten Familienangehörigen und Kampfgefährten des Königs. Begleitet von sanften Harfentönen, hatte der Sänger das beliebte Heldenepos von der Flucht der Tocharer vorgetragen, der Vorfahren König Kanischkas. Vor vielen Generationen hatten sie Tausende von Meilen nach Nordosten, jenseits der riesigen Gebirgsketten und der endlosen Wüsten, in der Nähe des Gelben Flusses (Hwangho) ihre Herden weiden lassen. Aber wilde gelbhäutige Reiter hatten sie von dort vertrieben, nach Westen, immer nach Westen. Dort, im städtereichen Baktrien, hatten die Tocharer erneut Fuß gefaßt und ihre eigenen Herrschaften errichtet. Fünf Fürstenhäuser hatten sich in das Land geteilt, bis Fürst Kujala Kadphises aus dem Geschlecht der Kuschanas die vier anderen Fürstentümer unterworfen und zu einem großen Reich vereinigt hatte, einem Reich, das sich rund um das «Dach der Welt» (das Pamir- und das Hindukusch-Gebirge) erstreckte. Diesem König Kujala Kadphises und seinem Sohn Wema Kadphises, dem Eroberer Nordindiens, war das Lied gewidmet und in mündlicher Überlieferung von Sänger zu Sänger weitergereicht worden.

Aber der Sänger am Hof König Kanischkas hatte heute noch einige neue Strophen angefügt, die dem König ein wohlgefälliges Murmeln entlockten, handelten sie doch von Kanischkas eigenen Taten: Als würdiger Sohn und Enkel der beiden ersten großen Kuschan-Könige hatte Kanischka seine Residenz von Baktrien in das indische Puruschapura verlegt, hatte erfolgreich gegen das Partherreich gekämpft und nach wechselvollen Kriegen mit Truppen des Han-Kaisers (China) wichtige Oasen- und Handelsstädte am Westrand der großen Takla-Makan-Wüste in seinen Besitz gebracht. Und begeisterter Beifall erscholl durch die Halle, als der Sänger, in den letzten Strophen ins Sanskrit, die Sprache der gebildeten Inder, überwechselnd, die Verehrung König Kanischkas für den göttlichen Buddha, seine Milde und Freigebigkeit, seine Unterstützung für Kunst und Wissenschaft, seine Toleranz allen Völkern und Religionen in seinem großen Reich gegenüber in zu Herzen gehenden Worten schilderte.

Nicht weit vom König saß auf einem Ehrenkissen ein Mann, der durch seine malerisch um den Körper geschlungene Toga als Romäer (Römer) auffiel: Titus Statianus aus Alexandria in Ägypten. Dieser hatte im Auftrag des Großhandelsmagnaten Annius Plocamus die ungeheure Reise bis Puruschapura hinter sich gebracht. Fast drei Monate lang war er mit einem der regelmäßigen Indienschiffe von Berenice, dem ägyptischen Hafen am Roten Meer, bis Barbaricum an der Indusmündung gefahren und dann die 7000 Stadien (1200 Kilometer) den Indus aufwärts gereist, bis er zur Hauptstadt König Kanischkas kam. Hier gab sich der Mann aus dem fernen Westland allerdings als offizieller Gesandter des römischen Kaisers Trajan aus, obwohl er weder Rom noch den Kaiser je persönlich gesehen hatte und der Kaiser ganz gewiß keine Ahnung von dieser «diplomatischen Mission» hatte. Aber für den Kaufmann Titus Statianus machte sich ein solcher offizieller Anstrich seiner Reise besser, und die Richtigkeit seines Auftrages nachprüfen konnte hier ohnehin niemand. In Wirklichkeit ging es ihm darum, die Möglichkeiten vermehrten Seidenexportes aus dem Land der Serer über das Indische Meer nach Ägypten zu erkunden, statt daß der kostbare und im Römerreich so begehrte Stoff über Parthien und die reiche Handelsstadt Palmyra in Syrien nach Westen gebracht wurde.

Leise unterhielt sich Titus Statianus auf griechisch mit dem neben ihm am Boden hockenden Aufseher der königlichen Bauten, dem Ingenieur Agesilaos, dessen Ururahn einst aus Korinth in Griechenland mit dem großen König Alexander ins innerste Asien verschlagen worden war und der nun selbst einer der wichtigsten Minister König Kanischkas von Kuschan war.

Gegenüber Titus Statianus saß ein anderer Ehrengast am Königshof, der mit seinen schwarzen straffen Haaren, seinen geschlitzten Augen und seinem gelblichbraunen bartlosen Gesicht seltsam von den anderen Menschen in der Halle abstach. Es war ein Mann aus dem großen Reich der Han-Kaiser, deren Macht sich, wie es hieß, vom Ozean im äußersten Osten bis an die Grenze des Kuschan-Reiches erstreckte. Fa-hien nannte sich der Fremdling, und als er auf Aufforderung König Kanischkas die Legende vom «himmlischen Faden» erzählte, da mußten seine Worte über mehrere Dolmetscher vom Chinesischen ins Sogdische und vom Sogdischen ins Sanskrit übersetzt werden, um von den Anwesenden verstanden zu werden. Titus Statianus hörte äußerst aufmerksam zu, als sein Nachbar Agesilaos ihm die Geschichte auch noch ins Griechische übertrug.

Vor vielen hundert Jahren, so berichtete Fa-hien, war die Kaiserin Si-li-schi mit ihren Hofdamen spazierengegangen, als sie an einem Maulbeerbaum kleine Kügelchen fand, aus denen plötzlich bunte Schmetterlinge ausschlüpften. Die Kügelchen, die Kinderstube der Schmetterlinge, waren feine Garnwickel, deren Faden die Kaiserin mit ihren zarten Fingern aufzog. Die Kaiserin war es auch, die ihr Volk das Spinnen und Weben des Seidenfadens zu herrlichen Stoffen sowie die Zucht des wundertätigen Schmetterlings lehrte und die dafür nach ihrem Tode als «Ahnfrau des Fadens» unter die Götter versetzt wurde. Die Kunst der Herstellung von Seidenstoffen blieb aber strenges Geheimnis des Han-Volkes, das nur die fertigen Produkte ausführen durfte.

Der Kaufmann Titus Statianus notierte in seinem Kopf, daß die bisherigen sehr vagen Vorstellungen im Römerreich von der Herkunft der Seide wohl revidiert werden müßten. Denn die vielfach blonden und blauäugigen Menschen, die man im Westen als «Serer» (Seidenleute) bezeichnet hatte und die er hier in der Kuschan-Hauptstadt in großer Zahl getroffen hatte – auch König Kanischka selbst gehörte zu diesem Menschentyp –, waren offensichtlich gar nicht das Volk, von dem die Seidenstoffe produziert wurden, sondern lediglich Zwischenhändler, die daran gut verdienten. Aber als guter Kaufmann, für den eigenes Wissen Macht und geteiltes Wissen unerwünschte Konkurrenz bedeutete, nahm sich der Römer aus dem fernen Alexandria vor, zu Hause lieber nichts von seinen Erkenntnissen verlauten zu lassen.

Das Kuschan-Reich der Indoskythen

Daß gerade der römische Kaufmann Titus Statianus und der chinesische Reisende Fa-hien am Hofe des Kuschan-Königs Kanischka im nordiranischen Peschawar um das Jahr 90 n. Chr. zusammentrafen, ist zugegebenermaßen ein Produkt der Phantasie. Doch daß dort im fernen Indien sich zu jener Zeit Angehörige der beiden Großstaaten des Altertums, des Römerreiches und des chinesischen Reiches der Kaiser aus der Han-Dynastie, begegnen konnten, ist historische Tatsache. Tatsache ist auch, daß um das Jahr 104 n. Chr. eine Gesandtschaft des «baktrischen Königs» (und das konnte zu dieser Zeit niemand anderes als der Kuschan-Herrscher sein) in Rom auftauchte und von Kaiser Trajan ehrenvoll empfangen wurde.

Der verschlungene Weg dieses Buches führt uns noch einmal nach Indien zurück, das wir nach der Eroberung durch die arischen Einwanderer (8. Kapitel) – über fünfhundert Jahre vor der in vorstehender Episode geschilderten Situation – verlassen hatten. Längst hatte sich in Indien eine neue Mischkultur zwischen arischen Herrscherklassen und indischer Urbevölkerung gebildet, war eine ausgedehnte Literatur in den weiterentwickelten indisch-arischen Sprachen – dem Sanskrit und seinen volkstümlicheren Nachfolgern – entstanden. Der Buddhismus hatte seinen – in Indien selbst allerdings nicht andauernden – Siegeszug angetreten. Der indischen Dynastie der Maurya-Könige (etwa 320–185 v. Chr.) gelang es vorübergehend, fast ganz Indien unter ihre Herrschaft zu vereinigen.

Aber neue Eroberer waren von Norden her gekommen und hatten das Wissen um den Subkontinent nach Europa zurückgebracht. Schon König Alexander von Makedonien hatte nach seinem Eroberungszug durch Persien auch Nordindien teilweise in seine Gewalt gebracht (Alexanders Zug durch Indien 327–325 v. Chr.). Seinen griechischen Nachfolgern in Innerasien, den Königen von Baktrien (siehe 15. Kapitel), und verschiedenen griechischen Usurpatoren gelang es, für fast hundert Jahre im Gebiet des heutigen Pakistan und Nordindien eigene Herrschaften zu errichten (etwa 180–75 v. Chr.) und eine indisch-griechische Mischkultur hervorzubringen.

Doch die griechisch beherrschten Reiche in Baktrien und Indien wurden in den letzten beiden Jahrhunderten vor der Zeitwende durch neue Invasionen aus Innerasien hinweggefegt, Invasionen, die nun nochmals nord- oder ostiranische Völker und deren unverbrauchte Kultur bis an den Indus und Ganges schwemmten. Um den Ursprungsort dieser neuen Völkerwanderungen zu lokalisieren, müssen wir weit nach Nordosten bis nach China gehen! In der heutigen chinesischen Provinz Kansu, westlich des großen Bogens des Gelben Flusses Hwangho und am Südrand der Wüste Gobi sucht die Wissenschaft heute die Heimat jenes Zweiges der großen ostiranischen Völkergruppen, die die chinesischen Schriftsteller

Yüetschi und römische und griechische Geographen Tocharer genannt haben. Es darf uns nicht wundern, daß Ausläufer der Indoeuropäer einst so weit nach Ostasien vorgedrungen waren. Hat man doch im Jahr 1977 in der westlichen Mongolei, südlich des Baikalsees, Felsbilder aus der Bronzezeit entdeckt, die ebenfalls frühen Indoiraniern zugeschrieben werden.

Verdrängt von den Vorläufern oder Verwandten der Hunnen – von ihnen werden wir noch mehrfach hören –, machten sich die Tocharer etwa um das Jahr 160 v. Chr. auf den langen Treck nach Westen, zweieinhalbtausend Kilometer auf der alten «Seidenstraße» nördlich um die Wüste Takla-Makan herum. Alte chinesische Chroniken berichten davon. Hinter dem Alai- und dem Pamir-Gebirge, am Oberlauf des Jaxartes (Syr-Darja) trafen sie auf verwandte Stämme, die Saken. Mit diesen schlugen sich die Tocharer eine Weile im Kampf um Lebensraum herum, bis die Saken ihrerseits nach Süden auswichen und der griechischen Herrschaft in Baktrien ein Ende machten. Die Saken stießen noch weiter nach Süden vor, beherrschten eine Zeitlang Teile Nordwestindiens, und große Gruppen von ihnen setzten sich im Machtbereich der Partherkönige im heutigen Südosten des Iran fest, wo eine Provinz heute noch nach ihnen heißt (Seïstan = Sakastan). Alle diese Vorgänge sind durchaus vergleichbar der germanischen Völkerwanderung durch Europa ein paar Jahrhunderte später, nur daß sie hierzulande höchstens einer Handvoll Fachleute bekannt sind: sowohl was die räumliche Ausdehnung dieser Wanderungen angeht wie in der historischen Bedeutung. Sie brachten das Ende eines mehrhundertjährigen Geschichtsabschnittes in West- und Innerasien.

Tocharer wie Saken waren Glieder derselben östlichen indoeuropäischen Völkergruppe, die uns in diesem IV. Teil des Buches immer wieder begegnet ist. Kimmerier und Skythen, Sarmaten, Alanen, Massageten, Saken, Tocharer, Sogder – sie alle benutzten untereinander nahe verwandte Sprachen nord- oder ostiranischer Prägung (im Unterschied zum «Westiranischen», der altpersischen und der medischen Sprache), sie alle waren geprägt von einer ziemlich einheitlichen Steppenreiter-Kultur. Auch die griechischen und römischen Schriftsteller des Altertums sahen diese nahe Verwandtschaft, denn zur Verwirrung unserer heutigen Geschichtsschreibung nannten sie die Saken und die Tocharer, die in Indien ihre Herrschaften errichtet hatten – die der Kuschanas war nur eine, wenn auch die wichtigste davon –, zusammenfassend «Indoskythen». Allerdings dürfen sie nicht mit den Skythen nördlich des Schwarzen Meeres (siehe 13. Kapitel) verwechselt werden.

Nach fast zweihundertjähriger Herrschaft tocharischer Kleinfürsten im heutigen Ostteil Afghanistans und in einigen anstoßenden Gebieten, die heute zur Sowjetunion gehören, errang die Fürstenfamilie der Kuschanas die Oberhoheit. Ihre ersten Könige – gewaltige Kriegshelden, aber offenbar auch Männer von großem kulturellem Verständnis – schufen dabei ein in Europa kaum bekanntes Großreich von erstaunlicher wirtschaftlicher und kultureller Blüte. Indische, chinesische, griechische und altiranische Kulturelemente trafen und vereinigten sich hier in einem für das Altertum seltenen friedlichen Zusammenleben.

Der größte Kuschan-König, der in der obigen Episode erwähnte Kanischka, beherrschte ein Reich, das vom unteren Ganges bis zur Indusmündung im Süden und im Norden bis fast zum Aralsee und in den Westteil der heutigen chinesischen Provinz Sinkiang (Ost-Turkestan) reichte. Kanischka war, obwohl tolerant gegenüber den vielen Religionen seines Reiches, ein eifriger Förderer des Buddhismus. Über das Kuschan-Reich und seine vielfältigen Handelsverbindungen nach China drang diese Religion in das «Reich der Mitte» ein. In Nordwestindien selbst blühte die sogenannte «Gandhara-Kunst» mit Darstellungen Buddhas, die eine deutliche Verwandtschaft mit dem zeitgleichen griechischen und römischen Kunststil aufweisen. Denn die hellenistisch-griechische Kultur hatte – so erstaunlich das klingt – dort im fernen Indien und in Zentralasien für einige Jahrhunderte einen ungeheuren Einfluß ausgeübt. In griechischer Schrift, aber in sogdischer (nordostiranischer) Sprache waren die Münzen beschriftet, die König Kanischka und die anderen Herrscher aus dem Kuschan-Geschlecht hatten prägen lassen.

Die genaue Regierungszeit dieses Königs Kanischka ist allerdings bis heute eines der großen Rätsel, das die Fachhistoriker sogar trotz mehrerer internationaler Konferenzen nur über dieses Thema nicht lösen konnten. Hat er seine etwa 22 Jahre dauernde Regierung – die

Länge konnte durch Münzfunde und andere Quellen nachgewiesen werden – im Jahr 78 n. Chr., im Jahr 128, 144 oder gar 225 n. Chr. angetreten? Für alle diese Annahmen gibt es Argumente, aber bisher keine eindeutigen Beweise. In der Episode zu Beginn dieses Kapitels wurde die Version eines Regierungsbeginns Kanischkas im Jahr 78 n. Chr. zugrunde gelegt, zu der heute wohl die Mehrheit der Fachleute neigt. Kanischka begann mit seiner Thronbesteigung eine neue Jahreszählung, eine eigene «Ära», wie manche andere orientalische Herrscher auch. Spätere Nachfolger auf dem Kuschan-Thron führten sie fort. In Indien kennt man bis heute eine eigene Jahreszählung, die sogenannte «Saka-Ära». Nach der Unabhängigkeit Indiens von Großbritannien wurde diese Ära sogar offiziell im internen (nicht im internationalen) Verkehr eingeführt, mit einem «Jahr 1» im Jahr 78 n. Chr.; die indischen Kalender für das «christliche» Jahr 1978 zeigten also die Jahreszahl 1900. Vieles spricht dafür, daß die von König Kanischka geschaffene eigene Ära mit dieser «Saka-Ära» identisch ist.

Nach Kanischka gab es noch eine Reihe namentlich bekannter Herrscher auf dem Kuschan-Thron, doch war der Höhepunkt des Reiches offenbar überschritten. Allmählich verlor das Kuschan-Reich immer mehr von seinem mittelasiatischen Charakter, und einheimische indische Fürsten schnitten sich ein Stück nach dem anderen vom indischen Teil dieses Staates heraus. Im 3. Jahrhundert n. Chr. konnten sich Kuschan-Herrscher nur noch im baktrischen Kabul-Tal halten, dort, wo heute die Hauptstadt Afghanistans liegt. Und um 320 n. Chr. entstand mit einem Zentrum am unteren Ganges, also im nord*östlichen* Indien, eine neue machtvolle, wieder rein indische Dynastie, die der Guptas. Sie errichtete noch einmal für rund zweihundert Jahre ein Großreich quer über den indischen Subkontinent.

Doch auch die Guptas mußten nach 500 n. Chr. neuen Eindringlingen von Norden weichen, die das uralte Einfalltor über den Khaiber-Paß ins reiche fruchtbare Indien gelockt hatte. Diese neuen Herrscher – wilde Reiterkrieger aus Mittelasien auch sie – waren nun keine Abkömmlinge des alten Kurgan-Volkes mehr, keine wenn auch weitläufigen Verwandten der arischen Inder. Man nannte sie Hephthaliten oder «weiße» Hunnen («weiß» ist hier wahrscheinlich gleichbedeutend mit «westlich»). Sie waren in dieser Gegend die erste Welle der großen turk-mongolischen Flut. Ihr vorübergehendes Erscheinen in Nordindien zeigte an, daß das Jahrtausend der uneingeschränkten Herrschaft arisch-iranischer Völker in Asien von der Donaumündung bis zum Baikalsee und an die Grenzen Chinas, von der sibirischen Taiga bis zu den Dschungeln Indiens endgültig vorüber war.

Das Rätsel der «Tocharer»

Natürlich waren damit nicht mit einem Schlag alle die vielen indoeuropäischen Völker in Innerasien ausgelöscht, die bis dahin die riesigen Gebiete als Bauern bearbeitet, als Viehzüchter mit ihren Herden durchstreift, als Händler mit ihren Esels- oder Kamelkarawanen durchzogen oder als Reiterkrieger beherrscht hatten. Die Erinnerung an viele dieser Völker ist unwiederbringlich erloschen. Denn nur in Ausnahmefällen wurde der Nachwelt etwas von ihrer Existenz und ihren Schicksalen überliefert, dann nämlich, wenn sie nachhaltig genug in das Blickfeld ihrer schriftkundigen Nachbarvölker gerieten. Und als zweite keineswegs häufige Voraussetzung für unser heutiges Wissen über jene ferne Zeit und Gegend mußte hinzukommen, daß die griechischen, römischen oder chinesischen Handschriften aus dem Altertum mit Notizen über diese Völker bis in unsere Zeit überliefert werden konnten. Noch seltener sind die Fälle, in denen die indoeuropäischen Völker Innerasiens selbst die Kunst des Schreibens lernten und ihre Handschriften wenigstens in Bruchstücken durch glückliche Zufälle wiedergefunden werden konnten.

Erst zu Beginn des 20. Jahrhunderts wurde Innerasien für westliche Wissenschaftler einige kurze Jahrzehnte lang zugänglich. Vorher und wieder seit den zwanziger Jahren unseres Jahrhunderts war und ist es aus politischen Gründen unerforschter als die Antarktis. Denn auch heute lassen sowohl die Sowjetunion wie das kommunistische China keine westlichen Forscher in diese Gebiete hinein.

In jenen Jahren also gruben mehrere europäische Expeditionen in uralten Oasenstädten Chinesisch-(Ost-)Turkestans (Sinkiang) Reste von Handschriften aus, die Texte in sogdischer Sprache enthielten. Auch eine verwandte Sprache, das «Sakische» (auch «Chotanisch» genannt), kam dabei zum Vorschein; beide als modernere Formen der der Wissenschaft längst bekannten altostiranischen Sprache, in der ein halbes Jahrtausend früher Zarathustra seine «Gathas» gedichtet hatte. Insofern waren diese Sprachfunde keine Überraschung, man konnte sie in Innerasien erwarten, wenn man auch zum Erstaunen der Historiker aus den Funden erfuhr, daß diese iranisch-indoeuropäischen Sprachen noch fast das ganze erste Jahrtausend unserer Zeitrechnung in Innerasien in Gebrauch waren. Häufig waren es religiöse Schriften buddhistischer Mönche, die indische Sanskrit-Texte in ihre Heimatsprache übersetzt hatten. Daher ist leider die Information über die *Geschichte* der Menschen, die um 700 oder 800 n. Chr. im heutigen Turkestan noch iranische Sprachen benutzten, nur sehr gering.

Eine Sensation war aber die Auffindung von Handschriften in einer weiteren indoeuropäischen Sprache in Chinesisch-Turkestan, geschrieben in der indischen «Brahmi-Schrift»; eine Entdeckung, die deutschen und französischen Expeditionen zu Anfang des 20. Jahrhunderts gelang. Die ersten Erforscher, die Professoren Sieg und Siegling, nannten diese Sprache «Tocharisch»; und so heißt sie noch heute, obwohl Sprachforscher und Fachhistoriker sich inzwischen ziemlich einig sind, daß die eigentlichen Tocharer – die bei den Chinesen Yüetschi hießen und später Träger des zentralasiatischen Kuschan-Reiches wurden – diese Sprache nicht verwandt haben können. Denn sie zeigte für die Linguisten ein erheblich anderes Gepräge als die Sprachen des indischen und iranischen Zweiges der Völker ringsum. Das «Tocharische» erwies sich eindeutig als eine «Kentum-Sprache» (siehe dazu 6. Kapitel, S. 118). Sie zeigte gewisse Verwandtschaft in den Lauten, im Wortschatz und in der Grammatik zum Altlateinischen, Keltischen, aber auch zum Phrygischen oder Thrakischen – also zu Sprachen, deren Träger Tausende von Kilometern weiter westlich ansässig gewesen waren.

Die aufgefundenen Texte in zwei verschiedenen Dialekten – zunächst einfach «A» und «B», später Ost- und Westtocharisch genannt – gaben leider keine Aufklärung für dieses Rätsel. So führen die wenigen Spezialisten für die tocharische Sprache zwar heftige Diskussionen etwa über die Formen der 3. Person Plural der tocharischen Verben, aber Leben, Denken und Kultur dieses Volkes bleiben im dunkeln. Denn auch die in Kutscha und Turfan und anderen Städten Sinkiangs aufgefundenen Handschriften bestanden – ähnlich wie die sakischen und sogdischen – zum großen Teil nur aus wörtlichen Übersetzungen buddhistischer Texte aus dem Indischen. Daneben fand man noch einige Abrechnungen buddhistischer Klöster, Pässe (Geleitschreiben) für Karawanen, medizinische Abhandlungen – aber nichts, was Rückschlüsse auf die Geschichte oder gar die ursprüngliche Herkunft der «Tocharer» erlaubte. Man nimmt an, daß die Zeugnisse dieser indoeuropäischen Sprache in Innerasien aus dem 7. oder 8. Jahrhundert n. Chr. stammen.

Man hat vergeblich versucht, diese angeblichen «Tocharer» mit anderen, aus chinesischen oder römischen Quellen bekannten Stämmen Innerasiens zu identifizieren, doch keine dieser Deutungen ist bisher allgemein akzeptiert worden. Noch größer und interessanter ist jedoch das Rätsel, wann und woher die Träger dieser Sprache nach Innerasien kamen, die man eigentlich eher im südöstlichen Europa suchen würde.

Bis heute gibt es nur eine Hypothese, die eine einigermaßen schlüssige Antwort auf dieses Rätsel zu geben versucht. Der österreichische Archäologe Heine-Geldern stellte sie 1951 auf Grund intensiver Stilvergleiche von Bodenfunden in Osteuropa und Ostasien auf. Danach muß es etwa im 9. und 8. Jahrhundert v. Chr. eine nicht unbedeutende Bewegung indoeuropäischer Menschen aus dem Südosten Europas quer durch Asien nach Osten gegeben haben. In verschiedenen Ausläufern ließen sich Gruppen davon später in Nord- und in Südchina sowie in Teilen Indochinas (Annam) nieder. Natürlich gingen sie dort im Laufe der Zeit in der völlig andersrassigen und -sprachlichen Bevölkerung unter. Kimmerier, Thraker, Illyrer und Germanen oder vorgeschichtliche Vorläufer dieser Völker in der späten Urnenfelder- und frühen Hallstatt-Zeit (siehe dazu im 10. sowie im 17. und 18. Kapitel), ferner (nichtindoeuropäische) Kaukasier sollen an dieser «Pontischen Wanderung» teilgenommen haben. Teile davon, so meinte

Heine-Geldern, könnten als sogenannte «Tocharer» unterwegs an der späteren «Seidenstraße» in Turkestan hängengeblieben oder aber auch bei erneuten Völkerwanderungen Jahrhunderte nachher wieder in westliche Richtung zurückgespült worden sein.

Dieser West-Ost-Zug müßte vor dem Ende des 8. vorchristlichen Jahrhunderts abgeschlossen gewesen sein, denn seitdem kannte man in Asien nur noch die Wanderungen der Skythen und anderer nordiranischer Völker in umgekehrter Richtung, wie sie in diesem IV. Teil des Buches nachgezeichnet worden sind. Über die Gründe für diese «Pontische Wanderung» gibt es allerdings bisher keine Vermutungen. Vielleicht ist ihr Zusammenprall mit der chinesischen Kultur im 8. Jahrhundert v. Chr. ein auslösender Faktor für jene Kämpfe und kulturellen Umstellungen der Bevölkerung des asiatischen Steppenraumes gewesen, die zur plötzlichen Entstehung des Reiterkriegertums geführt haben (siehe 13. Kapitel). Ob es noch einmal Entdeckungen oder Forschungen geben wird, die das Rätsel der «europäischen Tocharer» in Innerasien eindeutiger als bisher lösen können?

Hunnen, Türken und Mongolen, die neuen Reiter aus dem Osten

Wir haben gesehen, wie sich über ein Jahrtausend lang immer neue Völkerschaften aus der Weite des asiatischen Steppengürtels nach Westen und Süden in die Zonen fortgeschrittenerer Kulturvölker vorschoben. Sie alle waren sprachlich Enkel oder Urenkel jenes alten Kurgan-Volkes in Südrußland und Glieder des großen «europiden» Rassenkreises. Seit sie freiwillig oder gezwungen einen großen Teil ihres Lebens auf dem Pferderücken verbrachten, waren die Angehörigen dieser Völker als herrische Eroberer aufgetreten, offenbar eine logische Folge dieser Lebensweise. Denn auch die Nachfolger der indoeuropäisch-iranischen Völker als Herren des Riesenkontinents lebten und reagierten nicht anders.

Irgendwann in den fünfhundert Jahren vor der Zeitwende scheint sich in den Steppen des östlichen Innerasiens eine neue Ent-

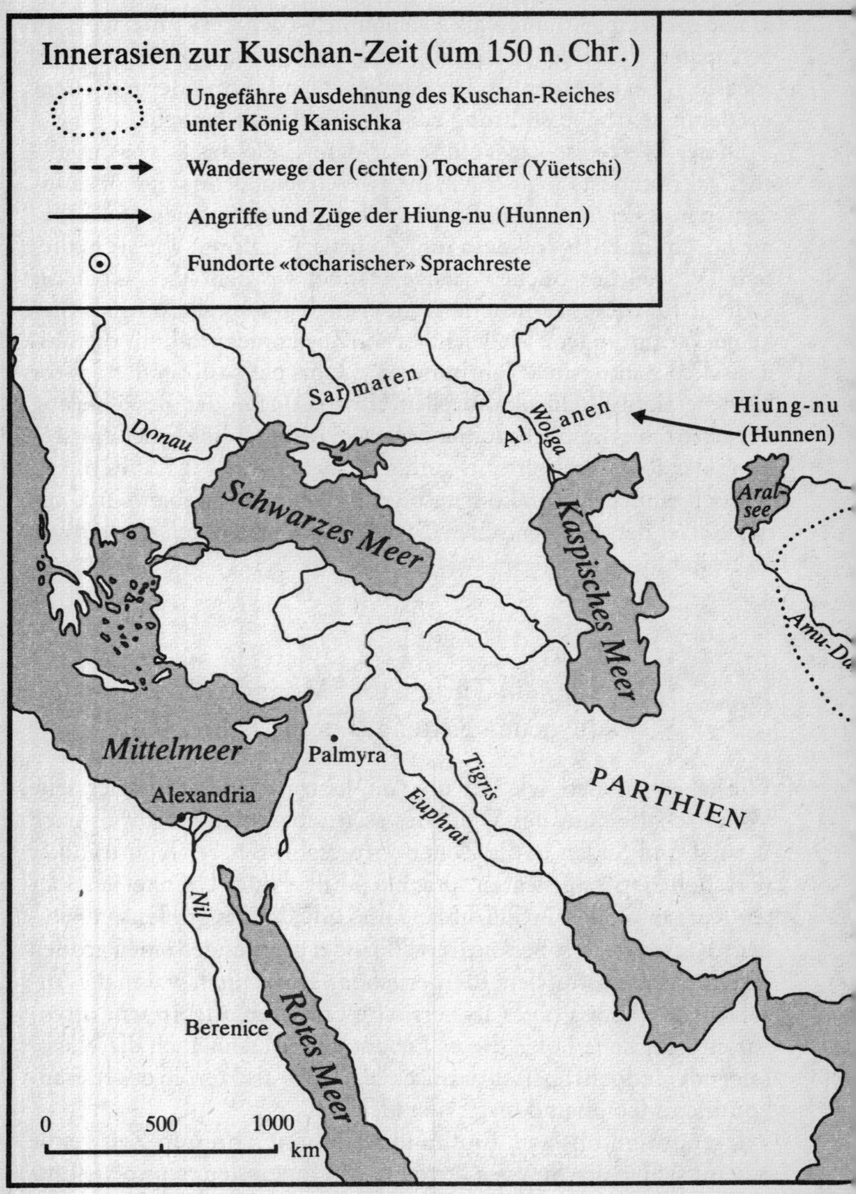
Innerasien zur Kuschan-Zeit (um 150 n. Chr.)
Ungefähre Ausdehnung des Kuschan-Reiches unter König Kanischka
Wanderwege der (echten) Tocharer (Yüetschi)
Angriffe und Züge der Hiung-nu (Hunnen)
Fundorte «tocharischer» Sprachreste
Sarmaten
Donau
Alanen
Wolga
Hiung-nu
(Hunnen)
Aral-
see
Schwarzes Meer
Kaspisches Meer
Mittelmeer
Palmyra
Tigris
Euphrat
PARTHIEN
Alexandria
Nil
Berenice
Rotes Meer
0
500
1000
km

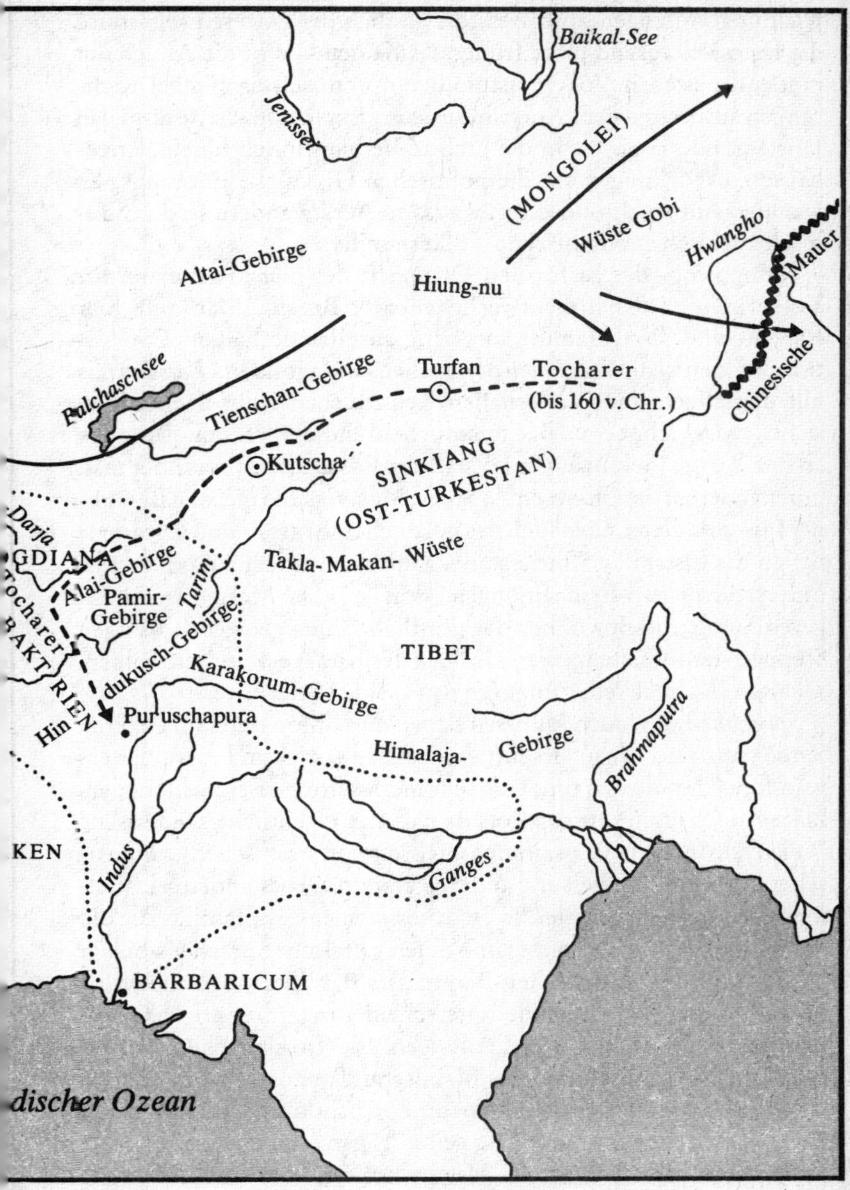

Baikal-See
Jenissei
(MONGOLEI)
Wüste Gobi
Hwangho
Mauer
Altai-Gebirge
Hiung-nu
Palchaschsee
Tienschan-Gebirge
Turfan
Tocharer
(bis 160 v. Chr.)
Chinesische
Kutscha
SINKIANG
(OST-TURKESTAN)
Darja
GDIANA
Alai-Gebirge
Takla-Makan-Wüste
Tocharer
Pamir-
Gebirge
Tarim
BAKTRIEN
Hindukusch-Gebirge
TIBET
Karakorum-Gebirge
Puruschapura
Himalaja-
Gebirge
Brahmaputra
KEN
Indus
Ganges
BARBARICUM
discher Ozean

wicklung vollzogen zu haben, die ähnlich der gewesen sein muß, die fast zweitausend Jahre früher das Kurgan-Volk, die Ahnen der indoeuropäischen Völker, explodieren und sich nach allen Richtungen ausbreiten ließ. Auch diese neue «Explosion» hatte fast zwei Jahrtausende lang, bis in die jüngste Vergangenheit hinein, ungeheure Auswirkungen auf die politischen Geschicke Eurasiens. Es war der Aufbruch und die gewaltsame Westwanderung der hunnisch-türkisch-mongolischen Völkerfamilie.

Mongolen – das ist für den Europäer, der nicht Fachmann für Völkerkunde ist, ein nicht recht faßbarer Begriff. Man muß hier Rassen- und Sprachfamilie sorgfältig auseinanderhalten. Die Anthropologen kennen in Asien den großen «mongoliden» *Rassen*kreis mit den allgemeinen äußerlichen Kennzeichen eines flachen Gesichts, vorgeschobener Backenknochen und der «Mongolenfalte» an den Augen (Schlitzaugen). Zu dieser Rassengruppe rechnet man unter anderem die Chinesen, Japaner, Malayen, die meisten Bewohner Hinterindiens, aber auch des nördlichen Zentral- und Ostasiens bis an die Ostspitze Sibiriens, bei zahlreichen auch äußerlich sehr unterschiedlichen Erscheinungsmerkmalen. Die Mongolen im engeren Sinne, die Bewohner des nördlich China gelegenen riesigen Steppen- und Wüstengebietes, bilden darin mit verwandten Völkerschaften (Kalmücken, Tungusen usw.) eine Unterrasse.

Sprachlich und auch kulturell haben diese Mongolen im engeren Sinne ganz und gar nichts mit den benachbarten und rassisch verwandten Chinesen zu tun; eine sehr merkwürdige Erscheinung, erklären doch die Anthropologen, daß das eigentliche chinesische Volk erst durch ein Zusammenwachsen von tibetischen, tungusischen, urmongolischen und anderen Stämmen entstanden sei. Vielmehr gehört die mongolische Sprache zu einer Großfamilie, die die Sprachwissenschaftler mit dem Namen «altaische Sprachen» belegt haben (vom innerasiatischen Bergmassiv des Altai abgeleitet). Innerhalb dieser Sprachfamilie unterscheidet man drei große Gruppen mit zahlreichen Unterabteilungen: die Turksprachen, das eigentliche Mongolisch und das Mandschu-Tungusisch. Das Türkische und seine Verwandten (Alt- und Neutürkisch, Turkmenisch, Tatarisch, Usbekisch usw.) ist heute in ganz Innerasien bis nach Europa hinein verbreitet, das Mongolische auf bestimmte Gebiete

Nordostasiens beschränkt, das Mandschu-Tungusische wird nur noch in der Mandschurei und angrenzenden Teilen Sibiriens von vergleichsweise schwachen Eingeborenenvölkern verwendet.

Vor über zweitausend Jahren, als die Vorfahren der turk-mongolischen Völker sich kräftig auszudehnen begannen, dürften sie sprachlich und rassisch noch verhältnismäßig einheitlich gewesen sein. Aber im Laufe dieser langen Zeit haben sie sich ebenso weit auseinanderentwickelt wie die Völker, deren *Sprachen* sich von der ur-indoeuropäischen «Muttersprache» abgeleitet haben. Und auch *rassisch* sind die Völker, die heute «altaische» Sprachen benutzen, oft sehr weit voneinander entfernt. Die Menschen zum Beispiel, die in der modernen Türkei leben und die türkische Sprache benutzen, sind *rassisch* fast ausschließlich Angehörige einer sogenannten «anadoliden» Unterrasse des großen europiden Rassenkreises. Mit anderen Worten: die «Ur-Türken», die einst im Mittelalter jene Gebiete eroberten, haben zwar der dortigen Bevölkerung ihre fremde Sprache aufgezwungen; rassisch aber gingen die mongoliden Ur-Türken als kleine Herrscherschicht in der weitgehend europiden Einwohnerschaft Anatoliens auf.

Auch die in diesem Buch schon mehrfach erwähnten Hunnen müssen diesem mongoliden Rassenkreis angehört und aller Wahrscheinlichkeit nach auch eine «altaische» Sprache verwendet haben. Es ist unter den Fachleuten umstritten, ob es sich dabei um eine dem Alttürkischen verwandte Sprache, vielleicht einen Vorläufer davon, oder um einen eigenen Sprachzweig gehandelt hat. Die Hunnen sind kurz nach ihrem revolutionierenden Auftauchen in Europa zu Ende des europäischen Altertums so gründlich untergegangen, daß auch von ihrer Sprache keine Reste übriggeblieben sind. Doch dieser Teil der hunnischen Geschichte ist mit der einer anderen indoeuropäischen Völkergruppe eng verwoben, der der Germanen, und er muß dort noch einmal aufgegriffen werden (22. Kapitel). Hier soll nur noch ihre Frühgeschichte im Osten Innerasiens kurz erwähnt werden.

Um das Jahr 250 v. Chr. – so berichten alte chinesische Chroniken – machte sich nördlich der Grenzen Chinas, in den Gebirgssteppen südlich des Baikalsees, ein Volk der Hiung-nu unangenehm bemerkbar, das mit seinen reitenden Bogenschützen die Ansiedlungen Chinas bedrohte, aber auch die ostiranischen «echten» Tocharer (oder Yüetschi) aus dem später Ostturkestan genannten Land nach Baktrien vertrieb. Die chinesischen Kaiser suchten ihr Reich durch den Bau der großen Chinesischen Mauer zu schützen, die Tausende von Kilometern lang die Steppe vom Fruchtland trennte und die wilden Nomaden des Nordens abweisen sollte. Dies gelang China auch. Chinesische Heere konnten sogar Teile der Hiung-nu besiegen und zum Abzug teils nach Nordosten, teils nach Westen zwingen. Aus dieser westlichen Horde der Hiung-nu, die um Christi Geburt bis zum Aralsee vorgedrungen war, entstanden drei Jahrhunderte später die Hunnen, die wie eine gewaltige Flut von Osten her in Europa auftauchen sollten.

Die Hunnen waren nur die Vorhut einer langen Reihe türkischer und mongolischer Völkerschaften, die seitdem zu immer neuen Eroberungs- und Raubzügen auf den alten Völkerstraßen nach Europa, Vorder- und Südasien hereinbrachen. Awaren, Bulgaren, Chazaren, Türken, Mongolen sind nur einige der Namen. Im Laufe des ersten Jahrtausends nach Christus eroberten sie ganz Innerasien und drückten die einstigen Herren dieser Gebiete, die ostiranisch sprechenden Indoeuropäer wie die Baktrer und Sogder, zu einer kleinen, gerade noch geduldeten Minderheit herab. Sonst herrschen dort heute Turksprachen vor. Auch Persien und Indien, die anderen Bollwerke indoeuropäischer Prägung in Asien, wurden von Türken und Mongolen zeitweise überwältigt. Doch hier siegten auf längere Sicht die alten arischen Sprachen – wenn auch in der Kultur durch den Islam gründlich verändert und dem Orient zugewendet.

Auch Ost- und Mitteleuropa stand während des ganzen Mittelalters und noch danach in immer neuen Abwehrkämpfen gegen die wilden Reiter aus dem Osten, die in ihrer Kultur so viel von ihren andersrassigen Vorgängern, den Skythen und Sarmaten, übernommen hatten. Hier in Europa bis zur Wolga hin erwiesen sich jedoch die Abkömmlinge der alten Kurgan-Kultur auf die Dauer als stärker.

Warum dies so war und wie aus den Jungmannschaften des Kurgan-Volkes, die einst auf der Suche nach saftiger Weide für ihr Vieh nach Mitteleuropa gezogen waren, die frühen Völker wurden, die unseren Erdteil für eine Weile zum Mittelpunkt der Welt machten, das soll im V. Teil dieses Buches dargestellt werden. Der räumliche Zusammenhang der im IV. Teil geschilderten iranischen Völker brachte es mit sich, daß wir unversehens bis in die römische Kaiserzeit und noch danach vorgerückt sind. Hier, in Europa, müssen wir noch einmal in eine Epoche zurückspringen, die nicht lange nach der Einwanderung der Kurgan-Hirten in Europa anzusetzen ist.

V

Aufbruch in Mitteleuropa

1800 v. Chr.–400 n. Chr.

17. Kapitel

Das «Goldene Zeitalter»

Die Bronzezeit in Europa

Der Kaufmann und der Häuptling

Um 1650 v. Chr., an der Unstrut/Thüringen

Der alte Saumpfad zog sich rechts des Flusses Unstrut entlang, immer auf dem schmalen Saum zwischen dem sumpfigen, von hohem Schilf und Gras bestandenen Ufer und dem lockeren Wald aus Eichen und Ulmen, der ohne Unterbrechung den Fluß begleitete. Nur auf diesem schmalen Streifen fand der Verkehr keine allzu großen Hindernisse durch Sumpf, Strauchwerk oder umgefallene modernde Bäume. Die fürsorgliche Hand der Dorfbewohner in der Nähe hatte an einigen schwierigen Stellen des Weges Knüppeldämme gebaut, über die die Wagen der Kaufleute ungehindert rollen konnten. Es war ein warmer Sommertag. Die Bienen summten, und im Wald klang das Hämmern der Spechte und das Klopfen der Bronzehacken, mit denen die Imker aus dem nahen Dorf die Nisthöhlen der Wildbienen erweiterten und öffneten, um den Honig und das für die Bronzegießer so notwendige Wachs zu gewinnen.

Um die Waldecke bog einer der üblichen Kaufmannskarren mit großen Scheibenrädern, von zwei starkknochigen Pferden gezogen und begleitet von sieben Männern. Sie waren bekleidet mit Ledersandalen, einem buntgefärbten Kilt, der die Knie freiließ, einem Umhang aus Wollstoff über den Schultern und einer halbkugelförmigen Filzkappe auf dem Kopf. Im Ledergürtel trugen sie scharfe Bronzedolche und Streitäxte aus Bronze, im Lederköcher einen Bogen und Pfeile mit Feuersteinspitzen. Auch wenn der alte Fernhandelsweg und seine Benutzer durch das Gebot der Götter und die Klugheit der Anwohner heilig waren – kein Stamm durfte es wagen, die Kaufleute zu töten oder ihre Waren zu rauben –, so waren die langen Reisen doch beschwerlich genug, um nur von besonders unternehmungslustigen kräftigen Männern angetreten zu werden.

Vor einem knappen Monat war der kleine Trupp an der Donau aufgebrochen, den Karren voller Säcke mit Bronzenadeln und -ringen, aber auch mit kostbaren glänzenden Tonperlen, die von einem Land weit, weit im Süden jenseits des großen Meeres stammen sollten, und mit bunten Muscheln aus dem südlichen Meer, die die Frauen hier oben so gerne als Schmuck benutzten. Auch ein paar goldene Becher und Silberschmuckstücke waren dabei, für die Häuptlinge und andere reiche Männer, die sich solche Kostbarkeiten leisten konnten. Hier an der Unstrut war etwa die Hälfte des Weges zwischen der Donau und dem großen Meer im Norden zurückgelegt, und ein paar Tage Rast bei dem mächtigen Häuptling im nächsten Dorf waren wohlverdient. Im übrigen war hier ja auch einer der wichtigsten Umschlagplätze für die Waren auf dem Karren.

Der Anführer der Kaufleute und seine Begleiter machten diesen Weg in jedem Jahr zweimal: von Süden nach Norden und wieder zurück. Auf dem Rückweg war der Wagen schwer beladen mit Bernstein von der Meeresküste, der in den Ländern südlich der Alpen den Kaufleuten als Schmuck aus der Hand gerissen wurde und auch den Zwischenspediteuren guten Gewinn erbrachte. Vor allem transportierte der Wagen aber Zinn, dieses glänzende Metall, das von den Zinninseln (England, Irland) mit Schiffen über das Nordmeer herübergebracht worden war und von den Bronzegießereien an der Unstrut dringend gebraucht wurde. Auch in Salz eingepökelte Meeresfische waren sorgsam in Ledersäcke eingewickelt, als willkommene Bereicherung des Speisezettels der Menschen an Unstrut und Saale. Das Salz zum Pökeln hatte der Kaufmann – oder einer seiner Kollegen und Konkurrenten, die jeden Sommer den Fernhandelsweg befuhren – von den Salzquellen an der Unstrut zur Meeresküste mitgenommen.

Jetzt kam auf einer größeren Lichtung am Flußufer das Dorf in

Sicht: acht rechteckige Hütten aus Baumpfosten mit Wänden aus Reisiggeflecht und Lehmbewurf, strohgedeckt und durch einen einfachen Holzzaun vor den Rindern, Schafen und Pferden geschützt, die auf der Grastrift und im lichten Wald ihre Nahrung suchten. Auf einigen umzäunten Feldern wogten Halme mit Emmer, Einkorn, Weizen und Gerste im Sommerwind. Hinter dem Dorf am Hang sahen die Kaufleute den mächtigen Hügel, unter dem vor ein paar Jahren der alte Häuptling, der Vater des jetzigen Stammesfürsten, zur letzten Ruhe gebettet worden war, unter einem wohlgezimmerten Holzhaus, mit den seinem Rang gebührenden Waffen und Schmuckgegenständen und einer jungen Dienerin.

Auf dem freien Platz zwischen den Hütten machte der Kaufmannswagen halt. Man kannte ihn hier gut und freute sich jedesmal über sein Kommen, obwohl jetzt in der Sommerzeit mindestens ein- bis zweimal im Monat ein solcher Wagen durchfuhr. Der Handel war lebhaft in dieser Zeit, und das Volk an der Unstrut war groß, mächtig und reich an allen möglichen begehrten Tauschwaren.

Der Kaufmann von der Donau hatte Glück. Er fand den Fürsten zu Hause, im Dorf seiner Sippe, vor; gerade trat er aus seiner Hütte, die sich in nichts von den anderen Häusern unterschied. Vor kurzem erst war der «Große Krieger» – so wurde er von seinen Leuten genannt – von einer seiner zahlreichen Wanderungen durch das Land seines Volkes zurückgekehrt, das sich von den Bergen des Harzes im Norden bis zu der Reihe hoher Bergzüge im Süden (Thüringer Wald und Fichtelgebirge) sowie nach Osten bis an den großen Strom Elbe erstreckte.

In den vielen Dörfern der Hirten und Bauern, in den Ansiedlungen der Handwerker bei den Kupfergruben, den Bronzegießereien und an den Salzquellen, in den Wanderlagern der Holzfäller warteten die Menschen auf das Erscheinen des «Großen Kriegers», der das Heil von den Göttern mitbrachte und es bei den gemeinsamen Opferfeiern unter seiner Leitung den anderen Menschen, dem Vieh und der Fruchternte mitteilen konnte. Der Fürst mußte mit den Häuptern der verschiedenen Sippen seines Volkes konferieren, Streit schlichten – und es gab oft Streit zwischen den hitzigen Männern, der nur allzu häufig in einem Zweikampf mit Bronzebeilen und Dolchen endete –, er mußte über die Versorgung der Handwerker mit Lebensmitteln und Kleidung durch die umliegenden Dörfer bestimmen, bei Wettkämpfen Schiedsrichter sein, die Versammlungen der Sippen- und der Dorfoberhäupter leiten, den Volksversammlungen der freien Krieger den Willen der Götter und der Häuptlinge verkünden.

Eines hatte der «Große Krieger» schon lange nicht mehr tun müssen, was doch eigentlich früher einmal die vornehmste Aufgabe jedes Sippenhauptes gewesen war: nämlich an der Spitze der Krieger im Kampf gegen einen Feind zu ziehen. Es herrschte Frieden im Land an der Unstrut und der Saale. Mensch und Vieh fanden genug zu essen, das Handwerk blühte und brachte dank der emsig reisenden Kaufleute Wohlstand ins Land.

Vor einer Reihe von Generationen war der Stammvater des «Großen Kriegers» mit seiner Sippe aus einem Land im Südosten hierhergekommen. Mit ihren geheimnisvollen Kenntnissen von der Gewinnung und Verarbeitung des roten Metalls, aber auch notfalls durch rücksichtslosen Einsatz ihrer Bronzebeile, hatte sich die «Kupfersippe» Einfluß und Reichtum bei den Menschen an Unstrut und Saale zu verschaffen gewußt, die noch alle ihre Werkzeuge und Waffen aus Feuerstein anfertigten. Dem Unternehmungsgeist der neuangekommenen Sippe war es zu verdanken, daß auch in den östlichen Ausläufern des Harzes Kupfervorkommen entdeckt und ausgebeutet wurden, daß nun auch im Lande zusammen mit importiertem Zinn aus dem weichen Kupfer die großartigen harten Bronzewaffen und -geräte geschmolzen wurden, die zum Teil im Tauschwege an die Völker ringsum gewinnbringend vertrieben werden konnten. Die einheimischen Hirten mit ihren Stein-Streitäxten, die vor längerer Zeit von Osten her ins Land gekommen waren und eine ähnliche Sprache redeten wie die Leute der «Kupfersippe», sowie die von den Streitaxtleuten längst zu Knechten gemachten Bauern, die seit undenklichen Zeiten das Land hier bebaut hatten, gewöhnten sich halb murrend, halb zufrieden an die neue Oberherrschaft der «Kupfersippe». Immerhin hatte sie allen Fortschritt und Wohlstand gebracht.

Als der «Große Krieger» den Kaufmann von der Donau und seine Begleiter begrüßte, da wußten beide, daß nur ihre arbeitsteilige

Zusammenarbeit diese Fortschritte erzielt hatte. Und zur Bekräftigung der Freundschaft reichte der Häuptling seinem Gast einen Tonbecher voll Bier, jenem angenehm schmeckenden Gerstenwasser, dessen Zubereitung einst die Menschen hier eine Gruppe wandernder Hirten und Krieger gelehrt hatte. Wie es hieß, waren diese Leute weit im Südwesten beheimatet gewesen, aber sie hatten sich vor vielen Generationen ebenfalls hier an der Unstrut niedergelassen.

Eine Zeit des Fortschritts und des Friedens

Wer noch einmal nachlesen möchte, wie denn die Helden dieses Buches, die frühen Indoeuropäer, zum erstenmal nach Europa bis Mitteldeutschland gelangt sind, der muß bis zum 1. Kapitel zurückschlagen. Hier hatten wir eine Gruppe des Kurgan-Volkes aus der Wolgasteppe, einen Geweihten Frühling, nach der Flucht vor der Dürre etwa um das Jahr 2400 v. Chr. zurückgelassen. Aber auch ein anderes Volk, die sogenannten «Glockenbecherleute», hinterließ um eben diese Zeit manche kulturellen und rassischen Spuren auch in Süd-, Mittel- und Norddeutschland. Es war sicher ein nicht indoeuropäisches Volk, wie man vermutet, aus Spanien stammend, das als kriegerische Hirten und Händler halb Europa durchwanderte, etwa zur gleichen Zeit, als die indoeuropäischen «Schnurkeramiker» oder «Streitaxtleute» nach Mittel- und Nordeuropa einwanderten.

In den über siebenhundert Jahren bis zu der Zeit, in der die Episode vom Kaufmann und dem Häuptling spielt – um 1650 v. Chr. –, hatte die kleine Schicht indoeuropäischer Hirtenkrieger aus dem Osten sich zu Herren der einheimischen Bauern gemacht, sich mit ihnen weitgehend vermischt und ihnen die eigene Sprache aufgezwungen. Man nennt die vorindoeuropäische Bevölkerung Mittel- und Norddeutschlands nach ihren typischen Keramikgefäßen «Trichterbecherkultur».

Einige Jahrhunderte später, wohl vor 1800 v. Chr., scheint Mitteldeutschland durch eine neue kleine Einwanderungsschicht von

Böhmen her erreicht worden zu sein. Von dort aus hatte sich eine neue, zweifellos indoeuropäisch bestimmte Kultur ausgebreitet, die im ganzen östlichen Mitteleuropa – vom Harz bis an die Warthe, von der Spree über Böhmen bis nach Niederösterreich – die frühe Phase der Bronzezeit (etwa 1800–1550 v. Chr.) bestimmte. Man nennt sie nach einem Fundort in Böhmen «Aunjetitzer Kultur». Es war wohl mehr die innerhalb einiger Sippen als Geheimwissen vererbte Kunst der Kupfer- und bald auch der Bronzeverarbeitung, die den neuen Einwanderern die Macht in die Hände spielte, als ihre Zahl. Vermutlich kam ein Teil des Wissens um die Metallverarbeitung durch Kulturbeziehungen aus dem Orient, wo man ja lange vorher schon Kupfer und Zinn zu Bronze zu verarbeiten verstand. Aber die Vorgeschichtsforscher vertreten heute die Ansicht, daß die «Aunjetitz-Leute» weitgehend aus *eigener* Erfindungsgabe die hochstehende Bronzetechnik entwickelten, die sie gegenüber allen gleichzeitigen Kulturen Europas auszeichnete.

In Thüringen und dem Saalegebiet bis zum Harz hatte sich als Teil jener Aunjetitz-Kultur ein eigener Bereich herausgebildet, der von der Fachwelt «Leubinger Kultur» genannt wird – nach dem Dorf Leubingen an der Unstrut (nördlich von Erfurt), in dessen Nähe ein prächtiges Fürstengrab unter einem acht Meter hohen Hügel ausgegraben wurde. Zur gleichen Zeit, als die arkadischen Frühgriechen noch ein recht primitives, weltabgeschiedenes Leben führten (siehe 9. Kapitel, Das Opfer des Akrisios, S. 175ff), herrschte in Mitteldeutschland eine handwerklich und künstlerisch relativ hochstehende Kultur. (Etwa gleichzeitig gründete übrigens König Labarnas das erste Großreich der Hethiter [siehe 6. Kapitel, S. 121]). Die Leubinger Fürstensippe muß tatsächlich für lange Zeit in Frieden über das ganze große Gebiet geherrscht haben, wie die Archäologen meinen.

Der in der obigen Episode geschilderte Fernhandel vom Mittelmeer zur Donau, von der Donau über Thüringen zur Nordsee, quer über diese nach England und wieder zurück bis Kreta und Ägypten muß schon in der frühen Bronzezeit bestanden haben, wenn nicht sogar schon in der ausgehenden Jungsteinzeit. Ohne einen eigenen Berufsstand wagemutiger Kaufleute ist die nachgewiesene Verbreitung beispielsweise von ägyptischen Fayenceperlen oder Kaurimuscheln in England, von britannischem Zinn in Mitteldeutschland und Bernstein in Ägypten nicht vorstellbar. Der Handel und der daraus zu erzielende Gewinn war schon viel früher ein Ansporn für menschlichen Fortschritt, als es etwa marxistischer Geschichtswissenschaft in den Kram paßt. Ein Vorgeschichtsforscher aus der DDR, der 1953 ein sonst recht aufschlußreiches Buch über die Leubinger Kultur geschrieben hat, leugnete energisch das Bestehen eines berufsmäßigen Fernhandels, weil Karl Marx und Friedrich Engels vor über hundert Jahren davon noch nichts wußten. Der britische Prähistoriker Stewart Piggott nannte aber die Wirtschaftsbeziehungen zwischen den Kulturen Europas in der überraschend friedlichen Frühbronzezeit zutreffend so etwas wie eine «Europäische Wirtschaftsgemeinschaft».

Außer der «Aunjetitzer» und (als ihr Teil) der «Leubinger Kultur» gab es in Europa in jener Epoche noch nicht allzu viele Kulturen sicher indoeuropäischen Gepräges. Es waren in Westdeutschland die «Adlerberg-Kultur», ferner südlich der Donau bis zu den Alpen und nach Ungarn hinein die «Straubinger Kultur», beide der Aunjetitzer Kultur ähnlich in der Verwendung von Bronze. In Norddeutschland und Südskandinavien war es die damals noch weitgehend Steine als Werkzeug verwendende «Nordische Steinkistenkultur», im Ostseeraum die noch recht primitive «Baltische Bootaxtkultur», ferner vermutlich einige kleinräumige Kulturen auf der Balkanhalbinsel bis hinunter zu den Arkadern und frühen Joniern in Griechenland. Manche Wissenschaftler möchten auch eine Verbindung zu zwei lokalen Kulturen in Westeuropa ziehen: zur sogenannten «Armorikanischen Kultur» in der Bretagne und zur «Wessex-Kultur» in Südwestengland.

Der ganze Rest Nord-, West- und Südeuropas war um diese Zeit – bis etwa 1550 v. Chr. – mit Sicherheit noch nicht von der Sprache und den wirtschaftlich-gesellschaftlichen Vorstellungen der Indoeuropäer beeinflußt. Damit kein Irrtum entsteht: Dieser größere Teil Europas war damals keineswegs menschenleer. Überall lebten so viele Menschen, wie Landschaft und Klima, Wirtschaftsweise und Kulturfortschritt es erlaubten; das waren allerdings viel, viel weniger als heute. Nur – die Menschen dort sprachen noch keine indoeuropäischen Sprachen und hatten vermutlich auch recht andere Lebensformen, als wir sie von den Abkömmlingen des Kurgan-Volkes kennengelernt haben.

In den bereits «indoeuropäisierten» Teilen Europas begannen sich in ersten Ansätzen die späteren Völker zu bilden, wie sie uns ein bis zwei Jahrtausende später im «Altertum» entgegentreten. Aber noch wäre es viel zu früh, bereits von bestimmten historischen Völkern zu sprechen; noch sollten den Menschen Jahrhunderte voll Wanderungen und Überschichtungen, von rassischer, sprachlicher und kultureller Veränderung bevorstehen. Immerhin zeigten sich schon in der Frühbronzezeit infolge der ganz unterschiedlichen Stärke der Beeinflussung der bisher in Europa wohnenden, unter sich bereits sehr verschiedenen Menschen durch die Kurgan-Abkömmlinge deutlich bestimmte «Kultur-Provinzen», die die Archäologen nach den Bodenfunden sorgfältig auseinanderhalten.

Die frühe Bronzezeit war in Mitteleuropa – wie schon erwähnt – offenbar eine der friedlichsten Epochen, die dieser Kontinent je erlebt hat. Die Menschen genossen das damals angenehm milde Klima – sie lebten gewissermaßen tausend Kilometer weiter südlich als heute –, freuten sich über die kulturellen Fortschritte, die der neue Werkstoff Bronze ihnen beschert hatte, und sie hatten sich in die patriarchalische Vorstellungswelt der frühen Indoeuropäer gefügt. War es vielleicht eine dunkle Erinnerung an diese «paradiesische» Epoche, welche viel später römische Schriftsteller die Legende vom «Goldenen Zeitalter» niederschreiben ließ, aus dem die Menschheit sich über das «Silberne» und das «Eiserne» Zeitalter zu ihrem eigenen Schaden entfernt habe?

Die Schiffe der Nordleute

Um 1400 v. Chr., Südostschweden

Der Schmelzofen des Dorf-Handwerkers über dem felsigen Abhang sandte seinen Rauch weit hinein in die Bucht an der Ostküste des Skagerrak, getrieben vom Seewind, der vom kunstvoll angelegten Windkanal des Ofens aufgefangen wurde und dort die nötige

Hitze für das Schmelzen der Bronze erzeugte. Ein Gehilfe des Schmieds legte kräftige Holzscheite nach, und der Meister selbst, Wido, ordnete die verschiedenen Formen aus gebranntem Ton, in die nach vollendeter Schmelze die flüssige Bronze gegossen werden sollte. Heute standen einige Schwerter, Beile und diverse kleine Schmuckstücke für die Frauen auf dem Gießprogramm, aber beim Guß in der nächsten Woche konnten es wieder völlig andere Stücke aus dem reichhaltigen Formensortiment des Schmieds sein. Wido war ein einfühlsamer Künstler, und wenn er aus feuchten Tonklumpen sorgfältig die Form eines neuen Zierbuckels für einen Frauengürtel ausstach – sie wurde zunächst mit flüssigem Wachs gefüllt, das später ausgeschmolzen und durch die hineingegossene flüssige Bronze ersetzt wurde –, dann brachte er jeweils ein paar neue Ornamente oder Verzierungen an, die das Entzücken der modebewußten reicheren Damen des Dorfes hervorriefen.

Vor ein paar Generationen noch waren es fremde Schmiede aus Ländern im Süden, weit jenseits des Meeres gewesen, die die Nordländer hier oben die Technik des Bronzegusses und die Kunst der Herstellung verschiedener Gußformen gelehrt hatten. Inzwischen hatten die Nordländer sich von ihren Lehrmeistern unabhängig gemacht und brachten neuerdings Waffen, Geräte und Schmuck aus dem glänzenden Metall hervor, wie sie so schön und kunstvoll im ganzen Kontinent nicht hergestellt werden konnten. Und dabei mußten die Rohstoffe, das Kupfer und das Zinn, ausnahmslos über See importiert werden, denn das Land der Nordländer – die felsigen waldbedeckten Schären und Halbinseln am Skagerrak und die großen flachen Inseln westlich davon – gab diese Metalle nicht her. Aber die Nordländer hatten einen anderen Schatz dafür zu bieten, den Bernstein. Das ganze Jahr über waren Frauen und Kinder damit beschäftigt, die leichten goldgelben Brocken am Strand aufzusammeln, wenn der Weststurm sie wieder einmal massenweise ans Land geweht hatte.

Die seetüchtigen Ruderschiffe der Nordländer kreuzten auf ihren langen Fahrten das Nordmeer bis zu den britannischen Inseln, fuhren auf den großen Strömen (Weser, Elbe, Oder) bis weit nach Süden in den Kontinent hinein, ja sie gelangten nicht selten weit, weit nach Südwesten an Küsten, wo Sommer und Winter kaum noch zu unterscheiden waren. Immer waren die Schiffe vollgefüllt mit Handelswaren, insbesondere mit Bernstein, den die dortigen Einwohner gerne im Tausch gegen die bei ihnen geförderten Metalle abnahmen.

Widarr, der Bruder des Schmieds – er war als einer der ersten aus der Sippe nicht ebenfalls Schmied geworden, sondern die Abenteuerlust hatte ihn aufs Meer hinaus getrieben –, war Kapitän eines dieser Schiffe. Vor ein paar Tagen erst war er von einer Fahrt zu den Zinninseln auf die heimische Schäreninsel zurückgekehrt, nach erfolgreichem Handel um Zinn und Gold. Wie jedesmal hatte er dabei verschiedene Schiffe aus dem großen Meer südlich des Kontinents getroffen, die den weiten Weg nach Norden regelmäßig zurücklegten, um hier ebenfalls die begehrten Metalle einzutauschen. Einer der Kapitäne, Asterios mit Namen, stammte aus dem Land der Achäer. Der Kapitän aus dem Nordland, Widarr, hatte ihn durch Zufall schon mehrmals an der Felsküste der großen Zinninsel getroffen, und sie hatten Freundschaft geschlossen, auch wenn die Verständigung mitunter etwas schwierig war. Aber immerhin war die Sprache der Achäer für die Nordländer nicht so fremd wie die der Britannier und Iberer, mit denen sie auf ihren Handelsfahrten sonst in Kontakt treten mußten. Von Asterios hatte Widarr eine kleine Statuette eingehandelt, die einen Menschen auf einem Pferd sitzend zeigte. Sie stammte ursprünglich, wie Asterios versichert hatte, aus einem Land, das noch weit im Osten des Achäerlandes lag.

Für die Menschen im Nordland war das Bildnis eines Mannes *auf* einem Pferd etwas vollkommen Ungewohntes. Natürlich kannten sie Pferde, die heiligen Tiere, die den Wagen mit der strahlenden Sonnenscheibe während des Tages über den Himmel zogen. Diese tägliche Fahrt des lebenspendenden Gestirns wurde bei den großen Festen der Nordleute zur Sommersonnenwende sowie zur Frühlings- und Herbst-Tagundnachtgleiche den Menschen in einem kunstvollen Modell aus Bronze und Gold bildlich vor Augen geführt. Natürlich hatten die Nordleute auch wirkliche Pferde auf ihren Weiden, die zur Saatzeit den Pflug über die Felder zogen und vor die leichten, zweirädrigen Karren gespannt wurden, die die heimischen Zimmerleute nach den Erzählungen besonders weit gereister Seeleute gebaut hatten, die solche Wagen in Südländern wie Achaia selbst gesehen hatten. Hier im felsigen Norden gab es allerdings keine langen ebenen Wege, auf denen die Wagen fahren konnten, und der Besitz solcher Pferdewagen war mehr ein kostspieliges, aber unnützes Hobby für einige wenige reiche Leute.

Kapitän Widarr hatte natürlich nicht versäumt, nach seiner glücklichen Rückkehr dem Sonnengott das schuldige Opfer zu bringen. Er war mit seiner Mannschaft zu den Felsbuckeln der kleinen Schäreninsel gegangen, auf denen die Nordleute für ewige Zeiten sichtbar ihre Gebete zu Bildern werden ließen. Vor seiner Abfahrt hatte Widarr mühsam das Bild seines Schiffes in den Felsen geritzt und es damit der Gnade und Obhut des Sonnengottes überantwortet. Nun, nach der unbeschadeten Heimkehr, meißelte Widarr ein kleines Schälchen, einer Tasse gleich, dicht neben das Bild seines Schiffes in den Fels, und er legte eine Handvoll Salz als Opfer hinein. Daneben meißelte er ein Abbild seines Fußes als Zeichen, daß er persönlich die Heimat heil und gesund wieder betreten hatte.

Die «Nordische Bronzezeit»

An manchen Stellen der Südwestküste Schwedens und der Fjorde Südnorwegens zeigen die Einheimischen interessierten Touristen heute Felsplatten, in die kreuz und quer Hunderte seltsamer Umrißzeichnungen eingeritzt sind. In starker Vereinfachung, dennoch unverkennbar, sieht man da Gestalten von Menschen und Tieren, Gespanne vor dem Pflug, geometrische Figuren wie Kreise und Spiralen – und Schiffe und nochmals Schiffe. Diese «Felsritzungen» sind, so weiß man heute, vor über 3500 Jahren dort angebracht worden, von Menschen, deren Volk man «Nordische Bronzekultur» nennt, aus Verlegenheit, weil man nicht weiß, wie sie sich wohl selbst bezeichnet haben mögen. Nicht nur die seltsamen Felszeichnungen erinnern an dieses Volk, sondern auch viele Funde von Bronzewaffen und -gerät an zahlreichen Stellen in Dänemark, Schleswig-Holstein, Südschweden und Südnorwegen.

Es war das scharf umgrenzte Gebiet, in dem ein paar Jahrhunderte vorher – etwa zur Zeit des Höhepunktes der Leubinger Kultur – die indoeuropäisch bestimmte «Nordische Steinkistenkultur» verbreitet war (in «Kisten» aus flachen Steinen hatten die Menschen damals ihre Toten beigesetzt). Der Wechsel des Namens bedeutet nicht, daß es andere Menschen waren, die später dort wohnten, sondern daß sie mit einigen Jahrhunderten Verspätung – etwa seit 1500 v. Chr. – Anschluß an die moderne Technologie des beginnenden Metallzeitalters gefunden hatten. Und wie die aufgefundenen Bronzeschwerter, kunstvollen Armbänder, Fibeln (die Sicherheitsnadeln der Vorgeschichte) und andere Fundstücke in Skandinavien zeigen, haben die Menschen im Norden tatsächlich, kaum daß sie die neue Technik begriffen hatten, ihre Lehrmeister aus dem Süden rasch an Kunstfertigkeit übertroffen. Die «Nordische Bronzezeit» kannte keine Schrift, keine Städte und keinen bürokratischen Beamtenapparat wie etwa zu gleicher Zeit die indoeuropäischen Vettern im griechischen Mykene oder im hethitischen Hattuscha. Aber im künstlerischen Umgang mit dem neuen Werkstoff Bronze war sie ihnen ebenbürtig, wenn nicht überlegen.

Auch für die Menschen im Norden war – ähnlich wie für die abenteuersuchenden Seefahrer unter den mykenischen Griechen – die Welt weit und hell. Die vorstehende, etwa um das Jahr 1400 v. Chr. spielende Episode vom nordischen Kapitän Widarr, der seinen mykenischen Kollegen Asterios an der Küste von Cornwall in Britannien getroffen haben soll, ist natürlich erfunden. Möglicherweise war es auch gar nicht die «Zinninsel» Britannien, sondern die «Kupferinsel» Helgoland, vor der sich die beiden Kapitäne trafen. Deutsche Geologen haben erst in jüngster Zeit entdeckt, daß diese einst viel größere Felseninsel im Mittelalter, wahrscheinlich aber schon in der Bronzezeit, ein Zentrum des europäischen Kupferbergbaus gewesen sein muß. Nachgewiesen ist, daß nordische Schiffe – sie müssen ganz ähnlich ausgesehen haben wie über zweitausend Jahre später die «Drachenboote» ihrer Nachfahren, der nordischen Wikinger – bis Britannien, Spanien, ja ins Mittelmeer gefahren sind. Und vielleicht stammt die geheimnisvolle Sage von der Insel Atlantis von nordischen Seeleuten, die damals schon den Ozean bis nach Amerika überquert hatten und wieder zurückgekommen waren, um die Kunde von einem Land jenseits des großen Wassers nach Europa zurückzubringen.

Der Handel mit den Rohstoffen für die Bronzeherstellung, mit Bronzeerzeugnissen, mit Bernstein, Schmuck und einem immer größer werdenden Sortiment von Luxuswaren verband auch in der Mitte des zweiten vorchristlichen Jahrtausends Nord- und Südeuropa über ein ganzes Netz von Handelswegen. Zu den Landwegen waren nun auch regelmäßig befahrene Schiffahrtsrouten gekommen. Selbst diejenigen Nordleute, die nie aus ihrem Dorf herausgekommen waren, konnten sich sicherlich aus Erzählungen der weitgereisten Matrosen ein zutreffendes Bild von der Weite und Vielfalt des europäischen Kontinents machen.

Trotz der ungeheuren Entfernung gab es manche Verbindungslinie zwischen den Nordleuten und den mykenischen Griechen. Denn bei beiden Völkern bestand ja wenigstens die herrschende Schicht aus Abkömmlingen des Kurgan-Volkes. Vermutlich verehrten die Nordleute in Skandinavien besonders den «Vater des leuchtenden Himmels» (auf Ur-Indoeuropäisch «Dieus petér»), den Sonnengott, der im kühlen und während der Wintermonate so lange dunklen Norden Wärme und Licht spendete. Man schließt das aus den zahlreichen Abbildungen der Sonnenscheibe auf den Felsen und vielen Schmuckstücken. Auch das Modell eines pferdegezogenen «Sonnenwagens» aus der Bronzezeit hat man vor einigen Jahrzehnten in einem dänischen Acker gefunden. Ein ähnlicher Glauben scheint auch in Griechenland der gleichen Zeit geherrscht zu haben. Vielleicht hat der Kult des Sonnengottes damals noch über den Kreis der frühen indoeuropäischen Völker hinaus Verehrer gewonnen: bei den Ägyptern unter Pharao Echnaton und seiner Frau Nofretete, der Mitanni-Prinzessin aus arischem Königsgeschlecht (siehe 7. Kapitel, S. 146ff).

Unberührt von den Völkerstürmen der späteren Bronze- und der Eisenzeit im übrigen Europa – wir werden davon noch hören – konnten die Menschen in Südskandinavien und Schleswig-Holstein sich etwa zweitausend Jahre lang ruhig und ohne äußere Störungen entwickeln. Die Wissenschaft ist sich bei ihnen ausnahmsweise einmal einig, daß sie die Vorfahren der späteren Germanen waren. Wir werden diesen ihren Nachkommen nach einem Sprung von knapp tausend Jahren noch begegnen (22. Kapitel).

Wandlungen in «Alteuropa»

Südlich des Wohngebiets der Menschen dieser «Nordischen Bronzekultur», also im übrigen Deutschland bis zu den Alpen sowie im südöstlichen Mitteleuropa, hatte es im 16. Jahrhundert v. Chr. offenbar manche Änderungen in der Lebensweise gegeben, ohne daß ein grundlegender Wandel der Bevölkerung eintrat. Man vermutet heute, daß unternehmungslustige Träger der Aunjetitzer Kultur sich nach Südosten – nach Ungarn, Westrumänien und Nordserbien – auszudehnen begannen und von dort manche neue Bräuche, aber auch neue Waffen und Dekorationsmuster in ihre alte Heimat zurückbrachten. So tauchte das lange Schwert aus Bronze – als Waffe wohl im Nahen Osten entwickelt – nun erstmals auch in Mitteleuropa auf.

Aus den veränderten Grabsitten kann man auch gewisse Rückschlüsse auf neue Herrschaftsverhältnisse ziehen: In der Frühbronzezeit Europas hatte es offensichtlich nur einige wenige recht großräumige Herrschaften gegeben, und lediglich die berühmtesten Häuptlinge fanden ihre letzte Ruhestätte unter einem monumentalen Grabhügel wie in Leubingen. Wenige Jahrhunderte später stellten offenbar zahlreiche Adelssippen, die neuerdings in befestigten Höhensiedlungen, den Vorläufern der mittelalterlichen Burgen, hausten, den Anspruch auf einen «richtigen Grabhügel», wenn diese meist auch erheblich kleiner ausfielen als früher. Nach dieser Eigenart nennt man in der Wissenschaft die Zeit zwischen etwa 1500 und 1250 v. Chr. in Mitteleuropa die «Hügelgräberkultur». Auch diese Zeit war im wesentlichen wohl eine friedliche Epoche mit blühendem Fernhandel. Das schloß sicherlich nicht häufige Fehden zwischen den stolzen «Baronen» aus, die im Streit um Weiderechte oder einfach aus gekränkter Ehre schnell bereit gewesen sein werden, ihre Schwerter gegeneinander zu ziehen.

Dennoch vermehrte sich die Bevölkerung und besiedelte nunmehr auch höherliegende Gebiete in den deutschen Mittelgebirgen und den Alpen, und zugleich dehnte sich diese Kultur jetzt auch deutlich westlich des Rheins bis nach Ostfrankreich aus.

Vielleicht sind die kulturellen Veränderungen wenigstens zum Teil auf eine vorübergehende Bewegung von Indoeuropäern aus Osteuropa zurückzuführen, die damals mit dem gerade Mode gewordenen leichten zweirädrigen Streitwagen und zwei Pferden davor bis nach Mitteleuropa umherstreiften. Kurz zuvor hatten ja Hethiter, Inder und mykenische Griechen diesen «Panzerwagen der Frühzeit» als moderne Waffe bei sich eingeführt (siehe Teil II). Verschiedene Archäologen vermuten, daß auch in den weiten Räumen Ost- und Mitteleuropas eine «Streitwagenbewegung» eine gewisse, wenn auch nicht völlig umwälzende Rolle gespielt haben muß. Es waren wohl keine großen Volksmassen, die da nach Ost- und Mitteleuropa hineinströmten, sondern eher nur kleine Gruppen abenteuer- und beutelustiger Nachfahren der alten Kurgan-Krieger aus der südrussischen Steppe, die hier ihre längst ansässig gewordenen indoeuropäischen Vettern heimsuchten. Doch die archäologischen Indizien sind hier noch zu spärlich, um sichere Behauptungen zu wagen.

Sprachlich und in gewissem Grade auch kulturell hatten sich die Indoeuropäer in Mittel- und Nordeuropa zu dieser Zeit schon merklich von ihren im Osten zurückgebliebenen Vettern fortentwickelt. Immerhin waren seit der großen «Explosion» des Kurgan-Volkes nun schon fast tausend Jahre vergangen. Das zweite vorchristliche Jahrtausend war die Epoche, da die Indoeuropäer in Mitteleuropa von Norwegen bis Sizilien, von Nordfrankreich bis Westpolen eine noch recht einheitliche Sprache benutzten, deutlich unterschieden vom vorhergehenden «Gemein-Indoeuropäischen» des noch ungeteilten Kurgan-Volkes, und auch abgesetzt von den Sprachen weiter östlich ansässiger oder später sich herausbildender indoeuropäischer Völker. Der Indogermanist Hans Krahe hat dieses sprachliche Zwischenglied zwischen dem «Gemein-Indoeuropäischen» und den Sprachen der späteren historischen Völker im mittleren und westlichen Europa – Kelten, Römer, Illyrer, Germanen – «Alteuropäisch» genannt (vgl. 10. Kapitel, S. 207). Man darf wohl annehmen, daß sich die damaligen Vorfahren der späteren Völker noch einigermaßen gegenseitig verstanden, wenn es sicherlich auch von «Teuta» zu «Teuta» – den kleinen Sippengemeinschaften als vermutlich damals höchster Stufe «staatlicher» oder «nationaler» Einheit – zahllose fließende Dialektunterschiede gegeben haben wird.

Der Scheiterhaufen

Um 1230 v. Chr., Südwestslowakei

Keuchend versuchte Nodos seinen Gegner zu packen, doch dessen dicker harter Panzer aus eingefettetem Leder bot ihm keinen Halt. Nodos hatte seinen Speer im Handgemenge verloren. Der Bronzedolch war nun seine einzige Waffe. Doch der Gegner trat mit hastiger Bewegung einen Schritt zurück und schmetterte seinen schweren runden Holzschild dem Angreifer über Kopf und Arm. Bewußtlos stürzte Nodos zu Boden. Er hörte nicht mehr, wie sein Nachbar in der Schlachtreihe seinen Überwinder mit dem Speer durchbohrte und wie die Kameraden die gegnerischen Krieger langsam zurückdrängten.

Als Nodos mit brummendem Schädel aus seiner Ohnmacht erwachte, war es still. Das hämmernde Klingen von Speer an Speer, von Bronzeschwert an Bronzeschwert, das heisere Gebrüll wütender Männer im Blutrausch war verstummt. Nur aus einiger Entfernung hörte Nodos das Stöhnen von Verwundeten, und noch weiter weg klang die traurige Melodie der Totenklage auf, gesungen von rauhen Kriegerkehlen. Mancher Freund des Kriegers Nodos lag tot auf dem Schlachtfeld, und vielen lief der rote Lebenssaft aus gräßlichen Wunden davon. Doch was tat das – die Ehre und die Heimat der «Donauleute» waren erfolgreich verteidigt.

Seit Jahr und Tag hatte es Auseinandersetzungen und Scharmützel mit dem großen Nachbarvolk der «Lausitzer» gegeben, deren Machtbereich sich von den Vorhöhen der Tatra weit nach Norden erstreckte. Überall, bei den «Donauleuten» wie bei den «Lausitzern», waren in den letzten Generationen die Dörfer immer voller und die Äcker und Weiden immer knapper geworden, und die Lausitzer drängten mit Macht nach Süden, aus den Bergen heraus in die Ebene, auf der die Donauleute seit Jahrhunderten ihre Dörfer hatten. Die Schlacht war unvermeidlich gewesen, aber auch ihr siegreicher Ausgang würde dem Donauvolk nur eine vorübergehende Atempause verschaffen. Doch das war nun einmal das Schicksal dieser Zeit. Nodos, der den größten Teil des Jahres als Bauer in einem abgelegenen Tal hauste, war es gewohnt, mit seinen Nachbarn und Verwandten vom Häuptling seiner weitverstreuten Sippe fast jedes Jahr im Sommer zum Kriegszug zusammengerufen zu werden. Diesmal war er noch glimpflich davongekommen dank seines neumodischen Helms, den die Schmiede des Donauvolkes aus festem Bronzeblech so gut zu hämmern verstanden.

Der diesjährige Feldzug war gewonnen, aber auch einer der Fürsten des Donauvolkes, Korragos, war dabei gefallen. Nun galt es, ihn und die anderen toten Krieger des Volkes würdig zu bestatten. Einige Tage lang waren Nodos und viele seiner Kameraden beschäftigt, in den Wäldern der Umgegend Bäume mit ihren Bronzebeilen zu fällen und zu einem riesigen Scheiterhaufen aufzutürmen. Andere Krieger trieben aus den nächstgelegenen Dörfern Rinder, Schafe und Schweine zusammen und schlachteten sie mit geübtem Schwerthieb, damit ihre Körper als Opfergaben für die Götter und Nahrung für die Toten in der anderen Welt dargebracht werden könnten. Als wichtigstes Opfer aber wurden zwölf Kriegsgefangene, die verwundet in die Hand der Sieger gefallen waren, an den Holzstoß herangeführt und erstochen. Sie sollten im Jenseits als Diener für den gefallenen Fürsten bereit sein.

Auf eine Plattform in der Mitte des hohen Holzhaufens wurde Fürst Korragos gebettet, in Helm und Bronzepanzer, den er wie die anderen Adligen des Donauvolkes mit Stolz getragen hatte. Schwert und Speer, Bronzeschild und Dolch fehlten nicht, und auch Becher und Besteck und kostbaren Schmuck legten die Donauleute hinzu, denn es war Ehrensache, daß ihrem Fürsten im anderen Leben nichts fehlen sollte. Schließlich zogen die Krieger den Streitwagen mit Seilen empor, auf dem Korragos bis zum Schlachtfeld gefahren war, und die beiden Lieblingspferde des Fürsten wurden ebenfalls getötet und auf den Scheiterhaufen gehievt. Auf dem

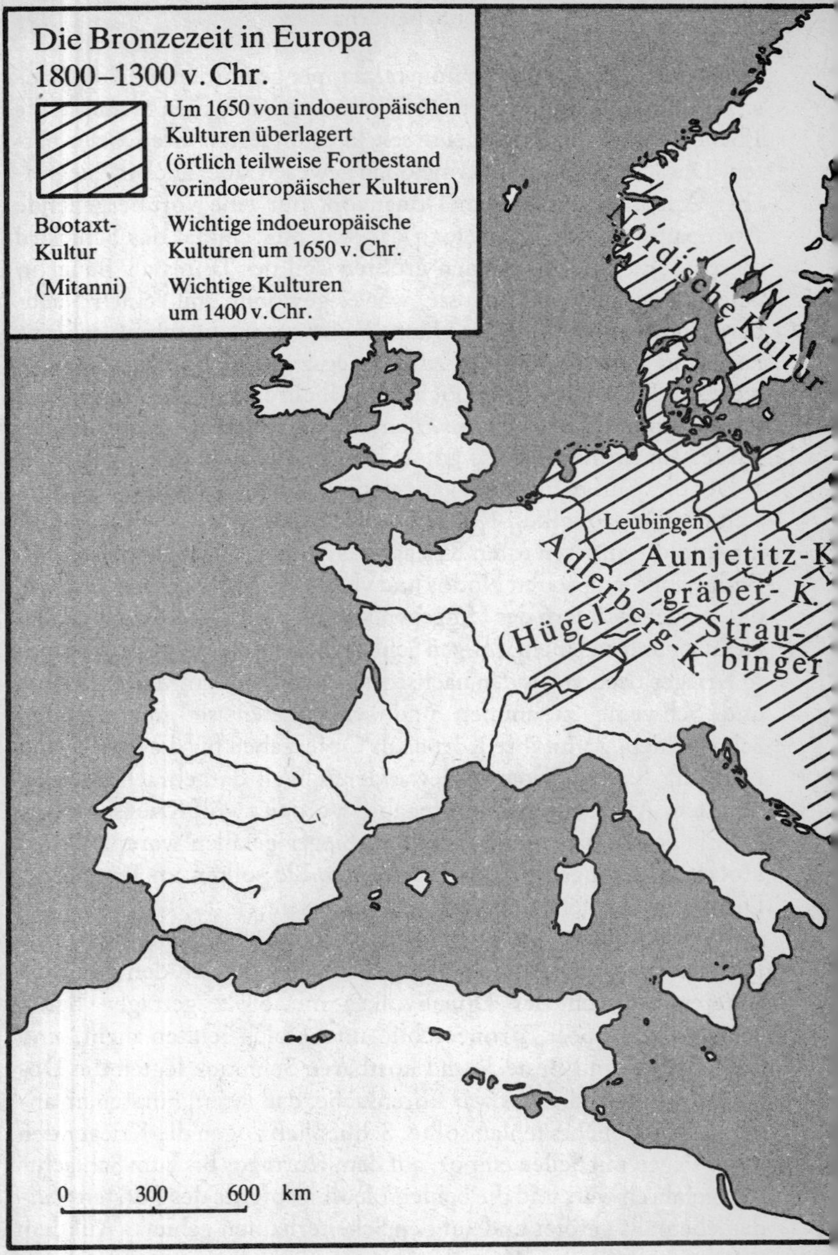
Die Bronzezeit in Europa
1800–1300 v. Chr.
Um 1650 von indoeuropäischen Kulturen überlagert (örtlich teilweise Fortbestand vorindoeuropäischer Kulturen)
Bootaxt-Kultur
Wichtige indoeuropäische Kulturen um 1650 v. Chr.
(Mitanni)
Wichtige Kulturen um 1400 v. Chr.
Nordische Kultur
Leubingen
Aunjetitz-K
Adlerberg-K.
(Hügelgräber-K.
Straubinger
0 300 600 km

otaxt-Kultur
Baltische Bronze-Kultur)
Fatjanowo-Kultur
Andronowo-
Kultur
Katakombengrab-Kultur
(Holzkammergrab-Kultur)
Hethiter
(Mitanni)
kenische Kultur)

Rand des mächtigen Holzstoßes legte man die einfachen Krieger zur letzten Ruhe, die der Tod in der Schlacht ereilt hatte.

Dann war es soweit. Die Fackeln der siegreichen Krieger setzten den Scheiterhaufen in Brand, und der Wind entfachte das Feuer zu brüllender Glut, der Holz und tote Körper verzehrte. Im Feuerschein feierten die Donaukrieger das Totenfest. An Bier und Met wurde nicht gespart, und auch die Toten bekamen ihren gehörigen Anteil ins Feuer geschüttet. Laut stieg die Totenklage gen Himmel, und nach altem Brauch maßen sich die Überlebenden im Wettspiel zu Ehren der Gefallenen: im Wagenrennen, im Speerwurf, im Schwertkampf und im Ringen.

Als am anderen Morgen die Asche erkaltet war, sammelte man die Knochenreste, Asche und unverbrannte Bronzestücke der Waffen sorgfältig in große Tongefäße. Über der Urne mit der Asche des Fürsten häuften die Krieger dann in weiterer tagelanger Arbeit den monumentalen Grabhügel, der in ihrem Volk seit Urväterzeiten zum Begräbnis eines Anführers gehörte.

Ein paar alte Männer hatten gemurrt, man hätte doch den Fürsten unverbrannt unter dem Erdhügel bestatten sollen, wie es früher stets üblich gewesen sei. Aber sie mußten sich dem neuen Brauch fügen. Wie sonst sollte man verhüten, daß frevlerische Diebe später heimlich den Hügel aufgruben und die wertvollen Waffen und Schmuckstücke raubten, die man dem Toten mitgegeben hatte? Das war ja die Verderbtheit der heutigen Zeiten, daß es immer mehr habgierige Räuber gab, die allen Geboten der Götter zum Trotz den Toten die für das Jenseits so notwendigen Gegenstände stahlen. Da war es ein tröstlicher Gedanke, daß durch die Verwandlung der toten Körper *und* ihrer Beigaben in Asche und Schutt ihre Seelen unmittelbar ins Jenseits übergingen.

Die große Unruhe

Das 13. Jahrhundert v. Chr. – oder, anders ausgedrückt, der Beginn der Spätbronzezeit in Mitteleuropa – muß in dieser Weltgegend eine außerordentlich unruhige Zeit gewesen sein. Wachsende Übervölkerung und zugleich eine beginnende Klimaverschlechterung mit häufigen Regenfluten brachten die Menschen der indoeuropäisierten Kulturen auf den Gedanken der gewaltsamen Auswanderung. Im 10. Kapitel (Die Jugend wird unruhig, S. 203ff) ist dargestellt, wie diese Unruhe begonnen haben mag und welche tiefgreifenden Auswirkungen sie auf der Balkanhalbinsel und im ganzen östlichen Mittelmeer gehabt hat. Dort wurde auch darauf hingewiesen, daß trotz massiver Abwanderungen aus dem östlichen Mitteleuropa hier die ursprüngliche Volkssubstanz und Kultur nahezu unverändert erhalten blieb. Mit dem Schicksal der in Mitteleuropa zurückgebliebenen Indoeuropäer beschäftigt sich dieses Kapitel.

Die vorstehende Episode von der Schlacht und der Einäscherung des gefallenen Fürsten soll uns etwa in das Jahr 1230 v. Chr. und in die südwestliche Slowakei versetzen, wo Archäologen in einem großen Grabhügel die Aschenurne eines «Fürsten» und Reste seiner Rüstung ausgegraben haben (Čaka, nördlich des großen Donau-Knies). Daß es solche «Schlachten» in jener Zeit an vielen Stellen Mitteleuropas gegeben haben muß, steht fest, auch wenn man dabei nicht an viele Tausende beteiligte Krieger denken darf, wie sie in späteren Jahrhunderten gegeneinander antraten. Die vielen aus jener Epoche aufgefundenen Reste neuer Waffentypen – Bronzeschwerter, Panzer, Schilde, Helme – sowie zahlreiche beim drohenden Einfall von Feinden hastig vergrabene Schätze (die Wissenschaft nennt sie «Hortfunde») reden eine eindeutige Sprache. Richtige Panzer aus Bronzeblech, Helme und Bronzeschilde werden sich damals aber wohl erst wenige wohlhabende Anführer geleistet haben. Die einfachen Krieger benutzten vermutlich zum Schutz ihrer Körper vor feindlichen Waffen Leder und Holz, also vergängliche Materialien, die kein Archäologe heute mehr nachweisen kann.

Im Gegensatz zu manchen anderen Episoden in diesem Buch ist die Schilderung der Bräuche bei der Einäscherung der im Kampf gefallenen Krieger und Fürsten nicht der Phantasie des Autors entsprungen. Wer will, kann ihren Ablauf in allen Einzelheiten in der ältesten abendländischen Literatur nachlesen. Der griechische Dichter Homer (oder vielmehr jene vielen altgriechischen Dichter, die man seit alters unter diesem Namen zusammenfaßt) schildert im

23. «Gesang» (Kapitel) der «Ilias» genau die Vorbereitungen und den Ablauf der Verbrennung des vor Troja gefallenen griechischen Helden Patroklos. Dazu gehört auch die Opferung von Kriegsgefangenen am Holzstoß, die damals noch so allgemeiner Brauch gewesen sein muß, daß sie nur ganz nebenbei erwähnt wird. Auch wenn «Homer» drei- bis vierhundert Jahre nach dem Trojanischen Krieg lebte, bemühte er sich, die ganz anderen Kulturzustände seiner heldischen Vorfahren genau zu schildern. Und gerade in diesem Punkt, dem Brauch bei der Totenverbrennung, werden spätmykenische Griechen und ihre Sprach- und Kulturverwandten im östlichen Mitteleuropa noch weitgehend übereingestimmt haben. Selbst die Zeit ist die gleiche. Der Trojanische Krieg muß nach den Forschungen moderner Wissenschaftler um 1230 v. Chr. stattgefunden haben (siehe 9. Kapitel: Der Zug gegen Troja, S. 194), und die Urne des Fürsten von Čaka in der Slowakei stammt möglicherweise aus dem gleichen Jahrzehnt.

Die plötzliche Ausdehnung des Brauchs, die Toten nicht mehr zu begraben, sondern zu verbrennen und die Asche in Urnen beizusetzen, über ganz Mittel- und Südosteuropa ist schon im 10. Kapitel dieses Buches erwähnt worden (die sogenannte «Urnenfelderwanderung»). Die vorstehende Episode versucht, eine rationale Erklärung für diese auffallende kulturelle Änderung zu geben, eine Erklärung, wie sie Hans Georg Wunderlich in seinem Buch «Wohin der Stier Europa trug» vorgeschlagen hat. Das Auftreten von Grabräubern in der späteren Bronze- und der ganzen Eisenzeit in Europa mußten moderne Archäologen in Hunderten von Fällen feststellen, wenn sie alte Grabhügel untersuchten und zu ihrem Leidwesen die Grabkammern ausgeplündert fanden. Da war die Verbrennung der Toten und ihrer Beigaben das einzige Mittel gegen diese Entweihung der Totenruhe.

In der europäischen Fachwissenschaft herrschte lange Streit, ob die rasche Ausbreitung der «Urnenfelderkultur» in Mitteleuropa auf echte Wanderungen von Völkern und Vernichtung der Vorbevölkerung am Ort ihrer neuen Niederlassung oder aber lediglich auf kulturelle Anpassung zurückzuführen war. Heute setzt sich wohl die zweite Auffassung durch, wenn auch gewisse Wanderungen im kleineren Maßstab in Mitteleuropa nicht ausgeschlossen werden können. Aber im Unterschied zu Südeuropa und dem von beachtlichen Volksmassen getragenen «Seevölkersturm» scheint es in *Mittel*europa zu jener Zeit keine völlig umwälzenden Völkerwanderungen gegeben zu haben. Die Indoeuropäer, die hier lebten, waren im 13. Jahrhundert v. Chr. rassisch, sprachlich und kulturell noch mehr oder weniger die gleichen Menschen wie ihre Vorfahren in derselben Gegend ein paar Jahrhunderte vorher. Aber dennoch waren auch hier die Menschen aus dem früheren ruhigen Gleichmaß ihrer bäuerlichen Existenz aufgestört, die Beziehungen zu den Nachbarstämmen waren nun mehr kriegerischer Natur als zuvor, auch wenn der Fernhandel quer durch Europa offenbar lebhaft weiterging.

Die Archäologen unterscheiden auch für jene Epoche in Mitteleuropa eine Reihe von «Kulturprovinzen», die man noch nicht mit dem Namen späterer historischer Völker zu belegen wagt, die aber dennoch Ansätze zur Herausbildung sprachlich und kulturell zu unterscheidender Völker darstellten. Zwei davon wurden in der vorigen Episode genannt: die «Mitteldonaukultur» (verbreitet in Mähren, Niederösterreich, Westungarn und der südwestlichen Slowakei) und die «Lausitzer Kultur» in Mittel- und Ostdeutschland, Südwestpolen und in den nördlichen Teilen der Tschechoslowakei (siehe dazu 18. Kapitel, S. 405 ff). Es gab noch mehrere solcher Kulturen, aber es würde den Nichtfachmann zu sehr verwirren, wenn man die Vielzahl der Namen aufzählen wollte.

Die besonders kriegerische und unruhige Zeit zwischen 1300 und 1200 v. Chr. ging allmählich wieder in eine mehrhundertjährige friedlichere Epoche über. Der Wohlstand stieg, und über den kulturellen Unterschieden der einzelnen «Völker», die man aus den archäologischen Hinterlassenschaften herauslesen kann, entwickelte sich so etwas wie eine «gesamteuropäische Kultureinheit» – natürlich nur unter den vom alten Kurgan-Volk abstammenden Indoeuropäern, die ja zunächst immer noch auf den nördlichen, mittleren und östlichen Teil Europas begrenzt waren.

Doch im Laufe der nächsten drei bis vier Jahrhunderte eroberten die Indoeuropäer Schritt für Schritt immer weitere Siedlungsgebiete. Im 11. Jahrhundert v. Chr. erreichten Urnenfelder-*Leute* (und nicht nur deren Bräuche) Südostfrankreich und Belgien, dreihundert Jahre später drangen sie in Südfrankreich und Nordspanien ein. Andere wandten sich nach Italien. Von ihren Schicksalen und Entwicklungen wird in späteren Kapiteln dieses Buches die Rede sein.

18. Kapitel

Völker ohne Geschichte

Verschollene Ahnen
halb Europas

Der Donnerer

Um 1000 v. Chr., am mittleren Main

Schon seit Tagen hatten die jungen Burschen des Dorfes am Thierbach die Holundersträucher beobachtet, ob ihre Knospen sich in Blüten verwandelten – das untrügliche Zeichen für den Beginn des Sommers. Heute war es soweit. Das große, schon lange von der Dorfgemeinschaft vorbereitete Fest konnte nach alter Tradition vonstatten gehen.

Von überall aus den Dörfern und Ansiedlungen der Teuta am Moenus (Main) strömten die Menschen in das Hauptdorf am Thierbach, wo der Fürst wohnte. Die Familien und Sippen waren groß geworden in den letzten Generationen. Wenn Dieus petér genügend Regen schickte während des Sommers, konnten die vielen Menschen auch alle satt werden, denn die seit einiger Zeit aufgekommenen neumodischen Pflüge mit Pflugscharen aus fester Bronze konnten den Boden viel besser auflockern und dadurch eine bessere Ernte bringen als die früheren Hakenpflüge aus Holz, die den Boden nur ein wenig anzukratzen vermochten. Aber der Regen war neuerdings die große Sorge der Menschen. Oft kam während des Sommers wochenlang überhaupt keine Feuchtigkeit vom Himmel. Daher feierte die Teuta am Moenus ihr Fest des «hohen Maien» zum Sommerbeginn in diesem Jahr mit besonderer Inbrunst, um Dieus petér zu beschwören, als Herr des Donners doch genügend Gewitter zu schicken, damit die Weiden für das Vieh saftig werden und das Getreide, die Erbsen und die Bohnen reichlich wachsen konnten.

In der Mitte des alten Festplatzes stand eine schlanke hohe Birke, von deren Wipfel jetzt zahlreiche bunte Bänder herabhingen. Die heiratsfähigen jungen Burschen und Mädchen faßten diese Bänder an und begannen das Fest mit dem traditionellen Maitanz um den Baum. Am Ende verwickelten sich die Bänder immer mehr, und Mädchen und Burschen verstrickten sich unter Lachen und Kreischen in Paaren so fest darin, daß den zuschauenden Eltern klarwerden mußte, wer noch in diesem Jahr heiraten und für weiteren Kindersegen sorgen würde.

Als nächste sprangen zwei seltsame Gestalten in den Kreis der Zuschauer, die «Vogelmenschen». Es waren junge Burschen in einem «Kostüm» aus Birkenzweigen und Stroh, das sie wie große Enten mit langen platten Schnäbeln aussehen ließ. Unter lautem Quaken hüpften die dem Donnergott heiligen «Tiere» umeinander und deuteten mit ihren Gesten unter Jubel der Zuschauer an, daß die Bäche und Teiche auch im Sommer genügend Wasser führen würden, um diesen Wasservögeln das Schwimmen zu erlauben.

Die folgende Kulthandlung wurde durch helle, donnerähnlich nachhallende Töne eingeleitet. Einer der Sippenältesten schlug mit aller Macht zwei große, prächtig verzierte Scheiben aus Bronzeblech gegeneinander. Dies war das Zeichen für die Zuschauer, eine Gasse zu öffnen und einen kleinen Wagen in den Kreis einzulassen, der von zwei Ziegenböcken gezogen wurde, den «vielzeugenden» Tieren, die ebenfalls dem Donnergott heilig waren. Der Wagen bestand aus einem einfachen Gestell aus Bronzestäben auf vier kleinen vierspeichigen Rädern ebenfalls aus Bronze. Vorn und hinten lief das Fahrgestell in elegant geschwungene Köpfe von heiligen Enten aus. In der Mitte trug der Wagen ein großes vasenartiges Gefäß aus Bronze. Als der Führer des Wagens nach dreimaliger Umrundung der Birke die Ziegenböcke anhielt, trat der Fürst der Teuta vor und schlug mit der kostbaren, nur für kultische Zwecke verwendeten Bronzeaxt an den Bauch der Vase. Auch dies brachte ein hallendes, donnerähnliches Geräusch hervor, in dem Dieus petér sein Versprechen ausdrückte, in diesem Sommer genügend Gewitter und Regen zu schicken.

Den Schluß und Höhepunkt des kultischen Teils des Sommerfestes bildete das «Pfingstopfer». Gemessenen Schrittes führte der Fürst, der ja zugleich als Priester den Kontakt zwischen Menschen und Göttern herzustellen hatte, ein weißgekleidetes junges Mädchen in den Kreis. Verzagt, aber ohne Weinen und Jammern erwartete das Mädchen sein Schicksal: durch seinen Tod die Götter gnädig zu stimmen. Der Fürst hob die Bronzeaxt und schmetterte sie mit aller Wucht auf das Genick des Opfers, das lautlos zusammenbrach. Stumm vor innerer Anteilnahme erlebten die Zuschauer diese heilige Handlung mit. Sie blickten sich auch nicht um, als im Hintergrund die Mutter des Mädchens ihre Tränen nicht mehr zurückhalten konnte und laut zu schluchzen begann. Dieus petér, der Donnerer, hatte sein Opfer, und er würde nun sicherlich während des Sommers nicht mit Gewitter und Regen geizen. Nun konnte das fröhliche Schmausen und Trinken beginnen, das von alters her den Abschluß jedes Pfingstfestes bildete.

Uralte Volksbräuche

Das vorstehend geschilderte «Pfingstfest» einer indoeuropäischen «Teuta» wird vielleicht manchem Leser als unglaubhaftes Phantasieprodukt erscheinen. Und doch ist es nachgewiesen, daß viele unserer auf dem Lande noch geübten oder in neuerer Zeit wiederbelebten Volksbräuche uns tatsächlich über dreitausend und mehr Jahre hinweg mit unserer europäischen Vergangenheit verbinden. Sie sind zugleich ein Beweis für eine seit dieser Zeit ungebrochene Bevölkerungskontinuität gerade in Deutschland, trotz aller politisch-kulturellen Umwälzungen, von denen auch unser Buch in den folgenden Kapiteln noch zu berichten haben wird.

Der Tanz um den «Maibaum», eine mit Bändern geschmückte Birke, ist beispielsweise deutlich auf einer der «Felsritzungen» aus der Bronzezeit an der südschwedischen Küste zu erkennen, von denen im 17. Kapitel berichtet wurde. Es gibt zahlreiche Hinweise, daß dieser Brauch nicht nur bei den Vorläufern der Germanen in Südskandinavien, sondern auch bei ihren indoeuropäischen Vettern in Mitteleuropa geübt wurde und sich seitdem mit einigen Varianten erhalten hat. Volkskundler kennen auch in Mitteleuropa den heute allerdings wohl weitgehend in Vergessenheit geratenen Brauch, daß sich junge Männer zum Pfingstfest als Wasservögel («Pfingstvogel», «Pfingstquack») verkleiden. Es drängt sich auf, den Ursprung dieser seltsamen Sitte bei den «heiligen Enten» zu suchen, die etwa ab 1000 v. Chr. bei vielen archäologischen Funden in Mitteleuropa als Schmuckmotiv auftauchen.

Auch der Kultwagen, der in unserer Episode vorkam, zeigte ja die Entenköpfe. Dieser Wagen gehört zu den berühmtesten archäologischen Funden in Deutschland. Er wurde 1970 in Acholshausen am Thierbach, unweit des Mains bei Ochsenfurt (südlich Würzburg) ausgegraben und bildete einige Jahre später ein Motiv auf einer deutschen Briefmarkenserie, die archäologischem Kulturgut gewidmet war. Die Entstehungszeit dieses Wagens wird von den Fachleuten mit ungefähr 1000 v. Chr. angegeben. Interessant sind die kulturellen Verbindungen, die sich von diesem Wagen in Süddeutschland bis nach Griechenland ziehen lassen. Ähnliche Wagen mit einem Kessel auf einem Fahrgestell kennt man von Münzen der kleinen Stadt Krannon in Nordgriechenland, die dort zwischen 400 und 350 v. Chr. geprägt worden sind, und der antike Schriftsteller Antigonos von Karystos beschreibt die Verwendung dieser Wagen gerade so, wie dies in der obigen Episode geschehen ist. Auch wenn diese «Kesselwagen» über Tausende von Kilometern und Jahrhunderte voneinander getrennt sind, die Verbindung bildet das gemeinsame indoeuropäische Volkstum, der gemeinsame Glaube an den Göttervater, den Herrn über die Gewitter, und die Zähigkeit, mit der die indoeuropäischen Herren an ihren alten Bräuchen festhielten.

Was aber hat das christliche Pfingstfest, die Feier der Ausgießung des Heiligen Geistes, mit dem grausigen Menschenopfer zu tun, das den Abschluß der obigen Episode bildete? Es ist nun einmal nicht zu leugnen, daß die frühen Indoeuropäer Menschenopfer kannten; bei aller Sympathie für die Helden unseres Buches kann das nicht verschwiegen werden. Ferner feierten viele mitteleuropäische Völker regelmäßig ein großes Frühsommerfest, bei dem die gesamte Bevölkerung eines Dorfes oder eines Stammes sich versammelte, und dieser Brauch ist weit älter als das Pfingstfest, das erst von den christlichen Missionaren auf dieses Volksfest gelegt wurde, ähnlich wie das Weihnachts- und das Osterfest auf andere vorchristliche Festtage. Der Thüringer Sprachforscher Erich Röth hat in seinem Buch «Sind wir Germanen?» den überraschenden, aber einleuchtenden Beweis geführt, daß das deutsche Wort Pfingsten nicht etwa von der griechischen Bezeichnung dieses Festes, «pentekostē» (fünfzig, nämlich Tage nach Ostern) kommen kann, sondern aus einer in Mitteleuropa *vor* den Germanen gebräuchlichen indoeuropäischen Sprache stammt und etwa «kläglich weinen» bedeuten dürfte. Die zahlreichen «Pfingstwiesen», «Pfingstflecke» und ähnliche uralte Flurbezeichnungen in der Nähe mitteldeutscher Dörfer wären dann in jener dreitausend oder mehr Jahre zurückliegenden Zeit die «Wiesen der kläglich weinenden Hinterbliebenen» gewesen, wo Eltern und Geschwister mit ansehen mußten, wie nahe Verwandte beim großen Sommerfest ihres Dorfes zum Wohle der Teuta den Göttern geopfert wurden. Erich Röth schreibt dazu: «Wir müssen uns nur freimachen von dem Gedanken, daß Kulthandlungen der Urzeit mit dem Auge eines Menschen des 20. Jahrhunderts gesehen werden dürfen.»

Mit der Schilderung eines «Pfingstfestes» am mittleren Main um das Jahr 1000 v. Chr. – etwa zur gleichen Zeit feierten die Dorer in Argos ihr «Schafsfest» (siehe 11. Kapitel, S. 222ff) – ist bewußt eine Gegend in Deutschland ausgesucht worden, in der zu jener Zeit bestimmt noch keine Germanen wohnten. Dieses Volk – oder richtiger seine Vorfahren, die man noch nicht als eigentliche Germanen bezeichnen kann – lebte damals ja viel weiter nördlich, von Südskandinavien bis etwa in die Gegend des heutigen Hamburg. Was waren es aber wohl für Menschen, die da am Main ihr Frühsommerfest feierten?

Indoeuropäer waren es sicherlich, wenigstens in der Oberschicht. Auch die in die Unterschicht gedrängten, zu Knechten gemachten vorindoeuropäischen Bewohner jener Gebiete – die Nachkommen der «Bandkeramiker», die wir im 5. Kapitel kennengelernt haben (Zwei Welten: Jäger und Bauern, S. 103ff) – sprachen höchstwahrscheinlich bereits längst die Sprache ihrer Beherrscher. Aber was für eine Sprache war das? Erst in den letzten Jahrzehnten haben Sprachforscher etwas Licht in das Dunkel jener Zeit gebracht. Aus alten Fluß- und Ortsnamen, Flurbezeichnungen und anderen Quellen konnte man ermitteln, daß damals in großen Teilen Deutschlands, aber auch nach Westen bis nach Südfrankreich und nach Osten bis Ungarn eine Sprache benutzt wurde, die dem späteren Illyrischen im Westteil der Balkanhalbinsel ähnlich gewesen ist. Illyrer sind uns ja schon im 10. Kapitel als Träger eines Teiles der «Seevölkerbewegung» und Ahnen der späteren Philister sowie im 11. Kapitel als Weggefährten der Dorer bei ihrer Einwanderung nach Griechenland begegnet.

Wahrscheinlich ist es etwas zu weit über das Ziel hinausgeschossen, wenn einige Wissenschaftler, darunter auch der erwähnte Erich Röth, die indoeuropäische vorgermanische Bevölkerung Mitteldeutschlands einfach als «Illyrer» bezeichnen. Der bekannte Sprachforscher Hans Krahe hat wohl recht, wenn er feststellt, daß «Nordillyrisch» (also das in der Bronzezeit in Deutschland und weit darüber hinaus gesprochene Idiom) und «Balkanillyrisch» nicht schlechthin identisch seien, sondern daß vielmehr hier zwei nahe verwandte, im übrigen jedoch verschiedene Dialekte vorlägen.

Vielleicht hilft uns folgende Vorstellung weiter: Nach der mehrfach erwähnten Periode der «alteuropäischen Sprache» (siehe 17. Kapitel, Wandlungen in «Alteuropa»), die vermutlich einen Großteil des zweiten Jahrtausends v. Chr. ausgefüllt haben wird, war nun, um die Jahrtausendwende, eine Periode weiterer Aufspaltung und «Individualisierung» indoeuropäischer Sprachen gekommen. Das Keltische, die italischen Dialekte und die (vor)germanische Sprache fingen an, sich als eigene Sprache deutlicher voneinander zu unterscheiden (siehe dazu das 19., 20. und 22. Kapitel). Aber noch gab es große indoeuropäische Bevölkerungsgruppen, die von keinem dieser «Volkwerdungsprozesse» erfaßt wurden und in ihren kleinen, nur wenige Sippengemeinschaften umfassenden «Teutae» lebten und die alte, natürlich weiterentwickelte und in zahlreiche Dialekte geteilte Sprache benutzten. Vielleicht sollte man diese bisher nur umrißhaft bekannte Sprache «Mitteleuropäisch» nennen – in *zeitlicher* Reihe nach dem «Alteuropäischen» gemeint, so wie zwei Jahrtausende später dem «Althochdeutschen» das «Mittelhochdeutsche» und danach das «Neuhochdeutsche» folgte.

Nach der Unruhe, die im 13. Jahrhundert v. Chr. Mittel- und Südosteuropa erschüttert hatte (siehe 17. Kapitel, Ende), war es nun, ein Vierteljahrtausend später, wieder friedlicher geworden. Man widmete sich der Aufzucht seiner zahlreichen Kinder und der Herden sowie der Bebauung des Bodens und feierte den Jahreslauf mit den althergebrachten Festen. Nur eine von Klimaforschern nachgewiesene sehr trockene Zeit in Mitteleuropa machte den Menschen zu schaffen. Vielleicht war diese Trockenperiode auch die Ursache für den Wegzug größerer Bevölkerungsgruppen aus Ost- und Südosteuropa, die sogenannte «Pontische Wanderung», die im 9. und 8. Jahrhundert v. Chr. nach der Theorie des Archäologen Heine-Geldern bis nach Ostasien geführt hat (siehe 16. Kapitel, Das Rätsel der «Tocharer»). Solche klimatischen Gründe haben ja immer wieder zu vorgeschichtlichen Völkerwanderungen geführt.

Durch diese Völkerverschiebungen und Überschichtungen, die Europa in den folgenden zweitausend Jahren über sich ergehen lassen mußte und von denen in den folgenden Kapiteln berichtet wird, ist von der Sprache und kulturellen Eigenart jener Menschen nichts mehr übriggeblieben, die damals in der Spätbronzezeit «mitteleuropäisch» sprachen. Aber stimmt diese Behauptung wirklich? Wir werden uns später noch einmal mit dieser Frage beschäftigen.

Auf Wacht nach Osten

Um 750 v. Chr., Ödenburg/Ungarn

Die Wache war langweilig, aber notwendig. Auf der vorspringenden Ecke des steil abfallenden Burgberges war der gegebene Platz für einen ständigen Posten, der von hier aus die Ebene überblicken konnte, die sich unendlich weit nach Osten erstreckte. Im Dunst der Ferne schimmerte der große flache See (Neusiedler See), an dessen Westufer entlang sich der uralte Handelsweg nach Norden hinzog. Der Wachsoldat Andaros fröstelte und zog die Wolldecke, die ihm als Mantel diente, enger um den Körper. Obwohl es Sommer war, regnete es schon wieder anhaltend, und es war kühl, wie seit

Jahren schon die Regel. Andaros gingen auf seiner stillen Wache allerlei Gedanken durch den Kopf.

Aus der Ebene im Osten drohte Gefahr. Wenn man nicht aufmerksam Wache hielt, konnte es geschehen, daß ein Trupp wilder Reiter mit langen herabhängenden Mützen und weittragenden Pfeilen heransprengte und die friedlichen Bauern oder einen Handelszug auf dem alten Nord-Süd-Weg überfiel. Kimmerier nannten sich diese Reiter, die seit etwa einer Generation alle paar Jahre in der Nähe auftauchten. Der Fürst des hier am Ostabhang der Alpen seit alters ansässigen Volkes, Aplo, «der Starke», hatte unter dieser Bedrohung nicht viel Mühe gehabt, die Bauern und Handwerker seines Volkes zu Hand- und Spanndiensten zu zwingen. Tausende von Bäumen mußten dazu gefällt werden, die dann in sorgfältiger Verklammerung als Kästen in den Boden gerammt und mit Erde gefüllt wurden, bis auf der vorspringenden Berghöhe ein mächtiger Mauerring entstanden war, hinter den sich im Falle der Gefahr die Bewohner der Gegend mit ihrem Vieh in Sicherheit bringen konnten. Denn auf die Belagerung einer festen Burg waren die kimmerischen Reiter ganz bestimmt nicht eingerichtet.

Die Gefahr aus dem Osten hatte dem Fürsten Aplo und seiner Sippe nicht nur erhöhte Verantwortung, sondern auch Macht und Reichtum gebracht. Die Sippenhäuptlinge der weiteren Umgebung, die früher eifersüchtig auf ihre Unabhängigkeit bedacht gewesen waren, hatten den Eigentümer der stärksten Höhenfestung ihres Gebiets mit großer Mehrheit zu ihrem Anführer im Krieg gewählt und waren nun gezwungen, sich seinen Befehlen unterzuordnen. Denn wenn es oft auch jahrelang friedlich blieb, so konnten die wilden kimmerischen Reiter unter ihrem König Sigynnis doch ganz unverhofft auftauchen, und für diesen Augenblick hieß es gerüstet zu sein. Da war kein Raum mehr für Eigenbröteleien kleiner Sippenhäuptlinge. Und die Führer der Handelszüge, die mit rumpelnden, schwerbeladenen Wagen wie seit Hunderten von Jahren den Weg von der Adria ins Bernsteinland im Norden befuhren, waren nun gerne bereit, dem Fürsten Aplo eine größere Abgabe als früher zu zahlen, damit er sie in seinem Gebiet vor dem Überfall der Kimmerier beschütze.

Auch dazu hatte Fürst Aplo gute Vorkehrungen getroffen. Er

hatte seinen neuen Reichtum an Bernstein, Gold, Salz und kostbarem Schmuck unter anderem dazu benutzt, mit den Kimmeriern in der großen Ebene in friedliche Verhandlungen einzutreten. Diese Reiternomaden waren ja nicht ständig zu Raubüberfällen aufgelegt, sondern man konnte gelegentlich recht nützlichen Tauschhandel mit ihnen treiben. Und in solcher Zeit hatte Aplo ihnen eine Reihe ihrer kleinen struppigen Pferde abgekauft, mit dem zugehörigen Zaumzeug, versteht sich, mit dessen Hilfe man die Tiere lenken konnte, wenn man auf ihrem Rücken saß. Eine Reihe von Kriegern aus Aplos eigener Sippe und einigen verwandten Familien mußte sich mit dem Gebrauch dieser Pferde als Reittiere vertraut machen. Die Krieger besaßen zwar nicht wie die Kimmerier Bogen mit Pfeilen als Kampfwaffen. Aber die Schmiede des eigenen Volkes fertigten treffliche Panzer, Helme und Schilde aus Bronzeblech zur Abwehr dieser Pfeile, und als Angriffswaffen hatten die Krieger lange Schwerter aus dem neumodischen Metall Eisen sowie Lanzen, die im Nahkampf tödlich gegen die panzerlosen Steppenreiter wirkten. So begleitete neuerdings jeden Handelszug eine Gruppe schwerbewaffneter Reiter als Geleit. Die Kimmerier zeigten höllischen Respekt vor diesen Gegnern, die ihrerseits bald hochmütig auf alle einfachen Bauern und auch die Krieger zu Fuß herabblickten und eifrig bemüht waren, ihre Kinder nur noch in Familien ebenbürtiger Ritter zu verheiraten.

Es war eine Zeit der Not, aber auch des Fortschritts und des Umbruchs für das Volk, das seit undenklichen Zeiten am Ostabhang der Alpen und am Rande der großen Steppenebene wohnte. Eine schon halb verwehte Sage bewahrte eine schwache Erinnerung an einen Fürstensohn Dasas, der vor vielen, vielen Generationen aus dieser Gegend mit zahlreichen seiner Altersgenossen nach Süden aufgebrochen war, um Reichtum und neues Land zu gewinnen. Man hatte nie wieder etwas von ihm gehört.

Damals war durch diese Auswanderung mehr Platz für die Zurückgebliebenen geschaffen worden. Nun war die Zahl der Menschen wieder stark angewachsen. Aber auch das Verhältnis zwischen dem einfachen Volk und dem Adel hatte sich geändert. Der Abstand zwischen den reichen Adligen – den Angehörigen der Herrschersippen und der Familien, aus denen sich die Reiterkrieger ergänzten – und den vermögenslos gebliebenen Bauern war größer geworden. Manche durch besondere Schicksalsschläge getroffenen armen Familien hatten sich bei reichen Häuptlingen als leibeigene Knechte verdingen müssen. Sie waren damit zwar persönlich nicht mehr frei, aber in das Haus und in die Gefolgschaft und damit den Schutz der Mächtigen aufgenommen worden. Auf diese Weise ging es ihnen immer noch erheblich besser als manchen Sklaven, die als Kriegsgefangene bei den zahlreichen Fehden mit benachbarten Fürsten in die Hände der Adelssippen gefallen waren und nach Belieben zur harten Arbeit in den Bergwerken eingesetzt oder auch als Menschenopfer den Göttern dargebracht wurden.

Über allen aber wölbte sich doch der gleiche Glaube und der gleiche Brauch, der die Lebenden mit den Generationen der Ahnen verband und der den festen Rahmen darstellte, in dem hoch und niedrig, Fürst, Bauer und Knecht, seinen angestammten Platz hatte. Dort unten, am Weg von der Burg in die weite Ebene, fanden die Toten ihre letzte Ruhestätte, dicht bei den Wohnungen ihrer Nachkommen, unverbrannt, wie es neuerdings wieder Mode wurde, mit allen Beigaben an kostbaren Tonvasen, die ihrem Stand zukamen. Und darüber erhob sich, je nach dem Ansehen, das der Tote zu Lebzeiten genossen hatte, ein größerer oder kleinerer Grabhügel, wie ihn die Vorfahren seit eh und je gekannt hatten und wie ihn seltsamerweise auch die feindlichen Kimmerier über ihren vornehmen Toten aufhäuften.

Die «Hallstatt-Kultur»

Nahe der alten Stadt Ödenburg am östlichsten Ausläufer der Alpen, nicht weit vom Südwestwinkel des Neusiedler Sees, haben Archäologen eine Wallburg aus dem 8. Jahrhundert v. Chr. und ein Gräberfeld mit Hunderten von größeren und kleineren Grabhügeln und Beigaben aus der gleichen Periode aufgedeckt. Die Stadt Ödenburg gehört zu Ungarn und heißt heute offiziell Sopron. In diese Burg und in diese Zeit – die Mitte des 8. vorchristlichen Jahrhunderts – soll uns die vorstehende Episode führen. Es ist die gleiche

Zeit, in der die Spartaner Amyklai eroberten (siehe 11. Kapitel, Sparta – wie man es nicht kennt, S. 236ff) und in der die Kimmerier, von den Skythen bedrängt, zu Reiternomaden wurden und nach Süden und Westen aus der russischen Steppe ausschwärmten (siehe 13. Kapitel, Kimmerier von Urartu bis Frankreich, S. 279ff).

Diese Kimmerier spielten, wie in der Episode angedeutet, eine wichtige Rolle in der kulturellen Entwicklung Europas im ersten Jahrtausend v. Chr., weniger direkt als Eroberer als vielmehr indirekt durch die Kräfte, die sie bei den Bewohnern Mitteleuropas zu ihrer Abwehr mobilisierten, sowie durch gewisse kulturelle Einflüsse, die sie ausübten. Die Periode von etwa 800 bis 400 v. Chr. in Mitteleuropa heißt bei den Wissenschaftlern «Hallstatt-Zeit» oder auch «ältere Eisenzeit». Es war eine Epoche rascher kultureller und sozialer Veränderungen in der Mitte unseres Kontinents, mehr in der südlichen als in der nördlichen Hälfte dieses Gebietes. Wir kennen die Gräber, die Waffen, den Schmuck der Menschen, die damals lebten, wir können daraus manches auf ihre Lebensweise und ihre geistigen Vorstellungen schließen. Aber über das, was in diesem Gebiet in jenen Jahrhunderten tatsächlich geschehen ist, über das, was «Geschichte» ausmacht, wissen wir so gut wie nichts.

Wie alle Völker, mit denen wir uns in diesem Buch beschäftigen, hatten auch die Menschen der «Hallstatt-Zeit» in Mitteleuropa noch nicht die Kunst des Schreibens erlernt. Und für die bereits schriftkundigen Völker um das östliche Mittelmeer lag Mitteleuropa noch viel zu weit außerhalb ihrer geistigen Reichweite, als daß sie es für nötig gehalten hätten, etwas von dem Geschehen dort aufzuzeichnen. Dabei wußten gewiß wenigstens einzelne Kundige im Süden – Transportunternehmer und Handelsherren mit ihren ständigen Handelsbeziehungen nach Mittel- und Nordeuropa – recht gut über die Kriege und Bedrohungen, über die Probleme und Veränderungen dort oben Bescheid. Denn Kaufleute informieren sich zu allen Zeiten diskret, aber intensiv über die Verhältnisse bei ihren Geschäftspartnern. Aber weder damals noch sehr lange danach war es üblich, solches «Geheimwissen» schriftlich aufzuzeichnen.

Die Kämpfe der winzigen Stämme der Latiner, Rutuler und anderer um das Städtchen Rom in Italien fanden Jahrhunderte später in Schriftstellern wie Livius oder Vergil wenigstens noch als Sagen oder dichterisch verklärt eine literarische Würdigung. Die gewiß nicht minder dramatischen Auseinandersetzungen zwischen den «Teutae» in Mitteleuropa etwa zur gleichen Zeit sind verschollen. Ohne Zweifel gab es damals dort schon Vorstufen zu dem, was man wenig später als «Völker» bezeichnen sollte: die allmähliche Bildung größerer Kult-, Kultur-, Sprach- und Geschichtsgemeinschaften, wie sie uns etwa in den Kelten, den Latinern und den Germanen entgegentreten. Aber gerade im östlichen Teil des Gebietes der Hallstatt-Kultur wissen wir nicht einmal sicher, welches spätere indoeuropäische Volkstum Träger dieser Kultur war. Die Vermutung, daß es sich um die bisher schon mehrfach erwähnten «Illyrer» handelte, liegt zwar nahe, ist aber nicht unbestritten. Im westlichen Teil des Gebietes der Hallstatt-Kultur – vom westlichen Österreich über den Schwerpunkt Süddeutschland bis Ostfrankreich – entwickelte sich, wie man allgemein annimmt, in jener Zeit das Volkstum der Kelten. Von ihm wird im nächsten Kapitel ausführlicher berichtet.

Das Stichwort «ältere Eisenzeit» gibt einen Hinweis auf eine der wichtigen Veränderungen in jener Epoche. Das Eisen begann langsam, aber unaufhaltsam sich als Werkmaterial durchzusetzen. Das war keineswegs selbstverständlich, sondern eher Folge einer Notlage. Die Kunst des Erschmelzens und Verarbeitens des grauen Metalls war im Mittleren Osten schon Jahrhunderte früher bekannt. Aber die Schmiede in Mitteleuropa hatten es zu einer unübertroffenen Kunst in der Verarbeitung der Bronze, dieser Legierung aus Kupfer und Zinn, gebracht. Warum sollten sie sich umstellen? Die Verhüttung und Verarbeitung von Eisen war technisch erheblich schwieriger als von Bronze, erforderte viel höhere Schmelztemperaturen und größeren Arbeitsaufwand.

Doch gerade in diesen Jahrhunderten ließ die Versorgung mit dem für den Bronzeguß lebensnotwendigen Zinn nach, sei es, daß die ersten Zinngruben in Europa erschöpft waren, sei es wegen der gefährdeten Handelswege. Das Wiedereinschmelzen von unbrauchbar gewordenem Bronzegerät wurde zwar versucht, nützte aber nicht viel, denn es verlor dabei an Zinngehalt, die Bronze wurde weich und brüchig. Da war die Verhüttung von Eisen schon ein

Ausweg aus der Not. Man fand es in Erzform allenthalben in den Gebirgen, ja sogar unter dem Rasen in Moorgegenden. Und als die Schmiede im Raum der Alpen und darüber hinaus erst einmal die nötige Erfahrung im Umgang mit Eisen gewonnen hatten, da zeigte sich der neue Werkstoff an Härte und Schärfe der Schneiden den Waffen und Werkzeugen aus Bronze eindeutig überlegen.

Eine andere technische Errungenschaft jener Zeit, der bergmännische Abbau von Salz nahe dem heutigen Städtchen Hallstatt im österreichischen Salzkammergut, führte überhaupt zur näheren Erforschung der ganzen Kultur, weil man dort zuerst – schon in der Mitte des 19. Jahrhunderts – ihre Zeugnisse fand; Hallstatt gab der ganzen Epoche den Namen. Dennoch ist der Salzbergbau nur *ein* Zeugnis unter vielen – und nicht einmal das wichtigste – für die Kulturhöhe, die die Menschen im südlichen Mitteleuropa damals bereits erreicht hatten.

Wo gab es eigentlich in Europa in der Mitte des 8. Jahrhunderts v. Chr. schon eine Hochkultur? In Teilen Griechenlands begann man sich gerade mit der Schrift vertraut zu machen, und die Gesänge des Homer (und sicher noch manche andere, uns nicht überlieferte) waren gedichtet worden. Es gab von dort schöne Weingefäße aus Ton und einige Bemühungen um künstlerischen Ausdruck. Aber sonst lebte man selbst in Griechenland noch recht primitiv. Die kulturelle Hochblüte Athens und anderer Orte kam erst zweihundert Jahre später. In Italien war Rom ein winziges, völlig unbedeutendes Dorf, und die geheimnisvollen Etrusker fingen gerade an, ihre kulturelle und Handelsvorherrschaft über die Apenninenhalbinsel auszubreiten.

Die Völker nördlich der Alpen im Kreis der Hallstatt-Kultur standen in engen Handelsbeziehungen mit ihren südlichen Nachbarn, den Etruskern, und später auch mit den griechischen Kolonialstädten im westlichen Mittelmeer, insbesondere Massilia (Marseille). Hinterwäldler waren sie nicht, und wenn wir unvoreingenommen die Erzeugnisse ihrer Kunst mit denen der Griechen zur gleichen Zeit in Beziehung setzen, dann ist schwer zu entscheiden, wem der erste Preis für vorgeschichtliche Kunst zuerkannt werden müßte. Gerade aus dem vermutlich illyrischen Südostgebiet der Hallstatt-Kultur sind in den letzten Jahrzehnten zahlreiche Erzeugnisse fortgeschrittener handwerklicher Fertigkeit und Darstellungen von Menschen, Tieren und Ornamenten zum Vorschein gekommen, etwa auf den vielen reichverzierten «Situlen» (Weingefäßen aus getriebenem Bronzeblech). Sie lassen auf ein hochentwikkeltes Formempfinden der einheimischen Künstler schließen, aber auch auf eine wache Aufnahme neuer Kunsttendenzen, die von Etruskern und Griechen im Wege des Handelsaustausches vermittelt wurden.

Die Vorgeschichtswissenschaftler können die ausgegrabenen Gegenstände heute bereits erstaunlich gut nach ihrer Entstehungszeit einordnen, und dabei stellten sie fest, daß im 7. Jahrhundert v. Chr. ein auffallender Wandel bei der Darstellung menschlicher Figuren in Kunstwerken der Hallstatt-Kultur zu verzeichnen war. Scheuten sich ganz offenbar die Künstler des «Hallstatt-Gebietes» in der Frühzeit aus religiösen Gründen, menschliche Köpfe und Figuren naturnah abzubilden, so lockerte sich – wohl unter dem Einfluß etruskisch-griechischen Lebensgefühls – dieses Tabu rasch, und spätere Menschenabbildungen aus dem gleichen Raum zeigen sehr lebendige, wenn auch noch längst nicht porträtähnliche Figuren.

Über die Wandlungen in der gesellschaftlichen Struktur ist in der vorigen Episode einiges berichtet worden. Alle diese deutlich zu beobachtenden Veränderungen während der 400 Jahre der Hallstatt-Kultur haben manche Vorgeschichtsforscher früher dazu verleitet, eine Einwanderung neuer Menschengruppen in das Gebiet nördlich der Alpen anzunehmen. Doch die Wissenschaft ist heute überzeugt, daß es sich bei den Trägern der Hallstatt-Kultur um Menschen gehandelt hat, deren Ahnen mindestens seit der Urnenfelder-Wanderung (also seit etwa 1250 v. Chr.), vermutlich aber schon sehr viel länger im gleichen Gebiet ansässig waren. Die Änderungen in ihrer Kultur, soweit wir sie heute feststellen können, waren durch äußeren Zwang bedingt, aber auch durch eine bemerkenswerte Aufnahmefähigkeit für kulturelle Anregungen von außen. In der Frühzeit zeigen die Hinterlassenschaften der Hallstatt-Kultur im ganzen weiten Gebiet von Westungarn bis Ostfrankreich überall noch eine große Ähnlichkeit. Aber nach einiger Zeit begannen die Menschen in der Westhälfte andere Ornamente zu benutzen, andere Formen von Gerät und Waffen, ihre Bräuche entfernten sich von denen im Osten, und offenbar fing auch die Sprache an, sich immer mehr zu unterscheiden. Im Westen ging, wie erwähnt, die Volkwerdung der Kelten vonstatten. *Warum* diese Unterschiede auftraten, *warum* eine immer deutlicher spürbare Grenze den keltischen Westen und den «illyrischen» Osten trennte – das ist nach wie vor eines der großen Rätsel der Vorgeschichtswissenschaft.

Eine Stadt vor dem Untergang

Um 450 v. Chr., bei Gnesen/Polen

Jedesmal, wenn Bato auf seinem jährlichen Weg ins Bernsteinland in Biskupin ankam, um dort sein Nachtlager aufzuschlagen, überfiel ihn ein Frösteln. Es war nicht die Kühle des nördlichen Sommers hier oben und der fast ständige Regen, der ihn frieren machte. Sondern es war das deutliche Gefühl, daß diese Stadt dem Untergang geweiht war – nur ihre Bewohner wußten es nicht oder wollten es nicht wahrhaben.

Biskupin war ein von Menschen wimmelnder Holzhaufen – so nannte Bato insgeheim diese Stadt auf der Insel im See, drei Tagesreisen vom mächtigen Strom Wisla (Weichsel), der zum Meer (Ostsee) und damit zur Bernsteinküste führte. In schnurgeraden Linien standen die gleichförmigen, nach einheitlichem Plan gebauten Reihen-Holzhäuser, mit Knüppeldämmen dazwischen und umgeben von einem mächtigen kreisrunden Damm aus Holzbalken und Erde. Tausend und mehr Menschen wohnten und arbeiteten hier, fast so viele wie in den Städten des Südens.

Aber welch ein Unterschied zu den Städten der Griechen oder Etrusker, stellte der weitgereiste Bato immer wieder fest. Dort gab es vielfältiges buntes Leben: Händler und Handwerker der verschiedensten Gewerbe, die die Einwohner der Stadt und des umliegenden Landes mit Waren aller möglichen Art versorgten und die die Konkurrenz und die Sorge um die Vermehrung ihres Reichtums zu immer neuen Leistungen antrieb. Hier in Biskupin und den vielen ähnlichen Orten des Lausitzer Volkes waren es Bauern, die man aus ihren über das Land verstreuten Holzhütten durch Beschluß des Stammesrates in ein gemeinsames großes Dorf umgesiedelt hatte. Hier taten alle dieselbe Arbeit, hatten den gleichen Platz im Haus und die gleichen Bedürfnisse – wie sollte es da eine Weiterentwicklung, einen Freiraum für den einzelnen Menschen geben?

Gewiß, die Menschen hier lebten gefährlich und mußten sich auf Inseln oder Halbinseln, geschützt durch Wälle und Gräben, vor grimmigen Feinden verteidigen. Das hatte nur Aussicht auf Erfolg, wenn sich viele Familien zusammentaten. Von Norden drängte ein fremdes Volk heran und suchte neues Siedlungsland: Menschen, die ihre Toten wie die Lausitzer Leute verbrannten und in Tonurnen beisetzten, aber diese Urnen mit seltsamen Gesichtern verzierten. Und von Süden kamen immer wieder einmal Überfälle wilder Reiter – Skythen nannten sie sich –, die versuchten, die festen Siedlungen im Handstreich zu überrumpeln und die darin angesammelten Lebensmittel und Kostbarkeiten zu plündern. Doch die größte Gefahr lag unter der Stadt selbst. Jedesmal, wenn Bato an Biskupin vorbeikam, war der Seespiegel etwas angestiegen und hatte einen Teil der Stadtmauer abgewaschen oder die als Straßen dienenden Knüppeldämme in Schlammpfade verwandelt. Es regnete ja so viel in den letzten Jahren, die Flüsse und Seen traten über die Ufer, und die Felder rings um den See gaben immer weniger Ernten her. Es würde nicht mehr lange dauern, bis diese Stadt den äußeren Feinden, dem Wasser des Sees oder dem Hunger zum Opfer fallen mußte und ihre übriggebliebenen Einwohner auswandern und eine neue Siedlung aufbauen mußten. Bato war sich da sehr sicher, aber er behielt seine Gedanken wohlweislich für sich.

Der Kaufmann kam mit seinem schwerfälligen Wagen und seiner kräftigen waffengewandten Begleitmannschaft fast jedes Jahr zweimal an Biskupin vorbei und handelte sich dort ein paar Lebensmittel für die Weiterfahrt ein. Der Bernstein, den die Fischer an der Meeresküste (Ostsee) aufsammelten, brachte südlich der Alpen hohe und höchste Gewinne, und so war die alte Handelsstraße vom Nordende der Adria nach Norden, am Ostrand der

Alpen vorbei, durch die «Mährische Pforte» und quer durch das sumpfige, seen- und flußreiche Flachland (Westpolen) trotz der unsicheren Zeiten viel befahren.

Bato war nicht der Inhaber des Geschäfts. Etruskische Adlige aus Spina, der quirligen Hafenstadt an der Mündung des Padus (Po) in die Adria, hatten die Tauschwaren für den Bernstein zusammengebracht und die kleine Reisegesellschaft ausgerüstet; sie strichen hinterher auch den Hauptanteil des Gewinns ein. Als Anführer des Handelszuges diente schon seit Jahren der erfahrene Bato aus dem Volk der «alten Veneter», das einst rund um das Nordende der Adria verbreitet gewesen war. «Alte Veneter» mußte man sagen, denn seit einigen Jahrzehnten hatte sich ein anderes, wenn auch irgendwie verwandtes Volk in den Wohnsitzen der Veneter breitgemacht, die bisherigen Einwohner unterjocht und deren Volksnamen übernommen. Wer unter den Nachbarvölkern sich besonders korrekt ausdrücken wollte, bezeichnete die Neuankömmlinge als die «neuen Veneter». Nicht alle «alten Veneter» hatten sich zu Knechten machen lassen; unternehmungslustige Leute wie Bato waren in die nahen Städte der Etrusker geflüchtet und dienten nun als sprachenkundige Dolmetscher oder Wagenführer bei den Nordlandzügen der geschäftstüchtigen Etrusker. Denn merkwürdigerweise war die Sprache der «alten Veneter» der der meisten Menschen auf dem langen Weg bis ans nördliche Meer sehr ähnlich. Ja, Bato hatte dort oben an der Wisla einen Stamm getroffen, der «Veneder» genannt wurde. Alte Sagen von der Auswanderung eines Teils dieses Stammes nach Süden vor vielen, vielen Generationen gingen bei den Venedern um. Bato war überzeugt, daß die Veneder an der Wisla stammverwandt mit ihm, dem Veneter von der Adria, seien.

Die umstrittene «Lausitzer Kultur»

Die Episode vom Veneter Bato in Biskupin (dies ist der heutige polnische Name einer bekannten Ausgrabungsstätte bei Gnesen in der ehemaligen Provinz Posen; ihr alter Name ist unbekannt) soll in die Zeit um 450 v. Chr. zurückführen; etwa gleichzeitig – fünfzig Jahre nach der Vertreibung der etruskischen Könige – erließen in dem kleinen mittelitalischen Städtchen Rom die Patrizier das «Zwölftafelgesetz», und Athen sonnte sich in seinem Reichtum und seiner Kultur nach dem Sieg über die Perser. Im nordöstlichen Mitteleuropa war von höherer Kultur noch nicht viel zu spüren, auch wenn auf der Bernsteinstraße manch südliche Ware ihren Weg dorthin fand. Hier ging, bedrängt von den in der Episode geschilderten Feinden, eine Gruppierung von Stämmen ihrem Ende entgegen, die fast tausend Jahre lang das spätere Sachsen, die Lausitz (danach wurde diese Gruppierung benannt), Brandenburg, Schlesien, Posen, Südpolen und den Nordteil Böhmens, Mährens und der Slowakei besiedelt hatten.

Die Stämme, die man in der Wissenschaft unter der Bezeichnung «Lausitzer Kultur» zusammenfaßt, waren unzweifelhaft Indoeuropäer, wahrscheinlich Abkömmlinge der großen «Aunjetitzer Kultur» (siehe 17. Kapitel, Anfang), die sich während der «Urnenfelderwanderung» (siehe 17. Kapitel, Ende) weiter nach Osten und Südosten ausgedehnt und zugleich zu einem eigenen, an vielerlei gemeinsamen Moderichtungen von Nachbarn unterscheidbaren Volk entwickelt hatten, natürlich in zahlreiche Einzelstämme geteilt.

In welchem Verhältnis diese «Lausitzer Kultur» zu den später die gleiche Gegend bewohnenden, nun schon in die historische Zeit hineinreichenden Völkern gestanden hat, darüber wurde unter manchen Vorgeschichtswissenschaftlern ein erbitterter Streit ausgetragen. Dieser Streit hatte einen sehr realen politischen Hintergrund: die Abtretung der ehemals deutschen Provinzen Posen, Westpreußen und Teilen Oberschlesiens an Polen nach dem Ende des Ersten Weltkrieges. Eine Reihe der polnischen Prähistoriker faßte es als patriotische Aufgabe auf, den «urpolnischen» Charakter dieser Gebiete nachzuweisen. Dies geschah dadurch, daß die «Lausitzer Kultur» zu den direkten Vorfahren der Slawen erklärt wurde, die damit im Gebiet des heutigen Polen (nach dem *Zweiten* Weltkrieg) seit Urzeiten Heimatrecht hätten.

Hier sollen nicht die Einzelheiten dieses Streits ausgebreitet werden, der dicke Bände in polnischen und deutschen Fachbibliotheken füllt. Nur soviel: Erstens würde es eine Umstülpung buchstäblich sämtlicher Grenzen und Nationalitäten in Europa bedeuten, wollte man die Völkerverteilung im Jahr 1000 oder 500 v. Chr. zum Maßstab heutiger politischer Ansprüche machen. Zweitens wird auch die Behauptung, die «Lausitzer» seien *die* Ur-Slawen, längst von der Mehrzahl der Fachwissenschaftler – nicht nur der deutschen – bestritten. Allem Anschein nach war das Volk der Lausitzer Kultur weder der direkte Vorfahr der Germanen noch der Slawen, sondern gehörte zu der schon oft erwähnten Gruppe der mitteleuropäischen Illyrer – oder richtiger, es verwendete Dialekte aus der Sprachgruppe, die in diesem Buch «mitteleuropäisch» genannt wurde (oben, S. 394).

Das Verschwinden dieses Volkes etwa um die Mitte des ersten vorchristlichen Jahrtausends hat den Archäologen viel Kopfzerbrechen bereitet. Einige mögliche Gründe dafür sind oben angedeutet worden. Das Klima in Nordeuropa hatte sich in dieser Zeit dramatisch verschlechtert: Es war kalt und viel zu naß geworden, und die Ernährungsgrundlage reichte bei der noch recht primitiven Landwirtschaft für große Menschenmengen nicht aus. Die Lausitzer Kultur hat als erste in Mittel- und Nordeuropa große Ansiedlungen gebaut. Dennoch scheut man sich, diese als Städte zu bezeichnen, denn der Unterschied zur Stadtkultur mittelmeerischer Herkunft muß erheblich gewesen sein. Die von der gleichen Klimaschwankung betroffenen Frühgermanen breiteten sich von Mecklenburg und Pommern her mit Macht nach Südosten aus und beherrschten bis zu ihrem Abzug in der großen «germanischen Völkerwanderung» im 4. Jahrhundert *nach* Christus ein weites Gebiet zwischen Ostsee und Schwarzem Meer (siehe dazu 22. Kapitel). Die Überfälle skythischer Horden, die die Kimmerier abgelöst hatten (siehe 13. Kapitel), sind durch Funde skythischer Waffen bis dicht an die Ostsee nachgewiesen.

Noch ein anderes vorgeschichtliches Problem ist in der obigen Episode angedeutet, das der Veneter. Die Stadt Venedig am Nordende der Adria wurde zwar erst im 6. Jahrhundert *nach* Christus gegründet, aber sie erhielt ihren Namen von der Völkerschaft der Veneter, die dort schon zu Anfang des 1. Jahrtausends *vor* Christus ansässig war, längst ehe Etrusker, Kelten und Römer nacheinander

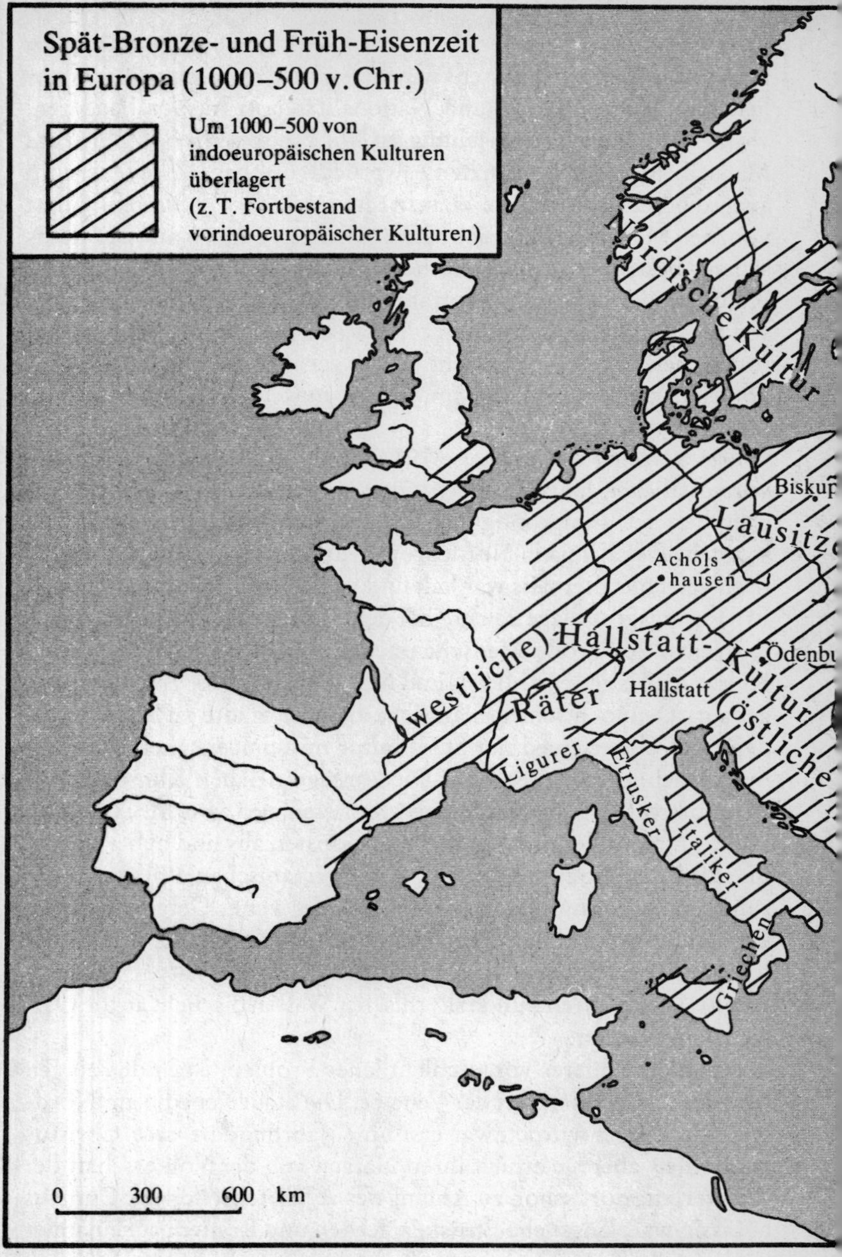

Spät-Bronze- und Früh-Eisenzeit in Europa (1000–500 v. Chr.)
Um 1000–500 von indoeuropäischen Kulturen überlagert (z. T. Fortbestand vorindoeuropäischer Kulturen)
Nordische Kultur
Biskup
Lausitz
Achols hausen
(westliche) Hallstatt-Kultur (östliche)
Ödenbu
Hallstatt
Räter
Ligurer
Etrusker
Italiker
Griechen
0
300
600
km

Finnisch-ugrische Kulturen
Baltische Kultur
Kultur
Sauromaten
(Sarmaten)
Skythen
Kimmerier
Daker)
Thraker
Armenier
Phryger
Lydier
iechen
Meder

diesen Erdenwinkel beherrschten. Man kennt einige wenige Sprachreste der Veneter aus Inschriften. Der Sprachforscher Krahe konnte nachweisen, daß die «alten» Veneter offenbar einen illyrischen (in diesem Buch «mitteleuropäisch» genannten) Dialekt gesprochen haben, aber später – noch lange vor der Ausdehnung der Römer – von einem neuen Volk verdrängt oder überlagert wurden, dessen indoeuropäische Sprache davon etwas abwich und gewisse Verwandtschaft mit dem Altlateinischen aufwies. «Venedi» kennt man aber auch aus Berichten antiker Schriftsteller kurz nach Christi Geburt in verschiedenen anderen weit entfernten Gegenden Europas, so vor allem irgendwo im heutigen Polen. Die Wahrscheinlichkeit ist groß, daß während der Zeit der «Urnenfelderwanderung» im 13. Jahrhundert v. Chr. Gruppen *eines* Stammes teils nach Süden, teils nach Norden abgewandert sind.

Verschwanden die Menschen der «Lausitzer Kultur» aber wirklich spurlos? Wurden sie von den nachfolgenden Völkern restlos vertrieben – wohin dann? – oder erschlagen? Solche Theorien geisterten lange durch die Schriften mancher Vorgeschichtswissenschaftler. Doch viel eher kann man annehmen, daß die Nachfahren der «mitteleuropäisch» sprechenden Lausitzer Leute von den späteren Herren ihres Gebietes – erst den Germanen, dann den Slawen, dann den Deutschen – zu Knechten degradiert wurden und allmählich in diesen Völkern aufgegangen sind. Daß es hier im östlichen Mitteleuropa – wie auch anderswo in unserem Kontinent – viele Menschen gibt, deren Urahnen seit mindestens dreitausend Jahren im gleichen Gebiet gelebt haben müssen, dafür seien zwei Beispiele angeführt.

Bei Seddin in der nördlichen Mark Brandenburg, halbwegs zwischen Hamburg und Berlin, grub man 1899 unter einem riesigen Grabhügel ein unbeschädigtes «Königsgrab» aus, das man nach seinen reichen Beigaben etwa auf das Jahr 1000 v. Chr. datieren und als der «Lausitzer Kultur» zugehörig bestimmen konnte. Im Volksmund der dortigen Gegend galt der große Hügel von alters her als letzte Ruhestätte eines Königs, der in einem dreifachen Sarg dort beigesetzt sein sollte. Dreifach war in der Tat die Umhüllung der Asche des Toten: eine Grabkammer aus Stein, eine riesige Urne aus Ton und darin eine kleinere Bronzeurne. Wenn diese Sage mit einem richtigen Kern über dreitausend Jahre hinweg überliefert werden konnte, dann muß es trotz aller Völkerwanderungen eine stets bodenständige Bevölkerungsgruppe gegeben haben, die diese Erzählung ihren Kindern und Kindeskindern weiterberichten konnte.

Ein zweiter Beleg ist der schon erwähnte Völkername «Venedi». Im Mittelalter tauchte der Name – leicht in «Wenden» verändert – als Bezeichnung für die im damaligen Mittel- und Ostdeutschland wohnenden *Slawen* wieder auf, ein Grund, warum polnische Prähistoriker die «Lausitzer Kultur» als Ur-Slawen bezeichnen wollten. In Wahrheit scheint hier der alte Völkername an der stets im Land gebliebenen einheimischen Bevölkerungsschicht gehaftet zu haben, die vor dreitausend Jahren «illyrisch/mitteleuropäisch», vor zweitausend Jahren (ost)germanisch, vor tausend Jahren (west)slawisch und seit fünfhundert Jahren größtenteils deutsch gesprochen haben wird, so wie es ihre jeweiligen Herrenvölker von ihr verlangt haben.

19. Kapitel

Die ersten Herren Europas

Vor den Römern beherrschten Kelten unseren Kontinent

Wie eine Nation entsteht

Um 470 v. Chr., am mittleren Neckar/Württemberg

Der schmale Fußpfad durch den dichten Wald nicht weit vom Ufer des Neckars war bei der einfachen Bevölkerung verrufen. Nur zu den vier Hochfesten des Jahres wagten die Bauern ihn zu betreten. Unter Führung ihrer weisen Männer, der Druiden, sowie ihrer Häuptlinge zogen sie dann auf die entlegene Waldlichtung, um dort in geheimnisvollen, durch ihr hohes Alter geheiligten Zeremonien die Götter zum Schutz der Menschen, des Viehs und der Ernte zu verpflichten. An den gewöhnlichen Tagen des Jahres kamen nur der Druide des Dorfes und seine Schüler auf die Lichtung mit der munter sprudelnden Quelle. Hier, in der Nähe der Götter, lernten die jungen Leute die Gesänge des alten Priesters auswendig: die Gedichte, die von Göttern und Helden, von der Natur und ihren Erscheinungen und von den Erlebnissen der Menschen vergangener Generationen erzählten. Niemand außerhalb des Kreises der auserwählten Schüler durfte diese Gesänge hören. Sie waren Geheimnisse, die die Götter nur mit den Druiden und ihren Schülern teilten.

Crixos, der alte Druide mit grauen Haaren, im weißen Überkleid des Priesters, den schweren bronzenen Torques (Halsring) als Zeichen magischer Verbundenheit mit den Göttern um den Hals, hob seine Stimme: «Hört, ihr Schüler der Weisheit, wie es einst den Kelten, den Tapferen, gelang, Herren in ihrem eigenen Lande zu werden. Hört es, ihr Schüler, lernt es und reicht das Wissen einst euren eigenen Schülern weiter!» Und Crixos entrollte in der hymnisch gebundenen Sprache, in die die Druiden ihre Lehren zu kleiden pflegten, den gespannt lauschenden jungen Leuten ein Bild von der Geburt der keltischen Nation, die der alte Priester einst als junger Mann selbst miterlebt hatte.

Seit vielen, vielen Generationen hatten Stämme und Sippen mit ähnlicher Sprache von den Bergen der Alpen bis zu den Perkunia-Bergen («Eichen-Gebirge», die deutschen Mittelgebirge, später in lateinischer Form «Herkynischer Wald» genannt), zwischen den großen Flüssen Duna (Donau), Moenos (Main), Renos (Rhein) bis hinüber zur Sequana (Seine) und zum Rhodanos (Rhone) gelebt. Doch Herren des Landes waren nicht sie, sondern die Fürsten aus fremdem Stamm, die ihre Zwingburgen auf Berghöhen erbaut hatten. Die Bauern in den Dörfern ringsum mußten für sie Fronarbeit leisten und Lebensmittel an die Fürstenhöfe abliefern, deren Bewohner höchsten Luxus genossen, während die Bauern darbten. Die Kriegerscharen der Fürsten, neuerdings für den Kampf aus der Ferne mit Pfeilen und Bogen und Lanzen ausgerüstet, boten den Bauern nicht einmal Schutz, wenn ein benachbarter Burgherr ihre Dörfer brandschatzte. Den großen Fürsten ging es nur um die Sicherung ihrer Burgen und der Handelswege, auf denen Wein, kostbare Gefäße und seltener Schmuck aus den Städten der Griechen und Etrusker weit im Süden zu den großen Fürstenhöfen im Norden geschafft wurde.

Die Fürsten stammten aus Ländern im Osten. Obwohl ihre Familien schon viele Generationen lang über das Land herrschten, hielten sie sich überheblich vom einfachen Bauernvolk fern, sprachen untereinander weiter ihre eigene Sprache und verheirateten ihre Söhne so zweckdienlich an die Töchter anderer, fern gelegener Fürstenhöfe, daß inzwischen riesige Besitztümer einiger weniger Dynastien quer durch den ganzen Kontinent entstanden waren.

Die Bauern und Hirten, die mit ihren großen, schnell wachsenden Familien und ihren Knechten mehr schlecht als recht ihr Leben fristeten, wurden immer zorniger auf ihre Herren, die Fürsten. Die Dorfhäuptlinge aus den edlen Familien des gleichen Stammes wie die Bauern und die Druiden, die Priester, wurden sich einig, daß diese Unterdrückung nicht mehr länger zu ertragen sei. Eines Tages hatte ein mächtiger Haufen der rebellisch gewordenen Bauern aus dem Stamm der Helvetier die «Heuneburg» hoch über der Donau gestürmt, den nichtsahnenden Fürsten, seine Familie und seinen Hofstaat erschlagen und die Burg angezündet. Im Stolz über ihren Erfolg gaben sich die Eroberer und ihre Nachkommen von nun an den Beinamen «Kelten – die Tapferen».

Wie ein Lauffeuer verbreitete sich die Kunde von dieser Tat bei den Nachbardörfern und -stämmen, und nicht lange dauerte es, bis fast überall, wo Menschen ähnlicher Sprache von fremden Fürsten unterdrückt wurden – von der Duna bis zum Rhodanos –, die Zwingburgen erobert und die Fürsten getötet oder vertrieben waren. Und überall entsann man sich, daß die Stämme mit so ähnlicher Sprache und ähnlichen Göttern doch wohl zusammengehören mußten. Wo die Bauern ihre verhaßten Unterdrücker besiegt oder verjagt hatten, da waren sie stolz, wenn fremde Händler ihren Stamm, so verschieden auch dessen Name lauten mochte, als «Kelten» bezeichneten.

Edle Häuptlinge aus keltischen Sippen herrschten nun im Land. Sie hielten sich nicht hochmütig von ihrem Volk fern, sondern lebten mitten unter ihm. Der Strom südlicher Händler, der seit einigen Generationen entlang des Rhodanos von Massilia aus oder über die Alpenpässe von Italien her die Fürstenhöfe mit Luxuswaren versorgt hatte, war durch die umwälzenden Ereignisse vorübergehend zum Erliegen gekommen. Aber die geschickten Handwerker der keltischen Stämme, die nun nicht mehr für die wenigen Fürsten und deren Geschmack, sondern für viele angesehene Häuptlinge und größere Bauern arbeiten durften, konnten diesen Verlust bald ersetzen. Einige Künstler schufen in ihrer Begeisterung über die neuerrungene Freiheit ihres Volkes so wunderbare Muster von Schmuck auf Waffen und Geräten, daß sie offensichtlich von den Göttern begnadet sein mußten. Von weit her kamen Handwerker, um bei ihnen zu lernen und die magischen Zeichen in alle Lande zu verbreiten, in denen Menschen mit den Sprachen wohnten, die man neuerdings «keltisch» nannte.

Auch diese Sprachen wurden einander immer ähnlicher. Denn durch den Wegfall der Grenzen, die vorher die großen, oft miteinander verfeindeten Dynastengeschlechter um ihre Gebiete gelegt hatten, war der gegenseitige Kontakt der verschiedenen keltischen Stämme viel enger geworden. Besonders angesehene Druiden fanden Schüler aus allen möglichen fernen Stämmen, und wenn diese Schüler ihre jahrelangen Studien beendet hatten, gingen sie wieder in ihren Heimatstamm zurück und nahmen eine neue Sprachweise mit sich, die sie in ihren Gebeten und Predigten ihren Stammesgenossen beibrachten.

Das «Rätsel» des Keltentums

Die obige Episode versucht mit Phantasie, eine plausible Erklärung für das offenbar recht plötzliche In-Erscheinung-Treten einer keltischen Nation im 5. Jahrhundert v. Chr. anzubieten. Die Archäologen, die sich nur an sichere Fakten halten und sich schwertun, auch nur Vermutungen zur Deutung der Fakten zu äußern, sprechen von einem «Rätsel».

Welche Fakten sind hier von der Wissenschaft gesichert? Bis etwa zur Wende des 6. zum 5. vorchristlichen Jahrhundert – wissenschaftlich ausgedrückt, in der Endstufe der «Hallstatt-Zeit» – bestanden in Südwestdeutschland, aber auch in Ostfrankreich verschiedene große befestigte Höhensiedlungen, Burgen, auf denen mächtige Fürsten residiert haben müssen, die nach ihrem Tod mit allem Luxus unter den für die frühen Indoeuropäer charakteristischen mächtigen Grabhügeln bestattet wurden. Diese Fürsten bezogen von Händlern im Süden der Alpen Wein und kostbare Gefäße zu seiner Aufbewahrung, häufig Arbeiten griechischer und etruskischer Künstler. Die heimische Produktion auf den Burgen – Keramik, Waffen, Pferdegeschirre und anderes – wies auf nach wie vor bestehende kulturelle Verbindungen zum östlichen Teil der Hallstatt-Kultur, also zu den illyrisch/mitteleuropäisch sprechenden Nachkommen der Urnenfelderkultur, die im vorigen Kapitel vorgestellt wurden. Waren die Fürsten illyrischer Herkunft? Andererseits ist sich die Wissenschaft ausnahmsweise einig, daß die Vorfahren der im 5. Jahrhundert plötzlich ins Licht der Weltgeschichte tretenden Kelten ihre Heimat in eben diesem Gebiet Südwestdeutschlands bis Ostfrankreich gehabt haben müssen, zumindest seit einigen Jahrhunderten.

In diesem offenbar ungeheuer ereignisreichen 5. Jahrhundert v. Chr. verschwanden die großen Burgen plötzlich; die Ausgräber fanden Spuren verheerender Brände, die die Burgen in dieser Zeit vernichtet haben müssen. Und der neue «La-Tène-Stil», diese eigenartigen, sicher auf die Kelten zurückzuführenden Verzierungen auf vielen Gebrauchsgegenständen, verbreitete sich schlagartig über alle Gebiete, die keltische Stämme in Europa beherrschten.

Der französische Vorgeschichtsforscher Hatt und andere Autoren deuten an, daß hier wohl in einer Revolution eine unterdrückte Unterschicht – eben die Kelten – ihre Fürsten beseitigt und sich in diesem Kampf selbst als eine «Nation» begriffen haben muß. Als «Nation» kulturell, religiös und sprachlich zusammengehöriger Stämme, allerdings nicht als «Staat», der zur politischen Einheit drängt. Dies letztere haben die keltischen Stämme nie gelernt.

La Tène, eine kleine Bucht am Neuenburger See in der Westschweiz, ist zwar die Stelle, wo man schon in der Mitte des 19. Jahrhunderts die ersten Beispiele des neuen keltischen Kunststils aufgefunden hat, und man hat ihn danach benannt. Inzwischen weiß man aber, daß er nicht dort im Süden des ursprünglichen Heimatgebietes der Kelten entstanden ist, sondern viel weiter im Norden, in einem Streifen vom Mittelrhein über die Mosel bis zur Marne in Nordostfrankreich. Hier – und nicht mehr wie vor dem Jahr 500 v. Chr. im heutigen Württemberg – fanden sich zahlreiche kostbar ausgestattete Gräber keltischer Häuptlinge aus dem 5. Jahrhundert. Hatte sich das kulturelle Zentrum der neu entstehenden keltischen «Nation» hierher in den Norden verlagert, wo zwar auch keltische Stämme wohnten, aber «hallstättisch-illyrische» Fürsten nie eine Oberhoheit ausgeübt zu haben scheinen?

Vermutlich sind auch von außen her andere Einflüsse und Anregungen in dieses Gebiet der nördlichen Kelten eingedrungen. Hier an Mittelrhein und Mosel tauchen in den Gräbern des 5. Jahrhunderts v. Chr. Reste zweirädriger Streitwagen auf. Fast tausend Jahre vorher hatten diese leichten schnellen Wagen im ganzen Gebiet um das östliche Mittelmeer eine große Rolle gespielt (vergleiche den II. Teil dieses Buches), waren dort aber inzwischen weitgehend außer Gebrauch gekommen. Nur zu mehr sportlichen Zwecken, als Renn- oder auch als Reisewagen, wurden sie noch von Etruskern und anderen Mittelmeervölkern verwandt. Die Kelten haben diese Wagen aber wieder als Kriegswaffe benutzt. Kam die Anregung dazu aus den Steppen Südosteuropas, im Zuge der kimmerisch-skythischen Kriegsexpeditionen weit nach Mitteleuropa hinein (13. Kapitel)?

Irgendwelche recht intensiven Kulturverbindungen mit dem Steppenraum nördlich des Schwarzen Meeres müssen die frühen Kelten gehabt haben. Denn die Kunsthistoriker weisen mit Recht auf die innere Verwandtschaft des keltischen La-Tène-Stils mit der Kunst der Skythen hin: die Darstellung von Tieren und menschlichen Körpern, seltsam fratzenhaft verzerrt, allerdings eingebettet in üppig wuchernde Rankenornamente, Abwandlungen griechisch-etruskischer Schmuckmotive. Den Kelten gelang es, aus diesen verschiedenartigen fremden Anregungen eine eigene unverwechselbare und ungeheuer fruchtbare Kunst zu entwickeln, die erste Gestaltung von Schmuck und Alltagsgeräten nördlich der Alpen, die man guten Gewissens als hohe Kunst bezeichnen kann.

«Vae victis!»

Februar 386 v. Chr., Rom/Italien

Auf dem Forum Romanum am Fuß des Kapitolhügels hatten die Belagerer eine provisorische Waage aufgebaut: einen mächtigen Waagebalken, in seinem Gestell hin und her schwingend, zwei Schilde gefallener römischer Soldaten als Waagschalen und einen Haufen der einst von römischen Kaufleuten als Pfundgewichte benutzten Bronzewürfel. Finster blickende gallische Krieger umstanden den Schauplatz mit ihren ovalen Langschilden, ihren langen Eisenschwertern und Lanzen, in buntgefärbten Hemden und dunklen Hosen, mit am Gürtel baumelnden abgeschnittenen Köpfen getöteter Feinde, mit buschigen blonden Schnurrbärten und strähnigem blondem Haar. Sie boten ein furchtbares Bild für die von Hunger und Entbehrung gezeichneten Soldaten der Stadt Rom, die

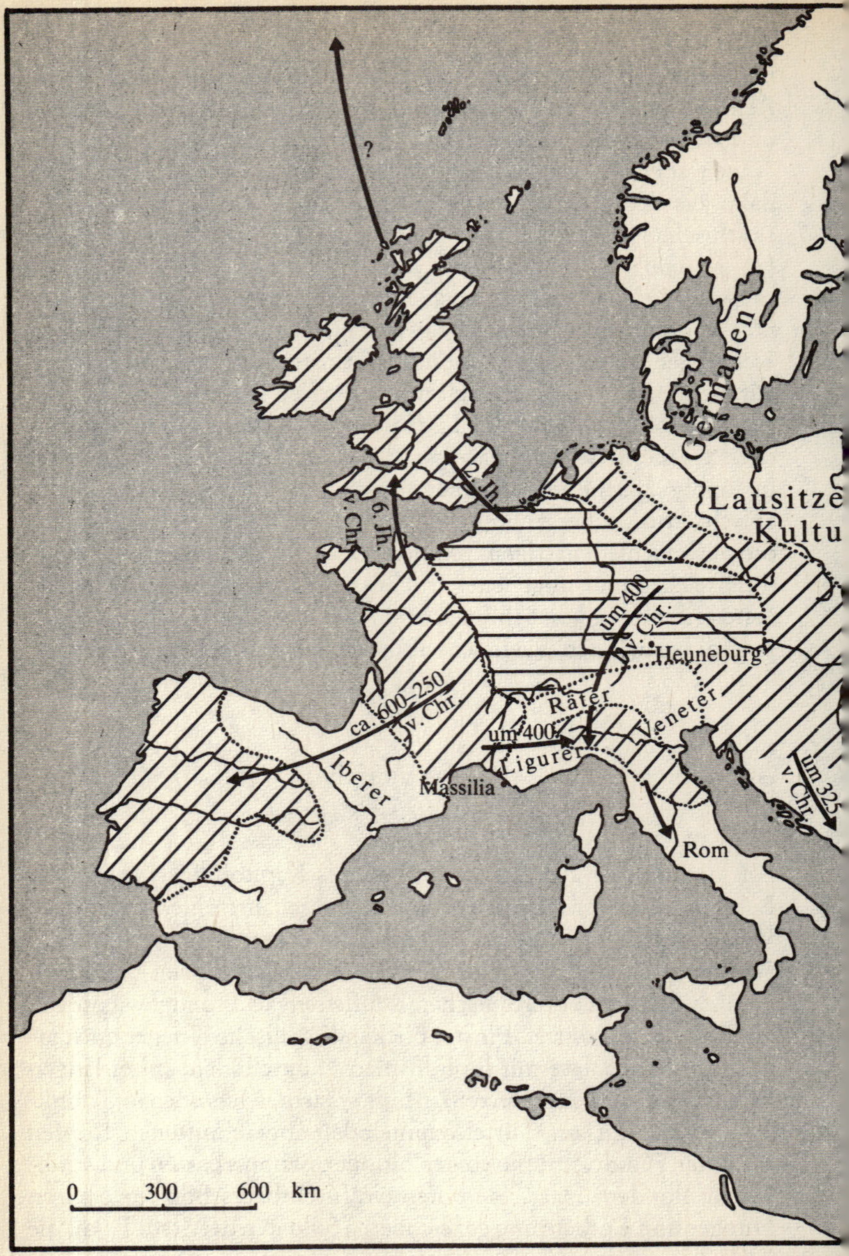

?
Germanen
Lausitze
Kultu
2. Jh.
6. Jh.
v. Chr.
um 400
v. Chr.
Heuneburg
ca. 600–250
v. Chr.
Räter
Veneter
um 400
Ligurer
Iberer
Massilia
um 325
v. Chr.
Rom
0
300
600
km

Die Kelten und ihre Völkerwanderung
Vermutetes Ausgangsgebiet der Kelten (7.–5. Jh. v. Chr.)
Keltische Ausbreitung während der «keltischen Völkerwanderung», z. T. Vermischung mit anderen Völkern, 6.–3. Jh. v. Chr.
Historisch bekannte keltische Kriegszüge
Kimmerier
Skythen
um 300 v. Chr.
278 v. Chr.
Galater

von der belagerten Burg auf dem Kapitolhügel herabschauten. War dieser Tag das endgültige Ende der Größe ihrer Stadt?

Eben bewegte sich ein trauriger Zug vom Kapitolhügel den schmalen gewundenen Weg hinab zum Forum. Eine Reihe von römischen Soldaten und Sklaven trug in Säcken alles, was die belagerten Römer noch an Schmuck und anderen Goldgegenständen auf die Burg hatten retten können. Es war das Lösegeld, das den Abzug der Gallier erkaufen sollte, tausend römische Pfund (rund 330 Kilogramm). Schweigend deutete der Brennus (Häuptling, Kriegsherzog) mit seinem Schwert auf die Waage, und ebenso schweigend, mit zusammengebissenen Zähnen, legte der römische Konsulartribun (General) Quintus Sulpicius das Gold aus den Säcken auf die Waagschale.

Der Brennus und seine Krieger vom Stamm der Senonen aus der großen Nation der Kelten – die Römer sagten statt dessen «Gallier» – atmeten auf. Endlich war es soweit, daß sie diese nutzlose und kräftezehrende Belagerung aufgeben konnten, ohne das Gesicht zu verlieren. Vor sieben Monaten hatte sie begonnen, nachdem ein keltischer Heerhaufen die römischen Truppen an der Allia, einige Meilen außerhalb Roms, vernichtend geschlagen und in alle Winde zerstreut hatte. Die Stadt Rom war den Kelten kampflos in die Hände gefallen und gründlich geplündert worden. Nur auf dem Kapitolhügel mit seiner Burg und dem Tempel des kapitolinischen Jupiter hatten sich einige hundert Soldaten und ein Teil der römischen Stadtregierung, des Senats, verschanzt. Versuche der Kelten, den steilen Berg zu erstürmen, waren mehrfach fehlgeschlagen, doch der Hunger hatte die eingeschlossenen Römer nun doch gezwungen zu kapitulieren. Die Kelten waren großzügig und hatten sich in längeren Waffenstillstandsverhandlungen bereit erklärt, sich aus Rom gegen Zahlung von tausend Pfund in Gold zurückzuziehen. Denn auch die keltischen Krieger hatten fühlbare Verluste erlitten, weniger durch die Waffen der Römer als durch eine Ruhrepidemie, die während der Wintermonate in den feuchten versumpften Tälern zwischen den sieben Hügeln der Stadt ausgebrochen war. Aber die keltische Ehre erforderte es, als endgültige Sieger von dieser Stadt abzuziehen.

Es war noch nicht allzu lange her, daß die Kelten vom Stamm der

Senonen sich in Italien aufhielten. Die älteren unter den Kriegern konnten sich noch gut an ihre Jugend in der alten Heimat nördlich der Alpen erinnern. Damals hatten viele heiße Sommer die Gletscher in den Alpen schmelzen und die Flüsse und Seen über die Ufer treten lassen, so daß die Dörfer dort aufgegeben werden mußten. Auch sonst reichte die Acker- und Weidefläche zwischen den großen Wäldern im Norden für die stark gewachsenen keltischen Sippen nicht mehr aus. Die Häuptlinge wußten Rat. Gab es nicht südlich der hohen Berge genug fruchtbares Land, wo Wein und Getreide wuchs, wo die Sonne stets warm schien und wo Städte mit kostbaren Schätzen lagen, die man plündern konnte? Von den Händlern, die jeden Sommer über die Alpenpässe kamen, hatten sich die Häuptlinge und Druiden genug über Italien erzählen lassen.

Eines Tages war ein mächtiger Zug junger keltischer Männer mit Frauen, Kindern und Hausgesinde, mit Wagen, Pferden, Rindern und Schafen aufgebrochen, um sich im Süden neues Ackerland zu erobern, während die Älteren und die weniger Unternehmungslustigen zurückblieben. Die Raeter und Ligurer, fremde Stämme, die sich ihnen am Südhang der Alpen in den Weg stellten, waren von den wilden keltischen Kriegern geschlagen worden. Auch die Städte der Etrusker im Norden Italiens mußten sich fast alle ergeben, war doch das Jungvolk vieler keltischer Stämme in Bewegung geraten, so daß nunmehr fast ganz Oberitalien in ihrer Hand war. Mit dem Recht des Stärkeren hatte man die fruchtbaren Äcker und Weinberge, die Olivenhaine und Erzgruben in Besitz genommen und ließ nun die einheimische Bevölkerung für sich arbeiten. Den jungen Kriegern, die bereits in der neuen Heimat aufgewachsen waren, wurde auch diese zu eng. Im Süden lagen immer noch weitere Städte, die man ausplündern und dabei Ruhm und Reichtum erwerben konnte.

So war ein Heer der Kelten bis zu der Stadt Rom am Tiber gelangt, einer der größten Städte Italiens, die man nun erobert hatte. Der äußere Anlaß dazu war gering und bezeichnend für das rasch verletzte keltische Ehrgefühl: Beim Kampf des senonischen Heerhaufens mit der etruskischen Stadt Clusium (heute Chiusi in der Toskana) hatten sich – eigentlich neutrale – Gesandte der Stadt Rom auf seiten der Clusinier eingemischt und einen keltischen

Häuptling getötet. Nun endlich, fast ein Jahr später, war diese Schmach gerächt. Die Stadt Rom war erobert, ihre letzten Verteidiger zahlten ein teures Lösegeld, um dem Hungertod zu entgehen.

Der Brennus der Senonen riß seine Gedanken, die in die Vergangenheit abgeschweift waren, in die Gegenwart zurück. Erregte Rufe der Römer, die das Gold vom Kapitol gebracht hatten und das Abwägen beobachteten, machten ihn darauf aufmerksam, daß die gallischen Krieger viel zu schwere Gewichtssteine auf die andere Waagschale legten. Das sei nicht richtig, schrien die Römer, das vereinbarte Gewicht stimme nicht. Doch der Brennus machte mit seinem langen Eisenschwert eine herrische, bezeichnende Bewegung zu den keltischen Kriegern hin, die waffenstarrend die Szene umstanden, und warf dann das Schwert als zusätzliches Gewicht auf die Waage. Er stieß einige Worte in seiner Sprache hervor, die der etruskische Dolmetscher nicht ohne heimliche Schadenfreude ins Lateinische übersetzte: «Vae victis – Wehe den Besiegten!» Den Römern blieb nichts anderes übrig, als auch dieses Gewicht an Gold noch auf die Waagschale zu legen …

Die keltische Völkerwanderung

Manch einer der Leser dieses Buches hat als Schüler diese Szene, die der römische Schriftsteller Livius schildert, aus dem Lateinischen ins Deutsche übersetzen müssen, ohne zu begreifen, wie denn eigentlich Gallier – oder Kelten – plötzlich nach Rom kamen und der späteren Hauptstadt eines Weltreiches den schwärzesten Tag ihrer Geschichte bereiten konnten.

Daß es Kelten waren, die annähernd zweihundert Jahre *vor* dem Aufstieg der Stadt Rom zur Herrin der damals «zivilisierten» Alten Welt einmal fast ganz Europa beherrschten, dürfte kaum einem historisch normalgebildeten Deutschen bewußt sein. Und daß diese Kelten zum größten Teil vorher im heutigen Gebiet Deutschlands heimisch waren, ja daß die heutigen Deutschen in beträchtlichem Maße Nachkommen jener Kelten sind – das hat der stets recht einseitige Geschichtsunterricht der deutschen Schulen nie begreiflich machen wollen.

Starker Bevölkerungsüberschuß und Klimaschwankungen müssen um die Mitte des ersten vorchristlichen Jahrtausends im westlichen Teil Mitteleuropas – also in der «Urheimat» der Kelten – eine jener Bevölkerungsexplosionen hervorgerufen haben, denen wir in diesem Buch schon öfter begegnet sind. Klimaforscher und Archäologen haben das in der obigen Episode erwähnte Abschmelzen der Alpengletscher und das Ansteigen des Wasserspiegels etwa des Bodensees um volle zehn Meter während des 5. Jahrhunderts v. Chr. festgestellt. Ob dieser Umstand allein die Abwanderung der Kelten in alle Himmelsrichtungen veranlaßt hat, wissen wir allerdings nicht.

Bereits im 7. und 6. Jahrhundert v. Chr. dürften keltisch sprechende Stämme über Westfrankreich in die Pyrenäenhalbinsel eingedrungen sein und sich in Nordwestspanien und Portugal festgesetzt haben. Dort waren seit Jahrtausenden die – nicht indoeuropäisch sprechenden, vermutlich einst vom Süden des Mittelmeeres gekommenen – Iberer ansässig (vgl. 5. Kapitel, S. 109). Teile von ihnen konnten sich mit ungeheurer Zähigkeit über alle nationalen und politischen Umwälzungen hinweg bis in die heutige Zeit ihre eigene Lebensart und Sprache bewahren. Als Basken sind sie die einzigen «ursprünglichen» Europäer, die keine indoeuropäische Sprache benutzen. Andere Teile der Iberer vermischten sich mit den eingedrungenen Kelten zu den «Keltiberern» der Römerzeit, wurden aber später romanisiert.

Ähnlich war die Lage auf den Britischen Inseln. Auch hier gab es eine Urbevölkerung, die – wie Rassenkundler vermuten – eher mittelmeerischen Charakter hatte. Kleiner Wuchs, brünette Hautfarbe und schwarze Haare sind auch heute noch häufig unter Iren und Engländern. Dazu waren immer wieder Zuwanderer von Skandinavien und der französischen Küste gekommen, seit dem Auftauchen von Kurgan-Hirten und deren Nachkommen in Mitteleuropa auch zunehmend indoeuropäisch – aber noch nicht unbedingt keltisch – sprechende Gruppen. Doch zwischen dem 7. und dem 1. Jahrhundert v. Chr. setzten in mehreren Schüben größere Stämme oder Stammesteile keltisch sprechender Menschen aus Frankreich und Belgien nach den Britischen Inseln über und machten sich zu ihren Herren. Sie bestimmten die Kultur dieser Inseln so gründlich, daß gerade Irland, Schottland und Wales heute noch die einzigen Gebiete Europas sind, in denen keltische Mundarten lebendige Sprachen sind. Das ebenfalls keltische Bretonische in Frankreich wurde erst im 5. Jahrhundert *nach* Christus von Flüchtlingen aus Südwestengland, die sich vor den andrängenden (germanischen) Angelsachsen in Sicherheit bringen wollten, wieder in ein vorher keltisches, inzwischen aber längst romanisiertes Gebiet gebracht.

Frankreich, Belgien und die Niederlande waren in den fünfhundert Jahren vor der Zeitwende fast ausschließlich von Kelten beherrscht. Nur die Südwestecke Frankreichs südlich der Garonne – auch heute noch zum Teil von Basken bewohnt – blieb iberisch bestimmt. An der Mittelmeerküste hielten sich Reste der – wahrscheinlich nicht indoeuropäisch sprechenden – Ligurer, zum Teil in Vermischung mit Kelten, aber auch mit griechischen Kolonisten, die um 600 v. Chr. dort Massilia (Marseille) und zahlreiche andere Städte gegründet hatten.

Das heutige Deutschland war in jener «keltischen Epoche» von den Alpen bis an den Nordrand der deutschen Mittelgebirge von keltischen Stämmen bewohnt, also ganz Süd-, West- und Mitteldeutschland bis nach Thüringen hin. Nördlich schloß sich das ursprüngliche Wohngebiet der Germanen, nordöstlich das der «Lausitzer Kultur» an. Auch Südböhmen und Südmähren wurde spätestens im 4. Jahrhundert v. Chr. von keltischen Bojern besiedelt. Livius gibt die Sage wieder, daß ein Teil der Bojer wegen starker Übervölkerung durch Losentscheid seiner Häuptlinge nach Böhmen («Bojoheim»!), ein anderer Teil mit anderen keltischen Stämmen nach Italien gezogen sei. Dort gründeten die Bojer die heutige Großstadt Bologna (im Altertum «Bo[i]nonia»).

Daß im 4. Jahrhundert v. Chr. ganz Oberitalien von Kelten überschwemmt war, wurde schon erwähnt. Aber die keltischen Wanderungen gingen in jener Zeit noch in andere Richtungen. Das vorher von Illyrern/Mitteleuropäern beherrschte Gebiet der Ostalpen (Österreich) wurde damals von keltischen Stämmen erobert. Das mächtige Volk der Noriker (im heutigen Kärnten/Slowenien) war zumindest in der Oberschicht keltisch bestimmt, ebenso die in

Pannonien (Ungarn) siedelnden Stämme. Keltische Scharen durchzogen zwischen 400 und 250 v. Chr. die ganze Balkanhalbinsel, bedrohten Griechenland, versuchten die Schätze des griechischen Heiligtums Delphi zu plündern (279 v. Chr.) und gründeten keltische Königreiche um Belgrad und im heutigen Südbulgarien. Größere Heerscharen dieser Kelten setzten 278 v. Chr. nach Kleinasien über, schlugen sich mit den dortigen griechisch sprechenden Kleinkönigen – örtliche Erben des Reichs Alexanders des Großen – herum und gründeten in der Mitte der kleinasiatischen Halbinsel ein keltisches Reich, das der Galater – dort, wo anderthalb Jahrtausende vor ihnen die indoeuropäischen Hethiter und später Phryger und Lyder geherrscht hatten. Die heutige türkische Hauptstadt Ankara ist eine Gründung der keltischen Galater. Noch um 400 *nach* Christus sprachen die Menschen dort keltisch und hätten sich mit den Einwohnern des ebenfalls keltischen Trier mühelos verständigen können, wie der frühchristliche Theologe Hieronymus damals verwundert vermerkte.

Die Römer hatten sich zwar allmählich vom Schock der vorübergehenden Eroberung ihrer Stadt durch die Kelten erholt und setzten in zähen Kämpfen zur Herrschaft über ganz Italien an. Aber erst um 190 v. Chr. hatten sie die in Oberitalien siedelnden Gallier endgültig überwunden. Und noch einmal fast dreihundert Jahre dauerte es, bis das unersättlich wachsende römische Weltreich fast alle einst von Kelten beherrschten Gebiete Europas und Kleinasiens erobert hatte. Aber diese Phase gehört schon in die geschriebene Geschichte und ist daher nicht mehr Gegenstand dieses Buches.

Im Unterschied zum Römischen Reich, das ein einheitlicher Wille regierte, war die Herrschaft der Kelten über Europa stets nur die einer in zahlreiche Einzelstämme gegliederten keltischen Oberschicht. Nie gelang es den Kelten, sich auch staatlich-politisch zu einer Einheit zusammenzuschließen. In zahllosen Kämpfen während dieser «keltischen Epoche» in Europa standen immer wieder Kelten gegen Kelten, auch wenn sich ihre Kultur, ihre Religion und ihre Sprache von den Atlantikküsten Irlands und Spaniens bis hin nach Galatien im fernen Kleinasien überraschend ähnlich blieb. Es ist eines der großen Rätsel der Weltgeschichte, warum einzelne Völker aus indoeuropäischem Stamm, wie etwa die Römer und die

Perser, in so starkem Maße riesige Reiche aufbauen und jahrhundertelang beherrschen konnten, und andere – wie Kelten und Germanen – an dieser Aufgabe versagten.

Asterix, der Gallier

Um 50 v. Chr., Gallien (Frankreich)

In einem kleinen, stillen gallischen Dorf nahe der Atlantikküste, kurz nach der Eroberung Galliens durch Julius Caesar, ging das Leben seinen gewohnten Gang. Um die aus Holz und Steinen gebauten Hütten mit ihren Strohdächern scharrten Hühner gackernd im Sand. Magere kleine Schweine durchwühlten Abfallhaufen auf der Suche nach Nahrung, und auf großen Weiden in der Nähe, die mit primitiven Holzzäunen abgegrenzt waren, grasten viele auffallend kleine Kühe mit kurzen, nach vorn gebogenen Hörnern.

In einer der Hütten hämmerte der Schmied lautstark einige rotglühende Eisenbleche zu einem kräftigen Axthelm zusammen. Miraculix, der Druide des Dorfes – Lehrer, Rechtsprecher, Priester, Arzt und Zauberer in einem –, probierte neue «Zaubertränke» aus. Majestix, der leicht aufbrausende, auf Ruhm und gutes Essen und Trinken bedachte Häuptling, ärgerte sich mit seiner Frau herum, die sich mitunter hinter den vier Wänden der eigenen Hütte als der eigentliche Chef erwies. Begleitet von den Tönen seines Dudelsacks, übte der Barde Troubadix neue Heldengesänge über Erlebnisse seiner Dorfgenossen ein, die als rechte Kunstbanausen diesen «Genuß» nicht immer zu schätzen wußten. Asterix, der kleine drahtige Krieger mit dem großen Schnurrbart und den nie versiegenden Ideen, wie man den Römern ein Schnippchen schlagen könnte, und sein kräftiger, etwas dümmlicher Freund Obelix waren auf Wildschweinjagd, um dem meist reichlich eintönigen Küchenzettel des gallischen Dorfes etwas Abwechslung zu verschaffen. Und am Abend nutzten die Dorfbewohner jeden noch so geringen Anlaß, um gemeinsam mit gutem Essen und reichlichem Trinken ein Fest zu feiern ...

*

Die Kelten oder Gallier sind vermutlich das einzige vorgeschichtliche indoeuropäische Volk, dessen Namen nahezu jeder junge Europäer von heute auf Anhieb nennen kann. Die lustigen Abenteuer des kleinen schlauen gallischen Kriegers Asterix und seiner Freunde – von belgischen Künstlern erdacht und gezeichnet und in Millionenauflagen in allen europäischen Sprachen verbreitet – enthalten nicht nur Spannung, Witz und saftige Ironie über Sitten der heutigen Zeit, sondern auch beachtlich viel zutreffende Information über das tägliche Leben in Gallien um die Mitte des 1. Jahrhunderts v. Chr.

Durch Caesars Kriegsberichterstattung über die Eroberung Galliens («Commentarii de bello Gallico»), die Generationen von Lateinschülern in ihre Muttersprache übersetzen mußten, ist im europäischen Bewußtsein die Gleichung eingeprägt: Gallier (Kelten) gleich Vorfahren der Franzosen. Insbesondere im heutigen Frankreich ist diese Gleichsetzung selbstverständlich. Daß sie nur ein kleiner Teil der (vor)geschichtlichen Wahrheit ist, wurde oben schon erwähnt. Caesar hatte politische Gründe, die sehr oberflächliche Festlegung zu treffen: links (westlich) des Rheins wohnten Gallier, rechts (östlich) Germanen. So konnte er, der die Eroberung des heutigen Frankreich aus innenpolitischen Gründen auf dem Wege zu seiner Alleinherrschaft in Rom betrieb, die Römer glauben machen, er – Caesar, das von den Göttern gesandte Genie – habe die Schmach der Niederlage an der Allia und die Eroberung Roms durch die Gallier vor über dreihundert Jahren gerächt und nunmehr das gesamte Stammland der Gallier unter römische Herrschaft gebracht. Caesar verschwieg, daß Kelten zu seiner Zeit auch noch in ganz Süddeutschland und im Alpenraum bis weit nach Ungarn hin zum größten Teil frei von römischer Herrschaft lebten, und daß in Westdeutschland und dem heutigen Belgien/Holland offenbar eine breite Zone keltisch-germanischer Mischstämme bestand, wenn es auch stimmte, daß damals bereits die Germanen in breiter Front sich nach Süden ausdehnten (vgl. 22. Kapitel).

Caesar machte zwar den Versuch, auch in Großbritannien die dortigen keltischen Stämme zu unterwerfen. Doch war dem kein dauernder Erfolg beschieden. Erst hundert Jahre später, unter den römischen Kaisern Claudius und Nero (zwischen 43 und 57

n. Chr.), faßten die Römer festen Fuß im späteren England, das sie weitgehend romanisierten. Nur das heutige Schottland blieb unbesetzt, Rückzugsgebiet unbesiegter keltischer Stämme, ebenso wie Irland, das nie einen römischen Soldaten gesehen hat. Hier in Irland konnten sich keltische Sprache, keltische Kultur und keltischer Volkscharakter unbeeinflußt von römischer Zivilisation weiterentwickeln. Nach jahrhundertelanger englischer Herrschaft und Überfremdung in Mittelalter und Neuzeit setzte sich in Irland im 20. Jahrhundert mit der nationalen Unabhängigkeit auch die keltische Grundströmung wieder mächtig durch. Doch all dies ist nicht mehr Gegenstand dieses Buches.

Die heute noch gesprochenen keltischen Mundarten auf den Britischen Inseln und in der Bretagne klingen europäischen Ohren so fremdartig, daß ihre Verwandtschaft mit den anderen Sprachen der indoeuropäischen Familie erst relativ spät entdeckt wurde, später jedenfalls, als die Festlegung des Namens «Indogermanen» erfolgt war. Sonst hätte der Begriff vielleicht «Indokelten» geheißen – um den nordwestlichsten und den südöstlichsten ursprünglichen Ausläufer dieser Sprachsippe zu kennzeichnen. Doch waren die Kelten vor zweitausend oder zweieinhalbtausend Jahren nicht nur nach sprachlichen Kriterien echte Sprößlinge des alten Kurgan-Volkes, durch zahlreiche gemeinsame Züge mit ihren gleichzeitigen indoeuropäischen Vettern verknüpft.

Einige dieser Gemeinsamkeiten sind in den beiden Episoden dieses Kapitels schon kurz beleuchtet worden. So ist etwa die Ähnlichkeit der Szene, in der der frühkeltische Druide seinen Schülern das religiös-kulturelle Geheimwissen beibringt, mit dem indischen Brahmanen (vgl. 8. Kapitel, Der «Mund des Purusha», S. 156f) keineswegs unbeabsichtigt. Schon spätrömischen Schriftstellern fiel die Verwandtschaft des indischen Brahmanismus mit den keltischen Druiden auf, zumindest was zahlreiche Äußerlichkeiten anging. Über den geistigen Gehalt der keltischen Druiden-Lehren hat sich allerdings kaum eine Andeutung erhalten. Ebenso wie das Wissen der indischen Brahmanen wurde es ausschließlich mündlich von Generation zu Generation weitergegeben und durfte weder aufgeschrieben noch an Nicht-Druiden vermittelt werden. Die Druiden bei den keltischen Stämmen waren jedenfalls ähnlich wie die frühindischen Brahmanen nach allen uns überlieferten Zeugnissen die angesehenste Klasse des Volkes. Sie sorgten nicht nur als Priester für die richtige Form der Götterverehrung, sondern scheinen es auch in Philosophie, Medizin, Recht und anderen Wissenschaften zu umfangreichem, allerdings heute restlos verschollenem Wissen gebracht zu haben.

Eine andere Ähnlichkeit der Kelten zur Römerzeit bestand mit den Germanen. Obwohl Caesar so scharf Kelten und Germanen unterschied, fiel anderen römischen Schriftstellern doch auf, daß sich beide Völker im Aussehen sehr ähnelten, zumindest was die freie Oberschicht anging. Als blonde, blauäugige Hünengestalten, abgehärtet und muskulös, wurden die Anführer sowohl der gallischen wie der germanischen Stämme geschildert, zweifellos ein gemeinsames Erbe ihrer mittel- und nordeuropäischen Vergangenheit. Auch manche Formen des gesellschaftlichen Lebens waren bei den vorgeschichtlichen Kelten und Germanen gleich oder wenigstens sehr ähnlich: die Zersplitterung in zahlreiche, sich nicht selten gegenseitig befehdende Stämme, die Heeres- und Stammesverfassung, das heißt das alte aus Kurgan-Zeiten ererbte abgestufte Mitbestimmungsrecht der Sippenoberhäupter (später immer mehr auf wenige adlige Familien beschränkt) und der (Heeres-)Versammlung der freien Krieger, schließlich das Gefolgschaftswesen (vgl. hierzu 22. Kapitel, S. 490).

Andere Eigenarten der Kelten weisen wieder auf verwandtschaftliche Querbeziehungen zu nordöstlichen Völkern der großen indoeuropäischen Familie, zu Kimmeriern und Skythen. Dazu gehört neben den bereits erwähnten Kunst-Einflüssen beispielsweise der für uns Heutige so gruselige Brauch der Kelten, geradezu einen religiösen Kult mit den abgeschlagenen Köpfen getöteter Feinde zu treiben, ähnlich wie es die Skythen taten; eine Sitte übrigens, die bei den Germanen nicht anzutreffen war. Die geschriebene Geschichte vermeldet nicht ein Wort darüber, aber es muß – vermutlich schon längst vor der Mitte des letzten vorchristlichen Jahrtausends – einen recht intensiven kulturellen und wohl auch blutsmäßigen Austausch zwischen frühen Kelten und Kimmeriern und ihren Nachbarn und Nachfolgern, den Skythen, gegeben haben, wobei die letzteren wohl überwiegend die Gebenden waren.

Dieses Buch kann nicht die bewegte Geschichte der Kelten von Spanien und der Grünen Insel Irland über Oberitalien bis ins ferne Kleinasien in ihrer Auseinandersetzung mit dem Römerreich und den Nachfolgestaaten Alexanders des Großen darstellen. Obwohl die Kelten bis zum Ende des Römischen Reiches, mit dem unsere Geschichtswissenschaft auch das Altertum enden läßt, selbst in der schriftlosen Vorgeschichte verharrten, gibt es doch genug antike Schriftquellen, die über den Zusammenprall der damaligen «Zivilisation» mit den keltischen «Barbaren» berichten.

Aber waren die Kelten des Altertums wirklich die «Barbaren», als die Caesar und andere Autoren sie darzustellen versuchten? Ihre Kunst war wilder, urtümlicher, für uns heutige, am griechisch-römischen Schönheitsideal ausgerichtete Menschen in ihrer mystischen Bedeutung nicht nachvollziehbar. Aber war sie nicht dennoch hohe Kunst in des Wortes bester Bedeutung?

Die meisten keltischen Völkerschaften hatten in den Jahrhunderten vor und nach der Zeitwende große Städte, meist in guter Verteidigungslage, gebaut – «oppida» heißen sie bei Caesar und den heutigen Archäologen –, die an Menschenmenge und wimmelndem Leben den meisten griechischen und römischen Städten der gleichen Zeit gleichkamen oder sie sogar übertrafen. Die Hauptstadt der keltischen Vindeliker beim heutigen Manching an der Donau (bei Ingolstadt), in der deutsche Archäologen seit Jahrzehnten interessante Ausgrabungen durchführen, war vermutlich etwa sechsmal größer als das mittelalterliche Leipzig!

Keltische Stämme prägten seit etwa 200 v. Chr. eigene Münzen nach dem Vorbild griechischer und römischer Münzen, kannten also bereits eine teilweise auf Geldumlauf beruhende Volkswirtschaft. Ausgrabungen bestätigen immer wieder die Geschicklichkeit und den Einfallsreichtum keltischer Handwerker in den verschiedenen Produktionszweigen. Wonach bemißt sich eigentlich aus heutiger Sicht die Abgrenzung «Zivilisierte – Barbaren»? Wenn man beispielsweise die Scheußlichkeiten in den römischen Bürgerkriegsjahrzehnten nachliest, an denen Julius Caesar kräftig beteiligt war, befallen einen heftige Zweifel, wer denn die «Barbaren» waren ...

Keltisches Erbe

Im Bereich der staatlichen Großmachtpolitik haben die keltischen Stämme, wie erwähnt, keine den Römern oder dem makedonischen Alexander vergleichbare Rolle gespielt. Namen ihrer Könige, Häuptlinge oder Feldherren kennen wir im wesentlichen nur als endlich Besiegte aus römischen oder griechischen Quellen. Die meisten der großen Herrscher, die es zweifellos auch bei den keltischen Stämmen gegeben hat, sind uns Heutigen unbekannt.

Aber es steht fest, daß es die jahrhundertelange Herrschaft keltischer Völker in West-, Mittel- und Südosteuropa war, die das Entstehen und Wachsen zahlreicher europäischer Völker von heute ganz wesentlich mit beeinflußt hat. Kelten waren die Vermittler höherer Kultur aus dem Mittelmeergebiet in das zu ihrer Zeit noch recht primitive Nordeuropa, insbesondere zu den Germanen. Und später, nach der Ablösung der Römerherrschaft über Europa durch germanische Stämme, waren es christliche Mönche keltisch-irischen Volkstums, die wie die Heiligen Columban und Gallus als erste das Christentum zu den Alemannen im heutigen Südwestdeutschland brachten.

Auch als die keltische Sprache bis auf die Außenposten Irland, Schottland, Wales und die Bretagne längst durch das Vulgärlatein oder germanische Dialekte mehr oder weniger verdrängt war, nach den tiefgreifenden kulturellen Umwälzungen auf dem europäischen Festland und Romanisierung und Christianisierung, hielten sich keltische Lebensauffassung und keltische religiöse Vorstellungen noch zäh anderthalb Jahrtausende nach der «Entstehung» des Keltentums. Wie wäre es sonst zu erklären, daß etwa altfranzösische Steinmetze in der sonst frühromanisch-karolingischen Krypta der Kathedrale St. Benigne in Dijon (Frankreich) aus dem 11. Jahrhundert *nach* Christus Säulenkapitelle mit typisch keltischen Kopfmasken anbringen konnten, wie sie uns sonst nur in Museen mit Ausstellungsstücken frühkeltischer Kunst begegnen?

Wir Deutsche bilden uns zwar ein, germanischer Abstammung zu sein, weil das Hochdeutsche, unsere Sprache, nun einmal unzweifelhaft im wesentlichen frühgermanische Dialekte zu seinen sprachlichen Ahnen zählt. Wenn aber Sprachforscher einmal die bis heute so gut wie nie schriftlich festgehaltenen Dialekte der Bauern in der Schwäbischen Alb, in Hessen oder Bayern kritisch unter die Lupe nehmen würden, müßten sie wahrscheinlich feststellen, daß sich unter der Decke der germanisch-deutschen Hochsprache noch zahllose Überreste keltischer Prägung erhalten haben. Für abgelegene Gebiete der Eifel konnte der Kölner Amateur-Sprachforscher Bachem kürzlich rund 150 Worte des von den Bauern benutzten Dialekts einwandfrei als keltischer Herkunft identifizieren. Und sicher sind solche Sprachreste nicht das einzige Überbleibsel keltischen Volkstums.

Vielleicht bringt die folgende Behauptung manche vorgefaßte, durch den «Germanenkult» vergangener Jahrzehnte in Deutschland genährte Meinung ins Wanken: Eine Bauernfamilie aus der Schwäbischen Alb oder der Eifel, deren Vorfahren seit undenklichen Zeiten auf der gleichen Scholle ansässig waren, ist vermutlich ebenso blutsmäßiger und kultureller Nachfahre keltischer Ahnen wie ein Bauer im französischen Rhônetal oder an der Marne oder ein irischer Fischer. Wir Deutsche haben keinen Anlaß, uns dessen zu schämen.

20. Kapitel

Wolf und Stier

Das Ringen der indoeuropäischen Einwanderer um die Vorherrschaft in Italien

Feriae Latinae

Um 800 v. Chr., auf dem Albaner Berg – Monte Cavo/südöstlich Roms

Vom Albanischen Berg hatte man einen weiten Blick auf die Ebene. Karg bewachsene Heideflächen wechselten sich mit lockeren Wäldchen ab, in denen Wildschweine und andere Tiere Unterschlupf fanden. Jetzt im Frühling war das ganze Land mit frischem Grün überzogen, und überall fanden die kleinen Schaf- und Rinderherden genügend Nahrung. Wer von der Spitze des Berges seine Augen nach Westen richtete, erblickte unter sich die runde Wasserfläche des Albaner Sees und dicht dabei die kleine Gruppe strohgedeckter Hütten von Alba Longa, dem Wohnsitz eines der beiden Könige des Latinervolkes. Weiter in der bis zum Horizont reichenden Ebene zeigten Rauchsäulen die Lage anderer Siedlungen oder vorübergehender Lagerplätze von Hirtengruppen an.

König Numitor genoß die ruhige Viertelstunde, die ihm bis zum Beginn des großen Opferfeuers auf dem heiligen Berg der Latiner noch verblieb. Ein einfaches rohwollenes Hemd, die Tunika, mit einem Gürtel auf der Brust, bedeckte seinen muskulösen Körper, nicht anders als bei den anderen älteren Kriegern seines Stammes. Der Schädel und das Fell eines Wildschweins diente ihm als Kopfschmuck, ein Zeichen, daß Numitor zur Sippe des sagenhaften Stammesgründers gehörte, der von einem göttlichen Wildschwein abstammen sollte. Sinnend stand der König am steilen Abhang des Berges, auf seinen Speer mit der Eisenspitze gestützt, und blickte nach Norden. Vor vielen Generationen war der latinische Stamm, das «nomen Latinum», von dorther in seine jetzigen Wohnsitze eingewandert. Von Generation zu Generation überlieferte Erzählungen berichteten noch davon, auch wenn die genauen Einzelheiten im Laufe der Zeit immer mehr verschwammen.

Einst, vor vielen Generationen, hatte die «tota» der Ahnen weit, weit gen Mitternacht, viele Tagereisen jenseits der schneebedeckten Berge der Alpen, ihre Herden weiden lassen. Eines Tages waren die jungen Leute unruhig geworden und mit einem großen Teil der Herden nach Süden gezogen, auf dem Weg östlich um die Alpen herum, von dem wandernde Händler ihnen berichtet hatten. In der weiten Ebene südlich der Alpen, nahe dem großen Fluß Padus (Po), hatte sich dann die neu organisierte «tota» für einige Generationen niedergelassen, in der Nachbarschaft der ebenfalls von Nordosten her eingewanderten Veneter. Doch diese waren im Laufe der Zeit immer zahlreicher geworden und hatten die Weidegründe des «Wildschwein-Volkes» immer mehr eingeengt, bis es sich zum Weiterziehen entschloß. Ein Teil war nach Sonnenuntergang bis in einige abgelegene Alpentäler gezogen. Der größte Teil des Stammes hatte sich aber zusammen mit den verwandten Faliskern vorbei an den Siedlungen der Alteinwohner des Landes, über Bergketten und Gebirgstäler weiter nach Süden durchgekämpft, bis er zwischen Tiberfluß und Albaner Berg neue günstige Weiden für seine Rinder und Schafe gefunden hatte. Es ging die Sage, daß der Schutzgott der «tota» in Gestalt einer weißen Bache, eines weiblichen Wildschweines, vor den Herden hergewandert war und ihnen den Weg gewiesen hatte.

Hier im Umkreis des Albaner Berges war das wandernde Volk nun schon seit längerer Zeit zur Ruhe gekommen, es hatte von der Ebene ringsum den Namen «Latiner» (die Leute vom flachen Land) angenommen, und seine Herden hatten sich vermehrt. Mit den alten Einwohnern des Landes, den Händlern und Bauern in den kleinen Siedlungen, vertrug man sich schlecht und recht. Gegen die kriegerischen genügsamen Hirten aus dem rauhen Norden hatten die Alteinwohner keine starken Kräfte einzusetzen.

König Numitor riß sich von seinen Gedanken los, um zusammen mit seinem Mitkönig Amulius am Feueraltar auf dem höchsten

Punkt des Berges seiner Pflicht als oberster Priester seines Volkes zu walten. Heute war ja der letzte Tag der «Feriae Latinae», des großen Festes, das alle dreißig Abteilungen des Latinervolkes zum Beginn des Frühlings und damit des Jahres hier auf dem heiligen Berg zum Opfer und Fürbittegebet für alle Latiner vereinigte. Die Oberhäupter der drei großen Geschlechterverbände, der Tribus, in die das Latinervolk nach uraltem Brauch eingeteilt war, hatten den Berg erstiegen, zusammen mit den dreißig Anführern der Decurien, der Zehntel, in die jeder Tribus zerfiel.

Diese vom Götterwillen geheiligte Einteilung des Stammes hatte sich immer wieder bewährt. Im Kampf wußten die Krieger sofort, an welcher Stelle der Schlachtreihe sie sich aufzustellen hatten, ohne daß es Verwirrung gab, denn jede Dekurie hatte ihren bestimmten Platz. Und als die Latiner ihre jetzigen Weidegründe um den Albaner-Berg besetzten, konnten die Vorfahren der heutigen Könige, Latinus und Silvius, jedem Stammesdreißigstel sein bestimmtes Weidegebiet zuweisen und damit manche Gründe für Streit und Totschlag ausschalten. Damit aber die dreißig Teile des Volkes, die nun schon lange ihre eigenen festen Siedlungen hatten und sich zu eigenen Völkern mit besonderen Schicksalen zu entwickeln begannen, sich nicht gänzlich auseinanderlebten, gab es jedes Jahr das große gemeinsame Opfer aller Latiner. Aller Streit, alle oft blutigen Fehden zwischen einzelnen Geschlechtern oder Kurien, wie man die Stammesabteilungen auch nannte, mußten da schweigen. Ehrfürchtig nahten sich alle dem Heiligtum ihres höchsten Gottes, des Juppiter Latiaris, des latinischen Jupiter (vgl. Dieus-petér!), die Männer von Alba Longa und Lavinium, der beiden Königssitze der Latiner, die Fuchssippe der rutulischen Hirten von Ardea mit ihren Helmen aus Fuchsfellen, die Pometiner, die Leute von Gabii und Praeneste, und auch das Dreißigstel, das in der Nähe des Tiberflusses am Bach Rumon zwei Hügel besiedelt hatte. Romulus hatte sich der eine der beiden Häuptlinge dieses Dreißigstels nach dem Bach benannt, und sein Mithäuptling hieß Remus. Denn wie das Latinervolk insgesamt in seine altüberlieferten dreißig Geschlechterverbände zerfiel und von zwei Königen geleitet wurde, so wurden wie in einem verkleinerten Spiegelbild diese alten Bräuche in jedem Stammesdreißigstel wiederholt.

Jetzt brachten Frauen aus den dreißig Stammesgruppen die Opfertiere und Opfergaben zum Feueraltar, allen voran der untadelige weiße Stier, der diesmal nach althergebrachter Reihenfolge von der Wolfskurie, den von Romulus und Remus angeführten Geschlechtern, gestellt wurde. Die beiden Könige Numitor und Amulius sprachen die vorgeschriebenen Weiheworte, übergossen den weißen Stier aus einem Krug mit Quellwasser, zeichneten ihn mit einem Messer als dem Gotte geweiht und überantworteten ihn den Opferdienern. Diese schnitten dem Stier mit geübter Bewegung die Kehle durch und ließen das Blut auf den Steinaltar ins Feuer rinnen. Danach zerteilten sie das tote Tier mit Messern und warfen die Fleischstücke ins Altarfeuer. Und als das Fleisch gar war, hoben die Könige die einzelnen Stücke vorsichtig vom Altar und verteilten sie feierlich an die anwesenden Vertreter der dreißig Latinerkurien, die nacheinander an sie herantraten und in genau festgelegtem Wortlaut ihren Anteil erbaten. Jede Kurie bekam den Teil des Opfertieres, der ihr ein für allemal nach dem aus dem fernen Norden mitgebrachten Brauch zustand, damit es keinen Streit gab: Die Leute von Alba Longa erhielten stets das Herz, die von Gabii den rechten Vorderschenkel, und die Wolfssippe des Romulus und Remus ein Bratenstück von der linken Querrippe.

Im gemeinschaftlichen Verzehren des Opfertieres – wozu natürlich nur Männer zugelassen waren – erneuerten die Vertreter der latinischen Kurien (von Co[n]-virien = Männerversammlungen) die Bande ihrer gemeinsamen Abstammung vom göttlichen Wildschwein. Zugleich nahmen sie die gewaltige Kraft des geopferten Stieres in sich auf, deren sie als Hirten und Krieger in einer stets feindlichen Umwelt immer wieder bedurften.

Sage und Wirklichkeit in Roms Frühzeit

Bei aller schuldigen Ehrfurcht vor dem berühmten römischen Historiker Livius und dem Dichter Vergil darf festgestellt werden, daß ihre Berichte über die Vorzeit Roms mit der obigen Episode neben dem Thema eines gemeinsam haben: Nach gewissen Vorstudien haben die Autoren viel Phantasie eingesetzt. Allerdings wären Livius und Vergil sicher nicht mit der Darstellung in diesem Buch zufrieden. Denn wo bleibt die Größe, die göttliche Herkunft, die Einmaligkeit Roms schon in den allerersten Anfängen? Wo bleibt der Held Äneas, der Flüchtling aus dem eroberten Troja, der der römischen Überlieferung nach ein Vorfahre der Römer war? Trotz aller Phantasie hat die vorstehende Episode von den «Feriae Latinae» wohl den Vorzug, die (prä)historischen Verhältnisse sehr viel zutreffender zu schildern als die Bücher des Livius, Vergil oder anderer altrömischer Autoren, die doch den Ereignissen zweitausend Jahre näher standen als unsere Zeit.

Man ist sich heute in der Fachwissenschaft darüber klar, daß die römische Frühzeit durch die Berichte der Historiker und Schriftsteller aus der Blütezeit des römischen Weltreiches eher verfälscht und verdunkelt als erhellt worden ist. Zumindest müssen die «Sagen des alten Roms» von Äneas, Romulus und Remus und der Gründung Roms mit den modernen Erkenntnissen aus Ausgrabungen, vergleichender Religions- und Sprachwissenschaft, Völkerkunde und anderen Wissenschaften in Beziehung gebracht werden, um daraus Erkenntnisse für den möglichen wirklichen Ablauf der Geschehnisse zu gewinnen. Die obige Darstellung versucht, entsprechende Forschungen auch für Laien verständlich umzusetzen, und folgt dabei insbesondere dem guten Kenner der römischen Frühzeit, dem in den USA lebenden ungarischen Prähistoriker Andreas Alföldi.

Wie und wann kamen die indoeuropäischen Bewohner Italiens – man nennt sie zusammenfassend «Italiker» – in die Apenninen-Halbinsel? Denn eines ist sicher: die späteren Römer waren nur ein kleiner Teil dieser Nachkömmlinge der Kurgan-Hirten, und jahrhundertelang blieb es unentschieden, welche Volksgruppe die Vorherrschaft in Italien erringen würde.

Zum besseren Verständnis müssen wir noch einmal in die Periode der späten Bronzezeit im südöstlichen Mitteleuropa zurückkehren, als dort die «Urnenfelderwanderung» begann (um 1300 v. Chr. – vgl. 10. und 17. Kapitel). Denn die so unruhig gewordenen indoeuropäischen Stammesgruppen dieses Gebiets begaben sich nicht nur auf die große Wanderung in die Balkanhalbinsel, nach Kleinasien und bis nach Ägypten, sondern Teile zogen auch – vermutlich um den Ostabhang der Alpen herum – nach Oberitalien. Eine erste Welle der «verbrennenden Italiker», wie sie die Archäologen nennen, tauchte schon im 12. oder 11. Jahrhundert v. Chr. dort auf. Es müssen noch recht primitive Hirtenstämme gewesen sein, wild und urtümlich im Vergleich zu manchen gleichzeitigen indoeuropäischen Vertretern; sie hielten noch lange zäh an dieser Lebensweise fest und wiesen jeden Gedanken, sich als Ackerbauern auf Dauer an einer Scholle festzuklammern, weit von sich.

Weder schriftliche Zeugnisse – wo sollten sie herkommen? – noch irgendwelche archäologischen Belege bieten einen Hinweis, *wo* diese späteren Latiner einst nördlich der Alpen ihre Herden weideten. Der Sprachwissenschaftler Krahe hat allerdings auffällige Verwandtschaften der lateinischen mit der frühgermanischen und auch mit der keltischen Sprache festgestellt, die er auf längere nachbarschaftliche Kulturbeziehungen zurückführt. Dann bleibt eigentlich nur der Schluß übrig, daß die Vorfahren der Latiner irgendwo in Norddeutschland die Bronzezeit verbracht haben (dies deutlich auszusprechen, hütet sich Krahe als vorsichtiger Wissenschaftler allerdings). Ob nicht die deutsche Landschaft «Falen» beiderseits der mittleren Weser (jetzt nur noch in «West-Falen» erhalten; im frühen Mittelalter nannte man das heutige mittlere Niedersachsen «Ost-Falen»!) den Namen der kleinen Völkerschaft der Falisker bewahrt, die mit einer dem Lateinischen eng verwandten Sprache sich nach der Wanderzeit in Falerii, 60 Kilometer nördlich Roms, niedergelassen hatte?

Nach der ersten großen Wanderung müssen Latiner und Falisker für einige Zeit im östlichen Oberitalien Station gemacht haben. Ein nachbarschaftlicher Kultur- und Sprachaustausch mit den illyrischen Venetern ist nachgewiesen (vgl. 18. Kapitel, Eine Stadt vor dem Untergang). Und als die späteren Latiner von dort aus weiter nach Latium in Mittelitalien zogen – vermutlich zwischen 1100 und 1000 v. Chr. –, da scheinen auch kleinere illyrisch-venetische Gruppen sie begleitet zu haben, denn die Sprachforscher identifizierten einzelne typisch venetische Ortsnamen in Mittelitalien.

In einem abgelegenen Tal der italienischen Alpen, dem Val Camonica westlich des Gardasees, fanden Wissenschaftler vor einigen

Jahrzehnten Tausende von in den Fels gekratzten Zeichnungen, die im Stil außerordentlich an die «Felsritzungen» erinnern, denen wir im 17. Kapitel (Die Schiffe der Nordleute) begegnet sind. Allerdings wurden nicht Schiffe dargestellt, sondern vorwiegend Rinder – der Lebensinhalt von Viehzüchtern. Und aus späterer Zeit, etwa dem 4. bis 1. Jahrhundert v. Chr., aber sicher zum gleichen Volk gehörig, entzifferte man dort Inschriften, die sich zur Verblüffung der Fachleute als altertümliches Latein entpuppten. Dabei hatten zur Entstehungszeit dieser Schriften die Römer sich noch längst nicht bis in diese Gegend ausgedehnt. Es ist im Rahmen dieses Buches nicht möglich, ausführlicher auf das «Rätsel von Val Camonica» einzugehen. Aber es muß sich bei den Urhebern der Felszeichnungen und der Inschriften um einen während der Wanderungszeit abgesplitterten Teil der Latiner gehandelt haben, die dort in weltgeschichtlicher Abgeschiedenheit die ungeheuren Wandlungen des «römischen» Teils der Latiner nicht mitgemacht haben.

Die Einwanderung der «verbrennenden Italiker» (die ihre Toten verbrannten und in Urnen beisetzten) ins mittelitalienische Latium fand bei der Vorbevölkerung offenbar nur geringen Widerstand. Diese «Urbevölkerung» mittelmeerischer Kultur und Rasse hat jedenfalls später keine eigenständige Rolle mehr gespielt. Vielleicht stammt aber die Anregung, sich in festen Siedlungen niederzulassen – Städte im eigentlichen Sinne waren es zunächst wohl noch nicht –, die die latinischen Hirten in den folgenden Jahrhunderten befolgten, von diesen Vorbewohnern.

Einige Zeit nach der Einwanderung der «verbrennenden Italiker» nach Mittelitalien scheint eine zweite Welle indoeuropäischer Hirtenkrieger die Apenninen-Halbinsel betreten zu haben. Es waren die sogenannten «bestattenden Italiker», Gruppen, aus denen sich später die zahlreichen oskisch und umbrisch sprechenden Völkerschaften Italiens – Samniten, Sabiner, Umbrer, Volsker und viele andere – entwickelten. Sie waren wie die Latiner genügsame Berghirten und setzten sich auf den Hochweiden und in den Gebirgstälern des Apenninen-Gebirges fest, das sich ja bis in die Stiefelspitze Italiens hinzieht. Und wieder bald darauf, immer noch vor dem Einsetzen eigener schriftlicher Überlieferungen – das heißt zwischen dem 10. und dem 5. Jahrhundert v. Chr. – wurden große

Teile der italienischen Ostküste von illyrisch sprechenden Völkern besiedelt, die vermutlich über die Adria von der Balkanhalbinsel her kamen.

Die Sprachforscher sind sich nicht einig, wie nahe die lateinische Sprache mit den verschiedenen oskischen und umbrischen Dialekten verwandt war, von denen wir heute allerdings nur wenige Beispiele in schriftlichen Dokumenten überliefert bekommen haben. Sicher war das Oskische eine indoeuropäische Sprache. Neben zahlreichen auffälligen Ähnlichkeiten mit dem Lateinischen weist es aber auch ebenso auffällige Unterschiede auf. Sind die Ähnlichkeiten nur auf jahrhundertelange Nachbarschaft mit den Latinern und eine «gesamtitalische» Sprachangleichung zurückzuführen, oder bestand doch eine ursprüngliche, besonders nahe Sprachverwandtschaft der beiden «italischen» Sprachgruppen? Daß die Sprache der illyrischen Veneter, Messapier oder Japyger an der Adria hiervon zu unterscheiden war, haben die Sprachwissenschaftler schon früh erkannt.

Latiner, Osker und Illyrer waren allerdings nicht die einzigen Völker, die sich in den «dunklen Jahrhunderten» in Italien festsetzten. Seit etwa 750 v. Chr. erreichten größere Siedlergruppen aus Griechenland die Küsten Siziliens und Unteritaliens und gründeten dort Kolonialstädte, die einen wichtigen Einfluß auf die weitere Geschichte der Apenninen-Halbinsel ausübten. So sehr fühlten sich die Griechen dort zu Hause, daß dieses Gebiet bald «Megale Hellas – Großgriechenland» genannt wurde.

Ebenso wichtig, ja für das Entstehen des «Phänomens Rom» noch entscheidender waren allerdings die geheimnisvollen Etrusker. Das seit dem Altertum andauernde Rätselraten über ihre Herkunft ist heute wohl doch zugunsten der Version entschieden, daß sich Auswanderer aus dem nordwestlichen Kleinasien – aber keine Indoeuropäer – über mehrere Zwischenstationen im östlichen Mittelmeer seit dem 9. Jahrhundert v. Chr. in Mittelitalien ansässig machten (vgl. 12. Kapitel, Lydien, Vermittler zwischen Osten und Westen, S. 261 f). Eine etruskische Herrenschicht errang dort nach und nach die Oberhand über zahlreiche alteingesessene Völkerschaften und eingewanderte indoeuropäische «Italiker», gründete mächtige Handelsstädte und verbreitete erstmals Kunst und Kultur im vorher recht primitiven Italien. Daß diese Kultur in weiten Bereichen von griechischen Vorbildern bestimmt war und nur ein geringer Anteil eigener etruskischer Schöpfung entsprang, macht die Erforschung dieses Volkes nicht gerade leichter.

Die Bewunderung der Etrusker für die griechische Kultur wird es auch gewesen sein, die sie veranlaßte, sich als Flüchtlinge aus dem in der «Ilias» des Homer verherrlichten Troja, als Nachfahren des Äneas, auszugeben. Doch wie dieser Äneas in Beziehung zu Rom geriet, das wird weiter unten beschrieben. Zu der Zeit jedenfalls, in der die obige Episode vom Jahresfest der Latiner spielen soll – etwa um 800 v. Chr. –, waren Etrusker zwar schon in Italien aufgetaucht. Aber sie waren noch weit davon entfernt, fast der ganzen Halbinsel ihren Stempel aufzudrücken. In Latium wird man ihre Ankunft damals vermutlich kaum zur Kenntnis genommen haben.

«Sieben – fünf – drei: Rom kroch aus dem Ei», so lernte man früher in der Schule, um sich das legendäre Gründungsdatum Roms – 753 v. Chr. – zu merken. Aber die Spatenforschung hat inzwischen festgestellt, daß es Siedler – und zwar vermutlich bereits latinische Hirten – auf dem Kapitol- und Palatinhügel Roms schon lange vorher gegeben haben muß. Und Rom war auch keineswegs die erste Stadt, die in dieser Gegend entstand. Andere Städte der Latiner (und vermutlich schon der mittelmeerischen Vorbevölkerung) wie Alba Longa, Ardea und Lavinium waren älter und in der Frühzeit erheblich bedeutender als das Hirtendorf am Tiber. Rom war sicher zuerst nur eine der dreißig Stammesabteilungen des Latinerstammes, und keineswegs die wichtigste.

Von der schönen Sage, wie die Zwillinge Romulus und Remus die zur Weltherrschaft vorherbestimmte Stadt Rom gründeten, bleibt nicht viel übrig. Aber warum sollen nicht diese beiden Männer tatsächlich als Menschen von Fleisch und Blut gelebt haben? Für die bekannte Sage, daß sie von einer Wölfin gesäugt worden seien, gibt Andreas Alföldi eine einleuchtende Erklärung. Wie wahrscheinlich die meisten frühen indoeuropäischen Völker führten auch der Stamm der Latiner und seine einzelnen großen Geschlechterverbände ihren Ursprung auf tiergestaltige Gottheiten zurück, die dann als «Totemtiere» verehrt wurden; deutlicher Hinweis auf die östliche, halbasiatische Herkunft der Abkömmlinge der Kurgan-Hirten. Bei den Latinern insgesamt war Totemtier ein weibliches Wildschwein, bei der Gruppe um Romulus und Remus eine Wölfin. Von dem Sinnbild Roms, dem weltbekannten archaischen Standbild der «kapitolinischen Wölfin», weiß man längst, daß die beiden kleinen Kinder unter dem Tierleib erst eine spätere Zufügung waren. Diese Zufügung stammte aus einer Zeit, als die Römer die ursprüngliche Bedeutung dieses Tierbildes nicht mehr kannten und sich die rührende Sage von der Wölfin als Ziehmutter der vom bösen König ausgesetzten Zwillinge als rational-mythologische Umdeutung zurechtgemacht hatten.

Auch die Geschichten vom Streit zweier feindlicher Brüder um die Herrschaft – Romulus gegen Remus, Amulius gegen Numitor –, die Livius und andere Schriftsteller als Sagen wiedergeben, zeigen, daß die Römer der klassischen Zeit keine Ahnung mehr davon hatten, daß jede Gruppe ihres Volkes in der vorgeschichtlichen Periode in zwei getrennte und von verschiedenen Anführern regierte Einheiten zerfiel. Trotz dieser Teilung blieben aber beide Hälften auf das engste miteinander verbunden, denn die Männer durften ihre Frauen immer nur aus der anderen Hälfte wählen. Einem ähnlichen Zustand sind wir bereits im 9. Kapitel (Das Opfer des Akrisios, S. 177) begegnet. «Exogames Zweiklassensystem» nennen die Völkerkundler diese von vielen Naturvölkern bekannte Einrichtung. Zur Zeit der klassischen römischen Republik kannte man zwar noch einige Namen solcher Doppelherrscher aus der Vorzeit, konnte sich aber nicht mehr vorstellen, daß sie friedlich nebeneinander regierten, ohne sich gegenseitig totzuschlagen oder zu verdrängen.

Zerstritten im Inneren, einig nach außen

Um 485 v. Chr., in Rom

Sorgfältig ordnete Lucius Licilius die Falten seiner Toga aus weißem Wolltuch, als er das Comitium betrat, den Platz für die Volksversammlungen der Stadt Rom am Rande des Forums (Markt). Er war es seinem neuen Amt als Volkstribun schuldig, vor seinen Standesgenossen anständig aufzutreten, erst recht aber vor den «Vätern», den Mitgliedern des Senats und damit den Inhabern der Staatsgewalt. Die Würde der Senatoren war durch die Götter und auch durch das hohe Ansehen geheiligt, das nun einmal die Oberhäupter der Adelssippen seit undenklichen Zeiten genossen. Dennoch mißbrauchten die Senatoren von Rom und ihr oberster Führer, der «Magister populi» («Vorsteher des Volkes») ihre Gewalt und ihr Ansehen häufig schmählich, indem sie der Plebs, dem Bürgerstand, alle Rechte vorenthielten. Licilius war als gewählter Sprecher seines Standes wieder einmal im Begriff, mit den Patriziern um diese Rechte mit Worten zu kämpfen.

Heute war wie alle neun Tage Markt und damit Gelegenheit zu einer Volksversammlung. Denn viele Bauern aus der Umgebung der Stadt waren gekommen, um Rinder und Schafe, Butter, Wolle, Käse, Erbsen und Bohnen an die Handwerker in der Stadt gegen deren Erzeugnisse zu tauschen oder um ihre Lebensmittel als Pachtrate an die Patrizierfamilien zu übergeben. Bauern und Handwerker waren römische Bürger wie die Patrizier auch, und in den Kriegen mit den umliegenden Städten und Völkern, die es fast jeden Sommer gab, mußten sie als Soldaten ihre Knochen für den Staat hinhalten. Aber das Land, das die Bauern bearbeiteten, gehörte nicht ihnen, sondern den adligen Geschlechtern, denen sie Pacht in Form von Vieh und Bodenerzeugnissen zahlen mußten. Darüber hinaus waren die Bauern als Klienten (Schutzbefohlene) ihrer adligen Herren verpflichtet, in den Volksversammlungen so zu stimmen, wie diese es wollten. Ähnlich ging es auch vielen Handwerkern, die einmal des Schutzes eines Patriziers – etwa bei der Vertretung in einem Rechtsstreit – bedurft hatten.

Doch die Bauern und die Handwerker in der Stadt waren diesen rechtlosen Zustand leid. Wortführer des Bürgertums und der Unterschicht waren die Häupter angesehener römischer Sippen, die aber von den Patriziern hochmütig aus ihrem geschlossenen Kreis ferngehalten wurden. In einem revolutionären Akt hatte der Stand der Plebejer vor wenigen Jahren erstmals zwei Volkstribunen aus dieser Gruppe angesehener nichtpatrizischer Geschlechter gewählt und ihnen das Recht zuerkannt, Anordnungen des Magister populi zu verbieten, wenn sie Belange von Plebejern einseitig beeinträchtigten. Mit einem heiligen Eid bei den Göttern hatten die Plebejer sich untereinander verschworen, ihre Volkstribunen vor Gewaltmaßnahmen der Patrizier oder Nichtbefolgung ihres Vetos zu schützen, indem jeder, der die Vertreter der Plebs angriff, der Lynchjustiz des Volkes verfallen sollte. Dieses Mittel hatte bisher die Unantastbarkeit der Person der Volkstribunen gesichert.

Als die Marktgeschäfte abgewickelt waren und die Tageszeit für die Volksversammlung gekommen war, eröffnete der Pontifex maximus (der Leiter des Priesterkollegiums) die wöchentliche Aussprache über Staatsangelegenheiten mit den dafür bestimmten Gebeten im uralten, genau festgelegten Wortlaut und gab dann dem «Tribunus plebis» Lucius Licilius die Erlaubnis zu sprechen.

«Populus Romanus Quiritum – Römisches Volk der Speermänner», redete Licilius die umherstehenden Männer – Plebejer und Angehörige der patrizischen Geschlechter – in der althergebrachten Form an. «Die Älteren unter euch erinnern sich noch an den Tag vor fast zwanzig Jahren, da König Lucius Tarquinius, den wir Superbus, den Tyrannischen, nannten, aus unserer Stadt verjagt wurde. Damals glaubten wir, von *einem* Tyrannen befreit worden zu sein, als der Rat der Väter, der Senat, die Herrschaft übernahm und festsetzte, daß jedes Jahr ein anderer der Väter zum Magister populi gewählt werden sollte. Aber heute erkennen wir Römer, daß wir statt dessen dreihundert Tyrannen als Herren der Stadt haben!»

Der Redner Licilius steigerte sich in seinem Zorn in immer stärkere Angriffe gegen die patrizischen Geschlechter, die schon seit einigen Jahren die Verabschiedung eines Gesetzesvorschlags in der Volksversammlung verhindert hatten, wonach bestimmte dem Staat gehörige Ländereien an Plebejer zugeteilt werden sollten. Auch unwillige Zwischenrufe der mitten in der Volksmenge stehenden Patrizier hinderten ihn nicht, wußte sich doch Licilius vor tätlichen Angriffen sicher. Zornig rief er aus, er werde beim nächsten Sommerfeldzug die Aushebung von Plebejern als Soldaten durch den Magister populi verbieten – sollten die Patrizier doch sehen, wie sie ohne die Plebejer ihre Kriege führten!

Gerade als Licilius diese ernste Drohung ausgestoßen hatte, liefen aufgeregte Bauern, Frauen und Kinder aus dem Vicus Longus (Lange Straße) auf das Forum. Aus ihren Rufen konnte man entnehmen, daß das benachbarte Volk der Volsker, dessen Grenze nur 20 Meilen (30 Kilometer) von der Stadt entfernt lag, wie so oft schon seine räuberischen Streifzüge gegen die Bauernsiedlungen im Südosten der Stadt aufgenommen hatte. Ja, diesmal war ein großer Haufen schwerbewaffneter Volsker überraschend bis dicht vor die Stadt selbst vorgerückt.

Das war der Augenblick für den Magister populi Spusius Nautius, den obersten Beamten des Staates, das Wort in der Volksversammlung zu ergreifen. Mit knappen Worten forderte er die römischen Bürger – Plebejer wie Patrizier – auf, angesichts der äußeren Gefahr die inneren Streitigkeiten fallenzulassen. Er müsse unverzüglich zusammen mit seinem Stellvertreter, dem Magister equitum (Reiteroberst) Sextus Fusius, alle waffenfähigen römischen Männer zum Kampf gegen die Volsker führen, und er möchte den Volkstribunen sehen, der dies zu verhindern wage! Durchdringend blickte er dabei Lucius Licilius an, dessen Rede so dramatisch unterbrochen worden war.

Dieser war bleich geworden. Aber entschlossen trat er vor und rief mit lauter Stimme den Männern in der Volksversammlung zu: «Wenn ich diese Flüchtlinge sehe, weiß ich, was meine Pflicht als römischer Bürger ist!» Damit legte er seine Toga ab, das Zeichen des freien Römers als Bürger und Wähler, und trat im Kleid der Soldaten, der Tunika, auf den Magister populi zu, bereit, sich dessen unumschränkter Befehlsgewalt im Krieg zu unterstellen.

Kleine Anfänge Roms

In der Zeit, die die obige Episode zu rekonstruieren versucht, also am Anfang des 5. Jahrhunderts v. Chr., war die Stadt Rom nur ein völlig unbedeutendes Marktstädtchen Italiens. Gegen den Ruhm und die wirtschaftliche und politische Bedeutung zahlreicher etruskischer und griechischer Städte auf italienischem Boden konnte es nicht konkurrieren. Der griechische «Vater der Geschichte» Herodot – er schrieb seine «Historien» etwas nach der Mitte eben dieses Jahrhunderts nieder – erwähnt Rom mit keinem Wort, wohl aber

Italien im 5. Jh. v. Chr.
(vor der keltischen Invasion)
Gebiete etruskischer Herrschaft
Gebiete griechischer Herrschaft
Gebiete karthagischer Herrschaft
Indoeuropäische Besiedlung
Latiner/Osker/Illyrer
Vermuteter Einwanderungsweg
der Latiner-Falisker
Mitglieder des ursprünglich
etruskischen Zwölf-Städte-Bundes
Veneter
Padus (Po)
Ligurer
Arno
Volaterrae
Arretium
Cortona
Perusia
Populonia
Vetulonia
Clusium
Rusellae
Bolsena
Volci
Tarquinii
Falerii
Corfinium
Caere
Tiber
Rom
Aleria
Adria
Capua
Nola
Cumae
Iapyger
Tyrrhenisches
Meer
Neapolis
Paestum
Messapier
Tarentum
Sybaris
Kroton
Rhegium
Soluntum
Sikuler
Sikaner
Agrigent
Syrakus
Karthago
0
100
200
km

die 40 Kilometer nördlich liegende Etruskerstadt Caere (heute Cerveteri).

In den über dreihundert Jahren, die seit den in der ersten Episode dieses Kapitels geschilderten latinischen Stammeszeiten vergangen waren, hatte sich das politische Bild Italiens grundlegend verändert. Die Etrusker hatten sich zu Herren ganz Mittelitaliens gemacht und den Handel mit dem europäischen Norden über die Alpen (vgl. 18. Kapitel, Eine Stadt vor dem Untergang) weitgehend in ihre Hand gebracht. In der Handelsschiffahrt mußten sie allerdings mit den Karthagern und vor allem mit den griechischen Kolonialstädten auf Sizilien, in Unteritalien und an der heutigen französischen Riviera (Massilia = Marseille, Nicäa = Nizza) einen harten Konkurrenzkampf ausfechten. Neben dem etruskischen Zwölfstädtebund in der heutigen Toskana («Etruskerland») war im 7. Jahrhundert v. Chr. eine weitere Gruppe etruskischer Pflanzstädte im fruchtbaren Campanien, in einem Bogen um das heutige Neapel, entstanden. Dadurch geriet das bisher für die Etrusker uninteressante, verhältnismäßig karge Latium am Südufer des Tiber als Verbindungsraum zwischen diesen beiden Städtegruppen in das Mächtespiel der «Tusci», wie die Römer sie nannten.

Verschiedene etruskische Stadtstaaten machten sich im 7. und 6. Jahrhundert v. Chr. die Oberhoheit über ganz Latium, darunter auch über Rom, streitig. Insbesondere Rom war wichtig als Marktort am einzig bequemen Übergang über den Tiberfluß und am Kreuzungspunkt einer Ost-West- und einer Nord-Süd-Straße durch Italien. Wie man heute vermutet, stand Rom nacheinander unter der Herrschaft von Adelsgruppen oder Königen aus mehreren etruskischen Stadtstaaten – Tarquinii, Vulci, Veji und schließlich Clusium –, die sich in blutigen Kämpfen gegenseitig verdrängten. Es dürfte sehr viel mehr als die sagenhaften sieben Könige Roms gegeben haben, die meisten von ihnen Etrusker. Sie brachten wohl auch die Sage von der Abstammung von Äneas nach Rom.

Rom und auch die übrigen latinischen Städte wurden dennoch nicht völlig «etruskisiert»: Die Einwohner – auch wenn sie politisch in ihrer Stadt nichts zu sagen hatten – behielten ihre lateinische Sprache und einen großen Teil ihrer alten Sitten. Doch die etruskische Herrenschicht gestaltete Rom zu einer Stadt im mittelmeerischen Sinne um: mit öffentlichen Gebäuden, einem prächtigen Jupiter-Tempel auf dem Kapitol und sogar mit einem kunstvollen Abwasserkanal, der «Cloaca maxima». Der etruskische Einfluß auf die religiösen Gebräuche, manche Formen im Staatsleben und vieles andere in Rom blieb noch Jahrhunderte später stark.

Die latinischen Hirten in der Umgebung Roms hatten in den vorangegangenen Jahrhunderten verschiedentlich Zuzug von latinischen, aber auch von sabinischen Zuwanderern bekommen. Das benachbarte Volk der Sabiner – es gehörte seiner Sprache nach zu der oskisch redenden Gruppe indoeuropäischer Italiker – hatte stets ein besonders enges, teils freundschaftliches, teils feindseliges Verhältnis zu Rom. Neben den genügsamen Hirten traten nun als Hauptteile der Bevölkerung des Städtchens Rom zunehmend auch Bauern, Handwerker und Kaufleute in Erscheinung – das soziologische Kennzeichen einer Stadt im Altertum.

Die in der römischen Geschichtsschreibung verklärte Vertreibung des letzten römischen Königs Lucius Tarquinius und der Übergang zur Republik – vermutlich im Jahr 505 v. Chr., nicht 510, wie es in den meisten Geschichtsbüchern steht – war nicht etwa Ausdruck des unbändigen Freiheitswillens des römischen Volkes gegen die verhaßte etruskische Fremdherrschaft, sondern das Ergebnis des Konkurrenzkampfes etruskischer Mächtiger unter sich. Die Familie der Tarquinier-Könige – auf etruskisch hieß sie «Tarchunies» –, mehrfach bereits vertrieben und wiedereingesetzt, hatte sich bei Römern und einem Teil des etruskischen Stadtadels durch allzu tyrannische Methoden gründlich unbeliebt gemacht. Eine Adelsclique in Rom benutzte die Gelegenheit, Tarquinius und seinen Anhang in einem unblutigen Staatsstreich zu vertreiben, als Porsenna, König der Etruskerstadt Clusium, mit einem Heer in die Nähe von Rom gezogen kam, um seinerseits dieses kleine, aber lukrative Handelszentrum in die Hand zu bekommen und es dem politischen Einfluß der Etruskerstadt Veji zu entreißen. Denn die Tarquinier waren zuletzt Marionetten des mächtigen Veji gewesen, das nur zwölf Kilometer nördlich von Rom lag. Die putschenden römischen Adligen übergaben Rom freiwillig an Porsenna.

Eine Niederlage König Porsennas gegen ein Heer der Griechenstadt Cumae bei Neapel (diese übrigens im Bunde mit dem vertriebenen König Tarquinius und den meisten anderen Latinerstädten) im folgenden Jahr (504 v. Chr.) bewirkte, daß Porsennas Machtträume jäh gestoppt wurden. Rom blieb zwar in seinem Einflußgebiet und mußte einen langfristigen Bündnisvertrag mit ihm schließen, aber die heimische Adelsgruppe konnte sich in Zukunft unbehindert von äußerer Einmischung in die Herrschaft über das kleine Territorium teilen. Es dürfte damals höchstens 900 Quadratkilometer umfaßt haben.

Trotz des weiterwirkenden Einflusses der etruskischen Kultur auf Rom in den ersten Jahren der Republik – zahlreiche der ersten Stadtoberhäupter müssen ihren Namen nach etruskischer Abstammung gewesen sein – scheint der Wechsel der Staatsform zu einer Stärkung des italischen, indoeuropäischen Elements geführt zu haben. Die lateinische Sprache von Rom hat mit Ausnahme einiger Fachausdrücke bemerkenswert wenige etruskische Wörter übernommen. Der alte indoeuropäische Hauptgott Dieus petér blieb auch in lateinischer Umformung der wichtigste Gott Roms, Jupiter. Sonst sind allerdings nur wenige der späteren römischen Götter indoeuropäisches Erbe: Mars vielleicht und die in Roms Frühzeit wichtigen Götter des einfachen Volkes, Liber und Libera.

Im Staatsaufbau der römischen Republik finden wir einige Anklänge an die Entscheidungsgremien im alten Kurgan-Volk – Senat und Volksversammlung –, wenn auch in spezifisch römischer Ausprägung. Das römische Patriziat, die Herrenschicht der angeblich dreihundert adligen Familien, war verhältnismäßig jungen Datums – und zumeist fremder Abkunft. Die Etruskerkönige Roms hatten eine verläßliche Leibwache benötigt und einer Reihe Familien – vornehmen Etruskern aus den in Rom ansässig gewordenen Begleitern der verschiedenen etruskischen Könige, latinischen und sabinischen Anführern – auf Staatskosten zu diesem Zweck je ein Pferd gestellt. Wie es überall bei Reiterkriegern geschah, entwickelten sich auch die römischen Gardereiter schnell zu einem abgeschlossenen, hochmütig auf seine Vorrechte pochenden Adelsstand, der auch die Berater und hohen Beamten der Könige stellte. Daß ihre Loyalität nicht völlig unverbrüchlich auf den König gerichtet war, konnte man bei der Vertreibung des Tarquinius erleben. Die Ältesten dieser dreihundert Geschlechter, die «Patres» (Väter) bildeten schon in der Königszeit den «Rat der Alten», den Senat. Die etruskischen Könige führten damit aber nur viel ältere Traditionen fort, die wir schon bei zahlreichen anderen indoeuropäischen Völkern angetroffen haben. Einheirat von Plebejern in diese Adelskaste war streng verboten.

Auf der anderen Seite bildeten alle erwachsenen waffenfähigen Männer aus patrizischen und plebejischen Geschlechtern zusammen die Volksversammlung, die – ebenfalls nach altem indoeuropäischem Vorbild – alle wichtigen Entscheidungen im Staat durch Abstimmungen zu fällen hatte. Das galt jedenfalls dem Schein nach, wenn auch der Abstimmungsmodus so gestaltet war, daß in der Praxis die Patrizier und ihre Klienten meist den Ausschlag gaben, wenigstens in den ersten hundert Jahren der Republik. Dies war die Ausgangslage für den Ständekampf, dessen erste Phase in der obigen Episode dargestellt wurde und der später bis fast zum Ende der römischen Republik deren Geschichte bestimmen sollte, ohne allerdings die kräftige Ausdehnung Roms nach außen zu behindern.

Wenn in der Episode auf dem Forum Roms kein Konsul vorkam, dann hatte das seinen guten Grund: es gab diese typisch römische Form der beiden kollegialen Staatsoberhäupter auf ein Jahr damals noch nicht, sondern nur *einen*, «Magister populi», auch «Praetor maximus» oder «Dictator» genannten obersten, auf ein Jahr gewählten Beamten. Die beiden gleichberechtigten Konsuln wurden erst in der Mitte des 5. Jahrhunderts v. Chr. eingeführt.

Das Verhältnis der frühen Römer zu ihrer «res publica» ist schwer mit modernen Begriffen zu beschreiben. Das Wort mit «Staat» zu übersetzen, bleibt unzulänglich. Staat ist für uns heutige Menschen etwas weit Entferntes, Abstraktes. Für die Römer war ihre «öffentliche Sache» seinerzeit etwas höchst Konkretes, sie direkt Verpflichtendes, zugleich untrennbar mit den ihren ganzen Lebensablauf bestimmenden magisch-religiösen Vorstellungen verknüpft. Die in dieser Ausgeprägtheit wohl nur im frühen Rom anzutreffende Staatsgesinnung äußerte sich auch in solchen Handlungen, wie sie die obige Episode dem Volkstribunen Lucius Licilius beim Eintreffen der Nachricht von der Bedrohung Roms durch äußere Feinde in den Mund legt. Der römische Historiker Livius beschreibt mehrfach ähnliche Szenen.

Das Phänomen des Entstehens und Wachsens des Römischen Weltreiches hat noch jeden in Bann geschlagen, der sich näher damit befaßt. Sicher, man muß die schönen Legenden von Vaterlandsliebe und Heldentugend, von Freiheitsstolz und Rechtschaffenheit alter Römer gewiß ein wenig auf Menschenmaß reduzieren. Und die angebliche Größe und Bedeutung Roms schon in frühen Jahren seiner Existenz erweist sich im Licht moderner Forschung als nationalistische Erfindung römischer Schriftsteller. Aber auch dann muß man die jahrhundertelange Konsequenz bewundern, mit der die Römer zuerst sich ihrer feindlichen Nachbarn erwehrten und dann ihre Herrschaft in einem unerbittlichen Siegeszug rund um das Mittelmeer ausbreiteten. Nur die ebenfalls indoeuropäischen Perser und das Makedonenreich Alexanders des Großen sowie die Ausbreitung der Araber nach Mohammed lassen sich in etwa mit der Leistung der Römer vergleichen – doch wie kurzlebig waren ihre Reiche gegenüber der Herrschaft Roms!

Die militärische Kraft, die kulturelle Überheblichkeit – und die Staatsklugheit der Römer haben das Wunder vollbracht, innerhalb weniger Jahrhunderte ganz Italien tiefgreifend zu romanisieren, das doch vorher ein Flickenteppich der verschiedensten indoeuropäischen und nichtindoeuropäischen Sprachen und Kulturen gewesen war. Etrusker und Veneter, Griechen und Ligurer, ganz zu schweigen von dem mächtigsten Widersacher am anderen Ufer des Mittelmeeres, Karthago, wurden schließlich besiegt und im Verlauf weniger Generationen zu Römern gemacht.

Auch den italischen «Vettern», den oskisch sprechenden Völkerschaften der Sabiner und Volsker, der Herniker, Marser und Samniten, ging es nicht anders. Dennoch waren gerade die letzteren es, die als die einzigen wirklich ernst zu nehmenden Rivalen Roms im Kampf um die Vorherrschaft auf der Apenninenhalbinsel erschienen. Und es gab Zeiten, da sie nicht weit davon entfernt waren, diesen Kampf zu gewinnen. Unsere einseitig von römischer Geschichtsschreibung beeinflußten Geschichtsbücher erwähnen das bestenfalls in wenigen Zeilen als «ersten, zweiten und dritten Samniterkrieg» und als «Bundesgenossenkrieg». In einem Gesamtüberblick über die vor- und frühgeschichtlichen Indoeuropäer in Italien darf aber der verzweifelte Kampf der Italiker gegen ihre in Geschick und Glück, nicht an Zahl überlegenen römischen Zwingherren nicht fehlen.

«Befreien wir uns vom römischen Joch!»

Im März 90 v. Chr., in Corfinium/Mittelitalien

Der Marktplatz des sonst so stillen Landstädtchens Corfinium im Land der Paeligner hallte wider von ungewohnter Geschäftigkeit. Sklaven in schweren Eisenketten, angetrieben von den Lederpeitschen der Wächter, waren dabei, einige baufällige Holzhütten abzureißen, um den Marktplatz zu vergrößern. Die Sklaven waren vor wenigen Monaten noch stolze römische Soldaten oder feiste Kaufleute aus der Tiberstadt gewesen, die voller Verachtung die Bundesgenossen Roms – Paeligner, Marser oder Samniten – herumkommandiert oder betrogen hatten. Jetzt hatte sich das Blatt gewendet. Überall im Süden der italischen Halbinsel hatten sich die einstigen Bundesgenossen Roms erhoben, hatten römische Garnisonen oder Abgesandte erschlagen oder gefangengenommen und bedrohten die so selbstherrliche Stadt von drei Seiten.

In der Curia, dem aus Holzbalken und Lehmziegeln erbauten schlichten Rathaus der Stadt Corfinium am Rande des Marktplatzes, hatten sich einige ernst blickende Männer versammelt. Da waren die beiden «Embratures» (Oberfeldherren, lat. «Imperatores») des neuen «Italischen Bundes»: der Anführer des Stammes der Marser, Quintus Poppaedius Silo, zugleich Militärbefehlshaber für den Nordabschnitt, sowie der samnitische «meddix tuticus» (Anführer einer «teuta»), Gaius Papius Mutilus, der im Südabschnitt die gegen Rom kämpfenden Truppen befehligte. Um sie herum lagen auf den in ganz Italien Mode gewordenen Sofas die Häuptlinge anderer gegen Rom im Aufstand befindlicher Völkerschaften, die in Personalunion als Prätoren die verschiedenen Legionen der neuen Bundesarmee kommandierten.

Im Herbst des Vorjahres war die seit vielen Generationen angestaute Wut der «Bundesgenossen» über die Herrschsucht und Rücksichtslosigkeit ihrer römischen Oberherren offen zum Ausbruch gekommen. Damals war im fernen Rom der immer dringlicher vorgetragene Wunsch der mit der Stadt am Tiber durch Verträge verknüpften, in Wahrheit wie Kolonien ausgesogenen Völkerschaften Italiens nach Gewährung des römischen Bürgerrechtes abgelehnt worden. Der Mob in Rom hatte in seiner Verblendung sogar den Volkstribunen Marcus Livius Drusus ermordet, der diesen Antrag gestellt hatte. Als Antwort hatten die Bewohner der Stadt Asculum unweit der Adria, eine der vielen zur Heeresgefolgschaft gezwungenen Städte mit oskischer Sprache, einen römischen Gesandten und dessen Gefolge erschlagen. Daraufhin hatten die Vertreter von zwölf italischen Stämmen und Städten sich geschworen, jetzt die Knechtschaft Roms abzuwerfen oder zu sterben.

In Corfinium, der Hauptstadt des Paeligner-Stammes, hatten sich die Abgesandten der Aufständischen getroffen und die Stadt in «Italia» umbenannt. Wenn erst ganz Italien einmal vom Joch der Römer befreit sein würde, dann sollte dieser bisher so unbedeutende Ort die Hauptstadt des Bundes der freien italischen Völker sein. Die römischen Sklaven mußten jetzt schon Platz für die große jährliche Volksversammlung der freien Stammeskrieger schaffen. Auch eine Erweiterung des Rathauses war im Bau, um die 500 Mitglieder des neu gewählten Bundessenats, Vertreter aller zwölf aufständischen Stämme, zu beherbergen.

Im jetzt noch kleinen Ratssaal des Senats nahm gerade Poppaedius Silo, der Marser, das Wort im Kriegsrat, der die wichtigsten politischen und militärischen Entscheidungen für den kommenden Sommerfeldzug fällen sollte. Er sprach lateinisch, weil dies die einzige Sprache war, die alle anwesenden Anführer mit ihren verschiedenen Sprachen und Dialekten verstanden. «Ihr wißt, daß ich bis zuletzt, bis mein Freund Livius Drusus in Rom ermordet wurde, auf die Gewährung des römischen Bürgerrechts für unsere Völker gehofft habe, weil dies das einzige Mittel gewesen wäre, dem Übermut der römischen Aufpasser und Blutsauger mit rechtlichen Methoden zu begegnen. Aber ich bin kein Freund der Römer.»

Der Embratur blickte sich herausfordernd in der Runde um, als erwarte er Widerspruch. «Ich habe als Befehlshaber der marsischen Hilfstruppen unter Gaius Marius in Gallien vor zwanzig Jahren gegen die Kimbern und Teutonen gekämpft, und wir haben uns –

Diovei (Jupiter) und Mamers (Mars) sind meine Zeugen! – gewiß tapfer geschlagen. Und doch haben meine Soldaten und ich keinen Orden und keinen Solidus (Goldstück) von den Ehrungen und der Beute abbekommen, die den Römern selbstverständlich zufielen. Über viele Generationen haben wir und ihr anderen Völker Italiens Rom die Hilfstruppen gestellt, mit denen diese unersättliche Stadt inzwischen Karthago und Griechenland, Asien (Kleinasien) und Spanien erobert hat. Damit muß jetzt Schluß sein. Wir wollen uns und alle anderen Völker vom römischen Joch befreien!»

«Die Zeichen stehen gut, Freunde», fiel Papius Mutilus ein. «Vom oberen bis zum unteren Meer (von der Adria bis ans Tyrrhenische Meer) steht Italien im Aufruhr gegen Rom. Unsere Boten haben Umbrer, Etrusker, Gallier und Ligurer, Japyger und Veneter und natürlich die griechischen Italioten in ihren Städten am Meer aufgefordert, sich uns anzuschließen. In Rom herrscht politisch Chaos und Uneinigkeit. Die reich gewordenen Ritter streiten sich mit dem Senat, wer den größeren Einfluß haben soll. Unsere Armeen stehen bereit. Wir haben lange genug als Soldaten *für* die Römer kämpfen müssen, um zu wissen, wie man *gegen* sie siegen kann!»

Um die Bedeutung seiner Worte zu betonen, erhob sich Papius Mutilus von seinem Lager und fuhr mit erhobener Stimme fort: «Wir Safinim (Samniten) haben uns auch nach drei Kriegen gegen die Römer nicht gebeugt, auch wenn wir Verträge mit ihnen schließen mußten. Haben wir nicht einst in der Schlacht bei Caudium zwei römische Konsuln mit ihren Heeren gefangen und schimpflich ohne Waffen und Gürtel, dem Zeichen ihrer Mannhaftigkeit, unter dem Joch aus Speeren hindurchkriechen lassen? Heute verspreche ich, Gaius Papius Mutilus, der meddix tuticus des stolzen Volkes der Safinim: der italische Stier, der einst unseren Jungscharen den Weg zur Ausbreitung über ganz Italien gezeigt hat, ist stärker als der römische Wolf. Wir werden die Römer niedertreten und durchbohren. Wir werden nicht noch einmal Verträge mit den verräterischen Römern schließen. Eher wird das Volk der Safinim von dieser Erde verschwinden, als sich noch einmal der römischen Herrschaft zu beugen!»

Papius Mutilus sollte mit diesen Worten recht behalten, aber anders, als er es sich erhofft hatte. Der «Bundesgenossenkrieg», wie die römischen Schriftsteller den großen Aufstand der italischen Völkerschaften gegen Rom in den Jahren 91–89 v. Chr. bezeichneten, beendete abrupt die jahrhundertelang immer noch gewahrte kulturelle und sprachliche Eigenständigkeit der nichtrömischen Indoeuropäer in Italien und vollendete die Romanisierung der ganzen Halbinsel.

Denn nach anfänglichen militärischen Erfolgen der Aufständischen taten die Römer in ihrer Verzweiflung das, was die Bundesgenossen vorher vergeblich gefordert hatten: Sie gewährten allen nichtrömischen Völkern in Italien das römische Bürgerrecht, wenn sie nur die Waffen im Aufruhr gegen Rom niederlegten. Und dieser Verlockung folgte ein Volk nach dem anderen, so daß schon nach zwei Jahren die größte Bedrohung Roms seit Hannibal vorüber war. Einzelne samnitische Gruppen kämpften noch jahrelang als Partisanen in den unwegsamen Abruzzen Süditaliens weiter, doch war der große Aufstand längst zusammengebrochen. Aus unterschiedlichen Motiven hatte sich auch keines der anderen von Rom unterworfenen Völker Italiens daran beteiligt. Poppaedius Silo und Papius Mutilus kamen beide in den letzten Kämpfen um.

Die Geschichte des «Bundesgenossenkrieges» ist nur von wenigen Experten unter den heutigen Historikern beachtet worden, denn es gibt keine zusammenhängende Schilderung dieser Episode in den erhalten gebliebenen antiken Manuskripten, sondern nur Informationssplitter bei zahlreichen römischen und griechischen Schriftstellern, alle natürlich einseitig aus römischer Sicht. Doch dieser Krieg weist frappante Ähnlichkeiten mit dem amerikanischen Bürgerkrieg im 19. Jahrhundert auf. Hier wie dort war es der Versuch von Menschen, die ihre Eigenart und ihr Rechtsgefühl als verletzt empfanden, sich von der langjährigen Befehlsgewalt ungeliebter Machthaber zu befreien – so jedenfalls aus der Sicht der Bundesgenossen Roms und der amerikanischen Südstaaten. Hier wie dort ahmten die «Sezessionisten» (die «Abtrünnigen») in ihrem neuen Staat die Formen des alten nach, allerdings mit dem Bemühen, einiges besser als bisher zu machen. Hier wie dort wurde der tiefe emotionale Haß der Aufständischen in politische Propaganda umgemünzt – im Fall des «Italischen Bundes» sogar im wahrsten Sinne des Wortes: Man hat Münzen des kurzlebigen Staates gefunden, auf denen der italische Stier den römischen Wolf zu Tode trampelt. Und hier wie dort siegte letztlich nach heldenhaftem Kampf der Aufständischen die politisch und wirtschaftlich stärkere alte Zentralgewalt.

Wenige Jahrzehnte nach diesem letzten Aufbegehren der nichtrömischen Italiker wurde in ganz Italien einheitlich lateinisch gesprochen, und die früher so dicht bewohnten Bergtäler des Apennin hatten sich dank der katastrophalen römischen Wirtschaftspolitik nahezu entvölkert. Die Samniten und anderen Völker waren im römischen Einheitsbrei untergegangen. Damit endete die rund tausendjährige Geschichte einer indoeuropäischen Bevölkerungsgruppe, die im Sinn der Definition «Geschichte als in *schriftlichen* Dokumenten beschriebene Abläufe» stets *Vor*geschichte war.

Bereits im Anfang dieses Kapitels (S. 439) wurde erwähnt, daß der ersten Welle indoeuropäischer Einwanderer in Italien, den Latino-Faliskern, eine zweite Welle mit oskisch-umbrischer Sprache folgte. Ob und wieweit sie identisch war mit den Trägern der sogenannten «Villanova-Kultur» in Nord- und Mittelitalien – eine typische Eisenzeit-Kultur zwischen dem 9. und 7. Jahrhundert v. Chr., offenbar mit Anklängen an die gleichzeitige Hallstatt-Kultur nördlich der Alpen, später weitgehend von Etruskern überlagert –, ist unter den heutigen Wissenschaftlern umstritten. Die später aus römischen und griechischen Schriftquellen bekannten Umbrer und Sabeller (letztere Bezeichnung ist seit dem Altertum üblich als Name für die Gruppe der «oskisch» sprechenden Völker, mit einer etwas von der umbrischen abweichenden Sprache) traten jedenfalls weiter südlich, in Mittel- und Süditalien, in Erscheinung.

Die Sprachforschung gibt interessante Hinweise auf die außerordentlich komplizierte sprachliche und kulturelle Entwicklung der einzelnen frühen indoeuropäischen Gruppen. Während die latinisch-faliskische Sprache einerseits viele Gemeinsamkeiten mit dem Frühgermanischen und dem Frühkeltischen aufweist (siehe oben S. 438), andererseits aber auch zahlreiche häufig gebrauchte

Schlüsselworte mit der slawischen, baltischen und altindischen Sprache (Sanskrit) teilt, hat die oskisch-umbrische Sprachgruppe Gemeinsamkeiten ebenfalls mit dem Keltischen und Germanischen, aber auch mit dem Griechischen, Armenischen, Hethitischen und Tocharischen. Welche Schlüsse daraus auf die Wanderwege und die Nachbarschafts- und Verwandtschaftsverhältnisse der bronzezeitlichen Vorfahren der Sabeller in ihrer mittel- und südosteuropäischen «Zwischenheimat» während des 2. vorchristlichen Jahrtausends zu ziehen sind, liegt heute noch im dunklen.

Gleichzeitig mit dem frühen Existenzkampf und dem Aufstieg der Stadt Rom zur Weltherrschaft vollzog sich in den Bergen und Tälern des Apennin wenig östlich und südlich dieser Stadt die Ausbreitung der oskisch sprechenden Stämme. Offenbar waren sie sehr geburtenstark, und die Bevölkerung in den wenig fruchtbaren, damals noch weitgehend bewaldeten Bergtälern des Apennin wuchs immer wieder über den Punkt hinaus, bis zu dem die zur Verfügung stehende Acker- und Weidefläche die Ernährung der Menschen sicherstellen konnte. Die sabellischen Stämme griffen daher häufig zum Mittel des «ver sacrum», des Geweihten Frühlings, um der drohenden Hungersnot zu entgehen. Dem Leser dieses Buches ist das, was der Ausdruck bedeutet, aus dem 1. Kapitel bekannt. Auch das frühe Rom hat zu diesem verzweifelten Mittel gegriffen, wenn auch sehr viel seltener als die Sabeller. Es ist kaum zu bezweifeln, daß auch die meisten anderen indoeuropäischen Teilvölker in weit zurückliegenden vorgeschichtlichen Zeiten ihre Zuflucht zu diesem «barbarischen» Ausweg genommen haben, nur sind die Sabeller die einzige Gruppe, die das noch in Jahrhunderten taten, in denen schon schriftkundige Nachbarn, die Griechen in Unteritalien, schriftliche Nachrichten davon der Nachwelt überliefern konnten.

Von einem verhältnismäßig kleinen Zentrum im mittelitalienischen Apennin aus, um das heutige Rieti, verbreiteten sich jedenfalls die sabellischen Stämme immer weiter nach Süden und Westen, bis in die «Stiefelspitze» Italiens, das heutige Kalabrien, ohne die dort schon längst ansässigen Griechen zu verdrängen. In ihrem Drang nach neuen Weideplätzen bemächtigten sie sich auch eines großen Teils der fruchtbaren Ebene Kampaniens, dem Hinterland des heutigen Neapel, als im 5. und 4. Jahrhundert v. Chr. die Macht der Etrusker nachließ, die dort im 7. und 6. Jahrhundert neben den bereits vorhandenen griechischen Städten Kolonialstädte gegründet hatten. So war zum Beispiel das später unter der Asche des Vesuvs begrabene Pompeji jahrhundertelang eine Stadt mit oskisch sprechender Bevölkerung und gehörte auch zum Bund der gegen Rom kämpfenden Italiker im Bundesgenossenkrieg. Aus den Berichten zeitgenössischer griechischer Schriftsteller in den süditalienischen und sizilischen Städten kann man heute das Entstehen vieler der volkreichen sabellischen Teilstämme – etwa der Hirpiner, Picenter, der Bruttier und Lukaner – aus Jungscharen rekonstruieren, die einst als «heiliger Frühling» auszogen, um sich neues Land und neuen Lebensraum zu erobern. Sie alle wurden – ähnlich wie im ersten Abschnitt dieses Kapitels geschildert – von mythischen Totemtieren angeführt. Der Sammelname «Italiker», den sie sich selbst zugelegt hatten, stammt von einem dieser Totemtiere, dem Jungstier, der auf oskisch «(v)italus» hieß.

Diese Suche nach neuen Weidegründen brachte die Sabeller auch früh in Konflikt mit den benachbarten Latinern und dem Städtchen Rom. Sabiner und Volsker, Aequer und Herniker waren die ersten Stämme aus dieser Gruppe, deren sich Rom erwehren mußte. Im 4. Jahrhundert v. Chr. führte Rom mehrere Jahrzehnte lang immer wieder verlustreiche Kriege gegen die Samniten. Aber letztlich war auch damals schon Rom siegreich. Schon vorher hatte die Stadt am Tiber ihre etruskischen und latinischen Nachbarstädte und Konkurrenten nach der Devise «divide et impera – teile und herrsche» einzeln überwunden und teils brutal zerstört, die Bevölkerung versklavt, eigene römische Siedler an ihre Stelle gesetzt und das Gebiet als «ager Romanus», als römisches Staatsgebiet, in Besitz genommen. Teils wurde die besiegte Stammesgemeinschaft oder Stadt als «socius» (Bundesgenosse) mit innerer Selbstverwaltung, aber der Verpflichtung zur Stellung von Hilfstruppen für das römische Heer durch strenge Friedensverträge geknebelt. Genauso verfuhr Rom auch mit den umbrischen und sabellischen Stämmen. Noch zur Zeit des Bundesgenossenkrieges war Italien ein Flickenteppich nicht nur von Sprachen und Kulturen, sondern auch von kleineren und größeren Exklaven römischen Gebiets und zahlloser Gemeinden unterschiedlicher Eigenständigkeit, insgesamt aber unter römischer Oberhoheit. Mit dem für Rom siegreichen Ausgang des Bundesgenossenkrieges änderte sich dieser Zustand, wie erwähnt, radikal.

Die nichtrömischen Italiker waren bis zu ihrem plötzlichen Ende kein «Kulturvolk» im heutigen Sinne. Einige Priester und Anführer hatten zwar schon früh ihre Sprache mit aus dem Griechischen entlehnten Buchstaben niederzuschreiben gelernt. Man hat verschiedene Grab- und Weiheinschriften und Texte religiösen Inhalts aufgefunden. Aber eine eigene Literatur haben sie nie hervorgebracht. Spätere Schriftsteller und Dichter, die aus dieser Bevölkerungsgruppe stammten, wie etwa Horaz, schrieben und dachten lateinisch. Auch andere Kulturzeugnisse, wie sie heute zählen – Tempel und Prunkbauten, Standbilder und kunstvoller Schmuck –, sind von ihnen nicht überliefert. Zählt das Volk daher nicht?

Vielleicht ist es nicht nur die über dreizehnhundert Jahre dauernde Trennung Süditaliens vom zentraleuropäischen Geschichtsablauf – seit dem Ende des Altertums bis weit ins 19. Jahrhundert hinein war es mehr dem Süden, dem Orient zugehörig als dem nördlichen Europa –, die den heute noch spürbaren tiefgreifenden Unterschied des italienischen «Mezzogiorno» von Mittel- und Norditalien verursacht hat. Vielleicht liegt dieser Unterschied auch an der Grundsubstanz der Bevölkerung, die trotz des Verlustes ihrer eigenständigen oskischen Sprache mit der Zähigkeit wetterharter Gebirgsbewohner an ihrer eigenen Art festgehalten hat, über zweitausend Jahre hinweg. Und es wirkt wie eine stillschweigende Wiedergutmachung der Geschichte, daß der moderne Name der Apenninenhalbinsel, Italien, nicht das Andenken an das Römische Reich bewahrt, sondern an die von ihm einst so konsequent unterdrückten Italiker.

21. Kapitel

Vergeblicher Freiheitskampf

Die ersten indoeuropäischen Völker auf dem Balkan

Sitalkes' Bündnis mit Athen

Sommer 431 v. Chr., Südbulgarien

König Sitalkes hatte gerade den kostbaren Rhyton (hornförmigen Schmuckbecher) aus Silber zu einem kräftigen Trunk Wein erhoben, als sich die Tür des niedrigen Holzhauses öffnete, in dem der Herrscher der Thraker mit seinem adligen Gefolge ein Gastmahl einnahm. In wehendem weißem Himation (Mantel) trat Nymphodoros ein, der griechische Handelsherr aus der Küstenstadt Abdera, dessen Schwester schon lange die Frau des Königs war. Überrascht sprang Sitalkes auf, umarmte seinen Schwager freundlich und forderte ihn auf, sich neben ihm auf das niedrige Polster zu setzen, am Mahl teilzunehmen und zu berichten.

«Ich hatte eine schnelle Reise von Athen hierher», erzählte Nymphodoros, «eine attische Kriegstriere (Ruderschiff) brachte mich extra bis Ainos, und ich konnte mit einem Lastkahn unter gutem Wind und Rudern schnell den Hebros (Maritza) bis hierher hinauffahren. Meine Reise hat sich gelohnt!» Geheimnisvoll winkte Nymphodoros einigen an der Tür stehenden Sklaven zu, die daraufhin einen schweren Krater (Mischkrug für Wein) aus kostbarer Keramik heranschleppten. «Ein Gastgeschenk der Athener für ihren Freund, König Sitalkes», erläuterte Nymphodoros, der seine athenischen Verhandlungspartner gut beraten hatte, wie man mit einem vornehmen Thraker am besten umging. «Ich bringe die Grüße des athenischen Volkes, das deinem Sohn Sadokos, meinem Neffen, das Bürgerrecht der Stadt Athen verleiht. Zugleich bringe ich den Vorschlag zu einem Vertrag mit Athen, der dich, König Sitalkes, zum Herrn aller Länder nördlich der Griechen machen kann, wenn du die Gunst der Stunde nützt!»

Prüfend blickte Sitalkes seinen Schwager an. Bei allem Vertrauen zum Bruder seiner Frau – den Griechen im allgemeinen traute er nur sehr bedingt. Zu groß war der Unterschied in Lebensstil und Lebensauffassung zwischen den hochnäsig auf ihre «barbarischen» Nachbarn herabsehenden Griechen, die von Demokratie redeten und das Geschäftsinteresse einiger weniger meinten, und seinen schlichten Thrakern, die wie eh und je ihr Gemüse zogen und ihre Herden weideten. Allerdings, das Angebot war verlockend: Im lange erwarteten, jetzt vor kurzem ausgebrochenen Krieg zwischen den beiden großen Gruppen der Griechen – den Korinthern und Spartanern auf der einen Seite und dem großen Seebund unter Führung Athens auf der anderen Seite – konnte sich Thrakien nicht völlig neutral verhalten. Da war es schon besser, sich auf seiten Athens zu stellen, das mit seiner Seemacht fast alle Häfen der Ägäis sowie des Pontos Euxeinos beherrschte und damit den lukrativen Export Thrakiens von Getreide, Holz, Wein, Pelzwerk und vielen anderen Waren. Wenn Athen ihn, Sitalkes, aufforderte, einige Griechenstädte auf der Halbinsel Chalkidike zu erobern, die sich dem athenischen Machtanspruch widersetzten, und wenn es eine große Flotte zur Unterstützung versprach, dann konnte das nur nützlich sein. Dann konnte er das Reich, das sein Vater, der Odrysen-Häuptling Teres, erstmals über viele Stämme der Thraker begründet hatte, weiter nach Westen zu ausdehnen, er konnte zugleich eine Oberhoheit über das Königreich der Makedonen begründen; die Einkünfte des Königs würden wachsen und damit seine Macht ...

Die Thraker: Zu Unrecht im Schatten der Griechen

Der griechische Schriftsteller Thukydides berichtet in seinem Buch über den Peloponnesischen Krieg (431–404 v. Chr.) auch über das Bündnis, das der Thrakerkönig Sitalkes im ersten Jahr dieses dreißigjährigen erbitterten Ringens durch Vermittlung seines griechischen Schwagers Nymphodoros mit Athen schloß. Es zeigt, daß die stets mit zwiespältigen Gefühlen von den Griechen betrachteten Nachbarn zu einem ernstgenommenen Machtfaktor geworden waren. Genützt hat dem Sitalkes sein Bündnis übrigens wenig: Als Athen die Machtfülle des daraufhin versammelten thrakischen Heeres – angeblich 150000 Mann – sah, ließ es seinen Bundesgenossen im Stich und setzte lieber auf dessen Rivalen, den Makedonenkönig Perdikkas, um Sitalkes nicht *zu* mächtig werden zu lassen.

Solange die Griechen sich zurückerinnern konnten, lebte das große Volk der Thraker nördlich der Wohnsitze der Hellenen. Nach den geringen überlieferten Sprachresten waren auch die Thraker ein Volk mit indoeuropäischer Sprache. Die Sprachähnlichkeiten mit den griechischen Nachbarn waren aber viel geringer als die mit den arischen (indoiranischen), den baltischen und den slawischen Sprachen. Das Thrakische gilt als sogenannte «Satem-Sprache» (siehe 6. Kapitel, S. 118), wobei jedoch zu beachten ist, daß die früher vermutete klare Scheidung zwischen dieser «östlichen» Sprachgruppe von den «westlichen» Kentum-Sprachen der Indoeuropäer in Wahrheit nicht so scharf existiert haben kann. Auch wenn sie zum Teil den gleichen Weg nahmen, so haben die Gruppen von Kurgan-Hirten, die in der Zeit der «Kurgan-Explosion» (2500–2200 v. Chr.) von den Steppen der Ukraine nach Südwesten aufbrachen und in die Balkanhalbinsel einbrachen, offenbar schon länger getrennt gelebt und recht unterschiedliche Dialekte entwikkelt. Während die Griechen (Arkader, Jonier, Achäer, Dorer, Nordwestgriechen, Makedonier) sich allmählich im äußersten Süden der großen Halbinsel sammelten, setzten sich die Vorfahren der Thraker nördlich davon fest, im Ostteil der Halbinsel, also etwa im heutigen Bulgarien und Rumänien. In der Frühzeit muß das Wohngebiet der Thraker allerdings noch viel weiter nach Westen und Süden, in die illyrischen und griechischen Gebiete hinein, gereicht haben.

Natürlich gab es dort schon Vorbewohner (siehe 5. Kapitel, Asiatische Kolonisten in Europa, S. 99), mit denen sich die Neueinwanderer vermischten und denen sie wie üblich ihre Sprache aufzwangen. Kulturell standen diese Voreinwohner erheblich höher als ihre indoeuropäischen Bezwinger. Ihre Kunst der Verarbeitung von Gold, Kupfer und Keramik schon um das Jahr 3000 v. Chr. zeugt von einer hochentwickelten sozialen Organisation. Die in den Jahren 1979/1980 in verschiedenen europäischen Städten gezeigte Ausstellung «Gold der Thraker» vermittelte einen lebendigen Eindruck dieser Kultur, die blühte, tausend Jahre *bevor* die Balkanvölker zu den Thrakern wurden.

In der Zeit der «mykenischen» Kultur (siehe 9. Kapitel) müssen die inzwischen zu einem typischen indoeuropäischen Hirten- und Kriegervolk entwickelten Thraker enge Verbindungen mit den benachbarten Griechen gehabt haben. In der Schilderung des Kampfes um Troja, der «Ilias» des Homer, treten thrakische Fürsten, völlig gleichberechtigt und keineswegs als Barbaren verachtet, als Bundesgenossen der Trojaner auf. Auch die Mythologie, die Göttersagen, weist bei beiden Völkern auf manche gemeinsame Wurzel. So heißt es, daß die Verehrung des Gottes Apollo ursprünglich von den nördlichen Thrakern zu den Griechen gekommen sei. Ähnlich war es wohl auch mit dem griechischen Kriegsgott Ares.

Die Epoche der «Großen Unruhe», die «Urnenfelderwanderung» und die von ihr ausgelösten Völkerverschiebungen berührten die Balkan-Thraker natürlich außerordentlich stark. Im 12. Kapitel dieses Buches (Im Schmelztiegel der Völker) haben wir bereits von den phrygischen und armenischen Auswanderern aus der Balkanhalbinsel, Verwandten der Thraker, berichtet, die es nach Kleinasien verschlagen hatte. Doch wie wohl fast immer bei derartigen vorgeschichtlichen Völkerwanderungen blieben noch genügend Angehörige in der alten Heimat zurück, um den thrakischen Charakter der Bevölkerung zu bewahren. Ja, ein paar Jahrhunderte später konnte Herodot die Thraker als «das größte Volk nächst den Indern» bezeichnen.

In der Sprache und Kultur einander sehr ähnlich, brachten es die zahlreichen thrakischen Stämme jedoch nie fertig, sich auch politisch zu einigen. Stets haben Thraker gegen Thraker gekämpft und eifersüchtig die Unabhängigkeit ihrer Stämme verteidigt. Ihr Unabhängigkeitsdrang hat die Thraker dennoch nicht vor einander ablösenden fremden Herren bewahrt. Die Kimmerier und später die Skythen setzten sich bei ihren Zügen nach Westen (vgl. 13. Kapitel, Der erste «Hunnensturm») in vorher thrakischen Gebieten fest und beeinflußten die Thraker kulturell nicht unerheblich. Die Kimmerier speziell machten die Thraker zu Reiterkriegern, wenn auch nicht zu Nomaden.

Griechische Kolonisten gründeten Städte an der einst rein thrakischen Nordküste der Ägäis, am Marmara- und am Schwarzen Meer und förderten den Außenhandel der Thraker. Unter König Darius besetzten die Perser Teile des thrakischen Wohngebietes bei ihrem fehlgeschlagenen Versuch, die westlichen Skythen zu züchtigen (vgl. 13. Kapitel, Totenfeier für einen König, 513 v. Chr.). Erst nach dem erfolgreichen Kampf der Griechen gegen Darius und seinen Sohn Xerxes (500–449 v. Chr.) mußten sich die Perser auch aus Thrakien zurückziehen. Der Odrysenhäuptling Teres nützte daraufhin die Chance, mehrere Nachbarstämme zu unterwerfen und sich «König von Thrakien» zu nennen. Sein Sohn Sitalkes setzte diese Entwicklung fort und wurde zum erst umworbenen, bald aber wieder fallengelassenen Bundesgenossen Athens.

Die tiefgreifende Schwächung der Griechen untereinander im Peloponnesischen Krieg verschaffte den Thrakern eine Atempause und bot ihren Königen – Nachfolgern des Sitalkes – die Gelegenheit, sich als Herrscher nach persischem Vorbild (aber ohne deren Verwaltungskunst), als Mäzene thrakischer Goldschmiede und reiche Feudalherren am Gipfel ihrer Macht zu fühlen. Sie beherrschten ein Gebiet, das etwa dem heutigen Bulgarien entspricht. Doch das war nur eine kurze Scheinblüte, denn der große Rivale stand schon an der Südwestgrenze bereit: das aufstrebende makedonische Königreich.

Die Taten König Philipps II. und Alexanders des Großen von Makedonien im 4. Jahrhundert v. Chr. und die durch sie hervorgerufene Umwandlung der östlichen Mittelmeerländer bis weit nach Innerasien hinein in eine griechisch bestimmte Kulturgemeinschaft sind aus der geschriebenen Geschichte allzugut bekannt, als daß sie in diesem Buch behandelt werden müßten. Der Stamm der Makedonen – allem Anschein nach ursprünglich kulturell noch mehr zurückgebliebene Verwandte der Nordwestgriechen – war eines der frühen indoeuropäischen Völker, die jäh und nachhaltig die Weltgeschichte beeinflußt haben. Wie sehr die Makedonenkönige aber unbewußt auch die Tradition ihrer Vorfahren aus der ukrainischen Steppe hochhielten, zeigte sich überraschend im Jahr 1977, als griechische Wissenschaftler einen der «Jahrhundertfunde der Archäologie» machten: Sie entdeckten das Grab König Philipps II. im makedonischen Vergina mit einer gemauerten Grabkammer und zahlreichen wertvollen Kunstschätzen. Darüber aber war ein Erdhügel gehäuft, wie er schon zweitausend Jahre früher das Grab eines bedeutenden Häuptlings aus dem Kurgan-Volk anzeigte.

Philipp II. und Alexander der Große bereiteten der thrakischen Unabhängigkeit ein Ende, wenn auch die makedonische Oberhoheit dort vielfach mehr Schein als Wirklichkeit war. Bald danach wurden die Thraker durch die Einwanderung größerer keltischer Gruppen und die vorübergehende Gründung eines keltischen Königreichs von Tylis (etwa 277–212 v. Chr., im heutigen Südostbulgarien und in der europäischen Türkei) bedroht (vgl. 19. Kapitel, Die keltische Völkerwanderung, S. 425). Den Kelten folgten als Eroberer die Römer, die sich etwa ab 190 v. Chr. im Balkan festsetzten: zuerst als Protektoratsmacht über verschiedene thrakische Kleinkönigreiche, später mit einer direkten und sehr fühlbaren Herrschaft.

Alle diese Herrschermächte hatten allerdings immer wieder mit Aufständen der freiheitsliebenden Thraker zu kämpfen. Den Römern waren solche Aufstände wahrscheinlich nicht einmal unlieb, konnten sie doch dabei gefangene thrakische Krieger als Sklaven in die Gladiatorenschulen verkaufen. Denn Thraker waren ob ihrer Todesverachtung und außerordentlichen Tapferkeit der beliebteste «Nachschub» für die blutigen Gladiatorenkämpfe, die der römische Pöbel so sehr im Zirkus zu sehen liebte. Einer dieser thrakischen Gladiatoren-Sklaven war Spartakus, der im Jahr 75 v. Chr. mit einigen Leidensgenossen aus seiner «Kaserne» entwich und den größten Sklavenaufstand des Römerreichs entfesselte. Mit einem

Heer von zeitweise 40000 Mann – befreiten oder entlaufenen Sklaven – durchzog er jahrelang ganz Italien und bedrohte die Stadt Rom, bis er in Süditalien 71 v. Chr. von Crassus geschlagen und getötet wurde.

Ein Kulturvolk im Sinne der Griechen und Römer waren die Thraker sicherlich nicht. Sie haben weder schreiben gelernt noch großartige Bauten hinterlassen. In ihrer Gesellschaftsordnung waren sie auf dem Stand eines vorstaatlichen Feudalwesens stehengeblieben: Dem sich stolz abkapselnden Reiteradel in den einzelnen Stämmen gehörte das gesamte Land einschließlich der Leute, die es bearbeiteten; das einfache Volk hatte kaum mehr Rechte als Sklaven. Über dem Adel stehenden Königen gehorchten die Adligen nur, wenn sie sich Nutzen davon versprachen oder diese sie mit Gewalt zum Gehorsam zwangen.

Aber zählen nur solche vergleichsweise «modernen» Errungenschaften als «Kultur»? Zählt nicht auch die im Altertum hochgerühmte Musikalität der Thraker (wie auch der stammverwandten Phryger)? Der berühmteste Sänger der griechischen Mythologie, Orpheus, war ein Thraker, und vermutlich war er eine historische Persönlichkeit während des «mykenischen» Zeitalters. Gehört nicht auch die tiefe Religiosität der Thraker zur Kultur, auch wenn diese Religiosität uns aufgeklärten Menschen des 20. Jahrhunderts nicht mehr nachfühlbar erscheint? Sagen nicht die kunstvollen thrakischen Goldschmiedearbeiten, die in den letzten Jahrzehnten überall in Bulgarien geborgen wurden, viel über das thrakische Kunstverständnis aus? Sie sind nicht unbeeinflußt von der benachbarten und uns vertrauten griechischen Kunst, mit Anklängen auch an die skythische und keltische Kunst, aber dennoch mit einem völlig eigenständigen Stilempfinden und hoher handwerklicher Leistungsfähigkeit.

Die Nachbarschaft zu den Griechen hat es mit sich gebracht, daß wir heute die Thraker fast ausschließlich durch eine griechische Brille sehen und sie am Griechentum messen. Doch wird das der völkischen Individualität dieses indoeuropäischen Volkes nicht gerecht. Bulgarische Archäologen haben voller Stolz auf die Vorgeschichte ihres Landes damit begonnen, systematisch die Überreste thrakischer Kultur und thrakischer Lebensäußerungen aus der Erde zu graben. Vielleicht wird es in einigen Jahrzehnten möglich sein, eine Geschichte der Thraker zu schreiben, die nicht mehr nur durch die griechische Brille gesehen wird.

Unruhige Balkan-Illyrer

Die Schriftsteller der Antike, denen wir einen großen Teil unseres Wissens über die europäischen Völker der Frühzeit verdanken, kannten es nicht anders, als daß im Westteil der Balkanhalbinsel illyrische Stämme wohnten. Illyrer kamen in diesem Buch bereits häufig vor (vgl. 10., 11. und 18. Kapitel). Die Vermutung mancher Wissenschaftler, daß «die Illyrer eine Zentralstellung innerhalb der Indogermanen» einnahmen (Victor Hehn), ist wohl nicht falsch, aber auch nicht so zu verstehen, daß es ein einziges mächtiges Volk war, das einst Europa von Mitteldeutschland über die Ostalpen bis hinab nach Griechenland «beherrschte», wie es eine zeitweise unter Archäologen verbreitete Hypothese von einem «Pan-Illyrismus» wissen wollte. Bei aller sprachlichen und kulturellen Ähnlichkeit der «nordillyrischen» (mitteleuropäischen) und «balkanillyrischen» Stämme konnte man diese Menschen vor 3000 Jahren noch längst nicht als «Volk» bezeichnen. Denn das hätte vorausgesetzt, daß sie sich über die engen Grenzen ihrer «teuta» oder ihres Stammes hinweg als verwandt betrachtet hätten, wie es bei den späteren Kelten etwa durchaus der Fall war.

Sprachlich stimmt die Kennzeichnung einer «Zentralstellung der Illyrer innerhalb des Indogermanischen» auf jeden Fall. Vor einigen Jahrzehnten klassifizierten Sprachwissenschaftler die illyrische Sprache auf dem Balkan, die wie viele andere nur in Orts- und Personennamen und wenigen sonstigen Worten überliefert ist, als «Satem-Sprache». Moderne Sprachforscher wie Hans Krahe ordnen sie dagegen den «Kentum-Sprachen» zu – ein Zeichen, daß jene alte Unterscheidung eher verwirrt als Ordnung schafft. Das Illyrische zeigt nämlich charakteristische Züge *beider* großer Sprachgruppen innerhalb der indoeuropäischen Sprachen, wie seine Träger ja auch geographisch zwischen West und Ost vermittelten. Bleiben wir bei der in diesem Buch vertretenen Ansicht, daß es in der Spätbronzezeit und der frühen Eisenzeit (12. bis 5. vorchristliches Jahrhundert) in Europa eine Gruppe indoeuropäischer Sprachen gab, die noch enge Verwandtschaft miteinander aufwiesen und als «mitteleuropäisch» bezeichnet werden könnten, ehe ihre Träger von Kelten, Germanen, Römern, Griechen und Slawen überschichtet wurden. Dazu würden auch das Venetische (in Nordostitalien) und das Messapische (in Südostitalien) gehören, die man früher als bloße Dialekte des Balkan-Illyrischen ansah.

Eine relativ späte Einwanderung der Illyrer in den Balkan von Norden, etwa vom östlichen Deutschland her, wie sie manche Anhänger der «Pan-Illyrismus-These» verfochten, ist sehr unwahrscheinlich. Im Gegenteil, heute glauben manche Forscher, daß die ersten griechisch sprechenden Einwanderer ins spätere Hellas, die Arkader und Jonier, bereits «protoillyrisch» sprechende Kurgan-Hirten im Westen Griechenlands antrafen und sie neben den nichtindoeuropäischen «Ureinwohnern», den Pelasgern, zu ihren Knechten machten. Die Änderung des Glaubens oder wenigstens der Begräbnissitten in der Zeit der «Urnenfelderwanderung» (13. Jahrhundert v. Chr.) scheint keineswegs alle Illyrer auf dem Balkan zur gleichen Zeit beeinflußt zu haben, denn noch bis etwa 500 v. Chr. begruben einige dieser Stämme ihre Toten unter den traditionellen Grabhügeln, bis auch sie zur Sitte der Einäscherung der Toten übergingen.

Mit der Gründung griechischer Kolonialstädte an der Ostküste der Adria – im heutigen albanischen und jugoslawischen Gebiet – seit dem 7. Jahrhundert v. Chr. beginnen die Balkan-Illyrer allmählich aus dem Dunkel der Vorgeschichte in das Licht der geschriebenen Geschichte hervorzutreten. Doch es ist ein Gewirr von Namen einzelner Stämme, die da in steten Kämpfen mit den griechischen Handelsniederlassungen, mit Makedonen und Epiroten, Spartanern und anderen Griechen versuchten, Teile des wachsenden Reichtums der Hellenen in ihre Schatztruhen zu lenken. Man liest von mehreren Illyrerkriegen des makedonischen Königs Philipp II. (359–336 v. Chr., Vater Alexanders des Großen) und später immer wiederholten Aufständen der angeblich fest unterworfenen Illyrer. Im Süden des heutigen Albanien gewann im 4. Jahrhundert v. Chr. ein Königreich der illyrischen Taulantier vorübergehend eine Macht, die über den Bereich nur eines kleinen Stammes hinausging.

Die an der Adriaküste wohnenden Illyrer spezialisierten sich auf die für sie einfachste Art der Gewinnung von Reichtum: Sie bemannten zahlreiche wendige Ruderboote und betrieben in großem Stil Seeraub, ein Gewerbe, das bis in die Neuzeit hinein keineswegs als unfein galt. Angesichts des lebhaften Seehandels zwischen den Griechenstädten an der Adria und auf Sizilien, den Römern, die eben im Ersten Punischen Krieg die Karthager in die Knie gezwungen hatten und sich anschickten, die ganze Apenninenhalbinsel zu beherrschen, und zahlreichen anderen Handelspartnern in jener Epoche dürfte die zwangsweise «Besteuerung» dieses Handels durch die illyrischen Seeräuber recht lukrativ gewesen sein. So lukrativ, daß die aufstrebenden neuen Herren des Mittelmeeres, die Römer, sich diese Geldeinbuße nicht länger gefallen ließen. In zwei «illyrischen Kriegen» (229/228 und 219 v. Chr.) mußten sie das kurz vorher entstandene illyrische Königreich von Skodra (Nordalbanien/Montenegro) zur Aufgabe dieser schädlichen Gewohnheit zwingen. Im ersten dieser Kriege befehligte übrigens eine Königin Teuta (vgl. das indoeuropäische Urwort «teuta»!) als Witwe des verstorbenen Königs Agron und Regentin für ihren minderjährigen Stiefsohn Pinnes die tapferen illyrischen Krieger, die aber der sieggewohnten römischen Kriegsmaschine nichts Gleichwertiges gegenüberzustellen hatten.

Die folgenden Jahrhunderte bis nach der Zeitenwende sahen in der Adria einen ständigen Wechsel von neuen Aufständen der Illyrer gegen die römischen Oberherren, blutiger Niederschlagung und kurzfristigem, ruhigem Handel. Kaum eine von den Römern auf Dauer unterworfene Provinz hat sich so lange und intensiv gegen die Fremdherrschaft gewehrt wie das Gebiet der Illyrer. Erst nach der Niederschlagung des großen «Pannonischen Aufstandes» in den Jahren 6 bis 9 n. Chr. (zeitgleich mit dem Aufstand des Cheruskerfürsten Arminius; die Pannonier im heutigen Westungarn waren ebenfalls Illyrer) geriet die Westküste der Adria endgültig und fest unter römische Botmäßigkeit. Von nun an wurden die Illyrer schnell romanisiert. In der späteren römischen Kaiserzeit schenkten sie dem

Weltreich nicht nur viele Legionen tapferer Soldaten, sondern auch einige der bedeutendsten Kaiser: Diokletian, der meist von seiner Heimat Spalato (Split) aus regierte, und Konstantin der Große waren illyrischer Herkunft.

Die Balkan-Illyrer teilten damit das Schicksal so vieler einst eigenständiger indoeuropäischer Völker, deren Kultur und Sprache im römisch-griechischen Einheitsbrei während der römischen Kaiserzeit unterging. Doch ganz stimmt diese Behauptung nicht, denn im letzten Kapitel dieses Buches (25. Kapitel) werden wir sprachlichen und kulturellen Nachkommen der Illyrer noch einmal begegnen: den Albanern.

In der Neuzeit wurde der Name der alten Illyrer noch einmal als politisches Programm ge- oder richtiger mißbraucht, ähnlich wie es anderswo mit dem Namen der illyrischen Philister geschehen ist (vgl. 10. Kapitel, Indoeuropäer mit semitischer Sprache). Denn im 19. und im beginnenden 20. Jahrhundert schwärmten gebildete Serben und Kroaten, die unter serbischer, montenegrinischer, türkischer und österreichisch-ungarischer Herrschaft geteilt waren, von einer «großillyrischen Einheit» auf der Balkanhalbinsel. Doch wie es kommen konnte, daß *slawisch* sprechende Serben und Kroaten sich als Illyrer fühlen konnten, darüber wird das 23. Kapitel dieses Buches berichten.

Als «Gast» zum Daker-König

90 n. Chr., in Siebenbürgen/Rumänien

Mit verständlichem beruflichem Interesse blickte Aelius Valentinus sich um, als die kleine Handelskarawane, der er sich angeschlossen hatte, in Apulodava einzog (lat. Apulum, heute Alba Julia, deutsch Karlsburg in Siebenbürgen). Im Gegensatz zu den vielen offenen Dörfern der Daker, die der Zug bisher durchquert hatte, war diese Siedlung befestigt. Starke Mauern aus Steinquadern mit regelmäßigen Zinnen aus Lehmziegeln und wehrhafte Türme umgaben die Holzhäuser der Einwohner. Auf den breiten schmutzigen Zwischenräumen zwischen den Häusern – Straßen mochte man sie nicht recht nennen – watschelten Gänse, suchten sich struppige Hunde und blökende Schafe ihre Nahrung. Dakische Männer mit großen Schnauzbärten und langen Haaren, in weißem Wollhemd, langen Hosen und dem unvermeidlichem Schafspelz als Mantel sahen dem Zug der römischen Negotiatores (Kaufleute) nach, der sich gegen Geld und kleine Geschenke seine Nachtquartiere in den Häusern der Daker suchte. Römische Händler waren nichts Ungewohntes in den Dörfern Dakiens. Viele Daker konnten sich schon mit ihnen in gebrochenem Latein unterhalten.

Aelius Valentinus war nicht zum erstenmal in diesem Land. Früher, vor dem Krieg der Römer gegen die Daker, hatte er seinen Bruder, den Kaufmann Plautius Valentinus, gelegentlich bei seinen weiten Reisen hierher begleitet. Das war sicher der Grund, warum ihn, den erfolgreichen Baumeister aus Sirmium am Savus (Mitrovica an der Save) der Befehl des kaiserlichen Propraetors (Provinzgouverneurs) erreicht hatte, sich als Berater und «Ehrengast» des dakischen Königs Decebalus in dessen Land zu begeben und ihm beim Bau seiner Städte und Festungen mitzuhelfen.

Im Grunde war der Friedensvertrag, den Kaiser Domitianus im 9. Jahr seines Prinzipats vor etlichen Monaten mit dem Dakerherrscher geschlossen hatte, nichts anderes als eine verschleierte Niederlage der Römer gewesen. Zwar hatte Decebalus nach mehreren aufsehenerregenden Siegen schließlich in der Nähe der Donau eine Schlacht verloren und mußte um Frieden bitten. Da aber die römischen Legionen Domitians kurz vorher am Oberlauf der Donau von den unruhigen germanischen Markomannen recht fühlbar geschlagen worden waren, mußte sich der Kaiser hier am Unterlauf des mächtigen Grenzflusses mit der formellen Unterwerfung des Decebalus und der Auslieferung der im Krieg erbeuteten römischen Waffen und Gefangenen begnügen. Der römische Kaiser übersandte dem Decebalus durch dessen Gesandten Diëgis eine Krone als Zeichen, daß die Daker nunmehr die Oberhoheit Roms anerkannten. Aber im übrigen zahlte der römische Staatsschatz den Dakern ein regelmäßiges Jahrgeld. Ja, Domitian hatte sich auf Bitte des Decebalus sogar bereit gefunden, römische Baumeister und Ingenieure, die in Bauten für den Krieg und für den Frieden erfahren seien, nach Dakien zu schicken. Er, Aelius Valentinus, war einer von ihnen.

Die Daker, dachte Aelius, werden uns Römern noch viel zu schaffen machen. Seines Wissens hatte Decebalus das einzige große unabhängige Königreich an der Nordgrenze des Imperium Romanum geschaffen. Die vielen sonstigen germanischen und sarmatischen Nachbarstämme waren zwar stets unruhig, aber auch zu uneinig, um eine wirkliche Gefahr für den römischen Staat darzustellen. Decebalus herrschte aber seit kurzem unumschränkt über das riesige Gebiet nördlich der Donau von den Griechenstädten am Pontos Euxeinos über das Herzynische Waldgebirge (Karpaten) bis an die von sarmatischen Jazygen bewohnte Ebene an der Tisia (Theiß, Ungarn). Mehrere dakische Kleinkönige hatten zu seinen Gunsten freiwillig ihre Herrschaft aufgegeben, damit, wie es hieß, das Gebot des Gottes der Daker, Zalmoxis, erfüllt werde. Decebalus berief sich bei seinen vielen Reisen zu Konferenzen mit den zögernden dakischen Adligen auch gerne auf König Burebista, der weit über hundert Jahre vor ihm bereits einmal Dakien geeinigt und die römischen Heere durch geschickte Diplomatie von seinen Grenzen ferngehalten hatte.

Aelius Valentinus war in seinen Gefühlen gespalten. Er verachtete die Daker nicht, war doch seine Großmutter selbst aus diesem Volk gekommen, und er war durch seine früheren Reisen und zahlreiche andere Informationen – Sirmium lag ja nicht weit vom Gebiet der Daker entfernt – zu genau über sie informiert. Ein Volk, das man gut kennt, verachtet man nicht. Andererseits war er römischer Bürger und an einer friedlichen Entwicklung seiner Heimat nahe der Grenze interessiert. Ob seine Aufgabe in Dakien, nämlich unter anderem Verteidigungsanlagen in abgelegenen Gebirgstälern zu bauen, dieser friedlichen Entwicklung dienen würde?

Römer gegen Daker – ein Drama in mehreren Akten

Die obige Episode soll unsere Aufmerksamkeit noch einmal auf einen Teil der Thraker zurücklenken, der erst lange nach den eigentlichen Thrakern historisch in Erscheinung trat. Die Daker und

Geten nördlich der Donau – im Gebiet des heutigen Rumänien – gehörten zwar nach Ausweis ihrer Sprachreste und dem übereinstimmenden Zeugnis der antiken Schriftsteller zu den Thrakern. Aber die Landschaft, die sie bewohnten, und die geschichtlichen Ereignisse hatten für sie die Weichen erheblich anders gestellt.

Von der Unruhe und den großen Zügen der Urnenfelderwanderung scheint das spätere Rumänien kaum berührt worden zu sein; diese müssen wohl mehr südlich der Donau, durch das heutige Bulgarien, geführt haben. Das eigentliche Thrakien hatte als Nachbar Griechenlands stets enge Verbindung mit der ägäisch-griechischen Kultur, wurde also von Süden her beeinflußt, wenn es nicht seinerseits den Süden und Südosten mit Gaben seiner Kultur und mit seinen Menschen beschenkte. Das Gebiet nördlich der Donau war dagegen mehr nach Westen und nach Osten offen. In der Spätbronzezeit und in der Eisenzeit wurde es von norditalienischen und illyrischen Händlern durchzogen, später kamen von Nordwesten her die Kelten und setzten sich in Teilen des Landes fest, ohne es aber in Sprache und Kultur stark beeinflussen zu können. Und von Nordosten her ritten nacheinander die Kimmerier, die Skythen und die Sarmaten heran, ließen dort ihre Pferde weiden und sich selbst von den einheimischen dakischen Bauern mit Lebensmitteln versehen. Sie übten wohl nominell zeitweise eine Oberherrschaft aus, doch waren sie als räuberische Nomaden nicht besonders an einem armen Bauernvolk interessiert, bei dem es nicht viel zu plündern gab. Zumal die Waldberge der Karpaten haben die Steppenkrieger stets gescheut.

Die Daker sind seltsamerweise viel weniger als die südlicher wohnenden eigentlichen Thraker durch die Steppenreiterkultur der Kimmerier und Skythen beeinflußt worden. Sie blieben stets ein genügsames, am Boden haftendes Volk von Bauern und Schafhirten. Pferde waren bei ihnen selten und wurden nur als Zugtiere verwendet. Von den Kaufleuten aller Zeiten war das Gold begehrt, das an zahlreichen Stellen der Karpaten aus Schächten gegraben oder aus dem Sand der Flüsse gewaschen wurde. Die Daker tauschten es gegen notwendige Handelswaren. Im Laufe der Zeit bildete sich allerdings auch bei ihnen, ähnlich wie bei den südlichen Thrakern, eine reiche Adelsschicht heraus, die sich in festen, ummauerten Ansiedlungen verschanzte und die übrige Bevölkerung nahezu in die Rolle von Sklaven zurückdrängte.

Erst im letzten Jahrhundert v. Chr. hören wir von einem erstaunlichen Wandel im Dakerland. Einem König Burebista (er regierte etwa von 55 bis 44 v. Chr.) gelang es, große Teile der dakischen Stämme zu vereinen sowie das engverwandte Volk der Geten in der Nähe der Donaumündung und die meisten Griechenstädte an der Schwarzmeerküste seiner Macht zu unterwerfen. Im Westen seines Reiches vertrieb er die keltischen Boier aus der vormals von Dakern besiedelten Ebene zwischen Theiß und mittlerer Donau (dem heutigen ungarischen Alföld).

Mit Hilfe des Oberpriesters Dekaineos aus dem Heiligtum des Gottes Zalmoxis scheint er eine sehr modern anmutende ideologische Beeinflussung betrieben zu haben, um die moralischen Kräfte seines Volkes und seiner Soldaten zu heben. Unter anderem verbot er den Anbau von Wein und forderte ein Leben ohne Weingenuß – mit welchem Erfolg, ist unbekannt. In den Machtkämpfen, die sich zu seiner Zeit Heere des Caesar und des Pompeius jenseits der Grenze, also südlich der Donau, lieferten, stellte sich Burebista bald auf die eine, bald auf die andere Seite. Einen geplanten Einfall des Caesar nach Dakien machte dessen Ermordung im März 44 v. Chr. zunichte. Kurz danach wurde aber auch Burebista von unzufriedenen dakischen Adligen ermordet – das damals übliche Schicksal von Diktatoren, die nicht rechtzeitig alle Opposition ausgeschaltet hatten.

Für über hundert Jahre zerfiel Dakien danach wieder in mehrere Kleinkönigreiche. Mit ihren räuberischen Feldzügen in das südlich und westlich der Donau liegende römische Gebiet hatten sich Kaiser Augustus und seine Nachfolger herumzuschlagen, doch gab es in dieser Zeit keine ernsthafte Gefahr durch die Daker. Das wurde noch einmal anders während der Regierungszeit des römischen Kaisers Domitian (81–96 n. Chr.), als in einem kurzen Krieg mit den Römern ein dakischer Fürst Decebalus die Oberhoheit über die meisten Dakerstämme gewann. Den ersten Akt des Dramas dieses Königs Decebalus versucht die obige Episode zu beschreiben.

Der zweite Akt spielte über zehn Jahre später. Den energischen Kaiser Trajan (98–117 n. Chr.) ließ die nur mühsam kaschierte Niederlage seines Vor-Vorgängers Domitian gegenüber Dakien nicht ruhen, außerdem wollte er die reichen Goldbergwerke der Karpaten in seine Hand bringen. In einem weiteren römisch-dakischen Krieg (101–103 n. Chr.) gelang es ihm, Decebalus zu einem neuen, nun für die Daker sehr drückenden Friedensschluß zu zwingen: Er mußte seine Armee auflösen, die inzwischen gebauten Festungen schleifen und die römischen Berater und zahlreiche römische Überläufer ausliefern.

Als Decebalus heimlich wieder aufrüstete und – vergeblich – mit anderen Nachbarn des Römischen Reiches über eine gemeinschaftliche Abwehr der verhaßten Eroberer verhandelte, griff Trajan zum zweitenmal an und schrieb in einem raschen, erbarmungslosen Feldzug in den Jahren 105/106 n. Chr. den dritten Akt. Die auf einem Berg tief in den Südkarpaten versteckte Hauptstadt Sarmizegetusa wurde erobert und zerstört, Dakien innerhalb des großen Karpatenbogens – also etwa das spätere Siebenbürgen – zur römischen Provinz erklärt. Aus der Kriegsbeute an Gold konnte Trajan das Staatsdefizit decken und darüber hinaus dem Römischen Reich für ein Jahr alle Steuern erlassen. Decebalus entkam mit wenigen Getreuen zu dem noch freien dakischen Stamm der Karpen im Norden (von ihnen stammt das Wort Karpaten!), führte ein Jahr lang einen erfolglosen Partisanenkrieg gegen die römische Besatzungsmacht und gab sich selbst den Tod, als er von einer römischen Patrouille ohne Hoffnung auf Flucht gestellt wurde. Nach diesem vierten Akt des Dramas senkte sich der Vorhang des Vergessens über die Daker. Kolonisten aus allen Gebieten des Römischen Reiches strömten nach Dakien und nahmen das Land in Besitz. Der Kaiser ließ in Rom die berühmte Trajanssäule errichten, auf der seine Siege über die Daker verherrlicht, aber auch das Leben und Treiben der einfachen Menschen aus diesem Volk wie in einem Bilderbuch geschildert wurden.

Sind die Rumänen Daker?

Heute, fast neunzehnhundert Jahre nach dem Untergang des kurzlebigen dakischen Großreiches, spielen die alten Daker noch einmal eine politisch-propagandistische Rolle, wie sie so manchem in diesem Buch erwähnten Volk zugedacht worden ist. Die heutige rumänische Führung, die geschickt im kommunistischen Ostblock ihre nationale Unabhängigkeit zu wahren bemüht ist, will mit der Besinnung auf die dakischen Vorfahren der Rumänen die eigenständige Rolle ihres Volkes schon im Altertum betonen.

Zwei geschichtliche Fakten machten den Rumänen bisher ihre These von der völkischen Kontinuität bis zurück zu den alten Dakern schwer glaubhaft. Einmal steht fest, daß das Römische Reich infolge ständiger schwerer Angriffe der germanischen Goten von Norden her – wir werden davon im nächsten Kapitel noch hören – im Jahr 271 n. Chr. die Provinz Dacia aufgegeben hat. Die Bevölkerung, so glaubte man bisher überwiegend, habe sich damals vollständig auf das sichere südliche Ufer der Donau zurückgezogen. Und das zweite unbezweifelbare Faktum, was nun wieder eben diesem Rückzug der Bevölkerung zu widersprechen schien, ist die Herkunft der rumänischen Sprache vom *Lateinischen* und nicht vom Slawischen, im Gegensatz zu den Sprachen aller Völker ringsum! (Das Eindringen der vorgeschichtlichen indoeuropäischen Slawen in die Balkanhalbinsel wird im 23. Kapitel dieses Buches behandelt.)

Viele Wissenschaftler, die die vorgeschichtlichen Wanderungen von Völkern sich offenbar nur in der Form restloser Verpflanzung aller Volksangehörigen und rücksichtsloser, totaler Ausrottung aller Vorbewohner am Ort der neuen Niederlassung vorstellen konnten, erklärten die lateinische Herkunft der rumänischen Sprache so: Die romanisierten Einwohner Dakiens hätten sich einige Jahrhunderte lang in den unwirtlichen Gebirgen der südlichen Balkanhalbinsel herumgedrückt. Erst im 10. Jahrhundert n. Chr., nach dem Durchzug von Germanen und Hunnen, Slawen, mongolischen Bulgaren und Kumanen durch das spätere Rumänien, seien Wanderhirten mit einem aus dem Lateinischen abgeleiteten Dialekt, die Walachen («Welsche»!), langsam von Süden her wieder in das Gebiet nördlich der Donau eingesickert.

Die intensive Daker-Forschung des modernen Rumänien hat jedoch die ungebrochene Bevölkerungskontinuität seit den alten Dakern mit so vielen Beweisen belegt, daß daran vernünftigerweise nicht mehr gezweifelt werden kann. Aus Dakien dürfte 271 n. Chr. nur die Oberschicht abgezogen sein: die römischen Beamten und Soldaten, die inzwischen mit den neuen Herren versippten Adelsfamilien, die Kaufleute, der städtische Mittelstand. Geblieben sein werden die Bauern und Hirten, die einfachen Handwerker auf dem Lande. Auch wenn viele davon ihrer Abstammung nach aus den verschiedensten Provinzen des weiten Römischen Reiches stammten, wird es sich in der Mehrzahl wohl doch noch um Abkömmlinge der Daker gehandelt haben. Nur hatten diese inzwischen vollkommen die lateinische Sprache ihrer Herren angenommen, wenn auch in einer vulgären und mit vielen Worten ihrer alten Sprache vermischten Form. Beispiele dieser Art haben wir in diesem Buch ja an zahlreichen Stellen angeführt. Die erwähnten späteren Eroberer – Germanen, Hunnen, Slawen – haben Rumänien immer nur kurz durchzogen und nie dauerhafte Herrschaften errichtet, die der seßhaften Bevölkerung ihre neue Sprache aufzwingen konnten.

In Rumänien erzählt man sich, ein äußerlich sichtbares Kennzeichen der alten Daker seien ihre angewachsenen Ohrläppchen gewesen. Ob das wissenschaftlich beweisbar ist, bleibe einmal dahingestellt. Aber Tatsache ist, daß viele Einwohner Rumäniens, die nicht von ungarischen oder deutschen Einwanderern abstammen, auch heute noch angewachsene Ohrläppchen haben. Sind sie die Erben der alten Daker?

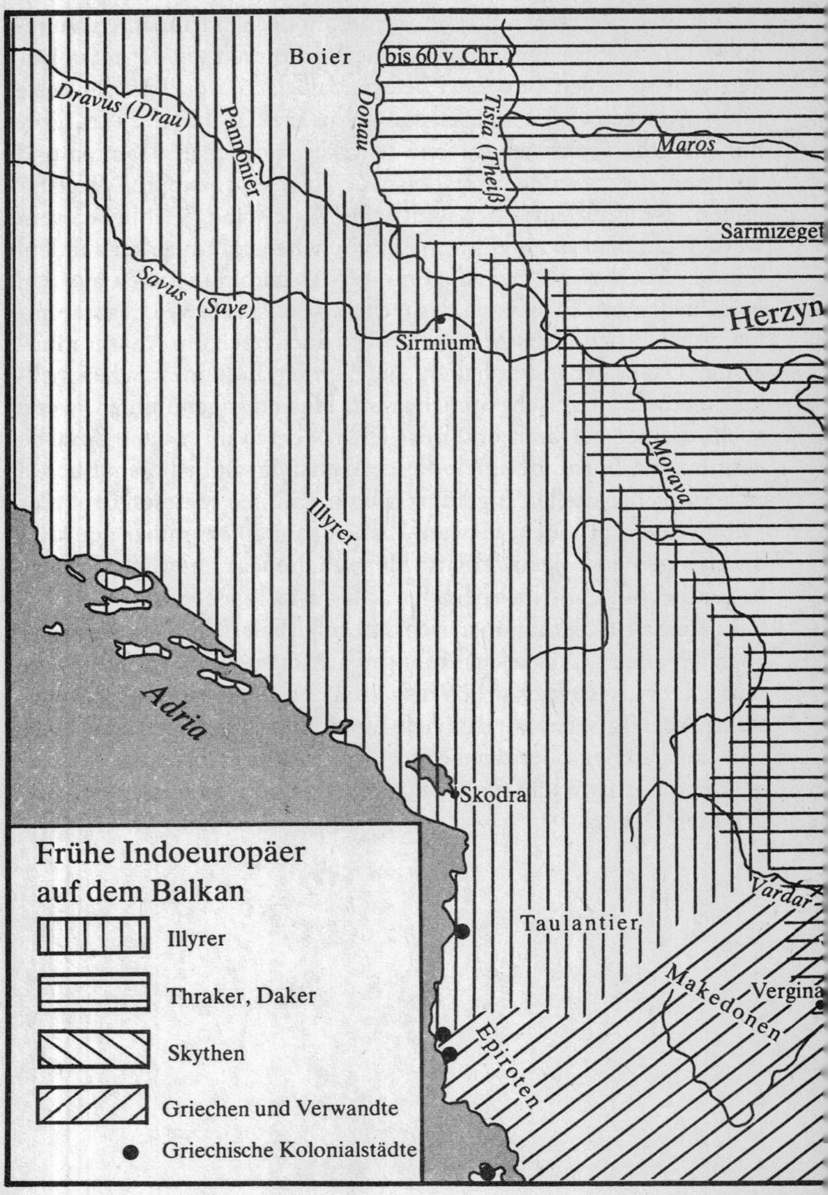

Boier
bis 60 v. Chr.
Dravus (Drau)
Pannonier
Donau
Tisia (Theiß)
Maros
Sarmizeget
Savus (Save)
Herzyn
Sirmium
Morava
Illyrer
Adria
Skodra
Vardar
Taulantier
Makedonen
Vergina
Epiroten
Frühe Indoeuropäer auf dem Balkan
Illyrer
Thraker, Daker
Skythen
Griechen und Verwandte
Griechische Kolonialstädte

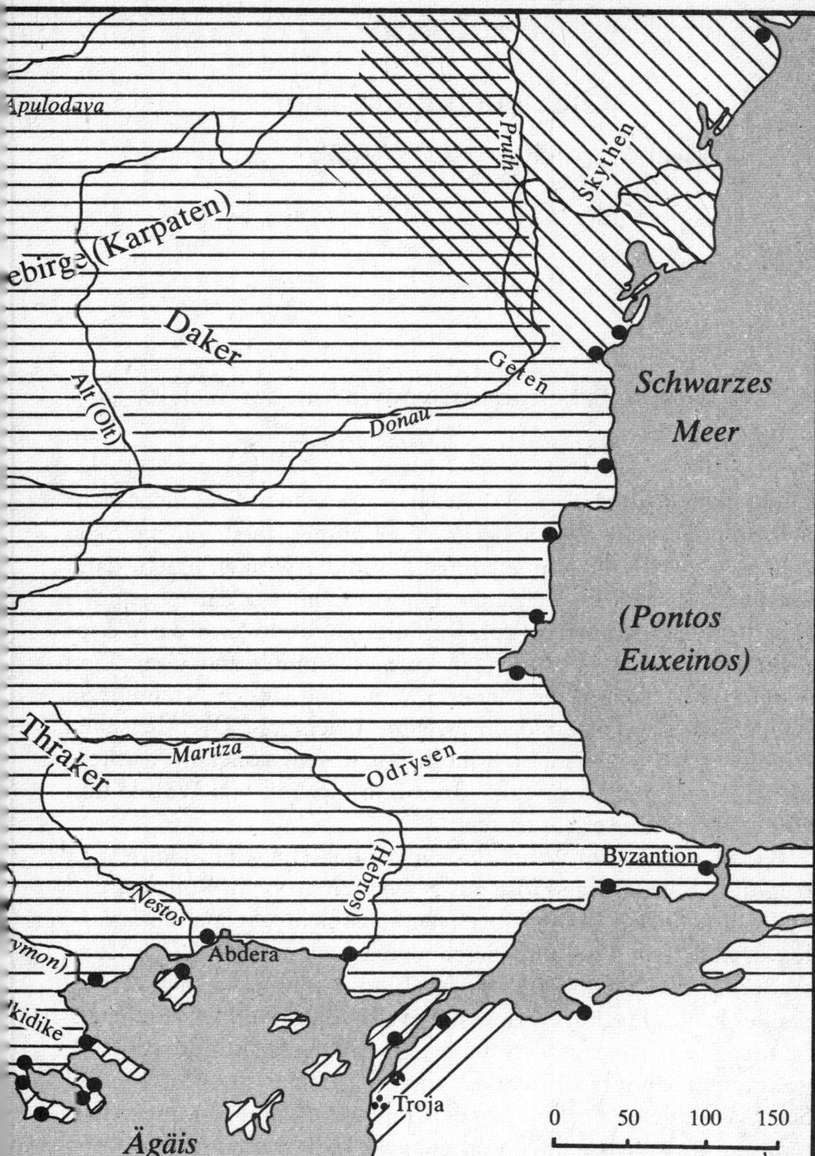
Apulodava
ebirge (Karpaten)
Daker
Alt (Olt)
Pruth
Skythen
Geten
Donau
Schwarzes
Meer
(Pontos
Euxeinos)
Thraker
Maritza
Odrysen
(Hebros)
Nestos
Byzantion
Abdera
ymon)
lkidike
Troja
Ägäis
0
50
100
150
km

22. Kapitel

Die neuen Herrscher der alten Welt

Der Aufstieg der Germanen

Karges Leben abseits vom Strom der Welt

Um 450 v. Chr., Nordjütland/Dänemark

Obwohl heute der längste Tag des Jahres war, wurde es nicht recht hell. Aus grauem Himmel regnete es immer wieder in heftigen Schauern. Wenn die Sonne einmal durch die Wolken brach, dann nur kurz, wie um die Menschen daran zu erinnern, daß es sie noch gab. So ging es schon das Frühjahr durch, und so würde das Wetter mehr oder weniger den ganzen kurzen Sommer andauern. Und dann kam der Winter mit Schnee, Wind und langen Nächten. So drehte sich das Jahresrad im ewigen Gleichmaß. Die Menschen kannten es nicht anders, obwohl sie von ihren Großeltern wußten, daß diese noch in ihrer Jugendzeit Sommer mit viel Wärme und strahlender Sonne erlebt hatten.

Badogast stand im Windschatten vor der Tür seines Hauses. Er trug die übliche lange Hose aus gewebtem grobem Wollstoff und den Kittel, der bis zu den Oberschenkeln reichte. Seine Füße steckten in kunstvoll zusammengeschnürten Lederstücken. Der Mann war groß, schlank und kräftig, sein blondes, inzwischen grau werdendes langes Haar in einem Knoten am Hinterkopf zusammengebunden. Sein scharfgeschnittenes schmales Gesicht mit sorgfältig gestutztem Schnurrbart war das eines Menschen, der geduldig den Schicksalsfaden hinnahm, den die drei Nornen ihm gesponnen hatten, der aber auch schnell und zupackend handeln konnte, wenn der Kampf und die Ehre der Sippe es erforderten. Badogast war schon alt; fünfzig Winter hatten die Schicksalsgöttinnen ihm erlaubt zu leben, wo doch so viele aus dem Dorf so jung sterben mußten, als Säuglinge, als Kinder, als junge Männer und Frauen, vor allem Frauen ...

Der Blick des Mannes schweifte nachdenklich über die sieben Häuser seiner Sippe, die da geduckt, aus mächtigen Mauern von Torf geschichtet und mit Stroh gedeckt, der Nässe und dem Wind trotzten, die vom nahen Meeresarm (Limfjord) herüberkamen. Auf den Äckern ringsum stand das Getreide, es dauerte nicht mehr lange, bis man es mähen mußte. Aber es war wie jedes Jahr kümmerlich, was da in den von hölzernen Hakenpflügen kreuz und quer aufgekratzten Furchen heranwuchs. Der häufige Regen und die Kühle verhinderten eine gute Ernte. Auf vielen einst als Ackerland genutzten Stücken wuchs nur noch Riedgras und Unkraut, von dem vielleicht Schafe und Rinder satt werden konnten, aber keine Menschen.

Badogast machte sich Sorgen. Er war nicht nur der älteste Mann seiner Sippe, er war auch ihr Anführer und für ihr Wohlergehen verantwortlich. Arm waren sie alle geworden, seine Sippe und die anderen Sippen seines Stammes der Chimbern. Dabei berichteten alte Sagen, die immer wieder gern erzählt wurden, wenn der Haushalt an den langen Winterabenden um das wärmende Herdfeuer auf den Fellen hockte, von reichen großen Männern, die einst im Goldenen Zeitalter im Überfluß lebten, nicht zu arbeiten brauchten und mit herrlichen bronzenen Panzern geschmückt waren. Heute mußte jeder hart von morgens bis abends arbeiten, Kind, Frau oder Sippenoberhaupt, um dem karg gewordenen Boden die nötigste Nahrung für Mensch und Vieh abzutrotzen. Überfluß war ein fast vergessenes Wort geworden, und statt der in früheren Generationen noch so reichlich vorhandenen Geräte und Schmuckstücke aus Bronze mußte man sich wieder mit Stein-, Knochen- und Holzgeräten behelfen. Nur ein paar mühsam geschmiedete Messer aus einem grauen, unscheinbaren Metall, Eisen genannt, wurden im Dorf als kostbarer Schatz gehütet.

Seit sein Stamm so arm geworden war, kamen auch die Händler aus dem Süden nicht mehr, die früher so gern den Bernstein von der Meeresküste oder Felle gegen Kupfer, Zinn, Gold und andere wertvolle Waren getauscht hatten. Oder war sein Stamm arm geworden, *weil* die Händler nicht mehr kamen? Badogast wußte es nicht. Er wußte überhaupt nicht viel von den Ländern jenseits des Gebiets seines Stammes. Denn seit dem Wegbleiben der Händler vor zwei, drei Generationen lebten er und seine Leute wie abgeschnitten vom Strom der Welt, selbstgenügsam und karg, aber auch unbeeinflußt von allem Falschen und Schlechten aus der Fremde.

Nördlich des breiten Meeresarmes, auf einer großen Insel, wohnten die Sippen, die sich Vendilier nannten. Ihre Sprache war die gleiche wie die der Chimbern, aber man hatte wenig Verbindungen zu ihnen, und wenn, dann meist feindliche. Nach Westen zu, am großen Meer (Nordsee) lebten die Haruden, weiter nach Süden die Ambronen und die Teutonen. Das Land, das dann kam, war keinem aus Badogasts Sippe ein klarer Begriff. Es war schon viele Jahre her, seit sein jüngerer Sohn Harigast gen Mittag gezogen war, weil er zu Hause nicht genug zu essen und keine Frau finden konnte. Weit, weit im Süden, so munkelte man, sollte die Sonne heiß scheinen, und man konnte als tapferer Krieger aufregende Dinge erleben und sein Glück machen, wenn man in den Dienst eines der reichen Fürsten dort trat und bereit war, für ihn zu kämpfen.

Hierzulande gab es auch schon einmal Kampf, aber er brachte außer Toten und der geretteten Ehre nichts ein. Er unterbrach nur gelegentlich das langweilige Gleichmaß des harten und mühsamen Daseins. Vor zwei Jahren war es gewesen, daß die Sippe ausgezogen war, um einen jungen Mann aus der Nachbarsippe zu erschlagen. Und nun mußte man auf der Hut sein vor der Blutrache der Onkel und Vettern jenes Toten. Der hatte damals die erzwungene Ehelosigkeit nicht mehr ausgehalten und eine junge, erst 14 Winter zählende Frau aus Badogasts Sippe verführt. Die wenigen jungen Mädchen, die das heiratsfähige Alter erreichten, wurden stets rechtzeitig an ältere verdiente Männer vergeben, die auch den gehörigen Brautpreis zahlen konnten. So war es auch hier gewesen, aber der jüngere Mann hatte der Frau wohl besser gefallen. Nun aber lagen beide, die die Ehre der Sippe befleckt hatten, tot im Moor, wie es Ehebrechern gebührte.

Badogast seufzte. Er konnte sich ein anderes Leben als in dieser eintönigen stillen Landschaft, in Schlichtheit und Mühsal, nicht vorstellen. Und dennoch war tief in ihm eine Ahnung, daß es so nicht endlos weitergehen könne. Was, wenn die Äcker immer weniger Getreide hergaben, wenn die Wiesen bei dem ständigen Regen immer mehr zu Moor wurden, in dem selbst Rinder, Pferde und Schafe keine Nahrung mehr finden konnten? Mußte dann nicht seine Sippe auch ihr heimatliches Dorf verlassen und anderswo eine Stelle suchen, wo sie überleben konnte, wie es andere in der Nähe schon getan hatten? Nun, wenn es soweit war, würden Tiu, der Herr aller Götter, und die Schicksalsnornen schon den richtigen Weg weisen ...

*

Im Jahr 1811 fand man in Negau (Südsteiermark, heute Slowenien/Jugoslawien) einen Bronzehelm in etruskischer Form und mit eingeritzten Buchstaben in nordetruskischem Alphabet. Die Archäologen glauben, daß dieser Helm im 5. Jahrhundert v. Chr. in den Boden geriet. Aber sein Träger war kein Etrusker, denn die Inschrift gibt die frühesten uns urkundlich bekannten Worte in einer germanischen Sprache wieder: «Harigasti taiva – ich gehöre dem Harigast.»

Natürlich ist es reine Spekulation, aber vielleicht darf man sich doch vorstellen, daß Harigast, der Sohn des Badogast aus Nordjütland, bis in das Ostalpengebiet gelangt ist, um bei einem illyrischen Stammesfürsten der Späthallstattzeit Kriegsdienste zu nehmen – als Vorläufer jener Hunderttausenden von Germanen, die es in den folgenden Jahrhunderten aus ähnlichen Gründen in den Süden zog.

Germanische Anfänge

Erst mit dem Ende der Bronze- und dem Beginn der Eisenzeit in Südskandinavien und Norddeutschland – etwa um die Mitte des letzten Jahrtausends v. Chr. – gesteht die heutige Vorgeschichtswissenschaft den dort ansässigen Menschen den Namen Germanen zu. Dabei waren die Menschen, die im gleichen Gebiet in den 1500

Jahren davor lebten (vgl. 17. Kapitel, Die Schiffe der Nordleute), mit Sicherheit ihre unmittelbaren Vorfahren, denn es gab keine neue Einwanderung größerer Gruppen. Dennoch ist es wohl richtig, erst nach dem tiefgreifenden Einschnitt etwa um 500 v. Chr. von eigentlichen Germanen zu sprechen. Dieser Name «Germanen» ist trotz langen Gelehrtenstreits noch immer ungeklärt. Wahrscheinlich stammt er von einem kleinen Stamm am Niederrhein zur Zeit Caesars. Die «germanisch» sprechenden Stämme haben sich übrigens nie selbst als Germanen bezeichnet. Es ist auch unwahrscheinlich, daß sie sich je untereinander als irgendwie besonders zusammengehörig empfunden haben.

Die obige Episode versucht, einige Aspekte dieses dramatischen Wandels zu beschreiben, der vor 2500 Jahren die Urheimat der Germanen erfaßte. Eine recht plötzlich einsetzende, aber mehrere hundert Jahre anhaltende Klimaverschlechterung in Nordeuropa – mit gegenüber der warmen Bronzezeit merklich zurückgehenden Durchschnittstemperaturen, häufigen Regenfällen und fühlbarer Beeinträchtigung des Ackerlandes – wird die Hauptrolle dabei gespielt haben. Aber auch die Ausdehnung der Kelten im 5. Jahrhundert v. Chr. nach Mittel- und Osteuropa (vgl. 19. Kapitel, Die keltische Völkerwanderung) hatte sicher Einfluß. Denn sie unterbrach offenbar für längere Zeit den während der ganzen Bronzezeit hindurch lebhaften Handelsverkehr zwischen den nordischen Ländern und Südeuropa. Die Kelten schnitten damit die Frühgermanen vom Nachschub an Kupfer und Zinn ab und stürzten diese zusätzlich zur Klimaverschlechterung in bittere Armut. War es vorausschauende Politik der Kelten, die gefährlichen Nachbarn im Norden nicht zu mächtig werden zu lassen? Eher wohl der Konkurrenzneid keltischer Häuptlinge und Händler, die die begehrten Waren der südländischen Kaufleute lieber im eigenen Land behalten als sie durchziehen lassen wollten.

Diese erzwungene Abschließung von der Umwelt für längere Zeit hatte für die Germanen auch ihr Gutes: Ungestört durch die Unruhe, die in jenen Jahrhunderten in Süd- und Südosteuropa herrschte, im Kulturaustausch im eigenen Kreis, entwickelten sie die Besonderheiten als indoeuropäisches Volk, wie wir sie rund 500 Jahre später von römischen Schriftstellern beschrieben finden.

Zuerst die Sprache. Das «Urgermanische» und auch seine heutigen Tochtersprachen, darunter das Deutsche, sind nicht etwa dem «Ur-Indoeuropäischen» besonders nahe verwandt. Die Anhänger der These, daß die Germanen die «reinsten» und «echtesten» Indoeuropäer seien (vgl. 3. Kapitel, «Arische Weltanschauung»), taten sich stets schwer, das nachzuweisen. Im Gegenteil, die Indogermanisten mußten schon früh feststellen, daß das Germanische durch sehr charakteristische Unterschiede von den meisten anderen indoeuropäischen Sprachen getrennt ist. So durch die «erste oder germanische Lautverschiebung», die beispielsweise aus dem indoeuropäischen «p» und «ph» ein «f, v» werden ließ (Beispiel: lat. pater, germanisch/deutsch Vater). Es gibt noch weitere typische Lautveränderungen, aber es würde ermüden, sie im einzelnen aufzuführen. Oder: der in allen anderen indoeuropäischen Sprachen ziemlich freie Wortakzent wurde im Germanischen nahezu stets auf die «Wurzelsilbe» gelegt (Beispiel: lat. Róma, Románi, Romanórum; deutsch: Haús, Häúser, Häúslichkeit, behaúsen).

Als Erklärung für diesen auffallenden Wandel glauben Sprachforscher, daß hier die am Ende der Jungsteinzeit eingewanderte, herrschende Minderheit der Kurgan-Abkömmlinge (Streitaxt-, Schnurkeramik- oder Einzelgrab-Kultur) den Alteinwohnern Südskandinaviens, den «Trichterbecherleuten», zwar ihre Sprache aufgezwungen hat, daß das neue, aus der Verschmelzung entstandene Volk der Germanen aber alte Spracheigentümlichkeiten der Trichterbecherleute auf die neue Sprache übertragen hat.

Die Verbindung mehrerer in ihrer Kulturprägung recht unterschiedlicher Menschengruppen spricht auch aus der germanischen Religion. Moderne Religionswissenschaftler können darin mindestens drei verschiedene Schichten unterscheiden. Die eine, repräsentiert im alten Himmelsgott Ziu, stellt das religiöse Erbe der Kurgan-Leute dar. Die Verwandtschaft mit dem gemein-indoeuropäischen Gott Dieus petér ist nicht nur im Namen zu fühlen. Zu ihm gehören auch der Donnergott Thor (so nordgermanisch, in Deutschland Donar genannt) sowie das kriegerisch-heldische Göttergeschlecht der Asen.

Aus einer ganz anderen kulturellen Grundlage sind uns Namen von Göttinnen wie Freya, Nerthus (Njördr) überliefert, die auf den

Kult einer Mutter- und Fruchtbarkeitsgöttin hindeuten. Sie scheinen von den vor den Kurgan-Leuten im späteren Ursprungsgebiet der Germanen siedelnden Ackerbauern zu stammen. Ihnen wird von der Edda auch das Geschlecht der Wanen zugeordnet, Götter des Erntesegens und der geschlechtlichen Fruchtbarkeit, die sich beim Eindringen der Asen in ihre Götterburg nach erbittertem Kampf schließlich doch mit den Asen versöhnen – ein deutlicher Hinweis auf das Erleben der Menschen, die diese Götter verehrten.

Eine dritte Religionsschicht wird mit dem Gott Odin (in Deutschland: Wodan) angesprochen. Mit ihm sind sogenannte «schamanistische» Vorstellungen verbunden, magische Zauberriten, wie sie noch bis ins 19. Jahrhundert bei nordostasiatischen Jägern bezeugt sind. Der Schamanismus war eine Religionsform von Jäger-, Wildbeuter- und Sammlervölkern. So wird vermutet, daß Überreste der Eiszeitbevölkerung in Skandinavien (vgl. 5. Kapitel, Zwei Welten: Bauern und Jäger – sie sind möglicherweise die Vorfahren der heutigen Lappen) bei ihrer Überschichtung durch die Germanen diese Gedankenwelt ihrem neuen Herrenvolk vermittelten. Allerdings entwickelte sich Odin-Wodan in der germanischen Spätzeit zu einer ganz anderen Art von Gott. Er wurde zum reitenden ruhelosen «Wilden Jäger» und zugleich zum obersten Herrn von «Walhalla», der Stätte, in der die im Krieg gefallenen Männer mit irdischen Genüssen auf den letzten Kampf beim Weltuntergang warten. Trotz vieler intensiver Forschungen ist übrigens die germanische Religion in ihrer Komplexität noch keineswegs voll enträtselt.

Eine weitere Besonderheit der Germanen war die Entwicklung auf kulturellem und gesellschaftlichem Gebiet. In der «Nordischen Bronzezeit», dem «Goldenen Zeitalter», von dem auch nach weit über tausend Jahren die Dichter der nordischen Edda schwärmten, muß es offenbar schon einige Unterschiede zwischen einfachem Volk und den Vornehmen, zwischen Arm und Reich gegeben haben. Die von außen erzwungene große Wende im 6. und 5. Jahrhundert v. Chr. wischte wie mit einem großen Schwamm diese Unterschiede weg. In ihrer Armut waren die Frühgermanen einander mehr oder weniger gleich. Höchstens vielleicht, daß einzelne einst reiche und vornehme Geschlechter auch später noch von ihrer edlen Abkunft, von ihrer Abstammung von den Göttern überzeugt waren und dieses Wissen in später wieder bessere Zeiten hinüberretteten. In der frühen germanischen Eisenzeit hörte jedenfalls der Brauch auf, vornehme Tote mit verschwenderischen Beigaben in der Aschenurne und mit einem auffälligen Grabhügel beizusetzen.

Das Klima und die harten Lebensumstände ließen bei den Frühgermanen keine überflüssige Kraftanstrengung zu. Anzeichen einer künstlerischen Entwicklung, etwa in Form von Schmuck oder Ornamenten auf hinterlassenen Geräten, sucht man in jener Zeit vergeblich. Aber die Menschen wurden hart, kräftig und bereit zum Ertragen großer Strapazen. Sie fanden in der von außen ungestörten, ruhigen Entwicklung die Vitalität und die seelische Haltung, die die Germanen später zur Eroberung des Römischen Weltreiches befähigte.

Über die «staatlichen» Verhältnisse bei diesen frühen Germanen wissen wir fast nichts. Es ist zu vermuten, daß sich die ständische Gliederung, wie wir sie für die Germanen um die Zeitenwende von römischen Schriftstellern geschildert finden, erst wieder in den Jahrhunderten davor allmählich entwickelte.

Südnorwegen, Südschweden, Dänemark und Schleswig-Holstein bis zur Elbe – dieses Gebiet gilt als die Urheimat der Germanen. Ob es in jenen frühen Zeiten, die unsere Episode schildert, schon Stämme mit den aus der späteren Geschichte bekannten Namen gab, wissen wir nicht. Jedenfalls stammten die berühmten Kimbern und die Teutonen, die dreihundertfünfzig Jahre danach zum Schrecken der Römer wurden, aus diesem Teil Dänemarks. Noch heute hält die Landschaftsbezeichnung «Himmerland» in Nordjütland, südlich von Ålborg, die Erinnerung an die früheren Einwohner, die Kimbern, wach, ebenso wie die Landschaft «Vendsyssel» am Nordzipfel Jütlands an die Vendilier oder Vandalen gemahnt, die von dort aus zu ihrer Irrfahrt durch Europa aufgebrochen sind. Und vermutlich wohnen dort auch heute noch Menschen, die ihre Urahnen bis zu jenen Kimbern oder Vandalen zurückverfolgen könnten, wenn es darüber Urkunden gäbe. Denn sicher sind damals nicht immer alle Einwohner mit «auf Völkerwanderung» gegangen.

Erste Anzeichen einer solchen Völkerwanderung glauben Archäologen schon in jener frühen Zeit gefunden zu haben. In der vom deutschen Vorgeschichtsforscher Gustav Schwantes nach einem Dorf bei Uelzen «Jastorf-Zeit» benannten Kulturstufe (zwischen 600 und 300 v. Chr.) gab es offenbar die Einwanderung einer Gruppe von Germanen aus Südskandinavien in das Gebiet der nördlichen Lüneburger Heide. Ob im übrigen die dortige «Jastorf-Kultur» zwischen Unterelbe und Unterweser schon klar von Germanen getragen wurde oder ob es sich um Menschen ähnlicher Kulturstufe, aber mit einer möglicherweise anderen indoeuropäischen Sprache gehandelt hat, ist in der Wissenschaft bis jetzt umstritten. Ähnliche Zweifel gelten für die Bewohner Mecklenburgs, des Oder- und des Weichselgebiets in den Jahrhunderten vor der Zeitenwende. Um der schwierigen Frage aus dem Weg zu gehen, ob alle die Völkerschaften, die uns später in den römischen Quellen als Germanen begegnen, auch wirklich Germanen waren, hat die erste Episode dieses Kapitels bewußt ein Gebiet herausgegriffen, das unumstritten als Kernzelle der germanischen Völker gilt.

Nach den ersten harten Jahrhunderten der akuten Klimaverschlechterung – die nordische Edda bewahrt wahrscheinlich die Erinnerung daran in ihrer Schilderung des schrecklichen «Fimbul-Winters» beim kommenden Weltuntergang – wurde allmählich das Klima doch wieder etwas besser. Die Lebensumstände erleichterten sich langsam, es regte sich wieder das Bedürfnis nach Schmuck und Verschönerung des Alltags, der Handel erreichte zögernd wieder Norddeutschland und Skandinavien. Auch die Bevölkerungszahl der germanischen Stämme hob sich, allerdings wohl schneller als die Leistungsfähigkeit der Landwirtschaft. Denn nun begann die Periode der großen germanischen Expansion nach allen Seiten. Sie sollte nahezu ein Jahrtausend anhalten und die Welt der alten mittelmeerischen Kulturvölker gründlich durcheinanderwirbeln.

Herminonen und Duren

Um 25 n. Chr., an der Unstrut/Thüringen

Es war ein unbeschreibliches, stolzes Gefühl, mit dem Triteuta, der Dure, dem Thingplatz entgegenschritt. Zum erstenmal trug er Schwert, Lanze und Schild außerhalb eines Kriegszuges, zum erstenmal hatte er sein langes blondes Haar nach suebischer Art in einem Knoten auf der rechten Kopfseite geschürzt, zum erstenmal konnte er gleichberechtigt unter freien Kriegern an der Volksversammlung teilnehmen, auch wenn er erst zur untersten der sieben Kriegerklassen gehörte.

Der Thingplatz lag auf einem Hügel nicht weit vom Heimatdorf des Triteuta. Man hatte einen weiten Blick über das Tal der Unstrut und auf den mächtigen Grabhügel, in dem – wie alte Sagen wissen wollten – ein Vorfahre des Triteuta begraben lag. Hier war seit undenklichen Zeiten die Heimat der Menschen, die durisch sprachen, aber Herren waren schon längst andere Leute. Die durischen Bauern, zäh an ihrem Boden, ihren Sitten und ihrer Sprache festhaltend, aber wenig ehrgeizig, hatten sich daran gewöhnt, daß Fremde von ihnen die Ablieferung von Korn, Schafen und gewebtem Tuch in jedem Herbst verlangten und den waffenfähigen jungen Männern Lanzen und Schwerter in die Hand drückten, wenn ein Kriegszug bevorstand. Aber im übrigen lebten die Fremden ihr Leben für sich, wanderten zu, bekämpften sich und wanderten wieder ab, gefolgt von anderen Fremden.

Das ging schon seit vielen Generationen so. Erst waren Leute von Süden gekommen, Kelten von der Donau her, die geschickt als Eisenschmiede und Künstler waren. Nachkommen von ihnen lebten noch immer in den Dörfern an Unstrut und Saale, als Schmiede und Handwerker geachtet, wenn auch inzwischen ebenso bloß halbfreie Liten wie die durischen Bauern. Dann waren immer wieder Scharen von blonden stattlichen Kriegern aus dem Norden durch das Land gezogen, hatten eine Weile mit ihren Frauen und Kindern in den Dörfern an der Saale gesiedelt und genau wie die durischen Bauern den Boden bestellt. Wer ihnen widersprach, bekam schnell die jähe Wut dieser kräftigen Männer zu spüren, die mit dem Haselstock oder dem Schwert rasch zur Hand waren. Die Bauern an Unstrut und Saale mußten auch wohl oder übel die fremde Sprache dieser Herren lernen, da jene nicht daran dachten, ihrerseits sich an eine andere Sprache zu gewöhnen. Seit zwei Generationen waren Familien vom großen Stamm der Sueben Herren an der Unstrut. Sie nannten sich selbst Herminonen und benutzten die gleiche Sprache wie die Herren in den Generationen davor, aber im Gegensatz zu ihnen blieben sie im Lande und zogen nicht bald wieder ab.

Dies war eine Zeit der Unruhe und des Umbruchs. Neues kündigte sich an. Fremde Heere schwerbewaffneter und gepanzerter Soldaten, die sich Römer nannten, hatten vor Jahren weiter nördlich und westlich das Land durchquert. Der Anführer des nordwestlich der Duren wohnenden Stammes der Cherusker, Armin, hatte vor sechzehn Jahren ein großes Heer dieser Römer besiegt, und seit einiger Zeit kamen von diesem Volk auch keine Soldaten mehr ins Land, sondern nur noch Händler. Aber den Edlen der Herminonen, die über das Schicksal der Menschen hier zu bestimmen hatten, gefielen die fremden Sitten nicht, die die Römer mitbrachten. Man murrte heimlich über die Abhängigkeit der Herminonen vom Nachbarvolk im Osten, den Markomannen, dessen neuem König Katwalda sie sich vor Jahren zur Gefolgschaft verpflichtet hatten. Und dieser Katwalda war ein ausgesprochener Römerfreund.

Wenn die Herminonen das ändern wollten, mußten sie sehen, ihre Stärke im Krieg zu erhöhen. Darum hatten sie vor kurzem in ihrem Thing beschlossen, eine Reihe junger Männer aus dem Volk der Duren, die sich in den letzten kleineren Kriegszügen als tapfer und zuverlässig bewährt hatten, in die Stammesgemeinschaft der Herminonen aufzunehmen. Triteuta war einer dieser so Ausgezeichneten, und er war stolz darauf.

Der Thingplatz, der so heilig war, daß er nur zu Vollmondnächten betreten werden durfte, war bereits gehegt; in den Boden gesteckte Haselnußstöcke umgaben ihn, und eine daran gespannte Schnur deutete an, daß in ihrem Kreis jede Blutrache, jeder Streit zu schweigen habe. Zusammen mit vielen anderen Kriegern aus den Dörfern an Unstrut und Saale betrat Triteuta den Platz, begrüßt und gutmütig gehänselt von seinen Gefährten aus früheren Kriegszügen. Es dauerte lange, bis auch die Angehörigen der edlen Sippen der Herminonen ihre Plätze eingenommen hatten. Endlich aber konnte Wilithank, der Älteste der Inglinger-Sippe, die traditionsgemäß die Ordnung bei Thingen und anderen feierlichen Anlässen zu wahren hatte, die althergebrachten Eröffnungsworte sprechen: «Ich gebiete Frieden und verbiete Unfrieden. Ich gebiete Recht und verbiete Unrecht. Fluch dem, der nachträgt!» Schweigen trat im weiten Rund ein.

Die erste Hälfte des Things war wie stets der Regelung von Rechtsstreitigkeiten zwischen verschiedenen Sippen gewidmet. Doch dann begehrte Vibilis das Wort, dessen Sippe sich vom Donnergott Donar ableitete. Vibilis war mit seiner Trucht, seinem ihm verschworenen Gefolge von etwa dreißig kräftigen Kriegern, schon weit in der Welt herumgekommen. Er hatte die römischen Soldaten in ihren Kastellen an der Donau besucht, er war in der Burg des Markomannenkönigs im ehemaligen Land der Boier (Böhmen) gewesen, und was noch mehr zählte, er hatte durch seine Abstammung und seinen Reichtum einen großen Anhang unter den Kriegern der Herminonen. Was er sagte, hatte Gewicht.

Vibilis forderte nichts Kleineres, als die Gefolgschaft aufzukündigen, die die Herminonen dem Markomannenkönig Katwalda gelobt hatten, denn er sei den Römern hörig und ein bei seinem eigenen Volk verhaßter Gewaltherrscher. Ja, er wisse, rief Vibilis aus, daß viele markomannische Edle nur darauf warteten, daß ein Befreier der Markomannen von außen käme. Dieses Volk, mit dem die Herminonen seit ewigen Zeiten in der Verehrung von Ziu eng verbunden seien, habe eine bessere Herrschaft verdient, nachdem es erst von König Marbod und nun von König Katwalda unterdrückt worden sei. Man habe ihm, dem Vibilis, in Aussicht gestellt, ihn zum König der Markomannen zu erheben, wenn es ihm gelänge, den Katwalda zu beseitigen. Sollten nicht die tapferen Sippen der Herminonen und der Duren gemeinsam dabei helfen? «Die Markomannen und die Römer kennen bereits keinen Unterschied mehr zwischen unseren Sippen mit verschiedener Sprache; sie nennen uns zusammen schon längst die Hermun-Duren. Machen wir uns gemeinsam auf, bei den Markomannen Ruhm, Ehre und Reichtum zu erwerben!»

Einige als konservativ bekannte ältere Krieger murrten vernehmlich. Nur so konnten sie in der Volksversammlung ihre Meinung ausdrücken, in der mit Ausnahme der Rechtsfälle lediglich die Angehörigen der edlen Sippen das Recht hatten, das Wort zu ergreifen. Aber die Mehrheit der jüngeren Herminonen und die in ihre Gemeinschaft aufgenommenen Duren klopften begeistert mit den Schwertern an ihre Schilde, zum Zeichen, daß sie darauf warteten, von Vibilis ins Markomannenland geführt zu werden.

Sind wir Deutschen Germanen?

Rund fünfhundert Jahre nach dem geradezu ärmlichen Anfang germanischer Geschichte, wie er in der ersten Episode dieses Kapitels dargestellt wurde, hatte sich das Zentrum der germanischen Stämme weit nach Süden, nach Deutschland und Ostmitteleuropa, verlagert, ohne daß die alten Stammessitze im Norden aufgegeben wurden. Hier in Deutschland gerieten die Germanen in Konflikt mit dem Römischen Weltreich, das seine Grenzen kräftig nach allen Seiten auszudehnen bemüht war. Der Kampf der Cherusker unter Arminius und die Varus-Schlacht im Teutoburger Wald im Jahr 9 n. Chr. sind wohl jedem historisch normal gebildeten Deutschen ein Begriff. Wenn dieses Ereignis auch heute nicht mehr als «deutsche patriotische Tat» glorifiziert wird, so war es ohne Zweifel ein ganz entscheidender Wendepunkt in der mitteleuropäischen Geschichte.

Im Jahr 25 n. Chr., in dem die Episode von den Herminonen und Duren spielt, war Arminius schon drei Jahre tot, von eifersüchtigen Angehörigen seiner eigenen Sippe ermordet. Kaiser Augustus hatte zwar noch als Rache für den Verlust seiner drei Legionen im Teutoburger Wald mehrere römische Heere kreuz und quer durch die unwegsamen Wälder Germaniens marschieren lassen, sich aber inzwischen auf die Verteidigung der römischen Grenzen an Rhein und Donau eingerichtet und den Versuch aufgegeben, «Germania magna» zu erobern, das von Germanen bewohnte Land nördlich der Donau und östlich des Rheins. Dennoch war der römische Einfluß auf die Bewohner dieses Gebiets nicht gering.

Weniger bekannt als Arminius ist sein großer germanischer Rivale, der Markomannenherrscher Marbod. Einst – kurz vor der Zeitenwende – hatte er seine Markomannen, einen Teil des heute «Elbgermanen» genannten Stammesverbandes der Sueben, vor der römischen Bedrohung aus der Maingegend nach Böhmen geführt, die dort wohnenden keltischen Boier (Böhmen = «Boio-heim») teils vertrieben, teil unterworfen und einen ersten Versuch gemacht, ein germanisches Großreich zu gründen. Zu den Römern verhielt er sich in kritischer Neutralität, wurde ihnen aber durch seinen immer stärker werdenden Einfluß auf germanische Nachbarstämme unheimlich. Diese waren wie die Markomannen Teile der elbgermanischen Sueben und mit den Markomannen in der alten Kultgemeinschaft der Herminonen verbunden.

(Von dieser Kultgemeinschaft hat offenbar der germanische Teil des laut römischen Schriftquellen aus mehreren Gruppen zusammengewachsenen Germanenstammes der Hermunduren seinen Namen.) Römischer Einfluß mag dahintergesteckt haben, als Marbod im Jahr 21 n. Chr. von unzufriedenen markomannischen Adligen unter Führung eines Katwalda vertrieben wurde. Doch auch Katwalda, der Römerfreund, machte sich rasch bei den Markomannen unbeliebt. Er wurde, wie Tacitus in seinen «Annalen» berichtet, seinerseits im Jahr 25 n. Chr. von einem Hermunduren namens Vibilius verjagt. Wir kennen nur diesen lateinischen Namen; ob der in der obigen Episode benutzte Name Vibilis die richtige germanische Form war, wissen wir nicht.

Die in der Episode beschriebene ständische Gliederung eines Germanenstammes ergibt sich aus Angaben von Tacitus und anderen römischen Schriftstellern. Entgegen der in Deutschland weitverbreiteten Anschauung, bei den «alten Germanen» habe eine Art ursprünglicher Demokratie geherrscht, gab es damals (schon wieder?) erhebliche Rechtsunterschiede der zu einem germanischen Stamm gezählten Menschen. Frei waren nur die germanischen Krieger, diese wieder je nach Tapferkeit, Erfahrung und Alter in mehrere Klassen geteilt. Einen besonderen Vorrang hatten Sippen, die durch ihre Verbindung zu den Göttern den Menschen ihrer Umgebung Heil bringen konnten, wie die Germanen glaubten. Aus ihnen entwickelte sich der germanische Adel. Der Stand der halbfreien Laeti (lateinisch) oder Liten (germanisch/deutsch) wird in Geschichtsdarstellungen gern übergangen. Er muß aber recht zahlreich gewesen sein und sich aus Angehörigen der unterworfenen Völker mit anderer Sprache zusammengesetzt haben, ähnlich wie bei den dorischen Griechen die Periöken in Sparta oder die Orneaten in Argos (siehe 11. Kapitel). Schließlich gab es, vermutlich aber nicht besonders zahlreich, Sklaven als Hausgesinde, die sich aus Kriegsgefangenen und deren Abkömmlingen oder auch aus ursprünglich freien Germanen zusammensetzten, die sich, wie Tacitus erzählt, beim Würfelspiel schließlich selbst als Preis eingesetzt und verloren hatten.

Diese kurze Erläuterung des historischen und sozialen Umfeldes der obigen Episode mag genügen. In dem begrenzten Raum, den dieses Buch jedem der behandelten Völker nur widmen kann, ist es nicht möglich, eine ausführliche Kultur- und «politische» Geschichte der Germanen unterzubringen. Aber einer erstaunlich klingenden Frage sollten wir doch noch nachgehen: Sind wir Deutschen eigentlich Germanen? Oder – noch erstaunlichere Frage –: War Arminius ein Germane?

Julius Caesar, der in seinen Berichten über die Eroberung Galliens erstmals den Begriff «Germanen» in der Literatur verwandte, nach ihm alle römischen Schriftsteller und auch noch die deutschen Vorgeschichtsforscher des 19. und 20. Jahrhunderts setzten als selbstverständlich voraus, daß alle Einwohner «Germaniens» östlich des Rheins und nördlich der Donau zur Zeit der Römerzüge um Christi Geburt Germanen waren. Erst in jüngster Zeit sind Zweifel daran aufgekommen – wenn man Germanen als Menschen auffaßt, die damals einwandfrei eine germanische Sprache als Muttersprache benutzten. Aus vielen Indizien schließen maßgebliche deutsche Vorgeschichtsforscher heute, daß die Gebiete keineswegs so eindeutig germanisch waren, die bisher in deutschen Geschichtskarten als «germanisch um Christi Geburt» eingefärbt sind.

Man darf nun nicht umgekehrt daraus den Schluß ziehen, daß es damals in «Germania magna» *keine* Germanen gegeben habe. Aber es *kann* einfach nicht so gewesen sein, daß die von Norden her in immer neuen Wellen nach Mitteleuropa einströmenden Germanen dort ein menschenleeres Land vorfanden oder daß sie alle Vorbewohner kurzerhand umgebracht oder vertrieben haben. Am Beispiel des germanischen Stammes der Hermunduren sollten in der obigen Episode die komplizierten und lang dauernden Vorgänge deutlicher gemacht werden, die die Archäologen und Sprachwissenschaftler unter dem Begriff «Überschichtung» eher verbergen als erklären.

Der Thüringer Sprachforscher Erich Röth behauptet in seinem Buch «Sind wir Germanen?», daß bis ins Hochmittelalter hinein – also weit über tausend Jahre nach der Einwanderung von Germanen nach Thüringen und dem Entstehen der Hermunduren; aus ihnen wurde später das Volk der Thüringer – große Teile der Bauernbevölkerung seiner Heimat immer noch eine – wie er meint – illyrische Sprache benutzt hätten; ja, zahlreiche heute noch verwendete Worte des Thüringer Dialekts auf dem Lande gingen auf diese Sprache zurück. Ähnliche Forschungen in anderen Gegenden Mittel- und Ostdeutschlands würden wahrscheinlich ähnliche Ergebnisse zutage bringen.

Der Historiker Hachmann, der Archäologe Kossack und der Sprachforscher Kuhn haben in einer gemeinsamen, 1962 veröffentlichten Schrift von einem nicht germanischen und nicht keltischen «Nordwestblock» zwischen Main, Werra und Aller, Unterweser und Rhein gesprochen. Zu den Stämmen dieses Blocks, die eine indoeuropäische Sprache benutzten – andeutungsweise erwähnt Kuhn das Venetische – und die im Gegensatz zu den «wanderlustigen» Germanen sehr bodenständig gewesen seien, hätten auch die Cherusker des Arminius gehört. Die Forscher lassen offen, ob Arminius selbst als Angehöriger der herrschenden Oberschicht nicht vielleicht doch ein Germane gewesen sei. Die Krieger aber, die durch ihren Abwehrkampf gegen die Römer die große historische Wende herbeiführten, seien mit großer Wahrscheinlichkeit (noch) keine Germanen gewesen. Der Blutzoll, den sie in diesen Kämpfen mit den Römern zahlen mußten, habe es den ständig von Nordosten her eindringenden Germanen erleichtert, schließlich auch die Stämme des Nordwestblocks vollständig zu überwinden und zu germanisieren.

Wir können ziemlich sicher sein, daß die Vorgeschichtsforschung die einmal aufgenommene Spur weiterverfolgen und viel-

H
M
Qu
Sueben
58 v. Chr.
Teutonen
102 v. Chr.
Kimbern
108 v. Chr.
Kimbern, Teutonen
0 300 600 km

Ausbreitung der Germanen
ca. 500 v. Chr. – 100 n. Chr.
Siedlungsgebiet um 500 v. Chr.
Landgewinn (Überschichtung anderer Völker) bis 100 n. Chr.
Historisch bekannte frühe Wanderzüge germanischer Stämme
H, M, Qu
Hermunduren, Markomannen, Quaden im 1. Jh. n. Chr.

leicht in einigen Jahren klarere Ergebnisse erzielen wird. Begnügen wir uns solange mit der in diesem Buch vertretenen These, wonach in ganz Mitteleuropa *vor* dem Ausgreifen der Kelten und Germanen (und der Slawen in den ersten Jahrhunderten des Mittelalters) eine bodenständige Bevölkerung mit einer indoeuropäischen, hier «Mitteleuropäisch» genannten Sprache gelebt haben muß, die keineswegs ausgerottet, sondern im Laufe einer langen Entwicklung überschichtet wurde. Das heißt, die Menschen mußten die Sprache ihrer neuen Herrenvölker lernen und sich ihrer Kultur und Gesellschaftsordnung anpassen. Sicherlich haben sie sich auch blutsmäßig miteinander gemischt, wenn auch das Nebeneinanderher-Existieren zweier sprachlich und kulturell unterschiedlicher Bevölkerungsgruppen viel länger gedauert haben muß, als die Vorgeschichts- und Geschichtsforschung das zugeben will. In vielen Gegenden Deutschlands vollzog sich eine solche Überschichtung sogar mehrmals im Laufe von zweieinhalb Jahrtausenden! Wenn man diese vielen Blut-, Sprach- und Kulturströme in Betracht zieht, die sich hier in den Vorfahren derer mischten, die später zu Deutschen wurden, dann versteht man vielleicht die skeptische Frage, ob wir Deutschen wirklich so eindeutig die Nachfahren der Germanen sind, wie man das bisher stets angenommen hat.

«Den römischen Namen mit gotischer Kraft erneuern!»

Januar 414 n. Chr., Narbonne/Südfrankreich

Bedeutungsvoll blickte Athaulf die junge Frau zu seiner Rechten an, als er ihr die Hand reichte. Nach der Trauzeremonie in altrömischer Form war von diesem Augenblick an Galla Placidia, die Tochter des verstorbenen Kaisers Theodosius und Schwester der beiden jetzigen Herrscher des Römischen Weltreiches, die rechtmäßige Ehegattin des Königs der Visigoten. Ein lang gehegter Traum König Athaulfs ging damit in Erfüllung. Auch Prinzessin Placidia war bewegt. Sie hatte diesen stattlichen blonden Barbarenherrscher neben ihr achten- und liebengelernt, obwohl sie so lange gewissermaßen seine Gefangene gewesen war. An jenem unseligen Tag vor über drei Jahren war sie als Geisel in die Hand Alarichs, des Königs der Visigoten, geraten, als Rom – das Herz und der Mittelpunkt des Weltreichs, wenn auch längst nicht mehr Hauptstadt – zum erstenmal seit fast achthundert Jahren von Barbaren erobert worden war. Doch Athaulf, der seinem bald darauf verstorbenen Schwager Alarich als Herrscher seines Volkes nachgefolgt war, hatte es nie an Achtung und Rücksicht auf die Kaisertochter fehlen lassen. Auch jetzt, bei der Eheschließung, hatte er sie auf die rechte Ehrenseite placiert, wie um anzudeuten, daß sie, die Frau aus kaiserlichem Geschlecht, im Rang immer noch höher stünde als der König eines nichtrömischen Volkes.

Hochrufe der zahlreichen Zeugen der Eheschließung ertönten in lateinischer und gotischer Sprache. Das buntgemischte Publikum, das sich da in der von den Visigoten kurzerhand beschlagnahmten prunkvollen Stadtvilla des reichen Handelsherrn Ingenius in Narbo in Südgallien versammelt hatte, brachte dem hohen Paar seine Glückwünsche dar. Und nun trat der römische Senator Attalus vor und deklamierte schwungvoll eine lange selbstgedichtete Würdigung auf die beiden Gatten. Attalus war immerhin ein paar Monate Kaiser des römischen Imperiums gewesen, wenn auch nur von Gnaden des gotischen Königs Alarich, und er hatte seine ohnehin von keinem Reichsteil anerkannte Würde rasch wieder niedergelegt, richtiger gesagt, er hatte es auf «dringende Empfehlung» des Alarich getan.

Des Attalus weitschweifige Art der Lobeshymnen konnte Athaulfs Geist nicht fesseln. Er mußte vielmehr an den weiten Weg denken, den sein Volk bis hierher zurückgelegt hatte. Von einer Insel im Nordmeer namens Scandinavia war es einst, wie uralte Sagen berichteten, mit drei Schiffen nach Süden gefahren und hatte sich neues Ackerland an der Vistula (Weichsel) gewonnen. Später hatte sich das groß gewordene Volk der Goten immer weiter nach Süden ausgebreitet und die ganze riesige Weite des Landes bis zum Meer beherrscht, das die Griechen Pontos Euxeinos (Schwarzes Meer) nannten. So ausgedehnt war das Land, daß die Goten allmählich die Verbindung untereinander verloren und zwei Völker daraus entstanden: die Austrogoten, die man auch Greutungen nannte und die sich zu Herrschern der Steppenbewohner vom Tanais (Don) bis zum Tyras (Dnjestr) gemacht hatten, und sein, des Athaulf eigenes Volk der Visigoten, auch als Terwingen bekannt, die sich zwischen Tyras und Danuvius (Donau, also im heutigen Rumänien) niedergelassen hatten.

Dann war die Zeit gekommen, die schon fast vierzig Jahre zurücklag, aber dennoch in den Erzählungen der Alten lebendig gehalten wurde, weil seitdem sein Volk nicht mehr zur Ruhe und aus dem ewigen Treck mit Ochsenwagen und allem Hab und Gut herausgekommen war. An einem bitterkalten Wintertag hatten damals Tausende wilder struppiger Reiter den zugefrorenen Don überschritten und in ihrem Ritt nach Westen nicht eher innegehalten, als bis sie sich die Steppen und die fruchtbaren Weiden des ganzen Gotenlandes angeeignet hatten. Die meisten der Visigoten waren nach Süden über den Danuvius ins Gebiet des Römischen Reiches geflohen, die meisten der Austrogoten hatten sich den fremden Reitern – Hunnen hießen sie – unterworfen und leisteten ihnen Heeresfolge, soweit sie nicht vorher von deren Pfeilen getroffen oder erschlagen worden waren.

Aus seiner eigenen Kindheit konnte sich Athaulf noch daran erinnern, wie seine Eltern, die der edelsten Sippe der Visigoten, den Balthen, entstammten, mit ihrem Volk durch Griechenland zogen und die dortigen Städte plünderten. Später, unter König Alarich, seinem Schwager, waren die Trecks wieder nach Norden und schließlich in die Halbinsel Italien, das Herzland des Römischen Reiches, gezogen. Mal kämpften die Visigoten als Verbündete der Römer gegen die überall auf der Balkanhalbinsel plündernden Gepiden, Sarmaten oder Hunnen, mal *gegen* Rom, wenn dessen Herrscher es gerade wieder eingefallen war, den Visigoten die versprochenen Hilfsgelder oder Lebensmittel zu versagen. Bei der Eroberung und Plünderung Roms vor drei Jahren hatten die Visigoten reiche Beute gemacht, aber das erhoffte fruchtbare Ackerland hatten sie in Italien nicht gefunden. Erst hier im südlichen Gallien, wohin Athaulf sein Volk nach dem Tod des Alarich geführt hatte, konnte man hoffen, sich für länger niederzulassen.

Athaulf hatte sein ganzes Leben zwar im Kreis seines stolzen Volkes, aber auch innerhalb der Grenzen des Römischen Reiches verbracht. Neben seiner Muttersprache Gotisch beherrschte er auch fließend Latein. Er wußte als kluger Mann, der seine Augen offengehalten hatte: dieses Reich war todkrank, zerrissen von zahllosen inneren Auseinandersetzungen, wirtschaftlich zugrundegerichtet, an allen Seiten von äußeren Feinden bedrängt, die ein Stück nach dem anderen der Herrschaft des schwächlichen kaiserlichen Bruderpaares Honorius in Ravenna und Arcadius in Byzanz entrissen. Vor wenigen Jahren erst waren hier in Narbo die Scharen der Vandalen und Alanen auf dem Wege nach Hispanien durchgezogen, wo ihre Könige jetzt die Steuern der ohnmächtigen Einwohner in Empfang nahmen und sich in keiner Weise um die Proteste der römischen Statthalter scherten.

Wäre es nicht auch für die Visigoten an der Zeit, nicht mehr mit den Römern zu verhandeln mit dem Ziel, als deren Foederaten (Verbündete) *für* sie zu kämpfen, sondern ihre bestechlichen Beamten, ihre blutsaugerischen Steuereinnehmer und ihre ausbeuterischen Großgrundbesitzer zu erschlagen und eine Herrschaft der Visigoten aus eigenem Recht zu errichten? Doch Athaulf wußte im gleichen Moment, als ihm dieser Gedanke durch den Kopf ging, daß das sinnlos war. Dazu waren seine noch immer rohen, ungezügelten Goten nicht in der Lage. Die Menschen, die das Römische Reich heutzutage trugen, mochten in ihrer Mehrzahl unfähig und schlecht sein, aber die Gesetze, die Rechtsordnung, die frühere Generationen zur Aufrechterhaltung des Friedens im Reich geschaffen hatten, waren es nicht.

Als Attalus seine lange Lobeshymne beendet hatte, winkte König Athaulf Schweigen. Er war entschlossen, hier vor den Anführern seines Volkes und den vornehmen Römern, die halb neugierig, halb furchtsam als Gäste der Vermählung beiwohnten, sein Programm zu verkünden, ein Programm, für das eben diese Hochzeit zwischen dem Visigoten-König und der kaiserlichen Prinzessin das beste Symbol war. «Edle Krieger der Visigoten, römische Bürger!» begann Athaulf in Gotisch, um seine Worte gleich anschließend selbst ins Lateinische zu übersetzen.

«Ihr wißt, was wir Visigoten zusammen erlebt haben, seit jenem Unheilstag vor vierzig Jahren, als die Hunnen uns aus unserem friedlichen Dasein aufstörten. Wir alle wissen, wie wir, die wir hilfeflehend ins Römische Reich fliehen mußten, von den Römern behandelt worden sind, als Barbaren und Menschen, denen man einen heiligen, bei Gott und unserem Herrn Jesus Christus beschworenen Vertrag nicht zu halten braucht. Wie ihr habe ich meinen Zorn auf die Römer in meinem Herzen genährt. Anfangs habe ich brennend gewünscht, sogar den Namen der Römer auszutilgen und das römische Reich in ein gotisches zu verwandeln. Aber lange Erfahrung hat mich gelehrt, daß die zügellose Wildheit von uns Goten unvereinbar mit den Gesetzen ist. Doch ohne Gesetz gibt es keinen Staat. Ich habe mich also entschlossen, nach dem Ruhm zu trachten, durch die gotische Kraft die Fülle des römischen Namens zu erneuern und zu mehren. Ich hoffe, der Nachwelt dereinst als Roms Erneuerer zu gelten, da ich es unmöglich verdrängen kann!»

Ablösung im «Staffellauf» der indoeuropäischen Völker

Die Hochzeit und die Rede des Visigotenkönigs Athaulf sind historisch. (Wir nennen sein Volk üblicherweise nicht ganz korrekt «Westgoten»; das gotische Wort «visu» bedeutet «gut» und hat nichts mit der Himmelsrichtung zu tun.) Ingenius, der Eigentümer der beschlagnahmten Villa in Narbo (Narbonne), der als geduldeter Gast in seinem eigenen Hause die Hochzeit des christlich-arianischen Athaulf mit der katholischen Kaisertochter Galla Placidia miterlebt hatte, begab sich offenbar kurz danach zu seiner Sicherheit in eine ruhigere Gegend des Römischen Reiches, nach Jerusalem, wo er ebenfalls eine prächtig ausgestattete Villa besaß. Dort traf er den Kirchenlehrer Hieronymus, der die Rede Athaulfs in seinen Schriften der Nachwelt überliefert hat.

Allerdings konnte König Athaulf sein ehrgeiziges Programm nicht einmal beginnen. Er erlebte zwar noch die Geburt seines Sohnes, doch starb dieser im zartesten Alter, von den Eltern aufrichtig betrauert. Kurz darauf, 415 n. Chr., wurde Athaulf von einem als Bluträcher auftretenden Goten ermordet. Seine Witwe gelangte nach abenteuerlichen Schicksalen wieder an den kaiserlichen Hof in

Ravenna zu ihrem Bruder Honorius und heiratete dort – offenbar mehr gezwungen als voller Liebe – den kaiserlichen General Konstantius. Auch dieser starb bald, doch beider Sohn Valentinian wurde nach dem Tode des Honorius 423 n. Chr. als fünfjähriges Kind Kaiser der Westhälfte des nun dauernd getrennten Römischen Reiches. Placidia, die eine sehr kluge und willensstarke Frau gewesen sein muß – hierin eine bessere Erbin ihres Vaters Theodosius des Großen als ihre beiden unfähigen Brüder –, führte jahrelang die Regentschaft und blieb bis zu ihrem Tod mit 61 Jahren (450 n. Chr.) eine der bestimmenden Figuren jenes chaotischen Jahrhunderts.

Die Westgoten fanden so schnell noch keine Ruhe: Nach dem Tode Athaulfs ließen sie sich wieder einmal von Westrom als «Kanonenfutter» anheuern. Sie sollten Vandalen, Alanen und Sueben aus Spanien vertreiben, die sich kurz zuvor dort festgesetzt hatten (vgl. 15. Kapitel, Der weite Weg der Alanen). Zum Teil gelang ihnen das auch: Die Vandalen und Alanen mußten nach Nordafrika flüchten – aber dort brachten die beiden verbündeten Völker aus so unterschiedlicher indoeuropäischer Wurzel es fertig, unter Führung vandalischer Könige in Tunesien, der damaligen blühenden römischen Provinz Africa, für über hundert Jahre ein von Rom unabhängiges Staatswesen zu errichten. Die Westgoten gewannen bei diesem Unternehmen zu Südfrankreich auch Südspanien dazu (sogenanntes Tolosanisches Reich, 419–509 n. Chr.). Doch eine mörderische Schlacht mit den Franken im Jahr 509 entriß den Westgoten den größten Teil ihrer Herrschaft in Gallien. In Spanien mit der neuen Hauptstadt Toledo behaupteten sie sich bis 711 – bis ein neues unverbrauchtes Kriegervolk, diesmal aus Südosten gekommen, das Königreich beseitigte: die Araber. Doch das alles gehört nicht mehr in unser der *Vor*geschichte gewidmetes Buch.

In den vorhergegangenen Zeilen und auch in der Episode von der gotisch-römischen Hochzeit tauchen eine Reihe von neuen Völkernamen auf. Die meisten sind Namen von Gruppierungen mit germanischer Sprache und Kultur: Westgoten, Gepiden, Vandalen, Sueben, Franken. Das liegt nicht allein daran, daß dieses Kapitel die Germanen behandelt, sondern diese Völker waren damals tatsächlich im Römischen Reich gewissermaßen allgegenwärtig. Von den übrigen germanischen Völkern jener Epoche sollen hier wenigstens die wichtigsten Namen genannt werden: Ostgoten, Alemannen, Sachsen, Angeln, Burgunder, Langobarden. Es würde den Rahmen dieses Buches sprengen, auch nur in kürzesten Umrissen von all ihren Schicksalen zu berichten, zumal darüber auch genügend in der von römischen und griechischen Schriftstellern *geschriebenen* Geschichte nachzulesen ist.

In historischen Nachschlagewerken wird die sogenannte «Völkerwanderung» allgemein durch die Jahreszahlen 375 und 568 n. Chr. eingegrenzt: vom Einfall der Hunnen in Europa bis zur Besetzung Oberitaliens durch die Langobarden. Wir haben in diesem Buch so viele vorgeschichtliche Völkerwanderungen an unserem geistigen Auge vorbeiziehen lassen, daß wir diese Epoche korrekterweise mit dem Zusatz «*germanische* Völkerwanderung» versehen müssen. Aber auch dann gibt der Begriff einen falschen Eindruck. Denn die germanischen Völker waren keineswegs erst von 375 an in Bewegung. Schon zu Beginn dieses Kapitels, bei der Schilderung der frühesten germanischen Kultur in Südskandinavien, wurden Wanderzüge erwähnt. Fünfhundert Jahre später, im ersten nachchristlichen Jahrhundert, waren schon ganz Nord- und Mitteldeutschland, das heutige Polen, die Tschechoslowakei und Teile Südrußlands in germanischer Hand, das heißt, Germanen hatten die Herrschaft über die dort lebenden anderssprachigen Bewohner errungen.

In der folgenden Zeit stieg der Druck, der gleichsam im Kessel des germanischen Lebensraumes herrschte, immer mehr an. Die Stämme waren auf der Suche nach zusagendem Siedelland. Doch sie waren so beweglich geworden, daß eine Mißernte, aber auch nur die Nachricht von noch besserem Land einige hundert Kilometer weiter oder bloß die Lust, die reichen Städte im benachbarten Römischen Reich zu plündern, sie dazu veranlassen konnte, ihre Frauen und Kinder und ihre geringe bewegliche Habe auf Ochsenwagen zu laden und als riesiger Treck weiterzuziehen. Wenn dieser Treck dann im Gebiet eines benachbarten – meist ebenfalls germanischen – Volkes erschien, entschied das Kriegsglück, ob die Angreifer zurückgeschlagen oder in eine andere Richtung gelenkt wurden oder ob nun auch das angegriffene Volk fliehen und seinerseits neues Land suchen mußte.

Die Jahrhunderte des Römischen Kaiserreichs waren angefüllt von ständigen Verteidigungsanstrengungen gegen die Vorstöße der Franken, der Alamannen (wohl eine Neugruppierung suebischer Stämme), der Markomannen, der (West-)Goten, die die Rhein- und Donaugrenze, den berühmten «Limes» zu durchbrechen versuchten. Als bewährtes Verteidigungsmittel dienten zunehmend ebenfalls Germanen im römischen Heer. Man hat sie nicht unzutreffend als «Gastarbeiter in Uniform» bezeichnet. Sie haben übrigens normalerweise keineswegs als heimliche Verbündete ihrer germanischen «Volksgenossen» außerhalb der römischen Grenzen gewirkt, sondern tapfer und zuverlässig ihre römischen Auftraggeber verteidigt. Gerade in der Spätzeit des Kaiserreiches haben Feldherren germanischer Abstammung wie der Franke Arbogast und der Vandale Stilicho weit erfolgreicher und entschlossener für die Fortdauer des Römischen Reiches und damit der römischen Zivilisation gekämpft als viele ihrer römischen Konkurrenten. Aber das Römische Weltreich war auch dadurch nicht zu retten. Es war im Laufe der Jahrhunderte zu groß, zu unregierbar geworden. Auch die moralische Qualität seiner politisch verantwortlichen Schicht hatte rapide nachgelassen. Einige starke Kaiserpersönlichkeiten wie Diokletian, Konstantin und Theodosius konnten im 4. Jahrhundert n. Chr. den Verfall für einige Zeit nur aufhalten, aber nicht grundsätzlich wenden.

Im Jahr 375 überrannten dann die Hunnen die Schutzzone, die die germanischen Goten unbewußt für mehrere hundert Jahre an der Nordostgrenze des Römerreiches gebildet hatten. Wir sind den wilden Steppenreitern im 16. Kapitel (Hunnen, Türken und Mongolen, die neuen Reiter aus dem Osten) schon einmal begegnet. Nicht nur, daß sie Goten, Gepiden und andere germanische Völker auf der Flucht vor sich hertrieben und damit in einer Art Billard-Effekt immer neue Germanengruppen in den Strudel immer weitgreifenderer Wanderzüge bis in die äußersten Ecken des Römischen Reiches stießen. Die Hunnen waren auch selbst sehr bald als rücksichtslose Plünderer mitten im Römischen Reich und vermehrten das Chaos. Erst die Niederlage der Hunnen in der berühmten Schlacht auf den Katalaunischen Feldern in Mittelfrankreich 451 n. Chr. – mit germanischen Truppen sowohl auf seiten der Römer wie auf seiten der Hunnen! – beseitigte die Hunnengefahr für Europa.

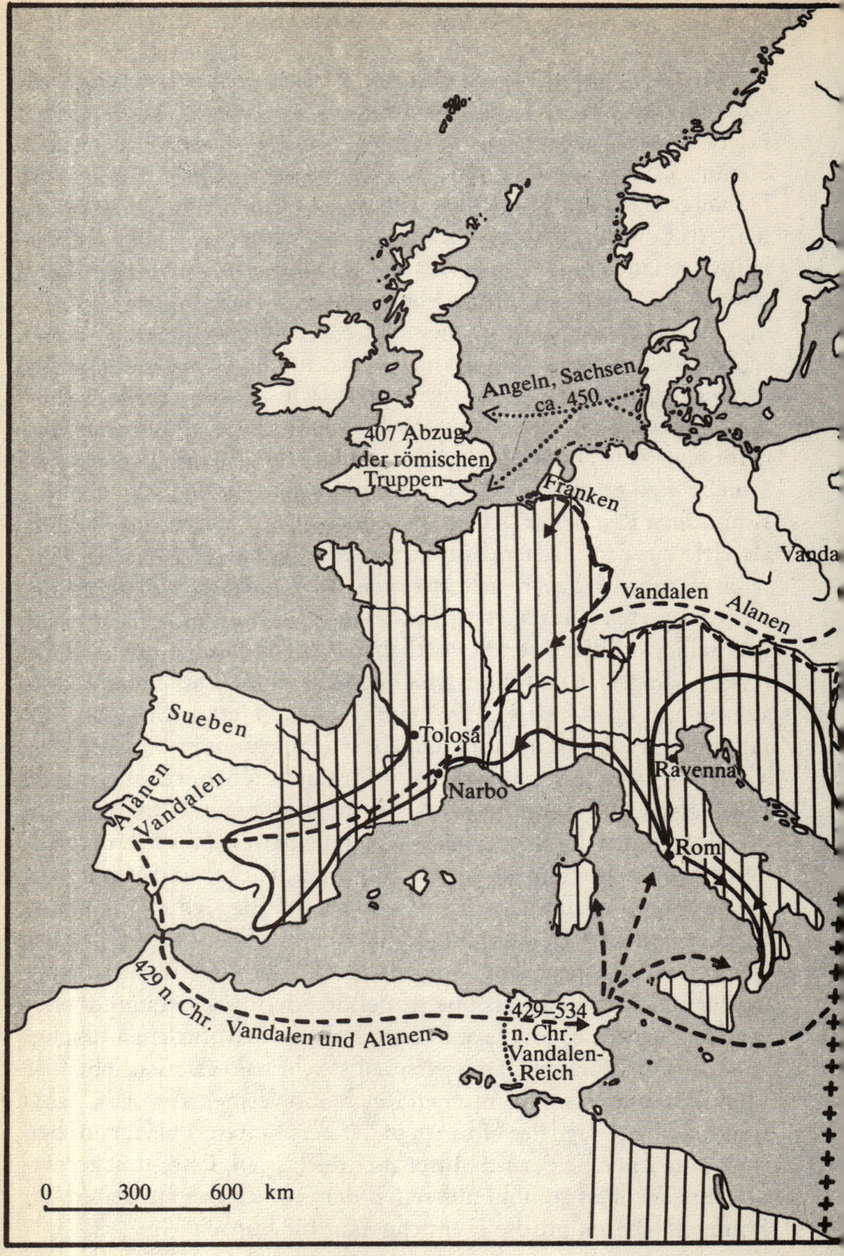
Angeln, Sachsen
ca. 450
407 Abzug
der römischen
Truppen
Franken
Vanda
Vandalen
Alanen
Sueben
Alanen
Vandalen
Tolosa
Narbo
Ravenna
Rom
429 n. Chr. Vandalen und Alanen
429–534
n. Chr.
Vandalen-
Reich
0 300 600 km

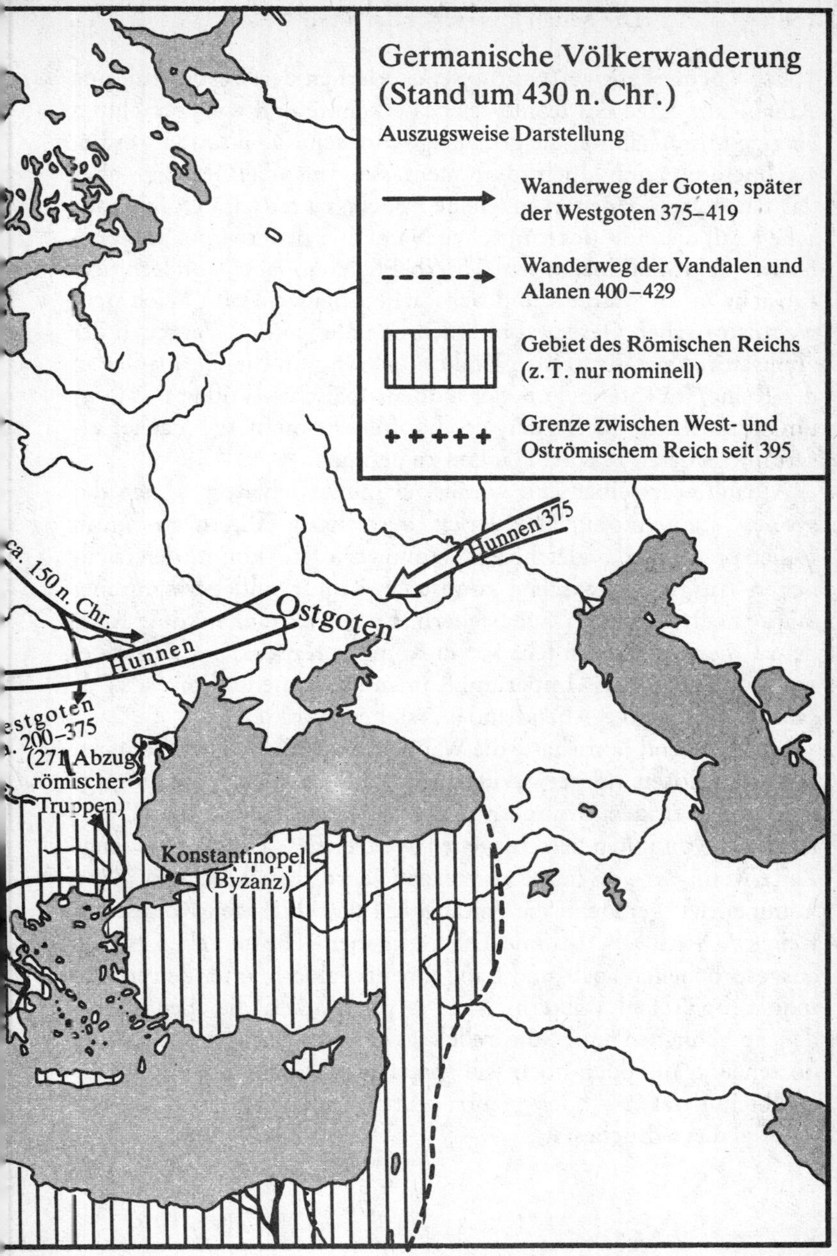

Germanische Völkerwanderung
(Stand um 430 n. Chr.)
Auszugsweise Darstellung
Wanderweg der Goten, später der Westgoten 375–419
Wanderweg der Vandalen und Alanen 400–429
Gebiet des Römischen Reichs (z. T. nur nominell)
Grenze zwischen West- und Oströmischem Reich seit 395
Hunnen 375
ca. 150 n. Chr.
Ostgoten
Hunnen
estgoten
a. 200–375
(271 Abzug römischer Truppen)
Konstantinopel
(Byzanz)

Es ist bemerkenswert, mit welcher Klarheit der Westgotenkönig Athaulf die Lage des Römerreiches erkannte und wie er auch das einzige Mittel nannte, die großartige römische Zivilisation – er bezeichnete sie sinnbildlich zusammenfassend als «das Gesetz» – über das Chaos seiner Zeit in eine neue Epoche zu retten: «Durch gotische Kraft die Fülle des römischen Namens erneuern und mehren.» Es war keine nationalistische Überheblichkeit dabei, sondern tiefe Einsicht in die Stärken und Schwächen beider Teile. Nach dem welthistorischen Gesetz vom Wachsen, Blühen und Vergehen der zivilisatorischen Kraft von Völkern waren nun die Germanen an der Reihe, im «Staffellauf» der indoeuropäischen Völker mit ihrer unverbrauchten Stärke den erschöpften Römern die Fackel als Ordnungsmacht aus den Händen zu nehmen.

Athaulf war seiner Zeit voraus, er mußte scheitern. Auch der große Ostgotenkönig Theoderich, der achtzig Jahre nach ihm in Italien praktisch das gleiche Programm verfolgte, konnte den friedlichen Ausgleich zwischen römischer Kultur und germanischer Stärke noch nicht auf Dauer sichern. Erst dem Frankenkönig Karl, dem Papst Leo III. im Jahr 800 in Rom die Kaiserkrone aufsetzte, war es möglich, das «Imperium Romanum» in neuer Form als Zusammenfassung des Abendlandes erstehen zu lassen.

Über tausend Jahre hatte die Wandlung der Germanen gedauert, von kulturlosen «hinterwäldlerischen» Bauern über landhungrige Räuber bis zu den Gründern neuer Kulturstaaten auf den Trümmern des von ihnen zerschlagenen Weltreiches. Das ist eine lange Zeit: Wenn wir von heute an tausend Jahre zurückrechnen, dann kommen wir gerade in die Anfangszeit des «Heiligen Römischen Reiches *Deutscher* Nation». Die Germanen gehörten eben zu den ausgesprochenen Spät- und Langsamentwicklern unter den frühen indoeuropäischen Völkern. Aber es gab Völker, die ebenfalls zu den sprachlichen und kulturellen Erben der Kurgan-Hirten gehörten und die doch noch viel später ins Rampenlicht der Weltgeschichte traten – oder gezerrt wurden. Von ihnen erzählt der VI. Teil dieses Buches.

VI

Die Nachzügler

500–1500 n. Chr.

23. Kapitel

Ein Riese erwacht

Die Jahrhunderte slawischer Landnahme in Osteuropa

Im Dorf der Severjanen

Um 685 n. Chr., in Nordostbulgarien

Es war zur Zeit der Herbst-Tagundnachtgleiche, und die Ernte war eingebracht. Die Vorratsschuppen waren wohlgefüllt mit Körben frisch gedroschenen Getreides oder getrockneter Erbsen und Bohnen. Kleine Schafe, Schweine und Hühner stöberten zwischen den niedrigen, halb in die Erde eingegrabenen Holzhäusern und Schuppen nach Futter. Am nahen Flußufer hingen die Trockengestelle voller Fische.

Friedlich lag das Dorf am Jantrafluß im Schein der Nachmittagssonne, die bald hinter dem hohen Rand der Uferberge untergehen würde. Hier unten, im Schutz der dichtbewaldeten steilen Hänge, fühlte sich die Rodu (altslawisch: Dorf, Vereinigung mehrerer Großfamilien) sicherer als oben auf der weiten freien Hochfläche zwischen den Donau-Nebenflüssen. Es war ein seit undenklichen Generationen ererbter Instinkt, der die Bauern immer wieder Schutz suchen ließ in versteckten Flußtälern und in der Nähe großer Wälder. Auf der weiten Ebene, der Steppe, wohnten die Feinde, die mit ihren schnellen Pferden und ihrer rücksichtslosen Gewalt entweder alles zerstörten und plünderten, wo sie auftauchten, oder ihren Tribut forderten, damit sie das Bauerndorf für ein Jahr in Ruhe ließen.

Vor einigen Tagen war ein reitender Bote vom Chan der Bulgaren gekommen, daß heute eine bulgarische Abordnung im Dorf erscheinen werde. Und wirklich ritt ein Trupp mit Pfeil und Bogen, krummen Säbeln und Lanzen bewaffneter Männer gerade den steilen Zickzackweg von der Hochfläche zum Flußufer hinab. Mojmir und Slavnik, die Gospodare (Oberhäupter) der beiden Zadrugen (Großfamilien), die gemeinsam das Dorf bewohnten, beeilten sich, die Gäste zu empfangen. Deren Anführer stieg als erster vom Pferd. Es war Terbel persönlich, der Sohn des Bulgaren-Chans Isperich. Er zählte erst siebzehn Sommer, und sein Schnurrbärtchen im flachen Gesicht mit den kleinen, eng zusammenstehenden schmalen Augen mußte noch etwas wachsen, um mit der traditionellen Zier eines bulgarischen Kriegers konkurrieren zu können. Dennoch hatte Terbel das herrische und bestimmte Gehabe eines der großen Boljaren (Adligen), der über disziplinierte Bagainen (Krieger) und willenlose Knechte gebot.

Mit weit ausholender Handbewegung nahm Terbel das Trinkhorn voll Medo (altslawisch: alkoholisches Getränk aus Honig, vgl. indoeuropäisch «medhu», germanisch «Met») entgegen, das ihm Slavnik als Willkommensgruß entgegenhielt: «Trink, Brüderchen, und sei unser Gast!» Wenn schon die Plemje (Stamm) der Severjanen, zu der das Dorf an der Jantra gehörte, einen förmlichen Freundschaftsvertrag – in Wahrheit einen Unterwerfungsvertrag – mit dem kriegerischen Volk der Bulgaren geschlossen hatte, dann mußte man das Beste daraus machen und das Wohlwollen der neuen Herren erhalten. Zwar waren die sieben verbündeten Stämme der Slawen südlich der Donau weitaus kopfstärker als die erst kürzlich ins Land eingefallenen bulgarischen Reiter. Aber diese waren nun einmal den slawischen Bauern an kriegerischer Entschlossenheit und Disziplin weit überlegen. Und da es immer wieder galt, den Versuchen des Kaisers in Konstantinopel zu widerstehen, das Land zurückzuerobern, taten sich besser beide Einwanderervölker, Slawen und Bulgaren, zusammen.

Die heutigen Einwohner des Dorfes an der Jantra waren alle schon im Dorf geboren, aber erst vor etwa fünfzig Sommern hatten sich die Zadrugen dort niedergelassen. Sie waren von vorübergehenden Wohnsitzen nördlich der Donau gekommen. Dorfsagen wußten zu berichten, daß vor fünf, sechs Generationen ihre Sippen aus einem Waldland weit im Norden, am Fluß Dnjepr, aufgebrochen waren, um neues Siedlungsland zu suchen, zu einer Zeit, als die Winter besonders kalt, die Sommer naß und kühl und die Kinderzahl dennoch besonders hoch war.

Slavnik, Mojmir und ihre erwachsenen Söhne, die sich um die «Freundschaftsabordnung» der Bulgaren als Drushina (Ratsversammlung des Dorfes) versammelt hatten, boten äußerlich ein ganz anderes Bild als die bulgarischen Reiter. Sie waren kräftig gebaute Männer mit ovalem Gesicht, gerader Nase, bräunlich-blondem Haar, blauen Augen und gepflegten Vollbärten. Zu ihren weiten Leinenhosen trugen sie buntbestickte, über die Hosen hängende Hemden und bis zum Knie geschnürte Opanken (genähte Lederstücke als Schuhe). Ernst und würdevoll geleiteten sie ihre Gäste zum Platz des Ratsfeuers zwischen den Hütten. Zwei junge Frauen in buntbestickten weiten Röcken brachten einen großen flachen Brotfladen und ein Schüsselchen mit Salz. Slavnik brach das Brot in Stücke, tauchte sie in das Salz und reichte sie dem Bulgarenfürsten und seiner Begleitung als Zeichen der Erneuerung der Gastfreundschaft, ehe man sich zum üblichen Gelage mit reichlich Medo um das Feuer niederließ. Scheu und stumm umstanden die weniger privilegierten Einwohner des Dorfes, Frauen, Kinder und Knechte aus verschiedenen fremden Völkern, etwa sechzig an der Zahl, den Schauplatz.

Erst am nächsten Morgen, als Gäste und Gastgeber ihren Rausch ausgeschlafen hatten, konnte man zum eigentlichen Zweck des Besuches kommen, zum Aushandeln der Jahressteuer. Die verschiedenen Sprachen der Bulgaren und der Slawen waren bei der lebhaften Unterhaltung natürlich hinderlich. Aber Terbel und seine älteren Berater konnten sich, wenn auch gebrochen, in slawischer Sprache verständlich machen, und wenn die Bauern gar zu begriffsstutzig waren, wieviel an Fellen und gesammeltem Honig sie abzuliefern hatten, genügte ein beziehungsreicher Blick auf die Säbel der Bulgaren, um deren Wünsche klarzumachen.

Wie üblich versuchten Slavnik und Mojmir der «Steuerkommission» klarzumachen, daß die Jahreserträge des Dorfes keineswegs so groß seien, wie es den Anschein habe. Immerhin konnte es keinen Streit darüber geben, welche Kleinfamilie welchen Teil ihrer Vorräte abzugeben habe, denn alle Ernteerträge gehörten den Zadrugen gemeinsam, ebenso wie der bebaute Grund und Boden. Erst am Abend standen die genauen Abgabemengen des Dorfes an Getreide, Gemüsen, Hühnern, Schafen und Rindern fest, und Frauen und Knechte stellten die Körbe, Töpfe und Ballen bereit, die eine Gruppe von Knechten aus dem Dorf am nächsten Morgen unter Bewachung der Bulgaren nach Pleska, ihrem umwallten Standlager und Wohnsitz des Chans Isperich, fünf Tagereisen entfernt, bringen sollte.

Da geschah etwas Unerhörtes. Einer der Knechte, ein dunkelhaariger feister Kerl, trat an das Ratsfeuer und wagte es, den Boljaren Terbel anzusprechen, in einem wirren Sprachgemisch aus Slawisch, Griechisch und Lateinisch. Er sei ein Romäer, ein freier Bürger des Römischen Reiches, und sei widerrechtlich auf dem Boden des Reiches von den Dorfbewohnern eingefangen und zum Sklaven gemacht worden. Er verlange, sofort freigelassen zu werden. Terbel ließ ihn ausreden, um zu verstehen, was er vorbrachte. Dann aber erwiderte er scharf: «Ein Bürger des Römischen Reiches magst du gewesen sein, aber das gilt hier nichts. Hier ist das Land der freien Bulgaren, das dem Kaiser in Konstantinopel keinen Gehorsam schuldet. Und da du in der Gewalt der Angehörigen des freien Stammes der Severjanen bist, hast du ihnen zu gehorchen. Bulgaren und Severjanen sind verbündet, aber jedes Volk lebt nach seinen eigenen Gebräuchen – und dabei soll es auch bleiben!»

Die Bildung der südslawischen Völker

In der vielbändigen amtlichen sowjetischen «Weltgeschichte» (1963 in Ostberlin ins Deutsche übersetzt) wird der Anteil der turktatarischen (oder finnisch-ugrischen?) Bulgaren an der Bildung des heutigen, slawisch sprechenden bulgarischen Volkes im frühen Mittelalter nur sehr obenhin erwähnt und die angebliche kulturelle Überlegenheit der eingewanderten slawischen Stämme hervorgehoben – ein klassisches Beispiel für marxistisch-parteiliche, in diesem Fall panslawistisch-nationalistische Geschichtsdarstellung. Doch ehe wir noch einmal auf das wirkliche Entstehen des bulgarischen Volkes – wie es in der vorigen Episode angedeutet wurde – und anderer südslawischer Völker eingehen, müssen wir einen Blick zurück auf zweitausend Jahre slawischer Vorgeschichte werfen.

Die Sprachforscher und Historiker sind sich einig, daß die Vorfahren der heute slawisch sprechenden Völker vor etwa 1500 Jahren noch eine weitgehend einheitliche Sprache von unbestreitbar indoeuropäischer Verwandtschaft verwendeten und daß sie in der Zeit zwischen 400 und 800 n. Chr. aus einem engbegrenzten Gebiet in alle Himmelsrichtungen ausschwärmten. Dieses Ursprungsgebiet der Slawen wird – wenn man der Mehrheit der heutigen Vorgeschichtsforscher folgt – grob gesagt von den Nordkarpaten, dem Pripjetfluß und dem mittleren Dnjepr begrenzt, umfaßt also etwa die heutige Westukraine in der Sowjetunion. Bereits im 18. Kapitel (Die umstrittene «Lausitzer Kultur», S. 406f) wurden die Versuche polnischer (und sowjetischer) Wissenschaftler erwähnt, nachzuweisen, daß auch die «Lausitzer Kultur» der Bronze- und frühen Eisenzeit in Nordostdeutschland und Polen ein direkter Vorfahre der Slawen sei. Doch sind die meisten Fachleute in der übrigen Welt mit guten Gründen nicht bereit, dieser These zuzustimmen.

Das erste Wohngebiet der späteren Slawen war der Landstrich, durch den ein Teil der frühen Kurgan-Hirten auf ihrer Flucht vor der Trockenheit zur Zeit ihrer ersten «Explosion» um 2500–2200 v. Chr. hindurchziehen mußte (vgl. 1. Kapitel, S. 20ff). Man darf sich wohl vorstellen, daß die späteren Slawen die Nachkommen jener Kurgan-Gruppen waren, die dort gewissermaßen auf halbem Wege zurückgeblieben und seßhaft geworden waren. Aus dieser geographischen Lage läßt sich auch die Stellung der slawischen (Ur-)Sprache erklären, die nach zahlreichen linguistischen Kennzeichen auf der Grenze zwischen dem westlichen «alteuropäischen» und dem östlichen «indoarischen» Zweig der indoeuropäischen Sprachgruppe steht. Dort, in der Westukraine, gab es riesige Laubmischwälder und Sümpfe, die Schutz vor den Angriffen der wilden iranischen und später innerasiatischen Reiterkrieger aus der Steppe boten. Aber diese lockeren Wälder erlaubten zugleich kleinen Viehherden ausreichende Weide, der leichte Waldboden setzte den zerbrechlichen Holzpflügen der frühen Bauern keinen großen

Widerstand entgegen, und die zahlreichen Flüsse lieferten reiche Nahrung an Fischen. So konnten sich die Menschen, die sich dort niedergelassen hatten, zweitausend Jahre lang ungestört von den Völkerstürmen im übrigen Eurasien entwickeln: schlicht und reichlich «hinterwäldlerisch», ohne Anzeichen einer höheren Kultur, aber von ungeheurer Zähigkeit und prägender Kraft, die sich später bei ihrem plötzlichen Ausbruch aus dem «Gefängnis» der Ursitze erweisen sollte.

Schriftliche, also historische Nachrichten über die Slawen setzen eigentlich erst im 6. Jahrhundert n. Chr. ein, nach dem Zusammenbruch des Weströmischen Reiches infolge der Erschütterungen der germanischen Völkerwanderung. Die Römer und Griechen des Altertums hatten so gut wie keine Berührung mit den Slawen. Deren Nachbarn – Germanen, Illyrer, Daker, Skythen, später die Goten und schließlich die Hunnen in Südrußland – schirmten die Frühslawen von jedem direkten Kontakt mit den ersten abendländischen Hochkulturen ab. Die einander ablösenden Herren der Steppe im Südosten – Kimmerier und Skythen, Sarmaten, Goten und Hunnen – dürften die nördlich angrenzenden Slawen zu Lebensmittellieferungen gezwungen, aber kaum ernsthaft unterworfen haben. Dazu war deren Lebensraum von dem ihren zu verschieden.

Im Jahrhundert zwischen 450 und 550 n. Chr. war erstmalig seit über tausend Jahren der Sperriegel mächtiger fremder Völker im Süden und Westen der Slawen unterbrochen: das Hunnenreich hatte sich nach Attilas Tod 453 n. Chr. sehr rasch aufgelöst, und die Germanenvölker, die große Teile Osteuropas seit Jahrhunderten besetzt gehalten hatten, waren im Verlauf des Hunnensturms nach West- und Südeuropa abgezogen. Dieses Vakuum nützten die slawischen Stämme offenbar aus, sich aus der immer spürbarer werdenden Enge ihres bisherigen Lebensraums zu befreien. Ein sehr starker Geburtenüberschuß scheint damals mit einer der periodischen Nässe- und Kältezeiten in Osteuropa einhergegangen zu sein – Gründe genug zur «Explosion» eines weiteren indoeuropäischen Volkes, wie sie uns in diesem Buch schon oft begegnet ist.

Der gemeinsame Name «Slawen» für die vielen einzelnen Stämme, der von griechisch und lateinisch schreibenden Schriftstellern jener Zeit übereinstimmend überliefert wurde, scheint von dem urslawischen Wort «slowo» abzustammen, das eben «Wort» bedeutet: Ein Hinweis, daß sich alle Stämme mit gleicher Sprache doch als irgendwie zusammengehörig betrachteten, obwohl es bis zur Gegenwart nie eine *politische* Einheit unter den Slawen gegeben hat.

Aber nicht nur die Sprache hatten die frühen Slawen gemeinsam, sondern auch manche anderen Eigenarten im Bereich ihrer Gesellschaftsordnung, Eigenarten, die sie besonders eng mit den einstigen Kurgan-Hirten zwei- oder dreitausend Jahre zuvor verbanden. Einzelne Teile slawischer Völker, vor allem unter den Südslawen und den Russen, haben diese Eigenarten noch bis in das 19. und 20. Jahrhundert hinein bewahrt, was ein bezeichnendes Licht auf das zähe Beharrungsvermögen dieser Völkergruppe wirft.

Dazu zählt vor allem die Gliederung in Großfamilien (südslawisch: Zadruga) mit gemeinschaftlichem Besitz an Land, Vieh und Ernteertrag. Die Kleinfamilien der verheirateten Söhne – sie lebten in den slawischen Dörfern meist für sich in kleinen, halb in die Erde gegrabenen Einraumholzhütten mit einem gemauerten Herd – gehörten zur Zadruga ihres Sippenältesten, also des Vaters oder Großvaters, arbeiteten für den gemeinsamen Lebensunterhalt der Großfamilie und waren dem Richterspruch ihres Gospodars (Anführers der Zadruga) in allen Lebensfragen unterworfen. Mehrere Großfamilien – oft mit gemeinsamen Ahnen – siedelten gemeinsam in einem Dorf (Rodu); die Frauen holte man sich aus einem anderen Dorf des gleichen Stammes (Plemje). Größere Einheiten als die vielen kleinen Stämme – ihre Vorsteher hießen Zupan – gab es in der Frühzeit nicht. Diese Zupane, wie auch die Anführer der kleineren Einheiten, herrschten nicht unumschränkt, sondern waren an die Meinung und die Zustimmung jeweils eines Rates der Ältesten gebunden – auch hier das Abbild der Zustände in Kurgan-Zeiten.

Kaum daß im späten 5. Jahrhundert n. Chr. die Bedrohung Konstantinopels durch die Hunnen und Germanen nachgelassen hatte, mußten die byzantinischen Geschichtsschreiber schon wieder den Einfall neuer schrecklicher Feinde vom Norden her über die Donaugrenze verzeichnen. Sie wurden Anten und Sclavinen (Slawen) genannt und zogen in plündernden Schwärmen durch Moesien, Thrakien (das heutige Bulgarien) bis in den Peloponnes. Was zunächst nur gelegentliche Überfälle mit anschließendem Rückzug waren, ging bald in planmäßige Ansiedlung starker Slawengruppen beiderseits der unteren Donau (im heutigen Rumänien und Bulgarien) über.

Nicht lange darauf mischten auch wieder neue Reiterkrieger aus Innerasien im europäischen Wirrwarr des frühen Mittelalters mit. Sie nannten sich Awaren und waren aus Ostasien zu ihrem langen Treck aufgebrochen. In der Mitte des 6. Jahrhunderts n. Chr. hatten sie das südrussisch-ungarische Steppengebiet erreicht und bedrohten sofort als Nachfolger der Hunnen Westeuropa und das Oströmische Reich auf dem Balkan und in Kleinasien. Die Awaren gehörten zu den Turktataren (vgl. 16. Kapitel, Hunnen, Türken und Mongolen, die neuen Reiter aus dem Osten, S. 355ff). Für zwei Jahrhunderte waren sie kampfkräftige Gegner des inzwischen in Westeuropa aufstrebenden Frankenreichs unter den Merowinger-Königen und Ostroms. Auch über die in die Balkanhalbinsel eingesickerten Slawen übten die Awaren im 6. und 7. Jahrhundert eine lockere Oberherrschaft aus, lieferten sich mit ihnen heftige Schlachten oder verbündeten sich mit ihnen, wenn es gegen den gemeinsamen Feind, den Kaiser in Konstantinopel, ging.

Auch andere, eher verwandte Völkerschaften mußten sich dem Willen der Awaren beugen, solange diese noch auf dem Höhepunkt ihrer Macht standen. Dazu gehörten die Bulgaren mit – im 6. bis zum 7. Jahrhundert – Wohnsitzen an der unteren Wolga. Von Völkerkundlern werden sie abwechselnd der großen finnisch-ugrischen Völkerfamilie zugerechnet, als Abkömmlinge der Hunnen oder auch als Verwandte frühtürkisch-tatarischer Völker bezeichnet. (Zu den Finno-Ugriern gehören heute als deren bekannteste *sprachliche* Abkömmlinge die Finnen und die Ungarn als nahezu einzige Vertreter nichtindoeuropäischer Sprachen in Europa.) Möglicherweise waren in jener frühen Zeit alle diese Völkerschaften tatsächlich enger miteinander verwandt, als uns das heute scheint. Gerade begann die Macht der Awaren über die Bulgaren allmählich abzunehmen, da gerieten die Bulgaren schon wieder unter den Druck weiterer turktatarischer Neuankömmlinge aus dem Osten. Für den Nichtfachmann ist es schon fast langweilig und verwirrend, immer neue Namen wilder, herrischer Reitervölker zu hören, die in jenen Jahrhunderten aus der innerasiatischen Steppe nach Westen drängten und dadurch ununterbrochen Völkerverschiebungen im Osten Europas bewirkten. Diesmal hießen die Gegner der Bulgaren die Chasaren. Die Bulgaren wichen teils nach Norden an die mittlere Wolga aus, teils nach Westen an die untere Donau.

Es steht fest, daß um das Jahr 680 n. Chr. kampfkräftige Horden berittener Bulgaren unter ihrem Chan (Fürsten) Isperich in die Dobrudscha südlich des Donaudeltas einfielen, dem oströmischen Kaiser Konstantin IV. eine vernichtende Niederlage beibrachten und dort ein von Ostrom unabhängiges Reich gründeten. Sie waren die Herren in diesem Land, doch darf man sich natürlich keinen modernen Staat mit bürokratischer Verwaltung darunter vorstellen. Hauptbevölkerung dieses Bulgarenreiches waren die zuvor eingewanderten Slawen, daneben aber sicherlich auch noch zahlreiche Reste der einstigen Bewohner, einem Völkergemisch lateinischer, griechischer, gotischer, thrakischer und skythischer Zunge. In diese Zeit der noch getrennten beiden Völker soll die obige Episode hineinführen.

Erst im Lauf mehrerer Jahrhunderte verschmolz die kleine bulgarische Führungsschicht innerasiatischer Herkunft mit der slawisch-indoeuropäischen Masse der Bevölkerung. Die erstere gab dem Volk und dem Land den Namen, aber sie übernahm vollkommen die Sprache und die Sitten der Gewaltunterworfenen, so daß die heutigen Bulgaren sich als reine Vertreter des Slawentums fühlen, auch nach jahrhundertelanger türkischer Überfremdung bis in die jüngere Vergangenheit hinein.

Der Aufstieg des sogenannten «Ersten bulgarischen Reiches» zwischen etwa 800 und 1000 n. Chr. – die Bulgaren-Zaren waren zeitweise Herren fast der gesamten Balkanhalbinsel und gefürchtete Gegner, teils aber auch Verbündete des Byzantinischen Reiches – gehört schon zur geschriebenen Geschichte und damit nicht mehr in dieses Buch. Er ist eng verbunden mit der Christianisierung der Bevölkerung im 9. und 10. Jahrhundert, dem Anschluß an die Kirche Ostroms in der beginnenden Kirchenspaltung und der Entwicklung der ersten slawischen Schriftsprache auf dem Boden Bulgariens.

Nicht nur das heutige Bulgarien war jedoch das Ziel slawischer Einwanderung in jenen Jahrhunderten. Auch der Westen der Balkanhalbinsel wurde hauptsächlich im 7. Jahrhundert Ziel einer immer intensiveren slawischen Besiedlung. Hier waren es vornehmlich die Stammesgruppen der Kroaten und Serben, die sich festsetzten und bald eigene Fürstentümer gründeten. Die einst illyrischen, später romanisierten Bewohner wurden im Laufe der Zeit fast alle sprachlich und kulturell zu Slawen gemacht – bis auf eine Gruppe, von denen wir noch hören werden: die Albaner. Selbst Griechenland war zeitweise, mit Ausnahme einiger fester Städte, damals weitgehend slawisch besiedelt. Weiter im Norden drangen «Slowenen» in das heutige Ungarn und in die Ostalpen ein, in zähem Kampf mit romanisierten Illyrern und germanischen Langobarden, Franken und Baiern.

Ende des 9. Jahrhunderts fiel erneut ein Reitervolk aus dem Osten in Südosteuropa ein. Es waren die Magyaren oder Ungarn, weitläufige sprachliche Verwandte der Finnen, mit Ursitzen dicht östlich des Uralgebirges. Ihnen gelang es, sich in Pannonien (heute Ungarn) bleibend anzusiedeln. Damit unterbrachen sie wie ein Keil die inzwischen ungeheuer ausgeweiteten Siedlungsgebiete der Slawen. Das gab den Anstoß zur nun recht unterschiedlich verlaufenden politischen und kulturellen Entwicklung bei den Südslawen auf dem Balkan – Serben, Kroaten, Bosnier, Bulgaren, slawische Makedonier – und den übrigen Slawen in historischer Zeit. Denn die slawische Völkerwanderung zwischen 400 und 800 n. Chr. hatte noch ganz andere Gebiete erreicht als nur die Balkanhalbinsel.

«Komm und herrsche über uns!»

862 n. Chr., Nowgorod/Nordrußland

Auf dem schlammigen Uferstreifen zwischen der Reihe schmaler Holzblockhäuser und dem Wasser des Wolchow-Flusses drängten sich die Menschen. Es war ein buntes Völkergemisch, das sich hier in der «Neuen Stadt» am Nordende des Ilmensees ein Stelldichein gab: kurzbeinige, in Felle gekleidete finnische Jäger aus den Wäldern im Norden, hochgewachsene blonde Balten von der Meeresküste im Westen, einige Bulgaren mit spitzen Pelzmützen von der Wolga weit im Südosten. Es gab sogar zwei oder drei in weiße Tücher dicht eingehüllte dunkelhäutige Gestalten, die von weit südlich des Kaspischen Meeres gekommen sein sollten, um hier Pelze und Sklaven, fränkische Waffen und friesische Tuche gegen arabisches Silber und byzantinische Seide einzutauschen. Und natürlich waren auch viele Slowenen aus der Umgebung der Stadt dabei. Nowgorod, Neustadt – so hieß die Ansiedlung bei diesem slawischen Stamm – oder Holmgard – das war ihr Name bei den seefahrenden Nordleuten, den Warägern aus Schweden – war innerhalb einer oder zwei Generationen zu einem wichtigen Handelsmittelpunkt und Warenumschlagplatz am Wasserweg von den Warägern zu den Griechen geworden.

Schweigend schauten die vielen Menschen zu, als eines der «Drachenboote» der Rus («Ruderer»), wie man die Waräger in Nowgorod häufig nannte, ans flache Ufer gezogen und vertäut wurde. Der Anblick warägischer Ruderschiffe aus Schweden war keineswegs ungewöhnlich in Nowgorod. Dennoch war dieses Schiff etwas Besonderes, so daß die Bewohner der Stadt gespannt warteten, wer ihm entsteigen würde. Ihre Geduld wurde belohnt. Der Mann gesetzten Alters, der als erster die Bordwand überkletterte, machte mit seinem narbengeschmückten Eisenhelm, dem langen Schwert und seinem kühnen, von einem Schnurrbart und einem spitzen Kinnbart geschmückten Gesicht den Eindruck eines Menschen, der sein Ziel zu erreichen weiß – mit dem Schwert oder mit Silber, wie es gerade kam. Ein «Seekönig», einer der mächtigen unabhängigen Kaufleute, wie sie heutzutage immer wieder mit ihren Schiffen von ihrer skandinavischen Heimat über See und Fluß bis in die entferntesten Länder vordrangen. Auch seine Begleiter – Verwandte, Freunde und Eidgenossen (das altnordische Wort Väringr, aus dem in russischem Munde das Wort «Waräger» wurde, bedeutet «Eidgenossen, Gefolgsmannen») – wirkten kräftig und entschlossen.

Vojnimir, der Knjez (Fürst) des Slowenen-Stammes, schritt dem Ankömmling entgegen und begrüßte ihn. Ein warägischer Kaufmann, der schon lange in Nowgorod seinen Handelsgeschäften nachging, mußte den Dolmetscher spielen, da der Besucher die

Sprache der Slawen nicht verstand. «Sei willkommen in Nowgorod, Rurik! Deine Ankunft bringe unserer Stadt Heil. Ich freue mich, daß unsere Abgesandten in Birka (Wikinger-Niederlassung in Schweden) dich trafen und dich bereit fanden, hierherzukommen!»

Höflich geleitete Vojnimir seinen Gast und dessen Gefolgschaft in das Holzhaus, das die «Residenz» des Knjez war, sich aber nur durch einen etwas größeren Raum von den übrigen Blockhütten der Stadt unterschied. Als man sich auf die überall herumliegenden kostbaren Bären- und Zobelfelle gelagert und den Begrüßungstrunk genossen hatte, begannen die diplomatischen Verhandlungen. Sie waren schon erstaunlich und drehten sich – wie sollte es bei Männern des Handels anders sein? – um den beiderseitigen Vorteil.

Mit bedächtigen Worten setzte Vojnimir dem Gast die schwierige Lage seines Stammes und der Stadt auseinander. Die Slowenen lebte noch nicht sehr lange im Lande, sie waren erst vor einigen Generationen von Süden hierher vorgestoßen und hatten sich mitten zwischen den finnischen Jägern und Fischern niedergelassen. Bald darauf hatten warägische (skandinavische) Kaufleute die uralte Flußroute vom nördlichen Meer (Ostsee) zu den südlichen Meeren (Schwarzes Meer und Kaspisches Meer) wiederentdeckt und Holmgard an einer strategisch günstigen Stelle dieses Weges gegründet. Der Handel florierte, und beide Teile, Waräger und Slowenen, profitierten zunächst dabei. Doch der Konkurrenzkampf und die rücksichtslose Herrschsucht der verschiedenen warägischen Handelsgruppen hatte die Slowenen gegen die Waräger aufgebracht. In einer blutigen Nacht hatten sie eine Reihe dieser Kaufleute erschlagen und andere vertrieben.

Die Slowenen waren nun alleinige Herren in Nowgorod. Doch der alte Streit zwischen verschiedenen vornehmen Sippen dieses Stammes ließ keinen Frieden bei ihnen einkehren, und die so angenehmen Gewinn abwerfenden Handelsfahrten der Waräger auf dem Fluß waren zum Erliegen gekommen. So hatten sich die Slowenen von Nowgorod wenigstens auf etwas geeinigt, von dem sie dachten, daß es ihnen nützen würde. Sie wollten einem der warägischen «Seekönige» die Herrschaft über Nowgorod, seinen Handel und über ihren eigenen Stamm anbieten, wenn er nur für Frieden und den Schutz der Handelswege vor Störungen durch andere Warägergruppen sorgen wollte.

«Wir haben von dir und deinen bisherigen Taten gehört, Rurik», schloß Vojnimir seine Rede, «wir glauben, daß du uns helfen und dir selbst von Nutzen sein kannst. Komm und herrsche über uns!»

Sagenhafte Frühzeit des Russischen Reiches

Die in der obigen Episode mit etwas dichterischer Freiheit ausgeschmückte Szene von der Berufung des schwedischen Kaufherrn Rurik zum Fürsten von Nowgorod steht in der berühmten «Nestor-Chronik», der ältesten bekannten Aufzeichnung über die Geschichte Rußlands, die vermutlich um das Jahr 1100 bei Kiew entstanden ist. Russische Nationalisten von der Zeit Peters des Großen (18. Jahrhundert) an bis zu den heutigen sowjetischen Wissenschaftlern haben stets empört die Echtheit dieser Überlieferung bestritten. Aber es steht fest, daß die ersten Generationen des russischen Herrscherhauses, die Nachkommen Ruriks, unzweifelhaft altnordische, also germanische Namen trugen. Und auch der Volksname «Russen» kommt höchstwahrscheinlich von dem Beinamen der nordgermanischen Waräger «Rus» = Ruderer. Noch heute heißen die Schweden bei den Finnen «ruotsi».

Traditionell wird die Übertragung der Herrschaft in der nordrussischen Handelsstadt Nowgorod an Rurik auf das Jahr 862 angesetzt. Im Ostfränkischen Reich regierte zu dieser Zeit der Enkel Karls des Großen, Kaiser Ludwig der Deutsche (843–876). Es war das Jahrhundert, in dem ganz Europa unter den Überfällen raublustiger Wikinger oder Normannen litt, die, mit ihren schnellen, hochseetüchtigen Schiffen aus Norwegen, Dänemark oder Schweden kommend, nahezu jede an der Meeresküste oder am Ufer eines schiffbaren Flusses liegende Stadt brandschatzten. In den unendlichen Wäldern Rußlands gab es keine reichen Städte, die einen Überfall lohnten. Hier hatten sich die unternehmungslustigen Nordländer statt auf Raub und Plünderung auf den nicht weniger einträchtigen Handel gelegt.

Das weitverzweigte Flußsystem Rußlands erlaubte es den wendigen Wikingerschiffen, während einer sommerlichen Reisesaison von der Ostsee bis ins Schwarze Meer, ja bis nach Konstantinopel zu fahren. Nur an wenigen kurzen Stücken des Weges mußten die Schiffe entladen und von kräftigen Sklaven an Stricken über Land bis zum nächsten Fluß geschleppt werden. Sklaven waren reichlich vorhanden, denn die primitiven Jägerstämme finnischer oder baltischer Sprache im Nordwesten des heutigen Rußland «lieferten» stets Nachschub. Und solches kräftige «Menschenmaterial» wurde auf den Sklavenmärkten von Bolgar, der Handelsstadt der Wolga-Bulgaren nahe dem heutigen Kasan, von Konstantinopel oder Bagdad stets gut bezahlt. Inzwischen hatte im Mittleren Osten die von Mohammed aus Mekka (um 570–632 n. Chr.) gegründete neue Religion des Islam ganz Arabien, den «fruchtbaren Halbmond» bis nach Persien, Nordafrika, ja fast ganz Spanien in ihren Griff genommen. Trotz der zahllosen Kriegszüge blühte jedoch der Handel. Wer die Gefahr nicht scheute, die bei der Überwindung solcher unvorstellbar großen Entfernungen unvermeidlich war, konnte reich und mächtig werden. Die Nordmänner auf ihren Schiffen kannten keine Furcht, und Macht und Reichtum reizten sie mehr als alles andere.

Die Bewohner des weiten Landes gehörten im allgemeinen kaum zu den Gefahren, denen die Waräger begegneten. (In Rußland tauchte der Begriff «Wikinger» übrigens nie auf.) Im Norden, zwischen Ostsee und Ural, lebten primitive Jäger- und Fischerstämme, die den überlegenen Eisenwaffen der Waräger nichts Gleichwertiges entgegenzusetzen hatten. Ein Teil dieser Stämme entwickelte sich später zu den heutigen Finnen; andere, kulturell zurückgebliebenere Teile leben noch heute in der nordrussischen Taiga als Komi, Syrjänen und Permjaken.

Auch die slawischen Stämme, die sich seit einigen Jahrhunderten dorthin ausgebreitet hatten, standen auf einer niedrigeren Kulturstufe als die Nordmänner. Zwar hatte die Sozialstruktur dieser Slawen in den zweihundert Jahren seit der Niederlassung slawischer Gruppen im Balkan wichtige Weiterentwicklungen erlebt, wie sie in der Episode vom «Knjez» Vojnimir und Rurik angedeutet wurden. Viele Kleinstämme waren zu Großverbänden zusammengeschlossen worden, und deren Anführer begannen, sich als Fürsten und reiche Adlige zu einer besonderen Klasse über den Rest der Bevölkerung zu erheben. Die ostslawischen Großstämme hätten wahrscheinlich durchaus schon die Kraft gehabt, die Handelsfahrten fremder Schiffe durch ihr Land zu unterbinden, aber ihre Fürsten hatten rasch gelernt, daß vom Handel auch für die Anwohner der Routen, insbesondere in den wichtigen Umschlagplätzen, immer etwas vom Reichtum der Kaufleute abfiel. Darum waren sie selbst am ungestörten Fortgang dieses Handels interessiert, selbst wenn sie dafür einen fremdstämmigen «Großfürsten» in Kauf nehmen mußten.

Der Nestor-Chronik zufolge waren es drei warägische Brüder – Rurik, Sineus und Truvor –, die um 860 n. Chr. in Nordrußland unabhängige Herrschaften begründeten, und zwar jeweils an wichtigen Stellen für den Flußverkehr. Wenn es auch wahrscheinlich keine Brüder waren, so können auch die Interpretationen russischer Historiker die Tatsache nicht aus der Welt schaffen, daß in weiten Bereichen des späteren Rußland fremdstämmige Herrscher den Anstoß zur kulturellen Entwicklung und zur Schaffung von Staaten an Stelle primitiver Stämme gaben.

Dies galt auch für die Stadt Kiew am mittleren Dnjepr, wo der Chronik nach zwei abtrünnige Gefolgsleute Ruriks, Askold und Dir, eine eigene Herrschaft gründeten, den dortigen Slawenstamm der Poljanen tributpflichtig machten und die vorherigen Oberherren der wichtigen Handelsstadt, die Chasaren, vertrieben. Etwa zwanzig Jahre später sei – immer noch nach der alten russischen Chronik, unserer einzigen geschriebenen Quelle für jene Zeit – der Verwandte und Nachfolger Ruriks, Oleg, aus Nowgorod gekommen, habe Askold und Dir getötet und unter seiner Herrschaft nun die beiden wichtigsten Handelsstädte des russischen Flußsystems, Nowgorod und Kiew, vereinigt. Zugleich habe er seine Residenz ins südlichere Kiew verlegt. Nach Olegs Tod (um 913) sei Ruriks Sohn Igor auf dem Thron der Herrscher der «Rus» gefolgt, der eine Fürstentochter aus dem Norden namens Olga (altnordisch: Helga) zur Frau gehabt habe.

Mit Olga, die nach Igors Tod 955 zum Christentum des byzantinischen Ritus übertrat, erreichen wir bereits voll die historische

Zeit bei den Ostslawen, für deren wichtigsten Teil nun der Name Russen aufkommt. Ruriks Nachkommen herrschten bis 1598 über das Kiewer, später «Russische» Reich.

Die Gründung des Russischen Reiches ist ein Beispiel dafür, daß nationalistische Geschichtsbetrachtung zu völlig falschen Schlußfolgerungen führen kann. Denn auch Jubel über die angeblich kulturbringende Leistung der «nordisch-germanischen Rasse» bei den «primitiven Russen» ist verfehlt. Die sprachliche oder kulturelle Hinterlassenschaft der Waräger bei den Russen ist gleich Null. Schon nach wenigen Generationen war die nordgermanische winzige Führungsschicht vollkommen slawisiert, ebenso wie es bei den Bulgaren geschehen war.

Die Entwicklung der slawischen Völker in ihrer eigenen vorgeschichtlichen und erst recht in geschichtlicher Zeit, also seit Entstehung slawischer Staaten im 10. Jahrhundert n. Chr., vermittelt den Eindruck, daß mit der «Explosion» der letzten *großen* Gruppe der Kurgan-Abkömmlinge ein schlafender Riese erwacht war. In diesem Buch kann nicht mehr dargestellt werden, wie es den Russen und den anderen slawischen Völkern gelang, im Mittelalter dem Druck der letzten asiatischen Eroberervölker, der Mongolen und der Türken, zu widerstehen und zum Gegenangriff überzugehen. Heute ist nicht nur Osteuropa weitgehend slawisiert. Auch im ganzen Norden des riesigen asiatischen Kontinents ist die russische Sprache und die russische Kultur allein wirklich maßgebend, auch wenn die Sowjetunion offiziell behauptet, ein Vielvölkerstaat zu sein. In der Gegenwart benutzen mindestens 200 Millionen Menschen eine slawische Sprache als Muttersprache, und Russisch steht in der Rangfolge der von den meisten Menschen gesprochenen Sprache an fünfter Stelle.

In einem wichtigen Teil des slawischen Ansiedlungsgebiets waren es in der schicksalhaften Auseinandersetzung mit dem Nachbarvolk allerdings nicht die Slawen, die sich als die Stärkeren erwiesen. Es handelt sich dabei um ein heute weitgehend vergessenes oder verdrängtes Kapitel in der Formung unseres eigenen, des deutschen Volkes.

«... bis entweder das Heidentum oder das Volk vernichtet ist»

1147 n. Chr., am Schwerinsee/Mecklenburg

Niklot, der Obodritenfürst, schritt sehr nachdenklich aus dem so lange erfolgreich verteidigten Tor der Burg Dubin über den schmalen Damm durch See und Moor dem Zeltlager des Sachsenherzogs entgegen. Ein Gefolge gepanzerter und mit Schwertern bewaffneter Ritter aus dem Obodritenvolk, Zupane (Gaugrafen) und Witsezen (Ritter zu Pferde) begleitete ihn. Während der letzten Tage waren mehrfach Boten zwischen den feindlichen Heeren hin- und hergeschickt worden, um die Friedensverhandlungen vorzubereiten, die nun beginnen sollten.

Niklot war ein stattlicher Mann von etwa 45 Jahren. Äußerlich unterschied er sich in nichts von einem vornehmen Ritter aus dem gegnerischen Sachsenheer, ausgenommen seine kurzgeschorenen Haare, die ihn als Slawen und Verehrer des Gottes Swarog kennzeichneten. In Zukunft würden er und seine Obodriten sich die Haare zu langen Locken wachsen lassen müssen, wenn sie sich als Anhänger des Christengottes taufen ließen. Niklot war entschlossen, diesen folgenschweren Schritt zu tun, um weiterem Morden und Plündern an seinem Volk ein Ende zu machen.

Auch der jugendliche Anführer des Heeres der Sachsen, der erst achtzehnjährige Herzog Heinrich der Löwe aus dem Hause der Welfen, wartete mit zwiespältigen Gefühlen auf das Zusammentreffen. Der Kreuzzug gegen die heidnischen Wenden, den der berühmte Prediger Bernhard von Clairvaux im März dieses Jahres des Herrn 1147 auf dem Reichstag der deutschen Fürsten als wichtigstes Ziel der Christenheit – neben dem Kreuzzug gegen die Sarazenen im Heiligen Land – verkündet hatte, war ein militärischer Fehlschlag gewesen. Das Sachsenheer hatte es nicht geschafft, die Obodritenburgen in Dubin am Schweriner See und Demmin an der Peene (Ostmecklenburg) zu erstürmen. Die verbündete dänische Flotte, die von der Ostsee her die Versorgung der belagerten Burgen mit Lebensmitteln unterbinden sollte, war von den Seeräuberschiffen der slawischen Ranen auf der Insel Rügen angegriffen und vertrieben worden. Nur die unbefestigten Dörfer im Obodritenland zwischen dem Wakenitz- und dem Peenefluß hatten die Wut der sächsischen Ritter und ihrer Lehnsleute zu spüren bekommen.

Doch gerade diese Vernichtung von Menschen, Häusern und Ernten erschien den sächsischen Herren immer sinnloser. Zwar hatte noch heute morgen der Priester Vizelin die Ritter zum erbarmungslosen Kampf gegen die Feinde Christi aufgefordert und ihnen nochmals den Brief Bernhards von Clairvaux verlesen, in dem es hieß, daß die Teilnehmer am Wendenkreuzzug kämpfen sollten, «bis mit Gottes Hilfe entweder das Heidentum oder das Volk der Wenden vernichtet ist». Aber was brachten den sächsischen Rittern tote Wenden ein? Keine Abgaben, keine Steuern – man schnitt sich nur ins eigene Fleisch. Den Rittern war es herzlich gleichgültig, ob ihre Untertanen christlich oder heidnisch waren, wenn sie selbst nur hier, im Obodritenland, eigene Herrschaften begründen und ihre Hintersassen die Herzogs- und die Bischofssteuer zahlen konnten. Das war der tiefere Grund, warum die Sachsen dem von Niklot angebotenen Friedensschluß bereitwillig zugestimmt hatten. Frieden – das war es, was die beiden Völker brauchten, die so viele Generationen lang, seit Karls, des großen Frankenkaisers, Zeit, immer wieder gegeneinander gekämpft hatten.

Nach mehrtägigen Beratungen im prächtigen Zelt Herzog Heinrichs waren die Friedensbedingungen ausgehandelt. Fürst Niklot, der Obodrite, kniete vor dem Altar des Christengottes nieder und empfing vom Priester Vizelin die heilige Taufe. Dann schwor er bei seinem neuen Gott dem Herzog von Sachsen Treue und Gefolgschaft, übergab ihm alle Rechte an seinem Land und empfing es wieder von ihm zu Lehen. Er, Niklot, würde treu zu seinem Ritterwort dem Herzog gegenüber stehen. Wie er allerdings zu seinem neuen Glauben, dem Christentum, stand, das drückte Niklot aus, als er sich von seinem neuen Lehnsherrn verabschiedete: «Der Gott im Himmel möge dein Gott sein, das genügt uns. Verehre du ihn, wir werden dich verehren!»

Ein Jahrtausend der Auseinandersetzung zwischen Deutschen und Westslawen

Die nur wenigen Geschichtsexperten bekannte Episode vom «Wendenkreuzzug» führt uns schon in das hohe Mittelalter, in die Zeit der Kreuzzüge kurz vor dem Regierungsantritt Kaiser Friedrichs I. Barbarossa von Hohenstaufen (1152–1190), das heißt mitten hinein in die von Büchern und Urkunden genau beschriebene *Geschichte*. Aber für den Historiker lebten die slawischen Obodriten und die zahlreichen anderen westslawischen Völker, die damals Nordostdeutschland bewohnten, noch im schriftlosen Zustand der *Vor*geschichte. Es war ihre Tragik, daß sie bis zu ihrem Ende als Völker mit eigener Sprache in diesem Zustand geblieben sind.

Als die Slawen um 500 n. Chr. *ihre* Völkerwanderung begannen, konnten sie ungehindert auch bis nach Mitteleuropa vorstoßen. Die germanischen Vorbewohner – oder genauer gesagt, die germanische Oberschicht über verschiedene inzwischen germanisierte Einwohner (vgl. 18. Kapitel, Die umstrittene «Lausitzer Kultur», S. 405 ff) – waren völlig oder bis auf geringe Reste abgezogen. Unbemerkt von den damaligen Historikern im Frankenreich oder in Konstantinopel erreichten slawische Stämme bis zum 8. Jahrhundert eine Linie, die sich etwa vom heutigen Kiel über Hamburg und Magdeburg, entlang der Saale bis Bamberg und nach Regensburg zog. Slawische Splittersiedlungen gingen im frühen Mittelalter noch bis zum Rhein und darüber hinaus.

Im böhmischen Kessel und im späteren Mähren formten sich aus den Einwanderern die slawischen Völker der Tschechen und Mährer. Durch die Bemühungen der «Slawenapostel» Kyrillos und Methodius aus dem griechischen Thessalonike wurden sie früh (um 860) zum Christentum westeuropäisch-katholischer Richtung bekehrt. Dasselbe geschah ein Jahrhundert später mit dem slawischen Volk der Polen (Poleni = Feldbewohner), das damals zwischen mittlerer Weichsel und Oder siedelte. Im Rahmen dieses kurzen, den frühen Slawen gewidmeten Kapitels ist es nicht möglich, näher auf die Vorgeschichte dieser beiden slawischen Staaten einzugehen, zumal sie mit der Christianisierung schon früh in den Gesichtskreis der mittelalterlichen Geschichtsschreiber gerieten.

Wichtiger für uns, weil weitgehend vergessen, aber für die deutsche Geschichte von großer Bedeutung ist die intensive Besiedlung Nordostdeutschlands durch Slawen im Mittelalter. Sie waren in Völker und Stämme unterschiedlicher Dialekte geteilt. Hier seien nur die wichtigsten Stämme genannt: die Sorben (als Völkername verwandt mit den Serben) lebten im heutigen Nordbayern, Ostthüringen, Sachsen, Südbrandenburg; die Pomeranen (Pommern, vom altslawischen «po morje» = am Meer) zwischen Oder und unterer Weichsel, und die Kaschuben an der unteren Weichsel. Das südöstliche Holstein war vom Stamm der Wagrier besiedelt; noch heute heißt die Halbinsel zwischen Kiel und Lübeck Wagrien. Im westlichen Mecklenburg waren die Obodriten der mächtigste Stamm, auf Rügen die Ranen, weiter südlich der große Stammesbund der Lutizzen. Soweit das Land nicht bis ins hohe Mittelalter hinein von unfruchtbaren Wäldern und Sümpfen durchzogen war, hatte es eine relativ dichte Besiedlung. Es gab zahlreiche Dörfer, Burgen – wenn auch keine Steinburgen wie in Westdeutschland, sondern von holzverstärkten Erdmauern gesicherte feste Stätten – und an der Ostseeküste einzelne Vorläufer von Städten, Handelsposten der wikingischen Abenteuer-Kaufleute.

In den drei Jahrhunderten zwischen Karl dem Großen und Kaiser Friedrich Barbarossa wechselten sich friedliche Bekehrungsversuche der Deutschen an den heidnischen slawischen Nachbarvölkern und heftige Kämpfe ständig ab. In deutschem Munde wurden die Nachbarn zusammenfassend als «Wenden» bezeichnet (vom alten Völkernamen «Veneter» abgeleitet). Gelegentlich ließen sich slawische Stammesfürsten taufen, förderten die christliche Kirche und die Gründung von Bistümern in ihrem Gebiet. Formell waren die slawischen Gebiete Nordostdeutschlands schon mehrfach von den deutschen Kaisern deutschen Adelsgeschlechtern als Grafschaften oder Markgrafschaften (Mark = Grenzgebiet) verliehen worden, mit dem Ziel, diese zu christlichen Teilen des «Heiligen Römischen Reiches Deutscher Nation» zu machen. Doch mit großer Regelmäßigkeit gab es blutige Aufstände der zäh an ihrer Unabhängigkeit und an ihrem alten Glauben festhaltenden Slawen. Der Haß zwischen Christen und «Heiden» wuchs, wobei hier diese Begriffe fast immer mit Deutschen und Slawen gleichzusetzen waren.

Ihre Ablehnung aller deutschen, das heißt in ihren Augen aller christlichen Kultur ließ es den Slawen zwischen Erzgebirge und Ostsee auch nicht in den Sinn kommen, sich in der Kunst des Lesens und Schreibens zu üben, wie es die christlichen Tschechen und Polen schon längst taten.

Der kurze «Wendenkreuzzug» im Jahr 1147 – zur gleichen Zeit begann der 2. Kreuzzug nach Palästina – war der äußere Höhepunkt der zwangsweisen Christianisierung und Unterwerfung der wendischen Gebiete unter die Oberhoheit des Deutschen Reiches. In Mecklenburg war es der Obodritenfürst Niklot, der sich taufen ließ, um das Leben der Menschen seines Volkes zu retten; er wurde zum Stammvater des Hauses der Mecklenburger Herzöge und Großherzöge bis 1918! Auch in Pommern wurde der pomoranische Fürst Ratibor in Stettin Christ und Lehnsmann des deutschen Kaisers. Er tat es hauptsächlich, um sich vor Eroberungsversuchen durch Polen zu schützen, das unter dem Vorwand, dem Land das Christentum zu bringen, ebenso rücksichtslos auf Landerwerb aus war wie die sächsischen Grafen und Herzöge.

In der zweiten Hälfte des 12. Jahrhunderts begann die intensive deutsche Ostkolonisation oder «der Drang nach Osten», wie man den Vorgang etwas weniger beschönigend genannt hat. Tausende von Bauern, Handwerkern und Kaufleuten aus dem übervölkerten Westfalen, Niedersachsen, aber auch aus Holland und Flandern, strömten in das nach den vielen Kriegen nur noch dünn besiedelte Land östlich von Elbe und Saale. Diese Wanderung deutscher Kolonisten ostwärts setzte sich etwa zwei Jahrhunderte fort. Der größte Teil der Slawen blieb im Land. Er wurde weder physisch ausgerottet noch verdrängt, sondern in Sprache und Kultur zu Deutschen gemacht.

Nicht überall allerdings, und in einem viele Jahrhunderte dauernden allmählichen Prozeß. Im 15. Jahrhundert stellte ein weitgereister Grieche zu seinem Erstaunen fest, daß viele Menschen in Lübeck – eine obodritische Gründung! – noch fast dieselbe Sprache verwendeten wie slawische Siedler im griechischen Taygetos-Gebirge. Im heute noch so genannten «Wendland», dem nordöstlichen Zipfel Niedersachsens an der Unterelbe, gab es noch im 18. Jahrhundert wendisch sprechende Bauern. In Ostpommern und in

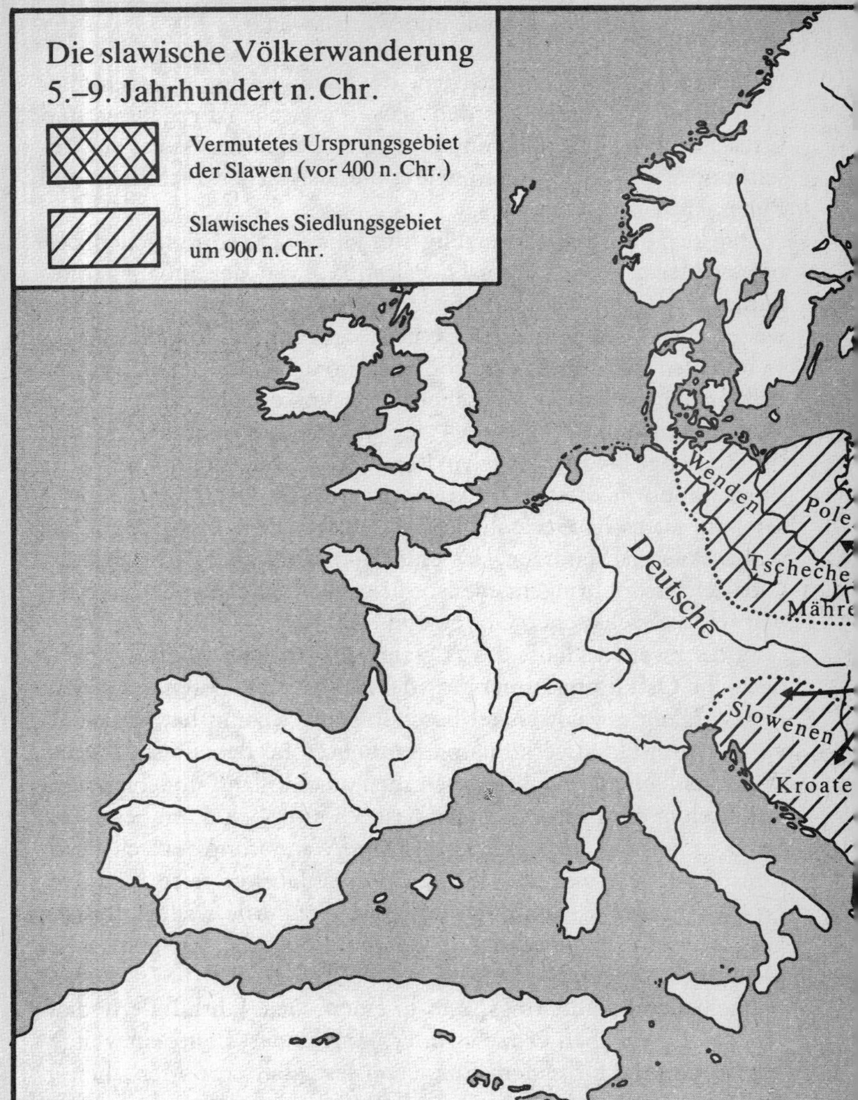
Die slawische Völkerwanderung
5.–9. Jahrhundert n. Chr.
Vermutetes Ursprungsgebiet der Slawen (vor 400 n. Chr.)
Slawisches Siedlungsgebiet um 900 n. Chr.
Wenden
Pole
Deutsche
Tscheche
Mähre
Slowenen
Kroate
0
300
600
km

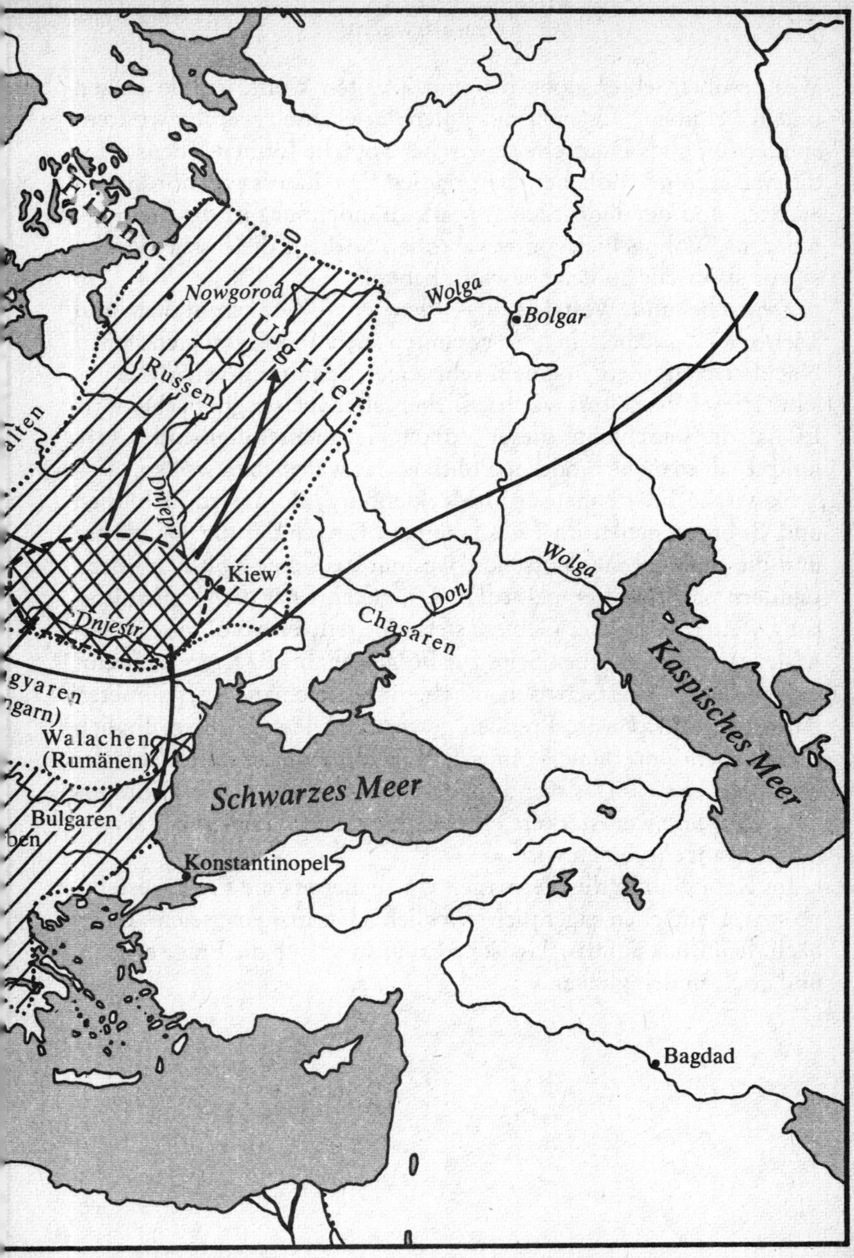

Finno-
Ugrier
Nowgorod
Wolga
Bolgar
Russen
alten
Dnjepr
Kiew
Wolga
Don
Chasaren
Dnjestr
gyaren
ngarn)
Walachen
(Rumänen)
Kaspisches Meer
Schwarzes Meer
Bulgaren
rben
Konstantinopel
Bagdad

Westpreußen lebten noch bis zum Zweiten Weltkrieg Slowinzen und Kaschuben, die nicht mit Polen verwechselt werden wollten, sondern sich als Deutsche slawischer Sprache fühlten, ebenso wie die Masuren im südlichen Ostpreußen. Die Lausitz im nördlichen Sachsen und der südöstlichen Mark Brandenburg ist das klein gewordene Wohngebiet von etwa 50000 Sorben, die bis heute ihre eigene slawische Sprache bewahrt haben.

Deutsche und Westslawen – «deutsche» Wenden, Polen und Tschechen – haben in der gesamten Zeit ihrer geschichtlichen Nachbarschaft stets in einem sehr engen Spannungsverhältnis gelebt. Dieses Verhältnis war friedlicher, aber auch gegnerischer Art. Es hat die Geschichte dieser Völker viel mehr miteinander verknüpft, als manche moderne Politiker das wahrhaben wollen.

Slawische Fürstenhäuser in Mecklenburg, Pommern, Schlesien und Böhmen haben im Mittelalter die Einwanderung Deutscher und die Übernahme deutscher, westeuropäischer Kultur in ihren Ländern nach Kräften gefördert. Umgekehrt hat die Germanisierung weiter slawischer Gebiete stets eine teilweise biologische Slawisierung der deutschen Seite zur Folge gehabt. B. Krapp schreibt in einem dem «westslawischen Erbe in Deutschland» gewidmeten Bändchen: «Was wäre Preußen gewesen ohne seine ursprünglich wendischen Untertanen, ohne die Nachkommen der Altschlesier und Polaben? ... Das wendische Substrat, die slawische Komponente hat eine weit stärkere ethnische Formkraft erwiesen, als gemeinhin angenommen wird.»

Im Kapitel über die Germanen wurde bereits die Frage gestellt, ob wir Deutschen eigentlich wirklich «Germanen» seien. Hier, nach dem Blick auf das slawische Erbe, stellt sich die Frage erneut, und noch eindringlicher.

24. Kapitel

Untergang und Triumph

Die verschiedenen Wege der baltischen Völker von der Vorgeschichte in die Geschichte

Ein Volk steht auf

Januar 1261, südlich von Königsberg/Ostpreußen

Nach dem langen blutigen Kampf hatte frischer Schnee barmherzig das Schlachtfeld mit einem weißen Leichentuch überzogen. Zwei Dutzend deutsche Ritter und weit über hundert ihrer Kriegsknechte lagen tot in ihrem Blut. Viele von ihnen trugen das verhaßte schwarze Kreuz auf ihrem weißen Umhang über der Panzerrüstung. Höhnisch und verbittert hatten die siegreichen Prußen den Toten zugerufen: «Nun könnt ihr warten, ob euer Gott euch eure Sünden vergibt, wie man es euch in Deutschland versprochen hat!» Im kleinen prußischen Weiler Pokarben nahe dem Schlachtfeld rauchten noch die Reste der Holzhäuser und lagen noch die Leichen von Frauen und Kindern unter dem Schnee, als Mahnung an die Plünderung und Zerstörung durch das Heer der deutschen Kreuzritter. Doch die Urheber dieser Greuel hatte inzwischen die Rache der Prußen ereilt.

Nur wenigen Deutschen war die Flucht in die feste Burg Balga geglückt, die der Deutsche Ritterorden vor zwanzig Jahren nahe der Meeresküste gegründet hatte. Das Land der Prußen, das der Deutsche Orden seit drei Jahrzehnten nach blutiger Eroberung fest im Griff zu haben glaubte, stand in hellem Aufruhr. Überall, offenbar auf geheime Verabredung, hatten sich die Stämme der Prußen gegen die deutsche Zwingherrschaft erhoben, die Natanger, die Samländer, die Warmier, die Nadrauer, die Pogesanier und wie die

Stämme alle hießen. Nur noch in wenigen Burgen, die die Prußen zuvor in Fronarbeit hatten errichten müssen, hielten sich die deutschen Ritter, hungerten und warteten auf das Wunder eines neuen großen Kreuzzuges aus dem Heiligen Römischen Reich Deutscher Nation, der ihnen zu Hilfe kommen sollte. Das eine kleine Kreuzheer, das sie hatte entsetzen sollen, war jedenfalls auf dem Schlachtfeld von Pokarben geblieben oder in Gefangenschaft geraten.

Voller Furcht über das Schicksal, das sie erwartete, fühlten sich die deutschen Gefangenen, die von den Siegern der Schlacht, Prußen aus dem Stamm der Natanger, gefesselt ins Landesinnere getrieben wurden. Auf Burg Beseleide (dem späteren ostpreußischen Ort Beisleiden bei Bartenstein, etwa in der Mitte Ostpreußens), dem Hauptort des natangischen Reiks (Anführer, Herzog, vgl. lat. «rex») Monte, sollten sie alle bei lebendigem Leib verbrannt werden, so wollten Gerüchte unter den Gefangenen wissen. Doch als der traurige Zug an einem kalten Wintertag in der Prußenburg anlangte, gab es zunächst einmal Ruhe. Erst einige Tage später, wenn der volle Mond als Zeichen für die gnädige Anwesenheit Menins', des Gottes des Mondes und der Krieger, am Himmel stand, sollte das große Siegesfest gefeiert werden. So hatte es der Griwe bestimmt, der oberste Priester des Stammes der Natanger, jener alte Mann, der, unsichtbar für sein Volk und nur von einigen ausgewählten Priestern bedient, in der Einsamkeit der prußischen Wälder hauste.

Die gefangenen deutschen Kriegsknechte mußten Holz auf den Hof der Burg schleppen, wo im Schutz der Holzpalisaden und hohen Erdwälle das große Fest stattfinden sollte. Die fünf gefangenen Ritter wurden für Wichtigeres aufgespart. Eines Tages holte man sie aus dem stabilen Holzhaus, in dem sie unter scharfer Bewachung gewartet hatten, und band sie auf dem Hof an Pfähle. Ein Waidelotte, ein prußischer Priester, numerierte sie, indem er mit Holzkohle Striche auf ihre Stirn malte. In entsprechend viele Holzstäbchen schnitt er Kerben, wirbelte die Stäbchen durcheinander und griff mit geschlossenen Augen eines heraus. Schweigend sah die Menge der umherstehenden Prußen zu, wie der deutsche Ritter, den das Los getroffen hatte, auf ein Pferd gefesselt und mit diesem zusammen inmitten des mächtigen Holzstoßes festgebunden wurde.

Als alles bereit war, trat Herzog Monte aus seinem mit prächtigen Schnitzereien verzierten Holzhaus am Südende der Burganlage. Ein kräftiger hochgewachsener Mann mit langem blondem Haar und gepflegtem Vollbart, hellem breitem Gesicht und blauen Augen, konnte er mit dem stattlichsten der deutschen Ritter wohl konkurrieren. Bekleidet war Monte mit einem kostbaren Pelzmantel aus Hermelin und einer Pelzmütze aus Marderfell. Ohne ihn, den Sieger der Schlacht von Pokarben, hätte der Waidelotte nicht die bereitgehaltene Fackel an den Scheiterhaufen legen und damit das Opferfest beginnen dürfen. Da ertönte ein doppelter Schrei: «Heinrich!» – «Hirtzhals!» Die ihn ausstießen, waren der zum Opfertod bestimmte deutsche Ritter und Herzog Monte.

In diesen Sekunden ging dem Herzog Monte die Erinnerung an seine Jugendjahre durch den Kopf: Wie er als zehnjähriger Junge von seinem Vater Goducke, dem Reiks der Natanger, als Bürge für den Friedensschluß seines Stammes mit dem Deutschen Orden gestellt, weit weg von der Heimat nach Deutschland in die Bischofsstadt Magdeburg gebracht worden war; wie er dort im Hause des Ritters Hirtzhals ein freundliches Unterkommen gefunden hatte; wie er, auf den christlichen Namen Heinrich getauft, die deutsche und lateinische Sprache und die fremden Gebräuche der Christen gelernt hatte; wie Ritter Hirtzhals ihn als väterlicher Freund in allen Künsten eines deutschen Ritters unterwiesen hatte; wie Hirtzhals ihm einst das Leben gerettet hatte, als er im Eis auf einem Teich eingebrochen war ...

Monte befahl kurz entschlossen dem Waidelotten, noch einmal das Los über die gefangenen Deutschen zu werfen, um den zum Feuertod Bestimmten neu zu ermitteln. Doch Gott Menins ließ sich sein Opfer nicht so leicht nehmen. Wieder fiel das Los auf Ritter Hirtzhals! «Heinrich, denke daran, daß ich einst Vaterstelle an dir vertreten habe! Du kannst mich doch hier nicht dem entsetzlichen Feuertode überantworten!» rief dieser voller Angst von seinem Pferd herab. Von zwiespältigen Gefühlen bewegt, antwortete der Reiks: «Lieber Freund, denke auch du daran, was ihr Deutschen meinem Volk angetan habt! Was haben wir Prußen euch getan, daß ihr unsere Männer und Frauen versklaven, unsere Häuser niederbrennen und unser Land erobern wollt? Kannst du nicht verstehen, daß unser Volk aufgestanden ist, um seine Freiheit und das Recht wiederzuerlangen, seine angestammten Götter zu verehren? Denke daran, daß bei uns das Feuer ein heiliges Element ist. Wer darin stirbt, gelangt auf geradem Weg zu den Göttern – während ihr Christen Ketzer und Hexen mit dem Feuertod in die Hölle schickt. Aber ich will es noch einmal versuchen, dich zu retten!»

Zum drittenmal mußte der Waidelotte das Los werfen. Doch nun war es offenbar, daß Gott Menins auf dem ursprünglichen Opfer bestand, denn wieder griff der Priester das Stäbchen, das Hirtzhals bezeichnete. «Dann will ich wie ein Ritter sterben und nur noch Gott um Gnade anflehen. Heinrich, mein lieber Sohn – bemühe dich nicht weiter, ich weiß, du kannst es nun nicht mehr!» rief Ritter Hirtzhals. Tief bewegt antwortete Monte: «Die Götter mögen es dir lohnen, lieber Vater Hirtzhals!» Mit einer Handbewegung befahl er dem Waidelotten, den Scheiterhaufen in Brand zu setzen. Doch als die Flammen aufloderten, wandte Monte sich ab ...

*

Diese grausame und zugleich herzbewegende Szene hat der Geschichtsschreiber des Deutschen Ordens, Peter von Dusburg, in seiner um 1325 in Latein geschriebenen Chronik der Nachwelt überliefert. Sie ist eine der wenigen Gelegenheiten, die uns einen Blick auf das baltische Volk der Prußen als *Menschen* und nicht als Objekte oder verabscheuungswürdige heidnische Feinde werfen lassen.

Die frühe Geschichte Ostpreußens sowie Livlands und Kurlands (heute Estland und Lettland genannt) ist ein Beispiel dafür, wie einseitige nationalistische Geschichtsschreibung das Bild der Geschehnisse verzeichnen kann. Wir rühmen uns heute nach dem Ende des Germanen- und Großdeutschlandkults des Nationalsozialismus in Deutschland einer objektiven, allem Nationalismus abholden Geschichtsdarstellung. Aber in einem bundesdeutschen Schulbuch von 1969 wird in einer seitenlangen Würdigung der kulturellen Aufbauleistung des «Deutschen Ritterordens» in Ostpreußen und im Baltikum die blutige Unterwerfung der einheimischen Völker nur mit den lapidaren Worten erwähnt: «Der Kampf gegen die heidnischen Preußen begann im Zeichen des Kreuzes. In Deutschland riefen Prediger viele Jahre dazu auf.»

Doch ehe wir auf diese Zeit zurückkommen, müssen wir erst einen Blick auf die dreitausend Jahre dauernde Vorgeschichte der baltischen Völker werfen, zu denen auch die Prußen (Pruzzen) oder Preußen gehörten, von denen die Rede war.

3000 Jahre «Vor»-Geschichte

Die erste «Explosion» des Kurgan-Volkes hatte, wie schon mehrfach erwähnt, Auswanderergruppen in praktisch alle Himmelsrichtungen geführt. Der Lauf der großen osteuropäischen Flüsse – Dnjepr, Düna (Dwina), Weichsel, Oder – wies einem Teil von ihnen den Weg nach Norden, nach Mittelrußland und bis an die Küste der Ostsee. Im lichten Laubmischwald, der damals das riesige Gebiet bedeckte, fanden sie Lebensbedingungen, die denen ihrer Heimat nicht ganz unähnlich waren. Hier siedelten sie sich wieder an, als seßhafte Bauern und Viehzüchter, so seßhaft wie wohl keines der sonst so wanderlustigen indoeuropäischen Tochtervölker.

Diese Seßhaftigkeit dürfte auch einer der Gründe dafür sein, daß die baltischen Sprachen heute als die urtümlichsten aller lebenden indoeuropäischen Sprachen wirken. Den Sprachforschern fiel schon sehr früh die enge Verwandtschaft des Lettischen und vor allem des Litauischen mit dem indischen Sanskrit auf. Diese Urtümlichkeit der Sprache hat manche Wissenschaftler dazu verleitet, die Ursitze der Indoeuropäer am Ostrand der Ostsee zu suchen. Doch ist es eine Erfahrung, daß gerade Auswanderer mitunter den Zustand einer Sprache eher konservieren als das Mutterland. Bei den Balten kam hinzu, daß ihre Wohnsitze von den Völkerstürmen der europäischen Vorgeschichte nur zu einem Teil berührt wurden, und vor allem, daß bis ins 19. Jahrhundert hinein fast ausschließlich eine konservative, in einfachsten Verhältnissen lebende Bauernbevölkerung diese Sprachen benutzte.

Im 2. vorchristlichen Jahrtausend, anders ausgedrückt zu Beginn der Bronzezeit, hatten sich Träger des baltischen Sprachzweiges in einem riesigen Gebiet angesiedelt, das von der Weichsel, ja wahrscheinlich sogar von der Oder im Westen in einem breiten Streifen bis weit ins heutige Rußland hinein reichte, bis an die obere, ja bis an die mittlere Wolga und an den Ural. Sie hatten dabei die dortigen Vorbewohner, primitive, wohl noch im Kulturzustand der Mittelsteinzeit als Jäger, Fischer und Sammler lebende Vorfahren der finnisch-ugrischen Völker, überlagert und aufgesogen. Verschiedene Wissenschaftler, darunter die aus Litauen stammende Marija Gimbutas, behaupten jedenfalls, daß die von Kurgan-Abkömmlingen gegründete «Fatjanowo-Kultur» in Mittelrußland (siehe oben S. 34) zu den Vorfahren der späteren baltischen Stämme gehört.

Mit der Zeit stellte sich eine unterschiedliche Entwicklung in diesem riesigen Gebiet ein. Die baltischen Stämme in der Nähe der Ostseeküste gerieten bald in näheren Kontakt mit ihren westlichen und südlichen Nachbarn, die ja ebenso wie sie Tochtervölker der Kurgan-Hirten waren. Durch lebhaften Tauschhandel kamen Metalle und Schmuck ins Land, und der Lebensstandard der Westbalten hob sich enorm – immer im Vergleich zu gleichzeitigen Kulturen. Ursache dafür war ein Schatz, den frühere Erdzeitalter den Bewohnern der Ostseeküste hinterlassen hatten: der Bernstein. Wenn im Altertum offenbar auch an der Ostküste der *Nord*see dieses geronnene Baumharz in beträchtlichen Mengen gefunden worden ist, so war das doch wenig im Vergleich zur *Ost*see. Insbesondere an einer Stelle im späteren Ostpreußen kann noch heute – bei Palmnicken im Samland – der Bernstein geradezu bergmännisch abgebaut werden. Da die Kulturvölker des Mittelmeergebietes von den alten Ägyptern bis zu den Römern der Kaiserzeit Bernsteinschmuck mindestens ebenso hochschätzten wie Gold und Silber, waren die «Bernsteinstraßen», die Mittelmeer und Ostsee miteinander verbanden, über zweitausend Jahre lang nahezu ununterbrochen von Kaufleuten belebt.

Weiter im Osten des Gebiets der baltischen Sprache, also im Inneren Rußlands, hinkte die kulturelle Entwicklung immer erheblich hinter den Gegenden nahe der Ostsee hinterher. Balkengrableute und deren Nachfahren – Kimmerier, Skythen und Sarmaten

– bedrängten die dortigen baltisch sprechenden Siedler von Süden her. Doch erst die neue «Explosion» des slawischen Tochtervolks der Kurgan-Hirten zwischen 400 und 800 n. Chr. hatte entscheidenden Einfluß auf die östlichen Balten. Diese setzten den einwandernden Slawen einen zähen Widerstand entgegen. Brandschichten in ausgegrabenen Dörfern dieser Ostbalten legen Zeugnis ab von den oft wohl erbitterten Kämpfen zwischen beiden Volksgruppen. Am Ende der slawischen Wanderungsperiode hatten aber doch die Slawen die Oberhand gewonnen und die baltischen Vorbewohner sprachlich slawisiert. Dabei ist zu bedenken, daß die baltischen und die slawischen Sprachen große Ähnlichkeiten aufweisen; viele Sprachforscher behaupten eine ursprüngliche Einheit bis etwa zur Zeitenwende. Kulturell muß es aber zur Zeit der slawischen Wanderung doch schon erhebliche Unterschiede zwischen beiden Volksgruppen gegeben haben.

Die westliche Gruppe der Balten in der Nähe der Ostseeküste hatte dreitausend Jahre lang keine feindliche Invasion zu erleiden. Sicher wird es auch bei ihnen mit Waffen ausgetragene Streitigkeiten zwischen einzelnen Stämmen, Dörfern oder Sippen gegeben haben, denn die Balten waren durchaus geübte Krieger. Man hat auch eine langsame Bewegung ihrer Siedlungsgebiete von Ost nach West festgestellt, zum Beispiel bei den Letten und den Litauern, die kurz vor und kurz nach Beginn der historischen Zeit (um 1200 n. Chr.) noch im Gange war. Aber von größeren Kriegen oder weitgreifenden Eroberungs- oder Auswanderungszügen konnten die Archäologen keine Spuren finden.

Aus dem ärmlichen Bauern- und Viehzüchtervolk des Ursprungs entstanden in der langen Zeit der Ruhe sich immer deutlicher unterscheidende Einzelstämme mit einer reichen Adelsschicht. In der ständischen Gliederung der Bevölkerung gab es um das Jahr 1200 n. Chr. auch eine eigene Priesterschaft, wenigstens bei den Prußen, wenn man den deutschen Chronisten aus dem späten Mittelalter glauben darf. Diese Priester wiesen manche Ähnlichkeiten zu den altkeltischen Druiden oder den indischen Brahmanen auf. Unter den Adligen und den Priestern stand ein relativ wohlhabender Bauernstand sowie ein zahlenmäßig wohl nicht sehr großer Stand von Leibeigenen. Es gab größere Dörfer, die sich häufig an eine Adelsburg auf einem Hügel – nicht aus Stein gebaut, sondern mit Holzpalisaden und Erdwällen – anlehnten. Es existierten Ansätze zu städtischem Leben in einzelnen Zentren mit Handwerkern verschiedener Art und mit Kaufleuten. An der Spitze der einzelnen Stämme standen erbliche «Reiks» (Herzöge) aus reichen Adelsfamilien. Unter ihnen teilten sich andere Adelsclans die Herrschaft über verschiedene Gaue eines Stammesgebietes. Es war ein Abbild des Lehnswesens, wie es gleichzeitig im mittelalterlichen Mittel- und Westeuropa üblich war.

Die Kunst des Schreibens blieb den Balten bis zum Beginn der Neuzeit und weit darüber hinaus unbekannt. Aber ihr ungemein poetischer Sinn schlug sich nieder in einer unendlichen Fülle melodiöser Volkslieder, die von Mund zu Mund und von Generation zu Generation weitergegeben wurden. Seit man sich vor etwa 100 Jahren dafür zu interessieren begann, haben Wissenschaftler mehrere hunderttausend (!) solcher Texte, «Dainas» genannt, in den lettischen und litauischen Dörfern gesammelt. Wie viele mögen dennoch verlorengegangen sein! Die Dainas geben ein anschauliches Bild des täglichen Lebens in allen Aspekten und der Religion der alten Balten. Der nach dem Vorbild eines wohlhabenden Bauern ausgestaltete Gott Dievs – wir erkennen leicht den altindoeuropäischen Gott Dieus petér wieder –, der Donnergott Perkunos, ein Mond- und ein Sonnengott und viele andere Götter spielten im altbaltischen Glauben eine Rolle.

Dieses relativ friedliche Leben der Balten ohne «große» – und das heißt in der Geschichte immer kriegerische – Ereignisse hätte nach dreitausendjähriger Dauer sicher noch lange weitergehen können. Denn im Gegensatz zu ihren Vettervölkern zeigten die Balten keine Neigung, erobernd über ihre Nachbarn herzufallen – wenigstens in vorgeschichtlicher Zeit. Doch was die Balten nicht taten, vollzogen ihre Nachbarn um so konsequenter. Sie – und nicht die Balten selbst – waren es, die die Menschen dieser Völkergruppe mit Gewalt, Eroberung und Totschlag in die geschriebene Geschichte zerrten.

Balten und Deutsche

Die ersten Nachbarn, die ihre begehrlichen Blicke auf die reichen Länder an der Südostecke der Ostsee warfen, waren schwedische und dänische Wikinger. Zwischen dem 8. und dem 11. Jahrhundert n. Chr. kamen sie immer wieder mit ihren Drachenbooten an die Küsten des heutigen Estland und Lettland, plünderten Dörfer und siedelten sich auch gelegentlich für kurze Zeit dort an. Doch die Kuren und Liven, die dort wohnten, schlugen sie immer wieder zurück. Ja, kurische Seeräuber machten im 11. und 12. Jahrhundert die Handelsrouten der nordischen Seefahrer über die Ostsee zunehmend unsicher.

Von Osten her waren es die Russen unter Führung ihrer verschiedenen Fürsten, der von Nowgorod, von Polock, von Pskow und anderen, die die nordbaltischen Stämme bedrängten und ihnen Tribute und eine gewisse Oberhoheit auferlegten. Vermutlich war aber die Oberherrschaft mehr formal, als daß sie wirksam ausgeübt wurde.

Die wirkliche Gefahr für die Balten kam aus Südwesten, und sie kam im Zeichen des Kreuzes. Für die Christen in Mittel- und Westeuropa im hohen Mittelalter muß es eine erschreckende Vorstellung gewesen sein, daß es gar nicht weit von ihnen im Nordosten immer noch Heiden gab. Dabei waren diese Heiden rings umgeben von christlichen Reichen: den romtreuen Polen im Süden und den orthodoxen Russen im Osten. Seit 1095 predigte man im ganzen christlichen Europa, daß sich jeder Christ die Vergebung aller Sünden verdienen könne, wenn er nur gegen die «Ungläubigen» kämpfte, vorzugsweise – aber nicht ausschließlich – im «Heiligen Land» Palästina. Es war die Zeit der Kreuzzüge. Damals bildeten sich in Palästina christliche Ritterorden, deren Mitglieder gelobten, ihr ganzes Leben dem Kampf gegen die Heiden zu weihen.

Einer dieser Ritterorden, der «Deutsche Orden» – oder in der ausführlichen Titulatur des Mittelalters der «Orden des Hospitals St. Marien vom Deutschen Hause zu Jerusalem» – erhielt im Jahre 1226 von einem polnischen Herzog von Masowien (Nordpolen) das Angebot, die heidnischen Prußen an seiner Nordgrenze zu bekämpfen. Der «Hochmeister» (Chef) des Ordens, Hermann von

Salza, ein enger Freund und Berater des deutschen Kaisers Friedrich II. (1212–1250), ließ sich als vorsichtiger Mann sowohl vom Kaiser als auch vom Papst feierlich versprechen, daß sein Orden alle im Kampf mit den Heiden zu erobernden Gebiete als unabhängiges Fürstentum behalten und verwalten dürfe. Erst nach Erhalt dieser Garantien ging der Orden daran, einen Teil seiner Ritter ins Prußenland zu schicken. Im Orient hatte der Orden keine rechte Arbeit mehr, nachdem der größte Teil des ein Jahrhundert vorher von Kreuzrittern eroberten Palästina inzwischen wieder verlorengegangen war.

So begann 1230 die Eroberung des Prußenlandes durch den Deutschen Orden. Langsam und systematisch kämpften sich die deutschen Ritter – es gab nie mehr als etwa 500 – und ihre im Reich angeworbenen Hilfstruppen von der unteren Weichsel aus nach Nordosten. Sie legten an strategisch günstigen Orten Burgen an und zogen Siedler aus Norddeutschland nach, die den der prußischen Bevölkerung weggenommenen Boden bestellen und dem Orden tüchtig Steuern zahlen sollten. Bis 1260 hatte der Orden einen etwa 50–70 Kilometer breiten Streifen entlang der Ostsee zwischen Weichsel und Memel in Besitz genommen.

Aber wieviel Ströme von Blut hatte dies gekostet! Die deutschen Ritter tauften zwar der Form halber ein paar prußische Adlige, die sich dazu bereit fanden, aber im übrigen kam es ihnen mehr auf das Land als auf das Seelenheil der heidnischen Prußen an. Diese rächten sich mit immer neuen Aufständen, wobei sie zeitweise im Bündnis mit dem Herzog Swantopolk von (Hinter-) Pommern standen, einem Fürsten des Deutschen Reiches aus slawischem, wenn auch längst christlichem Hause. Die deutschen Ansiedler im Prußenland wurden immer wieder erschlagen oder mußten in die Burgen flüchten, und auf beiden Seiten wuchs der Haß.

Erst 1260 gelang es den unterworfenen, aber noch keineswegs in ihrer Kampfkraft gebrochenen prußischen Stämmen, sich zu gemeinsamem Handeln zu verabreden. Vorher hatte jeder der zwölf Stämme seine eigenen Kriege gegen den Deutschen Orden geführt und ungerührt zugesehen, wenn dieser gerade einmal gegen die Nachbarn vorging. Nun hatten aber offenbar in Deutschland erzogene prußische Adlige, wie der Herzog Monte, die Herrschaft angetreten, die erkannten, daß nur Einigkeit stark macht.

Der «Große Aufstand» der Prußen, dessen erste, für die Prußen noch erfolgreiche Phase die historische Episode von Monte und dem deutschen Ritter Hirtzhals beleuchtete, dauerte zwanzig Jahre. Dann aber, um 1280, hatte die Macht der Deutschen, die immer wieder Nachschub aus dem Reich erhielt, schließlich doch die Oberhand gewonnen. Die Widerstandskraft der Prußen war erschöpft, Adel und Priesterschaft, damit die «Intellektuellen» und Stützen des Aufstandes, waren größtenteils ausgerottet. Das vorher ziemlich dicht besiedelte Land war entvölkert, nur 170000 Prußen hatten die Metzeleien überlebt. Riesige Gebiete im Süden des späteren Ostpreußen wurden absichtlich zur menschenleeren Wildnis gemacht, in die erst ganz allmählich wieder Menschen einsickerten. Es war das spätere Masuren, und die Bevölkerung, die sich dort bildete, war wahrscheinlich eine Mischung aus einzelnen Prußen, aus Litauern und vor allem aus Slawen, die aus dem angrenzenden polnischen Masowien gekommen waren. Ihre slawische Sprache war dem Polnischen verwandt, aber die späteren Masuren fühlten sich keineswegs als Polen.

Allmählich wurde das Land der baltischen Prußen zu einem deutschen Land Preußen, und von dort ging noch später in der Neuzeit der Name auf das Königreich über, das Friedrich der Große berühmt gemacht hat. Die Prußen mit ihrer westbaltischen Sprache wurden auf den großen deutschen Adelsgütern als Leibeigene verwendet. Der höhere Lebensstandard, der in Preußen mit der zunehmenden Einwanderung von Deutschen einzog, ging an ihnen jedenfalls vorbei.

Zäh hielten die Prußen an ihrer Sprache und ihrem Götterglauben fest, obwohl die Komture und «Gebietiger» des Deutschen Ordens mit schweren Strafen dagegen vorgingen. Als im 16. Jahrhundert der Ordensstaat Preußen ein weltliches Herzogtum evangelischen Bekenntnisses geworden war, da meinten erstmals einige evangelische Pfarrer, man müsse den Altpreußen auch in ihrer Sprache und nicht nur wie bisher in Deutsch oder Latein das Evangelium predigen. So wurden der Katechismus Luthers und einige andere religiöse Texte erstmals ins Prußische übersetzt und gedruckt. Dies sind – von Orts- und Personennamen abgesehen – die einzigen Reste der Sprache der alten Prußen, die bis heute erhalten geblieben sind. Denn spätestens im 18. Jahrhundert gaben die letzten der Prußen ihre eigene Sprache auf und verwendeten die deutsche Sprache ihrer Zwingherren. Nur der breite Tonfall des ostpreußischen deutschen Dialekts erinnerte noch an die fremde Sprache, die diesen Dialekt mitgestaltet hat. Inzwischen sind seit 1945 Polen und Russen die neuen Herren in Ostpreußen. Die Deutschen sind vertrieben, und wenn der letzte noch in Ostpreußen aufgewachsene Heimatvertriebene in Westdeutschland gestorben ist, wird nicht einmal der Klang der Sprache mehr an das alte Volk der Prußen erinnern.

Das blutige Kapitel der Überwindung der Prußen durch den Deutschen Orden haben die deutschen Historiker bis heute nahezu völlig verdrängt und verschwiegen. Man muß schon schwer zugängliche Spezialwerke suchen, um Näheres darüber zu finden. In jüngster Zeit hat nur der Schriftsteller Heinrich Gerlach, selbst Abkömmling der alten Prußen, eine populärwissenschaftliche Würdigung dieses Volkes geschrieben, das wie so viele andere zum Entstehen des deutschen Volkes beigetragen hat. Es trägt den Titel «Nur der Name blieb – Glanz und Untergang der alten Preußen».

Parallel zur Eroberung Preußens durch deutsche Ritter ging die Erwerbung des weiter nördlich gelegenen Livlands und Kurlands. Auch daran war der Deutsche Orden maßgeblich beteiligt. Doch hier waren die politischen Umstände erheblich andere als in Preußen, und auch die Folgen für die einheimische Bevölkerung waren nicht so dramatisch wie dort.

Das große Gebiet zwischen Finnischem Meerbusen und dem Memelfluß war um 1200 von Völkern zweier ganz verschiedener Sprachgruppen bewohnt. Von kleineren Verschiebungen abgesehen, ist das auch heute noch der Fall. Im Norden wohnten Esten und rund um den Rigaer Meerbusen der inzwischen untergegangene Stamm der Liven. Sie beide waren rassisch, kulturell und sprachlich enge Verwandte der Finnen – also *keine* Indoeuropäer. Ihnen schlossen sich nach Süden und Osten zu die baltisch sprechenden Stämme der Lettgaller, Selen, Semgaller und Kuren an. Diese sind heute alle in dem modernen Volk der Letten aufgegangen. Weiter ins Landesinnere hinein, nach Südosten, wohnten die Litauer, deren politisches Schicksal jahrhundertelang völlig andere Wege ging und von denen noch die Rede sein wird.

Das heidnische Land an der Südostküste der Ostsee war um 1200 den christlichen Reichen, die es umgaben, nicht unbekannt. Der dänische König Waldemar bemühte sich, Estland zu erobern, und 1219 gelang ihm das auch für rund 100 Jahre mit Hilfe eines angeblich in einer Schlacht dort vom Himmel gefallenen Banners mit einem Kreuz darauf. Noch heute ist dieser «Danebrog» die dänische Flagge. Die russischen Fürsten von Nowgorod und Polock – Abkömmlinge Ruriks, deren Linien aber untereinander ständige Kämpfe ausfochten – versuchten, wie schon erwähnt, von Osten her Einfluß zu gewinnen. Den Dänen wie den Russen ging es um Macht, Handelsvorteile und Tribute.

Anders dachten deutsche Missionare, die kurz vor 1200 im Gefolge von deutschen Kaufleuten aus Lübeck das Land betraten. Sie wollten die Heiden zum Christentum bekehren und hatten dabei auch zunächst so beachtliche Erfolge, daß schon 1184 ein erster Missionsbischof ernannt wurde. Bald folgten weitere Bischöfe in verschiedenen Landesteilen. 1201 gründete Bischof Albert aus niedersächsischem Adelsgeschlecht gemeinsam mit deutschen Kaufleuten die Stadt Riga. Derselbe Bischof rief auch einen eigenen Ritterorden, den der «Schwertbrüder», ins Leben. Er hatte die spezielle Aufgabe, hier im Nordosten die militärische Sicherung und Erweiterung der von deutschen Geistlichen erschlossenen Gebiete zu übernehmen. Doch nach einer vernichtenden Niederlage der Schwertbrüder gegen die kriegerischen Litauer im Jahre 1236 schlossen sich die Reste dieses Ordens mit dem weitaus stärkeren Deutschen Orden zusammen. Dieser übernahm zusätzlich zu seinen Aufgaben in Preußen 1237 die Unterwerfung der Liven, Lettgaller, Kuren und anderen baltischen Völker sowie die Zurückweisung der russischen Angriffe auf dieses Gebiet.

Es ist hier nicht der Raum, die unendlich verwickelte frühe Geschichte dieses Raumes zu schildern, den man zusammenfassend Baltikum nennt: die ständigen Streitereien zwischen den verschiedenen Bischöfen, dem Deutschen Orden und den selbstbewußten deutschen Bürgern der Städte, die alle in Teilen des Gebiets Landeshoheit beanspruchten, ihre Kämpfe mit Dänen, Russen, Litauern und natürlich nicht zuletzt mit den einheimischen Stämmen. Wie kam es aber dazu, daß die Esten und Letten nicht wie die Prußen ausgerottet oder völlig germanisiert wurden?

Rund 300 Jahre hatten Livland und Kurland (Estland etwas kürzer) staatsrechtlich zum «Heiligen Römischen Reich Deutscher Nation» gehört, ebenso wie Preußen. Viele Dutzend Burgen und Städte waren gegründet und mit deutschen Handwerkern, Kaufleuten und Dienstmannen der deutschen Bischöfe und des Deutschen Ordens besiedelt worden. Aber der Zuzug von Bauern fehlte hier, anders als in Preußen. Es bestand daher keine Notwendigkeit – oder keine Möglichkeit –, die einheimischen Bauern von ihrem Land zu vertreiben oder auszurotten. Esten und Letten sanken zwar im Laufe der Zeit zu Leibeigenen der großen deutschen Adelsgüter herab, aber sie behielten ihr Land und ihre sprachliche und kulturelle Identität.

Die kleine deutsche Oberschicht im Baltikum – Adlige und Stadtbürger – blieb bis ins 20. Jahrhundert hinein dort wirtschaftlich und kulturell maßgeblich, trotz aller politischen Veränderungen. Sie hat bewirkt, daß dieses Gebiet stets Europa und dem Westen zugewandt blieb. Aber sie hat es nie vermocht, auch die Menschen dort zu Deutschen zu machen.

Die weiteren politischen Schicksale haben die Menschen im Baltikum alle gemeinsam schwer getroffen, gleich ob Deutsche, Esten oder Letten. Die deutsche Herrschaft ging 1561 in polnische und schwedische Hände über, noch später in russische. Unaufhörliche Kriege durchzogen das Land und machten es zum Spielball der Großmächte. Nur etwas über zwanzig Jahre lang war es den Esten und den Letten in den ganzen achthundert Jahren ihrer *geschichtlichen* Periode vergönnt, in eigenen Staaten in Frieden und ohne fremde Oberherren zu leben: von 1918 bis 1940. Doch dieses Kapitel gehört in ein anderes Buch.

Großfürst Gedimins Bekenntnisse

November 1338, in Wilna/Litauen

Der alte Herr ließ sich von einem Diener den Polstersitz etwas näher an das Feuer rücken und hüllte seine Beine in eine Decke aus Zobelfell. Im Alter von über sechzig Jahren hatte er das Recht, auch schon einmal zu frieren. Mit einem kostbaren Goldbecher, gefüllt mit stark gebranntem Met – Bärenfang hieß er im Volksmund –, prostete er dem neben ihm sitzenden jungen Mann zu. Auch wenn sich Großfürst Gedimin nur mit Hilfe seines deutschen Dolmetschers und Vertrauten Hanneke mit dem Gast in lateinischer Sprache unterhalten konnte, fand er den jungen französischen Ritter doch ungewöhnlich sympathisch.

Roger de Courtenay war auch ein ungewöhnlicher Mensch in diesem Jahrhundert: Er reiste weder in Geschäften noch als missionierender Mönch, noch im Auftrag eines Papstes oder Königs durch Europa, sondern aus purer Neugier. Dabei stammte er aus einem der vornehmsten französischen Rittergeschlechter, zwei Urgroßonkel von ihm waren im vorigen Jahrhundert nacheinander Kaiser des «lateinischen» Kreuzritter-Reiches von Byzanz gewesen. Anders als die meisten Christenmenschen überlief den Gast auch kein Schauder des Abscheus, daß er hier in der Fürstenburg Wilna traulich neben dem letzten heidnischen Fürsten in Europa – wenn man von dem maurischen Kalifen in Granada einmal absah – saß und sich dessen politische Bekenntnisse anhörte. Roger de Courtenay war in keiner Weise in die Intrigen und die Machtpolitik der Nachbarländer Litauens verstrickt, daher hatte der Großfürst wohl das Gefühl, ihm rückhaltlos vertrauen zu können.

«Du mußt wissen, Roger», erzählte Gedimin, «daß mein Volk der Litauer sehr alt ist. Immer schon hat es hier am Njemen-Fluß und östlich davon seine Wohnsitze gehabt. Es ist auch sehr stolz und kriegerisch. Wenn sich meine litauischen Bajoren (Adlige) mit ihrem ritterlichen Gefolge zu Pferde setzen, gibt es so leicht keinen Feind, der ihnen standhalten kann. Einst gab es viele kleine Landschaften, deren Fürsten völlig unabhängig voneinander Krieg führten und sich auch gegenseitig überfielen. Es war vor hundert Jahren, als sich das änderte.»

Gedimin berichtete seinem Gast von dem ersten litauischen Großfürst Mindowe, der allerdings einer anderen Adelsfamilie als er selbst, Gedimin, entstammte. Mindowe hatte alle Rivalen in der Herrschaft verdrängt, hatte sich sogar als Christ taufen lassen und war vom Landmeister des Deutschen Ordens in Preußen zum König gekrönt worden. «Doch er wurde von den deutschen Rittern verraten und später ermordet. Sein Christentum hat ihm nichts genützt. Die deutschen Ritter sind bis heute Litauens schlimmste Feinde.»

«Aber es wohnen doch viele Deutsche hier in Litauen, wie ich weiß», warf der junge Franzose ein, «du selbst, Fürst, hast sie eingeladen zu kommen!» Gedimin bestätigte das und erläuterte den großen Unterschied. Da waren einmal die friedlichen deutschen Kaufleute, Handwerker und Mönche, die so viele bisher unbekannte Künste aus Westeuropa nach Litauen brachten und Handel und Wandel schon merklich gehoben hätten. Und andererseits gab es die Ritter des Deutschen Ordens, die von ihren Burgen in Livland, Kurland und Preußen aus in jedem Winter, wenn der Frost die litauischen Sümpfe passierbar machte, nach Litauen einfielen, um die «Heiden» dort zu erschlagen und zu plündern.

«Warum, Fürst, bekennst du dich nicht auch zu Jesus Christus, um ihnen den Grund für ihre Kriegszüge zu entziehen?» schlug Roger vor. Sein Vertrauen zu dem wohlwollenden Gastgeber war so groß, daß er die sehr persönliche Frage anschloß: «Glaubst du denn noch wirklich an deine alten Götter?» Sehr nachdenklich bekannte Gedimin: «Ich weiß nicht mehr, an wen ich glauben soll, mein junger Freund. Perkunas und Dievas und Saule, der Sonnengott, scheinen keine Kraft mehr zu haben. Aber wenn ich mich zu euren christlichen Göttern bekennen würde ...» – «Wieso Götter – wir Christen haben nur *einen* Gott!» rief der Franzose erregt. – «Das verstehe ich nicht so genau», meinte Gedimin. «Ich weiß nur, daß die russischen Popen predigen, alles, was der Papst in Rom sagt, ist falsch und unchristlich, und daß die deutschen Mönche predigen, alles, was die Russen und die Byzantiner über ihren Gott und Christus sagen, ist falsch und unchristlich. Zwei Drittel meiner Untertanen bekennen sich zum Christengott von Byzanz, ein kleiner Teil der Litauer und die eingewanderten Deutschen glauben an den

Christengott von Rom, nicht wenige der Zuwanderer glauben an einen Gott Jehova, und die meisten meiner litauischen Bajoren und die Bauern glauben noch an die alten Götter meines Volkes. Was soll ich tun, Roger, zu wem soll ich mich bekennen, ohne Wut und Empörung eines Teils meiner Völker hervorzurufen? Ich will, daß alle Menschen in meinem Reich friedlich ihre Götter verehren, ohne einander umzubringen.»

In seinem Reich, so erläuterte Gedimin, sei er der oberste Kriegsherr eines weiten Gebietes, größer als Polen oder die russischen Fürstentümer. Aber in diesem Reich gebe es verschiedene Teile mit eigenen Fürsten. Er selbst, Gedimin, sei der Herr in den ursprünglichen litauischen Landschaften Aukschtaiten und Schemaiten. In verschiedenen anderen Gebieten herrschten seine Söhne als Fürsten und ließen die Menschen nach ihren hergebrachten Rechten und Glauben leben: in Kiew, Witebsk, Smolensk, Minsk und Nowgorod. Diese von Russen bewohnten Landschaften seien froh, nicht mehr von den untereinander heillos zerstrittenen russischen Fürsten aus dem Hause Ruriks regiert zu werden und auch nicht mehr der Oberhoheit und den Steuereintreibern des Tatarenchans der Goldenen Horde in Seraj an der Wolga zu unterstehen. Stolz wies Gedimin darauf hin, den Einfluß dieser landfremden Mongolen, die im vorigen Jahrhundert wie ein Unwetter über das Land im Osten hergefallen seien, wieder weit zurückgedrängt zu haben.

Auch mit seinen anderen Nachbarn versuche er als litauischer Großfürst friedliche Beziehungen zu unterhalten. Er habe eine seiner Töchter dem heutigen König von Polen, Kasimir, zur Frau gegeben und eine andere Tochter dem russischen Fürsten von Galitsch-Wolynien. «Vor wenigen Tagen erst habe ich mit meinen letzten Feinden, dem Deutschen Orden, Frieden schließen können. Die Kraft der litauischen Reiter hat sie dazu gezwungen, endlich einzuwilligen. Mein Ziel ist erreicht, mein junger Freund, ich kann in Frieden sterben. Meine Söhne werden das Reich der Litauer und Russen groß und mächtig und in innerem Frieden an kommende Generationen weitervererben können.»

Die «heidnische» Großmacht Litauen im Spätmittelalter

Es waren wohl mehrere glückliche Umstände, die zusammentrafen, um den Litauern ein gleiches Schicksal wie den Letten und Esten oder gar den Prußen zu ersparen. In ihrem Land gab es keinen Bernstein, der Handel schien nicht besonders lukrativ, ihre Wohnsitze lagen weitab von der Küste und waren durch zahlreiche Sümpfe geschützt. Vor allem aber hatte sich bei den Litauern rechtzeitig vor dem massiven Auftauchen der Mitteleuropäer von der einen, der Russen von der anderen Seite ein kriegstüchtiger Ritterstand entwickelt, gewissermaßen ein stehendes Heer, längst bevor es einen litauischen Staat gab. In mancher Hinsicht erinnern die Litauer des Hochmittelalters an die Skythen, ihre entfernten indoeuropäischen Vettern fast zwei Jahrtausende früher. Sie waren ausgezeichnete kriegerische Reiter und verbreiteten in der Zeit um 1200, als ihr Name in schriftlichen Zeugnissen ihrer Nachbarn erstmals auftauchte, durch ihre Raubzüge auf dem Pferderücken Angst und Respekt.

Im 13. Jahrhundert gelang es dem in der obigen Episode erwähnten Mindowe (litauisch: Mindaugas, als Großfürst bzw. König herrschte er von 1243 bis 1263), die vorher vielfach zersplitterten Landschaften Litauens zu einem Staatsgebilde zusammenzufassen. Sein mehr aus taktischen Erwägungen als aus grundsätzlicher Überzeugung vollzogener Übertritt zum Christentum westeuropäischer Prägung hielt nicht lange an. Unter den Historikern ist umstritten, ob Mindowe selbst vor seiner Ermordung wieder zum Heidentum übertrat oder ob dieser Rückfall erst von seinen Nachfolgern vollzogen wurde. Die dürftigen ausländischen Geschichtsquellen aus jener Zeit geben darüber keine klare Auskunft; die Litauer selbst dachten damals noch nicht ans Schreiben. Die litauischen Großfürsten blieben jedenfalls noch bis zum Ende des 14. Jahrhunderts bei ihrem alten Glauben, auch dies – wie in der Episode von Gedimin angedeutet – mehr aus Staatsräson denn aus tiefer Gläubigkeit.

Als dann Gedimins Enkel Jagiello (litauisch: Jogeilas) 1386 zum katholischen Glauben übertrat – wiederum aus politischen Gründen, um nämlich zusätzlich den Thron des christlichen Reiches Polen besteigen zu können –, da war die Schicht der Menschen, die noch an die alten baltischen Götter glaubte, schon schwach und unsicher geworden. Die Litauer fügten sich kampflos und willig in die Taufe. Infolge ihrer jahrhundertelangen Union mit Polen halten sie bis heute treu am katholischen Glauben fest, im Unterschied zu den Letten (und Esten), die während der Reformationszeit ihren deutschen Oberherren auf dem Glaubensweg Luthers folgten.

Nach dem Tod Mindowes, des ersten Großfürsten, folgte eine Zeit der Wirren und der Schwäche. Dennoch brach der neue Staat nicht mehr auseinander, die Idee eines einigen Litauen hatte bei der maßgeblichen Adelsschicht feste Wurzeln geschlagen. Eine neue hochadlige Familie riß die Macht an sich. Aber erst Gedimin, der 1316 auf seinen Bruder Witen (litauisch: Vytenis) folgte, legte den Grundstein für den übernationalen und religiös toleranten Großstaat Litauen, der zweieinhalb Jahrhunderte lang weite Teile Osteuropas beherrschte und zeitweise von der Ostsee bis zum Schwarzen Meer reichte. Die religiöse Toleranz war im sonst so unduldsamen Spätmittelalter in Europa fast einmalig. Sie zog eine große Gruppe von Menschen an, die zu jener Zeit überall verfolgt und unterdrückt wurden: die Juden. Nur das benachbarte Polen zeigte sich ähnlich tolerant und gewährte den Juden aus Deutschland und Westeuropa eine Heimstatt. Daß es in Osteuropa bis in die Mitte des 20. Jahrhunderts eine zahlenmäßig recht bedeutende jüdische Volksgruppe gab, bis sie in Hitlers Gasöfen praktisch ausgerottet wurde, ist wesentlich mit der Existenz eines *heidnischen* Staates Litauen zu verdanken.

Die russische Geschichtsschreibung, sowohl zur Zarenzeit wie die heutige kommunistische, hat stets die Tatsache zu verbergen versucht, daß lange Zeit weite Teile Rußlands unter litauischer Oberhoheit standen. Die sprachliche und kulturelle Sonderentwicklung der Ukrainer (um Kiew) und der «Weißrussen» (um Minsk) im Gegensatz zu den sogenannten «Großrussen» (zu ihrem Zentrum entwickelte sich ab etwa 1300 Moskau) hat ebenfalls ihren Ursprung in dieser langen Zugehörigkeit zu einem anderen, mehr dem Westen Europas zugewandten Kulturkreis.

Gedimins Enkel Jagiello ergriff 1386 die Chance, die sich ihm

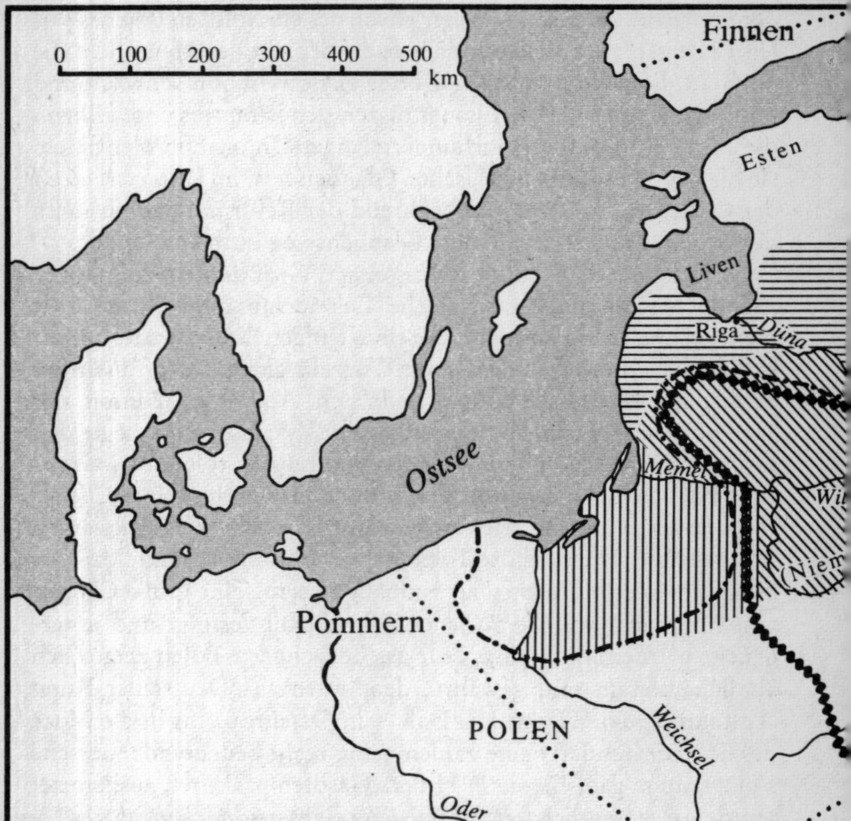

Die baltischen Völker

Proto-Balten um 1250 v. Chr., weiteste Ausdehnung; später von Slawen/Russen und Finnen, Esten (wieder) überlagert

Baltische Völker um 1200 n. Chr.: 1 Prußen, 2 Letten (Lettgaller u. a.), 3 Litauer

Gebiete des Deutschen Ordens um 1400

Großfürstentum Litauen um 1400

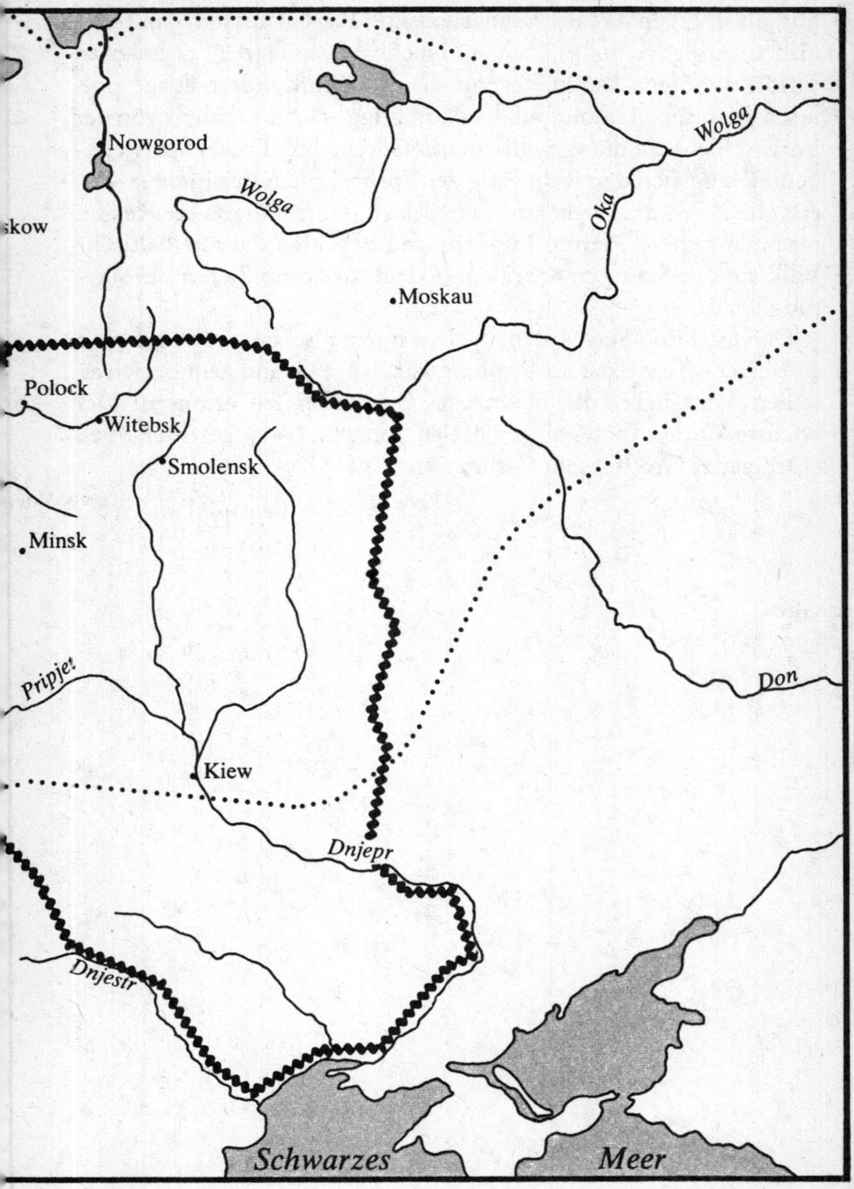

Nowgorod
Wolga
Wolga
Oka
skow
Moskau
Polock
Witebsk
Smolensk
Minsk
Pripjet
Don
Kiew
Dnjepr
Dnjestr
Schwarzes
Meer

bot, als in Polen das alte Königshaus der Piasten ausstarb und polnische Adlige dem mächtigen Nachbarn auch den polnischen Thron anboten. Damit begann die fast fünfhundertjährige polnisch-litauische Union und der endgültige Schritt Litauens von der Vorgeschichte in die «geschriebene» Geschichte. Dieser Schritt bedeutete zugleich den Rückgang der Vorherrschaft der Litauer. Zuerst die Polen und dann am Ende des 18. Jahrhunderts die Russen machten sich zu Herren Litauens und drückten das alte baltische Volk auf den Status einer armen, bedeutungslosen Bauernbevölkerung herab.

Der moderne Staat Litauen, dem nur zwischen 1918 und 1940 eine eigene freie Existenz gegönnt war, hatte Grund genug, sich an seinen Vorgänger, das heidnische Großreich, zu erinnern. Der höchste Orden dieses neuen freien Litauen, 1928 gestiftet, hieß «Orden des Großfürsten Gedimin».

25. Kapitel

Die Adlersöhne

Die Albaner,
das letzte «vorgeschichtliche» Volk
der Indoeuropäer

«Ein Volk ganz für sich allein»

Herbst 1455 n. Chr., Kruja/Nordalbanien

Pietro Tassini schlug wie alle anderen Anwesenden das Kreuz nach dem Segen, den der Priester in hartem, fremdartig klingendem Latein gesprochen hatte. Aber als unmittelbar nach dem Ende der Messe ein einheimischer Würdenträger offenbar als eine Art Opfer ein Huhn und ein Schaf schlachtete und niemand daran Anstoß zu nehmen schien, blickte Tassini seinen Nachbarn verwundert an. Doch dieser, Hochwürden Lorenzo d'Acciano, Bischof von Teramo und Legat Seiner Heiligkeit des Papstes Calixtus III. bei dem Fürsten Gjergj Kastriota in Kruja, verzog keine Miene. Er lebte schon einige Jahre unter den Albanern und mußte wissen, wie es sich mit diesem merkwürdigen Brauch verhielt. Tassini, der neuernannte junge Gesandte der Republik Venedig bei dem letzten freien christlichen Fürsten der Balkanhalbinsel, beschloß, sich nach dem Vorbild seines erfahrenen diplomatischen Kollegen zu richten und ebenfalls zu schweigen.

Die Versammlung der albanischen Fürsten, die mit dieser Messe eröffnet worden war, hatte eine große Bedeutung für das Abendland gewonnen. Dabei hatte vor einem Dutzend Jahren kaum mehr als eine Handvoll Menschen in Europa etwas von diesem unzugänglichen Land östlich der Adriaküste und seinen wilden, unbezähmbaren Bewohnern gehört oder gar sich dafür interessiert. Doch vor zwei Jahren hatte die Nachricht wie ein Lauffeuer die

Städte und Fürstenhöfe Europas durcheilt und überall tiefe Erschütterung hervorgerufen: Konstantinopel war von den heidnischen Türken erobert worden, die altehrwürdige Stadt der byzantinischen Kaiser und – trotz aller Glaubensdifferenzen – eine heilige christliche Stadt, fast die letzte im Osten, die dem Ansturm der Heiden noch standgehalten hatte. Nun hatte der türkische Sultan praktisch keinen Gegner mehr auf der Balkanhalbinsel. Seinem ständigen Vordringen nach Norden und Westen stand niemand mehr entgegen – niemand außer hier diesem Fürsten von Kruja und einigen anderen albanischen Häuptlingen, die sich ihm vor elf Jahren freiwillig untergeordnet hatten, als es ihm gelungen war, die Türken, die sich in seiner Heimat festgesetzt hatten, wieder zu vertreiben.

Gjergj oder Georg Kastriota, den die Türken voller Achtung «Iskander Bey» (Fürst Alexander) genannt hatten, solange er als einer der tüchtigsten Generale im Heer des Sultans gedient hatte, war nun die letzte Hoffnung der europäischen Christenheit. Bischof d'Acciano trug die päpstliche Bulle bei sich, die er nachher in dieser Versammlung feierlich verlesen wollte. In ihr ernannte der Papst den albanischen Fürsten Kastriota, den «treuesten Sohn der Heiligen Römischen Kirche», zum «Athleta Christi» und zum «Generalkapitän des Heiligen Stuhles» mit dem Auftrag, einen neuen Kreuzzug gegen die Türken anzuführen. Der Papst schickte seinen Segen dazu, und die Republik Venedig, der es um die Erhaltung ihrer zahlreichen Handelsstützpunkte im östlichen Mittelmeer gegen die Türken und die genuesische Konkurrenz ging, hatte ihrem Gesandten Tassini 50000 Zechinen mitgegeben, mit der vertraulichen Anweisung, mehr könne sie aber zu diesem gemeinsamen Unternehmen zur Rettung des Abendlandes nicht beisteuern.

Pietro Tassini ließ nachdenklich seine Blicke über die versammelten albanischen Häuptlinge schweifen. In ihren weißen Westen und weißen Fustanellen (knielangen Röcken) glichen sie in manchem den Griechen aus dem Hinterland der venezianischen Handelsstützpunkte auf Morea (dem Peloponnes). Mit ihrer altertümlichen Bewaffnung – Pfeil und Bogen, Schwertern mit riesigem, bis an den Ellenbogen reichendem Handschutz und einer Art Morgenstern, einer Eisenkugel, die mittels einer Kette an einem Stock befestigt war – stachen sie erheblich vom Bild der Landsknechte ab, die sonst die Heere Europas bildeten. Fürst Skanderbeg – so hatten die Albaner den türkischen Namen ihres Anführers Kastriota umgeformt – trug einen langen Vollbart, der ihn sehr würdig aussehen ließ, und einen Eisenhelm, den offenbar als eine Art Rangabzeichen zwei Gazellenhörner schmückten. Sollten dieser Mann und seine tapferen, aber auch höchst eigenwilligen Krieger wirklich die Retter des Abendlandes gegen die Türkengefahr werden? Immerhin, in den vergangenen zehn Jahren hatten sie schon fast ein dutzendmal große türkische Heere geschlagen und zum Rückzug gezwungen, darunter vor fünf Jahren eines unter der persönlichen Führung des Sultans Murad.

Die versammelten albanischen Fürsten hatten inzwischen ihre Beratungen in einer Sprache aufgenommen, von der Tassini kein Wort verstand. Aber es ging, wie Bischof d'Acciano flüsternd Auskunft gab, zunächst nur um interne Dinge: um die Beilegung mehrerer Gjak (Blutrachen), die zwischen einigen Großfamilien schon seit Jahrzehnten im Gange waren und zwanzig oder dreißig Tote gekostet hatten. Die Gespräche hierüber könnten noch sehr lange dauern, meinte der Bischof und forderte Tassini auf, mit ihm eine Weile ins Freie zu gehen.

Als die beiden Italiener das aus Bruchsteinen gemauerte und mit Lehm verputzte gedrungene Haus auf dem höchsten Punkt der Festung Kruja verlassen hatten, bot sich ihnen ein eindrucksvoller Blick. Unter ihnen, an die Hänge des steil aufragenden Felsberges geklebt, lagen die Hütten des Städtchens Kruja und im Tal rundherum kleine Felder und Olivenbäume. Viele Baumstümpfe zeugten noch von mehreren erfolglosen Belagerungen durch die Türken. Im Osten, hinter einer steilen, vegetationslosen Bergkette, lag das Mat-Tal mit seinen Bergweiden, das Kerngebiet der stolzen Malsoren (Bergbewohner), das seit den Tagen Alexanders des Großen kaum ein Fremder betreten hatte.

«Was sind das für Menschen, die nach der Messe Schafe und Hühner schlachten – sind das wirklich Christen?» fragte Tassini den Bischof. Das Schaf und das Huhn seien Opfer für die «Schöne der Erde», einen Dämon, an den die Albaner glaubten. Sie verehrten auch noch viele andere Geister und Dämonen, erklärte d'Acciano nüchtern. «Vieles, was sie tun, ist in den Lehren der Heiligen Kirche nicht enthalten. Aber was hilft es, mein junger Freund, wir müssen es ertragen – die Not macht seltsame Bettgenossen!»

Der päpstliche Legat hatte sich während seiner häufigen Aufenthalte im Land der Albaner in den letzten Jahren aufmerksam umgesehen und auch die Sprache der Einheimischen gelernt. Sie sei mit keiner Sprache der anderen Völker Europas verwandt, meinte er, und das Volk der Albaner lebe offenbar von Anbeginn an hier in den wilden Bergen, noch an uralten heidnischen Traditionen hängend, genügsam und kulturell zurückgeblieben, aber ungeheuer freiheitsdurstig und tapfer. «Sie nennen sich selbst Skipetaren, die Adlersöhne. Und ich glaube, mein Sohn, sie sind ein Volk ganz für sich allein.»

Sie raubten ihre Frauen beim Nachbarstamm, fuhr der Bischof in der Aufklärung seines jungen Kollegen fort. Normalerweise seien die vielen albanischen Stämme alle untereinander verfeindet, aber gleichzeitig durch die hinüber und herüber geraubten Frauen eng untereinander blutsverwandt. «Sie sind unsere Feinde, wir heiraten sie», das sei ein Sprichwort unter den Albanern, wenn von den Fremden, den Nachbarn, die Rede sei. Erst jetzt, unter der Bedrohung durch die Türken und unter der überragenden Persönlichkeit des Fürsten Kastriota, hätten sich die albanischen Stämme zum gemeinsamen Abwehrkampf zusammengetan. «Leider muß ich sagen, mein junger Freund, daß sie sich auch in der Ehe nicht nach den Geboten der Kirche richten. Nicht nur, daß sie ihre Frauen rauben, nein, die Reicheren unter den Albanern haben meist auch mehrere Frauen.»

In den Stämmen gebe es erbliche Fürsten, Bajraktar genannt. Doch so stolz sich diese oft gäben, die Entscheidung über alle wichtigen Dinge im Stamm liege bei einem Rat der Ältesten, der Plekschenia, die in Streitfällen nach einem uralten, immer nur mündlich überlieferten Gesetz entschieden. Im Frühjahr und im Herbst, wenn die Rinder- und Schafherden auf die fruchtbaren Bergweiden hoch in den Gebirgen getrieben oder wieder für die Winterzeit in die Dörfer und Ställe geholt würden, versammelten sich Abgesandte von jedem Haus, um über die wichtigsten Vorgänge im Stamm informiert zu werden und ihre Stimme dazu abzugeben. Die heutige Fürstenversammlung diene der Vorbereitung dieser «Kuvente». Wenn die Stämme der Skipetaren gemeinsam einen neuen Kreuzzug gegen die türkischen Heiden anführen sollten, müßten erst alle Volksversammlungen zustimmen. «Ich weiß nicht, mein Sohn, ob sie es alle tun werden», schloß Bischof d'Acciano seine Erklärungen für den venezianischen Gesandten in der Ruhe und Abgeklärtheit eines erfahrenen Diplomaten, den nichts mehr erschüttern kann.

Vergessen von der Weltgeschichte

Wie kommt es, daß ein Volk, das sich längst zum christlichen Glauben bekannte, in diesem Buch eine Rolle spielen kann, das doch der *Vor*geschichte der europäischen Völker gewidmet ist? Spätestens mit der Annahme des Christentums war doch wohl für jedes Volk die schriftlose, die vorgeschichtliche Zeit zu Ende gegangen – so sollte man meinen. Im allgemeinen stimmt das auch, aber in Albanien ist alles anders, damals wie heute.

Daß die albanische Sprache zur indoeuropäischen Sprachfamilie gehört, steht fest. Aber damit hört auch schon für die Wissenschaft die volle Klarheit auf. Ist Albanisch eine Fortentwicklung der Sprache der alten Balkan-Illyrer, von denen wir im 21. Kapitel (S. 468ff) einiges gehört haben? Vieles deutet darauf hin. Das heutige Albanisch scheint aber auch thrakisches Spracherbe in sich zu tragen, und schließlich ist die lange Zeit der Römerherrschaft nicht spurlos am Albanischen vorübergegangen. Es hat so viele lateinische Fremdworte in sich aufgenommen, daß es von einigen Linguisten als halbromanisierte Sprache bezeichnet wird. Die Eigenwilligkeit des albanischen Volkscharakters zeigt sich allerdings darin, daß diese Fremdworte meist eine starke Umformung erfuhren. Laien könnten kaum erkennen, daß das albanische Wort «mbret» = Herrscher, Kaiser nur das weiterentwickelte lateinische «Imperator» ist. Die dem päpstlichen Legaten in der obigen Episode in den Mund gelegte Äußerung, die albanische Sprache sei mit keiner anderen Sprache Europas verwandt, stimmt jedenfalls auch heute noch insoweit, daß sie keinem anderen lebenden Zweig der indoeuropäischen Familie innerhalb Europas näher angeschlossen werden kann.

Die Vorfahren der Albaner scheinen bereits seit der ersten Ansiedlung von Kurgan-Abkömmlingen auf der Balkanhalbinsel dort ansässig zu sein, wo noch heute der Kern ihrer Wohnsitze ist. Sie haben möglicherweise eine Vorbevölkerung in sich aufgenommen, deren Charaktereigenschaft ausgeprägter Konservatismus und zähe Seßhaftigkeit gewesen sein muß. Vorindoeuropäische Spuren sind vor allem im Dialekt der nördlichen Albaner zu finden. Es ist geradezu auffällig, wie gering die «Wanderlust» der Albaner von der Vorgeschichte bis ins späte Mittelalter war, im Gegensatz zu den meisten anderen Tochtervölkern der Kurgan-Hirten. Erst in der Neuzeit begann sich ihr Siedlungsgebiet auszudehnen, aus Gründen, die weiter unten noch erklärt werden.

Der Kulturzustand dieser Frühalbaner – nennen wir sie einmal ganz unwissenschaftlich «Berg-Illyrer» – war vermutlich dem der dorischen Griechen *vor* ihrer Einwanderung in das eigentliche Griechenland sehr ähnlich (vgl. 11. Kapitel, Kehrten die «Söhne des Herakles» zurück?). Es waren anspruchslose, kriegerische und von den kulturellen Entwicklungen ihrer Umwelt unberührte Berghirten. Die Wohnsitze der Dorer lagen ja denen der Albaner ganz dicht benachbart, in den Gebirgszügen Nordgriechenlands und Südalbaniens, bevor sie um 1100 v. Chr. in die Küstenlandschaften von Hellas hinabstiegen.

In den abgelegenen, nur über halsbrecherische Ziegenpfade erreichbaren Hochtälern der albanischen Gebirge – ihre Gipfel erreichen oft Höhen über 2000 Meter! – konnten ihre Bewohner ungestört ihr eigenes Leben führen. Mochten Griechen, Makedonen, Epiroten, Römer, Slawen, Byzantiner, Bulgaren, Serben, Kreuzritterherren, Venezianer und Türken sich im Laufe von über zweitausend Jahren in der Herrschaft über die Küstenebenen und die wenigen Durchgangstäler ablösen, mochten sie die dort wohnenden Illyrer auch allmählich überfremden und kulturell einschmelzen – in ihren Bergen ließen sich die Skipetaren davon kaum beeinflussen. Man vermutet mit guten Gründen, daß das heute noch kaum zugängliche Tal des Mat-Flusses in Mittelalbanien der Kern des Rückzugsgebietes war, in dem die Albaner mehr oder weniger vergessen von der Weltgeschichte überlebt haben.

Äußerlich haben die Albaner jeweils nach längerer Zeitverzögerung die Religion ihrer jeweiligen Herrenvölker übernommen – die Verehrung der römischen Götter, dann das Christentum katholischer oder orthodoxer Prägung und schließlich unter der jahrhundertelangen Türkenherrschaft den Islam. Man könnte hinzufügen: heute auch den Atheismus der Kommunisten. Aber in ihrer Denkweise und ihrem gesellschaftlichen und kulturellen Leben haben sie länger, zäher und konsequenter am Lebensstil der Kurgan-Hirten festgehalten und damit in der Vorgeschichte verharrt als jedes andere indoeuropäische Volk.

Die altindoeuropäischen gesellschaftlichen Verhältnisse, wie sie in der obigen Episode für die Mitte des 15. Jahrhunderts n. Chr. dargestellt wurden, hatten im wesentlichen auch zu Anfang des 20. Jahrhunderts noch Geltung, zumindest bei den Albanern des gebirgigen Nordens.

Wie die Albaner wurden, was sie sind

Trotz aller Zähigkeit hatten natürlich die politisch-kulturellen Verhältnisse, mit denen sich die Albaner so lange abfinden mußten, ihren Einfluß ausgeübt. Der Shkumbin-Fluß in Mittelalbanien trennt zwei Dialekte der albanischen Sprache: den der Gegen im Norden und den der Tosken im Süden. Griechenherrschaft und -sprache und später das orthodoxe Christentum im Süden, Römerherrschaft und -sprache und das römisch-katholische Christentum im Norden haben über die Jahrhunderte nicht nur sprachliche, sondern auch soziale Unterschiede hervorgerufen. Im flacheren, leichter zugänglichen Süden entwickelte sich ein bitterarmes «Proletariat» eigentumsloser Landarbeiter auf den Gütern reicher Adliger. Es ist kein Zufall, daß die Führungsschicht der heutigen kommunistischen Partei Albaniens aus dem traditionsärmeren, radikaleren Süden stammt.

Die Eroberung Konstantinopels durch die Türken im Jahr 1453

war nicht etwa der *Beginn* des türkischen Ausgreifens nach Europa. Schon anderthalb Jahrhunderte vorher hatte der Häuptling eines aus Innerasien nach Anatolien eingewanderten Stammes der Turk-Ogusen aus der großen türkisch-mongolischen Völkerfamilie (vgl. 16. Kapitel, Hunnen, Türken und Mongolen, die neuen Reiter aus dem Osten) dort einen kleinen Staat gegründet, gar nicht weit von Konstantinopel, der Hauptstadt des Byzantinischen Reiches. Der Häuptling hieß Osman, und nach ihm nannte man jahrhundertelang die Türkei das «Osmanische Reich». Seine Nachkommen regierten in Istanbul (dem früheren Konstantinopel) noch bis 1922. Um 1350 hatten die Türken erstmals auf der europäischen Seite des Bosporus Fuß gefaßt. Über vierzig Jahre später, nach der berühmten Schlacht auf dem Amselfeld in Südjugoslawien (1389), geboten sie bereits über große Teile der Balkanhalbinsel. Zahlreiche einheimische christliche Fürsten hatten sich ihrer Oberhoheit unterstellen müssen. Auch das auf ein winziges Gebiet um die Stadt Konstantinopel zusammengeschmolzene Byzantinische Reich gehörte dazu, bis es einige Jahrzehnte später um der christlichen Religion willen in vollem Bewußtsein der kommenden Vernichtung den Aufstand gegen den Türkensultan wagte.

Weit im Westen davon, in den albanischen Bergen, hatten die Türken auch schon längst die Fahne des Propheten aufgerichtet. Wie viele andere Kleinfürsten mußte auch der Bajraktar Johann Kastriota von Kruja zu Beginn des 15. Jahrhunderts dem Sultan Gefolgschaft schwören und seinen Sohn Georg als Geisel stellen. Die Türken zwangen diesen wie alle vornehmen Geiseln, Mohammedaner zu werden. Als Offizier und General im Heer des Sultans lernte er türkische Denkweise und türkische Kriegskunst gründlich kennen, aber ein Türke in seinem Herzen wurde er nicht. 1443, mit vierzig Jahren, nutzte er die Gunst einer Schlacht in Rumänien, die das Sultansheer verlor, sich mit einer Schar von Getreuen ins heimatliche Albanien durchzuschlagen. Er bekannte sich wieder voller Überzeugung zum christlichen Glauben, verjagte die türkische Besatzung seiner Heimatstadt und einigte in kurzer Zeit die wichtigsten albanischen Fürsten im Kampf gegen die fremdgläubigen türkischen Zwingherren. Dies ist in der albanischen Geschichte ein einmaliger Vorgang geblieben. Manche Züge in der Lebensgeschichte Skanderbegs, wie man Georg Kastriota allgemein nennt, erinnern an den prußischen Edlen Monte, von dem im vorigen Kapitel berichtet wurde.

Skanderbegs Leben und Wirken ist von schriftlichen Quellen im zeitgenössischen Europa ausführlich behandelt worden, war er doch für das von der Türkenfurcht geschüttelte Europa so etwas wie der ersehnte Retter. Allerdings kam der um 1455 geplante Kreuzzug unter seiner Führerschaft nie zustande. Er wäre der letzte in der langen Reihe dieser merkwürdigen Feldzüge gewesen, die das Abendland unter dem Motto des Kampfes gegen die Ungläubigen im Nahen Osten (und, wie wir wissen, auch im Nordosten) führte. Fürst Skanderbeg gelang es, solange er selbst lebte, die Türken von den heimatlichen Bergen fernzuhalten. Doch schon bald nach seinem Tod (1468) war der Elan, der Freiheitswille und die Einigkeit der Albaner verflogen und das ganze Land wieder türkisch. Dem Namen nach blieb es unter der Oberhoheit der «Hohen Pforte» in Istanbul bis ins 20. Jahrhundert hinein. Erst 1912 erhielt es formell die Unabhängigkeit.

Mit der Wiedereroberung Albaniens durch die Türkei am Ende des 15. Jahrhunderts senkte sich erneut der Vorhang des Vergessens über das kleine Gebirgsland. Die Zeit blieb dort stehen. Türkische Paschas und Beis erpreßten Steuern und holten zwangsweise junge albanische Männer ins Türkenheer – die berühmt-berüchtigten «Arnauten» (türkisch: Albaner). Im übrigen ließen sie die albanischen Stämme weitgehend nach ihren eigenen uralten Sitten leben. Aber irgendeine bemerkenswerte kulturelle Entwicklung gab es nicht. Erst im 17. Jahrhundert fanden sich in Albanien Menschen, die in ihrer eigenen Sprache schreiben und lesen lernten. Europa hatte das Land, das für kurze Zeit im späten Mittelalter in vieler Munde gewesen war, wieder völlig vergessen. Es sank noch einmal in die Vorgeschichte zurück.

Seit dem Spätmittelalter, also in den Jahrhunderten um Skanderbeg, muß sich die albanische Bevölkerung stark vermehrt haben. Erstmals aus jener Zeit haben wir Nachrichten von der Ausbreitung dieses Volkes. Zunächst ließen sich die Männer, denen der karge Boden nicht genügend Existenzmöglichkeiten bot, von den zahlreichen italienischen, serbischen oder anderen Heerführern jener kriegerischen Epoche als Söldner anwerben. Bald kam es auch zu regelrechten Auswanderungszügen nach Nordgriechenland, ja bis in den Peloponnes, wo es heute noch geschlossene albanische Siedlungen gibt. Als die Türken das Land endgültig besetzt hatten, wanderten viele Albaner, die das Christentum nicht aufgeben wollten, mit ihren Familien nach Süditalien und Sizilien aus; heute sind es dort noch etwa 150000 Menschen, die zäh an ihrer Sprache und ihren alten Gebräuchen festhalten. Im 17. und 18. Jahrhundert flüchteten viele Serben vor den Türken nach Norden; die freiwerdenden Gebiete wurden mit nachdrängenden Albanern besiedelt. So kommt es, daß das in Jugoslawien liegende Gebiet um die Stadt Priština, das sogenannte Amselfeld, einst der Kern des mittelalterlichen – slawischen! – Serbien, heute von 500000 Albanern und kaum noch von Slawen bewohnt wird. Das ist einer der Gründe für das gespannte Verhältnis zwischen den beiden Nachbarstaaten auf der Balkanhalbinsel.

Jahrhundertelang war das Land der Albaner das unbekannteste und unzugänglichste Gebiet Europas. Nur zwischen seiner Unabhängigkeit im Jahr 1912 und dem Zweiten Weltkrieg rückte es etwas mehr in das Bewußtsein der Europäer. Doch seitdem ist es erneut in eine nunmehr selbstgewählte Isolation verfallen. Im Inneren wird das seit fast vierzig Jahren von Kommunisten beherrschte Albanien mit Riesenschritten zu einem modernen Staat umgebaut, und die alten Sitten schwinden rapide. Nach außen aber schließt sich das kleine Land mißtrauisch von seiner Umwelt ab, sowohl gegen die «kapitalistischen» wie gegen die «volksdemokratischen» Staaten und deren Bewohner. Es ist für westeuropäische Touristen leichter, nach Sikkim im Himalaya oder den Tonga-Inseln im Pazifik zu reisen, als nach Albanien.

Absolute Unabhängigkeit durch Meiden jeglichen friedlichen Verkehrs mit dem Nachbarn, dem «Fremden», ist wohl ein Leitmotiv der «Adlersöhne» geblieben, ob sie sich vor den Römern in ihre Berge zurückzogen oder unter Skanderbeg gegen die Türken kämpften, ob sie unter der Türkenherrschaft praktisch doch ihr eigenes Leben führten oder heute auch den sozialistischen «Bruderstaaten» jede Mitsprache in ihrem Land verweigern.

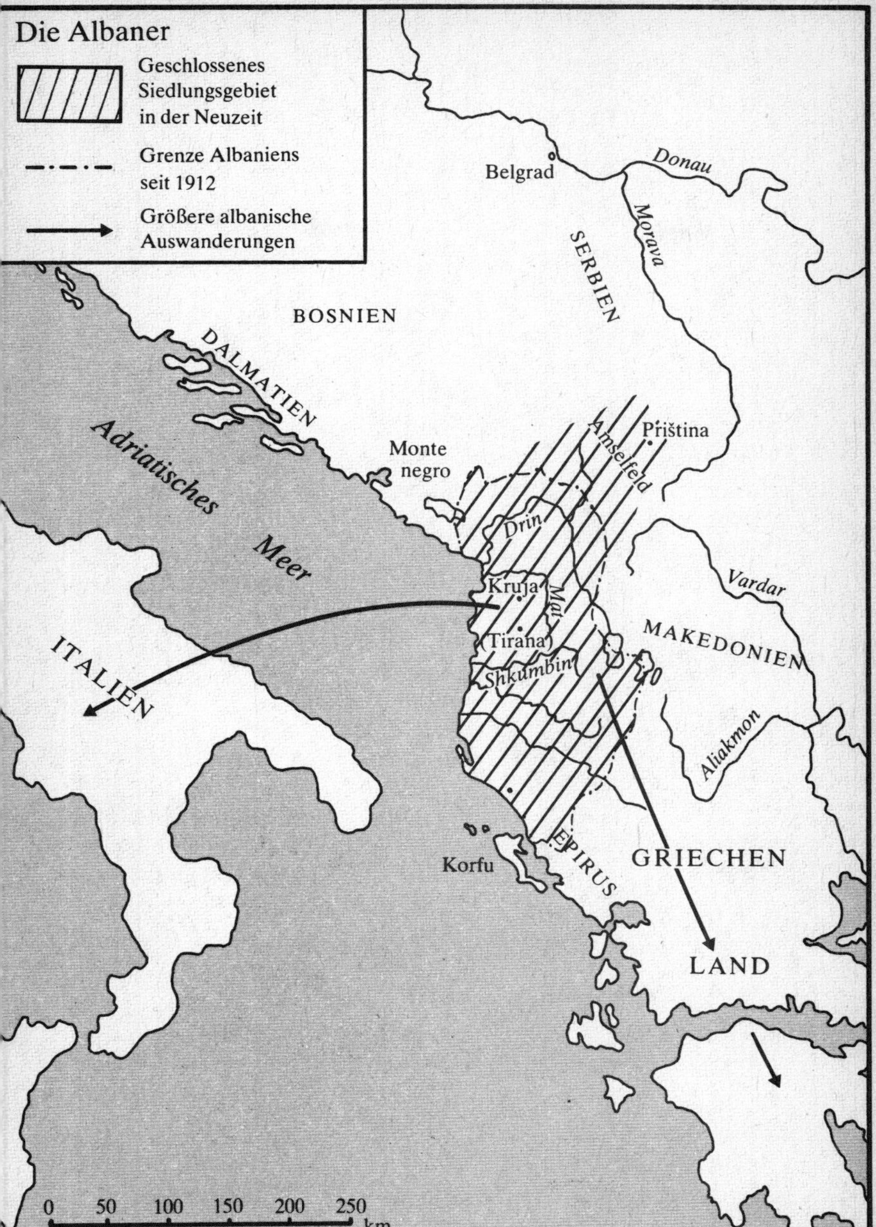
Die Albaner
Geschlossenes Siedlungsgebiet in der Neuzeit
Grenze Albaniens seit 1912
Größere albanische Auswanderungen
Belgrad
Donau
Morava
SERBIEN
BOSNIEN
DALMATIEN
Adriatisches Meer
Monte negro
Priština
Amselfeld
Drin
Kruja
Mat
(Tirana)
Shkumbin
Vardar
MAKEDONIEN
Aliakmon
ITALIEN
Korfu
EPIRUS
GRIECHEN LAND
0 50 100 150 200 250 km

Nachwort

Wir sind am Ende unserer Darstellung des vorgeschichtlichen Aufbruchs der indoeuropäischen Völker angekommen. Der Weg, den der Leser dabei geführt wurde, war ungeheuer weit. Er reichte von der innerasiatischen Steppe bis zu den Wäldern Galliens. Und er schritt eine Zeitspanne von nicht weniger als fünf Jahrtausenden ab, von der jüngeren Steinzeit bis zum Beginn der Neuzeit. Einen so langen Zeitraum nahm es in Anspruch, daß das «Urvolk» der Kurgan-Hirten sich formte, ausbreitete, aufspaltete, sich mit andersrassigen und anderssprachigen Völkern vermischte und in Gestalt zahlreicher Tochtervölker nach und nach aus dem Dämmer der Vorgeschichte ins Licht der geschriebenen Geschichte auftauchte. Das Drama der frühen Indoeuropäer hatte viele Akte und Schauplätze.

Wir haben gesehen, wie einmal hier, einmal dort gleich Fackeln frühe Kulturen dieser Völker aufleuchteten, ihre nähere Umgebung für eine Weile überstrahlten und dann wieder erloschen. Fast immer hatte bei diesem Verlöschen ein anderes Volk aus der näheren oder weiteren Verwandtschaft die Hand im Spiel, ein Volk, das plötzlich nach jahrhundertelangem oder gar jahrtausendelangem genügsamem, geschichtslosem Hirten- oder Bauerndasein zu einer neuen Macht- und Kulturblüte aufbrach, dabei einen Teil der Kultur seiner Vorgänger übernahm, sie einschmolz und weiterentwickelte.

Wohl nie werden wir herausbekommen, worin sich die geheimnisvolle Dynamik fortgeerbt hat, die für die Indoeuropäer seit vorgeschichtlicher Zeit bis heute kennzeichnend ist. Sicher sind es kaum die körperlichen, die äußerlich sichtbaren rassischen Eigenschaften der ursprünglichen Kurgan-Hirten, die sich längst verwischt haben. Lag es an der Sprache, einer verhältnismäßig leicht übertragbaren und auch veränderbaren geistigen Errungenschaft? Wir wissen es nicht.

Wir können nur die unbestreitbaren Tatsachen registrieren, die äußeren Anlässe und die Auswirkungen dieser Kraft. Aber dabei stellen wir fest: Die Dynamik der Indoeuropäer hat von Anbeginn ihrer Existenz an immer wieder unersetzliche Werte zerstört und viele frühere Hochkulturen das Leben gekostet. Die früheren – und ebenso die späteren! – Völker dieser Sprachfamilie haben sich auch gegenseitig nicht geschont. Aber in all ihrer mitreißenden Wildheit haben sie auch die Energie entwickelt, die die menschliche Geschichte in den immer schnelleren Fortschritt zum Bösen wie zum Guten zwang. Es waren – in aller Objektivität muß das ausgesprochen werden – im wesentlichen die Indoeuropäer, die das schufen, was heute die abendländische Kultur ausmacht. Und diese indoeuropäische – keineswegs nur griechisch-römische! – Kultur war es, die in der Neuzeit zu den Großtaten der modernen Technik geführt hat, welche *allen* Völkern der Erde heute hilft, sich «das Erdreich untertan zu machen».

Zeittafeln

Zeit um ... v. Chr.	Südrußland / Ukraine	«Fruchtbarer Halbmond» (Irak, Iran, Syrien, Palästina) / Ägypten	Innerasien / Pakistan, Indien
3500	*Untere Wolga, Ukraine: Mittelsteinzeitliche Jäger, («Kurgan I»):* COWBOYS VOR 5500 JAHREN (I/4)	Ägypten, Mesopotamien: Bauernkulturen in Dörfern	Turan (südl. Aralsee): Jungsteinzeitl. Jäger und Fischer («Kelteminar-Kultur»)
3200		Mesopotamien: Einwanderung der Sumerer	Pakistan: Allmähliche Entstehung der vorarischen Induskultur (Verwandte der Sumerer?)
3100	*Ausbreitung des Kurgan-Volkes nach Westen, Zusammenwachsen mit Dnjepr-Donez-Kultur, Entwicklung zu*		
3000	*Hirten und Bauern («Kurgan II»):* TRÄNEN UM EINEN FALSCHEN TOPF (I/4) WELCHEM VOLK GEHÖRT DER TOTE? (I/4) DIE HÄNDLER AUS DEM SÜDEN (I/4)	Mesopotamien: Entwicklung erster Schriftzeichen, später Keilschrift, durch diese Anregung Hieroglyphenschrift in Ägypten Mesopotamien: Einbruch der Semiten aus Nordarabien, Entstehung von Stadtstaaten	
2600		Ägypten: Gründung des «Alten Reiches»	Entstehung städtischer Zentren der Induskultur (Harappa, Mohenjo-daro), Schrift

Kleinasien (asiat. Türkei = Anatolien)	Südeuropa (Rumänien, Bulgarien, Jugoslawien, Griechenland, Italien)	Mitteleuropa (Skandinavien, Deutschland, Böhmen, Österreich)	Osteuropa (Polen, Baltikum, Mittelrußland, Slowakei, Ungarn)
Kupfer-Stein-Zeit, Bauernsiedlungen in Kleinstädten	Balkan: Jungsteinzeitliche Bauernkulturen, bemalte Keramik Italien: Westmediterrane Megalithkultur	Jungsteinzeitliche Bauernkulturen («Bandkeramik»), z. T. noch Jäger u. Sammler, an den Küsten Megalithkulturen	Mittelsteinzeitliche Jäger- u. Sammlerkulturen Donau: Bandkeramische Bauern
Bau der 1. Burg in Troja («Troja I»)			
	Griechenland: Beginn der Frühbronzezeit Kreta: «Frühminoische Kultur»		

Wichtige Entwicklungen, Ereignisse bei indoeuropäischen Völkern

ÜBERSCHRIFTEN VON EPISODEN DIESES BUCHES

Wichtige Entwicklungen, Ereignisse bei nichtindoeuropäischen Völkern

Zeit um ... v. Chr.	Südrußland / Ukraine	«Fruchtbarer Halbmond» (Irak, Iran, Syrien, Palästina) / Ägypten	Innerasien / Pakistan, Indien
2500	*Große Dürre, Beginn der «Explosion» («Kurgan III»):* DIEUS PETÉR GROLLT (I/1) DER AUFBRUCH DER JUNGMANNSCHAFT (I/1) FROHE BOTSCHAFT (I/1)	Ägypten: Bau der großen Pyramiden Mesopotamien: Stadtstaaten, Überseehandel: KAUFHERR LUGALANDA AUS UR (I/5)	Pakistan: Städtische Hochkultur, Überseehandel, Schrift («Induskultur»)
			Turan (südl. Aralsee): Überlagerung der «Kelteminar-Kultur» durch *Viehzüchter («Tazabag-jab-Kultur»)*
2400		Mesopotamien: Erstes (semitisches) Großreich König Sargon von Akkade	
2300	*Beginn der Bronzeverwendung («Kurgan IV»), nördl. Kaukasus: Entstehung der «Maikop-Kultur»*	Mesopotamien: Ausbreitung der Churriter aus Kaukasus nach Süden	
2200	*Ende der «Kurgan-Explosion», Veränderung der Grabsitten: «Katakombengrab-Kultur»*		Allmählicher Niedergang der Induskultur
2100			

Kleinasien (asiat. Türkei = Anatolien)	Südeuropa (Rumänien, Bulgarien, Jugoslawien, Griechenland, Italien)	Mitteleuropa (Skandinavien, Deutschland, Böhmen, Österreich)	Osteuropa (Polen, Baltikum, Mittelrußland, Slowakei, Ungarn)
Bronzezeitliche «Zentralanatolische Kultur» Bau von «Troja II»: Das goldene Ohrgehänge von Troja (I/5)	Entstehung erster Städte in Griechenland, Verwendung von Gold, Silber, Kupfer	«Bandkeramiker» in Mitteldeutschland, «Trichterbecherkultur» in Norddeutschland, dazwischen noch einzelne Jägergruppen: Zwei Welten: Bauern und Jäger (I/5)	Jungsteinzeitliche Jäger, Fischer, Sammler (Vorfahren finnisch-ugrischer Stämme) Donau/Westukraine: jungsteinzeitliche Bauern
		Erstes Einsickern von Kurgan-Abkömmlingen: «Schnurkeramiker», «Streitaxtkultur», «Einzelgrabkultur», «Badener Kultur»	*Mittelrußland: Entstehung der «Fatjanowo-Kultur»*
		Einwanderung der «Glockenbecherleute» aus Spanien	*Ostseeküste: «Baltische Bootaxtkultur»*
Beginn der Einwanderung der Hethiter, Luwier? Zerstörung von Troja II	*Durchzug von Luwiern durch Ostgriechenland*		

Zeit um … v. Chr.	Südrußland / Ukraine	«Fruchtbarer Halbmond» (Irak, Iran, Syrien, Palästina) / Ägypten	Innerasien / Pakistan, Indien
2000		Ägypten: Gründung des «Mittleren Reiches» Mesopotamien: Stadtfürsten von Assur werden von Akkade unabhängig	
1900			
1800	*Katakombengrabkultur*	Ägypten: 1786 Ende des «Mittleren Reiches»	*Kasachstan: Bildung der «Andronowo-Kultur» (seßhafte Viehzüchter)*
1700		Mesopotamien: 1729–1686: Hammurabi macht Babylon zur Großmacht Ägypten: Einbruch der Hyksos	*Turan (südl. Aralsee): Beginn der Ausbreitung der Andronowo-Kultur nach Süden, Südwesten:* EIN HEIKLER AUFTRAG (II/7) «Erfindung» des
1600		Mesopotamien: *Hethiter zerstören auf Raubzug Babylon* *Nordmesopotamien: Entstehung des Mitanni-Reiches*	
1500	*Überlagerung durch Einwanderer von Osten (Verwandte der «Andronowo-Kultur»?), Entwicklung zur «Holzkammergrabkultur»*	Ägypten: Ende der Hyksos-Herrschaft, Entstehung des «Neuen Reiches»	*Pakistan: Einbruch der Arier in das Gebiet des oberen Indus:* KAMPF DEN DASYUS (II/8) Ende der Induskultur

Kleinasien (asiat. Türkei = Anatolien)	Südeuropa (Rumänien, Bulgarien, Jugoslawien, Griechenland, Italien)	Mitteleuropa (Skandinavien, Deutschland, Böhmen, Österreich)	Osteuropa (Polen, Baltikum, Mittelrußland, Slowakei, Ungarn)
Bestehen zahlreicher Kleinstaaten	Kreta: «Mittelminoische Kultur» (Epoche der «Älteren Paläste»)		Nordrußland: Finnisch-ugrische Stämme *Mittelrußland: (ostbaltische) Fatjanowo-Kultur* *Baltikum: Haffküstenkultur*
Entstehung assyrischer Handelskolonien	*Erste (jonische) Einwanderung in Griechenland*		
Bildung eines ersten hethitischen Staates: NÄCHTLICHE EROBERUNG (II/6)	*Zweite (arkadische, aiolische) Einwanderung:* DAS OPFER DES AKRISIOS (II/9)	*Bronzezeit: Aunjetitz-Kultur*	
Gründung des «Älteren hethitischen Reiches» durch Labarnas	Kreta: Epoche der «Jüngeren Paläste»		
		Leubinger Kultur, Fernhandel durch Europa: DER KAUFMANN UND DER HÄUPTLING (V/17)	
Streitwagens			
DIE STREITWAGEN (II/6)	*Dritte (achäische) Einwanderung in Griechenland (Entstehung der mykenischen Kultur):* KÖNIG ATREUS VON MYKENE (II/9)		
Hethiterkönig Telepinus (1525–1500): EINE UNGEWÖHNLICHE ENTSCHEIDUNG (II/6)	Vulkanausbruch auf Thera, Ende der Seeherrschaft Kretas	*Ausdehnung der Aunjetitz-Kultur nach Südosten (Nordbalkan)*	

Zeit um ... v. Chr.	Südrußland / Ukraine	«Fruchtbarer Halbmond» (Irak, Syrien, Palästina) / Ägypten	Innerasien / Pakistan, Indien / Iran
1500	*Fortdauer der Holzkammergrab-(Balkengräber-)Kultur*	Mesopotamien: Assyrien von *Mitanni* abhängig	
			Turan: Beginn einer zweiten arischen Wanderung nach Südwesten (Meder, Perser)
1400		Ägypten: 1363–1347 Amenophis IV. = Echnaton; Ehefrau *Nofretete († 1344):* DIE KÖNIGIN VON ÄGYPTEN SCHREIBT EINEN BRIEF (II/7) Nordmesopotamien: *Niedergang von Mitanni,* Assyrien wieder unabhängig	
1300		Ägypten: Ramses II., 1270 Pakt mit Hethitern	*Pakistan: 1500–1000 «Vedische Periode» der arischen Einwanderer:* DER MUND DES PURUSHA (II/8)
		Palästina: Rückwanderung jüdischer Stämme aus Ägypten (Moses)	*Indien: Allmähliches Vordringen der Arier ins mittlere Nordindien*
1200		Ägypten: 1184–1153 Ramses III. 1175: *«Seevölkersturm»:* UNSERE PLÄNE WERDEN GELINGEN (III/10)	*Iran: Vorfahren der Meder, Perser in NW-Iran*
		Mesopotamien: Übergewicht Babyloniens	

Kleinasien (asiat. Türkei = Anatolien)	Südeuropa (Rumänien, Bulgarien, Jugoslawien, Griechenland, Italien)	Mitteleuropa (Skandinavien, Deutschland, Böhmen, Österreich)	Osteuropa (Polen, Baltikum, Mittelrußland, Slowakei, Ungarn)
Niedergang des «Alten hethitischen Reiches»		*Deutschland: Hügelgräberkultur, Sprache: «Alteuropäisch»*	
Begründung des «Neuen hethitischen Reiches»	*Kreta: Eroberung durch Achäer* *Griechenland: Entstehung der kretisch-mykenischen Kultur, Zeit der Heroen*	*Südskandinavien «Nordische Bronzezeit»:*	
	DIE WELT IST WEIT UND HELL (II/9)	DIE SCHIFFE DER NORDLEUTE (V/17)	
1375–1340 Hethiterkönig Suppiluliuma I.			
Freundschaftspakt Hethiter–Ägypten	*Nordbalkan: Beginn der «Urnenfelderwanderung», erste Indoeuropäer in Norditalien*	*Süddeutschland: Beginn der «Urnenfelderwanderung», Ausdehnung bis Ostfrankreich*	*Ungarn: Beginn der «Urnenfelderwanderung»:* DIE JUGEND WIRD UNRUHIG (III/10)
	Griechenland: 1230: DER ZUG GEGEN TROJA, NICHT NACH HOMER (II/9)		*Slowakei: 1230* DER SCHEITERHAUFEN (V/17)
«Seevölkersturm» 1190: Ende des hethitischen Reiches: EIN KÖNIG STIRBT DEN HELDENTOD (II/6)	*Griechenland: Kampf gegen (illyrische?) Eindringlinge*		Nordrußland/Finnland: Finnisch-ugrische Stämme *Mittelrußland: (Ostbaltische) Fatjanowo-Kultur* *Baltikum: (West-)Baltische Bronzekultur*

Zeit um … v. Chr.	Südrußland / Ukraine	«Fruchtbarer Halbmond» (Irak, Syrien, Palästina) / Ägypten	Innerasien / Pakistan, Indien / Iran
1100		Ägypten: Ende des «Neuen Reiches», Zerfall in mehrere Staaten Libanon: Phönikische Handelsstädte gründen im Mittelmeer Kolonien	
	Holzkammergrabkultur		
1000		Palästina: *Kämpfe der Philister* mit Israel (Saul, David): DER TRIUMPH DER PHILISTER (III/10)	
	Untere Wolga: Herausbildung der Skythen *Westen (Dnjepr): Herausbildung der Kimmerier*	968–930: Salomo, Tempelbau in Jerusalem	
900		Palästina: zwei jüdische Reiche (Israel, Juda) Mesopotamien: Assyrien steigt zum Großreich auf (bis 614)	
	«Pontische Wanderung» nach Inner- u. Ostasien?		*Indien: 1000–500 «Brahmanische Periode»*
			Ostasien: China schlägt «Hiung-nu» zurück

Kleinasien (asiat. Türkei = Anatolien)	Südeuropa (Rumänien, Bulgarien, Jugoslawien, Griechenland, Italien)	Mitteleuropa (Skandinavien, Deutschland, Böhmen, Österreich)	Osteuropa (Polen, Baltikum, Mittelrußland, Slowakei, Ungarn)
Erste Einwanderung von Phrygern aus dem Balkan	*Griechenland: Ende der mykenischen Kultur, vierte (dorische) Einwanderung*	*Südskandinavien: Jüngere Bronzezeit*	
	Italien: Zug der Latiner nach Latium, der «Bestattenden Italiker» nach Mittelitalien	*Ostdeutschland / Polen: «Lausitzer Kultur» (bis 400)*	
		Mittel-/Süddeutschland: Späte Urnenfelderzeit, Sprache «Mitteleuropäisch»: DER DONNERER (V/18)	Nordrußland / Finnland: finnisch-ugrische Stämme *Baltikum / Westrußland: Baltische Bronzekultur* *Wolynien: Nordkarpatische Kultur*
Erste griechische Auswanderungswelle (nach Kleinasien): ZU NEUEN UFERN (III/11)	*Griechisches «Mittelalter»:* DAS SCHAFSFEST VON ARGOS (III/11)		
	Südfrankreich/ Spanien: Einwanderung der späteren Kelten		
	Italien: Auswanderer aus Kleinasien gründen etruskische Kultur		
Weitere Einwanderung von Phrygern aus dem Balkan			

Zeit um ... v. Chr.	Südrußland / Ukraine	«Fruchtbarer Halbmond» (Irak, Syrien, Palästina) / Ägypten	Innerasien / Pakistan, Indien, Iran
800			*Nordindien: arische Kleinstaaten:* Dharma und Bhakti (II/8)
	Kimmerier werden Reiter: «Reiten oder untergehen!» (IV/13) *Skythen ziehen von unterer Wolga west- u. südwärts*	Palästina: 721 Nordreich Israel v. Assyrien erobert, Bevölkerung teilw. deportiert (Exil)	
	Schwarzmeerküste: Erste griechische Kolonien	*Erstes Auftauchen von Kimmeriern südl. d. Kaukasus*	*NW-Iran: Aufstand der Meder gegen Assyrien*
700	Weitgehende Entvölkerung der Steppen nördl. d. Schwarzen Meeres	*Skytheneinfall in Mesopotamien, Kleinasien (bis ca. 600)*	*NW-Iran: Perserhäuptling Achaimenes*
		625: Kyaxares begründet medisches Großreich	
		Assurs Ende durch den «Mächtigsten der Heiden» (IV/14)	
600	*Rückkehr der Skythen aus Vorderasien, Herrschaft im Schwarzmeergeb.*	Südmesopotamien: Neubabylonisches Reich (625–539)	*O-Iran: Zarathustra ca. 628–551* Also sprach Zarathustra (IV/14) *S-Iran: Perserkönig Kyros stürzt Mederherrschaft (553)*
		539: Eroberung Babylons durch Perser: Kyros, der König des Weltalls (IV/14)	*Persisches Großreich*
	513: Feldzug d. Perser (Darius) gegen Skythen: Totenfeier für einen König (IV/13)	*Ägypten: 525 von Persern erobert*	*N-Indien: Buddha ca. 550–480:* Der «Erleuchtete» (Buddha) (II/8)
			Großreich des Perser (bis 330)

Kleinasien (asiat. Türkei = Anatolien)	Südeuropa (Rumänien, Bulgarien, Jugoslawien, Griechenland, Italien)	Mitteleuropa (Skandinavien, Deutschland, Böhmen, Österreich)	Osteuropa (Polen, Baltikum, Mittelrußland, Slowakei, Ungarn)
Entstehung des Phrygischen Reiches	*Mittelitalien: latin. Stämme:* FERIAE LATINAE (V/20) *Griechenland: Zeit Homers, Entst. d. Schrift, 776 1. Olympiade, 750 Sparta erobert Amyklai:* SPARTA – WIE MAN ES NICHT KENNT (III/11)	*Süddeutschland / Ungarn: Entstehung der Hallstatt-Kultur (Eisenverwendung)*	
		Ostösterreich: AUF WACHT NACH OSTEN (V/18)	*Ungarn/Rumänien: Ausbreitung der Kimmerier*
Kimmerier vernichten Phrygien (696): KÖNIG MIDAS' GLÜCK UND ENDE (III/12)	*Italien: Griechische Kolonien in Sizilien, Unteritalien*	*Einfall von Kimmeriern*	
	Griechenland: 683 Abschaffung des Königtums; Adelsherrschaft *Rumänien/Bulgarien: Daker/Thraker*		Nordostrußland: Finnisch-ugrische Stämme *Baltikum: Baltische Bronzekultur* *Wolynien: Nordkarpatische Kultur*
Lydisches Reich in W-Kleinasien (seit 680) DIE ERFINDUNG DES GELDES (III/12)	*Jugoslawien: Illyrer*		
Ansiedlung von Armeniern in Urartu (um 600): AUS DEN SCHLUCHTEN DES BALKAN INS WILDE ARMENISTAN (III/12)	Italien: Herrschaft der Etrusker in N-, Mittelitalien		
547: Kyros erobert Lydien		*Ostfrankr., Süddeutschl., Österreich: Endstufe der Hallstatt-Kultur*	
		Ostdeutschland / Polen / Ungarn: Raubzüge der Skythen	
Persisches Reich			

Zeit um … v. Chr.	Südrußland / Ukraine	«Fruchtbarer Halbmond»	Innerasien / Pakistan, Indien, Iran	Kleinasien
500		*Reich der Perser (bis 330)*		
	Sarmaten ziehen von unterer Wolga westwärts			
400				
	Herrschaft der Skythen im Gebiet nördl. d. Schwarzen Meeres			
		Reich Alexanders d. Großen 330–323		
		Reiche makedonischer Diadochen		
300				
			Mongolei: Hiung-nu (Hunnen) bedrängen China	*278: Kelten besiedeln Galatien*
	Sarmaten überschreiten den Dnjepr: DIE LANZE IST STÄRKER ALS DER PFEIL (IV/15)		*NO-Iran: Entstehung des Parther-Reiches:* DIE GEBURTSSTUNDE EINES NEUEN REICHES (IV/15)	
	Niedergang der Skythen		*Afghanistan: Helleno-baktrisches Reich*	

Südeuropa		Mitteleuropa (Skandinavien, Deutschland, Böhmen, Österreich)	Osteuropa (Polen, Baltikum, Mittelrußland, Slowakei, Ungarn)
Balkanhalbinsel, Griechenland	Italien		
Griechenland: Perserkriege (500–449)	*Italien:* 505 Vertreibung der Tarquinier in *Rom:* Zerstritten im Inneren, einig nach aussen (V/20)	*Ostfrankr., SW-Deutschland: Entstehung der Kelten:* Wie eine Nation entsteht (V/19)	*Ostdeutschl., Polen: Niedergang d. Lausitzer Kultur:* Eine Stadt vor dem Untergang (V/18)
Bulgarien: Thrakisches Reich: Sitalkes' Bündnis mit Athen (V/21) Peloponnesischer Krieg 431–404		*Südskandin., N-Deutschl.: Entstehung der Germanen:* Karges Leben abseits vom Strom der Welt (V/22)	
	385 Kelteninvasion: «Vae victis!» (V/19)	*Kelten breiten sich nach Westen, Süden, Südosten aus*	Nordostrußland: Finnisch-ugrische Stämme *Baltikum: Baltische Bronzekultur* *Wolynien: Nordkarpatische Kultur*
Balkan: Einfall der Kelten			
Aufstieg Makedoniens: 336–323 Alexander d. Große	*Kriege Roms gegen Latiner, Italiker, Etrusker*	*Ausbreitung der Germanen nach Süden, Südosten*	
		Frankreich, Süddeutschl.: La-Tène-Kultur (Kelten)	
	1. Punischer Krieg (264–241)		
S-Dalmatien: 229/219 Rom erobert illyrisches Königreich (Königin Teuta)			
	2. Punischer Krieg (218–201) (Hannibal)		

Zeit um … v. Chr.	Südrußland / Ukraine	«Fruchtbarer Halbmond» (Irak, Iran, Syrien, Palästina) / Ägypten	Innerasien / Pakistan, Indien
200		*Großreiche makedonischer*	
			Afghanistan/N-Pakistan: Helleno-baktrisches Reich (bis 150)
			Innerasien: Tocharer (Yüetschi) werden von Hunnen *nach Westen gedrängt* Mongolei/Pamir: Hunnenreich
	Herrschaft der Sarmaten im Gebiet nördl. d. Schwarzen Meeres		*Afghanistan: tocharische Kleinfürsten*
100			
Chr. Geb.	*Untere Wolga: Entstehung des Stammesverbandes der Alanen*	*R ö m i -*	*Innerasien / Afghanistan / Pakistan / N-Indien: Kushan-Reich (Tocharer):* AM HOFE KÖNIG KANISCHKAS (IV/16)

Griechenland / Balkanhalbinsel	Italien	Mitteleuropa (Skandinavien, Deutschland, Böhmen, Österreich)	Osteuropa (Polen, Baltikum, Mittelrußland, Slowakei, Ungarn)
Diadochen	*Rom herrscht über ganz Italien*	*Ostalpen / Ungarn / Nordjugoslawien: Blütezeit keltischer Königreiche*	
Beginn der Eroberung Griechenlands, Kleinasiens, Thrakiens durch Rom		*Wanderung von (Ost-)Germanen nach Ostdeutschland, Polen*	
Rumänien: Germanen (Bastarner) dringen von Norden zur unteren Donau vor	*121: Rom erobert Südfrankreich (Provincia)*		Nordostrußland: Finno-Ugrier *Baltikum: Baltische Eisenkultur* *Wolynien: Nordkarpatische Kultur (Proto-Slawen)*
	113–101: Rom kämpft in Südfrankr., N-Italien gegen Kimbern, Teutonen		
	Mittelitalien: 91–89 Bundesgenossenkrieg: «BEFREIEN WIR UNS VOM RÖMISCHEN JOCH!» (V/20)		
Rumänien: 60–48 erstes Dakerreich (Burebista)		*Frankreich: 58–53 Eroberung ganz Galliens durch Caesar:* ASTERIX, DER GALLIER (V/19)	
S-Jugoslawien: Eroberung durch Rom bis zur Donau (dalmat. Küste schon vorher)	*44 Ermordung Caesars*		
		Mitteldeutschl., Böhmen: Stammesverb. d. Sueben, Markomannen: HERMINONEN UND DUREN (V/21)	
	30 v.–14 n. Chr. Kaiser Augustus		*Polen: Goten wandern von Südschweden an Weichselmündung, später nach Süden*
	s c h e s W e l t r e i c h		
Rumänien: 86–107 Zweites Dakerreich (Decebalus): ALS «GAST» ZUM DAKERKÖNIG (V/21)		*Römische Grenze: Rhein, Donau*	

Zeit um … n. Chr.	Ukraine / Südrußland	Innerasien / Iran	Balkanhalbinsel / Griechenland
100	*Don – untere Wolga: Herrschaft der Alanen*	Westl. Hunnen am Aralsee *Iran / Mesopotamien: Parther-Reich*	*Rumänien: 107 Dacien wird röm. Provinz* *Römisches*
200	*Herrschaft der Goten im Gebiet nördl. des Schwarzen Meeres* *Ukraine: teilweise Slawen als Unterschicht*	*Iran: 226 Ende des Parther-Reichs; persische Dynastie der Sassaniden*	*Rumänien: Vorstöße von Sarmaten, später Westgoten* *270: Rom gibt Provinz Dacia auf; Westgotenreich von Donau bis Dnjestr*
300	*Ostgotenreich von Don bis Dnjestr* Hunnen vertreiben *Alanen* nach Westen und in Kaukasus 375: Vorstoß der Hunnen über Don, Unterwerfung der *Ostgoten*, Herrschaft der Hunnen im Schwarzmeergeb.		*375: Westgoten fliehen vor Hunnen nach S über Donau, Zug d. Griechenland, Balkan nach Italien*
400	453: Zusammenbruch der Hunnenherrschaft, *Ausbreitung der Slawen*		
500			*Raubzüge, später Ansiedlung von Slawen auf d. ganzen Halbinsel*
	Herrschaft d. turk-tatarischen Awaren im Schwarzmeergeb., der verwandten Bulgaren an unterer Wolga		

West-/Südeuropa	Mitteleuropa	Osteuropa
Weltreich		
	Ständige Vorstöße von Westgermanen (Markomannen, Alamannen) gegen Rhein u. Donaugrenze d. Röm. Reiches	Nord-/Ostrußland: Finnisch-ugrische Stämme *Baltikum/Westrußland: Balten* *Wolynien/Ukraine: Zarubincy-Kultur (Frühslawen)*
395: Teilung in West- u. Oström. Reich *406: Vandalen, Alanen wandern durch Frankreich n. Spanien* *414: Westgotenkönig Athaulf heiratet Placidia:* «Den römischen Namen mit gotischer Kraft erneuern!» (V/22)	*Durchzug ostgermanischer Völker auf der Flucht vor Hunnen (Vandalen, Burgunder)* *Süddeutschland:* Oberherrschaft der Hunnen (Attila) über *german. Stämme*	
		Ungarn: 453 Tod Attilas, Auflösung d. Hunnenreichs, *Ausbreitung d. Slawen nach allen Seiten*
476: Ende des Weströmischen Reiches; Entstehung germanischer Königreiche über romanisierter Bevölkerung: Ostgoten, *später Langobarden in Italien, Franken in Frankreich, Westgoten in Spanien, Vandalen in Nordafrika*	*Slawen besiedeln d. von ostgerman. Stämmen weitgehend geräumte* Ostdeutschl., *Böhmen, Ostösterreich*	*Nordrußland: Slawen überlagern finnische Stämme* *Polen, Slowakei, Ungarn von Slawen besiedelt*

Zeit um ... n. Chr.	West-/Mittel-/Südeuropa	Osteuropa
600		
700	*Frankenreich* 711: Araber besetzen Spanien	
800	*Karl der Große*	*Entstehung eines slaw. Reiches in Mähren* *863: Slawenapostel Kyrill u. Methodios in Mähren*
900	*911: Konrad I., Beginn des Deutschen Reiches*	Magyaren (Ungarn, ugr. Volk) besetzen Ungarn *963: Polen wird christlich*
1000		1001: Ungarn werden christlich *Polen 1025–1080 Königreich, danach Zerfall in mehrere Herzogtümer*
1100	*Eroberung der slawischen Gebiete Mittel-, Ostdeutschlands, 1147 «Wendenkreuzzug»:* «... Bis entweder das Heidentum oder das Volk vernichtet ist!» (VI/23)	
1200		*1200–1240: Ostpreußen, Baltikum von Deutschem Orden erobert* *1260–1270: Prußen-Aufstand:* Ein Volk steht auf (VI/24)
1300		*Litauen: 1316–1341* *Fürst Gedimin begründet Großmacht:* Großfürst Gedimins Bekenntnisse (VI/24)
1400		

Balkanhalbinsel/Griechenland/Kleinasien	Nord-/Südrußland, Ukraine	Innerasien/Iran/Arabien/«Fruchtbarer Halbmond»
680: Begründung d. Bulgarenreichs südl. d. Donau: Im Dorf der Severjanen (VI/23)	Herrschaft der turk-tatar. Chasaren an d. unteren Wolga, Wanderung d. Bulgaren teils nach N (mittl. Wolga), teils nach W (Bulgarien)	632: Mohammed gest.; Ausdehnung der Araber und des Islam auf Vorderasien (Iran, Mesopotamien, Syrien, Palästina), Nordafrika
864: Bulgaren werden Christen	*Handelsfahrten der Normannen (Waräger) durch Rußland* *862: Rurik wird Fürst v. Nowgorod:* «Komm und herrsche über uns!» (VI/23)	
Zar Simeon d. Gr. 893–927, 1. Bulgar. Großreich	*Oleg erobert Kiew, vereinigt Nowgorod u. Kiew, Reich der «Rus», Rurikiden*	*Letzte Reste indoeuropäischer Sprachen in Innerasien*
	988: Russen werden Christen	
		Mohamm. Turkvolk d. Seldschuken besetzt Iran, Irak, Teile Kleinasiens
	Zahlreiche russische Fürstentümer (Rurikiden)	*1095: 1. Kreuzzug, Jerusalem von europ. Rittern erobert*
		1147: 2. Kreuzzug
Mohammed. Türken (Osmanen) erobern Kleinasien, allmählich auch Balkanhalbinsel *Ausbreitung der Albaner, albanische Kleinfürsten*	Einfall der Mongolen; als «Goldene Horde» Oberherren der russischen Fürsten bis 1500	Mongolei: Mongolen unter Dschingis Khan (1206–1227) erobern Innerasien
1453: Konstantinopel von den Türken erobert: «Ein Volk ganz für sich allein» (VI/25)		

Übersicht über die wichtigsten indoeuropäischen Sprachen

In den folgenden Tabellen sind die wichtigsten indoeuropäischen Sprachen in vorgeschichtlicher und geschichtlicher Zeit nach ihren ursprünglichen Entstehungsgebieten geordnet. Diese Entstehungsgebiete sind zum Teil nicht mit dem heutigen Verbreitungsgebiet der davon abgeleiteten Sprachen identisch.

Zeichenerklärung

Urgriechisch-Mykenisch	theoretisch erschlossene, aber nicht schriftlich belegte Sprache, oder wissenschaftliche Einteilung
+	ausgestorbene Sprache
++++++++++++++++++++	als Literatursprache o. ä. fortbenutzte tote Sprache
—— └	sichere Verbindung
– – – –	fragliche Verbindung

Entstehungsgebiet	Ursprüngliche Sprachformen	Zwischen-Sprachformen	Heutige Sprachformen
GRIECHENLAND BALKANHALBINSEL	*Urgriechisch-Mykenisch* (ca. 1800–1000 v. Chr.)	Jonisch-Attisch +++	Altgriechisch
		└ «Koiné»	
		└ Mittelgriechisch	Neugriechisch
		Arkadisch-Zypr. +	
		Äolisch +	
		Dorisch-Nordwestgriechisch +	
		Makedonisch +	
	(Balkan-)Illyrisch (+, ca. 1000 v. Chr. –100 n. Chr.)	- - - - - - -	Albanisch
	Thrakisch + (ca. 800 v. Chr.–100 n. Chr.)	- - - - - - -	
KLEINASIEN	Hethitisch + (ca. 1800–1000 v. Chr.)		
	Phrygisch + (ca. 1000 v. Chr.–600 n. Chr.)	Alt-Armenisch	(Neu-)Armenisch
	Lydisch + (ca. 1000 v. Chr.–300 n. Chr.)		

Entstehungsgebiet	Ursprüngliche Sprachformen	Zwischen-Sprachformen	Heutige Sprachformen
IRAN, INDIEN, INNERASIEN	*Arisch* (ca. 1500–1000 v. Chr.)	Vedisch (ca. 1000–500 v. Chr.)	
		└ Sanskrit ++++++++++++++++++++	
		├ Pali	13 Hochsprachen, u.a.
		└ Pakrit +	
			├ Hindustani
			├ Bengali
			├ Bihari
			├ Marathi
			├ Pandschabi-Urdu
			├ Hindi
			├ Singhalesisch
			└ Zigeunersprache
		├ Avestisch (Alt-Baktrisch) + (ca. 600 v. Chr.–300 n. Chr.)	
		├ Alt-Persisch +	
		├ Pehlevi	┬ Neupersisch
			├ Puschtu (Afghan.)
			└ Kurdisch
		└ Parthisch +	
		└ Sakisch +	
		└ Skythisch +	
		└ Sarmatisch + – – – – –	Ossetisch
	Tocharisch + (ca. 700 v. Chr.–900 n. Chr.)		

Entstehungsgebiet	Ursprüngliche Sprachformen	Zwischen-Sprachformen	Heutige Sprachformen
ITALIEN	*Italisch?* ca. 1200–? v. Chr.)	*Umbrisch-Oskische Gruppe* (ca. 1000 v. Chr.–Chr. Geb.)	
		Umbrisch +	
		Oskisch +	
		Latino-falisk. Gr.	
		Latein ++++++++++++++++++++++	
		Vulgärlatein	Romanische Spr., u. a.
			Portugiesisch
		Faliskisch +	Spanisch
			Katalanisch
			Provençalisch
		Venetisch +	Französisch
			Rätoromanisch
			Sardisch
			Italienisch
			Dalmatinisch (+ 19. Jh.)
			Rumänisch
MITTELEUROPA	*Keltisch* (ca. 600 v. Chr. – ?)	Gallisch + (ca. 400 v. Chr. – 300 n. Chr.)	
		Britisch	Kymrisch (Walis.)
			Kornisch (+ 18. Jh.)
			Bretonisch
		Gälisch	Irisch
			Gälisch (Schott.)
			Manx
		Keltiberisch +	

Entstehungsgebiet	Ursprüngliche Sprachformen	Zwischen-Sprachformen	Heutige Sprachformen
NORDEUROPA	*Gemein-Germanisch* (ca. 500 v. Chr. – ?)	*Ostgermanisch*	
		└ Gotisch (+ 6. Jh. n. Chr.)	
		Nordgermanisch	
		└ *Urnordisch*	
		├ *Westnordisch*	Isländisch
			Landsmal (Norweg.)
			Färörisch
		└ *Ostnordisch*	Schwedisch
			Dänisch
			Riksmal (Norweg.)
		Westgermanisch	
		├ Angelsächsisch	
		└ Mittel-Engl.	(Neu-)Englisch
		├ Alt-Sächsisch (Alt-Niederdeutsch)	Friesisch
			Plattdeutsch
		├ West-Niederfränkisch	
		└ Alt-Flämisch	Niederländisch (Flämisch)
			└ Afrikaans
		└ Alt-Hochdeutsch	
		└ Mittel-Hochdeutsch	(Neu-)Hochdeutsch
			Jiddisch

Entstehungsgebiet	Ursprüngliche Sprachformen	Zwischen-Sprachformen	Heutige Sprachformen
OSTEUROPA	*Ur-Slawisch* (ca. Chr. Geb. – 800 n. Chr.)	Kirchenslawisch (Altbulgarisch) (ca. 800–1000 n. Chr.)	++++++++++++++++
		Westslawisch	Polabisch (+ 18. Jh.)
			Wendisch
			Polnisch
			Tschechisch
			Slowakisch
		Ostslawisch	Weißrussisch
			Ukrainisch
			Russisch
		Südslawisch	Bulgarisch
			Makedonisch
			Slowenisch
			Serbokroatisch
	Ur-Baltisch (ca. Chr. Geb. – 1000 n. Chr.)		Litauisch
			Lettisch
			Altpreußisch (+ 16. Jh.)

Register

Geschichte griffbereit

Grundkurs und Nachschlagewerk für Studenten, Praktiker, Geschichtsinteressierte zum Verstehen und Behalten welthistorischer Prozesse.
Von Imanuel Geiss.

1 **Daten**
der Weltgeschichte
Die chronologische Dimension der Geschichte
(6235)

2 **Personen**
der Weltgeschichte
Die biographische Dimension der Geschichte
(6236)

3 **Schauplätze**
Die geographische Dimension
der Weltgeschichte
(6237)

4 **Begriffe**
Die sachsystematische Dimension
der Weltgeschichte
(6238)

5 **Staaten**
Die nationale Dimension
der Weltgeschichte
(6239)

6 **Epochen**
der Weltgeschichte
Die universale Dimension der Geschichte
(6240)

handbuch rororo

957/1